# Biologie

## Gesamtband Sekundarstufe I
## Klassen 7–10

**Herausgeber**
Doz. Dr. habil. Christa Pews-Hocke
Prof. Dr. habil. Erwin Zabel

DUDEN PAETEC Schulbuchverlag

Berlin · Frankfurt a. M.

**Herausgeber**
Doz. Dr. habil. Christa Pews-Hocke
Prof. Dr. habil. Erwin Zabel

**Autoren**
Frank-Michael Becker
Prof. Dr. Annelore Bilsing
Dr. Susanne Brezmann
Dr. Karl-Heinz Firtzlaff
Dr. Dieter Herold
Prof. Dr. habil. Frank Horn
Dr. Heidemarie Kaltenborn
Prof. Dr. sc. Manfred Kurze

Irene Manig
Doz. Dr. habil. Christa Pews-Hocke
Dr. Carolin Retzlaff-Fürst
Peter Scholvien
Dr. Peter Seidel
Helga Simon
Dr. sc. Arthur Windelband
Prof. Dr. habil. Erwin Zabel

**Redaktion** Doz. Dr. habil. Christa Pews-Hocke
**Gestaltungskonzept und Umschlag** Britta Scharffenberg
**Layout** Angela Richter, Christel Ruppin
**Grafik** Christiane Gottschlich, Martha-Luise Gubig, Christiane Mitzkus, Angela Richter, Christel Ruppin, Walther-Maria Scheid, Jule Pfeiffer-Spiekermann, Sybille Storch

**www.duden.de**

Dieses Werk enthält Vorschläge und Anleitungen für **Untersuchungen** und **Experimente**.
Vor jedem Experiment sind mögliche Gefahrenquellen zu besprechen.
Beim Experimentieren sind die Richtlinien zur Sicherheit im Unterricht einzuhalten.

1. Auflage, 4. Druck 2015

Alle Drucke dieser Auflage sind inhaltlich unverändert und können im Unterricht nebeneinander verwendet werden.

Druck: Mohn Media Mohndruck, Gütersloh

ISBN 978-3-89818-448-9

PEFC zertifiziert
Dieses Produkt stammt aus nachhaltig
bewirtschafteten Wäldern und kontrollierten
Quellen.

**PEFC™**
PEFC/04-31-1033
www.pefc.de

# Inhaltsverzeichnis

## Orientierung des Menschen und Regulation von Prozessen im Körper  149

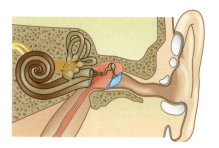

# Lebewesen bestehen aus Zellen

**1**

# 1.1 Die Zelle – Grundbaustein aller Lebewesen

**Verschiedene Mikroskoparten**

Man unterscheidet Lichtmikroskope und Elektronenmikroskope. Die Abbildung zeigt ERNST RUSKA und MAX KNOLL mit dem von ihnen erfundenen Elektronenmikroskop.
*Wann wurde das Elektronenmikroskop erfunden?*
*Wodurch unterscheidet es sich von einem Lichtmikroskop?*

**Mikroskop – ein empfindliches Gerät**

Mikroskope sind wertvolle und empfindliche Geräte. Auch für die Schüler sind sie unentbehrliche Arbeitsmittel.
*Wie handhabt man ein Mikroskop?*
*Was muss man wissen und können, um richtig und sorgfältig mit dem Mikroskop umzugehen?*

**Lupen und Mikroskope – unentbehrliche Hilfsmittel**

Lupen und Mikroskope sind heute unentbehrliche Hilfsmittel nicht nur für den Forscher, sondern für viele wichtige Tätigkeiten, z.B. für Blutuntersuchungen. Die Abbildung zeigt das Mikroskop von ROBERT HOOKE um 1665.
*Wann wurde das Mikroskop erfunden?*
*Wodurch unterscheiden sich Lupe und Mikroskop?*
*Wie funktioniert ein Mikroskop?*

## Aufbau des Lichtmikroskops und seine Handhabung

Lupen und Mikroskope sind unentbehrliche Hilfsmittel im Biologieunterricht, um kleine Objekte (Prozesse) betrachten und untersuchen zu können. In der Schule werden **Lichtmikroskope** genutzt. Durch das Lichtmikroskop (Abb. 1) erfolgt eine Vergrößerung des Objektbildes auf der Netzhaut. Es kommt ein Bild zustande, dass das Objekt bis über das 1200-Fache vergrößert zeigt. Die Gesamtvergrößerung berechnet man durch Multiplikation der Vergrößerungen von Objektiv und Okular. Um richtig mit dem Mikroskop umgehen zu können, muss man es **sachgerecht handhaben.**
Nach Möglichkeit sollte vom beobachteten Objekt eine **mikroskopische Zeichnung** angefertigt werden, die die Form, die Lage- und die Größenverhältnisse richtig darstellt.

> Beim Mikroskopieren werden sehr kleine Objekte und Lebensvorgänge (z. B. Fortbewegung) mithilfe eines Mikroskops betrachtet bzw. beobachtet.

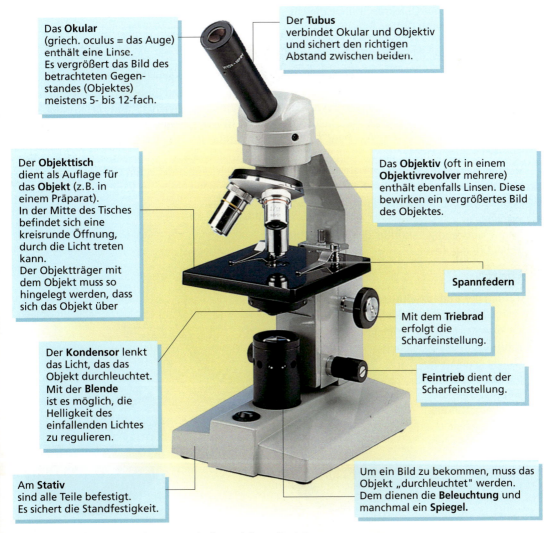

Das **Okular**
(griech. oculus = das Auge)
enthält eine Linse.
Es vergrößert das Bild des betrachteten Gegenstandes (Objektes)
meistens 5- bis 12-fach.

Der **Tubus**
verbindet Okular und Objektiv und sichert den richtigen Abstand zwischen beiden.

Der **Objekttisch**
dient als Auflage für das **Objekt** (z. B. in einem Präparat).
In der Mitte des Tisches befindet sich eine kreisrunde Öffnung, durch die Licht treten kann.
Der Objektträger mit dem Objekt muss so hingelegt werden, dass sich das Objekt über

Das **Objektiv** (oft in einem **Objektivrevolver** mehrere) enthält ebenfalls Linsen. Diese bewirken ein vergrößertes Bild des Objektes.

**Spannfedern**

Mit dem **Triebrad** erfolgt die Scharfeinstellung.

Der **Kondensor** lenkt das Licht, das das Objekt durchleuchtet.
Mit der **Blende** ist es möglich, die Helligkeit des einfallenden Lichtes zu regulieren.

**Feintrieb** dient der Scharfeinstellung.

Am **Stativ**
sind alle Teile befestigt.
Es sichert die Standfestigkeit.

Um ein Bild zu bekommen, muss das Objekt „durchleuchtet" werden.
Dem dienen die **Beleuchtung** und manchmal ein **Spiegel**.

**1**  Das Lichtmikroskop – seine Bestandteile und deren Funktionen

# Wie mikroskopiere ich Objekte und fertige eine mikroskopische Zeichnung an?

Um ein Objekt mithilfe des Mikroskops zu betrachten und um eine mikroskopische Zeichnung vom betrachteten Objekt anzufertigen, sind folgende **Schritte auszuführen.**

## Handhabung des Mikroskops

### 1. Schritt

**Einstellen der Beleuchtung**
**Auflegen des Präparates (Objektes)**
1. Spiegel zur Lichtquelle einstellen, Blende öffnen, Gesichtsfeld ganz ausleuchten.
2. Tubus durch Drehen am Triebrad heben, Präparat bzw. Objekt (z.B. Haare, Federn, Pollen; Abb. 1) auf Objekttisch über die Öffnung legen und mit Federn befestigen.

### 2. Schritt

**Einstellen der Schärfe und Vergrößerung**
1. Um einen Überblick über das zu untersuchende Objekt zu erhalten, mit dem Objektrevolver die kleinste Vergrößerung einstellen.
2. Tubus bis dicht über Präparat bzw. Objekt durch Drehen senken, dabei seitlich beobachten, damit Objekt nicht zerstört wird.
3. Ins Okular sehen, Tubus durch Drehen langsam heben, bis Scharfeinstellung des Objekts erreicht ist.
4. Wenn notwendig, mithilfe der Blende die Helligkeit regulieren.

### 3. Schritt

**Auswählen des Bildausschnittes**
1. Durch langsames Verschieben des Präparates bzw. des Objektes einen guten Bildausschnitt vom Objekt suchen.
2. Objekt genau beobachten. Wenn notwendig, eine stärkere Vergrößerung scharf einstellen und Objekt erneut beobachten.

## Mikroskopisches Zeichnen

### 1. Schritt

**Auswählen des Objektausschnittes**
1. Objekt im Mikroskop mit dem einen Auge betrachten, mit dem anderen Auge auf das neben dem Mikroskop liegende Zeichenpapier schauen.
2. Entscheiden, was mit Bleistift, aber ohne Hilfsmittel gezeichnet werden soll (Ausschnitt oder ganzes Objekt).

### 2. Schritt

**Zeichnen des ausgewählten Objektes**
1. Zeichnung und Bildausschnitt im Mikroskop ständig vergleichen und Zeichnung dabei schrittweise ergänzen; dabei Form, Lage und Größe des Objekts beachten, objektgetreue Wiedergabe.
2. Zeichnung beschriften (Objektname und erkannte Bestandteile, Vergrößerung; Abb. 2).

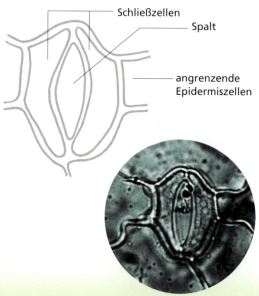

Schließzellen
Spalt
angrenzende Epidermiszellen

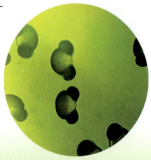

**1** Kiefernpollen (50-fach vergrößert)

**2** Spaltöffnung (Original und Zeichnung)

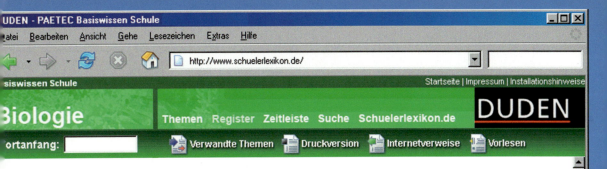
UDEN - PAETEC Basiswissen Schule

Datei   Bearbeiten   Ansicht   Gehe   Lesezeichen   Extras   Hilfe

http://www.schuelerlexikon.de/

Basiswissen Schule                                    Startseite | Impressum | Installationshinweise

Biologie        Themen  Register  Zeitleiste  Suche  Schuelerlexikon.de        DUDEN

Wortanfang:        Verwandte Themen    Druckversion    Internetverweise    Vorlesen

## Entwicklung des Elektronenmikroskops

Bild 1

Ein Linsenschleifer entwickelte zu Beginn des 17. Jahrhunderts in England das erste Mikroskop, ein Kupferrohr mit je einer Linse (Lupe) an jedem Ende. Damit war eine stärkere Vergrößerung der Bilder der Objekte möglich; die Bilder blieben aber unscharf, was vor allem an dem Glas lag, das für die Linsen verwendet wurde. Dieses Glas war noch ungleichmäßig. Dieser Urtyp eines Mikroskops wurde ständig verbessert, u.a. auch das Okular durch GALILEI (1564–1642). Mit einem solchen verbesserten Gerät gelang ROBERT HOOKE (1635–1703) im Jahr 1665 die Entdeckung der Zelle.

Weitere Verbesserungen im 18. und 19. Jahrhundert – vor allem der Gläser und der Beleuchtung – führten schließlich zum heute bekannten **Lichtmikroskop.** Sein Prinzip besteht darin, dass von einem dünnen, durchleuchteten Objekt mithilfe des Objektivs, das wie eine Sammellinse wirkt, ein vergrößertes Bild erzeugt wird. Dieses betrachtet man dann mit dem Okular (praktisch einer Lupe). Mit einem Lichtmikroskop lassen sich Objekte erkennnen, deren Durchmesser nicht kleiner als 0,0002 mm ist (das 100-Fache dessen, was das Auge vermag). Mit einer 1000fachen Vergrößerung erscheint diese Strecke 0,2 mm groß. Vergrößert man durch Verwendung stärkerer Okulare nah weiter, kann man trotzdem keine kleineren Objekte sehen. Die Objekte erscheinen dann zwar größer, sind aber unschärfer.

Bild 2

Daher wurde über andere Möglichkeiten nachgedacht. Das Ergebnis war das **Elektronenmikroskop.** Der französische Physiker LOUIS DE BROGLIE (1892–1987) suchte nach Wegen, das Licht zu ersetzen. 1924 erkannte er, das sich bewegende Elektronen kürzere Wellenlängen haben als Lichtstrahlen, sich bündeln lassen und genutzt werden können, um äußerst dünne Präparate zu durchleuchten. Das Elektronenmikroskop war „geboren". Es wurde erst im Jahre 1931 von dem Deutschen ERNST RUSKA gebaut. Damit konnte eine Vergrößerung des Objektbildes bis 2000000-fach erreicht werden. Diese Vergrößerung ergibt aber bei biologischen Objekten keine scharfen Bilder mehr. Die stärkste sinnvolle Vergrößerung liegt bei 600000 (also 500-mal mehr als beim Lichtmikroskop). Damit war es z.B. möglich, den Aufbau von feinsten Strukturen der Lebewesen und Viren erstmals zu erkennen.

 **... und mehr**

**Informiere dich auch unter:** *Mikroskop, Ernst Abbe, Antony von Leeuwenhoek, Carl Zeiß, Praktische Tätigkeiten im Biologieunterricht, Biophysik*

## Mikropräparate und ihre Herstellung

Um ein Objekt mithilfe des Mikroskops zu betrachten, muss ein **Präparat** hergestellt werden. Man unterscheidet Frisch- und Dauerpräparate. **Frischpräparate** werden zur sofortigen Betrachtung der Objekte mit dem Mikroskop hergestellt. Sie halten nicht sehr lange.

Zu ihnen gehören *Trockenpräparate* (z. B. Insektenflügel, Pollenkörner, Fischschuppen, Haare).

Bei *Feuchtpräparaten* werden die Objekte in einem Wassertropfen auf den Objektträger gelegt und mit einem Deckgläschen abgedeckt (z. B. Moosblättchen, Teile von Früchten, Einzeller).

Objekte, die man häufiger betrachten will, kann man durch besondere Behandlung (Einschluss in Harz oder Glyceringelatine) haltbar machen. Solche Präparate nennt man **Dauerpräparate.**

Bei wieder anderen Objekten, beispielsweise dem Holundermark, dem Kork (Abb. 4, S. 15) oder dem Kürbis- und Maisstängel, müssen erst dünne Schnitte angefertigt werden, damit Licht hindurchtreten kann. Erst dann können diese Objekte mithilfe des Mikroskops betrachtet werden.

> Ein Mikropräparat besteht aus dem Objektträger, dem Objekt, oftmals einem Einschlussmittel (z. B. Wasser) und einem Deckgläschen (Abb.).

### Herstellung eines Frischpräparates vom Zwiebelhäutchen

1. Bereitstellen der benötigten Arbeitsgeräte und Objekte (Objektträger, Deckgläschen, Pinzette, Pipette, Rasierklinge, Wasser, Zwiebel, Präpariernadeln).
2. Reinigen der Objektträger und Deckgläschen.
3. Auftropfen von etwas Wasser mithilfe einer Pipette in die Mitte des Objektträgers.
4. Zerschneiden der inneren durchsichtigen Haut einer Zwiebelschuppe mithilfe einer Rasierklinge in kleine Quadrate (Arbeitsschutz beachten).
5. Abheben eines Stückchens der durchsichtigen Zwiebelhaut mit der Pinzette und in den Wassertropfen auf den Objektträger legen. (Achtung: Wenn sich das Hautstückchen einrollt, dann vorsichtig mit zwei Präpariernadeln aufrollen.)
6. Vorsichtig ein Deckglas auf das Objekt im Wassertropfen legen. Dazu das Deckglas schräg an den Wassertropfen heranbringen und langsam auf das Objekt im Wasser sinken lassen.
7. Seitlich hervorquellendes Wasser mithilfe eines Filterpapierstreifen absaugen. Bei Wassermangel Wasser mithilfe einer Pipette seitlich am Deckglas hinzutropfen.
8. Betrachten des Objektes mithilfe des Mikroskops.
9. Soll das Objekt angefärbt werden, einige Tropfen Farbstofflösung an den Rand des Deckgläschens tropfen und mithilfe eines Filterpapierstreifens unter dem Deckglas hindurchsaugen.

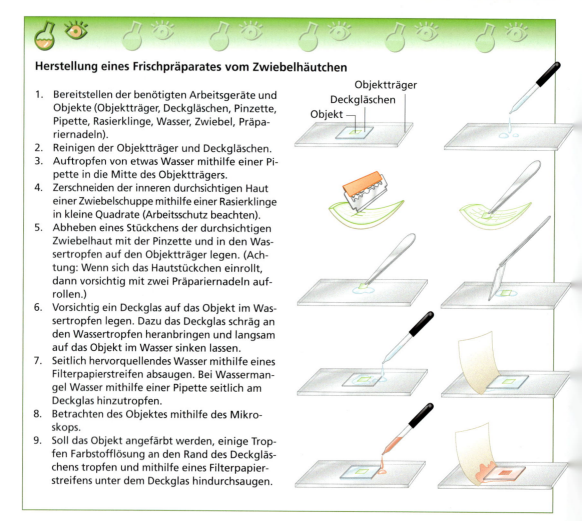

Objektträger
Deckgläschen
Objekt

# Mosaik

## Bedeutung des Mikroskops für die Entdeckung der Zellen

Bis vor etwa 340 Jahren wusste man zwar, dass die Tiere und der Mensch sowie Pflanzen aus bestimmten Organen aufgebaut sind, z.B. aus Verdauungsorganen, Blättern. Aber es gab keine Vorstellung darüber, woraus diese Organe bestehen. Erst als Linsen und das **Mikroskop** erfunden waren, konnte man in die Organe „hineinschauen". Dort war eine netzartige Struktur zu erkennen.

Diese Struktur sah als Erster ROBERT HOOKE (Abb.1), als er einen dünnen Schnitt vom Flaschenkork (Abb.4) mithilfe eines Mikroskops untersuchte. Der Vergleich mit Bienenwaben brachte ihn auf den Gedanken, dass es sich um Kammern handeln könnte, die dicht beieinanderliegen und die Lebewesen aufbauen.

Die Kammern nannte er **Zellen**. Das Wort stammt aus dem Lateinischen: cella = Kammer.

ROBERT HOOKE fand bald heraus, dass nicht nur der Flaschenkork, der aus der Rinde der im Mittelmeergebiet wachsenden Korkeiche ausgestanzt wird, sondern auch andere Teile von Pflanzen (z.B. Holz, Blätter, Stängel) aus solchen Zellen bestehen. Damit hatte er eine bahnbrechende Entdeckung gemacht.

In den folgenden 300 Jahren wurde die Zelle immer genauer erforscht.

Zu einer entscheidenden Erkenntnis kamen die deutschen Forscher MATTHIAS JACOB SCHLEIDEN (Abb.2) und THEODOR SCHWANN (Abb.3). Sie fanden nicht nur heraus, dass die Organe der Pflanzen, der Tiere und des Menschen (z.B. die Knochen und Muskeln, die Haut, das Blut, der Darm) aus Zellen aufgebaut sind, sondern kamen zu der Auffassung, dass die **Zelle der Grundbaustein aller Lebewesen** ist.

**Die Zelle wurde vor ca. 340 Jahren (1665) von ROBERT HOOKE entdeckt. TH. SCHWANN und M.J. SCHLEIDEN erkannten, dass die Zelle Grundbaustein aller Lebewesen ist. Sie gelten als Begründer der Zelltheorie.**

4   Zellen vom Flaschenkork, quer

**1   ROBERT HOOKE (1635–1703)**

Englischer Physiker: vielseitiger Naturforscher auf physikalischem, chemischem und physiologischem Gebiet; förderte die Mikroskopie und beobachtete pflanzliche und tierische Gewebe; prägte den Begriff Zelle.

**2   MATTHIAS JACOB SCHLEIDEN (1804–1881)**

Deutscher Naturforscher: entwickelte zusammen mit SCHWANN 1839 die Zellbildungstheorie (Alle Lebewesen bestehen aus Zellen); von 1840 bis 1863 arbeitete er an der Universität Jena; starb als Privatgelehrter in Frankfurt a.M.

**3   THEODOR SCHWANN (1810–1882)**

Deutscher Arzt: arbeitete an der Universität Berlin auf anatomisch-mikroskopischem Gebiet; zusammen mit SCHLEIDEN entwickelte er 1839 die Zellbildungstheorie (Alle Lebewesen bestehen aus Zellen). Er starb in Köln.

## Formenvielfalt und Größe von Zellen

In ihrer Form und Größe sind sowohl die Zellen von Tieren und dem Menschen sowie den Pflanzen (Abb. 2) unterschiedlich.

Nach der **äußeren Form** sind die Zellen z.B. quaderförmig, kugelig oder zylindrisch (Abb. 1). Die verschiedenen Zellen erfüllen auch unterschiedliche Aufgaben.

Im mikroskopischen Bild erscheinen die Zellen flächig. Sie sind aber kleine Körper, die aus verschiedenen Bestandteilen bestehen.

Erhebliche Unterschiede gibt es auch in der **Größe der Zellen** (Tab.; Abb. 2). Da viele Zellen sehr, sehr klein sind, wird zum Messen der Zellgröße die Maßeinheit Mikrometer (µm) verwendet. Ein Mikrometer ist immer der tausendste Teil (1/1000) eines Millimeters.

Im Allgemeinen beträgt der Zelldurchmesser 10 bis 250 µm.

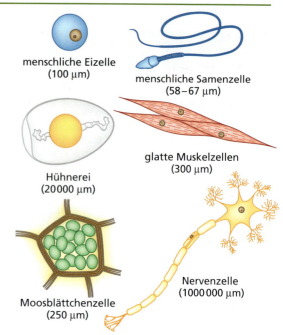

2 Zellen verschiedener Formen und Größe

| Zellarten | Zellgrößen |
|---|---|
| menschliche Samenzelle | Länge 58–67,0 µm |
| menschliche Eizelle | 100,0 µm |
| menschliche rote Blutzelle | 7,5 µm |
| Hühnerei (Eidotter) | 20000,0 µm |
| Straußenei (Eidotter) | 75000,0 µm |
| Mundschleimhautzelle | 60,0–80,0 µm |
| Nervenzelle (mit Neurit) | 1000000,0 µm |
| glatte Muskelzelle | 300,0 µm |
| Moosblättchenzelle | 250,0 µm |
| Zwiebelhautzelle | 400,0 µm |
| Holundermarkzelle | 200,0 µm |
| Korkzelle | 30,0 µm |
| Faserzelle vom Lein | 70000,0–150000,0 µm |
| Ramiefaserzelle | 300000,0 µm |

Sehr kleine Zellen findet man u.a. bei Pilzen. Sie sind nur den Bruchteil eines Millimeters (nur wenige µm) lang. Faserzellen der Leinpflanze z.B. können dagegen bis zu 15 cm lang werden.

Auch Nervenzellen können eine Länge von einem Meter erreichen. Sehr groß sind auch die Eizellen einiger Tiere, z.B. erreicht die Eizelle unseres Haushuhnes (das Eigelb) eine Größe von 20 mm (20 000 µm).

> Entsprechend den unterschiedlichen Aufgaben sind die Zellen in ihrer Größe verschieden und in ihrer Form mannigfaltig. Zellen sind die Grundbausteine aller Lebewesen.

Zellen, quaderförmig (z.B. Zellen vom Flaschenkork)

Zellen, kugelig (z.B. Zellen vom Holundermark)

Zellen, zylindrisch (z.B. Zellen der Zwiebelhaut)

1 Gestalt und Formen der Zellen werden von ihrer Funktion im Organismus bestimmt.

## Bau von Pflanzen- und Tierzelle

### Bau einer Pflanzenzelle

Untersucht man mikroskopisch ein Moosblättchen, Holundermark oder auch das Zwiebelhäutchen und betrachtet man deren Zellen, stellt man fest, dass die Zellen sich gegenseitig durch eine dünne Wand abgrenzen. Das ist die **Zellwand.** Sie enthält Cellulose und verleiht den Zellen ihre Stabilität. Auch bei anderen pflanzlichen Objekten werden die Zellen durch eine Zellwand voneinander abgegrenzt.

Innerhalb des Raumes, den die Zellwand umschließt, ist in den Zellen ein **Zellkern** gut erkennbar (Abb. 1). Er ist meist kugel- oder linsenförmig. In ihm sind die Erbanlagen gespeichert. Er steuert viele Lebensfunktionen.

Zwischen Zellkern und Zellwand ist die Zelle von einer meist feinkörnigen und zähflüssigen, fast durchsichtigen Substanz ausgefüllt, dem **Zellplasma** (Cytoplasma). Es besteht u. a. aus Eiweißen, Salzen und Wasser. Eingelagert sind **Mitochondrien,** die der Zellatmung dienen (s. S. 329). Zur Zellwand hin wird das Zellplasma von einem sehr dünnen Häutchen umgeben. Dieses Häutchen bildet die äußere Abgrenzung des Zellinhalts und liegt der Zellwand dicht an. Das feine Häutchen wird **Zellmembran** genannt. Im Lichtmikroskop ist die Zellmembran schwer zu erkennen. Sie grenzt das Zellplasma ab und ermöglicht den Stoffaustausch zwischen den Zellen.

Betrachtet man die Zellen der Laubblätter von Pflanzen, aber auch die Zellen der Außenschicht von Stängeln krautiger Pflanzen mithilfe des Mikroskops, so findet man in den Zellen eiförmige bis kugelige kleine, grüne Körper. Sie werden **Chloroplasten** genannt. Sie enthalten den grünen Farbstoff *Chlorophyll*. Daher rührt die grüne Farbe z. B. der Laubblätter.

In den Chloroplasten wird aus Wasser und Kohlenstoffdioxid unter Nutzung von Licht Traubenzucker gebildet und dabei Sauerstoff freigesetzt, der in die Luft gelangt (s. Fotosynthese, S. 318). Betrachtet man ältere Pflanzenzellen mithilfe des Mikroskops, so erkennt man, dass sie im Zellinneren Hohlräume besitzen.

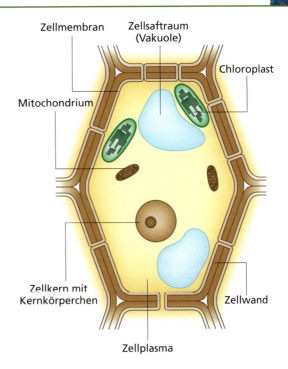

1   Bau einer Pflanzenzelle (schematisch)

Diese mit Flüssigkeit (dem Zellsaft) gefüllten Hohlräume heißen **Zellsafträume** oder **Vakuolen** (Abb. 1). Sie und alle Zellorganellen werden durch Membranen gegenüber dem Zellplasma abgegrenzt. Im Zellsaft können verschiedene Stoffe, wie Salze, Nährstoffe, Farbstoffe, gelöst sein.

Mit Zellsaft gefüllte Vakuolen können leicht in Zellen aus dem Fruchtfleisch der Ligusterbeere und der Tomate sowie in Zellen der roten Küchenzwiebel betrachtet werden. Spezialisierte Pflanzenzellen (z. B. Schließzellen der Spaltöffnungen) bzw. bestimmte Zellbestandteile (z. B. Chloroplasten) führen in der Zelle ganz spezielle Aufgaben aus.

> Jede lebende Pflanzenzelle besitzt eine Zellwand, eine Zellmembran, einen Zellkern und ist mit Zellplasma ausgefüllt, in das Mitochondrien eingelagert sind.
> In den Zellen grüner Pflanzenteile sind Chloroplasten vorhanden. Sie enthalten den grünen Blattfarbstoff Chlorophyll.
> Ältere Pflanzenzellen besitzen im Zellinneren mit Zellsaft gefüllte oft große Vakuolen.

## Bau einer Tierzelle

Zellen von Tieren und dem Menschen sind meist sehr weich und zerreißen leicht. Es ist deshalb schwieriger, Mikropräparate von tierischen als von pflanzlichen Zellen herzustellen.
Von der Mundschleimhaut geht das aber verhältnismäßig leicht (Arbeitsanleitung, s. S.20).
Im mikroskopischen Bild einer Tierzelle (Abb.1) ist wie bei pflanzlichen Zellen ein **Zellkern** zu erkennen. Abgegrenzt werden die Zellen ebenfalls durch eine **Zellmembran. Eine Zellwand ist aber nicht vorhanden.**
Der Raum zwischen Zellkern und Zellmenbran ist bei jungen wie auch bei älteren tierischen Zellen vollständig mit **Zellplasma** (Cytoplasma) ausgefüllt, in dem sich ebenfalls **Mitochondrien** befinden.
Im Zellplasma befinden sich winzige, von einer Membran umschlossene Bläschen (Versikel). Sie enthalten verschiedene Verdauungssysteme.
Mit Zellsaft gefüllte große Vakuolen und Chloroplasten sowie eine feste Zellwand fehlen in tierischen Zellen.

> Die Zellen von Organen der Tiere und des Menschen bestehen aus dem Zellkern, dem Zellplasma mit Mitochondrien und einer Zellmembran, die die Zelle nach außen abgrenzt.

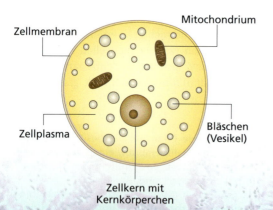

Zellmembran

Mitochondrium

Zellplasma

Bläschen
(Vesikel)

Zellkern mit
Kernkörperchen

**1** Bau einer Tierzelle (schematisch)

## Zelle – Gewebe – Organ

Zellen sind die Grundbausteine aller Lebewesen, von Einzellern und Vielzellern.
Bei Vielzellern haben sich die Zellen spezialisiert. Ihr Bau entspricht ihrer spezifischen Aufgabe. Man findet bei den Vielzellern also eine **Arbeits-** und **Funktionsteilung der Zellen.**
Zellen mit einer spezifischen (bestimmten) Aufgabe und einem entsprechenden Bau sind zu Zellverbänden zusammengeschlossen. Sie bilden ein **Gewebe.** Beispielsweise bilden *Hautzellen* das *Hautgewebe* und erfüllen gemeinsam Schutzfunktionen, die *Muskelzellen* das *Muskelgewebe* zur Bewegung des Körpers oder die *Leitungszellen der Sprossachse* bei Pflanzen das *Leitgewebe* zum Transport der Mineralstoffe und des Wassers.

Mehrere Gewebe arbeiten eng zusammen und bilden ein **Organ.** Jedes Organ hat bestimmte Aufgaben zu erfüllen, z.B. Magen (Verdauung), Lunge (Atmung), Laubblatt (Fotosynthese). Organe wirken ebenfalls eng zusammen und bilden ein **Organsystem,** z.B. Verdauungssytem.
Alle Organsysteme bilden letztendlich den gesamten **Organismus,** das Lebewesen.
Ein vielzelliger Organismus ist also eine Einheit von Zellen, Geweben und Organen.
Lebensfähig sind Vielzeller nur, wenn Zellen, Gewebe und Organe richtig zusammenwirken.
Wenn ein Organ oder mehrere Organe beschädigt werden, ist der gesamte Organismus nicht mehr ausreichend leistungsfähig.

> Zellen sind die Grundbausteine des Organismus. Zellen mit gleichem Bau und gleicher Aufgabe bilden ein Gewebe. Verschiedene Gewebe mit unterschiedlichen Aufgaben bilden ein Organ. Viele Organe bilden ein Organsystem und diese den gesamten Organismus, das Lebewesen.

# Mikroskopische Untersuchungen von Zellen und Zellverbänden

Mithilfe des Mikroskops kann man einzelne Zellen bzw. auch Zellverbände (Gewebe) betrachten und untersuchen. Bei der Herstellung der Mikropräparate beachte die Anleitung auf Seite 14.

Die Handhabung des Mikroskops sowie die Anfertigung einer mikroskopischen Zeichnung kannst du nach den Anweisungen auf Seite 12 durchführen.

## 1. Untersuche den Querschnitt vom Holundermark.

*Materialien:*
Mikroskop, Objektträger, Deckgläschen, Rasierklinge, Lanzettnadel, Pipette, Filterpapier; Wasser, Holundermark

*Durchführung und Beobachtung:*
1. Entnimm aus einem jungen Holunderzweig das Mark.
2. Fertige mit der Rasierklinge mehrere sehr dünne Schnitte vom Holundermark an (Vorsicht, Arbeitsschutz beachten!).
   Lass dir gegebenenfalls das Vorgehen vom Lehrer, der Lehrerin vormachen.
3. Übertrage den dünnsten Schnitt auf einen Objektträger.
4. Betrachte das Objekt mithilfe des Mikroskops.
   Zeichne einige Zellen und beschrifte die erkannten Teile.

*Auswertung:*
1. Beschreibe deine Beobachtungsergebnisse.
2. Erläutere die Funktion der erkannten Bestandteile.
3. Welche Aufgabe erfüllt das Mark im Holunderstängel?

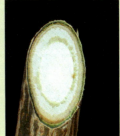

2  Sprossachse und Sprossachsenquerschnitt

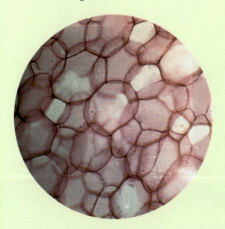
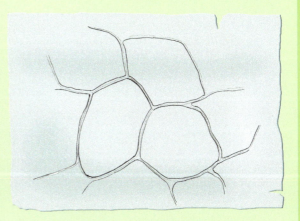

1  Holundermarkzellen (mikroskopisches Bild und Schülerzeichnung)

## 2. Untersuche einige Zellen der Mundschleimhaut

*Materialien:*
Mikroskop, Objektträger, Deckgläschen, Streichholz, 2 Pipetten, Filterpapier; Wasser, Methylenblau- oder Eosinlösung; Zellen der Mundschleimhaut

*Durchführung und Beobachtung:*
1. Schabe mit dem Streichholz wenig Mundschleimhaut von der Innenseite deiner Wange ab (Beachten der Hygiene!) und übertrage sie auf einen Objektträger.
2. Vermische sie mit einem Tropfen Wasser und lege ein Deckgläschen auf.
3. Sauge mithilfe des Filterpapiers einen Tropfen der Farbstofflösung unter dem Deckgläschen durch.
4. Betrachte die Zellen unter dem Mikroskop. Zeichne eine Zelle und beschrifte die erkannten Teile.

*Auswertung:*
1. Beschreibe den Bau der Zellen.
2. Erläutere die Funktion der erkannten Zellbestandteile.

## 3. Untersuche das Fruchtfleisch der Ligusterbeere.

*Materialien:*
Mikroskop, Objektträger, Deckgläschen, Lanzettnadel, Pipette; Wasser, Ligusterbeeren (Vorsicht: Giftig!)

*Durchführung und Beobachtung:*
1. Entnimm einer reifen Ligusterbeere mit der Lanzettnadel etwas Fruchtfleisch.
2. Übertrage das Fruchtfleisch auf einen Objektträger, gib wenig Wasser (kleiner Tropfen) dazu und lege ein Deckgläschen auf.
3. Drücke mit der Lanzettnadel das Deckgläschen vorsichtig an, damit das Fruchtfleisch etwas gequetscht wird.
4. Betrachte das Objekt mithilfe des Mikroskops. Zeichne einige Zellen und beschrifte die erkannten Teile.

*Auswertung:*
1. Beschreibe den Bau der Zellen.
2. Erläutere die Funktion der erkannten Zellbestandteile.

**2 Ligusterpflanze mit Beeren**

Zellmembran

Zellplasma

Zellkern

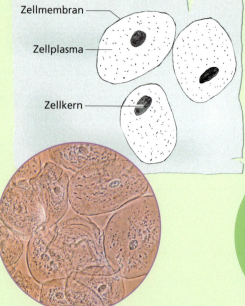

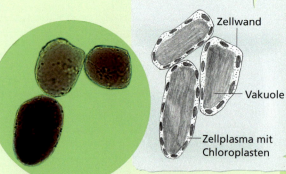

Zellwand

Vakuole

Zellplasma mit Chloroplasten

**1 Zellen der Mundschleimhaut** (mikroskopisches Bild und Schülerzeichnung)

**3 Zellen aus dem Fruchtfleisch der Ligusterbeere** (mikroskopisches Bild und Schülerzeichnung)

**4. Untersuche ein Blättchen vom Sternmoos bzw. von der Wasserpest.**

*Materialien:*
Blättchen von Sternmoos oder Wasserpest, Lupe, Mikroskop, Objektträger, Deckgläschen, Pipette, Wasser, Pinzette

*Durchführung und Beobachtung:*
1. Trenne ein Blättchen vom Stämmchen der Moospflanze oder der Wasserpestpflanze ab.
2. Fertige ein Frischpräparat von Moosblättchen oder Wasserpest an.
3. Betrachte das Objekt mithilfe eines Mikroskops oder einer Lupe.
4. Fertige eine Zeichnung von einem Ausschnitt des mikroskopischen Bildes an.

*Auswertung:*
Beschreibe das mikroskopische Bild.

**1** Sternmoos (Mnium)

**5. Untersuche einige Zellen der Kartoffelknolle.**

*Materialien:*
Kartoffelknolle, Skalpell oder Rasierklinge mit Halter, Mikroskop, Objektträger, Deckgläschen, Pipette, Iod-Kaliumiodid-Lösung

*Durchführung und Beobachtung:*
1. Schneide aus einer Kartoffelknolle mehrere Zylinder heraus. Nimm einen Zylinder und versuche mit der Rasierklinge möglichst dünne und durchsichtige Scheibchen zu schneiden (Arbeitsschutz beachten!).
2. Gib ein Scheibchen mit der Pinzette in einen Wassertropfen auf dem Objektträger, bedecke das Objekt mit einem Deckgläschen.
3. Betrachte das Objekt mithilfe des Mikroskops und zeichne einige Zellen.
4. Sauge mithilfe von Filterpapier Iod-Kaliumiodid-Lösung unter dem Deckgläschen hindurch.
5. Betrachte das gefärbte Objekt mithilfe des Mikroskops und zeichne einige Zellen.

*Auswertung:*
1. Beschreibe beide mikroskopischen Bilder.
2. Erläutere die Aufgaben der Zellen der Kartoffelknolle.

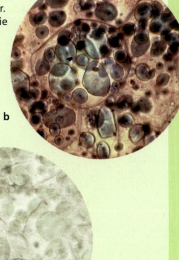

**b**

**a**

**2** Zellen des Moosblättchens

**3** Zellen der Kartoffelknolle (**a** ungefärbt, **b** gefärbt)

## Lebensvorgänge der Zellen

**Ernährung** und **Wachstum** sind wesentliche Kennzeichen aller Lebewesen. Um zu wachsen, müssen die Lebewesen aus der Umwelt Nahrung mit den darin enthaltenen Nährstoffen aufnehmen. Sie müssen sich ernähren. Die Nährstoffe benötigen sie, um ihre Lebensfunktionen aufrechtzuerhalten (Abb. 1, 2).

### Zellen ernähren sich

In der Ernährung der Zellen gibt es Unterschiede. Die Zellen der **Tiere,** der **Pilze,** der meisten **Bakterien** und des **Menschen** sind auf organische Stoffe als Nährstoffe, z. B. Traubenzucker, Stärke, Eiweiße, Fette, angewiesen. Daraus bauen diese Organismen ihre eigenen energiereichen organischen Körperstoffe auf. Man sagt, die Zellen dieser Lebewesen ernähren sich **heterotroph** (Abb. 1).

Zellen der **Pflanzen mit Chloroplasten** und **einige Bakterien,** die Chlorophyll besitzen, ernähren sich dagegen von energiearmen anorganischen Stoffen, von Kohlenstoffdioxid aus der Luft, von Wasser und Mineralstoffen aus dem Boden. Man sagt, diese Zellen ernähren sich **autotroph** (Abb. 2). Aus Wasser und Kohlenstoffdioxid bauen

sie in den Chloroplasten mithilfe des Sonnenlichtes Traubenzucker auf (s. Fotosynthese, S. 318). Unter Nutzung von Mineralstoffen werden in den Zellen auch Eiweiße und andere Stoffe gebildet.

Zellen von Pflanzenteilen, die keine Chloroplasten besitzen, z. B. Zellen der Wurzel, der Samen und Früchte, müssen mit den in den chlorophyllhaltigen Zellen gebildeten energiereichen organischen Stoffen versorgt werden.

> Ernährung ist die Aufnahme von Stoffen aus der Umwelt in den Körper bzw. die Zelle zur Aufrechterhaltung aller Lebensfunktionen.
> Die Zellen von Tieren, Pilzen, den meisten Bakterien und dem Menschen ernähren sich heterotroph, die von Pflanzen und einigen Bakterien mit Chloroplasten autotroph.

Die energiereichen organischen Nährstoffe (z. B. Traubenzucker, Eiweiß), die die Bakterien, Tiere, Pilze und der Mensch benötigen, werden letztlich von Pflanzen mit Chlorophyll erzeugt.
**Pflanzen mit Chlorophyll bilden also die Lebensgrundlage für alle anderen Organismen, einschließlich des Menschen.**

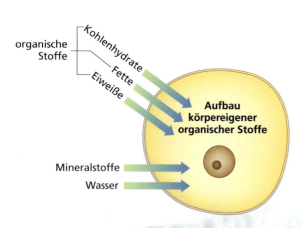

**1**　Heterotrophe Ernährung einer Tierzelle

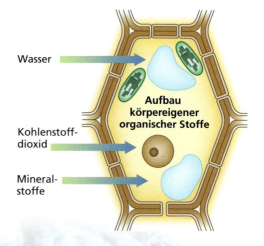

**2**　Autotrophe Ernährung einer Pflanzenzelle

## Zellen teilen und vermehren sich

Die zahlreichen Zellen der Pflanzen und Tiere beispielsweise sind aus einer Zelle hervorgegangen, aus der befruchteten Eizelle.

Die **Zellteilung** beginnt mit der Teilung des Zellkerns. Jede neue Zelle erhält dabei die gleichen Bestandteile der vorher verdoppelten Zellkernbestandteile. Zwischen den beiden neuen Zellkernen bildet sich eine zarte Membran, die zunehmend verstärkt wird.

Die **tierische Mutterzelle** schnürt sich von außen ein und bildet eine Zellmembran zwischen den beiden Kernen (Abb. 1). Bei der **pflanzlichen Mutterzelle** entsteht von innen zusätzlich eine neue Zellwand, die beide Kerne trennt (Abb. 2).

Danach liegen zwei kleine Zellen vor, die gleich groß sind, gleich aussehen und die gleichen Bestandteile enthalten. Diese *Tochterzellen* sind durch Zellteilung (Zellteilungswachstum) aus der *Mutterzelle* hervorgegangen.

Die zwei Tochterzellen sind zunächst zusammen nur so groß wie die Mutterzelle, aus der sie entstanden sind.

Jede der beiden Zellen **wächst** nun wieder. Ist eine bestimmte Größe erreicht, können sie sich wieder teilen. So erfolgt ständig eine **Erneuerung** und **Vermehrung** der Zellen.

Bei Pflanzen teilen sich vor allem junge Zellen, die sich an den Spitzen der Wurzeln und der Sprossachsen, z.B. in den Blatt- und Blütenknospen, befinden.

Bei den Tieren und dem Menschen gibt es in den meisten Organen Zellen, die sich teilen können.

> Zellteilung ist die Entstehung neuer Tochterzellen aus Mutterzellen. Sie beginnt mit der Kernteilung.
> Das Zellteilungswachstum erfolgt durch schnell wiederholte Zellteilungen. Es führt zur Zellvermehrung.

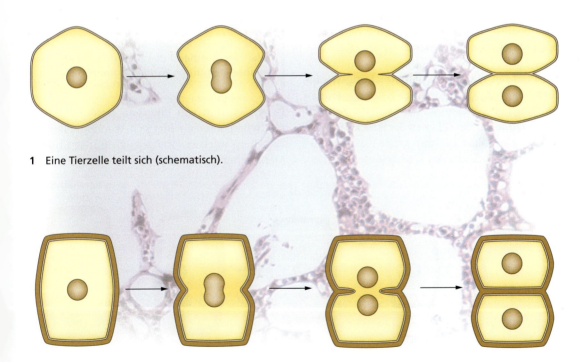

**1**  Eine Tierzelle teilt sich (schematisch).

**2**  Eine Pflanzenzelle teilt sich (schematisch).

## Zellen wachsen und differenzieren sich

Wenn bei der Zellteilung zwei kleine Tochterzellen entstanden sind, so müssen diese erst zum Normalmaß der Mutterzelle heranwachsen. Dies kann nur erfolgen, wenn die Tochterzelle organische Stoffe (Kohlenhydrate, Fette, Eiweiße) aufnimmt. Es werden in der Zelle neues Zellplasma und neue Zellbestandteile gebildet, und die Zellmembran wird vergrößert (Abb.1).

Diese Vorgänge führen zu einer bleibenden Volumenzunahme der Zelle, die als **Plasmawachstum** bezeichnet wird.

Die Zellen erreichen die Größe der Mutterzelle. Nach Beendigung des Plasmawachstums sind die neuen Mutterzellen wieder teilungsfähig.

> Das Plasmawachstum erfolgt durch Zunahme von Zellplasma und Zellbestandteilen. Die Tochterzellen bauen Stoffe aus dem Stoffwechsel ein und erreichen die Größe der Mutterzelle.

Zellteilungs- und Plasmawachstum kommt bei allen Organismen, auch Tieren und Menschen, vor. Später erfolgt die **Differenzierung der Zellen.**

Bei Pflanzen gibt es das **Zellstreckungswachstum** (Abb.1). An die Zone des Bildungsgewebes (Bildung neuer Zellen) schließt sich die **Zellstreckungszone** an. Die Zellen in der Streckungszone sind lang gestreckt, besitzen große Vakuolen und verdickte Zellwände. Sie sind aus den kleinen, zartwandigen Zellen des Bildungsgewebes durch schnelle Aufnahme von Wasser entstanden. Im Zellplasma bilden sich durch Wassereinlagerung und Einlagerung anderer Stoffe Hohlräume (Vakuolen), die sich häufig sogar zu einer großen Vakuole vereinigen. Dadurch werden Zellplasma und Zellkern an den Rand gedrängt (Abb.1).

Mit diesem Zellstreckungswachstum sind **Differenzierungsvorgänge** verbunden. Dabei erhalten die Zellen entsprechend ihrer späteren Funktion, z.B. als Epidermis-, Leitungs-, Festigungszelle, auch die endgültige Form sowie ihren speziellen Bau, und sie ordnen sich in spezifischer Weise an. Abgeschlossen wird dieser Wachstumsprozess mit der verstärkten Einlagerung besonders von Cellulose in die Zellwand, wodurch die typische Zellwand einer ausgewachsenen Pflanzenzelle entsteht. Auf diese Weise wird die notwendige Stabilität der ausgewachsenen Zelle und des ganzen Pflanzenorgans erreicht.

> Das Streckungswachstum ist gekennzeichnet durch die Vergrößerung des Zellvolumens vor allem durch Wasseraufnahme (Vakuolenbildung).
> Durch Differenzierungsvorgänge erhalten die Zellen entsprechend der zukünftigen Funktionen ihre endgültige Form und Anordnung.

Das Wachstum von Pflanzen, Tieren und dem Menschen unterscheidet sich. Während Pflanzen zeitlebens wachsen, wachsen viele Tiere und der Mensch nur im Jugendalter.

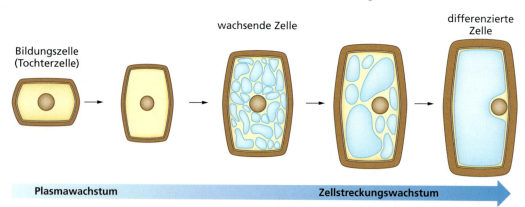

wachsende Zelle

differenzierte Zelle

Bildungszelle (Tochterzelle)

Plasmawachstum                    Zellstreckungswachstum

**1**  Eine Pflanzenzelle wächst (schematisch).

## gewusst · gekonnt

1. Die folgende Abbildung stellt ein Mikroskop (Lichtmikroskop) dar. Wie heißen die einzelnen Teile? Übernimm die Ziffern in dein Heft und schreibe die Namen hinter die entsprechende Ziffer.

2. Beschreibe, worin sich Licht- und Elektronenmikroskop unterscheiden. Suche auch Informationen im Internet.

3. Bereite einen Kurzvortrag über die Bedeutung des Mikroskops (Lichtmikroskops) vor. Beachte u.a.:
   – Wann wurde das Lichtmikroskop erfunden?
   – Welche Entdeckungen waren erst möglich, nachdem das Lichtmikroskop erfunden war?
   – Welche Forscher haben an diesen Entdeckungen besonderen Anteil?
   – Wo wird das Mikroskop heute genutzt?
   Informiere dich auch im Internet.

4. Erläutere die wesentlichen Schritte, um z.B. ein Frischpräparat vom Blütenstaub (Pollen) einer Pflanze herzustellen.

5. Um einen Gegenstand mithilfe des Mikroskops zu betrachten, muss meistens ein Präparat hergestellt werden.
   – Erläutere, was man unter einem Präparat versteht.
   – Welche Arten von Präparaten gibt es?

6. Betrachte Frischpräparate vom Blütenstaub (Pollen) verschiedener Pflanzen.
   – Fertige zunächst die Frischpräparate an.

– Betrachte den Blütenstaub (Pollenkörner) nacheinander mithilfe des Mikroskops. Beschreibe.
– Zeichne je ein Pollenkorn. Zeichne groß genug und zeichne nur das, was du siehst.

7. Betrachte z.B. eine Vogelfeder mithilfe des Mikroskops.
   – Beschreibe deine Beobachtungen.
   – Fertige eine Skizze an.

8. Fertige ein räumliches Modell einer Zelle an. Verwende dazu geeignetes Material, z.B. Plastikbehälter. Stelle das Modell deinen Mitschülern vor.
   Erläutere, welche Teile den Bestandteilen der Zelle entsprechen.

9. Übernimm die folgenden Aussagen in dein Heft.
   A  Zellen der Mundschleimhaut
   B  Zellen der Wurzeln von Pflanzen
   C  Zellen eines Moosblättchens
   D  Zellen der Darmwand
   Welche der Zellen hat keine Zellwand?
   Kreuze das Richtige an.
   Begründe deine Entscheidung.

10. Für das Mikroskopieren, insbesondere zur Herstellung von Präparaten, werden eine Reihe von Geräten benötigt. Diese Geräte sind abgebildet. Übernimm die Ziffern in dein Heft und benenne die Geräte.

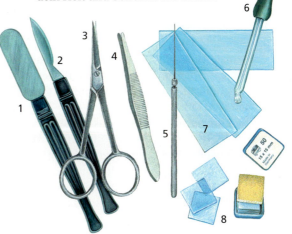

**11.** Die folgende Abbildung veranschaulicht Zellen von der Wasserpest. Nenne die abgebildeten Bestandteile und gib deren Funktionen an.

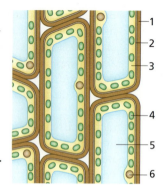

**12.** Vergleiche Pflanzenzellen mit Zellen von Tieren. Fertige dazu eine Tabelle an.

**13.** Übertrage den folgenden Text in dein Heft. Fülle den Lückentext aus.
Alle Lebewesen sind aus ① aufgebaut. Sowohl die Zellen der Tiere, Bakterien, Pilze und des Menschen als auch die Zellen der Pflanzen sind von einer ② begrenzt. Bestandteile aller lebenden Zellen sind weiterhin das ③ und der ④. In den Zellen grüner Pflanzen befinden sich außerdem ⑤ und ⑥. Sie besitzen zusätzlich eine ⑦.

**14.** Betrachtet man Zellen der Zwiebelhaut mithilfe des Mikroskops, so findet man keine Chloroplasten. Begründe.

**15.** Lege ein Haar auf durchsichtiges Millimeterpapier. Mikroskopiere. Schätze die Dicke des Haares.

**16.** Untersuche eine Kartoffelknolle. Schneide die Knolle quer durch. Schabe mit einem Löffel über die Innenseite. Stelle von den am Löffel haftenden Teilen ein Frischpräparat her und betrachte das Objekt mit dem Mikroskop. Beschreibe und skizziere, was du siehst.

**17.** Welcher der folgenden Sätze ist richtig? Begründe deine Entscheidung.
  A   Pflanzliche und tierische Zellen sind völlig gleich aufgebaut.

  B   Pflanzliche und tierische Zellen haben gemeinsame, aber auch unterschiedliche Merkmale.
  C   Pflanzliche und tierische Zellen unterscheiden sich völlig voneinander.

**18.** Entnimm aus einem Aquarium einen Tropfen Wasser. Fertige damit ein Frischpräparat an. Betrachte den Wassertropfen mit dem Mikroskop. Was kannst du erkennen? Überlege, ob Zellen darunter sind.

**19.** Untersuche, ob eine Zuckerlösung und eine Eiweißlösung aus Zellen bestehen.
  a)  Löse Zucker in Wasser auf, fertige ein Frischpräparat davon an und betrachte den gelösten Zucker mithilfe des Mikroskops.
  b)  Fertige nun ein Frischpräparat vom Hühnereiweiß an und betrachte das Hühnereiweiß ebenfalls mithilfe des Mikroskops.

**20.** Beschreibe, wie sich Zellen vermehren. Welche Unterschiede gibt es dabei zwischen pflanzlichen und tierischen Zellen?

**21.** Weise das Streckungswachstum an Wurzeln von Keimpflanzen experimentell nach. Entwickle dazu eine Versuchsanordnung. Beschreibe deine Ergebnisse.

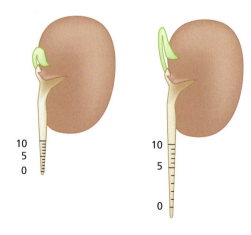

s u m m a   s u m m a r u m

## Das Lichtmikroskop

Durch die Erfindung des Mikroskops wurde es möglich, sehr kleine, mit bloßem Auge nicht wahrnehmbare Gegenstände zu beobachten. Beispielsweise wurde von ROBERT HOOKE vor ca. 340 Jahren (1665) mithilfe des Mikroskops die Zelle entdeckt.
Um das Mikroskop sachgerecht zu nutzen, müssen sein Aufbau und seine Handhabung bekannt sein.

Ein **Mikropräparat** besteht aus Objektträger, Objekt und Deckgläschen, oftmals wird ein Einschlussmittel (z. B. Wasser) benötigt.

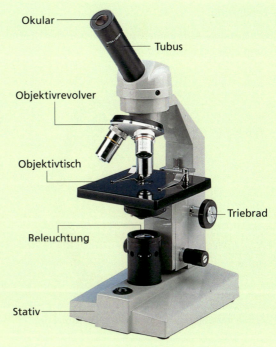

## Bau von Zellen

Zellen sind Grundbausteine aller Lebewesen. Alle Lebewesen sind aus mikroskopisch kleinen Bausteinen („Kammern"), den Zellen, aufgebaut.
Form und Größe der Zellen sind in Abhängigkeit von ihren Funktionen sehr unterschiedlich.
Pflanzliche und tierische Zellen weisen im Bau Gemeisamkeiten, aber auch Unterschiede auf.

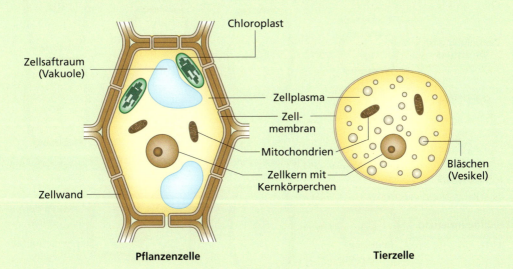

Pflanzenzelle                    Tierzelle

**summa summarum**

## Lebensweise von Zellen

### Ernährung

Ernährung – Aufnahme von körperfremden Stoffen aus der Umwelt in die Zelle zur Aufrechterhaltung aller Lebensfunktionen

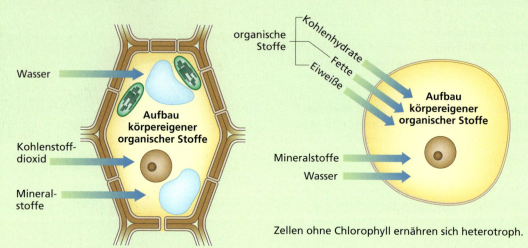

Zellen mit Chlorophyll ernähren sich autotroph.

Zellen ohne Chlorophyll ernähren sich heterotroph.

### Zellteilung, Zellvermehrung, Zellwachstum

Zellteilung – Entstehung neuer Tochterzellen aus Mutterzellen
Zellvermehrung – Erhöhung der Anzahl der Zellen
Zellwachstum – Vergrößerung bzw. Volumenzunahme der Zellen

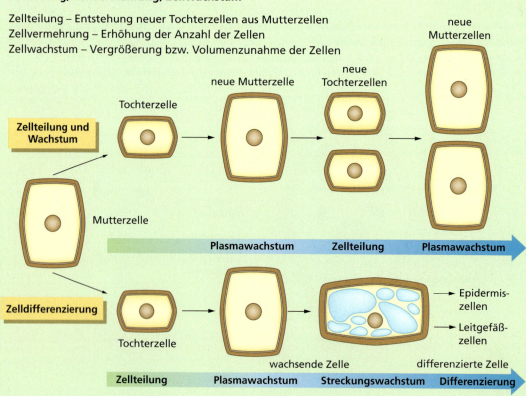

# 1.2 Vom Einzeller zum Vielzeller

## Die „Wetterseite" der Baumstämme – ein Lebensraum für einzellige Pflanzen

An der Nordwestseite der Bäume findet man häufig einen grünen, staubartigen Überzug (Abb.). Wenn man etwas von diesem grünen Staub auf einen Objektträger bringt und mikroskopiert, sind grün gefärbte, kugelige Pflanzen zu erkennen, die nur aus einer einzigen Zelle bestehen.

*In welche große Pflanzengruppe können wir diese einzelligen Pflanzen einordnen?*
*Warum findet man diese Pflanzen nur an der Nordwestseite der Bäume?*

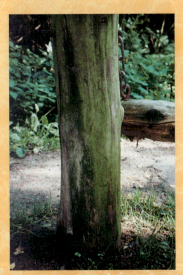

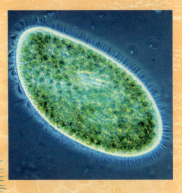

## Die Volvox – ein echter Vielzeller?

Wenn man ein Glas Wasser aus einem ruhigen See oder Teich schöpft und das Glas gegen das Licht hält, erkennt man stecknadelkopfgroße grüne Kugeln (Abb.). Als erster Mensch beobachtete LEEUWENHOEK 1698 diese Kugeln, die man lange Zeit für ein Tier hielt und Kugeltierchen nannte. Heute nennt man diese Pflanze Volvox.

*An welchen Merkmalen erkennt man, dass die Volvox eine Pflanze ist?*
*Welche Gemeinsamkeiten und Unterschiede bestehen zwischen einzelligen Grünalgen und Volvox?*

## Das Pantoffeltierchen – ein Tier aus nur einer Zelle

Das Pantoffeltierchen (Abb.) ist ein Tier, das nur aus einer Zelle besteht. Man sagt auch, das Pantoffeltierchen ist ein tierischer Einzeller. Das Pantoffeltierchen nimmt wie alle Lebewesen Nahrung auf, bewegt sich, pflanzt sich fort und wächst.

*Wie laufen diese Lebensvorgänge beim Pantoffeltierchen ab?*
*In welchem Lebensraum kommen die Pantoffeltierchen vor?*

# Bau und Lebensweise einzelliger Tiere

## Das Pantoffeltierchen (Paramecium)

Beim Mikroskopieren von Wassertropfen aus einem Heuaufguss kann man ein einzelliges Tier entdecken, das seiner Form nach *Pantoffeltierchen* (Abb. 1; Abb. oben S. 29) genannt wird. Es ist 0,1 bis 0,3 mm lang. Die gesamte elastische und formgebende Zellmembran, von der das Pantoffeltierchen umgeben ist, trägt *Wimpern*. Durch das Schlagen mit den Wimpern erfolgt die **Fortbewegung** der Pantoffeltierchen in ihrem Lebensraum, z.B. in stehenden Gewässern wie Tümpeln und Pfützen.

Zur Ernährung nehmen die Pantoffeltierchen Bakterien und Algen durch den *Zellmund* auf (heterotrophe Ernährung, Abb. 2). Im Zellplasma werden *Nahrungsvakuolen* gebildet, in denen die Nahrung verdaut wird. Dabei wandern die Nahrungsvakuolen durch die Zelle. Die unverdaulichen Reste werden durch den *Zellafter* ausgeschieden.

Zur Regulierung des Wassergehaltes im Zellplasma dienen *pulsierende Vakuolen*. In ihnen sammelt sich überschüssiges Wasser, das durch rhythmisches Zusammenziehen der Vakuolen nach außen abgegeben wird.

Die **ungeschlechtliche Fortpflanzung** erfolgt durch *Querteilung* der Mutterzelle. Nach der Teilung der Zellkerne und der Neubildung der pulsierenden Vakuolen schnürt sich das Zellplasma quer durch. Die neu gebildeten Zellbestandteile werden auf die Tochterzellen verteilt.

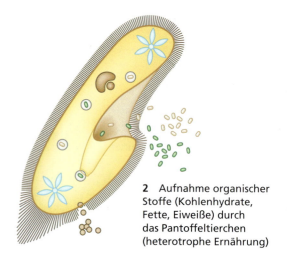

**2** Aufnahme organischer Stoffe (Kohlenhydrate, Fette, Eiweiße) durch das Pantoffeltierchen (heterotrophe Ernährung)

> Das Pantoffeltierchen ist ein tierischer Einzeller mit einer festen Gestalt. Die Zellmembran trägt Wimpern, die der Fortbewegung dienen. Die Verdauung der Nahrung erfolgt in Nahrungsvakuolen, die Regulierung des Wassergehaltes im Zellplasma durch pulsierende Vakuolen.
> Die Fortpflanzung erfolgt vorwiegend ungeschlechtlich durch Querteilung der Zelle.

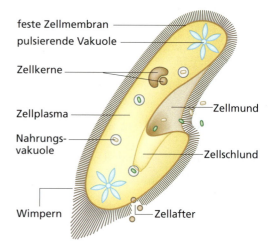

feste Zellmembran
pulsierende Vakuole
Zellkerne
Zellplasma
Nahrungsvakuole
Wimpern
Zellmund
Zellschlund
Zellafter

**1**  Bau des Pantoffeltierchens (Mikrofoto und schematische Zeichnung)

## Die Schlammamöbe (Amoeba)

An Wasserpflanzen in Teichen oder im Schlamm stehender Gewässer findet man die *Amöbe* (Abb. 2). Man nennt diesen tierischen Einzeller auch *Wechseltierchen,* weil er seine Gestalt immer wieder verändern kann. Durch die Bildung von Plasmafortsätzen, den *Scheinfüßchen,* bewegen sich die *Amöben* kriechend fort.

Zur **Ernährung** nehmen sie Bakterien, andere Einzeller oder Pflanzenreste auf (heterotrophe Ernährung) . Die Scheinfüßchen umfließen dabei die Nahrung. Im Zellplasma bilden sich zur Verdauung der Nahrung einige *Nahrungsvakuolen* (Abb. 1). Die **Regulierung des Wassergehalts** im Zellplasma erfolgt durch die *pulsierende Vakuole.* Bei der ungeschlechtlichen **Fortpflanzung** entstehen durch Zellteilung zwei Tochtertiere (Abb. 3). Zu große Trockenheit und Kälte können die Amöben in einer Dauerform, einer Kapsel, überleben.

3 Fortpflanzung der Amöbe durch Zellteilung

> **Die Amöbe ist ein tierischer Einzeller, der seine Gestalt verändern kann. Scheinfüßchen dienen der Fortbewegung und Nahrungsaufnahme. Die Fortpflanzung erfolgt ungeschlechtlich durch Zellteilung.**

Nahrungs-partikel    Umfließen der Nahrung    Einschließen der Nahrung

1 Nahrungsaufnahme durch die Amöbe

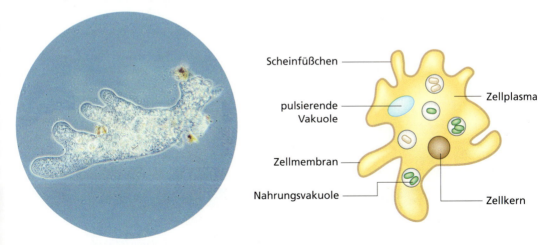

Scheinfüßchen

pulsierende Vakuole

Zellmembran

Nahrungsvakuole

Zellplasma

Zellkern

2 Bau der Amöbe (Mikrofoto und schematische Zeichnung)

## Bau und Lebensweise einzelliger Grünalgen

### Chlorella

Ein Vertreter aus der Pflanzengruppe der Grünalgen ist die einzellige *Chlorella* (Abb. 2), die einen Durchmesser von etwa 10 µm (Mikrometer) hat. Ein Mikrometer ist der tausendste Teil eines Millimeters.
Sie ist in zahlreichen Süßgewässern und an Land, z. B. an feuchten Baumstämmen, zu finden.
In der Chlorellazelle befinden sich ein Zellkern und ein *Chloroplast* mit *Chlorophyll*.
Chlorella und alle anderen Grünalgen nehmen anorganische Stoffe (Kohlenstoffdioxid, Wasser, Mineralstoffe) aus dem Wasser auf. Sie **ernähren** sich *autotroph* (Abb. 1).

> Die Chlorella besteht aus einer kugeligen Zelle, die von einer Zellwand umgeben ist. In der Chlorellazelle befinden sich ein Zellkern und ein Chloroplast mit Chlorophyll.

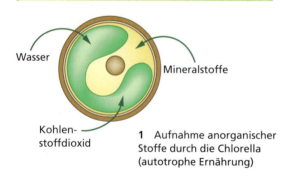

Wasser
Mineralstoffe
Kohlen-stoffdioxid

**1** Aufnahme anorganischer Stoffe durch die Chlorella (autotrophe Ernährung)

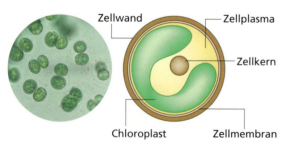

Zellwand
Zellplasma
Zellkern
Chloroplast
Zellmembran

**2** Bau der Chlorella (Mikrofoto und schematische Zeichnung)

## Hüllengeißelalge (Chlamydomonas)

Wenn man aus Teichen oder Tümpeln einen Tropfen Wasser auf einen Objektträger bringt und mikroskopiert, kann man *Hüllengeißelalgen* (Abb. 3) beobachten. Die eiförmige, etwa 20 µm große Hüllengeißelalge (Chlamydomonas) aus der Gruppe der Geißelalgen besteht ebenfalls aus einer Zelle, die von einer *Zellwand* umgeben ist. Zwei *Geißeln* ermöglichen ihr die **Fortbewegung** im Wasser. Dabei kann ihre Bewegungsgeschwindigkeit das 10-Fache der Körperlänge in der Sekunde betragen. In der Hüllengeißelalgenzelle befinden sich ein Augenfleck, der *Zellkern* und ein *Chloroplast* mit dem grünen Farbstoff *Chlorophyll*.
Die **Ernährung** erfolgt wie bei Chlorella autotroph.
Ungeschlechtlich pflanzen sich die Hüllengeißelalgen durch die Bildung von Tochterzellen in der Mutterzelle fort (Längsteilung). Die Tochterzellen werden durch Zerfall der Mutterzelle frei.

Die Geißelalgen werden in die Gruppe der **Grünalgen** eingeordnet.

> Die Hüllengeißelalge besteht aus einer Zelle, die von einer Zellwand umgeben ist. Sie besitzt zwei Geißeln und einen Augenfleck. Die Geißelalgenzelle enthält einen Zellkern und einen Chloroplasten mit Chlorophyll.

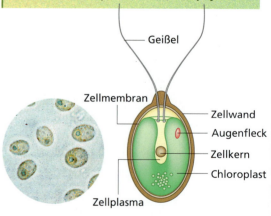

Geißel
Zellmembran
Zellwand
Augenfleck
Zellkern
Chloroplast
Zellplasma

**3** Bau der Hüllengeißelalge (Mikrofoto und schematische Zeichnung)

## Das „Augentierchen" Euglena – Pflanze oder Tier?

In Pfützen, Tümpeln und Dorfteichen lebt oft zu vielen Millionen die *Euglena*. Sie ist ein spindelförmiger Einzeller und wird aufgrund eines roten Augenfleckes auch *Augentierchen* genannt (Abb. 1).

Die *Euglena* ist etwa 0,05 mm lang. Mit einer Schwimmgeißel kann sich die *Euglena* um das Zwei- bis Dreifache ihrer Körperlänge in der Sekunde **fortbewegen.** Dabei dreht sie sich um die eigene Längsachse.

Bei ungünstigen Lichtverhältnissen bewegt sich die *Euglena* dorthin, wo es heller ist. Mit einem lichtempfindlichen Körperchen (Fotorezeptor) im Geißelsäckchen an ihrem Vorderende nimmt die *Euglena* wahr, aus welcher Richtung das Licht kommt.

Entsprechend der Bedingungen in der Umwelt ernährt sich die Euglena *autotroph* oder *heterotroph*. Bei günstigen Lichtverhältnissen ernährt sich die *Euglena* autotroph. Sie nimmt die energiearmen anorganischen Stoffe Kohlenstoffdioxid und Wasser auf und baut mithilfe des Chlorophylls und unter Nutzung des Lichts in den Chloroplasten energiereiche organische Stoffe (Traubenzucker) auf. Bei Lichtmangel ernährt sich die *Euglena* heterotroph von energiereichen organischen Stoffen aus dem Gewässer.

Die *Euglena* besitzt **Merkmale von Pflanzen und von Tieren.** Die Chloroplasten mit Chlorophyll und die autotrophe Ernährung sind Merkmale, die für Pflanzen charakteristisch sind. Das Fehlen einer Zellwand und die heterotrophe Ernährung sind Merkmale der Tiere.

Die *Euglena* wird von den Botanikern den Algen zugeordnet. Aufgrund ihrer Besonderheiten im Bau und in der Lebensweise ist sie für die Wissenschaftler ein wichtiges Forschungsobjekt bei der Gewinnung von Kenntnissen über die Entwicklung der Organismen in erdgeschichtlich langen Zeiträumen.

> Die einzellige Euglena besitzt Merkmale der Pflanzen (z.B. Chloroplasten mit Chlorophyll, autotrophe Ernährung) und Merkmale der Tiere (z.B. Fehlen einer Zellwand, heterotrophe Ernährung).

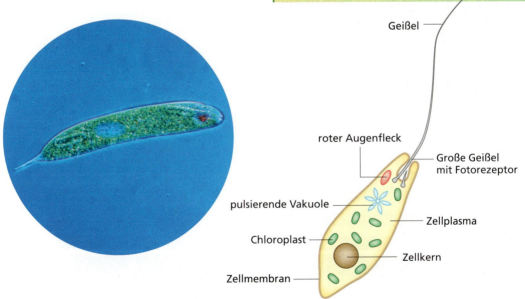

Geißel

roter Augenfleck

Große Geißel mit Fotorezeptor

pulsierende Vakuole

Zellplasma

Chloroplast

Zellkern

Zellmembran

**1** Bau des „Augentierchens" Euglena (Mikrofoto und schematische Zeichnung)

## Einzeller – Kolonie – Vielzeller

Die *Hüllengeißelalge* (Abb. 1, S. 32) ist ein pflanzlicher Einzeller. Die Geißelalgenzelle ernährt sich, wächst, bewegt sich und pflanzt sich fort.

Die Entwicklung vom Einzeller zum Vielzeller verlief wahrscheinlich über ein Zwischenstadium. Die Tochterzellen haben sich nach der Teilung nicht mehr getrennt. Umgeben von einer Gallerthülle, blieben sie zusammen. Trennt man die Einzelzellen, ist jede Zelle für sich lebensfähig. Solch einen Verband von gleichartigen Einzelzellen, die häufig durch eine Gallerthülle miteinander verbunden sind und eine neue Lebensform bilden, bezeichnet man als **Zellkolonie.**

Bei der *Mosaikgrünalge (Gonium)* liegen bis zu 16 gleichartige Einzelzellen in einer Gallerthülle beieinander.

Die Alge *Eudorina* besteht aus 32 gleich gebauten Einzelzellen, die von einer zarten Gallertschicht zusammengehalten werden.

Jede dieser Einzelzellen kann sich ernähren und wächst, dient der Fortpflanzung und Bewegung. Beide Grünalgen sind Zellkolonien (Abb. 1).

Die *Volvox* besteht aus etwa 20000 Einzelzellen (Abb. 2). Sie sind durch Plasmafäden (Plasmabrücken) miteinander verbunden und bilden eine millimetergroße, mit Schleim ausgefüllte gallertartige Hohlkugel. Die Einzelzellen unterscheiden sich jedoch im Bau und in der Funktion voneinander.

Die Mehrzahl der Zellen sind **Geißelzellen.** Sie tragen je zwei Geißeln und besitzen einen Chloroplasten. Sie ermöglichen die Bewegung, die Ernährung von anorganischen Stoffen (autotrophe Ernährung) und den Aufbau körpereigener organischer Stoffe. Aufgrund der Verbindung durch Plasmabrücken erfolgt die Fortbewegung durch einen koordinierten Geißelschlag aller Geißelzellen.

Der Fortpflanzung dienen wenige **Fortpflanzungszellen.** Bei der *ungeschlechtlichen Fortpflanzung* entstehen aus größeren Einzelzellen der Volvoxkugel durch Zellteilungen im Inneren der Hohlkugel Tochterkolonien. Die Tochterkolonien wachsen in der Mutterkolonie heran (Abb. 2; Abb. 1, S. 35).

Zur *geschlechtlichen Fortpflanzung* bildet Volvox Ei- und Spermienzellen (Abb. 2, S. 35). Die Spermienzellen gelangen zur Eizelle. Aus der befruchteten Eizelle entsteht eine neue Tochterkolonie.

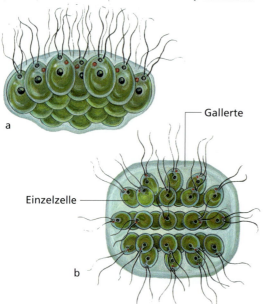

a

b

Gallerte

Einzelzelle

**1**  Die Grünalgen Gonium (a) und Eudorina (b) sind koloniebildende Organismen.

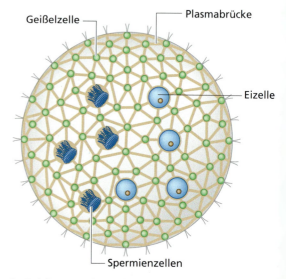

Geißelzelle

Plasmabrücke

Eizelle

Spermienzellen

**2**  Bei der Grünalge Volvox verbinden Plasmabrücken netzartig die einzelnen Zellen miteinander.

**1** Die Mutterkolonie platzt auf und setzt Tochterkolonien frei.

Nach dem Zerfall der Mutterkolonie gelangen die Tochterkolonien ins Freie und wachsen zu je einer neuen Mutterkolonie heran (Abb. 1).
Bei der *Volvox* besteht eine **Funktionsteilung** zwischen den beiden Zelltypen (Geißelzellen, Fortpflanzungszellen). Aus dem Verband herausgelöste Einzelzellen sind nicht lebensfähig. Diese Merkmale kennzeichnen Volvox als **Zwischenglied** zwischen pflanzlichen Kolonien und Vielzellern.

> Die Grünalge Volvox besteht aus Geißel- und Fortpflanzungszellen. Zwischen ihnen besteht eine Funktionsteilung. Volvox ist ein Entwicklungsstadium zwischen einer Kolonie und einem einfachen Vielzeller.

## Bau und Formenvielfalt der Algen

Auf der Erde gibt es etwa 33 000 verschiedene Algenarten. Manche Algenarten bestehen nur aus einer **Zelle** (z. B. *Chlorella*, Abb. 2, S. 32). Andere Algen bilden **Zellfäden**. Aus einem Zellfaden ist z. B. die *Kraushaaralge* (Abb. 3) aufgebaut. Sie sitzt mit einer Haftzelle auf dem Untergrund fest und lebt im Süßwasser. Kommt es beim Wachstum zu Quer- und Längsteilungen der Zellen, entstehen wie beim *Meersalat* (Abb. 3) **Zellflächen**. Der Meersalat kommt im Meerwasser vor und ist mit einer Haftscheibe auf Steinen festgewachsen.
In der **Größe** unterscheiden sich die Algen erheblich. Einige Algen kann man nur mithilfe des Mikroskops sehen (Abb. 1, S. 32), andere werden bis zu 120 m lang und gehören zu den größten Pflanzen auf der Erde, z. B. der *Birnentang*. Algen sind unterschiedlich **gefärbt**. So ist der *Meersalat* grün, der *Blasentang* braun gefärbt. Der *Meersalat* gehört zu den **Grünalgen**, der *Blasentang* zu den **Braunalgen**. Der grüne Farbstoff Chlorophyll ist von anderen Farbstoffen überlagert.

Birnentang

> Die Algen sind eine sehr einfach aufgebaute Pflanzengruppe. Sie bestehen beispielsweise aus einzelnen Zellen, Zellfäden oder Zellflächen. In ihrer Form und Größe zeigen die Algen eine große Mannigfaltigkeit.

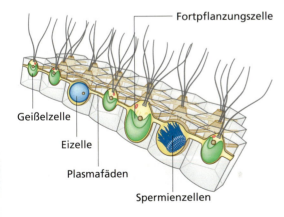

Fortpflanzungszelle

Geißelzelle

Eizelle

Plasmafäden

Spermienzellen

**2** Der vergrößerte Ausschnitt von Volvox zeigt den Feinbau dieser Grünalge.

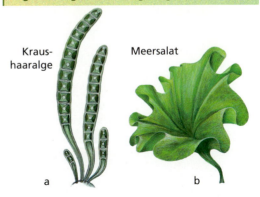

Kraushaaralge

Meersalat

a

b

**3** Neben einzelligen Algen gibt es Algen, die aus Zellfäden (a) bzw. Zellflächen (b) aufgebaut sind.

# Mosaik

## Kieselalgen

In den Meeren und im Süßwasser aller Klimazonen kommen **Kieselalgen** vor. Mithilfe des Mikroskops erkennt man, dass die Form dieser einzelligen Pflanzen sehr vielgestaltig ist (Abb. unten). Allen Kieselalgen ist gemeinsam, dass sie feste Kieselsäure-Schalen besitzen. Diese *Kieselsäureschalen* bestehen aus 2 Hälften, die wie der Deckel und der Boden einer Schachtel zusammenpassen. Die gelbbraune Farbe erhalten die Kieselalgen durch Farbstoffe, die das Chlorophyll überlagern.

Die *Fortpflanzung* der Kieselalgen erfolgt ungeschlechtlich durch Zellteilung. Durch Zunahme der Menge des Zellplasmas weichen die Schalenhälften auseinander, der Zellkern und das Zellplasma teilen sich. Jede Tochterzelle bildet immer die untere Schalenhälfte neu aus.

Im Süßwasser findet man die Kieselalgen meist am Grunde der Gewässer. Kieselalgen, die in den Meeren vorkommen, leben frei schwebend im Meerwasser. Durch Öltröpfchen in der Kieselalgenzelle wird das Schweben im Wasser erleichtert. Kieselalgen sind für die Tiere im Watt (z.B. die Strandschnecke und die Wattschnecke), in den Meeren und Ozeanen eine wichtige *Nahrungsgrundlage.* Auf einem Quadratzentimeter Wattboden leben oft über 1 Million Kieselalgen, die dort einen braunen Überzug bilden. Die Kieselalgen werden von den Strandschnecken und den Wattschnecken „abgeweidet". Von den Schnecken ernähren sich andere Tiere (z.B. die Silbermöwe und die Eiderente).

Kieselalgen stehen immer am Anfang von Nahrungsketten:

Kieselalgen ⟶ Wattschnecke ⟶ Eiderente

Die chemisch fast unzersetzbaren Schalen der Kieselalgen haben im Laufe der Erdgeschichte mächtige *Gesteinsschichten (Kieselgur)* gebildet. Die Ablagerungen der Kieselsäureschalen werden heute abgebaut und aufgrund der Feinheit und Härte der Schalen als Schleifmaterial zum Polieren und als Filtermaterial verwendet. In Apotheken wird Kieselerde als Aufbaustoff für Haut, Haare und Fingernägel angeboten. Die Kieselalgenschalen sind so fein und präzise strukturiert, dass man sie als Testobjekte für die Güte von Mikroskopen nutzen kann.

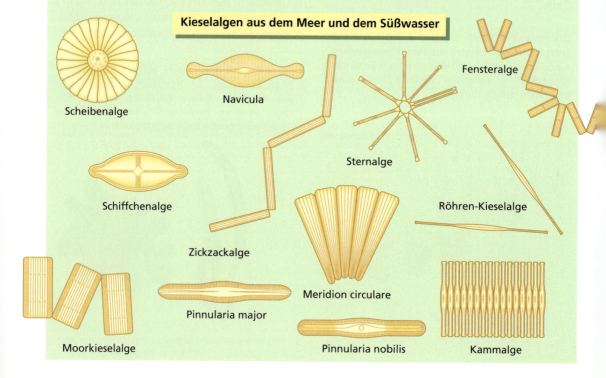

**Kieselalgen aus dem Meer und dem Süßwasser**

Scheibenalge

Navicula

Fensteralge

Sternalge

Schiffchenalge

Röhren-Kieselalge

Zickzackalge

Meridion circulare

Pinnularia major

Moorkieselalge

Pinnularia nobilis

Kammalge

# Biologie im Alltag

## Bedeutung der Algen

Aus Stoffen, die in den Algen enthalten sind, werden **Kosmetikprodukte** hergestellt (Abb. 1).
Aufgrund von Eigenschaften, die aus Algen gewonnene Stoffe besitzen (z. B. gelierende Wirkung, hoher Vitamingehalt), finden Algen auch in der **Nahrungsmittelindustrie,** z. B. bei der Herstellung von Milchprodukten wie Eis und Pudding (Abb. 1), Verwendung.
In einigen Ländern, z. B. Japan und China, werden Algen zu Süßigkeiten und Suppen verarbeitet oder als Beilage zu Fleischgerichten gegeben. Dazu werden sie in großen „Algenfarmen" unter Wasser gezüchtet.
In der Wissenschaft sind Algen wichtige **Forschungsobjekte.** Weil sie sich sehr schnell fortpflanzen und wachsen können, nutzt man sie besonders zur weiteren Erforschung von Vorgängen in den Zellen. Die neuen Erkenntnisse wollen die Wissenschaftler zum Beispiel in der Medizin und bei der Abwasserreinigung mithilfe von Algen anwenden.
Zur Kultivierung von Algen, die nur aus einer Zelle oder aus wenigen Zellen aufgebaut sind, verwendet man *Rohrschlangenkultivatoren* (Abb. 2). Der Rohrschlangenkultivator ist so aufgebaut, dass für die Algen optimale Umweltbe-

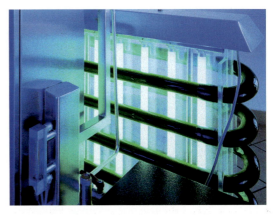

2 Rohrschlangenkultivator in einem Labor

dingungen vorhanden sind (z. B. optimale Lichtzufuhr). Dadurch wachsen die Algen schneller, und die Wissenschaftler können in kurzer Zeit viele Algen ernten.
Die verschiedenen Algenarten stellen unterschiedliche Ansprüche an die Umwelt (z. B. an die Menge organischer Stoffe im Wasser) und können deshalb als **Anzeiger für die Bewertung der Wasserqualität** genutzt werden (s. S. 38).

> Algen werden in der Kosmetik- und Nahrungsmittelindustrie zur Herstellung verschiedener Produkte genutzt. In einigen Ländern werden sie als Nahrung verwendet. Algen sind wichtige Forschungsobjekte und haben Bedeutung für den Umweltschutz.

1 Aus Algen hergestellte Produkte – Kosmetikartikel (a) und Nahrungsmittelprodukte (b)

| Gewässer-güte-klassen | Wasser-qualität | Kennzeichnung | Algenarten (Auswahl) |
|---|---|---|---|
| I | unbelastet bis sehr gering belastet | Wasser klar, nährstoffarm, sauerstoffreich | Moorkieselalge    Sternalge |
| II | mäßig belastet | mäßige Verunreinigungen mit organischen Stoffen, Abnahme des Sauerstoffgehalts | Kammalge    Schraubenalge    Zackenrädchen    Zickzackalge    Gürtelalge |
| III | stark verschmutzt | Wasser trüb durch Abwasser, Ablagerung von Faulschlamm beginnt, Sauerstoffmangel | Pinnularia    Mondsichelalge    Gonium    Hüllengeißelalge    Navicula |
| IV | sehr stark verschmutzt | sehr großer Sauerstoffmangel, hoher Gehalt an organischen Stoffen, Boden schwarz durch Faulschlamm, Bildung von Schwefelwasserstoff (Geruch) | Ocillatoria    Anabaena    Euglena |

1   Algen – Anzeiger für Gewässergüteklassen

## gewusst · gekonnt

1. Vergleiche den Bau der Hüllengeißelalge und der Alge Chlorella.

Stelle an zwei Beispielen den Zusammenhang zwischen Bau und Funktion her.

2. Das Pantoffeltierchen kommt nur in Gewässern vor, in denen sich viele organische Stoffe befinden.
Begründe.

3. Welche Bestandteile des Pantoffeltierchens dienen
   – der Fortbewegung,
   – der Verdauung der Nahrung,
   – der Regulierung des Wassergehaltes im Zellplasma?
   Beschreibe.

4. Nenne Merkmale, an denen man
   a) pflanzliche Einzeller und
   b) tierische Einzeller erkennt.
   Ordne jeder Gruppe zwei Beispiele zu.

5. Beschreibe, wie sich die Euglena
   – bei günstigen Lichtverhältnissen,
   – bei Lichtmangel ernährt.

6. Schabe mit einem Spatellöffel etwas von dem grünen Belag an Baumstämmen ab.
   Stelle davon ein Feuchtpräparat her und mikroskopiere.
   Fertige eine Zeichnung an.

7. Beschreibe den Bau der Volvoxkugel.

8. Nenne Merkmale, an denen du einen Einzeller, eine Kolonie und einen Vielzeller erkennst?

9. Vergleiche den Bau von Chlorella, Kraushaaralge und Meersalat.

10. Innerhalb der Pflanzengruppe Algen gibt es eine große Formenvielfalt.
    Erläutere dies an Beispielen aus dem Lehrbuch. Informiere dich auch im Internet.

11. In Andreas' Aquarium haben sich einzellige Algen so stark vermehrt, dass das Wasser „grün gefärbt" erscheint. Kai gibt Andreas den Rat, die Aquarienbeleuchtung abzuschalten und das Aquarium eine Zeit lang mit einer Decke abzudunkeln. Kathrin schlägt vor, nichts zu unternehmen, weil die Algen von selbst wieder verschwinden. Was hältst du von diesen Vorschlägen? Begründe deine Meinung.

12. Das Seegras ist aus Wurzeln, einer unterirdischen Sprossachse und Laubblättern aufgebaut und bildet einen Blütenstand aus. Besucher der Meeresküste halten das Seegras oft für eine Grünalge. Ist das richtig? Begründe deine Meinung.

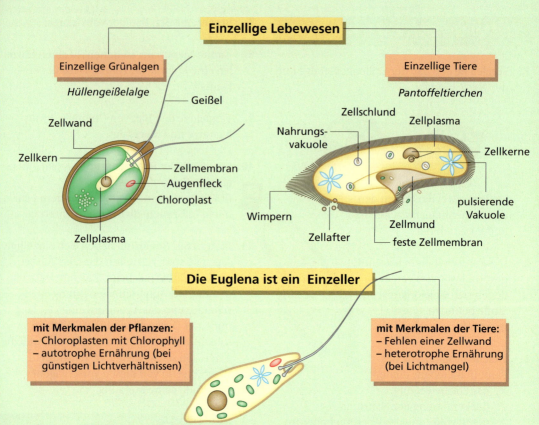

**Einzellige Lebewesen**

**Einzellige Grünalgen**

*Hüllengeißelalge*

- Geißel
- Zellwand
- Zellkern
- Zellmembran
- Augenfleck
- Chloroplast
- Zellplasma

**Einzellige Tiere**

*Pantoffeltierchen*

- Zellschlund
- Zellplasma
- Nahrungsvakuole
- Zellkerne
- pulsierende Vakuole
- Wimpern
- Zellafter
- Zellmund
- feste Zellmembran

**Die Euglena ist ein Einzeller**

**mit Merkmalen der Pflanzen:**
– Chloroplasten mit Chlorophyll
– autotrophe Ernährung (bei günstigen Lichtverhältnissen)

**mit Merkmalen der Tiere:**
– Fehlen einer Zellwand
– heterotrophe Ernährung (bei Lichtmangel)

**Vom Einzeller über die Kolonie zum Vielzeller bei Algen**

**Einzeller**
*(z. B. Chlorella)*

Ein Einzeller besteht aus einer Zelle. Diese Zelle ernährt sich, wächst, bewegt sich und pflanzt sich fort.

**Zellkolonie**
*(z. B. Eudorina)*

Alle Zellen in einer Kolonie haben die gleiche Funktion. Jede Zelle ernährt sich, wächst und dient der Fortpflanzung und Bewegung.

**Zwischenglied zwischen Kolonie und Vielzeller**
*(z. B. Volvox)*

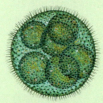

Als Übergang zum Vielzeller besitzen die Zellkolonien Zellen mit unterschiedlichen Funktionen: z.B.
– Fortpflanzungszellen,
– Geißelzellen, verbunden durch Plasmafäden.

**Vielzeller**
*(z. B. Meersalat)*

Vielzeller bestehen aus mehreren oder vielen differenzierten und spezialisierten Zellen.

# 2.1 Vielfalt wirbelloser Tiere

### Baumeister in der Natur

Zwischen krautigen Pflanzen oder auf Bäumen und Sträuchern sowie in Gebäuden findet man unterschiedlich gestaltete Spinnennetze. Bei genauerem Hinsehen fällt eine Spinne auf, die oftmals mit dem Bauch nach oben unter dem Netz hängt. Die Kreuzspinne z. B. baut ein radartiges Fangnetz (Abb.).
*Zu welchem Zweck bauen einige Spinnen so kunstvolle Netze? Worin liegt die Schönheit der Spinnen?*

### Ein Leben in der Erde

Der Gemeine Regenwurm lebt tagsüber unseren Blicken verborgen in der Erde (Abb.). Wir können aber unter einem Quadratmeter Wiesenboden etwa 500 Regenwürmer zählen. In Ackerböden ist die Anzahl bedeutend geringer (etwa 50–100).
*Welche Bedeutung haben die Regenwürmer im Kreislauf der Natur?*
*Warum findet man in intensiv genutzten Ackerflächen viel weniger Regenwürmer als im Wiesenboden?*

### Ein Leben im Wasser

Der Europäische Flusskrebs war früher in allen sauberen Bächen, Flüssen und Seen häufig anzutreffen. Um die Jahrhundertwende vernichtete eine Krankheit, die sogenannte Krebspest, fast alle Krebsvorkommen. Deshalb wurde der in seiner Lebensweise ähnliche Amerikanische Flusskrebs (Abb.) in Deutschland eingebürgert.
*Wie ist der Flusskrebs an seinen Lebensraum angepasst?*
*Wie können die wenigen Bestände des Europäischen Flusskrebses geschützt werden?*

# Wirbellose Tiere – ein Überblick

Gegenwärtig sind über 1 Million verschiedene wirbellose Tierarten bekannt. Die meisten gehören zur Gruppe der Insekten (760 000 Arten). Dagegen gibt es nur etwa 48 000 verschiedene Wirbeltierarten.

Einige wirbellose Tiere leben ständig in Häusern, z. B. das *Silberfischchen* (Abb. 1) und der *Menschenfloh* (s. S. 70). In den Federn von Betten finden den unzählige *Milben* ihren **Lebensraum.**

Viele wirbellose Tiere leben im Boden, z. B. der *Regenwurm* (Abb., S. 42) und die *Maulwurfsgrille* (Abb. 3). Sie tragen zur Durchmischung des Bodens bei.

Andere Wirbellose wiederum haben ihren Lebensraum in der Waldstreu und in Kompostablagerungen, z. B. *Springschwänze* (Abb. 2, 4). Diese Tiere ernähren sich von abgestorbenen Organismen und bewirken so, dass tote Lebewesen zersetzt werden.

Auch auf Bäumen und Sträuchern, auf und in den Blättern von Pflanzen und im Wasser, z. B. der *Gelbrandkäfer* (Abb., S. 44), sind wirbellose Tiere zu finden. Selbst in unserer Haut und im Innern unseres Körpers können wirbellose Tiere leben, z. B. der *Spulwurm* (s. S. 70).

Viele wirbellose Tiere **beeinflussen unser Leben** direkt, z. B. als Erreger von Krankheiten (u. a. Malaria) oder als Lieferanten von Nahrung, z. B. Honig und Seide. Andere rufen Schadfraß an Pflanzen hervor, z. B. *Borkenkäfer* (Abb. 2), *Kartoffelkäfer* (Abb., S. 41).

2 Vielfalt der Wirbellosen

In ihrer **Größe, Gestalt** und **Farbe** sind wirbellose Tiere außerordentlich vielgestaltig. Wirbellose Tiere sind ein wesentlicher **Teil der lebenden Natur.** Für die Aufrechterhaltung des Gleichgewichts in der Natur sind sie unersetzbar.

Alle die genannten Tiere unterscheiden sich von den Wirbeltieren, wie *Taube, Zauneidechse* oder *Hund,* durch ein wesentliches Merkmal: Sie haben nämlich im Innern ihres Körpers **keine Wirbelsäule.**

Es sind **wirbellose Tiere.** Zu den Wirbellosen gehören viele Tiergruppen, z. B. Weichtiere, Spinnentiere, Krebstiere, Hohltiere, Insekten und Ringelwürmer.

> **Als Wirbellose werden die Tiere bezeichnet, die keine Wirbelsäule besitzen.**

1 Silberfischchen

3 Maulwurfsgrille

4 Springschwänze

## Wirbellose Tiere im Gewässer

**1 Ohrenqualle – ein Hohltier**
*Lebensraum:*
in allen Meeren,
häufig in Ostsee
*Merkmale:*
frei schwimmend,
25 – 40 cm Durchmesser,
schirmartige Körperform,
durchscheinend,
am Rand des gallertartigen
Schirms zahlreiche kurze
Fangarme,
4 kräftige Fangarme
umgeben Mundöffnung,
innen Magenhöhle
*Nahrung:*
Plankton, kleine Meerestiere

**3 Sandpierwurm – ein Ringelwurm**
*Lebensraum:*
Mittelmeer, Atlantikküste,
Ost-, Nordsee
*Merkmale:*
lebt in Röhre im weichen
Meeresboden in 25 cm
Tiefe,
grüngelblich bis bräunlich,
rötliche büschelige Kiemen,
hinterlässt deutlich
sichtbare Kothäufchen,
beliebter Köderwurm,
*Nahrung:*
mit Kleinstlebewesen
durchsetzter Sand

**5 Gelbrandkäfer – ein Insekt**
*Lebensraum:*
in Gewässern von Europa,
Nordamerika
*Merkmale:*
bis 40 mm,
Flügeldecken und
Halsschild sind gelb
umrandet,
Männchen Saugnäpfe
an Vorderbeinen,
räuberische Lebensweise,
*Nahrung:*
kleine Lebewesen und Aas

**2 Wasserspinne – ein Spinnentier**
*Lebensraum:*
stehende und langsam
fließende saubere
Gewässer in Europa
*Merkmale:*
Länge 8 –15 mm,
spinnt zwischen
Wasserpflanzen
glockenförmige Netze,
füllt sie mit Luft als
Sauerstoffvorrat,
Luftglocken sind
Wohn- und Lebensraum,
*Nahrung:*
kleine Wassertiere
(Wasserasseln)

**4 Gemeiner Wasserfloh – ein Krebstier**
*Lebensraum:*
Kleingewässer weltweit
*Merkmale:*
Länge 1,2 – 4 mm,
Körper geschützt zwischen
zwei Chitinschalen,
Kopf und Antennen ragen
heraus,
großes Komplexauge,
5 Paar Beine mit
Filterborsten,
wichtiges Fischfutter,
*Nahrung:*
kleine Algen, Bakterien,
Schwebstoffe

**6 Gemeiner Tintenfisch – ein Weichtier**
*Lebensraum:*
Mittelmeer bis Nordsee
*Merkmale:*
Länge 30 – 40 cm, Fuß
umgewandelt zu 9 Kopf-
armen (Kopffüßer) und
2 langen Fangarmen mit
Saugnäpfen, schulp-
ähnliche Innenschale,
Fortbewegung durch
Rückstoßprinzip und
Flossensaum, bei Gefahr
Abgabe eines dunklen
Farbstoffes, Nahrung für
Menschen, Räuber,
*Nahrung:* Fische, Muscheln

# Wirbellose Tiere auf dem Lande

**1 Roter Waldregenwurm
– ein Ringelwurm**
*Lebensraum:*
Humus,
Spreu von Wäldern,
im Wiesenboden,
Kompost,
Falllaub
*Merkmale:*
Länge bis 15 cm,
leuchtend rotbraun
bis violett,
Körper geringelt,
kommt tagsüber öfter
an die Erdoberfläche,
*Nahrung:*
organische Stoffe
vermischt mit Boden

**3 Kartoffelkäfer
– ein Insekt**
*Lebensraum:*
weltweit an Kartoffel-
pflanzen
*Merkmale:*
etwa 6–11 mm,
Flügeldecken gelb mit
schwarzen Längsstreifen,
Kopf und Brustschild gelb
mit schwarzen Flecken,
Larven rot,
seitlich 2 schwarze
Punktreihen,
*Nahrung:*
Blätter von Kartoffel-,
Tabakpflanzen; Schädling

**5 Große Wegschnecke
– ein Weichtier**
*Lebensraum:*
Wälder, Wegränder,
Wiesen, Gebüsche
(feuchte, schattige Stellen)
*Merkmale:*
Nacktschnecke,
etwa 10–15 cm Länge,
Rückenfärbung rot,
braun oder schwarz,
Fußsaum rot mit dunklen
Querstrichen,
Haut runzlig,
*Nahrung:*
Pflanzenteile

**2 Feld-Maikäfer
– ein Insekt**
*Lebensraum:*
Gärten, Parks,
Wälder in großen Teilen
Europas
*Merkmale:*
Länge 20–30 mm,
braune Flügeldecken,
dunkles Schild,
Fächerfühler,
Entwicklung 2–3 Jahre
bis zum Vollinsekt,
*Nahrung:*
Blätter der Bäume

**4 Kellerassel
– ein Krebstier**
*Lebensraum:*
Keller, Gewächshäuser,
unter Steinen
(feuchte Lebensräume)
*Merkmale:*
etwa 1,6 cm,
dunkelgrauer,
abgeplatteter Körper ohne
Kopfbruststück,
Körperoberseite gekörnelt,
atmet mit Kiemen,
*Nahrung:*
Falllaub, abgestorbene
Pflanzen, vermodertes
Holz

**6 Rotknie-Vogelspinne
– ein Spinnentier**
*Lebensraum:*
in tropischen Ländern
auf Büschen, Bäumen,
unter Baumwurzeln
*Merkmale:*
große Kieferklauen,
filzartige Behaarung,
Körperlänge mit
Beinen 25 cm,
braun mit rötlichen
Schimmer,
*Nahrung:*
Insekten, Frösche,
junge Vögel

## Hinweise für die Arbeit

Beim projektorientierten Arbeiten geht es zunächst darum, eigene Ideen zum Thema zu entwickeln und sich eigene Aufgaben zu stellen, die die jeweilige Gruppe möglichst selbstständig bearbeitet. Dabei sollte das Thema von unterschiedlichen Seiten aus betrachtet werden.
**1. Arbeitsschritt:** Am besten veranstaltet man zuerst einmal einen Markt der Ideen und wählt daraus die Themenbereiche aus, die die jeweilige Gruppe bearbeiten möchte.
**2. Arbeitsschritt:** Die Gruppe erstellt einen **Arbeitsplan.** Die Punkte, die unbedingt geklärt werden sollten, sind unten zu finden.

**3. Arbeitsschritt:** Die Umsetzung des Arbeitsplanes erfolgt. Treten Fragen auf, kann man sich an den Lehrer wenden.
**4. Arbeitsschritt:** Nach Beendigung der Gruppenarbeit werden die Ergebnisse präsentiert. Dabei muss man beachten, dass sich die Mitschüler meistens mit anderen Fragestellungen beschäftigt haben.
Die Art der Darstellung muss also in kurzer und logischer Form erfolgen, sodass alle Mitschüler die Versuche und Ergebnisse verstehen und die gewonnenen Erkenntnisse nachvollziehen können.
**5. Arbeitsschritt:** Abschließend kann eine Wandzeitung angefertigt werden, die einen Gesamtüberblick über die Arbeit der Klasse gibt. Diese wird an gut sichtbarer Stelle im Schulhaus ausgehängt.

**Projekt-struktur**

1. Projektidee – Wirbellose Tiere im Waldboden

2. Projektplan – Untersuchungen zu Tieren im Waldboden

4. Projektpräsentation – Darstellen der Ergebnisse

3. Projektdurchführung – Untersuchungen zu den Tieren im Waldboden und Auswertung

**Arbeitsplan der Gruppe**

a) Welche Fragen sollen in der Gruppe zum ausgewählten Themenbereich beantwortet werden?
b) Welche Materialien/Medien sollen genutzt werden?
   Welche Methoden sollen bei der Informationsbeschaffung angewendet werden?

c) Welche Experimente möchte die Gruppe durchführen?
d) Wer ist für welchen Bereich bzw. für welche Frage zuständig?
e) Welcher zeitliche Rahmen steht zur Verfügung?
f) Wie sollen die Ergebnisse dargestellt werden?

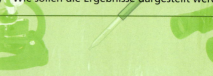

# Wirbellose Tiere im Waldboden

Die Schichten des Waldbodens und vermoderte Baumstubben sind ideale Lebensräume für eine Vielzahl von wirbellosen Tieren (s. Abb. unten). Sie haben eine große Bedeutung im Stoffkreislauf der Natur.

Die **Bodenlebewesen** verarbeiten die anfallenden organischen Substanzen, z. B. Pflanzen- und Tierreste, zu dunkelbraunem Humus.

Zu den Bodenlebewesen gehören Kleinstlebewesen wie *Bakterien, Pilze, Algen, einzellige Tiere,* kleine Tiere wie *Würmer, Milben, Asseln, Insekten* und deren Larven, aber auch größere Tiere wie *Maulwurf, Hamster* und *Wildkaninchen.* Die Bodentiere verbessern durch Lockerung und Mischung des Bodens und durch Zerkleinerung größerer Teile die Bodenstruktur und dadurch auch die Bodenfruchtbarkeit.

1. *Ermittle die Tiere in der oberen Bodenschicht.*
   a) Breite vorsichtig eine Probe der oberen Bodenschicht auf einer weißen Unterlage (z.B. Papier, Schale) aus und suche nach wirbellosen Tieren. Sortiere die lebenden Tiere in kleine Gefäße (z.B. Plastebecher).
   b) Bestimme die Tiere mithilfe eines Bestimmungsschlüssels oder durch Vergleich mit Abbildungen.
   c) Fertige eine Übersicht zu den gefundenen Bodentieren an. Skizziere die Tiere, stelle ihre Anzahl fest und beschreibe typische Merkmale (z.B. Farbe, Größe, Anzahl der Beine, Körpergliederung). Informiere dich auch mithilfe des Internets über die Lebensweise der Tiere. Trage die Ergebnisse in die Übersicht ein.

**Hinweis:** Setze die Tiere nach der Untersuchung zurück in die Natur.

**2.** *Untersuche Tiere in der Streuschicht des Waldes.*
*Materialien:*
Gläser mit Streu verschiedener Standorte; Gläser (z. B. Marmeladengläser), Lupen, Pinzetten, weißes Papier

*Durchführung:*
1. Entnimm an verschiedenen Standorten Proben der Streuschicht.
2. Sammle aus der Streu die Tiere und gib sie getrennt in Gläser oder auf weißes Papier.
3. Beobachte ihren Körperbau, ihre Fortbewegung, ihre Reaktion auf Licht, ihre Mundwerkzeuge. Verwende dazu eine Lupe.
4. Benenne die Tiere. Ordne sie in ihre systematische Gruppe ein. Nutze dazu Abbildungen oder einfache Bestimmungshilfen.

*Auswertung:*
1. Leite anhand der Mundwerkzeuge ab, wovon sich die Tiere ernähren.
2. Leite aus den Beobachtungsergebnissen ab, welche Funktion die Bodenlebewesen im Ökosystem Wald haben.

**Hinweis:** Die gesammelten Tiere sind nach der Untersuchung wieder in die Umwelt auszusetzen.

**3.** *Ermittle Tiere in den oberen Bodenschichten oder im Humus des Waldes.*
*Materialien:*
Berlese-Apparatur (Abb.), Glühlampe (60 W), frischer Boden oder Humus

*Durchführung:*
1. Gib in das Sieb der Berlese-Apparatur ca. 100 g frischen Boden oder Humus. Aus dem

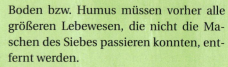

Boden bzw. Humus müssen vorher alle größeren Lebewesen, die nicht die Maschen des Siebes passieren konnten, entfernt werden.
2. Schalte die Lampe ein und lass alles 2 bis 3 Tage stehen.

*Auswertung:*
1. Betrachte (Lupe oder Stereomikroskop) und bestimme die Arten, die vorher ausgesondert wurden.
2. Betrachte (Lupe, Stereomikroskop) und bestimme die Arten, die die Maschen des Siebes passiert haben und sich auf dem Boden des Erlenmeyerkolbens befinden.
3. Wiederhole die Untersuchung mit Boden verschiedener Standorte und prüfe, ob in unterschiedlichen Böden verschiedene Arten auftreten.

Viele Tiere sind an das Leben **im Boden angepasst.** Man findet beispielsweise grabende Tiere *(z. B. Maulwurf, Maulwurfsgrille)*, Bodenwühler *(z. B. Wühlmäuse, Regenwürmer)* und Bodenkriecher *(z. B. Milben, Insektenlarven, Springschwänze)*. Charakteristische Merkmale vieler Bodentiere sind u. a. eine geringe Beweglichkeit, eine Rückbildung der Augen, gut entwickelte Tastorgane und oftmals eine Hautatmung.
Neben vollständig entwickelten Bodentieren leben auch die *Larven* verschiedener Tiere im Boden sowie viele *Bakterien* und *Pilze*.

**4.** *Die Maulwurfsgrille, ein Insekt, lebt ebenfalls im Boden. Vergleiche anhand der Abbildungen die umgewandelten Vorderbeine des Maulwurfs mit den Vorderbeinen der Maulwurfsgrille.*

## Wirbellose Tiere im Haus

Viele wirbellose Tiere findet man auch in den *Räumen von Häusern* (z.B. in Kellern, auf dem Boden und auch in den Wohnräumen). Dazu gehören u.a. *Spinnen, Asseln, Ohrwürmer* und *Fliegen* (s. S.50, 51). Außerdem findet man hier auch Organismen, die sonst nur in wärmeren Ländern vorkommen.

Für manche heimische wirbellose Tiere bieten Haus und Wohnung Unterschlupf, wenn die Lebensbedingungen im Freien ungünstig sind (z.B. *Spinnen* im Winter). Andere wieder haben den von Menschen geschaffenen Lebensraum erobert und leben jetzt hauptsächlich in Häusern und Wohnungen (Kulturfolger).

Durch **einfache Untersuchungen** lässt sich leicht feststellen, welche wirbellosen Tiere die Unterkunft mit uns teilen.

*1.* *Ermittle wirbellose Tiere im Haus.*
   *Materialien:*
   Glasbehälter (z.B. leere Marmeladengläser mit durchstochenem Deckel, um die Luftzufuhr zu sichern), Pinzette, Bestimmungstabellen (z.B. S.50, 51).

*Durchführung:*
1. Suche systematisch ein älteres Haus vom Boden über die Wohnung, den Treppenflur bis in den Keller nach wirbellosen Tieren ab.
2. Hast du ein Tier entdeckt, versuche es zu fangen und in einem der Glasbehälter unterzubringen.
3. Bestimme die gefangenen Tiere nach Abbildungen bzw. Bestimmungstabellen (s.S.50, 51).

*Auswertung:*
1. Ermittle die Tierarten, die am häufigsten zu finden sind.
2. Versuche herauszufinden, welche Bedeutung diese Tiere für das Leben der Menschen haben. Nutze dazu das Internet.

**Hinweis:** Nach der Ermittlung sind die Tiere wieder freizulassen (Tierschutz).

**Projektstruktur**

1. **Projektidee** Wirbellose Tiere im Haus

2. **Projektplan** Untersuchungen zu Tieren im Haus

3. **Projektdurchführung** Untersuchungen zu den Tieren im Haus und Auswertung

4. **Projektpräsentation** Darstellen der Ergebnisse

**Tabelle zum Bestimmen wirbelloser Tiere, die in Häusern leben**

| | |
|---|---|
| 1 | Tier wurmähnlich . . . . . . . . . . . . . . . . . . . . . . . 2 |
| 1* | Tier nicht wurmähnlich, anders gestaltet . . . . 3 |
| 2 | Tier ohne Beine<br><br>weißlich<br>**Larven von Insekten**<br>(z.B. *Maden* von Fliegen – Abb. 1) |
| 2* | Tier mit Beinen<br>**Larven von Schmetterlingen**<br>(*Raupen* – Abb. 2) |
| 3 | Tier mit mehr als 6 Beinen . . . . . . . . . . . . . . . 4 |
| 3* | Tier mit 6 Beinen (Insekten). . . . . . . . . . . . . . 6 |
| 4 | Tier mit 8 Beinen<br>**Spinnentiere**<br>Zu dieser Gruppe gehören<br>*Echte Spinnen*<br>(z.B. *Hausspinne* – Abb. 3),<br>*Weberknechte* (Abb. 4),<br>*Zecken* (*Holzbock* – Abb. 5) und<br>*Milben* (Abb. 6) |
| 4* | Tier mit mehr als 8 Beinen . . . . . . . . . . . . . . . 5 |
| 5 | Körper lang-oval, abgeflacht;<br>mit höchstens 10 Beinpaaren<br>**Krebstiere**<br>(z.B. *Kellerassel* – Abb. 7,<br>*Rollassel* – Abb. 8) |
| 5* | Körper lang gestreckt,<br>mit weit mehr als 10 Beinpaaren,<br>oft mit auffällig vielen Beinen<br>**Tausendfüßer**<br>(z.B. *Schnurfüßer* – Abb. 9,<br>*Steinläufer* – Abb. 10) |
| 6 | Hinterleib mit 2 großen Zangen;<br>Tier mit kurzen Flügeldecken<br>(scheinbar ohne Flügel)<br>**Ohrwürmer**<br>(z.B. *Gemeiner Ohrwurm* – Abb. 11) |
| 6* | Tier anders gestaltet. . . . . . . . . . . . . . . . . . . . 7 |
| 7 | Tier ohne Flügel . . . . . . . . . . . . . . . . . . . . . . . 8 |
| 7* | Tier mit Flügeln. . . . . . . . . . . . . . . . . . . . . . . . 9 |

Abb. 1:
Fliegenmade
(ca. 12 mm)

Abb. 2:
Raupe
(ca. 20 mm)

Abb. 3:
Hausspinne
(ca. 10 mm)

Abb. 5:
Zecke
(ca. 4 mm)

Abb. 4:
Weberknecht
(ca. 11 mm)

Abb. 6:
Milbe
(ca. 1,4 mm)

Abb. 7:
Kellerassel
(bis 16 mm)

Abb. 8:
Gemeine Kugelassel
(Rollassel)
(bis 15 mm)

Abb. 9:
Schnurfüßer
(ca. 10 bis 45 mm)

Abb. 10:
Steinläufer
(ca. 6 bis 32 mm)

Abb. 11:
Gemeiner Ohrwurm
(ca. 9 bis 16 mm)

| | |
|---|---|
| 8 | Hinterleib ohne Schwanzfäden, an der Unterseite keine Sprunggabel, Fühler mit mehr als 6 Gliedern (Lupe) **Urinsekten** (z. B. *Springschwänze* – Abb. 12) |
| 8* | Hinterleib mit 3 Schwanzfäden, an der Unterseite keine Sprunggabel, Fühler mit mehr als 6 Gliedern (Lupe) **Urinsekten** (z. B. *Silberfischchen* – Abb. 13) |
| 9 | Flügel glasartig, durchsichtig . . . . . . . . . . . . . 10 |
| 9* | Flügel nicht glasartig, undurchsichtig; beschuppt oder chitinisiert . . . . . . . . . . . . . . 12 |
| 10 | Flügel in Ruhe dachförmig gehalten, glasklar (Vorder- und Hinterflügel etwa gleich groß) **Netzflügler** (z. B. *Florfliegen* – Gemeines Goldauge; stark genetzte Flügel, golden schimmernde Augen – Abb. 14) |
| 10* | Flügel in Ruhe flach über dem Hinterleib zusammengelegt . . . . . . . . . . . . . . . . . . . . . . . 11 |
| 11 | Fühler stummelförmig kurz, starr; (nur 2 Flügel, anstelle des 1. Flügelpaares zuweilen Schwingkölbchen sichtbar) **Zweiflügler** (z. B. *Stechmücke* – Abb. 15, *Schnake* – Abb. 16, *Stubenfliege* – Abb. 17) |
| 11* | Fühler lang, beim aktiven Tier ständig in Bewegung (4 Flügel, Vorderflügel deutlich größer als Hinterflügel) **Hautflügler** (u. a. *Ameisen* – Abb. 18, *Hornissen* – Abb. 19, Bienen, Hummeln) |
| 12 | Vorderflügel derb, chitinisiert **Käfer** (z. B. *Laufkäfer* – Abb. 20, *Marienkäfer* – Abb. 21) |
| 12* | Flügel beschuppt, undurchsichtig **Schmetterlinge** (z. B. *Tagpfauenauge* – Abb. 22, *Brauner Bär* – Abb. 23) |

Abb. 12: Springschwanz (ca. 4 mm)

Abb. 13: Silberfischchen (ca. 10 mm)

Abb. 14: Florfliege (ca. 15 mm)

Abb. 15: Stechmücke (ca. 10 bis 15 mm)

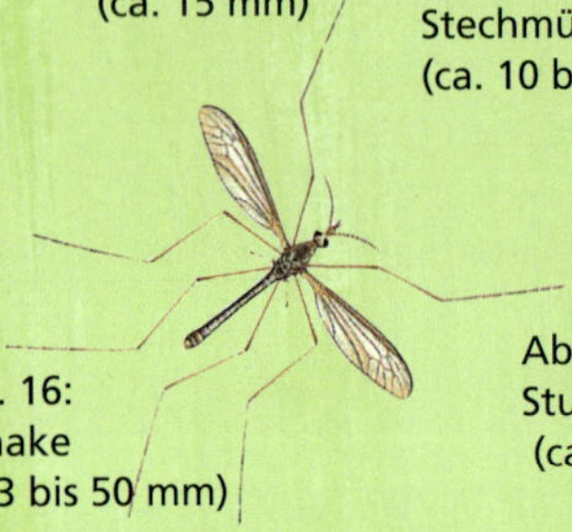

Abb. 16: Schnake (ca. 3 bis 50 mm)

Abb. 17: Stubenfliege (ca. 8 mm)

Abb. 18: Ameise (ca. 6 bis 13 mm)

Abb. 19: Hornisse (bis 35 mm)

Abb. 20: Laufkäfer (ca. 13 mm)

Abb. 21: Marienkäfer (bis 8 mm)

Abb. 22: Tagpfauenauge (Spannweite bis 60 mm)

Abb. 23: Brauner Bär (Spannweite bis 65 mm)

# 2.2 Ausgewählte Gruppen wirbelloser Tiere

## Gemeiner Krake – ein „Meeresungeheuer"?

Vertreter der Gruppe Weichtiere besiedeln die Meere und Süßgewässer sowie das Land. Zu ihnen gehören auch dir bekannte Tiergruppen, z. B. die Schnecken, Muscheln und Tintenschnecken, auch Kopffüßer genannt (Abb. Gemeiner Krake). Trotz gemeinsamer Merkmale besitzt doch jede dieser Gruppen eigene charakteristische Merkmale.

*Warum gehören Vertreter dieser Tiergruppen zu den Weichtieren?*

## Insekten – eine mannigfaltig gestaltete Tiergruppe

Auf einer blühenden Pflanze kann man viele Insekten beobachten, farbenprächtige Schmetterlinge, mannigfaltig gestaltete Käfer, Bienen, Hummeln und Fliegen mit ihren zarthäutigen Flügeln (Abb.). Die Gruppe der Insekten umfasst etwa drei Viertel aller Tiere. Man findet sie in allen Lebensräumen. Wissenschaftler haben die Insekten geordnet und in Gruppen zusammengefasst.

*Welche Untergruppen gibt es bei Insekten?*

*Warum suchen Insekten Blüten auf?*

## Quallen – frei schwimmende Hohltiere

Beim Baden am Strand der Ost- oder Nordsee kann es passieren, dass große Mengen Quallen (Abb. Wurzelmundqualle) an Land gespült werden. Der rötlich oder bläulich gefärbte, gallertartige Körper besteht fast nur aus Wasser. Ein Kontakt mit manchen Arten dieser Meerestiere ist nicht ganz ungefährlich, denn er kann auf der Haut einen lang anhaltenden Schmerz verursachen.

*Warum gehören die Quallen zur Gruppe der Hohltiere?*

*Was passiert, wenn eine Qualle am Strand der Sonne ausgesetzt ist?*

## Süßwasserpolyp – ein Hohltier

**Süßwasserpolypen** (Abb. 1) sind in stehenden und fließenden Gewässern beheimatet.

Ihr **Körper** ist sehr einfach gebaut. Betrachtet man den ca. 1 cm großen Polypen mit der Lupe, fallen sofort sein *schlanker, schlauchförmiger Körper* und seine die Mundöffnung umgebenden *Fangarme*, Tentakel genannt, auf (Abb. 1, 2). Diese Tiere haben keine Wirbelsäule und bestehen aus drei verschiedenen Schichten, die einen *Hohlraum mit Magenfunktion* umschließen (Abb. 2). Tiere mit einem solchen Körperbau nennt man **Hohltiere.**

Die *Außenschicht* besteht aus Hautmuskelzellen, Nesselzellen und einfachen Sinneszellen, die *Innenschicht* aus dicht nebeneinanderliegenden Drüsen- und Verdauungszellen. Zwischen beiden befindet sich eine gallertartige *Stützschicht*. In der Stützschicht liegen Nervenzellen, die zu einem einfachen Nervennetz verbunden sind (Abb. 2). Die Polypen besitzen also ein *netzförmiges Nervensystem*.

Süßwasserpolypen **ernähren** sich von kleinen Wassertieren, z. B. *Wasserflöhen, Hüpferlingen*, die oft genauso groß sind wie der Polyp selbst (heterotrophe Ernährung). Die Beute wird mit den Fangarmen erfasst und mit vielen gifthaltigen „Geschossen" gelähmt. Diese kleinen Giftpfeile

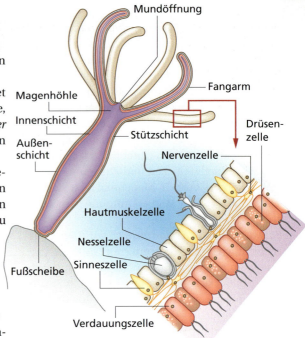

2   Bau des Süßwasserpolypen (längs) und Feinbau der Körperschichten (Fangarm)

schnellen bei der geringsten Berührung der Fangarme aus den *Nesselzellen* hervor. Die wehrlose Beute wird nun durch die Mundöffnung in die Magenhöhle gestopft und verdaut. Nahrungsreste gelangen auf umgekehrtem Wege nach draußen.

1   Der Süßwasserpolyp lebt mit einer Fußscheibe fest sitzend an Wasserpflanzen.

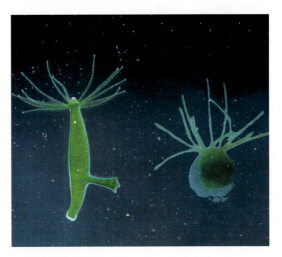

3   Süßwasserpolyp vor und nach Berührung mit einem Gegenstand

Berührt man den Süßwasserpolypen, dann zieht er sich sofort zusammen (Abb. 3, S. 53). Er nimmt die Berührung mit den einfachen Sinneszellen auf. Die Nervenzellen lösen die Bewegung der Hautmuskelzellen aus, der Polyp zieht sich zusammen. Er kann also **auf Umwelteinflüsse reagieren.**

Der Süßwasserpolyp kann sich **aktiv fortbewegen.** Er haftet abwechselnd mit den Fangarmen und der Fußscheibe am Untergrund fest und bewegt sich durch Strecken und Zusammenziehen seines Körpers (Abb. 2). Manchmal lässt sich das Tier einfach von der Wasserströmung treiben.

Süßwasserpolypen **pflanzen** sich vor allem ungeschlechtlich durch **Knospung fort** (Abb. 1). An einem ausgewachsenen Tier, dem Mutterpolypen, bildet sich eine beulenartige Wölbung, die nach einiger Zeit zu einem kleinen Tochterpolypen heranwächst. Der Tochterpolyp kann sich vom Mutterpolypen abtrennen und zum neuen Mutterpolypen heranwachsen.

Bei Verletzung oder gar Abtrennung eines Körperteils wächst das verloren gegangene Teil des Polypen nach. Aber auch ein winziges Stückchen des Polypenkörpers wächst zu einem vollständigen Tier heran. Diese Eigenschaft nennt man **Regeneration.**

### Korallen – farbenprächtige Hohltiere

Zu den Hohltieren gehören auch die farbenprächtigen **Korallen**. Sie leben einzeln, z. B. *Seerose* (Abb. unten), oder zur Kolonie vereinigt, z. B. *Edelkoralle*, *Steinkorallen*.
Bei Kolonien bildenden Korallen entstehen häufig an der Fußscheibe Kalkskelette. Auf dem oberen Teil dieser Kalkskelette wachsen die Korallen weiter und vermehren sich durch Knospung. Im Laufe der Zeit entstehen aus den Kalkskeletten die oft riesigen, in allen Farben leuchtenden **Korallenriffe.**

> Der Süßwasserpolyp ist ein Hohltier. Er ist durch seinen Bau und seine Lebensweise an seinen Lebensraum Wasser angepasst.
> Süßwasserpolypen, Quallen und Korallen gehören zu den Hohltieren.

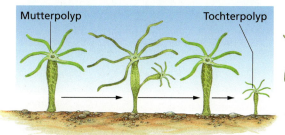

**1** Ungeschlechtliche Fortpflanzung des Süßwasserpolypen (Knospung)

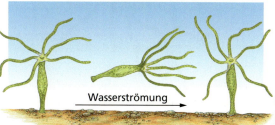

Wasserströmung

**2** Der Süßwasserpolyp kann sich auf verschiedene Weise fortbewegen.

# Regenwurm – ein Ringelwurm

## Körpergliederung und Bau des Regenwurms

Der *Gemeine Regenwurm* (Abb. 2; Abb., S. 42) besitzt eine nackte, dünne und schleimige Haut. Betrachtet man ihn genauer, z. B. mit einer Lupe, so fällt auf, dass sich der Körper in eine Vielzahl (bis zu 180) fast gleichförmiger Ringe gliedert. Regenwürmer werden deshalb den **Ringelwürmern** zugeordnet.

Jeder Körperring, Segment genannt, besitzt vier Paar kurze, steife **Borsten.**

Die äußere Gliederung (**Segmentierung**) des Regenwurms setzt sich nach innen fort (Abb. 1). Querwände grenzen die einzelnen Ringe voneinander ab.

Der **Darm** durchzieht den gesamten Körper von der Mundöffnung bis zum After als gestrecktes Rohr. Das **Blut** fließt in einem Blutgefäßsystem, das aus einem Rücken- und einem Bauchgefäß besteht. Diese beiden sind durch Ringgefäße miteinander verbunden. Ein solches System wird als **geschlossener Blutkreislauf** bezeichnet. Bauchseits verläuft ein starker Nervenstrang (Bauchmark) durch den Körper. Seine Form erinnert an eine Strickleiter. Die Biologen sprechen deshalb von einem **Strickleiternervensystem.**

**2** Der Körper des Gemeinen Regenwurms ist lang gestreckt, walzenförmig sowie am Vorder- und Hinterende zugespitzt.

Jeder Ring enthält ein Paar trichterförmige **Ausscheidungsorgane,** die überschüssige Flüssigkeit aus dem Körper befördern.

Unter der äußeren Haut liegt der **Hautmuskelschlauch.** Dieser besteht aus je einer Schicht Ring- und Längsmuskeln.

> Der Körper des Regenwurms ist in zahlreiche Ringe (Segmente) gegliedert. Er gehört zur Gruppe der Ringelwürmer. Sie besitzen einen Hautmuskelschlauch, ein Strickleiternervensystem, einen durchgehenden Darm und ein geschlossenes Blutgefäßsystem.

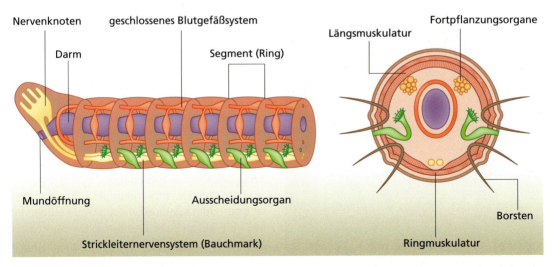

Nervenknoten · geschlossenes Blutgefäßsystem · Darm · Segment (Ring) · Längsmuskulatur · Fortpflanzungsorgane · Mundöffnung · Ausscheidungsorgan · Strickleiternervensystem (Bauchmark) · Borsten · Ringmuskulatur

**1** Beim Regenwurm (Längs- und Querschnitt) stimmen äußere und innere Körpergliederung weitgehend überein.

## Lebensweise des Regenwurms

Der *Gemeine Regenwurm* bewegt sich kriechend fort. Verantwortlich für diese **Fortbewegung** ist sein **Hautmuskelschlauch.** Durch Zusammenziehen der *Ringmuskeln* wird der Körper gestreckt, er wird dünn. Dabei erschlaffen die *Längsmuskeln*. Anschließend ziehen sich die Längsmuskeln zusammen und die Ringmuskeln erschlaffen. Der Regenwurm wird an dieser Stelle dicker und zieht den Körper nach (Abb. 2). Durch dieses abwechselnde Zusammenziehen und Erschlaffen der Muskeln entsteht eine wellenförmige Bewegung, die dem gliedmaßenlosen Tier ein Vorwärtskriechen ermöglicht. Die **Borsten** unterstützen die Fortbewegung, indem sie sich im Boden festhalten und ein Zurückgleiten verhindern.

Tagsüber halten sich die Regenwürmer im kühlen und feuchten Erdboden auf. Sie meiden also Sonne und Trockenheit. Der hohe Feuchtigkeitsbedarf der Regenwürmer hängt mit ihrer **Atmung** zusammen. Die Aufnahme von Sauerstoff und die Abgabe von Kohlenstoffdioxid erfolgen durch die dünne, feuchte und schleimige Haut. Er ist ein **Hautatmer.**
Starke Sonneneinstrahlung würde seine Haut austrocknen und sie für Atemluft unpassierbar

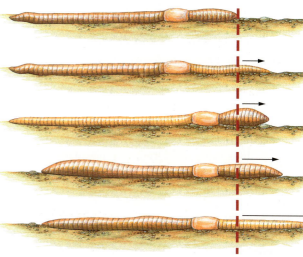

2   Kriechbewegung beim Regenwurm (➡ Bewegungsrichtung)

machen. Er müsste ersticken. Deshalb kommt er nachts zur Nahrungssuche aus seinen selbstgegrabenen Erdröhren und lebt tagsüber im feuchten Boden.
Er ist ein **Feuchtlufttier** und gut an das Leben im Boden angepasst.

> Der Regenwurm bewegt sich kriechend vorwärts. Er ist ein Hautatmer und Feuchtlufttier.

Der Regenwurm besitzt sowohl männliche als auch weibliche Geschlechtsorgane. Er ist ein **Zwitter.** Zur **Fortpflanzung** müssen sich jedoch immer zwei Tiere paaren (Abb. 1), denn es erfolgt stets eine wechselseitige Begattung. Dabei legen sich zwei geschlechtsreife Tiere mit den Vorderenden an einer rot gefärbten, ringförmigen Verdickung, dem **Gürtel,** aneinander und tauschen Samenzellen aus.
Die Samenzellen werden in Samentaschen im Inneren des Körpers aufbewahrt.
Sind die Eizellen reif, sondert der Gürtel Schleim ab und bildet somit eine schützende Hülle, die wie eine Manschette den Körperabschnitt umgibt. Nun windet sich der Regenwurm aus der Schleimhülle heraus, dabei findet die Befruchtung statt.

1   Paarung des Regenwurms

Die Schleimhülle erhärtet an der Luft, sie wird zu einem **Kokon.** In ihm befinden sich die befruchteten Eizellen.

Aus den befruchteten Eizellen entwickeln sich kleine Regenwürmer. Die Entwicklungsdauer ist u. a. von der Bodentemperatur abhängig. Sie beträgt in unseren geografischen Breiten etwa drei bis vier Wochen.

> Der Regenwurm ist ein zwittriges Tier. Zur Fortpflanzung findet eine Paarung statt.

Der Regenwurm **reagiert auf Umwelteinflüsse.** Er besitzt keine Augen. Trotzdem kann er hell und dunkel unterscheiden. Verantwortlich dafür sind lichtempfindliche Zellen, die über die gesamte Körperoberfläche verteilt sind, am Kopfende jedoch besonders dicht beieinanderliegen. Diese lichtempfindlichen Zellen stehen mit dem Gehirn und dem Strickleiternervensystem in Verbindung.

Sobald der Regenwurm tagsüber an die Erdoberfläche gelangt, nehmen die Lichtsinneszellen die Lichtunterschiede wahr. Er kriecht wieder ins Dunkle zurück.

Der Regenwurm ist auch in der Lage, Berührungen und Erschütterungen wahrzunehmen. Er zieht sich daraufhin ebenfalls sofort in seine Erdröhre zurück (s. Experiment, S. 58).

Der **Lebensraum** der Regenwürmer ist der Boden. Sie leben in einem verzweigten **Röhrensystem,** das von der Erdoberfläche bis in 2 Meter Tiefe reicht. Das Röhrensystem wird ständig ausgebaut und erweitert, indem sich die Regenwürmer regelrecht durch das Erdreich bohren und fressen.

Die neu entstandenen Gänge werden anschließend mit Schleim und Kot ausgekleidet, sodass keine Erde nachrutschen kann. Dieses Röhren-

**1** Durch den Regenwurm in seine Röhren eingezogene Blätter

system stellt somit ein ideales *Bewässerungs-* und *Durchlüftungssystem* des Bodens dar. Die Regenwurmröhren erleichtern das Eindringen von Regenwasser und Luft in den Erdboden.

Gleichzeitig bewirkt die Tätigkeit der Regenwürmer eine **Auflockerung des Bodens.** Durch die Tätigkeit der Regenwürmer wird den Pflanzenwurzeln das Eindringen ins Erdreich erleichtert.

Nachts ziehen Regenwürmer Blätter, Gräser oder abgestorbene Pflanzenteile als **Nahrung** in ihre Erdröhren (Abb. 1). Diese werden jedoch nicht sofort gefressen, sondern erst wenn sie durch die Tätigkeit von Mikroorganismen zersetzt sind. Die zersetzten Stoffe werden dann zusammen mit Erde durch den zahnlosen Mund aufgenommen (heterotrophe Ernährung).

Unverdaute Nahrungsreste und Mineralien findet man oft als kleine Kothäufchen an der Erdoberfläche unmittelbar neben der Öffnung von Wurmröhren. Auf diese Weise tragen Regenwürmer mit ihrem Kot zur **Humusbildung** und **Bodendurchmischung** (Abb. 1) und damit zur **Verbesserung der Bodenfruchtbarkeit** bei.

## Ermittle Reaktionen des Regenwurms auf Umwelteinflüsse!

*Materialien:*
Regenwürmer, Glasröhre, dunkle Hülse, Holzstäbchen, Papier, Filterpapier, Wasser, Pinsel, Becherglas mit stark verdünnter Essigsäure (5%ig; ⬛ )

1. **Untersuche die Fortbewegung des Regenwurms.**

   *Durchführung und Beobachtung:*
   1. Setze einen Regenwurm auf Papier und beobachte seine Fortbewegung.
   2. Horche sehr genau auf Bewegungsgeräusche. Finde eine Erklärung dafür.

   *Auswertung:*
   Beschreibe die Fortbewegung des Regenwurms.

2. **Untersuche die Lichtempfindlichkeit des Regenwurms.**

   *Durchführung und Beobachtung:*
   1. Schiebe eine dunkle Hülle über die Glasröhre mit dem Regenwurm und beobachte.
   2. Setze durch Verschieben der Hülle das Vorder- bzw. Hinterende des Regenwurms (jeweils 2 cm) dem Licht aus und beobachte.

   *Auswertung:*
   1. Beschreibe die Reaktion des Regenwurms auf Licht.
   2. Begründe das Verhalten des Regenwurms.

3. **Untersuche die Berührungsempfindlichkeit des Regenwurms.**

   *Durchführung und Beobachtung:*
   1. Berühre den Regenwurm vorsichtig mit einem Holzstäbchen am Vorderende und beobachte.
   2. Berühre ihn anschließend an verschiedenen Körperstellen und beobachte.

   *Auswertung:*
   Beschreibe die Berührungsempfindlichkeit des Regenwurms.

4. **Untersuche die Reaktion des Regenwurms auf chemische Stoffe.**

   *Durchführung und Beobachtung:*
   1. Nähere einen mit verdünnter Essigsäure angefeuchteten Pinsel auf wenige Zentimeter dem Regenwurm (nicht berühren!).
   2. Beobachte die Reaktion des Regenwurms.

   *Auswertung:*
   1. Beschreibe das Verhalten des Regenwurms.
   2. Begründe sein Verhalten.

5. **Untersuche die Reaktion des Regenwurms auf unterschiedliche Feuchtigkeit.**

   *Durchführung und Beobachtung:*
   1. Setze einen Regenwurm auf die trockene Seite eines zur Hälfte angefeuchteten größeren Blattes Filterpapier.
   2. Beobachte sein Verhalten.

   *Auswertung:*
   1. Beschreibe das Verhalten des Regenwurms.
   2. Begründe sein Verhalten.

# Vielfalt der Insekten

Mit ungefähr 800 000 Arten sind die Insekten auf der Erde die am meisten verbreitete Tiergruppe. Sie bewohnen fast alle Lebensräume. Um eine Ordnung in die vielen Arten zu bringen, wurde ein Ordnungssystem aufgestellt, in dem die Insekten nach ihrem äußeren und inneren Bau, aber auch nach ihrer stammesgeschichtlichen Entwicklung zusammengefasst wurden. Ein wesentliches **Merkmal der Zuordnung** zu Insektengruppen ist beispielsweise **die Anzahl und Ausbildung der Flügel.** Diese sind bei den verschiedenen Insekten sehr unterschiedlich.

Vier wichtige Gruppen können so u. a. unterschieden werden, die Käfer, Schmetterlinge, Hautflügler und Zweiflügler. Diese Gruppen werden von den Biologen aufgrund gemeinsamer Merkmale **Insektenordnungen** genannt.

Betrachtet man einen **Käfer,** z.B. *Maikäfer* (Abb. 4), findet man 2 feste Vorderflügel. Diese werden Deckflügel genannt. Sie schützen den Körper und die unter ihnen liegenden dünnhäutigen Hinterflügel. Diese dienen dem Fliegen.

Auf einer Blüte lässt sich ein farbenprächtiger **Schmetterling** nieder, z.B. ein *Tagpfauenauge* (Abb. 3). Seine Vorder- und Hinterflügel sind dünnhäutig. Sie besitzen einen Überzug aus dachziegelartig angeordneten farbigen Schup-

2   Wespe – ein Hautflügler

pen. Vorder- und Hinterflügel werden beim Fliegen genutzt.

In der Küche stören uns lästige *Stubenfliegen* (Abb. 1) oder *Schmeißfliegen.* Sie gehören wie auch die *Mücken* (Abb.) zu den **Zweiflüglern.** Ihr wichtiges Merkmal sind 2 häutige Vorderflügel, mit denen sie fliegen. Die Hinterflügel sind zu Schwingkölbchen umgewandelt. Damit halten die Tiere ihr Gleichgewicht beim Fliegen.

Untersucht man eine Wespe (Abb. 2), so findet man bei ihr ähnlich ausgebildete Vorder- und Hinterflügel. Sie sind dünnhäutig und durchsichtig und dienen dem Fliegen. Die Insektenordnung mit solchen Flügeln heißt **Hautflügler.**

Ein Teil der großen Tiergruppe Insekten wird nach der Anzahl und der Ausbildung der Flügel in Insektenordnungen unterteilt.
Wesentliche Kennzeichen sind:

| | |
|---|---|
| Käfer | – je 1 Paar harte Vorder- und häutige Hinterflügel, |
| Schmetterlinge | – 2 Paar zarte Flügel mit farbigen Schuppen, |
| Zweiflügler | – je 1 Paar häutige Flügel und Schwingkölbchen, |
| Hautflügler | – 2 Paar häutige Flügel. |

1   Stubenfliege – ein Zweiflügler

3   Tagpfauenauge – ein Schmetter-

4   Maikäfer – ein Käfer

### Äußerer und innerer Bau der Insekten, ihre Lebensweise

Untersucht man verschiedene Insekten, z.B. *Honigbiene, Stubenfliege* und *Maikäfer,* so kann man bei allen deutlich drei **Körperabschnitte** erkennen, den Kopf, die Brust und den Hinterleib (Abb.1). Umgeben sind diese Abschnitte außen von einer dünnen schützenden Chitinschicht, dem **Außenskelett.**

Am **Kopf** befinden sich ein Paar zusammengesetzte Augen, Mundwerkzeuge und ein Paar Fühler. Die *zusammengesetzten Augen* bestehen aus keilförmigen Einzelaugen, durch die zusammen ein Bild entsteht. Sie werden Komplexaugen genannt. Sie sind besonders leistungsfähig bei der Wiedergabe von Bewegungen. Beispielsweise hat eine *Stubenfliege* ungefähr 4 000 und eine *Libelle* etwa 3 000 Einzelaugen.

Die *Fühler* sind wie die Augen Sinnesorgane (Antennen). Sie dienen vor allem dem Riechen und Tasten.

Die *Mundwerkzeuge* entsprechen der Ernährungsweise der Insekten. Es werden u.a. beißende, saugende, stechende und leckende Mundwerkzeuge unterschieden (Abb.2).

Am **Brustteil** befinden sich drei gegliederte *Beinpaare* und meist zwei Paar *Flügel* (Abb.1). Die Flügel schützen den Körper oder dienen dem Fliegen. Der oftmals große **Hinterleib** enthält die inneren Organe.

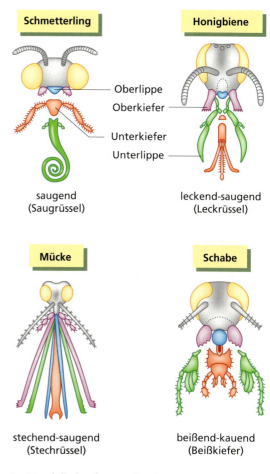

**Schmetterling**

Oberlippe
Oberkiefer
Unterkiefer
Unterlippe

saugend
(Saugrüssel)

**Honigbiene**

leckend-saugend
(Leckrüssel)

**Mücke**

stechend-saugend
(Stechrüssel)

**Schabe**

beißend-kauend
(Beißkiefer)

**2** Mundgliedmaßen von Insekten – angepasst an ihre Ernährungsweise

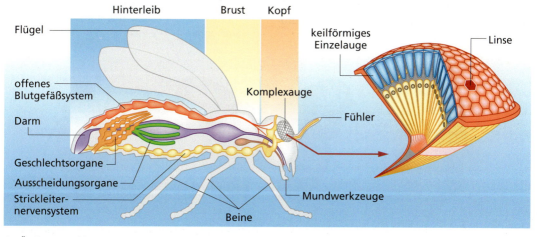

Hinterleib   Brust   Kopf

Flügel

offenes Blutgefäßsystem

Darm

Geschlechtsorgane

Ausscheidungsorgane

Strickleiter-nervensystem

Beine

keilförmiges Einzelauge

Linse

Komplexauge

Fühler

Mundwerkzeuge

**1** Äußerer und innerer Bau eines Insekts (schematisch)

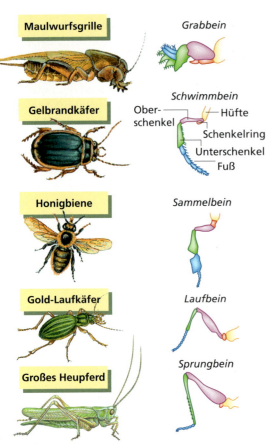

**1** Beine von Insekten – angepasst an ihre Lebensweise

Auch die Beine der Insekten sind an ihre Lebensweise angepasst. Entsprechend ihrer Tätigkeit sind sie unterschiedlich ausgebildet (Abb. 1).

> Die Insekten sind in Kopf, Brust und Hinterleib gegliedert. Sie besitzen Fühler, leistungsfähige Augen und unterschiedlich ausgebildete Mundwerkzeuge.
> An der Brust befinden sich 3 Paar gegliederte Beine sowie meist 2 Paar Flügel.

Auch Insekten müssen wie alle anderen Lebewesen **atmen.** Dazu besitzen sie in ihrem Körper ein verzweigtes Röhrensystem (**Tracheensystem,** Abb. 2). Die Öffnungen der Tracheen liegen im Hinterleib. Vor dem Abflug werden die Flügel gleichmäßig bewegt. Durch dieses „Pumpen"

werden die Tracheen mit Luft gefüllt. Dadurch werden alle Teile des Körpers mit Sauerstoff versorgt. In den Flügeln sind die Tracheen als „Adern" sichtbar.

Insekten haben als **Blutgefäßsystem** nur ein Rückengefäß. Ansonsten umspült das Blut ohne Gefäße die inneren Organe. Sie besitzen also ein **offenes Blutgefäßsystem** (Abb. 1, S. 60).

Eine *Fliege* kann über ihre Augen sehr gut Bewegungen wahrnehmen und darauf mithilfe ihres **Strickleiternervensystems** reagieren. Dieses befindet sich auf der Bauchseite des Insekts (Abb. 1, S. 60).

Insekten benötigen wie alle anderen Lebewesen Energie für ihre Lebensfunktionen. Dafür müssen sie sich **ernähren.** Mithilfe ihrer Mundwerkzeuge nehmen sie ihre Nahrung, z. B. Blütenstaub (Pollen), Nektar, Pflanzenteile, auf (heterotrophe Ernährung). Die Nahrung wird im Darm verdaut. Unverdaute Stoffe verlassen den Körper durch den After. Aus den mit der Nahrung aufgenommenen Nährstoffen werden körpereigene Stoffe aufgebaut. Sie werden für den Aufbau des Körpers benötigt und dienen als Energiequelle.

> Insekten atmen durch Tracheen. Sie besitzen ein offenes Blutgefäßsystem und ein Strickleiternervensystem. Sie ernähren sich u. a. von Blütenstaub, Nektar und Pflanzenteilen.

**2** Das Atmungssystem (Tracheensystem) der Insekten durchzieht als feine Röhren den Körper.

## Fortpflanzung und Entwicklung

Insekten sind getrenntgeschlechtlich, d.h., es gibt bei ihnen Männchen und Weibchen. Diese unterscheiden sich oft in der Größe und auch in der Färbung.

Männchen und Weibchen **paaren** sich. Im Innern des Weibchens werden die Eier befruchtet **(innere Befruchtung).**

Sie legen zahlreiche **befruchtete Eier** ab. Bei vielen Insektenarten schlüpfen aus den Eiern **Larven,** die völlig anders aussehen und gebaut sind als die ausgewachsenen Insekten. Sie haben keine Flügel, fressen andere Nahrung, z.B. Blätter, und bewegen sich oftmals kriechend vorwärts. Sie wachsen und müssen sich dabei mehrere Male häuten.

Die letzte Larvenhaut erstarrt, wird fest. Es ist eine fast bewegungslose **Puppe** entstanden. In der Puppe entwickelt sich das **voll ausgebildete Insekt** (Imago), das die Puppenhaut verlässt (Abb. 1).

Die Entwicklung vom Ei über ein Larven- und Puppenstadium zum ausgewachsenen Insekt wird **vollkommene Verwandlung (vollkommene Metamorphose)** genannt. Diese Form der Entwicklung gibt es u.a. bei *Käfern, Schmetterlingen* (Abb. 1), *Haut-* und *Zweiflüglern.*

Bei einigen Insekten wird während der Entwicklung kein Puppenstadium ausgebildet. Die aus den **befruchteten Eiern** schlüpfenden **Larven** sehen den ausgewachsenen Insekten schon sehr ähnlich. Sie wachsen und häuten sich und entwickeln sich zum **voll ausgebildeten Insekt.**

Diese Entwicklung vom Ei über mehrere Larvenstadien zum ausgewachsenen Insekt wird **unvollkommene Verwandlung (unvollkommene Metamorphose)** genannt.

Sie gibt es u.a. bei *Heuschrecken* (Abb. 2), *Wanzen, Libellen* und *Schaben.*

> Insekten pflanzen sich geschlechtlich fort. Es werden bei ihnen zwei Entwicklungsformen (Metamorphosen) unterschieden:
> – die vollkommene Verwandlung
>   (Ei – Larve – Puppe – Insekt) und
> – die unvollkommene Verwandlung
>   (Ei – Larven – Insekt).

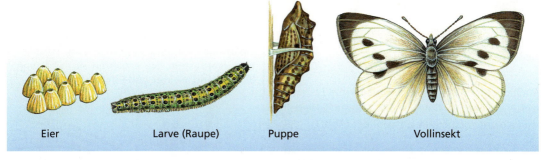

| Eier | Larve (Raupe) | Puppe | Vollinsekt |

**1**  Vollkommene Verwandlung (vollkommene Metamorphose) des Kohlweißlings

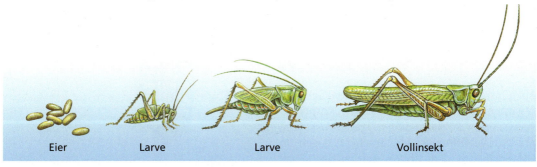

| Eier | Larve | Larve | Vollinsekt |

**2**  Unvollkommene Verwandlung (unvollkommene Metamorphose) der Heuschrecke

# Insekten, die Schaden für den Menschen hervorrufen

Schaden wird hauptsächlich hervorgerufen durch Schadfraß an Kulturpflanzen *(z. B. Kartoffel-, Borkenkäfer)*, an Lebensmittelvorräten *(z. B. Schaben, Kornkäfer)*, an Textilien und Pelzwaren *(z. B. Kleidermotten, Pelzkäfer)* sowie an Holz *(z. B. Hausbock)*, aber auch durch Übertragung der Erreger von Pflanzenkrankheiten sowie von Krankheiten des Menschen und der Tiere *(z. B. Stechmücke)*.

**1 Einheimische Stechmücke**

Das Weibchen saugt Blut, das sie für ihre Nachkommen benötigt. Ihr Speichel verhindert beim Saugen das Gerinnen des Blutes. Dabei können Krankheiten übertragen werden.

**2 Nonne**
(Schmetterling)

Die Larven (Raupen) dieses Schmetterlings fressen Nadel- oder Laubblätter der befallenen Bäume (Fichte, Kiefer, Buche, Eiche), bei Massenauftreten verursachen sie Kahlfraß. Durch die Verhinderung des Aufbaus von organischen Stoffen aus anorganischen Stoffen mithilfe des Sonnenlichtes in den Laubblättern kommt es zur Beeinträchtigung der Holzqualität.

**3 Anophelesmücke**
(„Fiebermücke")

Die Mücke lebt in tropischen Gebieten. Sie enthält im Speichel den Erreger der Malaria, ein Sporentierchen (Plasmodium).
Mit dem Stich gelangen die Sporentierchen in den Körper des Menschen. Sie zerstören die roten Blutzellen. Durch ausgeschiedene Giftstoffe kommt es zu gefährlichen Fieberanfällen, den Malariaanfällen.

**4 Apfelwickler**
(Schmetterling)

Die Larve (Raupe) legt Fraßgänge im Fruchtfleisch und im Kerngehäuse des Apfels an, wechselt dann zu anderen Äpfeln. Die Fraßgänge zerstören das Fruchtfleisch und verursachen das Faulen der Frucht.

**5 Borkenkäfer**
(Käfer)

Der Käfer legt in der Rinde von Nadelbäumen Fraßgänge an. Im „Muttergang" legt das Weibchen Eier ab. Die ausschlüpfenden Larven fressen waagerechte Nebengänge, in deren Ende sie sich verpuppen. Durch die Zerstörung der Rinde und Beeinträchtigung des Stoffstroms kommt es zum Absterben der Bäume.

## Tierstaat als Form des Zusammenlebens

Einige Insekten leben in einem **Tierstaat** zusammen. Die Anzahl der zusammenlebenden Tiere ist je nach Art unterschiedlich. Das Leben in diesen Staaten läuft nach strengen „Regeln" ab und ist gekennzeichnet von einer **Arbeitsteilung.**
In einem Tierstaat gibt es unterschiedlich gebaute Lebewesen mit unterschiedlichen Aufgaben. Die Einzellebewesen sind voneinander abhängig.
Die Aufgabe eines Tierstaates besteht darin, Bedingungen zu schaffen, die die Erhaltung der Art garantieren. Zu den Tieren, die in Tierstaaten leben, gehören die *Ameisen, Honigbienen* (s. S. 384), die *Wespen, Hummeln* und *Termiten.*
Die **Honigbiene** gehört zu den Staaten bildenden Insekten, die man auch als soziale Insekten bezeichnet. In einem Bienenstaat, dem Bienenvolk,

können im Frühjahr und Sommer bis zu 80 000 Mitglieder leben.
Im Bienenvolk gibt es **drei Bienenformen,** deren Körperbau an ihre Lebensweise und ihre Funktion angepasst ist. Es werden die *Königin,* die *Drohnen* und die *Arbeitsbienen* unterschieden (Abb. 1).
Während ihres Lebens erfüllen die Bienenformen unterschiedliche Aufgaben in dieser Tiergemeinschaft, dem Bienenvolk (Abb. 1, S. 65).
Wenn eine Sammelbiene eine ausgiebige Nahrungsquelle gefunden hat, teilt sie den anderen Bienen (Stockbienen) durch verschiedene **„Tänze"** (Abb. 2, S. 65) auf den Waben den Standort ihrer gefundenen Nahrung mit. Diese Kommunikationsform ist den Tieren angeboren.
Die zurückkommenden Sammelbienen führen **Rundtänze** aus, wobei sie in Kreisbögen hastig abwechselnd rechts und links herumlaufen. Dabei geben sie *Schnarrlaute* von sich. Die Stockbienen geben *Bettellaute* von sich.

**Die Königin**
(bis 20 mm)
weibliche Biene
mit gut entwickelten
Geschlechtsorganen;
nur sie legt im Juni
täglich ca. 3 000 Eier;
Mundwerkzeuge und
Sammeleinrichtungen
rückgebildet;
wird von Arbeitsbienen
gefüttert;
lebt 3 bis 5 Jahre;
Entwicklungszeit 16 Tage,
aus befruchtetem Ei

**Der Drohn**
(bis 18 mm)
männliche Biene
mit gut ausgebildeten
Geschlechtsorganen;
Rüssel verkürzt,
Sammeleinrichtungen
und Stachel fehlen;
wird mit Blütenstaub
gefüttert;
dient der Fortpflanzung;
besamt die Königin;
lebt nur wenige Wochen;
Entwicklungszeit 24 Tage,
aus unbefruchtetem Ei

**Die Arbeitsbiene**
(bis 15 mm)
weibliche Biene
mit verkümmerten
Geschlechtsorganen;
guter Flieger;
sammelt Blütenstaub und
Nektar, pflegt die Brut,
baut die Waben,
verteidigt das Volk;
besitzt Sammeleinrichtungen, Rüssel, Stachel;
lebt 4 bis 6 Wochen;
Entwicklungszeit 21 Tage,
aus befruchtetem Ei

**1** Im Bienenstaat leben drei verschiedene Bienenformen.

Durch die Rundtänze werden die Stockbienen über die Entfernung der Nahrungsquelle, z. B. des Rapsfeldes, informiert. Je langsamer der Tanzrhythmus ist, umso weiter entfernt liegt die Futterquelle.

Die Richtung, also die Lage der Nahrungsquelle, wird den Stockbienen über den **Schwänzeltanz** mitgeteilt. Dabei ist die Sonne Bezugspunkt. Die Bienen benutzen sie als Kompass für ihre Orientierung.

Durch ihre Lebenstätigkeiten ist die Honigbiene für den Menschen sehr **nützlich.** Ursprünglich waren die Honigbienen wild lebende Bienen. Schon lange werden Bienenvölker als Haustiere gehalten. Sie sorgen für die Bestäubung zahlreicher Blüten. Der Blütennektar wird im Honigmagen der Bienen zu Honig umgewandelt und in Honigwaben eingelagert.

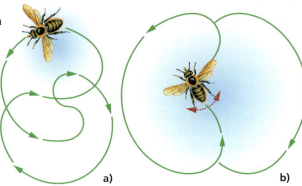

a)                                                             b)

**2**  Rundtanz (a) und Schwänzeltanz (b) der Honig-

Ein Tierstaat ist eine Form des Zusammenlebens von Tieren einer Art mit Arbeitsteilung. Die einzelnen Tiere unterscheiden sich je nach ihrer Aufgabe im Körperbau.

**Putz- und Ammenbiene**
**(1.– 9. Tag)**

Während der ersten neun Tage ihres Lebens ist die Biene im Inneren des Stocks beschäftigt. Drei Tage lang säubert sie die Zellen und bereitet sie für die Eiablage der Königin vor. Danach füttert sie drei Tage lang die älteren Larven mit einer Mischung aus Honig und Pollen, in den letzten drei Tagen dann die jüngeren Larven mit einem Saft aus ihren Körperdrüsen.

**Baubiene**
**(10.–16. Tag)**

Zwischen dem 10. und 16. Tag hat eine Biene viele Pflichten. Sie speichert Pollen und Nektar, den andere Arbeitsbienen in den Stock bringen, in besonderen Waben. Sie baut auch Waben, denn in dieser Zeit erzeugen die Drüsen in ihrem Hinterleib Wachs.

**Wehrbiene**
**(17.– 20. Tag)**

Ab dem 17. Tag macht die Arbeitsbiene die ersten Erkundungsflüge in die Umgebung des Bienenstockes, steht am Eingang des Stockes und hält Wache, vertreibt alle „Fremdlinge", die sie am Geruch erkennt; Giftblase und Giftstachel sind einsatzbereit.

**Sammel- oder Trachtbiene**
**(21.Tag bis Lebensende)**

Vom 21. Tag bis zu ihrem Tod geht die Biene auf Nahrungssuche. Sie sammelt Blütenstaub und Nektar, die sie in den Stock bringt. Durch besondere Tänze (Abb. 2) informiert sie über Nahrungsquellen; gut ausgebildete Sammelbeine mit gelben „Höschen".

**1**  Das Leben einer Arbeitsbiene dauert etwa 21 Tage.

## Ökologische Bedeutung der Insekten

Zahlreiche Insekten, die sich vom Nektar der Blüten ernähren, tragen den Blütenstaub von Blüte zu Blüte. Sie sorgen für eine ausreichende **Bestäubung** als notwendige Voraussetzung für die Bildung von Samen und Früchten.

Andere Insekten **ernähren** sich von toten Tieren, abgestorbenen Pflanzen und Tierausscheidungen (z. B. Kot). Beispielsweise kann man *Aaskäfer* beobachten, wie sie eine tote Zauneidechse zerfressen, oder *Mistkäfer* (Abb. 3), wie sie einen Dunghaufen „durcharbeiten". Auch die *Springschwänze* (s. S. 43) ernähren sich vom Fallaub. Sie alle zersetzen tote

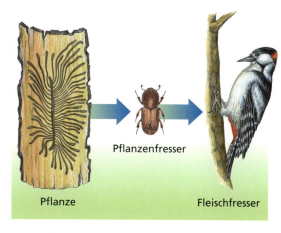

Pflanzenfresser

Pflanze

Fleischfresser

**2** Insekten sind Glieder einer Nahrungskette.

organische Substanzen und tragen zur **Humusbildung** bei. Einige Insekten sind also als **Zersetzer (Destruenten)** toter organischer Substanz wichtige Glieder im Stoffkreislauf der Natur.

> Zahlreiche Insekten sind Blütenbestäuber oder Zersetzer toter Substanzen.

Unter den Insekten gibt es Pflanzenfresser, z. B. *Blattläuse*, *Borkenkäfer*, *Larven* vom Kohlweißling. Sie richten **Schaden** an. Andere Insekten, z. B. *Marienkäfer*, *Laufkäfer* und *Ameisen*, sind

Fleischfresser. Sie ernähren sich von anderen Insekten und ihren Larven. Dadurch leisten sie einen beträchtlichen Beitrag zur **biologischen Schädlingsbekämpfung.**

Auch andere Tiere, wie *Vögel*, *Frösche*, *Eidechsen* und *Kröten*, ernähren sich von Insekten oder ihren Larven und Puppen. Insekten sind also Nahrungsgrundlage für zahlreiche Tiere und sind somit ein wichtiges **Glied in der Nahrungskette** (Abb. 2).

> Insekten sind für viele Tiere eine wichtige Nahrungsgrundlage. Damit sind sie ein notwendiges Glied im Stoffkreislauf der Natur.

**1** Honigbiene auf einer Blüte (Brombeerblüte)

**3** Mistkäfer auf einem Laubblatt

# Spinnentiere

Die **Spinnentiere** umfassen auf der Erde über 30 000 Arten. In Größe, Körperbau und Aussehen zeigen sie eine große Mannigfaltigkeit. Sie besiedeln alle Regionen der Erde und sind in vielfältigen Lebensräumen zu Hause. Aufgrund von bestimmten Merkmalen werden sie den **Gruppen** *Skorpione, Echte Spinnen* oder *Webe-* *spinnen, Weberknechte* (Abb. 2–4) und *Milben* zugeordnet.

**Gemeinsame Merkmale** aller Spinnentiere sind: Einteilung des Körpers in Kopfbruststück und Hinterleib, 4 Paar gegliederte Laufbeine an der Brust, am Kopf 2 Paar Mundwerkzeuge (Kiefertaster, Kieferklauen), der Hinterleib trägt keine Gliedmaßen (Abb. 1).

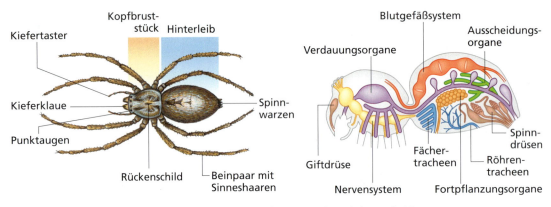

**1**  Körpergliederung (äußerer Bau) und innerer Bau der Kreuzspinne (schematisch)

**2 Skorpion**
(bis 18 cm)

*Lebensraum:*
Wüsten, Steppen tropischer und subtropischer Länder
*Merkmale:*
abgeflachter Körper, am Ende des gegliederten, nach vorne geschlagenen Hinterleibes ein Giftstachel, Nachttier, tagsüber im Versteck
*Nahrung:*
Insekten, Tötung durch Stich mit Giftstachel

**3 Weberknecht**
(Körper 1 cm)

*Lebensraum:*
Baumstämme, Mauern, Hauswände, unter Steinen, im Moos, in Wohnung
*Merkmale:*
lange, zerbrechliche Beine, gegliederter Hinterleib
*Nahrung:*
Insekten, kleinere Spinnen, abgestorbene Tier- und Pflanzenreste

**4 Braune Krabbenspinne**
(bis 6 mm)

*Lebensraum:*
Eichen- und Nadelwälder
*Merkmale:*
grüner Körper, Oberseite des Hinterleibs braun, abstehende Beinpaare; kein Fangnetz, lauert regungslos auf Beute
*Nahrung:*
Insekten, Tötung durch Giftbiss

## Krebstiere

Auf der Erde gibt es etwa 20 000 verschiedene **Krebstiere.**
Sie unterscheiden sich im Aussehen, in der Größe und auch im Verhalten. Aufgrund gemeinsamer Merkmale werden sie einzelnen **Gruppen** zugeordnet, z. B. den *Asseln* (s. S. 45), *Flohkrebsen, Hüpferlingen, Zehnfußkrebsen* (Garnelen, Krabben, Flusskrebse).

Die Krebstiere sind in ihrem äußeren Körperbau sehr vielgestaltig. Neben winzigen Kleinkrebsen, die im Wasser schweben, gibt es fest gepanzerte, wehrhafte Arten *(z. B. Hummer).*
Trotz der großen Mannigfaltigkeit haben die Krebstiere typische **gemeinsame Merkmale** (Abb. 1), z. B. den Besitz von 2 Antennenpaaren, einen ungleichmäßig gegliederten Körper (Kopfbrust, Hinterleib) und ein Außenskelett aus Kalk und Chitin sowie Kiemen zum Atmen.

Hinterleib   Kopfbrust   Fühler   Stielauge   Mundgliedmaßen   Laufbeine   Laufbeine   Kiemen

Verdauungssystem   Fortpflanzungsorgane   Blutgefäßsystem   Schwimmbeine   Strickleiter-nervensystem   Ausscheidungs-system   Kiemen

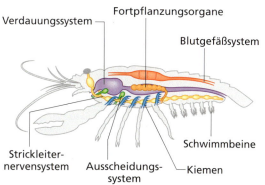

**1**   Körpergliederung, äußerer und innerer Bau des Flusskrebses (schematisch)

**2 Strandkrabbe** (ca. 6 cm)

*Lebensraum:*
flache Küsten von Nord- und westlicher Ostsee, unter Steinen
*Merkmale:*
flacher Körper;
kann schnell laufen und bewegt sich dabei seitwärts fort; Nahrungsmittel; Kurzschwanzkrebs
*Nahrung:*
Muscheln, Würmer, kleine Fische, Schnecken

**3 Hüpferling** (ca. 4 mm)

*Lebensraum:*
Uferbereiche stehender Gewässer
*Merkmale:*
birnenförmiger Körper, lange Antennen;
hüpfende Fortbewegung;
Weibchen mit 2 Eipaketen;
Glied in Nahrungskette
*Nahrung:*
Algen, tierische Einzeller

**4 Bachflohkrebs** (ca. 2 cm)

*Lebensraum:*
klare, stehende und fließende Gewässer
*Merkmale:*
gekrümmter, weißlich grauer, seitlich abgeflachter Körper
*Nahrung:*
Algen, abgestorbene Wasserpflanzen

# Weichtiere

**Weichtiere** sind weltweit verbreitet. Sie sind mit ca. 120000 Arten nach den Insekten die zweitgrößte Tiergruppe.
Sie besiedeln alle Lebensräume, z.B. Meere, Süßgewässer, Festland. In Gestalt und Lebensweise sind die Weichtiere ebenfalls sehr mannigfaltig (Abb. 2–4). Zu den Weichtieren gehören die *Schnecken* (Lungen- und Kiemenschnecken; Nackt- und Gehäuseschnecken), *Muscheln* und *Tintenfische (Kopffüßer).*
Sie besitzen **gemeinsame Merkmale:** ungegliederter Körper mit drüsenreicher Haut, muskulöser Fuß als Fortbewegungsorgan, oftmals eine schützende Kalkschale bzw. ein Gehäuse (Abb. 1).

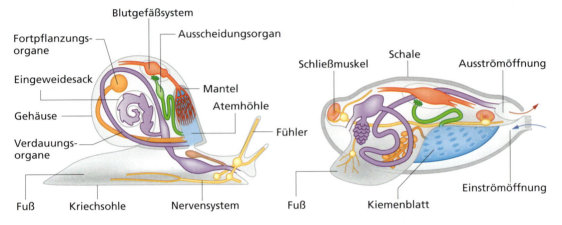

**1**  Äußerer und innerer Bau von Weinbergschnecke und Miesmuschel (schematisch)

**2 Weinbergschnecke**
(Gehäuse bis 5 cm)

*Lebensraum:*
feuchte Stellen im Laubwald, Hecken, Gebüschen
*Merkmale:*
Gehäuseschnecke,
2 Paar Fühler,
Eingeweidesack umschließt innere Organe,
Zwitter, Paarung,
überwintern in Winterstarre
*Nahrung:*
saftige Pflanzenteile

**3 Teichmuschel**
(ca. 20 cm)

*Lebensraum:*
stehende Süßgewässer
*Merkmale:*
breite, eiförmige,
dunkelbraune Schale,
innen perlmuttglänzend
*Nahrung:*
Algen und abgestorbene feine Teilchen;
biologische Selbstreinigung der Gewässer;
**stark gefährdet**

**4 Kalmar**
(ca. 50 cm)

*Lebensraum:*
Atlantik, Mittelmeer,
gelegentlich Nord-, Ostsee
*Merkmale:*
gestreckter Körper, mit relativ großen Flossen hinten, stützende Innenschale,
8 Kopfarme (Kopffüßer) und 2 lange Fangarme,
Delikatesse für Mensch
*Nahrung:*
Fische, Muscheln

## Wirbellose Tiere als Parasiten (eine Auswahl)

**1 Zecke**
(Holzbock; Außenparasit)
*Merkmale:*
gelb-, rot-, graubraun,
1–4 mm lang;
Mundwerkzeuge stechend
*Schadwirkungen:*
Blut saugend,
Überträger von Viren
(Hirnhautentzündung),
Bakterien (Borreliose)
*Prophylaxe:*
Impfung gegen
Hirnhautentzündung,
geschlossene Kleidung

**2 Kopflaus**
(Außenparasit)
*Merkmale:*
bis 3 mm lang, stechend-
saugende Mundwerkzeuge,
Körper abgeplattet,
flügellos, Chitinpanzer
*Schadwirkungen:*
lebt zwischen Haaren der
Kopfhaut, saugt Blut, aus
Eiern („Nissen") schlüpfen
blutsaugende Larven;
quälender Juckreiz, Wunden,
Krankheitsüberträger
(z.B. Flecktyphus)
*Prophylaxe:*
kaum möglich; Bekämpfung
durch Sauberkeit von Kopf
und Haaren, durch Mittel
aus der Apotheke

**3 Madenwurm**
(Innenparasit)
*Merkmale:*
6–12 mm lang, weiß,
drehrund im Querschnitt
*Schadwirkungen:*
lebt im Dickdarm des
Menschen, Ablage der Eier
des Nachts in Aftergegend;
unangenehmer Juckreiz,
Schlafstörungen,
Appetitlosigkeit, Gewichts-
verlust, Nervosität
*Prophylaxe:*
Sauberkeit des Körpers,
Obst und Gemüse waschen

**4 Spulwurm**
(Innenparasit)
*Merkmale:*
20–40 cm lang,
bleistiftdick, drehrund im
Querschnitt, ungegliedert
*Schadwirkungen:*
lebt im Dünndarm z. B. des
Menschen, Entwicklung
erfolgt im menschlichen
Körper (Ei im Darm, Larve in
der Lunge, Wurm im
Dünndarm), bewirkt
Lungenentzündung,
Leibschmerzen, Erbrechen,
Durchfall, Krämpfe
*Prophylaxe:*
gründliches Waschen der
Hände, der Lebensmittel

**5 Menschenfloh**
(Außenparasit)
*Merkmale:*
bis 3 mm lang,
seitlich zusammengedrückter
Körper, Hinterbeine kräftige
Sprungbeine, Stechrüssel
*Schadwirkungen:*
saugen an der Haut Blut,
„Flohstiche", unangenehmer
Juckreiz, Wunden
*Prophylaxe:*
Sauberkeit der Wohnung

**6 Schweinefinnenbandwurm**
(Innenparasit)
*Merkmale:*
bis 6 m lang,
800–900 Glieder,
Kopf mit Hakenkranz und
Saugnäpfen; Mensch
Endwirt, Schwein
Zwischenwirt
*Schadwirkungen:*
Verdauungsstörungen,
Leibschmerzen, Erbrechen,
Schwindelanfälle,
Abmagerung
*Prophylaxe:*
Sauberkeit der Hände beim
Essen, Kochen, Braten von
rohem Fleisch, Fleischbeschau
in Schlachtbetrieben

## Wie vergleiche ich Naturgegenstände bzw. Vorgänge?

Oftmals wird im Biologieunterricht verlangt, dass mindestens zwei oder auch mehrere Naturgegenstände oder Lebensvorgänge miteinander verglichen werden sollen.
Das **Vergleichen** ist eine wichtige Tätigkeit im Biologieunterricht. Dabei soll man übereinstimmende und unterschiedliche Merkmale von den zu vergleichenden Objekten ermitteln.
Die Ergebnisse des Vergleichs kann man z. B. in Form einer Tabelle oder in Sätzen formuliert darstellen.
Beim Ausführen des Vergleichs werden sehr häufig weitere Tätigkeiten benötigt, z. B. das Beobachten und Untersuchen. Beim Vergleichen sollte man **schrittweise vorgehen.**

### Aufgabe

Vergleiche ein Wirbeltier und ein wirbelloses Tier nach ausgewählten Gesichtspunkten.

#### 1. Schritt

**Festlegen der Objekte, die verglichen werden sollen**

Hund und Honigbiene

#### 2. Schritt

**Auswählen geeigneter Merkmale für den Vergleich**

*Vergleichsmerkmale:*
Skelett, Atmungsorgane, Fortpflanzung
*Hilfsmittel:*
Abbildungen, Hundeskelett, Bienen (Originale), Lupe

#### 3. Schritt

**Durchführen des Vergleichs**

**Ermitteln von Gemeinsamkeiten und Unterschieden**
*Gemeinsamkeiten:* Hund und Honigbiene besitzen Atmungsorgane und pflanzen sich fort.
*Unterschiede:* unterschiedliche Atmungsorgane (Tracheen, Lunge), Hund Knochenskelett – Honigbiene Chitinpanzer, Hund geschlechtliche Fortpflanzung – Honigbiene geschlechtliche Fortpflanzung verbunden mit Metamorphose

### Darstellen der Ergebnisse (z. B. in einer Tabelle)

| | Honigbiene | Hund |
|---|---|---|
| Skelett | Chitinpanzer als äußerer Schutz | Knochenskelett als innere Stütze (Innenskelett) |
| Atmungsorgane | feine Röhren durchziehen den Körper (Tracheensystem) | Lunge mit Lungenbläschen |
| Fortpflanzung | Ei – Larve – Puppe – Vollinsekt (vollkommene Metamorphose) | innere Befruchtung, Entwicklung im Mutterleib, lebend gebärend |

#### 4. Schritt

**Ableiten von weiterführenden Erkenntnissen**

Im Wasser lebende wirbellose Tiere (z. B. Muscheln, Krebstiere) atmen durch Kiemen, auf dem Lande lebende Wirbellose (z. B. Schnecken, Spinnen) durch Lungen. Angepasstheit an den Lebensraum.

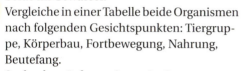

1. Betrachte einen Süßwasserpolypen mit der Lupe. Beschreibe seinen Bau.

2. Der Süßwasserpolyp und die Ohrenqualle gehören zu den Hohltieren. Welche Merkmale charakterisieren Hohltiere?

3. Die Strandkrabbe und die Ohrenqualle leben beide im Gewässer.
Vergleiche in einer Tabelle beide Organismen nach folgenden Gesichtspunkten: Tiergruppe, Körperbau, Fortbewegung, Nahrung, Beutefang.
Suche dazu Informationen im Internet.

4. Betrachte mit dem bloßen Auge und mit der Lupe einen Regenwurm. Beschreibe seinen äußeren Bau.

5. Regenwurm und Maulwurf sind durch ihren Körperbau an ihre unterirdische Lebensweise angepasst.
Vergleiche beide miteinander. Worin äußert sich die Anpassung?

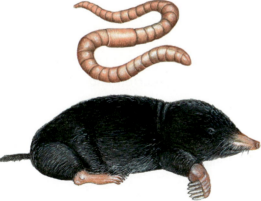

6. Fülle ein Becherglas mit lockerer Erde und beobachte, wie sich der Regenwurm eingräbt. Beschreibe deine Beobachtung.

7. Beschreibe anhand der Abbildungen das Leben der Regenwürmer in den verschiedenen Jahreszeiten.

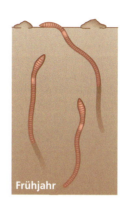

Frühjahr

Sommer

Herbst

Winter

8. Insekten sind mit ihren Beintypen an ihre Umwelt angepasst.
Begründe diese Aussage am Beispiel der Maulwurfsgrille und der Honigbiene.

9. Wirbeltiere haben ein Innenskelett. Insekten haben ein Außenskelett.
Vergleiche beide Skelettarten miteinander.

10. a) Benenne 4 Insektenordnungen.
    b) Stelle für je einen Vertreter einen Steckbrief auf.

11. a) Nenne je zwei Beispiele für eine vollkommene und eine unvollkommene Metamorphose.
    b) Beschreibe an je einem selbstgewählten Beispiel die vollkommene und die unvollkommene Metamorphose.

12. Fertige eine tabellarische Übersicht zum Leben einer Arbeitsbiene an.
Verwende dazu entsprechende Literatur bzw. Informationen aus dem Internet.

13. Auch Termiten (Abb.) sind Staaten bildende Insekten.

Sammle mithilfe entsprechender Literatur oder des Internets Informationen über einen Termitenstaat und halte einen Vortrag dazu.

14. Berühre vorsichtig das Radnetz einer Spinne nacheinander an verschiedenen Stellen. Beschreibe das Verhalten der Spinne.

15. Vergleiche den Flusskrebs mit dem Wasserfloh. Begründe, warum beide zu den Krebstieren gezählt werden.

16. Setze eine Schnecke vorsichtig auf eine Glasplatte und beobachte von der Unterseite her deren Fortbewegung.
Beschreibe die Fortbewegung.

17. Wodurch ist es möglich, dass eine Schnecke auch scharfkantige Gegenstände, sogar Messer, Rasierklingen u. a., überwinden kann, ohne sich zu verletzen?
Lass eine Schnecke über einen solchen Gegenstand kriechen, beobachte und erläutere deine Beobachtung.

18. Sammle Gehäuse von Landschnecken. Finde anhand eines Bestimmungsbuches heraus, zu welchen Schnecken die Gehäuse gehören.

19. Am Nord- bzw. Ostseestrand findet man verschiedene Muschelschalen.
Bestimme anhand eines Bestimmungsbuches die dazugehörenden Muscheln.

20. In der Entwicklung des Rinderfinnenbandwurms ist der Mensch Endwirt, das Rind Zwischenwirt. Fertige ein Schema vom Zyklus an. Suche dazu Informationen im Internet.

**summa summarum**

## Merkmale ausgewählter wirbelloser Tiergruppen

**Wirbellose Tiere** besitzen keine Wirbelsäule. Sie sind sehr vielgestaltig. Sie besiedeln die verschiedensten Lebensräume, z. B. Wälder, Wiesen, Felder, den Boden, die Flüsse, Seen und Meere. An ihren jeweiligen Lebensraum sind sie durch ihren Bau und ihre Lebensweise gut angepasst.

### Vertreter der Hohltiere
Körper aus 3 Schichten, Magenhöhle, bewegliche Fangarme

### Vertreter der Ringelwürmer
lang gestreckter Körper, außen und innen in Segmente gegliedert, Hautmuskelschlauch, Borsten; Hautatmer

### Vertreter der Spinnentiere
Kopfbrust, Hinterleib, 4 Paare Laufbeine, Rückenschild, Spinnwarzen, Netzbau; Außenverdauung

**Quallen**
*Ohrenqualle*

**Hydratiere**
*Süßwasserpolyp*

**Wenigborster**
*Regenwurm*

**Echte Spinnen**
*Kreuzspinne*

### Vertreter der Insekten (Ordnungen der Insekten)
Flügel, meist 3 Paare Laufbeine, Komplexauge, unterschiedlich ausgebildete Mundwerkzeuge und Beine, verzweigtes Röhrensystem als Atmungssystem (Tracheensystem)

**Käfer**
*Gold-Laufkäfer*

**Schmetterlinge**
*Tagpfauenauge*

**Zweiflügler**
*Große Stubenfliege*

**Hautflügler**
*Gemeine Wespe*

### Vertreter der Krebstiere
Außenskelett, meist 5 Paare Lauf- und Schwimmbeine; Häutung, Kiemenatmung

### Vertreter der Weichtiere
weicher Körper, Fuß mit Kriechsohle, Gehäuse (Gehäuseschnecken) bzw. Schalen (Muscheln) aus Kalk; Lungen- oder Kiemenatmung

**Zehnfußkrebse**
(Wasserbewohner)
*Flusskrebs*

**Schnecken**
(Wasser- und Landbewohner)
*Weinbergschnecke*

**Muscheln**
(Wasserbewohner)
*Herzmuschel*

# Stoff- und Energiewechsel beim Menschen

# 3

# 3.1 Bestandteile der Nahrung und gesunde Ernährung

## Nahrung ist lebenswichtig

Stelle dir eine lange Kette von ungefähr 750 aneinanderge-reihten 100-Liter-Fässern vor. Wissenschaftler haben ausge-rechnet, dass der Mensch im Laufe seines Lebens den Inhalt aller dieser Fässer in Form von Nahrung zu sich nimmt. Das wären ungefähr: 560 Fässer Wasser, 25 Fässer Fett, 140 Fässer Zucker und Stärke, 25 Fässer Eiweiß.
*Wozu braucht der Körper die Nahrungsmittel?*
*Was geschieht mit der aufgenommenen Nahrung im Körper?*

## Essen und Trinken – tägliche Last oder Freude?

„Essen und Trinken hält Leib und Seele zusammen" – dieser Ausspruch verdeutlicht, dass Essen nicht nur reine Nah-rungsaufnahme ist. Essen und Trinken hat viel mit Gefühlen und Sich-wohl-Fühlen zu tun.
*Warum sind gemeinsame ruhige Mahlzeiten im Familien- oder Freundeskreis so wichtig?*
*Gibt es Regeln für eine gesunde Ernährung?*
*Welche Bedeutung haben diese Regeln?*

## „Richtig essen", was heißt das?

„Richtig essen" heißt, mög-lichst viele der verschiedenen Nahrungsmittel abwechselnd auszuwählen und insgesamt nur so viel zu essen, dass man dem Körper nicht mehr Energie zuführt, als er an Energie ver-braucht.
*Warum sollte man täglich auf eine abwechslungsreiche Kost achten?*
*Was bedeutet der Ausspruch „Zu viel Fett macht fett!"?*

# Bestandteile der Nahrung – ein Überblick

## Zusammensetzung unserer Nahrungsmittel

In großen Supermärkten kann man alle Nahrungsmittel kaufen. Zur besseren Übersicht für die Kunden sind sie nach Gruppen geordnet, z. B. Back- und Teigwaren, Milch und Milchprodukte, Fleisch- und Wurstwaren, Obst und Gemüse.
Betrachtet man die Verpackungen der Nahrungsmittel, stellt man fest, dass auf den meisten Verpackungen die Inhaltsstoffe (Abb. 2) angegeben sind. Dabei fällt auf, dass es fast immer die gleichen Inhaltsstoffe sind, z. B. Eiweiß, Fett, Kohlenhydrate, Vitamine, aber in einer unterschiedlichen Zusammensetzung.
Es gibt keine Nahrungsmittel oder Lebensmittel, die sich von ihren Inhaltsstoffen her völlig gleichen. Deshalb ist es sehr wichtig, die Zusammensetzung der Nahrungsmittel und die Bedeutung ihrer Inhaltsstoffe etwas genauer zu kennen.
Zu den Hauptbestandteilen aller Nahrungsmittel gehören die *Kohlenhydrate, Fette* und *Eiweiße*. Sie leisten den Hauptbeitrag zu unserer Ernährung. Diese Bestandteile der Nahrung bezeichnet man als **Nährstoffe.**
Die Nahrung enthält aber noch weitere wichtige Bestandteile, z. B. *Vitamine, Mineralstoffe, Bal-*

2   Jedes Nahrungsmittel enthält verschiedene Inhaltsstoffe.

*laststoffe* und *Wasser*. Die Bestandteile werden als **Ergänzungsstoffe** zusammengefasst.
Der Mensch nimmt mit der Nahrung die Stoffe auf, die er zum Aufbau des Körpers und seiner Erhaltung braucht. Man benötigt ungefähr 60 verschiedene Stoffe zur Aufrechterhaltung seines Lebens. In jedem Nahrungsmittel sind ein Teil dieser Stoffe enthalten.

> Bestandteile der Nahrung sind die Nährstoffe (Kohlenhydrate, Fette, Eiweiße) und die Ergänzungsstoffe (Vitamine, Mineralstoffe, Ballaststoffe, Wasser).

1   Bestandteile der Nahrung sind Nährstoffe und Ergänzungsstoffe.

# Nährstoffe und ihre Bedeutung

## Kohlenhydrate

**Kohlenhydrate** nimmt man von der Menge her täglich am meisten zu sich. Beispielsweise gehören zu den Kohlenhydraten verschiedene *Zucker*, wie Trauben-, Rohr- und Fruchtzucker, und *Stärke*, wie Kartoffel- und Weizenstärke (Abb. 1, 2). Wenn man also täglich viele Teigwaren, z. B. Brot, Nudeln, und Zuckerwaren, z. B. Honig, Bonbons, zu sich nimmt, erhält der Körper viele Kohlenhydrate (Tab. unten). Kohlenhydrate sind in den Nahrungsmitteln in unterschiedlichen Anteilen enthalten (Abb. 1).

Mehr als die Hälfte aller aufgenommenen Kohlenhydrate wird als **Energiegrundlage** genutzt. Diese Energie benötigt man für die Muskelarbeit, für die Aufrechterhaltung der Körpertemperatur, für die Arbeit der Nerven und für die Ausführung vieler anderer Lebensprozesse im Körper.

Einen Teil der Kohlenhydrate speichert der Körper als Energiereserve in der Leber und in der Muskulatur.

Ein geringer Teil wird zur Bildung von Abwehrstoffen verwendet und ist am Aufbau des Körpers beteiligt. In erster Linie liefern Kohlenhydrate je-

**2**   Kohlenhydratreiche Nahrungsmittel können vorwiegend Stärke oder Zucker enthalten.

doch Energie zum Ausführen von Lebensprozessen.  Ist die Aufnahme von Kohlenhydraten auf Dauer größer als der Energiebedarf des Körpers, werden die überschüssigen Kohlenhydrate in Fett umgewandelt und z. B. im Unterhautfettgewebe gespeichert. Das führt zu **Übergewicht,** das viele Krankheiten begünstigt, z. B. Bluthochdruck, Arterienverkalkung (s. S. 137).

> **Die Kohlenhydrate (z. B. Zucker, Stärke) sind die wichtigsten Energielieferanten und Baustoffe für unseren Körper.**

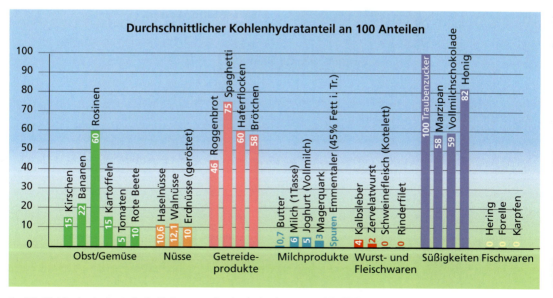

**1**   Die Kohlenhydratanteile in Nahrungsmitteln sind sehr unterschiedlich.

# Eiweiße

Täglich nehmen wir mit der Nahrung auch **Eiweiße** auf, denn auch diese Nährstoffe sind für unseren Körper lebensnotwendig.

*Pflanzliches Eiweiß* findet man vor allem in Kartoffeln, Nüssen, Bohnen und Getreideprodukten, *tierisches Eiweiß* in Fleisch, Fisch, Eiern, Milch und Milchprodukten (Abb. 2).

Aus den Bausteinen der aufgenommenen pflanzlichen und tierischen Eiweiße bildet der Körper *menschliches Eiweiß*.

Eiweiß wird für den Aufbau und die Erhaltung von Muskeln, Organen und Blut benötigt.

Auch für ein funktionierendes Nerven- und Immunsystem ist der Körper auf das Eiweiß in der Nahrung angewiesen.

Für Kinder und Jugendliche ist eine ausreichende Eiweißzufuhr besonders wichtig. Wachstum ist nämlich immer mit einer Vergrößerung des Eiweißgehaltes verbunden.

Nicht in allen Ländern der Erde haben Kinder ausreichend eiweißhaltige Nahrungsmittel, z. B. Fleisch, Bohnen, Milch, Getreideprodukte, zur Verfügung. Wachstumsstörungen und andere Krankheiten sind die Folgen.

eiweißhaltige pflanzliche Nahrungsmittel

eiweißhaltige tierische Nahrungsmittel

**2** Eiweißhaltige Nahrungsmittel liefern zugleich Aufbaustoffe und Energie.

**Die Eiweiße (pflanzliches und tierisches Eiweiß) sind wichtige Baustoffe für unseren Körper.**

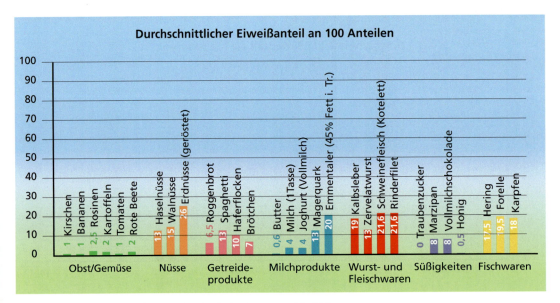

**Durchschnittlicher Eiweißanteil an 100 Anteilen**

(Werte der Balken): Kirschen 1, Bananen 1, Rosinen 2,5, Kartoffeln 2, Tomaten 1, Rote Beete 2 (Obst/Gemüse); Haselnüsse 13, Walnüsse 15, Erdnüsse (geröstet) 26 (Nüsse); Roggenbrot 6,5, Spaghetti 13, Haferflocken 10, Brötchen 7 (Getreideprodukte); Butter 0,6, Milch (1 Tasse) 4, Joghurt (Vollmilch) 4, Magerquark 13, Emmentaler (45 % Fett i. Tr.) 20 (Milchprodukte); Kalbsleber 19, Zervelatwurst 13, Schweinefleisch (Kotelett) 21,6, Rinderfilet 21,6 (Wurst- und Fleischwaren); Traubenzucker 0, Marzipan 8, Vollmilchschokolade 8, Honig 0,5 (Süßigkeiten); Hering 17,5, Forelle 19,5, Karpfen 18 (Fischwaren)

**1** Die Eiweißanteile in Nahrungsmitteln sind sehr unterschiedlich.

## Fette

Fette sind die energiereichsten Nährstoffe, die aufgenommen werden. Fette werden ebenso wie die Kohlenhydrate hauptsächlich als Energielieferanten im Körper verwendet. Sie liefern pro Gramm doppelt so viel Energie wie Kohlenhydrate oder Eiweiße.

Fette sind auch in Lebensmitteln wie Butter, Margarine, Schmalz, Speck und Öl sichtbar enthalten (Abb. 1, 2).

**2** Fetthaltige Nahrungsmittel sind vor allem Energielieferanten.

Auch in Fleisch, Wurst, Käse, Nüssen, Schokolade und Milch sind Fette vorhanden, aber in verdeckter Form (Abb. 1, 2).

Wenn man mehr Fett zu sich nimmt, als man an Energie für Bewegungen und Tätigkeiten benötigt, wird das überschüssige Fett im Körper gespeichert. **Übergewicht** ist dann die Folge.

> **Fette sind als Energielieferanten für unseren Körper unerlässlich.**

1,5 g von 100 g

3,8 g von 100 g

30 g von 100 g

31 g von 100 g

20 g von 100 g

61 g von 100 g

50 g von 100 g

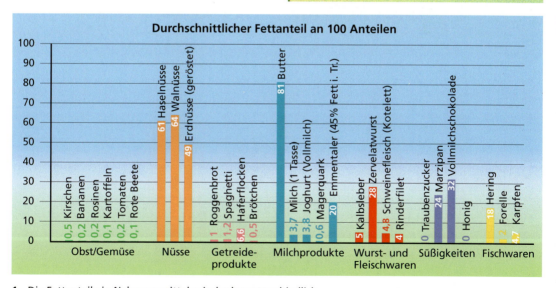

**Durchschnittlicher Fettanteil an 100 Anteilen**

| Obst/Gemüse | Nüsse | Getreideprodukte | Milchprodukte | Wurst- und Fleischwaren | Süßigkeiten | Fischwaren |
|---|---|---|---|---|---|---|
| 0,5 Kirschen · 0,2 Bananen · 0,2 Rosinen · 0,1 Kartoffeln · 0,2 Tomaten · 0,1 Rote Beete | 61 Haselnüsse · 64 Walnüsse · 49 Erdnüsse (geröstet) | 1 Roggenbrot · 1,2 Spaghetti · 6,6 Haferflocken · 0,5 Brötchen | 3,7 Milch (1 Tasse) · 3,8 Joghurt (Vollmilch) · 0,6 Magerquark · 20 Emmentaler (45% Fett i. Tr.) | 5 Kalbsleber · 28 Zervelatwurst · 4,8 Schweinefleisch (Kotelett) · 4 Rinderfilet | 0 Traubenzucker · 24 Marzipan · 0 Honig · 32 Vollmilchschokolade | 18 Hering · 1,2 Forelle · 4,7 Karpfen |

**1** Die Fettanteile in Nahrungsmitteln sind sehr unterschiedlich.

# Ergänzungsstoffe und ihre Bedeutung

Zu den Bestandteilen der Nahrungsmittel gehören neben den Nährstoffen auch *Mineralstoffe, Vitamine, Ballaststoffe* und *Wasser.* Diese Bestandteile werden als **Ergänzungsstoffe** zusammengefasst. *Zusätzlich sind Farb-, Aroma- und Konservierungsstoffe* (s.a. S.84) enthalten.

## Mineralstoffe

Die verschiedenen **Mineralstoffe** werden in unterschiedlichen Mengen von unserem Körper gebraucht. *Natrium, Calcium* und *Magnesium* z.B. werden in großen Mengen benötigt *(Hauptelemente).* Andere Stoffe wie *Eisen, Fluor, Chlor* und *Iod* braucht der Körper nur in Spuren *(Spurenelemente).*

Mineralstoffe müssen mit der Nahrung dem Körper zugeführt werden. Im Unterschied zu den Nährstoffen liefern sie **keine Energie,** haben aber lebenswichtige Funktionen zu erfüllen (Tab. unten).

**Calcium** und **Phosphor** müssen das ganze Leben über mit Milch, Milchprodukten, Vollkornprodukten und Gemüse aufgenommen werden. Beide Mineralstoffe sind Hauptbestandteile der Knochen und Zähne. Erst durch diese Stoffe wer-

**1** Calciumreiche Nahrungsmittel festigen die Knochen.

den sie hart und belastbar. Ohne den Mineralstoff Calcium würde das Herz nicht schlagen, das Blut würde nach Verletzungen nicht gerinnen, die Abwehr von Krankheitserregern nicht funktionieren und Nerven- und Muskelfasern könnten nicht richtig arbeiten. Nimmt man über die Nahrung zu wenig Calcium und Phosphor auf, „holt" sich der Körper die erforderliche Menge aus den Knochen. Mit der Zeit werden diese schwach und brüchig.

> Mineralstoffe müssen mit der Nahrung aufgenommen werden. Sie sind an zahlreichen Prozessen im Körper beteiligt.

| Mineralstoffe | Wirkungen im Körper | Vorkommen in Nahrungsmitteln | tägliche Zufuhr |
|---|---|---|---|
| Natrium | Regulierung von Wasserhaushalt und Blutdruck, Salzsäurebildung in der Magenschleimhaut, Schweißbildung, Vorgänge in den Nerven | Vollkornbrot, Hühnerei, Hering, Brötchen, Kochsalz, Wurst, Käse, Schinken | 2000 – 3000 mg |
| Calcium | Aufbau von Knochen, Muskeln und Zähnen, Nerventätigkeit | Vollkornbrot, Vollmilch, Käse, Nüsse, Jogurt, Fisch, Grünkohl, Spinat | 1200 mg |
| Magnesium | Blutgerinnung, Aufbau von Muskeln und Knochen, Herztätigkeit | Vollmilch, Fisch, Kartoffeln, Leinsamen | 350 – 400 mg |
| Eisen | Bestandteil des roten Blutfarbstoffes (Hämoglobin), unterstützt die Sauerstoffversorgung des Körpers, Wachstum | Vollkornbrot, Haferflocken, Leber, grüne Bohnen, Spinat, Kartoffeln, Fleisch, Fruchtsäfte | 12 – 15 mg |
| Iod | Aufbau des Schilddrüsenhormons, Wachstum | Fisch, Iodsalz, Grünkohl, Eier, Milch | 0,2 mg |

## Vitamine

Da **Vitamine** im menschlichen Körper nicht gebildet werden können, müssen sie regelmäßig
mit der Nahrung aufgenommen werden. Sie sind
**Wirkstoffe** für den Ablauf lebenswichtiger Vorgänge in unserem Körper. Sie werden mit Groß-
buchstaben bezeichnet, z. B. A, B, C, D. Jedes
Vitamin erfüllt im Körper eine bestimmte Aufgabe (Tab. unten). Vitamine wirken schon in geringen Mengen.

Fehlt ein Vitamin bzw. wird von einem Vitamin zu
wenig aufgenommen, kann dies zu **Vitamin-
mangelerscheinungen** führen.

Bei den Vitaminen lassen sich wasserlösliche und
fettlösliche Vitamine unterscheiden. Manche Vitamine werden durch Licht bzw. Wärme zerstört
(Tab. unten). Bei der Lagerung von Nahrungsmitteln und bei der Zubereitung von Speisen muss
auf diese Eigenschaften geachtet werden.

Vitamine sind in den meisten Nahrungsmitteln
enthalten, wenn auch in unterschiedlichen Mengen (Abb., auf 100 g). Mancher Gesunde schluckt

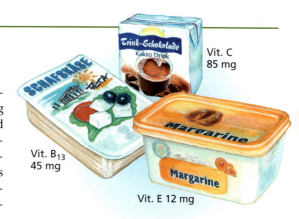

Vit. C
85 mg

Vit. B$_{13}$
45 mg

Vit. E 12 mg

massenweise **Vitamintabletten,** um sich stark und
fit zu erhalten. Dies ist jedoch auf Dauer nicht ungefährlich. Zwar scheidet der Körper ein Zuviel an
den wasserlöslichen Vitaminen (B, C) wieder aus,
fettlösliche (A, D, E) jedoch werden von ihm gespeichert. Das kann wiederum zu Krankheiten
führen.

> **Vitamine sind lebensnotwendige Wirkstoffe.
> Nur geringe Mengen werden für den Ablauf
> der Lebensprozesse benötigt.**

| Vitamine | wichtig für | z. B. enthalten in | Mangel führt zu | tägliche Zufuhr | Eigenschaften |
|---|---|---|---|---|---|
| **Vitamin A** | Sehen, Wachs-tum und Erneuerung der Haut | Leber, Butter, Margarine, Eigelb, Innerei-en; als Vorstufe „Carotin" in Möhren, Spinat, Grünkohl, Toma-ten, Paprika | Wachstums-störungen, Nachtblindheit, Verhornungser-scheinungen der Haut | 1,3 – 1,6 mg | lichtempfind-lich, fettlöslich |
| **Vitamin B₁** | Zuckerabbau im Körper, Funktionieren des Nerven-systems | Vollkornbrot, Haferflocken, Hülsenfrüchte, Naturreis, Kar-toffeln, Schwei-nefleisch, wei-ßen Bohnen, Linsen | Nervenkrankhei-ten, Lähmungen, Abmagerung, Appetitlosig-keit, Krämpfe, Herzschwäche, Beriberi | 0,4 – 1,8 mg | hitze-beständig, wasserlöslich |
| **Vitamin C** | Aufbau von Knochen, Zähnen, Blut, Stärkung der Abwehr von Krankheits-erregern | Obst, vor allem Zitrusfrüchten und Beeren-obst, Kartof-feln, Kopfkohl, Paprikaschoten, Petersilie | Gelenk- und Knochenschmer-zen, Skorbut, Infekt-anfälligkeit | 75 mg | hitzeempfind-lich, wasserlöslich |

## Ballaststoffe

„Ballast" – das klingt nach überflüssig und wertlos. **Ballaststoffe** sind die Bestandteile unserer Nahrung, die der menschliche Körper nicht verwerten kann und deshalb wieder ausscheidet. Dazu gehören die vor allem in Pflanzen vorkommenden Holzstoffe *(Lignin)* und *Cellulosefasern.* Sie sind für uns unverdaulich. Man hielt die Ballaststoffe früher für völlig überflüssig. Sie liefern keine Energie und keine Aufbaustoffe für unseren Körper. Sie gelangen durch unseren Magen und Darm relativ unverändert hindurch. Sie wurden deshalb als „Ballast" angesehen.

Heute weiß man, wie wichtig diese Stoffe für unser Wohlbefinden sind. Sie sorgen für ausreichende Füllung des Darmes, fördern damit die Darmbewegungen und beugen so der Stuhlverstopfung und Darmträgheit vor. Ballaststoffe fordern zum guten Kauen und damit zum langsamen Essen auf. Sie tragen zur Magenfüllung und damit zur Sättigung bei. Die Nahrungsmittel haben einen unterschiedlichen Gehalt an Ballaststoffen.

Ballaststoffreiche Nahrungsmittel sind z.B. Weizen- und Haferspeisekleie, Roggenknäckebrot und Haferflocken (Abb.).

> **Ballaststoffe sind unverdauliche Bestandteile der pflanzlichen Nahrung.**

## Wasser

Trinken ist lebensnotwendig. Der Mensch kann viel länger ohne feste Nahrung als ohne Wasser auskommen. Über die Hälfte der Körpermasse des Menschen besteht aus Wasser. Wasser dient als **Lösungsmittel** und als **Transportmittel** für Nährstoffe, Ergänzungsstoffe und viele andere Stoffe. Es wird für den Abtransport und die Ausscheidung von Stoffen gebraucht. Durch Verdunstung von Wasser als Schweiß an unserer Haut beispielsweise schützen wir unseren Körper vor Überhitzung.

Unserem Körper gehen etwa 2,5l Wasser am Tag verloren, z.B. über den Darm mit dem Kot, als Urin und über die Haut (Schweiß) und Lunge. Folglich muss ebenso viel Wasser wieder dem Körper zugeführt werden, z. B. durch die Aufnahme von Nahrungsmitteln und Getränken (Abb. 1).

Obst und Gemüse (Abb.) sind wasserhaltige Nahrungsmittel. Wer viel Obst und Gemüse isst, kann etwas weniger trinken.

Säuglinge, Kinder und Jugendliche haben einen besonders hohen Flüssigkeitsbedarf und müssen deshalb häufiger und auch relativ mehr trinken als Erwachsene.

Lebensmittel 1,1 Liter

Tägliche Zufuhr von Wasser (gesamt) 2,5 Liter

Getränke 1,4 Liter

über Haut 0,5 Liter

über Lunge 0,5 Liter

Tägliche Ausscheidung von Wasser (gesamt) 2,5 Liter

als Urin 1,4 Liter

als Kot 0,1 Liter

**1** Tägliche Zufuhr und Ausscheidung von Wasser

## Lebensmittelzusatzstoffe

Es wurde schon gesagt, dass Nährstoffe (Kohlenhydrate, Fette, Eiweiße) und Ergänzungsstoffe (Mineralstoffe, Ballaststoffe, Vitamine, Wasser) Bestandteile unserer Nahrung und in unterschiedlichen Anteilen in den Nahrungsmitteln enthalten sind. Auf ihren aufgedruckten Beschreibungen kann man lesen, dass in ihnen noch zusätzliche Stoffe, sogenannte **Lebensmittelzusatzstoffe**, enthalten sind. Sie sind in Listen mit **E-Nummern** erfasst.

Nach dem Lebensmittelgesetz (LMG) müssen Zusatzstoffe gesundheitlich unbedenklich sein. Dies wird laufend nachgeprüft, und so wurden schon viele Zusatzstoffe aus der Liste gestrichen. Neue Zusatzstoffe werden erst nach gründlicher Prüfung in die Liste aufgenommen. Es muss im Prinzip nachgewiesen werden, dass sie schon bekannten Zusatzstoffen überlegen und absolut gesundheitlich unbedenklich sind.

Es gibt verschiedene Gruppen von Zusatzstoffen. **Lebensmittelfarbstoffe** (E mit 100er Nummern) sind natürliche oder synthetische Farbstoffe, die laut Lebensmittelgesetz zum Färben von Nahrungs-, Genuss- und Arzneimitteln zugelassen sind. Unansehnliche Waren erhalten durch Lebensmittelfarben ein verkaufsförderndes farbiges und appetitanregendes Aussehen. Bedenklich dabei ist, dass der Eindruck guter Qualität vermittelt wird, auch wenn das nicht der Fall ist. Grundsätzlich kann man davon ausgehen, dass von Lebensmittelfarbstoffen keine Gesundheitsgefährdung ausgeht.

**Konservierungsstoffe** (E mit 200er Nummern) verlängern die Haltbarkeit von Lebensmitteln, indem sie den durch Bakterien, Hefe- und

Nahrungsmittel mit Bindemittel, Aromastoffen und Geschmacksverstärker

E 620, 250

E 621

E 440 a

E 412

Schimmelpilze verursachten Verderb verzögern. Sie dienen damit einerseits dem vorbeugenden Gesundheitsschutz (verdorbene Produkte enthalten Giftstoffe), andererseits ermöglichen sie aber auch unsinnig lange Transportwege und Lagerzeiten. Außerdem leisten sie einer hygienisch nachlässigen Verarbeitung Vorschub.

**Bindemittel (Dickungsmittel,** E mit 400er Nummern) dienen dem Eindicken und Gelieren der Lebensmittel durch Bindung von Wasser, z. B. bei Marmeladen, Puddings, Gelees, Backwaren.

**Süßungsmittel** (E mit 900er Nummern) sind alle Stoffe, die zum Süßen von Nahrungsmitteln verwendet werden. *Süßstoffe* sind Süßungsmittel, die eine deutlich höhere Süßkraft als Haushaltszucker haben. *Zuckeraustauschstoffe* sind nur etwa halb so süß wie Haushaltszucker.

**Säuerungsmittel** (E mit 200er und 300er Nummern) verleihen Lebensmitteln einen angenehm sauren Geschmack und haben darüber hinaus auch konservierende Eigenschaften.

E 954

**Aromastoffe und Geschmacksverstärker** sind Substanzen, die den Geruch bzw. den Geschmack von Lebensmitteln verstärken. Glutaminsäure (E 620) und deren Salze, Glutamate (E 621–625) sind die am häufigsten angewandten Geschmacksverstärker. Sie heben vor allem Fleisch und Fischaromen hervor und werden in großen Mengen in der Wurst, in Suppen und der Soßenindustrie verwendet.

Nahrungsmittel mit Farbstoffen, Konservierungsstoffen und Säuerungsmittel

E 100

E 250

E 330

E 101

Lebensmittelzusatzstoffe sind bei entsprechender Dosierung nicht gesundheitsschädigend. Ihr Hinzufügen soll den „Anblick" bzw. die Haltbarkeit der Lebensmittel verbessern.

# Mosaik

*Einen Salat mit Gen-Mais wählen oder doch lieber einen Salat mit Tomaten aus ökologischem Anbau essen?*
Jeder Verbraucher kann sich selbst für oder gegen ein Genprodukt entscheiden. Gentechnisch veränderte Produkte sind durch gezielte Veränderungen im Erbmaterial entstandene Produkte (s. a. S. 485 f.).

Meinung der **Befürworter:**
Genprodukte sind der Anfang eines neuen Zeitalters der Lebensmittelerzeugung, eines Zeitalters, in dem es gelingen wird, den Hunger auf der Welt zu besiegen.
Gentechnisch veränderte Lebensmittel sind ein Segen für die Menschheit. Gesundheitsschäden nach dem Verzehr wurden weltweit noch nicht nachgewiesen.

Meinung der **Gegner:**
Genprodukte sind der Anfang vom Ende, der Anfang einer Entwicklung, deren Auswirkungen vom Menschen nicht vorhersehbar sind und möglicherweise nicht beherrschbar sein werden.
Gentechnisch veränderte Lebensmittel sind ein Fluch für die Menschheit.

**Segen oder Fluch?**
Auf diese beiden Kernaussagen lässt sich im Grunde die Diskussion über Genprodukte reduzieren.
*Welcher dieser Aussagen soll nun der Verbraucher Glauben schenken?*
Selbst die Wissenschaftler sind sich nicht einig. Für beide Thesen finden sich sowohl Befürworter wie Gegner.
Dies verunsichert die Verbraucher sehr stark, zumal die geplante Kennzeichnungspflicht für Genprodukte, die von der EU-Kommission 1997 und ganz neu 2004 in der NovelFoodVerordnung vorgeschlagen wurde, noch sehr lückenhaft ist. Diese kann beim Verbraucher keine Zufriedenheit aufkommen lassen. So ist nicht vorgesehen, dass

## Gentechnisch veränderte Stoffe in Lebensmitteln – Segen oder Fluch?

Milch, Jogurt, Fleisch, Eier und Käse von Tieren, die gentechnisch verändertes Futter erhalten haben, gekennzeichnet sein müssen.
Positiv ist, dass ab 18. April 2004 alle Lebensmittel und Zutaten sowie auch Futtermittel **kennzeichnungspflichtig** sind, die auf gentechnisch veränderte Organismen zurückzuführen sind. Sie dürfen erst dann auf den Markt, wenn sie zugelassen sind. Mittlerweile sind weltweit mehr als 40 verschiedene Nutzpflanzenarten auch in gentechnischer Bearbeitung, viele befinden sich bereits im Feldversuch. Dazu gehören verschiedene *Melonen, Zuckerrohr, Blumenkohl, Chicorée, Trauben, Salat, Erdnüsse, Pfeffer, Weizen* oder *Mais.*
Auch Zierpflanzen und Bäume werden unter anderem mit den neuen Methoden gezüchtet (z. B. *Gladiolen, Silberbirke, Chrysanthemen*).

Wichtige Aspekte sind neben dem Schutz gegen Pflanzenkrankheiten bzw. gegen Schädlinge die Anspruchslosigkeit gegenüber schlechten Böden. Zunehmend werden aber auch qualitative Veränderungen vorgenommen, z.B. die Veränderung der Ölzusammensetzung bei *Raps, Sonnenblume* oder *Soja*, oder die bessere Haltbarkeit bei empfindlichem *Obst* und *Gemüse.*
Heute sind weltweit neben *Tomate, Soja* und *Mais* weitere 9 Nutzpflanzenarten, z.T. in mehreren Sorten, zugelassen: *Raps, Baumwolle, Tabak, Papaya, Kürbis, Melone, Kartoffel, Flachs* und *Nelke.*
Am 18. April 2004 trat in allen EU-Ländern eine **neue Verordnung** in Kraft, mit der Zulassung und Kennzeichnung von gentechnisch veränderten Lebens- und Futtermitteln einheitlich und in gesetzlich verbindlicher Form geregelt werden. Für diese Produkte werden die *Sicherheitsanforderungen* verschärft.
Für die Zulassung gibt es nun ein einheitliches, EU-weites Verfahren für alle Lebens- und Futtermittel, die unter die neue Verordnung fallen.

## Nachweis organischer Stoffe in Nahrungsmitteln

Der Mensch nutzt Pflanzen und Tiere oder Teile von ihnen als Nahrungsmittel oder stellt aus ihnen Nahrungsmittel her.

Mithilfe von Chemikalien kann man in **einfachen Untersuchungen** und **Experimenten** überprüfen, welche organischen Grundnährstoffe in den verschiedenen Nahrungsmitteln enthalten sind. Oft ist der Nachweis an einer Farbveränderung zu erkennen.

1. **Weise Stärke in Nahrungsmitteln nach.**

   *Materialien:*
   je eine Petrischale mit einer Spatelspitze Stärke, Grieß, etwas Kartoffelknolle, Bananenfrucht, einige Reiskörner, Würfelzucker, ein Stückchen gekochtes Ei, Speck und Weißbrot; Pipette, Iod-Kaliumiodid-Lösung als Nachweismittel

   *Durchführung:*
   Führe den Stärkenachweis anhand der Abbildungen durch.

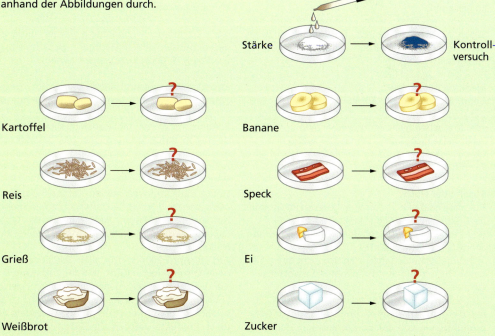

   *Beobachtung:*
   Bei welchen Nahrungsmitteln findet eine Farbveränderung statt?
   Notiere die Ergebnisse in Form einer Tabelle.

   *Auswertung:*
   1. Welche Nahrungsmittel enthalten Stärke?
   2. Welche Bedeutung hat Stärke für den Menschen?

## 2. Weise Traubenzucker (Glucose) in Nahrungsmitteln nach.

*Materialien:*
Reagenzgläser, Bunsenbrenner, Reagenzglasständer, Reagenzglashalter, Wasser, Reibe; Fehling I und II als Nachweismittel; Weintrauben, reife Birnen, Kartoffel, Apfel, Möhre, Pflaumen, Selterswasser, Camembert, Honig, gekochtes Hühnerei, Milch, Brot, Traubenzucker, Glucose-Teststreifen

*Durchführung*: Variante 1
1. Stelle aus Fehling I und II ein Gemisch aus gleichen Teilen her. Trage dabei eine Schutzbrille, denn Fehling Reagenz wirkt ätzend.
2. Gib die Flüssigkeiten sowie die zerriebenen Nahrungsmittel in je ein Reagenzglas mit etwas Wasser und schüttle die Reagenzgläser.
3. Gib jeweils einige Tropfen vom Gemisch Fehling I und II dazu, schüttle und erhitze vorsichtig (beachte starken Siedeverzug) und beobachte.

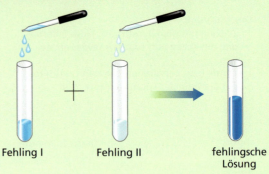

Fehling I — Fehling II → fehlingsche Lösung

*Beobachtung:*
1. Bei welchen Nahrungsmitteln findet eine Farbveränderung im Reagenzglas statt?
2. Notiere deine Ergebnisse in Form einer Tabelle.

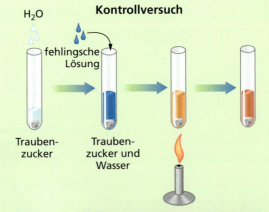

**Kontrollversuch**

$H_2O$

fehlingsche Lösung

Traubenzucker — Traubenzucker und Wasser

*Durchführung:* Variante 2
1. Wie Schritt 2 in Variante 1
2. Tauche kurz einen Glucose-Teststreifen in das Reagenzglas mit Traubenzuckerlösung (Kontrollversuch, s. Abb.).
3. Tauche in alle Gläser mit Nahrungsmitteln einen Teststreifen und beobachte.
   Vergleiche das Ergebnis mit der Farbskala auf der Packung.

*Beobachtung:*
1. Bei welchen Nahrungsmitteln kannst du mit dem Teststreifen Traubenzucker nachweisen?
2. Notiere die Ergebnisse.

*Auswertung:* Varianten 1 und 2
1. Welche Nahrungsmittel enthalten Traubenzucker?
2. Welche Bedeutung hat Traubenzucker für die Pflanzen?

## 3. Weise Fett in Nahrungsmitteln nach.

*Materialien:*
Filterpapier, Pipette, Spatel, Bleistift, Lineal;
Honig, Leberwurst, Wasser, Speiseöl, Vollmilch,
Butter, Selters, Speck

*Durchführung:*
1. Zeichne mit dem Bleistift auf jedes Filterpapier ein Kreuz auf, sodass 4 Felder entstehen.
Tropfe bzw. verschmiere die Nahrungsmittel
auf die Teile des Filterpapiers (s. Abb.).

2. Halte das Filterpapier gegen das Licht und
prüfe, ob ein Fleck zu erkennen ist!
Überprüfe nach etwa 10 Minuten.

*Beobachtung:*
Bei welchen Nahrungsmitteln ist ein Fettfleck
erkennbar?

*Auswertung:*
1. In welchen Nahrungsmitteln ist Fett enthalten?
2. Welche Bedeutung hat Fett für den Menschen?

nach 10 Minuten

1 destilliertes Wasser
2 Honig
3 Milch
4 Leberwurst

nach 10 Minuten

5 Mineralwasser
6 Speiseöl
7 Butter
8 Margarine

## 4. Weise Eiweiß in Nahrungsmitteln nach.

*Materialien:*
Reagenzgläser, Reagenzglasständer, Bunsenbrenner, Reibe, Eiweiß-Teststreifen, Salpetersäure
(20 – 65 %) als Nachweismittel; Mehl, Kartoffel, Apfel, Möhre, Gurke, Eiklar, Käse, Milch

*Durchführung:* Variante 1
1. Gib die zerriebenen bzw. flüssigen Nahrungsmittel in je ein Reagenzglas.
2. Gib jeweils 1 bis 2 ml Salpetersäure dazu, erwärme 1 Minute (Vorsicht! Trage dabei Schutzbrille und Kittel!) und beobachte.

*Durchführung:* Variante 2
1. Wie Schritt 1 in Variante 1
2. Tauche kurz einen Eiweiß-Teststreifen in das Reagenzglas mit Eiklar (Kontrollversuch, s. Abb.).
3. Tauche in alle Gläser mit Nahrungsmitteln einen Teststreifen und beobachte. Vergleiche das Ergebnis mit der Farbskala auf der Schachtel.

*Beobachtung:*
1. Bei welchen Objekten findet eine Farbänderung statt?
2. Notiere die Ergebnisse in Form einer Tabelle.

*Beobachtung:*
1. Bei welchen Nahrungsmitteln kannst du mit dem Teststreifen Eiweiß nachweisen?
2. Notiere die Ergebnisse.

**Kontrollversuch**

Salpetersäure (20 – 65 %)

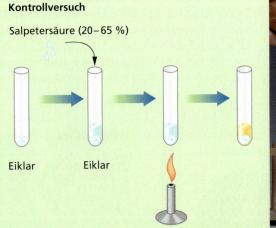

Eiklar          Eiklar

*Auswertung:* Varianten 1 und 2
1. Welche Nahrungsmittel enthalten Eiweiß?
2. Welche Bedeutung hat Eiweiß für den Menschen?

## Nährstoffbedarf und Energiebedarf

Nach einer mehrstündigen Exkursion, auf der die Schüler Untersuchungsaufgaben lösen müssen, kommen sie müde und hungrig in ihre Jugendherberge zurück.
*Welche Ursachen gibt es für ihren Körperzustand?*
Mit der Nahrung nehmen wir energiereiche Nährstoffe wie Kohlenhydrate, Fette und Eiweiße auf. Sie sind für unseren Körper sowohl Baustoffe als auch Energielieferanten.
Die Müdigkeit und das Hungergefühl nach der Exkursion zeigen an, dass die Energiereserven des Körpers aufgebraucht sind. Durch die ständige Bewegung und geistige Tätigkeit hat der Körper der Schüler viel Energie verbraucht.
Nehmen die Schüler nun Nahrung zu sich, dann sind Hunger und Müdigkeit schnell „verflogen".
So ein Hungergefühl haben viele Menschen bereits frühmorgens nach dem Aufstehen, obwohl sie die ganze Nacht geruht haben.

Zahlreiche Lebensfunktionen wie Herztätigkeit, Atmung, Tätigkeit des Gehirns, Aufrechterhaltung der Körpertemperatur laufen in unserem Körper auch im Ruhezustand, selbst im Schlaf ab. Dafür verbraucht der Körper Energie.
Die Energiemenge, die der Körper bei völliger Ruhe für die Aufrechterhaltung der Lebensvorgänge in den Zellen und für die Tätigkeitsbereitschaft der Organsysteme während 24 Stunden verbraucht, wird **Grundumsatz** genannt.

Jeder Mensch hat also einen bestimmten **Nährstoffbedarf** und damit auch einen **Energiebedarf.**

> Der Grundumsatz ist die Energiemenge, die der Körper in Ruhe in 24 Stunden für die Aufrechterhaltung seiner Lebensfunktionen benötigt.

Die **Maßeinheit** für die Energiemenge heißt **Joule** (J).
1000 Joule entsprechen 1 **Kilojoule** (kJ).
Der Grundumsatz ist für jeden Menschen individuell. Er ist abhängig von der Körpermasse, dem Alter und dem Geschlecht. Eine einfache „*Faustregel*" besagt: Pro Kilogramm Körpermasse benötigt der Körper 4,186 kJ Energie pro Stunde.

| | | |
|---|---|---|
| **Gehen** | **Schwimmen** | **Fußballspielen** |
| 3,0 km/h 730 kJ | 20 m/min 1300 kJ | |
| 4,5 km/h 840 kJ | 50 m/min 3140 kJ | |
| 6,0 km/h 1090 kJ | | 3 000 kJ |

300 kJ pro Stunde / Grundumsatz

**1** Benötigte Energiemenge (Grundumsatz und Leistungsumsatz) pro Stunde in kJ (Körpermasse 70 kg)

Das sind für Mädchen ca. 250 kJ, für Jungen ca. 300 kJ, um im Ruhezustand die Lebensfunktionen aufrechtzuerhalten.
Der Normwert beträgt für Frauen mittleren Alters etwa 6000 kJ und für Männer mittleren Alters ca. 7300 kJ pro Tag (s. a. Tabelle).

| Querschnittswerte des täglichen Grundumsatzes | | |
|---|---|---|
| Mädchen 15 J. | 60 kg | 6029 kJ |
| Junge 15 J. | 70 kg | 7032 kJ |
| Frau | 65 kg | 6530 kJ |
| Mann | 75 kg | 7535 kJ |

Das bedeutet, dass pro Tag von den Frauen Nährstoffe mit einem Energiegehalt von 6000 kJ und von den Männern Nährstoffe mit einem Energiegehalt von 7300 kJ verbraucht werden. Dann erst haben sie die Energiemenge für den Ablauf der Lebensvorgänge wie Tätigkeit des Herzens, der Leber, Nieren, Lunge, des Gehirns und anderer Organe sowie für die Erhaltung der Körpertemperatur.

> **Der Grundumsatz ist abhängig von der Körpermasse, dem Alter und dem Geschlecht.**

Zusätzlich zum Grundumsatz verbraucht der Körper für jede weitere Leistung auch mehr Energie.
Bereits beim Aufstehen leisten unsere Muskeln Arbeit und verbrauchen bei dieser Tätigkeit auch mehr Energie als im Ruhezustand.
Zusätzliche Energie wird zum Anfertigen von Schulaufgaben, zum Denken, Schreiben, Lesen und Sprechen, aber auch zur sportlichen Betätigung wie Laufen, Schwimmen, Radfahren benötigt. Dieser Teil der Energiemenge, der über den Grundumsatz hinaus zum Ausführen der Körperfunktionen benötigt wird, wird **Leistungsumsatz** (auch **Arbeitsumsatz**) genannt.
Der Leistungsumsatz ist für verschiedene Tätigkeiten sehr unterschiedlich (Abb. 1; Abb. 1, S. 92).

> **Der Leistungsumsatz (Arbeitsumsatz) ist die Energiemenge, die der Körper für die Ausführung jeder weiteren Tätigkeit – zusätzlich zum Grundumsatz – benötigt.**

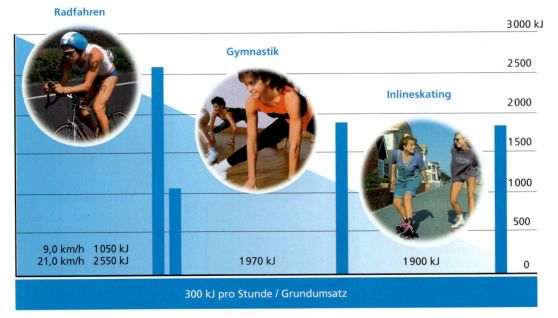

**1** Benötigte Energiemenge (Grundumsatz und Leistungsumsatz) pro Stunde in kJ (Körpermasse 70 kg)

Der **Gesamtenergiebedarf** des Körpers, der **Gesamtumsatz**, ist die Summe von Grundumsatz und Leistungsumsatz.

So ist der Gesamtenergiebedarf von Mensch zu Mensch unterschiedlich. Er ist neben der auszuführenden Tätigkeit u. a. auch vom Alter, dem Geschlecht, der jeweiligen Körpermasse sowie der Körperzusammensetzung (Anteil Muskelmasse/Körperfett) abhängig.

> Grundumsatz plus Leistungsumsatz ergibt den täglichen Gesamtenergiebedarf des Menschen (Gesamtumsatz).

**Energiebedarf pro Tag in kJ in verschiedenen Lebensaltern**

| Lebensalter | Energiebedarf an kJ/Tag | |
|---|---|---|
| **Kinder** | | |
| 1–4 Jahre | 5 000 | |
| 7–10 Jahre | 8 400 | |
| **Jugendliche** | **männlich** | **weiblich** |
| 12–15 Jahre | 10 000 | 8 000 |
| 16–19 Jahre | 13 000 | 10 500 |
| **Erwachsene** | **männlich** | **weiblich** |
| 25 Jahre | 10 900 | 9 200 |
| 45 Jahre | 10 000 | 8 400 |
| 65 Jahre | 9 200 | 7 500 |

Bei leichter körperlicher Tätigkeit wird ein Gesamtumsatz von ca. 9000 bis 10 000 kJ erreicht, bei mittelschwerer Tätigkeit bis 11 000 kJ, bei sehr schwerer körperlicher Arbeit von ca. 12 000 bis 25 000 kJ (Abb. 1).
Der Energiebedarf ist umso höher, je schwerer die körperliche Tätigkeit ist (Abb. 1; Abb. 1, S. 90, 91).
**Kinder und Jugendliche** haben aufgrund der Wachstums- und Entwicklungsprozesse einen relativ hohen Energiebedarf, der mit zunehmendem Alter beim Erwachsenen immer geringer wird (Tab. oben).
**Frauen** benötigen wegen ihres Körperbaus (höherer Anteil an Skelettmuskulatur) weniger Energie als Männer.

> Der tägliche Energiebedarf ist von Mensch zu Mensch unterschiedlich. Er ist in erster Linie abhängig von der Tätigkeit, der Körpermasse, dem Alter und Geschlecht des Menschen.

**leichte körperliche Tätigkeit**
z. B. Bankkauffrau, Maskenbildnerin
*Energiebedarf:*
Mann 9 500 kJ
Frau 8 700 kJ

**mittelschwere körperliche Tätigkeit**
z. B. Spinnerin, Schlosser
*Energiebedarf:*
Mann 10 500 kJ
Frau 9 900 kJ

**schwere und sehr schwere körperliche Tätigkeit**
z. B. Bauarbeiter, Stahlwerker
*Energiebedarf:*
Mann 14 000 – 25 000 kJ
Frau 13 000 – 21 000 kJ

**1** Der durchschnittliche tägliche Energiebedarf ist abhängig von der Schwere der auszuführenden Tätigkeit.

Jede Tätigkeit verlangt eine bestimmte Energiemenge für ihre Ausführung (Abb. 1, S. 90, 91; Abb. 1, S. 92). Die Energie, die wir täglich benötigen, nehmen wir mit unserer Nahrung auf. Das bedeutet, dass jedes Nahrungsmittel neben den Bestandteilen einen bestimmten **Energiegehalt** besitzt (Tab. unten). Dieser ist als Brennwert auf vielen Verpackungen – bezogen auf 100 g – aufgeführt. Mithilfe von **Ernährungstabellen** kann man errechnen, welche Energiemenge man am Tag mit der Nahrung aufnimmt. Anhand der ausgeführten Tätigkeiten kann man dann prüfen, ob die mit der Nahrung aufgenommene Energiemenge zu gering oder überhöht ist.

> Die Nahrungsmittel haben einen Energiegehalt. Sie liefern uns die Energie für das Ausführen der verschiedenen Tätigkeiten.

## Energie- und Nährstoffgehalt ausgewählter Nahrungsmittel

| Nahrungsmittel in g (berechnet auf 100 g) | Energiegehalt in kJ | Nährstoffe in g | | |
|---|---|---|---|---|
| | | Eiweiß | Kohlenhydrate | Fett |
| **Milch, Milchprodukte, Eier** | | | | |
| Schlagsahne (geschlagen) | 1267 | 0,4 | 0,3 | 33,3 |
| Milch (3,5 %, 1 Tasse) | 335 | 4 | 6 | 4 |
| Butter | 3142 | 0,6 | 0,7 | 81 |
| Margarine (Rama) | 2965 | 0,1 | 0,5 | 80 |
| Frischkäse (60 %, Doppelrahm) | 1132 | 3,3 | 3,3 | 26,7 |
| Ei (100 g) | 633 | 13,3 | 0,3 | 11,7 |
| **Brot, Back- und Teigwaren** | | | | |
| Roggenvollkornbrot | 823 | 6,8 | 38,8 | 2,2 |
| Roggenmischbrot | 889 | 6,4 | 44,7 | 2,2 |
| Makkaroni | 1485 | 12 | 71 | 2 |
| Brötchen | 1126 | 8,9 | 58–60 | 2,2 |
| Cornflakes (Maisflocken) | 1404 | 2,8 | 87–90 | 0,5 |
| **Obst, Gemüse** | | | | |
| Äpfel | 226 | 0,3 | 12,8 | 0,6 |
| Banane | 368 | 1,2 | 20,1 | 0,2 |
| Kartoffeln | 293 | 2,0 | 14,8 | 0,1 |
| Möhren (Karotten) | 109 | 1,0 | 4,8 | 0,2 |
| **Fisch, Fleisch, Wurst** | | | | |
| Forelle | 433 | 19,5 | 0 | 2,0 |
| Karpfen | 483 | 18,0 | 0 | 4,8 |
| Schweinekotelett | 556 | 21,6 | 0 | 4,8 |
| Rinderfilet | 506 | 21,6 | 0 | 4,0 |
| Bockwurst | 1159 | 12,3 | 0 | 25,3 |
| Putensalami | 1700 | 22 | 2 | 36,7 |
| **Süßwaren, Eis** | | | | |
| Honig | 1272 | 0,5 | 82,3 | 0,0 |
| Eiscreme | 853 | 4,5 | 22,0 | 13,0 |
| Nesquick | 1567 | 6,7 | 78,7–80 | 6,7 |
| Vollmilchschokolade | 2230 | 7,7 | 56,9–59 | 32,3 |
| **Getränke (0,2 l)** | | | | |
| Johannisbeer-Nektar | 475 | 1 | 25 | 0 |
| Apfelsaft | 405 | 0,2 | 22 | 0 |

## Gesunde Ernährung

Viele Kinder möchten gern Pommes frites oder Makkaroni mit viel Ketchup essen, dazu eine Cola trinken und als Nachtisch einen Eisbecher mit Schlagsahne verzehren.

Die Eltern bestellen sich meistens ein anderes Gericht, z.B. Kartoffeln mit Rinderfilet, Salat, Obstsaft und als Nachtisch eine Quarkspeise.

Beide Mahlzeiten enthalten die Hauptnährstoffe Kohlenhydrate, Eiweiße, Fette und auch die Ergänzungsstoffe wie Vitamine, Mineral- und Ballaststoffe sowie Wasser.

*Wer von beiden ernährt sich „gesünder"?*

Diese Frage kann man erst beantworten, wenn man die Anteile der verschiedenen Nähr- und Ergänzungsstoffe beider Mahlzeiten untersucht.

Dann wird man feststellen, dass die Mahlzeit der Kinder sehr fettreich ist. Wir kennen den Ausspruch „Zu viel Fett macht fett!".

Grundlage für Gesundheit und Wohlbefinden ist nicht eine einseitig ausgerichtete Ernährung (z.B. fettreich, eiweißreich), sondern eine **vielseitige und vollwertige Ernährung.**

„Vollwertig" bedeutet, dass die Ernährung alle lebensnotwendigen Nährstoffe und Ergänzungsstoffe in einer ausgewogenen Menge enthält.

Diese Bedingung erfüllt aber kein einzelnes Nahrungsmittel allein. Jedes Nahrungsmittel enthält immer nur einen Teil aller benötigten Nähr- und Ergänzungsstoffe.

Für **Jugendliche** gilt als Faustregel für die Aufnahme von Kohlenhydraten, Fetten und Eiweißen pro Tag und pro Kilogramm Körpermasse 3 bis 4 g Kohlenhydrate, 0,9 g Fette, 0,8 g Eiweiße.

Bei einem gesunden **Erwachsenen,** der seine Körpermasse halten möchte, sollte etwa die Hälfte der benötigten Energie aus Kohlenhydraten in der Nahrung kommen (Abb. 1). Diese Meinung enthalten die *„Empfehlungen für die Nährstoffzufuhr"* der Deutschen Gesellschaft für Ernährung.

> Eine gesunde Ernährung erreicht man durch ein ausgewogenes Verhältnis von Nähr- und Ergänzungsstoffen in der Nahrung.

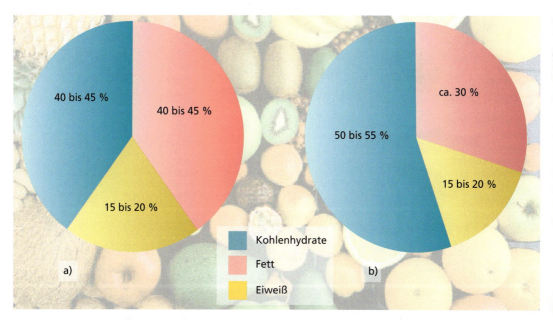

**1**   Anteile der Nährstoffe in der aufgenommenen Nahrung (a) gegenwärtig und (b) bei einer ausgewogenen „idealen" Ernährung nach Empfehlung der Deutschen Gesellschaft für Ernährung

Im täglichen Speiseplan sollten immer unterschiedliche Anteile aus den Gruppen der Nähr- und Ergänzungsstoffe enthalten sein.
Ein **„Nahrungsmittelkreis"** (Abb.) hilft bei der Zusammenstellung der Mahlzeit. In ihm sind die Grundnahrungsmittel in 8 Gruppen eingeordnet. Je größer der Kreisausschnitt einer Gruppe ist, desto mehr Produkte aus dieser Gruppe sollte man in die Zusammenstellung der Mahlzeiten aufnehmen. Man ernährt sich „gesund", wenn man täglich aus allen Gruppen Nahrungsmittel isst.

Nachdem die Bedeutung der einzelnen Bestandteile der Nahrung und die Nahrungsgruppen (Abb. oben) bekannt sind, kann man einige **Grundregeln für eine gesunde Ernährung** ableiten (Beispiele, rechts).
Natürlich darf man auch Lieblingsspeisen haben. Aber grundsätzlich sollte man für seine gesunde Ernährung beachten:
– viel Frischkost (vitamin-, mineralstoffreich),
– hoher Ballaststoffgehalt,
– wenig Fett,
– 2–3 Eier pro Woche,
– 1–2 Fischmahlzeiten pro Woche,
– 2–3 Fleischmahlzeiten pro Woche,
– 2 1/2 l Flüssigkeit pro Tag.

Zwischen den drei *Hauptmahlzeiten* sollte man am Vormittag und Nachmittag jeweils eine *Zwischenmahlzeit* einlegen. Diese beugen Leistungsabfall und frühzeitiger Ermüdung vor. Wichtig ist das Frühstück vor dem Unterricht, um in der Schule leistungsfähig zu sein. Wenn man am Morgen absolut nichts essen mag, dann sollte man warme Milch oder Kakao trinken und gleich in der ersten Pause eine Kleinigkeit essen.

### Grundregeln für eine gesunde Ernährung (Beispiele)

1. Stelle deinen Speiseplan vielfältig zusammen und achte dabei auf eine abwechslungsreiche und vollwertige Kost.
2. Verzehre weniger Fett und fettreiche Nahrungsmittel, denn zu viel Fett macht fett.
3. Bevorzuge Kräuter und Gewürze, vermeide zu viel Salz.
4. Iss reichlich Vollkornprodukte, Gemüse, Kartoffeln und Obst, denn sie liefern Nährstoffe, Vitamine, Mineral- und Ballaststoffe.
5. Vermeide zu viel Zucker und Süßigkeiten, denn zu viel Zucker wird vom Körper in Fett umgewandelt und gespeichert.
6. Achte auf eine schonende Zubereitung der Nahrung, damit Nährstoffe, Vitamine und Mineralstoffe nicht durch zu langes Kochen, Wiederaufwärmen und durch die Verwendung von zu viel Wasser beim Garen zerstört werden.
7. Iss anstelle der üblichen drei Hauptmahlzeiten lieber fünf kleinere Mahlzeiten.
8. Nimm dir Zeit für deine Mahlzeiten, iss in Ruhe und ohne Hektik.

## Methoden zur Beurteilung der Körpermasse

Die Frage nach dem „richtigen Gewicht" ist schwer zu beantworten. Es ist individuell unterschiedlich, denn die Nahrungsaufnahme reguliert sich bei gesunden Menschen über Appetit, Hunger und Sättigung so, dass die Menschen ein ihrer körperlichen Verfassung angemessenes „Gewicht" erreichen und dass die vom Körper benötigten Nährstoffe in angemessener Menge aufgenommen werden. Es sollte eine Körpermasse (Gewicht) sein, bei der man sich wohlfühlt (**„Wohlfühlgewicht"**).

### 1. Methode:

Es gibt die **Formel nach Broca,** mit der man das **„Normalgewicht"** errechnen kann:

„Normalgewicht" = Körpergröße in cm – 100 in kg

### 2. Methode:

Bei sehr großen oder sehr kleinen Menschen führt die Broca-Formel zu Ungenauigkeiten. Exakter ist die Berechnung des „Normalgewichts" nach dem Körpermasse-Index, dem **BMI (Body-Mass-Index).** Er errechnet sich nach der Formel

$$BMI = \frac{\text{Körpermasse (in kg)}}{(\text{Körpergröße in m})^2}$$

Die BMI-Werte werden aus medizinischer Sicht beurteilt (s. Tab. unten). Die Werte zwischen 19 und 25 liegen im normalen Bereich.

| Körpermasse-Index (BMI) | | |
|---|---|---|
| | Frauen | Männer |
| Untergewicht | unter 19 | unter 20 |
| Normalgewicht | 19–24 | 20–25 |
| Übergewicht | 25–30 | 26–30 |
| Fettsucht | über 30 | über 30 |

In Abhängigkeit vom Alter gelten die folgenden BMI-Werte als optimal.

| Alter in Jahren | Untergewicht | Normalgewicht | Übergewicht |
|---|---|---|---|
| 19–24 | 19 | 19–24 | über 24 |
| 25–34 | 20 | 20–25 | über 25 |
| 35–44 | 21 | 21–26 | über 26 |
| 45–54 | 22 | 22–27 | über 27 |
| 55–64 | 23 | 23–28 | über 28 |
| über 64 | 24 | 24–29 | über 29 |

### 3. Methode:

Für Kinder und Jugendliche unter 14 Jahren hat der BMI noch keine Gültigkeit. Als Maßstab gilt hier eine Grafik, die Körpermassebereiche nach Körpergrößen angibt (Abb. unten).

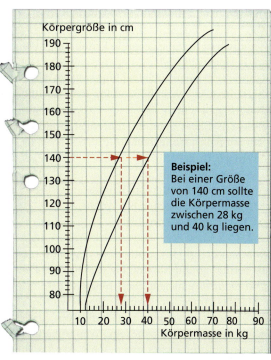

**Beispiel:** Bei einer Größe von 140 cm sollte die Körpermasse zwischen 28 kg und 40 kg liegen.

**1** Für Kinder und Jugendliche unter 14 Jahren kann man die Körpermasse nach dieser Grafik berechnen.

# Biologie im Alltag

## Verschiedene Diäten – eine Auswahl

Unter einer **Diät** versteht man eine von der normalen Ernährung abweichende Ernährungsform. Sie kann vom Arzt zur Vorbeugung oder Behandlung von Erkrankungen verordnet werden, z. B. als *Aufbaudiät* nach Magen-Darm-Operationen, als *fettarme Diät* bei Störungen der Fettverdauung, als *Schonkost* bei bestimmten Erkrankungen. Mit dem klassischen „diaita" (griech. = vom Arzt verordnete Lebensweise) hat das heutige Wort „Diät" nichts zu tun. Die vielen unterschiedlichen Diäten werden vor allem mit dem Ziel durchgeführt, die **eigene Körpermasse** (Körpergewicht) **zu verringern.** Allen, die eine Diät machen möchten, muss bewusst sein, dass es bei jeder Diät sowohl **Vorteile** als auch **Nachteile** gibt.

### Apfelessig-Diät:

Diese Diät basiert in erster Linie auf den Regeln einer **energiereduzierten Mischkost.** Die Speisen, die mit Apfelessig zubereitet werden, dürfen täglich nicht mehr als 5025 kJ Energie überschreiten. Erlaubt sind fettarme Produkte. Die Diät sollte mit leichten Fitnessübungen kombiniert werden.
*Vorteile:* Apfelessig wirkt verdauungsfördernd, unterstützt dadurch das Abnehmen.
*Nachteile:* Die Verringerung der Körpermasse ist nicht allein auf den Apfelessig zurückzuführen, sondern auf das bewusste ausgewogene Essen während der Diät. Empfindlichen Personen „schlägt" der Apfelessig auf den Magen und verursacht Übelkeit.

### „Friss die Hälfte"-Diät (FdH):

Bei dieser Diät isst man wie bisher weiter, halbiert aber streng seine Portionen. Der Körper erhält so nur die halbe Energiemenge.

Verbunden werden sollte diese Diät ebenfalls mit Bewegungsübungen.
*Vorteile:* Man braucht keine Joule zu zählen, keine Diätpläne aufzustellen bzw. große Einschränkungen in der Ernährung vorzunehmen.
*Nachteile:* Diese Diät führt nur zum Erfolg, wenn man sehr diszipliniert seine Essensportionen halbiert. Dabei ist darauf zu achten, dass eine ausgewogene Nahrungszusammenstellung erfolgt, damit kein Nährstoffmangel auftritt.

### Weight Watchers:

Bei dieser Diät kann man ausgewogen essen, aber nach einem **Punkteplan.** Die Diät kombiniert das Prinzip der energiereduzierten Mischkost geschickt mit einer Gruppentherapie. Die Diät enthält vor allem fettarme (5–10%), eiweißreiche (50%) Nahrungsmittel und ballaststoffreiche Kohlenhydrate (40–45%).

Allen Nahrungsmitteln und Getränken wird eine „Pointszahl" zugeordnet. Abspeckwillige können dabei essen, worauf sie Lust haben, solange sie nicht ihren täglichen Richtwert überschreiten. Dieser wird am Anfang der Diät je nach Gewicht und Geschlecht von der Gruppenleitung festgelegt (Frauen ca. 5000kJ; Männer ca. 6700kJ).
*Vorteile:* Die Weight Watchers haben in ihr Programm viel Flexibilität eingebaut. So können beispielsweise pro Tag bis zu vier und pro Woche bis zu 28 Punkte („Fiesta-Points") angespart und auf Partys oder Familienfeiern verbraucht werden. Bewegung und Fitness werden darüber hinaus als „Bonus-Points" gutgeschrieben.
*Nachteile:* Die Fettzufuhr von 10% ist sehr gering.

Um sich gesund zu ernähren, reicht die Beachtung der acht Regeln (s. S.95). Es gibt keine strengen Gebote oder Verbote (Ausnahme: vom Arzt verordnete Diäten).

# Ernährungsstörungen und Ess-Störungen

Die Aufnahme von zu viel Nahrung bzw. eine einseitige Ernährung schaden auf Dauer unserem Körper, da bestimmte Stoffe im Übermaß aufgenommen werden, andere lebensnotwendige Stoffe aber fehlen. Beide Ernährungsformen führen zu **Ernährungsstörungen** bzw. **Ess-Störungen.**

## Ernährungsstörungen

Untersuchungen bestätigen, dass ca. 40 % der Bundesbürger zu dick sind. Sie sind übergewichtig. Die Ursache für das **Übergewicht** besteht u. a. darin, dass die Menschen täglich mehr Energie mit der Nahrung aufnehmen, als sie durch ihre Tätigkeit verbrauchen (Abb. 1). Wer abnehmen will, muss täglich entweder weniger essen (weniger Energiezufuhr) oder mehr Energie verbrauchen, z. B. durch körperliche Arbeit oder Sport.

Bekommen die Menschen zu wenig zu essen, hungern sie, führt dies zur Unterernährung, zum **Untergewicht.** Besonders für Kinder und Jugendliche hat das Untergewicht schwere Folgen. Sie magern ab, besitzen keine Abwehrstoffe gegen Infektionskrankheiten, ihre körperliche und geistige Entwicklung wird gehemmt. Gerade in den Wachstums- und Entwicklungsjahren benötigen sie regelmäßige Mahlzeiten mit einer ausreichenden und ausgewogenen Menge an Nähr- und Ergänzungsstoffen.

Einseitige Ernährung kann zu **Mangelerscheinungen** führen.
Eine Mangelerscheinung ist z. B. der *Vitamin-A-Mangel* (s. a. Tab. S. 82). Er tritt besonders bei Vorschulkindern auf, wenn sie zu wenig Vitamin A mit der Nahrung aufnehmen. Die Folgen sind u. a. Nachtblindheit und völlige Erblindung. Die Kinder mit Vitamin A-Mangel sind besonders anfällig gegenüber Infektionen, z. B. Masern, Durchfall und Atemwegsentzündungen. Der Verlauf dieser Krankheiten verschlimmert sich und kann zum Tode führen. Das Vitamin A ist also ein

**1** Hauptsache es schmeckt, oder?

wichtiger Bestandteil der menschlichen Nahrung.
Vitamin A ist u. a. wichtig für gutes Sehvermögen, das Knochenwachstum, die Zahnentwicklung und die Entwicklung von Abwehrstoffen gegen Infektionen.

> Die Aufnahme von zu viel Nahrung bzw. eine einseitige Ernährung führen zu Ernährungsstörungen wie Übergewicht, Untergewicht, Mangelerscheinungen.

## Ess-Störungen

Es gibt aber auch zahlreiche Menschen, die von **Ess-Störungen** betroffen sind. Im Leben dieser Menschen nimmt der Umgang mit dem Essen einen besonders hohen Stellenwert ein.

Im letzten Jahrzehnt hat sich die Zahl der an der **Magersucht** erkrankten Menschen verdreifacht. Hauptmerkmal dieser Ess-Störung ist die extreme Gewichtsabnahme, die durch eine streng kontrollierte und eingeschränkte Nahrungsaufnahme verursacht wird.

Die große Angst vor einer Gewichtszunahme oder dem „Dickwerden" verfolgt die Betroffenen auch noch, wenn sie bereits untergewichtig sind. Das „Nicht-Essen" wird zur Sucht.

*Körperliche Folgeschäden* der Magersucht sind u. a. das Absinken des Stoffwechsels, des Pulses, des Blutdrucks sowie der Körpertemperatur. Dies führt zur Müdigkeit, zum ständigen Frieren und zur Verstopfung. Magersucht ist nicht mit Medikamenten zu heilen.

Dazu sind ärztliche Hilfe und eine langjährige therapeutische Behandlung notwendig.

**1**  Ess-Sucht führt zum Übergewicht.

Eine weitere Ess-Störung ist die **Bulimie** (Ess-Brech-Sucht). Seit 1980 ist sie als eigenständiges Krankheitsbild bekannt. An Bulimie erkrankte Menschen leiden unter sich wiederholenden „Fressanfällen", bei denen es zur Aufnahme großer Mengen kalorienreicher, leicht verzehrbarer Nahrung innerhalb einer bestimmten Zeitspanne kommt (z. B. zwei Anfälle/Woche). Im Anschluss an diese „Heißhungerattacken" versuchen die Erkrankten durch verschiedene Maßnahmen eine Gewichtszunahme zu verhindern. Dazu gehören u. a. das selbst herbeigeführte Erbrechen des Gegessenen und der Medikamentenmissbrauch, vor allem die Einnahme hoher Dosen von Abführmitteln.

In der Öffentlichkeit zeigen die an Bulimie Erkrankten ein kontrolliertes Essverhalten; deshalb sagt man, die Bulimie ist eine „heimliche" Ess-Störung. Die Betroffenen tun alles, um ihre „Fressanfälle" und das danach folgende Erbrechen zu verheimlichen.

Um ihren „Heißhungerattacken" nachgehen zu können, vernachlässigen sie nach und nach andere Interessen und den Kontakt zu anderen Personen. Dieses Verhalten führt zur Einsamkeit und verstärkt ihre Schuldgefühle gegenüber den Angehörigen und Freunden.

Auch *körperliche Schäden* sind die Folgen, z. B. Schwellungen der Speicheldrüsen, Zerstörung der Schleimhäute von Speiseröhre und Magen, Kalium- und Magnesiummangel, die letztlich zu Nierenschäden und Herzrhythmusstörungen führen.

Auch diese Ess-Störung ist nicht durch Medikamente heilbar. Die Teilnahme an einer angeleiteten Selbsthilfegruppe und eine langjährige Therapie sind erforderlich.

Es gibt Menschen, die sind **ess-süchtig.** Sie leiden unter der **Ess-** bzw. **Fettsucht.** Äußeres Merkmal dieser Ess-Störung ist das Übergewicht. Ursache dafür ist das regelmäßige Zuvielessen, aber auch Diätkuren, die anschließend zu Essanfällen führen. Ess-Süchtige essen nicht, weil sie Hunger haben. Sie essen z. B. aus Trauer, Wut, Langeweile, Einsamkeit, Ärger oder auch Überforderung. Sie essen also, um emotionale Bedürfnisse zu befriedigen. Das Essen ist für die Betroffenen der einzige Trost und die einzige Freude (Abb. 1).

Die *körperlichen Folgen* des Übergewichtes verursachen u. a. Bluthochdruck und eine Überbelastung des Herzens. Dies kann zum Schlaganfall und zum Herzinfarkt (s. S. 133, 134) führen. Die Überbelastung des Skeletts kann Gelenkleiden und Wirbelsäulenschäden zur Folge haben.

Ess-Süchtige müssen, um sich von dieser Ess-Störung zu befreien, einen anderen Bezug zum Essen finden. Dies geht kaum allein, sondern besser mit einer Selbsthilfegruppe und einer langjährigen therapeutischen Begleitung.

> **Ursache für Ess-Störungen ist der gestörte Umgang mit dem Essen, z. B. das zwanghafte In-sich-Hineinstopfen großer Nahrungsmengen (Bulimie, Ess-Sucht) oder die Verweigerung der Nahrungsaufnahme (Magersucht).**

## gewusst · gekonnt

**1.** Übernimm den Lückentext in dein Heft und vervollständige ihn.
Mit der … ① … nimmt der Mensch Nährstoffe und … ② … auf. Zu den Nährstoffen gehören … ③ …, Fette und … ④ … Es sind … ⑤ …, … ⑥ … Stoffe. Der Nährstoff … ⑦ … dient in erster Linie zum Aufbau von Zellen. Kohlenhydrate und … ⑧ … liefern hauptsächlich …⑨ … zur Aufrechterhaltung der Körperfunktionen und zum Ausüben von … ⑩ … Zu den Ergänzungsstoffen zählen wir Wasser, … ⑪…, … ⑫ … und Ballaststoffe.

**2.** Schreibe einen Tag lang alle Nahrungsmittel auf, die du gegessen hast. Beurteile sie anhand von Ernährungstabellen und des Nahrungsmittelkreises auf Seite 95.

**3.** Entscheide selbst, welches Getränk für dich gesünder ist. Begründe deine Entscheidung.

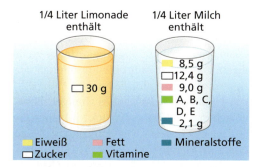

1/4 Liter Limonade enthält
1/4 Liter Milch enthält
30 g
8,5 g
12,4 g
9,0 g
A, B, C, D, E
2,1 g

Eiweiß — Fett — Mineralstoffe
Zucker — Vitamine

**4.** a) Stelle einen Speiseplan für 1 Tag, 1 Woche mit Köpfchen zusammen. Verwende dazu den Nahrungsmittelkreis auf Seite 95.
b) Was verstehst du unter einer „ausgewogenen" und „vollwertigen" Ernährung?

**5.** Christine hat als Schulfrühstück eine Roggenbrotschnitte mit Butter und Käse sowie einen Apfel mit in die Schule bekommen. Zur Pause lässt sie ihr Frühstück in der Tasche. Stattdessen kauft sie sich eine große Eistüte. Handelt Christine richtig? Begründe.

**6.** Der Mensch sollte täglich etwa 2,5 Liter Wasser mit der Nahrung und als Flüssigkeit aufnehmen.
a) Informiere dich über den Wassergehalt von Nahrungsmitteln mithilfe von Ernährungstabellen oder im Internet.
b) Errechne an ausgewählten Nahrungsmitteln, die du an einem Tag zu dir nimmst, die aufgenommene Wassermenge.
c) Wie viel Flüssigkeit musst du außerdem noch trinken, um den durchschnittlichen Flüssigkeitsbedarf zu decken?

**7.** Der Ballaststoffgehalt der Säuglingsnahrung ist sehr gering. Womit könnte dies zusammenhängen?

**8.** Der Tagesbedarf an Vitamin D liegt beim Menschen während der Wachstumsphase bei 0,1 mg, beim Erwachsenen bei 0,02 mg. Begründe.

**9.** Das im Nahrungsmittel enthaltene Vitamin C wird beim Kochen fast zur Hälfte, beim Dämpfen zu etwa einem Fünftel und beim Dünsten zu etwa einem Siebtel zerstört. Ziehe Schlussfolgerungen für die Zubereitungsart von Vitamin-C-haltigen Nahrungsmitteln.

**10.** Überprüfe, ob in Möhrensaft, Ascorvitlösung, dest. Wasser, Apfelsaft, Glucoselösung und Zitronensaft Vitamin C enthalten ist. Gehe dabei entsprechend der folgenden Anleitung vor:
1. Gib in je ein Reagenzglas 3 ml der Lösungen.
2. Gib in alle Lösungen einige Tropfen einer schwach violetten Kaliumpermanganatlösung, schüttle und beobachte.
3. Notiere deine Beobachtungsergebnisse.
4. Werte deine Ergebnisse aus.
   – In welchen Lösungen ist Vitamin C enthalten?
   – Beschreibe die Bedeutung von Vitamin C für den Menschen.

**11.** Warum sollten geschälte rohe Kartoffeln vor dem Kochen nicht zu lange im Wasser aufbewahrt werden?

**12.** Eine Ursache für die Frühjahrsmüdigkeit ist Vitaminmangel.
Warum tritt besonders im Frühjahr diese Art von Müdigkeit auf? Wie könnte man der Frühjahrsmüdigkeit vorbeugen?

**13.** In unseren Lebensmitteln sind zusätzliche Stoffe enthalten.
  a) Nenne Gruppen von Lebensmittelzusatzstoffen.
  b) Informiere dich im Internet über die Bedeutung dieser Stoffe.

**14.** Informiere dich im Internet über Pro und Kontra des Einsatzes von Lebensmittelzusatzstoffen.

**15.** Untersuche in einem Lebensmittelcenter einige abgepackte Lebensmittel in Bezug auf ihre Zusatzstoffe.
Nenne ihre allgemeine Bedeutung.

**16.** a) Suche in Lebensmittelcentern nach gentechnisch veränderten Lebensmitteln.
  b) Recherchiere im Internet nach Pro- und Kontra-Meinungen ihrer Entwicklung.

**17.** Überprüfe, ob Fruchtsaft, Honig, Mondamin, weiße Bohnen und Mineralwasser Stärke enthalten. Gehe dabei entsprechend der Experimentieranordnung auf Seite 86 vor.

**18.** Überprüfe, ob Weißbrot, Würfelzucker, Blutwurst, gekochtes Hühnerei, Schweinefleisch und Margarine Fett enthalten. Gehe dabei entsprechend der Experimentieranordnung auf Seite 88 vor.

**19.** a) Plane mithilfe von Ernährungstabellen (s. a. S. 93) einen Tagesspeiseplan entsprechend den Regeln einer gesunden Ernährung.
  b) Errechne die Energiemenge für die Mahlzeiten.

**20.** Sportliche Leistungen verlangen einen hohen Energiebedarf, z. B.
Gymnastik verlangt 12,2 kJ/(h · kg),
Laufen (9 km/h) verlangt 35,5 kJ/(h · kg),
Wandern (4,5 km/h) verlangt 19,2 kJ/(h · kg),
Handball verlangt 80,1 kJ/(h · kg),
Radfahren (43 km/h) verlangt 65,7 kJ/(h · kg).
  a) Birgit (50 kg) und Klaus (70 kg) wandern an einem sonnigen Wochenende 5 Stunden durch die heimatliche Landschaft. Wie viel Energie benötigen Birgit und Klaus für die Wanderung?
  b) Jan (60 kg) ist Radrennfahrer. Er unternimmt mit seinem Trainer eine 2-stündige Trainingstour. Wie hoch ist sein Energieaufwand dafür?
  c) Max (60 kg) spielt 2 Stunden Handball. Petra (55 kg) erwärmt sich durch 15 Minuten Gymnastik und läuft anschließend 1 Stunde. Wer verbraucht mehr Energie?

**21.** a) Stelle dir anhand von Nahrungsmitteltabellen ein gesundes Frühstück, Mittagessen und Abendessen zusammen.
  b) Errechne den Energiegehalt der Mahlzeiten.

**22.** Überprüfe mithilfe der Grafik auf Seite 96 deine Körpermasse.
Ziehe Schlussfolgerungen in Bezug auf deine Ernährung.

**23.** Führt eine Diskussion über Ernährungs- und Ess-Störungen. Stellt in einer Tabelle Pro- und -Kontra-Argumente gegenüber.
Sucht weitere Informationen im Internet.

## Bestandteile der Nahrung

Mit unserer Nahrung nehmen wir **Nährstoffe** und **Ergänzungsstoffe** auf. Sie erfüllen im Körper bestimmte Aufgaben.

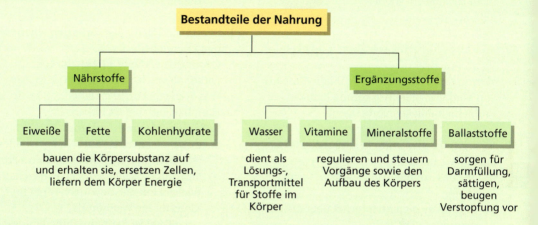

**Bestandteile der Nahrung**

**Nährstoffe**

| Eiweiße | Fette | Kohlenhydrate |
|---|---|---|

bauen die Körpersubstanz auf und erhalten sie, ersetzen Zellen, liefern dem Körper Energie

**Ergänzungsstoffe**

| Wasser | Vitamine | Mineralstoffe | Ballaststoffe |
|---|---|---|---|

dient als Lösungs-, Transportmittel für Stoffe im Körper

regulieren und steuern Vorgänge sowie den Aufbau des Körpers

sorgen für Darmfüllung, sättigen, beugen Verstopfung vor

## Nährstoff- und Energiebedarf

Mit der Nahrung nimmt der Mensch auch die Energie auf, die er täglich für die Aufrechterhaltung der Lebensfunktionen und zum Ausführen aller Tätigkeiten benötigt. Jeder Mensch hat somit einen bestimmten **Nährstoff- und Energiebedarf.**

Grundumsatz + Leistungsumsatz = Gesamtumsatz

| Energie des ruhenden Körpers während 24 Stunden | zusätzliche Energie für jede Leistung | täglicher Gesamtenergie-bedarf |
|---|---|---|

## Gesunde Ernährung

Eine „gesunde" Ernährung erreicht man durch ein ausgewogenes Verhältnis der Nährstoffe (ca. 50 % Kohlenhydrate, ca. 30 % Fett, ca. 20 % Eiweiß) und Ergänzungsstoffe in der Nahrung.

Ernährungsstörungen

Übergewicht
Untergewicht
Mangelerscheinungen

Ess-Störungen

Magersucht
Ess-Brech-Sucht
Ess-Fettsucht

Ursachen

zu viel Essen
zu wenig Essen
einseitige Ernährung

summa summarum

# 3.2 Stoffwechsel, Verdauung und Energiefreisetzung

**Ohne Ernährung kein Leben!**

Alle Organismen, auch der Mensch, müssen, um leben zu können, Nahrung aufnehmen. Der Mensch nimmt mit seiner Nahrung körperfremde organische energiereiche Stoffe auf.

*Wozu braucht der Körper die Nahrung?*
*Was geschieht mit der Nahrung im Körper?*

**Die Leber – größte Drüse des menschlichen Körpers**

Sie ist vergleichbar mit einer chemischen Fabrik, in der verschiedene Produkte auf- und abgebaut, aber auch gebildet und gespeichert werden. Sie bildet und speichert z.B. körpereigene organische Stoffe (Glykogen), baut Giftstoffe ab und wandelt Fett in Kohlenhydrate um.

*Welche Aufgaben erfüllt die Leber im Einzelnen?*
*Warum ist eine Schädigung der Leber lebensgefährlich?*

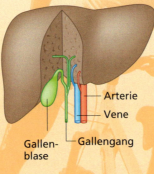

Arterie

Vene

Gallengang

Gallen-
blase

**Verdauungsorgane – ein wichtiges Organsystem**

Die Nahrung „durchwandert" unsere Verdauungsorgane. Jedes Organ erfüllt bei der Ernährung und Verdauung bestimmte Funktionen.

*Was versteht man unter Verdauung?*
*Welche Aufgaben erfüllt jedes Verdauungsorgan?*
*Was geschieht mit den Bestandteilen der Grundnährstoffe im Körper?*

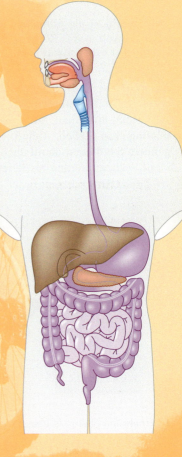

## Ernährung und Stoffwechsel

Zu den Kennzeichen der Lebewesen gehört, dass sie sich ernähren müssen. Ohne Ernährung kann kein Lebewesen existieren.

Die **Pflanzen** nehmen Wasser und Mineralstoffe über die Wurzeln auf. Kohlenstoffdioxid gelangt durch die Blätter in die Pflanze (Abb.1). Kohlenstoffdioxid, Wasser und Mineralstoffe sind *anorganische Stoffe*. Aus diesen anorganischen Stoffen bauen die Pflanzen in ihrem Körper mithilfe des Sonnenlichts ihre körpereigenen organischen Stoffe auf, z.B. pflanzliche Eiweiße, Kohlenhydrate und Fette (Abb. 1; s. a. S. 318, 324).

Die **Tiere** und der **Mensch** nehmen zur Ernährung *organische Stoffe* mit der Nahrung in ihren Körper auf (Abb.3). Dies sind u. a. pflanzliche und tierische Eiweiße, Kohlenhydrate und Fette. Diese werden dann im Körper in körpereigene organische Stoffe umgewandelt.

> Ernährung ist die Aufnahme von Stoffen aus der Umwelt in den Körper zur Aufrechterhaltung aller Lebensfunktionen.

Aus den in den Körper aufgenommenen körperfremden Stoffen werden körpereigene organische Stoffe aufgebaut. Sie werden u. a. zur Neubildung von Zellen, Geweben und Organen genutzt. Sie dienen damit auch dem Wachstum bzw. werden als Reservestoffe gespeichert, z.B. Fett unter der Haut oder in

Aufnahme körperfremder Stoffe (organischer bzw. anorganischer Stoffe) in den Körper

– Aufbau körpereigener organischer Stoffe
– Umwandlung der Stoffe
– Abbau von Stoffen

Ausscheidung von Stoffen aus dem Körper

**2**   Stoffwechsel des Organismus (schematisch)

Samen von Ölpflanzen. Des Weiteren sind die organischen Stoffe, insbesondere die Fette und Kohlenhydrate, Energielieferanten.

Die im Körper nicht verwendbaren Stoffe oder auch schädliche Stoffe werden aus dem Körper ausgeschieden, z.B. Harnstoff im Urin. Die Gesamtheit dieser Prozesse im Körper bezeichnet man als **Stoff-** und **Energiewechsel** (Abb.2).

> Der Stoff- und Energiewechsel umfasst die Aufnahme von Stoffen aus der Umwelt in den Körper, den Aufbau von körpereigenen organischen Stoffen, die Umwandlung der Stoffe im Körper, die Umwandlung der in den Stoffen enthaltene Energie und die Abgabe von Stoffen und Energie aus dem Körper.

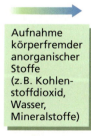

Aufnahme körperfremder anorganischer Stoffe (z.B. Kohlenstoffdioxid, Wasser, Mineralstoffe)

Aufbau körpereigener organischer Stoffe

**1**   Ernährung Pflanze (schematisch)

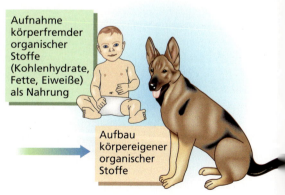

Aufnahme körperfremder organischer Stoffe (Kohlenhydrate, Fette, Eiweiße) als Nahrung

Aufbau körpereigener organischer Stoffe

**3**   Ernährung Mensch/Tier (schematisch)

# Verdauungsorgane – ein Überblick

Wie bei allen Säugetieren „durchwandert" die aufgenommene Nahrung auch beim Menschen mehrere Organe, die Verdauungsorgane. Jedes Organ erfüllt dabei eine bestimmte Funktion. In der Abbildung 1 kann man den Weg der Nahrung im menschlichen Körper verfolgen und die Kenntnisse über die Verdauungsorgane wiederholen.

1  Die Nahrung gelangt in die Mundhöhle. Die **Zähne** zerkleinern die Nahrung. Die Zunge zerdrückt weiche Nahrung, vermischt die Nahrung mit Speichel und befördert diese zum Gaumen.

2  Die **Speicheldrüsen** sondern Mundspeichel ab. Er vermischt sich mit der Nahrung und leitet die Verdauung der Kohlenhydrate, z. B. der Stärke, ein.

3  Die Muskeln der **Speiseröhre** drücken den Nahrungsbrei zum Magen hinab.

4  Die Muskulatur des **Magens** hält den Speisebrei in ständiger Bewegung. Die Speisen verweilen unterschiedlich lange im Magen.
Die Drüsen der Magenschleimhaut sondern Magensaft ab. Die Nahrung wird mit Magensaft durchtränkt. Die Verdauung der Eiweiße wird im Magen eingeleitet.

5  Der Speisebrei wird in kleineren Portionen zum **Zwölffingerdarm** weitergeleitet. Der Zwölffingerdarm ist der erste Abschnitt des Dünndarms.

6/7 In der **Leber** wird Gallensaft gebildet und in der **Gallenblase** gespeichert.
Zur Verteilung der Fette in Tröpfchen wird der Gallensaft bei Bedarf in den Zwölffingerdarm abgegeben.

8  Die **Bauchspeicheldrüse** stellt Bauchspeichel her. Dieser wird in den Zwölffingerdarm zur Verdauung der Nährstoffe wie Stärke, Fette und Eiweiße abgegeben.

9  Drüsen im **Dünndarm** sondern den Darmsaft ab. Im Dünndarm werden alle Nährstoffe weiterverdaut, d. h. in ihre kleinsten wasserlöslichen Bestandteile, die Grundbausteine, zerlegt. Die Grundbausteine von Stärke, Eiweiß und Fett werden durch die Darmwand

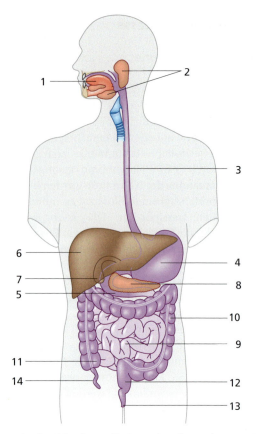

in das Blut bzw. die Lymphe abgegeben und in den Körper transportiert.

10  Im **Dickdarm** wird dem Nahrungsbrei Wasser entzogen. Er wird eingedickt. Durch Darmbewegungen wird der Nahrungsbrei zum Mastdarm transportiert.

11  Am **Blinddarm** befindet sich der Wurmfortsatz (14). In ihm werden unverdauliche Pflanzenfasern von Bakterien zersetzt.

12  Im **Mastdarm** sammeln sich die unverdauten Reste der Nahrung als Kot an.

13  Der Schließmuskel des **Afters** reguliert die Entleerung des Darms.

> Die Nahrung gelangt durch den Mund mit Mundspeicheldrüsen und Zähnen in die Speiseröhre, von dort in den Magen und Dünndarm mit Zwölffingerdarm. Die unverdauten Reste werden über den Dickdarm mit dem Blinddarm sowie über den Mastdarm zum After transportiert.

## Verdauungsprozesse

### Verdauungsenzyme

In den Verdauungsorganen Mundhöhle, Magen und Dünndarm werden die in unserer Nahrung enthaltenen Grundnährstoffe (Kohlenhydrate, Eiweiße, Fette) auf chemischem Weg in so kleine und wasserlösliche Bestandteile zerlegt, dass diese durch jede Zellmembran gelangen. Die **Grundbausteine der Nährstoffe** werden in unseren Körperflüssigkeiten (Blut bzw. Lymphe) zu allen Zellen transportiert. Die Zerlegung der Grundnährstoffe erfolgt mithilfe von **Enzymen**.

**Verdauungsenzyme** sind Eiweißstoffe, die die Zerlegung der Grundnährstoffe (Eiweiße, Kohlenhydrate, Fette) in ihre wasserlöslichen Bestandteile auslösen und diesen Vorgang steuern (siehe **Experimente,** S. 109–111).

Diesen Zerlegungsvorgang nennt man **Verdauung.**

Bei der Verdauung verändern die Enzyme sich selbst nicht. Sie können immer wieder Verdauungsvorgänge bewirken. Sie werden auch **Biokatalysatoren** genannt.

> Enzyme sind Wirkstoffe, die biochemische Reaktionen im Körper beeinflussen und steuern. Sie bleiben unverändert erhalten und können wieder Reaktionen im Stoff- und Energiewechsel auslösen.

### Verdauung der Grundnährstoffe

In unseren Verdauungsorganen laufen komplizierte mechanische, chemische und biologische Prozesse ab. Durch sie werden die Grundnährstoffe Kohlenhydrate, Fette, Eiweiße in ihre kleinsten wasserlöslichen Bestandteile zerlegt (verdaut). Die **Kohlenhydrate** werden bis zum Bestandteil *Traubenzucker* (Glucose) abgebaut, die **Eiweiße** bis zu den verschiedenen *Aminosäuren* und die Fette in ihre zwei Bestandteile, nämlich in *Glycerol (Glycerin)* und verschiedene *Fettsäuren.*

> Verdauung ist der Vorgang, in dem die Grundnährstoffe (Kohlenhydrate, Fette, Eiweiße) durch Enzyme chemisch in ihre kleinen, wasserlöslichen Bestandteile zerlegt werden.

Diese Verdauungsprozesse können **modellhaft in Schemata** dargestellt werden (s. S. 107, 108).

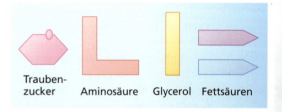

Traubenzucker    Aminosäure    Glycerol    Fettsäuren

**1**  Symbole für Nährstoffbestandteile

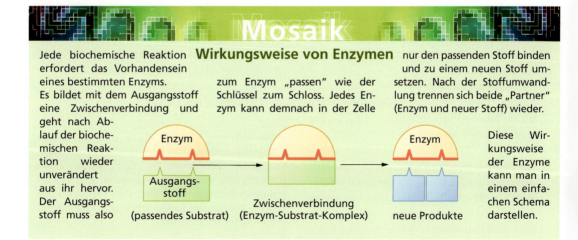

Jede biochemische Reaktion erfordert das Vorhandensein eines bestimmten Enzyms. Es bildet mit dem Ausgangsstoff eine Zwischenverbindung und geht nach Ablauf der biochemischen Reaktion wieder unverändert aus ihr hervor. Der Ausgangsstoff muss also

## Wirkungsweise von Enzymen

zum Enzym „passen" wie der Schlüssel zum Schloss. Jedes Enzym kann demnach in der Zelle nur den passenden Stoff binden und zu einem neuen Stoff umsetzen. Nach der Stoffumwandlung trennen sich beide „Partner" (Enzym und neuer Stoff) wieder.

Diese Wirkungsweise der Enzyme kann man in einem einfachen Schema darstellen.

Enzym → Enzym → Enzym

Ausgangsstoff
(passendes Substrat)

Zwischenverbindung
(Enzym-Substrat-Komplex)

neue Produkte

## Verdauung der Grundnährstoffe

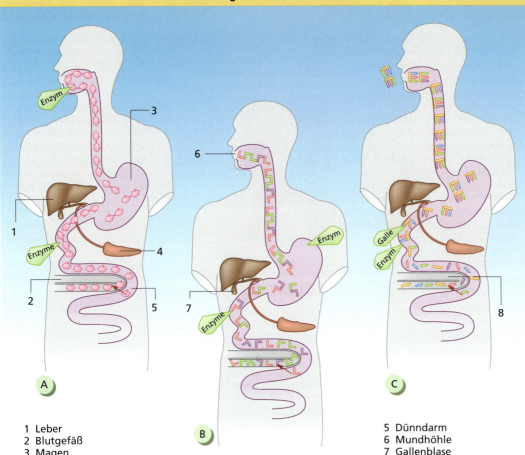

1 Leber
2 Blutgefäß
3 Magen
4 Bauchspeicheldrüse

5 Dünndarm
6 Mundhöhle
7 Gallenblase
8 Lymphgefäß

Die **Kohlenhydratverdauung** (A) beginnt in der Mundhöhle. Stärke wird teilweise mithilfe von Mundspeichelenzymen (z. B. Amylase) in einen Zweifachzucker, z. B. Malzzucker (Maltose), umgewandelt. Im Dünndarm erfolgt die weitere Verdauung der Kohlenhydrate durch Enzyme der Darmwandzellen (z. B. Maltase, Laktase, Saccharase) und des Bauchspeichels (z. B. Amylase) bis zum Grundbaustein Traubenzucker (Glucose).

Die **Eiweißverdauung** (B) beginnt im Magen durch Salzsäure und Enzyme des Magensaftes (z. B. Pepsin).

Die weitere Verdauung der Eiweißbruchstücke in verschiedene Aminosäuren, die Grundbausteine der Eiweiße, findet im Dünndarm mithilfe von Enzymen der Darmwandzellen (z. B. Peptidasen) und des Bauchspeichels (z. B. Trypsin, Peptidasen) statt.

Die **Verdauung der Fette** (C) erfolgt im Dünndarm. Zuerst werden durch den Gallensaft die Fette in Tröpfchen verteilt.

Danach werden die Tröpfchen mithilfe von Enzymen des Bauchspeichels (z. B. Lipasen) teilweise bis vollständig in die Grundbausteine Glycerol (Glycerin) und verschiedene Fettsäuren gespalten.

# Mosaik

## Resorption der Grundnährstoffe

Die Drüsen der Schleimhaut des 3 bis 5 Meter langen Dünndarms produzieren täglich zwei bis drei Liter Darmsaft. Die Enzyme der Darmwandzellen sorgen für die Verdauung der Grundnährstoffe. Die schnelle Aufnahme der Nährstoffbausteine in Blut bzw. Lymphe ist möglich, weil der Dünndarm eine große innere Oberfläche besitzt. Diese kommt dadurch zustande, dass die Schleimhaut des Dünndarms in große Falten gelegt ist (Abb.). Diese Falten wiederum besitzen etwa 4 Millionen fingerartige, 1,5 mm hohe Ausstülpungen, die die innere Oberfläche des Dünndarms weiter vergrößern

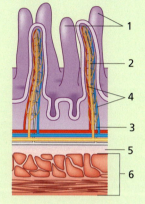

| | |
|---|---|
| 1 Zotten | 4 Blutgefäße |
| 2 Nerv | 5 Schleimschicht |
| 3 Lymph-gefäß | 6 Muskel-schichten |

(Zotten). Jede Schleimhautzotte enthält feine Blutgefäße, die ein Lymphgefäß umgeben (Abb.). Außerdem ist die Schleimhaut sehr dünnwandig. Die wasserlöslichen Bausteine der Grundnährstoffe Kohlenhydrate und Eiweiße, Traubenzucker und Aminosäuren, gelangen durch die sehr dünne, einschichtige Wand der Dünndarmzotten (Abb.) in das Blut.

Die Bauteile der Fette, Glycerol (Glycerin) und Fettsäuren, werden in die Lymphe aufgenommen. Das Blut und die Lymphe transportieren die Nährstoffbausteine und verteilen sie im Körper.

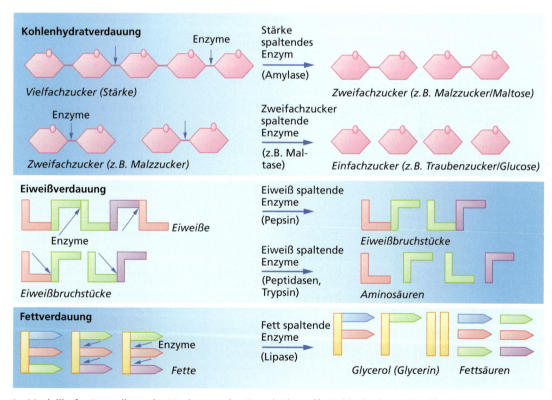

**1** Modellhafte Darstellung der Verdauung der Grundnährstoffe Kohlenhydrate, Eiweiße, Fette

# Experimente zur Verdauung

Du weißt nun, dass bei der Verdauung die mit der Nahrung aufgenommenen Grundnährstoffe mithilfe von Enzymen in ihre kleinsten Bestandteile zerlegt werden. Die **Wirkung von Enzymen** kann in einem einfachen Experiment überprüft werden (s. Experiment unten).

Die **Verdauung der Grundnährstoffe** kann in Experimenten nachvollzogen werden (*Experimente* 2, 3, S. 110, 111).

Ein wichtiges Kohlenhydrat in den Nahrungsmitteln ist **Stärke**. Stärke besteht aus einer Vielzahl von **Traubenzuckerbausteinen**. Da Stärke nicht bzw. kaum wasserlöslich ist, muss sie durch Enzyme im Mund- und Bauchspeichel, im Magen- und Darmsaft chemisch in ihre Bestandteile –

wasserlösliche Traubenzuckerteilchen – abgebaut (verdaut) werden. Der Traubenzucker ist wichtiger Baustoff und Energielieferant.

**Stärke** kann mithilfe von Iod-Kaliumiodid-Lösung durch blauschwarze Färbung nachgewiesen werden (s. S. 86).

Betropft man beispielsweise Brot (Brot ist ein stärkehaltiges Nahrungsmittel) mit Iod-Kaliumiodid-Lösung, wird man eine blauschwarze Färbung ermitteln.

Will man die Stärkeverdauung durch Mundspeichel nachweisen, muss man ein Stückchen Brot ca. 5 Minuten kauen und das gekaute Brot auf Zucker untersuchen (*Experiment* 2, S. 87).

Auch die Verdauung von **Eiweißen** und **Fetten** lässt sich im Experiment nachweisen (*Experiment* 3, S. 111).

---

1. **Weise die Wirkung von Enzymen nach.**

   *Materialien:*
   Wasserstoffperoxid ($H_2O_2$, 20 % 🗲), frischer Kartoffelpress-Saft; Reagenzgläser, Reagenzglasständer, Holzspan, Pipette, Streichhölzer, Brenner

   *Durchführung und Beobachtung*:
   1. Gib in ein Reagenzglas 3 ml Wasserstoffperoxid. Trage Schutzbrille und Kittel, denn Wasserstoffperoxid wirkt ätzend.
   2. Gib frischen Kartoffelpress-Saft dazu, halte das Reagenzglas mit dem Daumen zu, schüttele es leicht und halte nach kurzer Zeit einen glimmenden Holzspan hinein.
   3. Notiere deine Ergebnisse.

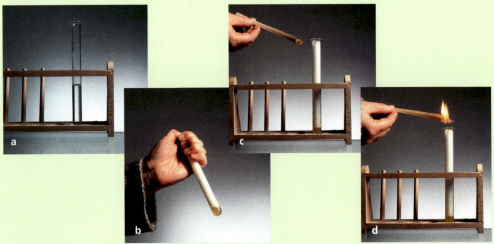

   *Auswertung:*
   1. Erkläre die Wirkung von Kartoffelpress-Saft auf Wasserstoffperoxid.
   2. Versuche eine Reaktionsgleichung aufzustellen.

## 2. Weise die Verdauung von Stärke in der Mundhöhle nach.

*Materialien:*
Reagenzgläser, Bunsenbrenner, Wasser, Fehling I und II, stärkehaltiges
Nahrungsmittel ohne Zucker (z. B. entrindetes Brot, Haferflocken),
aber ca. fünf Minuten intensiv gekaut

*Durchführung und Beobachtung:*
1. Mische Fehling I und II zu gleichen Teilen (s. S. 87).
   Trage eine Schutzbrille, denn Fehling Reagenz wirkt ätzend.
2. Führe das Experiment entsprechend der Abbildung durch.
3. Beim vorsichtigen Erhitzen das Reagenzglas leicht schütteln, da Siedeverzug. Notiere deine Ergebnisse.

**Kontrollversuch**

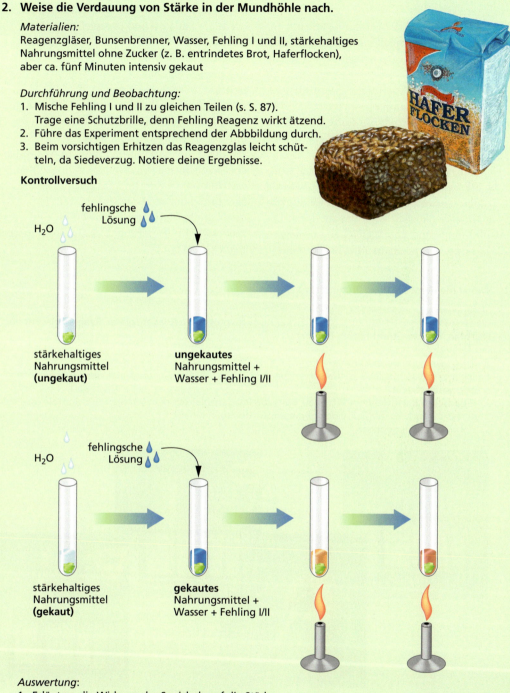

*Auswertung:*
1. Erläutere die Wirkung des Speichels auf die Stärke.
2. Versuche den Prozess modellhaft darzustellen.

### 3. Weise die Verdauung von Fett im Dünndarm nach.

*Materialien:*
Frischmilch (ohne Konservierungsstoffe), Pankreatinlösung (1%ig), Sodalösung (0,5–1%ig, Natriumcarbonatlösung [✖]), Phenolphthaleinlösung, dest. Wasser, 2 Reagenzgläser, 2 Messzylinder, Wasserbad mit Thermometer

*Durchführung und Beobachtung:*
1. Gib in 2 Reagenzgläser je 3 ml Milch und 3 ml warmes Wasser (40 °C).
2. Gib in Reagenzglas 1 dazu:
   1–2 ml Pankreatinlösung und 1–2 Tropfen Phenolphthaleinlösung.
   Gib in Reagenzglas 2 nur 1–2 Tropfen Phenolphthaleinlösung dazu.
3. Tropfe in beide Reagenzgläser unter kräftigem Schütteln so lange Sodalösung (0,5–1%ig) hinzu, bis die Lösungen eine gleich starke Rotfärbung annehmen.
4. Lass die Reagenzgläser stehen und beobachte sie nach 10, 20 und 30 Minuten.
5. Notiere deine Ergebnisse.

**Reagenzglas 1**

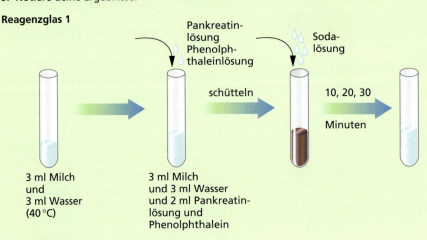

**Reagenzglas 2**

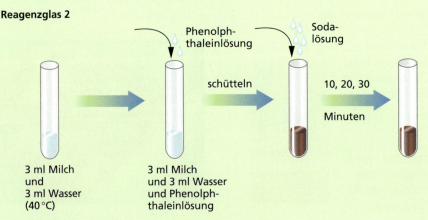

*Auswertung:*
1. Vergleiche die Ergebnisse in beiden Reagenzgläsern.
2. Erläutere die Wirkung der Pankreatinlösung auf die Milch.

## gewusst · gekonnt

1. Vergleiche die Ernährung von Pflanze und Tier/Mensch.

2. Benenne die Verdauungs-organe und Verdauungs-drüsen ent-sprechend der Ziffern 1–13.

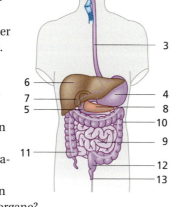

3. Beschreibe den Weg der Nahrung durch deinen Körper. Welche Aufga-ben erfüllen die einzelnen Verdauungsorgane?

4. Bei einigen Menschen produziert die Gallen-blase nicht genügend Gallensaft.
Welcher Grundnährstoff sollte nur in gerin-gen Mengen mit der Nahrung aufgenommen werden?
Begründe deine Entscheidung.

5. Betrachte mithilfe des Mikroskops einen Schnitt durch den Dünndarm mit Dünndarmzotten (Dauer-präparat).
Beschreibe.

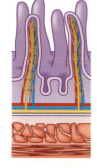

6. Erläutere den engen Zu-sammenhang zwischen Bau und Funktion am Bei-spiel der Darmzotten.

7. Stelle die Verdauungsvorgänge in Mundhöh-le, Magen und Dünndarm mithilfe von Sym-bolen dar.
Nutze dazu die Symbole auf der Seite 106.

8. Begründe die Notwendigkeit der chemi-schen Umwandlung der Grundnährstoffe in den Verdauungsorganen.

9. Übernimm den Lückentext in dein Heft und vervollständige ihn:
Im Verdauungssystem werden die in der Nahrung enthaltenen ... ① ... mithilfe von ... ② ... in ihre Grundbausteine zerlegt. Die Ei-weiße werden in ... ③ ..., die Kohlenhydrate in ... ④ ... umgewandelt. ... ⑤ ... und ... ⑥ ... sind Grundbausteine der Fette.
Die Verdauung beginnt in der ... ⑦ ... . Dort werden ... ⑧ ... aufgespalten. Die Eiweißver-dauung beginnt im ... ⑨ ... .
Die Endverdauung aller Grundnährstoffe findet im ... ⑩ ...statt. Die Fette werden mit-hilfe von ... ⑪ ... wasserlöslich gemacht.
Durch die Wand der ... ⑫ ... hindurch werden die Grundbausteine der Nährstoffe von ... ⑬ ... bzw. Lymphe aufgenommen.

10. Täglich wirken etwa 5 Liter Verdauungssäfte im Darm. Mit der Nahrung werden 2–3 Liter Wasser aufgenommen.
Der Stuhl des gesunden Menschen enthält aber nur wenig Wasser. Erkläre.

11. Weshalb sollte man zu vielen Speisen Roh-kostsalate reichen?

12. Begründe die Regel: „Gut gekaut ist halb ver-daut."

Nenne weitere Ernährungsregeln. Informiere dich dazu im Internet.

## Ernährung

**Ernährung** ist die Aufnahme von Nahrung aus der Umwelt zur Aufrechterhaltung der Körperfunktionen.

Die **Nahrungsmittel** enthalten sowohl Grundnährstoffe, Ergänzungsstoffe und Wasser als auch verschiedene Zusatzstoffe.

**Verdauungsorgane** sind Mundhöhle, Speiseröhre, Magen und Darm. **Verdauungsdrüsen** sind Mund- und Bauchspeicheldrüsen. Leber mit Gallenblase sind unentbehrlich für die Verdauung der Grundnährstoffe.

## Verdauung

**Verdauung** ist die chemische Zerlegung der Grundnährstoffe (Kohlenhydrate, Fette, Eiweiße) in ihre wasserlöslichen Bestandteile:

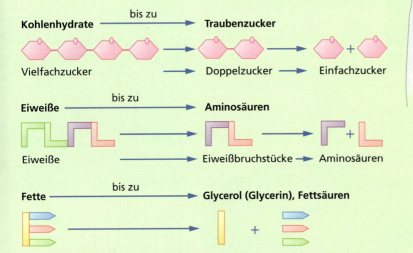

Kohlenhydrate — bis zu → Traubenzucker

Vielfachzucker → Doppelzucker → Einfachzucker

Eiweiße — bis zu → Aminosäuren

Eiweiße → Eiweißbruchstücke → Aminosäuren

Fette — bis zu → Glycerol (Glycerin), Fettsäuren

Die **Grundbausteine der Nährstoffe** werden vom Blut (Traubenzucker, Aminosäuren) bzw. der Lymphe (Glycerol, Fettsäuren) aufgenommen (Resorption) und zu allen Zellen des Körpers transportiert. In den Zellen werden aus den Nährstoffbausteinen körpereigene organische Stoffe (Kohlenhydrate, Fette, Eiweiße) aufgebaut.

# 3.3 Atmung, Stofftransport und Ausscheidung

### Das Blut – unser „Lebenssaft"

Das Blut galt schon bei den alten Kulturvölkern als „Lebenssaft". Erst 1628 wurde der Blutkreislauf von dem englischen Arzt WILLIAM HARVEY (1578 bis 1657) entdeckt.

Im Deutschen Hygiene-Museum in Dresden kann man den Blutkreislauf an der „Gläsernen Frau" (Abb.) genau betrachten und seine Kompliziertheit bewundern.

*Woraus ist der „Lebenssaft" zusammengesetzt?*
*Welche Aufgaben erfüllt das Blut in unserem Körper?*

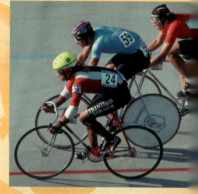

### Die Lunge – ein „schwammiges" Organ

Ralfs Mutter hat beim Fleischer ein Stück Schweinelunge gekauft. Ralf schaut ihr zu, wie sie die Lunge in einer Schüssel mit Wasser säubert. Plötzlich ruft er aus: „Die Lunge schwimmt ja auf dem Wasser."

Interessiert betrachten beide die Lunge genauer, schneiden ein Stückchen ab und untersuchen das Innere. Ralf meint schließlich: „Die Lunge sieht aus wie ein Schwamm."

*Wie kommt es, dass die Lunge auf dem Wasser schwimmt?*
*Welche Aufgabe hat die Lunge bei der Atmung?*
*Woraus besteht eine Lunge?*

### Körperliche Anstrengung – gesund für den Organismus?

Nach einem Wettstreit im Fahrradfahren atmest du viel tiefer und auch schneller, du schwitzt auch mehr als bei sitzender Tätigkeit im Klassenzimmer.

*Wie kommt das?*
*Welche Vorgänge laufen in unserem Körper ab?*
*Welche Stoffe werden über unsere Haut ausgeschieden?*
*Warum ist die Absonderung von Stoffen lebensnotwendig?*

# Atmung und Atmungsorgane

Die Atmung ist ein wesentliches Merkmal vieler Organismen, auch des Menschen. Es wird Luft ein- und ausgeatmet (Abb.1, S.116).

## Atmungsorgane und ihre Funktionen

Beim Einatmen strömt die Luft durch die beiden Nasenhöhlen, den Rachenraum, über den Kehlkopf in die Luftröhre. Von dort gelangt die Luft durch die Bronchien in alle Teile der Lunge (Abb.1).
In den **Nasenlöchern** befinden sich kurze, borstenartige Härchen, die gröbere Staubteilchen der Einatemluft abfangen.
Die **Nasenhöhlen** sind mit einer feuchten Schleimhaut mit feinen Flimmerhärchen ausgekleidet. Hier wird die eingeatmete Luft angefeuchtet, vorgewärmt und von Staubteilchen gereinigt. Die angefeuchtete und erwärmte Einatemluft gelangt weiter in den **Rachenraum,** kreuzt den Speiseweg und erreicht schließlich über den **Kehlkopf** die Luftröhre (Abb.2).
Die **Luftröhre** (Abb.1) ist ein etwa 10 cm bis 12 cm langes elastisches Rohr. In ihrer Muskelwand befinden sich Knorpelspangen. Diese verhindern das Zusammendrücken der Luftröhre. Beim Schlucken von Nahrung legt sich der Kehldeckel über den Kehlkopfeingang und verschließt die Luftröhre. Gelangen beim Verschlucken doch Nahrungsbröckchen in die Luftröhre, so werden sie durch kräftiges Husten wieder herausgeschleudert.
Die Innenseite der Luftröhre ist mit einer dünnen Schleimhaut mit Flimmerhärchen ausgekleidet. Die Flimmerhärchen „filtern" aus der eingeatmeten Luft beispielsweise weitere Staubteilchen heraus und befördern sie mit dem Schleim über den Rachenraum nach außen. Die Atemluft wird angefeuchtet und erwärmt.

Die Luftröhre gabelt sich an ihrem unteren Ende in zwei lungenwärts verlaufende Hauptäste, die **Hauptbronchien** (Abb.1). Sie besitzen den gleichen Bau (Abb.4, S.116) wie die Luftröhre. Jede Bronchie transportiert die Einatemluft in je einen **Lungenflügel** und die Ausatemluft aus ihm heraus (Abb.1; Abb.2, S.116).
In den Lungenflügeln verzweigen sich die Bronchien in immer feinere Verästelungen. An den feinsten Endaufzweigungen sitzt eine große Anzahl von Bläschen. Diese Bläschen werden als **Lungenbläschen** bezeichnet (Abb.2, 3, S.116).
Das **Lungengewebe** des Menschen können wir mit einem lufthaltigen Schwamm vergleichen, dessen Hohlräume die Lungenbläschen darstellen.

Nasenhöhle
Rachenraum
Kehlkopf
Luftröhre
Bronchien
Brust-
raum
Lungenflügel
aus Lungen-
bläschen

**1** Die Atmungsorgane sind mit einer dünnen Schleimschicht ausgekleidet.

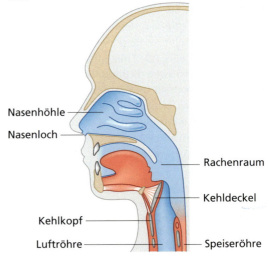

Nasenhöhle
Nasenloch
Rachenraum
Kehldeckel
Kehlkopf
Luftröhre
Speiseröhre

**2** Die Luft durchströmt Nasenhöhle und Rachenraum.

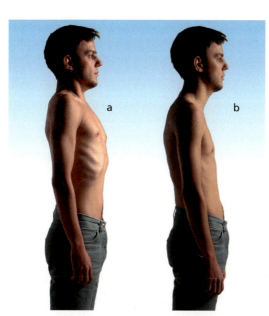

**1** Ein Schüler atmet tief ein (a) und aus (b). Was beobachtest du?

Diese kleinen kugeligen, luftgefüllten Hohlräume mit einem Durchmesser von 0,1 mm bis 0,3 mm bestehen aus einer einzigen, extrem dünnen Zellschicht von 0,003 mm Wandstärke. 300 Millionen bis 500 Millionen dieser Lungenbläschen enthält die menschliche Lunge.

Die Aufgliederung der Lunge in Lungenbläschen führt zu einer enormen Vergrößerung ihrer inneren Oberfläche. Sie wird auf ca. $80\,m^2$ geschätzt. Dies bedeutet eine Vergrößerung der Fläche für den Gasaustausch zwischen Atemluft und Blut in der Lunge (s. S. 117). Alle Lungenbläschen werden netzartig von feinsten **Blutkapillaren** umsponnen. Sie sind ebenfalls sehr zartwandig und bilden ein sehr dichtes Netz um die Lungenbläschen (Abb. 3). Wenn man die Blutkapillaren aneinanderlegen würde, käme man auf eine geschätzte Gesamtlänge von etwa 2 500 km.

Mit jedem Atemzug gelangt die Luft in die Nasenhöhle, über den Rachenraum und den Kehlkopf in die Luftröhre, von dort durch die Bronchien zur Lunge bis in die Lungenbläschen. Die Einatemluft wird auf ihrem Weg zur Lunge gereinigt, angefeuchtet und vorgewärmt.

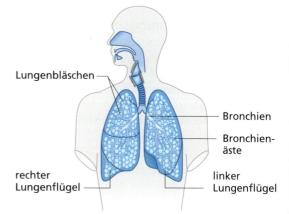

**2** Die feinsten Verzweigungen der Bronchien enden in traubenförmig angeordneten Lungenbläschen.

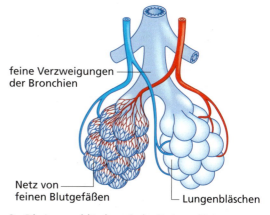

**3** Die Lungenbläschen sind mit einem Netz von haarfeinen Blutgefäßen (Kapillaren) umsponnen.

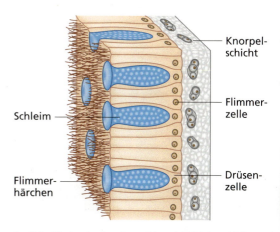

**4** Schnitt durch eine Bronchie mit Schleimschicht und Flimmerhärchen

# Gasaustausch in der Lunge

Etwa ein Fünftel der Einatemluft besteht aus Sauerstoff. Der Rest ist Stickstoff und Kohlenstoffdioxid sowie andere Gase. Sauerstoff ist ein farbloses Gas. Er wird im Körper für das Ausführen von Lebensprozessen benötigt, insbesondere zur Energiefreisetzung aus organischen Körperstoffen.

Die Ausatemluft enthält weitaus weniger Sauerstoff als die Einatemluft, dafür aber mehr Kohlenstoffdioxid. Es ist ebenfalls ein farbloses Gas.

Man kann also sagen, dass die Lunge eine wichtige Funktion ausführt, nämlich den **Gasaustausch** zwischen dem eingeatmeten *Sauerstoff* und dem ausgeatmeten *Kohlenstoffdioxid.*

Mit jedem Atemzug strömt Luft – und mit ihr Sauerstoff – bis in die Lungenbläschen. Diese sind mit feinen Blutkapillaren umsponnen. Aus den Lungenbläschen gelangt der Sauerstoff durch die dünnen Wände der Lungenbläschen und der Blutkapillaren bis in das Blut (Abb. 1). Das Blut transportiert den Sauerstoff in alle Teile des Körpers (Abb. 1, S. 118). Da Sauerstoff nur eine beschränkte Löslichkeit in Wasser ausweist, kann er nicht durch das Blutplasma transportiert werden. Bei allen Wirbeltieren, also auch beim

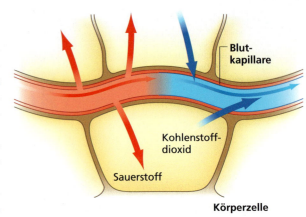

**2** Gasaustausch zwischen Blutkapillaren und Körperzellen

Menschen, wird der Sauerstoff an den Farbstoff der roten Blutzellen, das **Hämoglobin,** gebunden. So wird er mit dem Blut durch den Körper zu allen Organen und Zellen des Körpers transportiert (Abb. 2).

In den Zellen des Körpers wird durch verschiedene Lebensprozesse Kohlenstoffdioxid gebildet. Dieses farblose Gas ist ein Abfallprodukt. Es muss aus dem Körper entfernt werden.

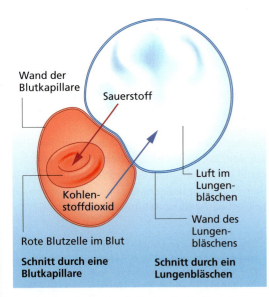

**1** Der Gasaustausch erfolgt durch die dünnen Wände von Lungenbläschen und Blutkapillare.

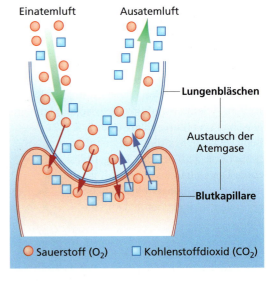

**3** Der Gasaustausch beruht auf dem unterschiedlichen Gehalt an Sauerstoff und Kohlenstoffdioxid.

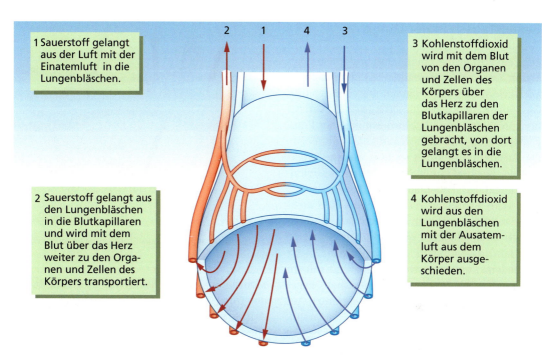

1 Sauerstoff gelangt aus der Luft mit der Einatemluft in die Lungenbläschen.

2 Sauerstoff gelangt aus den Lungenbläschen in die Blutkapillaren und wird mit dem Blut über das Herz weiter zu den Organen und Zellen des Körpers transportiert.

3 Kohlenstoffdioxid wird mit dem Blut von den Organen und Zellen des Körpers über das Herz zu den Blutkapillaren der Lungenbläschen gebracht, von dort gelangt es in die Lungenbläschen.

4 Kohlenstoffdioxid wird aus den Lungenbläschen mit der Ausatemluft aus dem Körper ausgeschieden.

**1**   Gasaustausch in der Lunge zwischen Lungenbläschen und Blutkapillaren

Das Kohlenstoffdioxid wird deshalb vom Blut aus dem Körper zur Lunge gebracht (Abb. 2, S. 117; Abb. 1). Dort gelangt es – entgegengesetzt dem Sauerstoff – durch die dünnen Wände von Blutkapillaren und Lungenbläschen in die Lunge (Abb. 1, 3, S. 117) und wird ausgeatmet.

*Worauf beruht der Gasaustausch?*

Der Gasaustausch in der Lunge beruht auf dem unterschiedlichen Gehalt der Atemgase Sauerstoff und Kohlenstoffdioxid zwischen Lungenbläschen und Blutkapillare (Abb. 3, S. 117). Beim Einatmen strömt sauerstoffangereicherte Luft in die Lungenbläschen. Der Gehalt an Sauerstoff ist dadurch in den Lungenbläschen höher als in den sie umgebenden Kapillaren.

Um diesen Unterschied auszugleichen, wandern Sauerstoffteilchen aus den Lungenbläschen in die Blutkapillaren.

Das nun sauerstoffreiche Blut transportiert den Sauerstoff zu allen Organen und Zellen des Körpers (Abb. 1).

In den Zellen und Organen entsteht bei Stoffwechselprozessen Kohlenstoffdioxid als Endprodukt. Sein Gehalt ist in den Zellen höher als in den sie umgebenden Blutkapillaren. Das Kohlenstoffdioxid wandert aus den Zellen und Organen in die Blutkapillaren und wird mit dem Blut aus dem Körper über das Herz zu den Lungenbläschen transportiert (Abb. 2, S. 117).

Da der Gehalt an Kohlenstoffdioxid im Blut, das aus dem Körper kommt, höher ist als in den Lungenbläschen, wandert das Kohlenstoffdioxid aus dem Blut in die Lungenbläschen. Beim Ausatmen gelangt das Kohlenstoffdioxid in die Luft.

**Die Funktion der Lunge ist der Gasaustausch zwischen Sauerstoff und Kohlenstoffdioxid. Der eingeatmete Sauerstoff gelangt aus den Lungenbläschen ins Blut, das aus dem Körper kommende Kohlenstoffdioxid aus dem Blut in die Lungenbläschen und wird ausgeatmet.**

## Zusammensetzung der Ein- und Ausatemluft

Wissenschaftler haben die eingeatmete und ausgeatmete Luft auf ihre Bestandteile untersucht. Sie stellten fest, dass die Anteile an Sauerstoff und Kohlenstoffdioxid unterschiedlich sind (Tab.). Der Anteil an Sauerstoff ist in der Einatemluft höher als in der Ausatemluft; beim Kohlenstoffdioxid ist es umgekehrt.

In einem einfachen **Experiment** kann man den unterschiedlichen Gehalt an Kohlenstoffdioxid in der Ein- und Ausatemluft nachweisen.

| Zusammensetzung der Ein- und Ausatemluft (bezogen auf 10 000 Anteile) | | |
|---|---|---|
| **Bestandteile** | **Einatemluft** | **Ausatemluft** |
| Sauerstoff | 2100 (21 %) | 1700 (17 %) |
| Kohlenstoffdioxid | 3 (0,03 %) | 403 (4,03 %) |
| Stickstoff | 7 800 (78 %) | 7800 (78 %) |
| Edelgase | 97 (0,97 %) | 97 (0,97 %) |

### Weise den unterschiedlichen Gehalt an Kohlenstoffdioxid in der Ein- und Ausatemluft nach!

*Vorbereiten des Experiments:*
1. Stelle eine Vermutung auf.
2. Entwickle einen Experimentierplan.
3. Wähle notwendige Materialien aus.
   2 Gaswaschflaschen oder Erlenmeyerkolben, 2 Klammern, Gummischläuche, T-Stück, Nachweismittel (Kalkwasser 🖼)

*Durchführung des Experiments, Beobachtung und Protokollieren der Ergebnisse:*

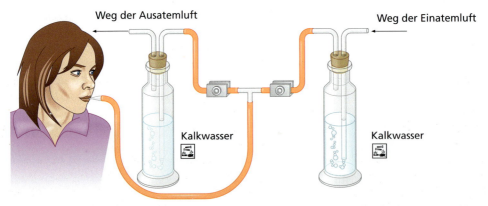

Weg der Ausatemluft · Weg der Einatemluft · Kalkwasser · Kalkwasser

1. Atme einige Male ein und schließe dabei die linke Klammer! Atme einige Male aus und schließe dabei die rechte Klammer! Bei unsachgemäßer Ausführung bekommst du ätzendes Kalkwasser in den Mund, also Vorsicht.
2. Betrachte die beiden Waschflaschen! Welche Unterschiede stellst du fest?
3. Notiere deine Ergebnisse.

*Auswertung des Experiments:*
1. Vergleiche das Kalkwasser in beiden Waschflaschen! Begründe die Unterschiede.
2. Vergleiche deine Ergebnisse mit der aufgestellten Vermutung.

# Hygiene und Erkrankungen der Atmungsorgane

## Erkältungskrankheiten

Die Erkältungskrankheiten stehen unter den Erkrankungen der Atmungsorgane an erster Stelle.

Krankheitserreger dringen in die oberen Atemwege ein und rufen Entzündungen der Schleimhäute im Nasen- und Rachenraum, in der Luftröhre und in den Bronchien hervor.

Zu den Erkältungskrankheiten gehören beispielsweise der **Schnupfen** (Entzündung des Nasen- und Rachenraumes), die **Luftröhrenentzündung** und die **Bronchitis** (Entzündung der Bronchien). Die Schleimhäute röten sich stark, schwellen an und sondern reichlich Schleim ab. Erreicht die Entzündung auch die Nebenhöhlen der Nase, kann es zu einer sehr schmerzhaften Entzündung und Vereiterung der diese Höhlen auskleidenden Schleimhäute kommen (**Neben-** und **Stirnhöhlenvereiterung).**

Die Erkältungskrankheiten sind oft von Husten, Heiserkeit und Halsschmerzen, manchmal von Fieber begleitet. Bei fieberhaften Erkrankungen ist ein Arzt aufzusuchen. Der Husten „reinigt" die Atemwege, da er den angesammelten Schleim mit den Krankheitserregern nach außen befördert.

Werden gesunde von erkrankten Personen angeniest oder angehustet bzw. mit Händeschütteln begrüßt oder verabschiedet, können sie nach etwa 3 Tagen ebenfalls erkranken. Sie wurden angesteckt. Die Krankheit bricht aus, wenn im Körper der Erkrankten nicht genügend Abwehrstoffe vorhanden sind, um die eingeatmeten Krankheitserreger zu vernichten.

Den besten Schutz gegen die Erkältungskrankheiten bietet die Abhärtung des eigenen Körpers, beispielsweise durch wechselwarme Duschen, Bewegung an frischer Luft (Abb. 1), gesunde Ernährung, ausreichend Schlaf, Gymnastik, zweckmäßige Kleidung (Abb. 2).

> Häufige Erkrankungen der Atmungsorgane sind Erkältungskrankheiten wie Schnupfen, Luftröhrenentzündung und Bronchitis. Verursacht werden sie durch Krankheitserreger, die mit der Einatemluft in unseren Körper gelangen.

## Erkrankungen der Lunge

Gelangen Krankheitserreger mit der Einatemluft bis in verschiedene Abschnitte der Lunge, verursachen sie **Lungenentzündung.** Die Krankheit beginnt mit Schüttelfrost. Sie ist begleitet von hohem Fieber, stechenden Schmerzen in der Brust, Schweißausbrüchen, starken Hustenanfällen und Atemnot. Beeinträchtigt ist der Austausch von Sauerstoff und Kohlenstoffdioxid in den Lungenbläschen. Grundlage der Behandlung ist die Einnahme von Antibiotika und viel Flüssigkeit.

**1** Beim Radfahren an frischer Luft werden mehrere Organsysteme des Menschen beansprucht.

**2** Zu jeder Jahreszeit und zu jeder Art der Tätigkeit sollte eine zweckmäßige Kleidung getragen werden.

Solange Fieber besteht, ist unbedingt Bettruhe einzuhalten.

**Die Tuberkulose der Lungen** wird durch ein Bakterium (Mycobakterium tuberculosis) verursacht. Das Bakterium wird eingeatmet und gelangt in die Lunge. Hat der Körper genügend Abwehrkräfte, werden die kleinen knötchenartigen Entzündungsherde in der Lunge abgekapselt, sie verkalken (Abb. 1). Bei geringer Abwehrkraft des Körpers werden weitere Lungengebiete entzündet und zerstört. Dadurch wird die Atmung beeinträchtigt. Anzeichen der Lungentuberkulose sind Mattigkeit, Nachtschweiß, Fieber und ständiger Husten, durch den ein eitriger Auswurf nach außen gelangt.

Je früher die Krankheit erkannt wird, desto größer sind die Chancen der Heilung. Behandelt wird sie mit wirksamen Medikamenten in speziellen Lungensanatorien.

In früheren Jahrhunderten war die Tuberkulose eine gefürchtete Krankheit, die meistens zum Tode führte. Vor allem arme Leute erkrankten, da sie unterernährt waren und mangelhafte hygienische Bedingungen hatten. Auch heute noch erkranken z.B. weltweit Millionen von Menschen an Lungentuberkulose. Sowohl durch verbesserte hygienische und soziale Bedingungen als auch durch Röntgenuntersuchungen und durch Schutzimpfung der Neugeborenen konnte die Anzahl der Erkrankten insgesamt stark verringert werden.

In den letzten Jahren hat eine weitere Lungenerkrankung weltweit zugenommen, der **Lungen-**

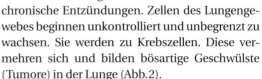

**krebs.** Ausgelöst wird diese Krankheit u.a. durch chemische Substanzen, z.B. aus dem Tabakrauch (s.S.264, 272), durch bestimmte Strahlungen oder chronische Entzündungen. Zellen des Lungengewebes beginnen unkontrolliert und unbegrenzt zu wachsen. Sie werden zu Krebszellen. Diese vermehren sich und bilden bösartige Geschwülste (Tumore) in der Lunge (Abb. 2).

Die Geschwülste wachsen und wuchern in die umgebenden Lungenabschnitte hinein und zerstören sie. Dadurch wird der Gasaustausch in den Lungenbläschen immer mehr eingeschränkt und je nach dem Zerstörungsgrad des Lungengewebes verhindert.

Entscheidend für die Behandlung der Krebserkrankungen ist die Früherkennung, z.B. durch Röntgenuntersuchungen. Bei der Behandlung von Krebs werden im Allgemeinen Operationen (Entfernung des kranken Gewebes), Bestrahlungen (Eindämmung der Vermehrung der Zellen) und Medikamente (Zerstörung der Krebszellen) eingesetzt.

> Erkrankungen der Lunge sind u.a. Lungenentzündung, Lungentuberkulose und Lungenkrebs.
> Sie werden durch Krankheitserreger bzw. durch chemische Substanzen und Strahlungen hervorgerufen.

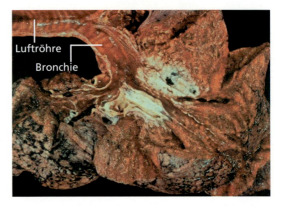

Luftröhre
Bronchie

**1** In der Lunge sind knötchenartige Tuberkulose-Entzündungsherde zu erkennen.

**2** Das durch Krebs zerstörte Lungengewebe beeinträchtigt die Atmung.

## Zusammensetzung des Blutes

Durch den Körper eines erwachsenen Menschen fließen etwa 5 bis 6 Liter Blut. Wissenschaftler bezeichnen Blut als flüssiges Organ. Mithilfe eines Mikroskops kann man einige Bestandteile des Blutes erkunden.

Betrachtet man beispielsweise mithilfe des Mikroskops einen Blutausstrich (Abb. 1), sind in einer klaren Flüssigkeit zahlreiche rötliche scheibenförmige Gebilde und vereinzelt größere farblose und unterschiedlich geformte Gebilde zu sehen.

Das Blut besteht nämlich aus einem flüssigen Bestandteil, dem **Blutplasma,** und festen **Bestandteilen.**

Zu den festen Bestandteilen gehören die *roten Blutzellen,* die *weißen Blutzellen* und die *Blutplättchen* (Abb. 2, 3).

Durch ein *einfaches Experiment* kann man die Bestandteile des Blutes erkunden. Man holt frisches Blut beispielsweise vom Schlachthof, gibt es in einen Messzylinder, setzt ein Salz zur Verhinderung der Gerinnung hinzu und lässt das Blut stehen. Nach einiger Zeit setzt sich ein dunkelroter Niederschlag ab, darüber steht eine helle, trübe Flüssigkeit (Abb. 2). Dieser Vorgang wird **Blutsenkung** genannt.

Betrachtet man mikroskopisch den Niederschlag, so sind *rote Blutzellen, weiße Blutzellen*

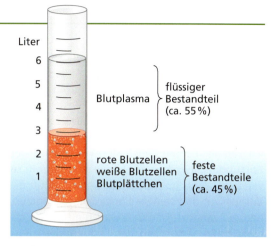

**2** Blutsenkung – Anteil der Bestandteile

und *Blutplättchen* zu erkennen. Der Niederschlag wird also von den festen Bestandteilen gebildet. Er umfasst etwa 45% des Blutes (Abb. 2).

Die helle Flüssigkeit, die ca. 55% des Blutes ausmacht, ist das **Blutplasma.** Es besteht etwa zu 90% aus Wasser, in dem gelöste Stoffe, z. B. Eiweiße, Traubenzucker, Harnstoff, Kochsalz, enthalten sind (**Blutserum**) und zu ca. 10% aus Fibrinogen (lösliches Blutplasmaeiweiß).

Im Blutplasma wird – im Gegensatz zum Sauerstoff – der größte Teil des im Körper entstehenden Kohlenstoffdioxids zur Lunge transportiert und über die Lungenbläschen ausgeschieden. Die bei der Verdauung der Kohlenhydrate und Eiweiße entstandenen Nährstoffbausteine (Traubenzucker und Aminosäuren) gelangen durch die Darmwand ins Blut.

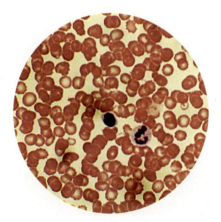

**1** Im Blutausstrich sind unter dem Mikroskop die verschiedenen Blutzellen des Menschen zu erkennen.

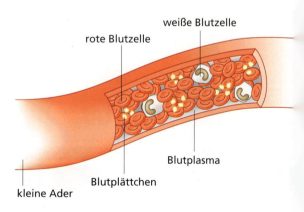

**3** Die Bestandteile des Blutes in einer Ader haben unterschiedliche Aufgaben.

Sie werden im Blutplasma zu allen Zellen des Körpers gebracht, von denen sie als Aufbaustoff und Energielieferant genutzt werden.

Im Gegenzug dazu werden die in den Zellen entstehenden Stoffwechselendprodukte, z. B. Kohlenstoffdioxid, Harnstoff, im Blutplasma zu den Ausscheidungsorganen, wie Lunge, Nieren und Haut, gebracht und ausgeschieden. Das Blutplasma transportiert auch Mineralstoffe und Vitamine vom Darm sowie Botenstoffe, Hormone genannt, die von Hormondrüsen gebildet werden, in den Körper.

Die **roten Blutzellen** enthalten den roten Blutfarbstoff *Hämoglobin*. In der Lunge gelangt der Sauerstoff aus den Lungenbläschen ins Blut. Der Blutfarbstoff Hämoglobin bindet den Sauerstoff. Mit den roten Blutzellen wird der lebensnotwendige Sauerstoff in alle Teile des Körpers, z. B. zu

den Zellen der Muskeln und der inneren Organe, transportiert. Die **weißen Blutzellen** vernichten eingedrungene Krankheitserreger und Fremdkörper und tragen zur Antikörperbildung bei (s. S. 251).

Eine wesentliche Rolle spielen auch die **Blutplättchen**, nämlich bei der Blutgerinnung und dem Wundverschluss.

> Das Blut ist ein vielseitiges Transportmittel. Die roten Blutzellen nehmen Sauerstoff auf und transportieren ihn von der Lunge in den Körper.
> Im Blutplasma werden z. B. Nährstoffbausteine vom Darm in den Körper und Kohlenstoffdioxid aus dem Körper zur Lunge gebracht.

## Blutzellen und ihre Funktionen

| rote Blutzellen (Erythrozyten) | weiße Blutzellen (Leukozyten) | Blutplättchen (Thrombozyten) |
|---|---|---|
| 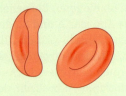 |  | 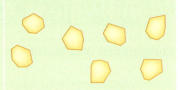 |
| *Bau:* kernlos und außen umgrenzt durch eine Zellmembran; enthalten roten Farbstoff Hämoglobin; kreisrund, scheibenförmig und auf beiden Seiten in der Mitte eingedellt (7 µm bis 8 µm Durchmesser) | *Bau:* besitzen einen Kern und bewegen sich amöboid vorwärts; können ihre Form laufend ändern (bis 0,02 mm Durchmesser) | *Bau:* kernlos, sehr klein, verschieden geformt (0,5 µm bis 2,5 µm Durchmesser); zerfallen sehr leicht an der Luft |
| *Bildungsort:* rotes Knochenmark, z. B. in den Wirbeln, im Brustbein | *Bildungsort:* Knochenmark | *Bildungsort:* Knochenmark |
| *Lebensdauer:* etwa 120 Tage, müssen laufend neu gebildet werden, 1 mm³ Blut enthält ca. 4,5 bis 5 Mio. rote Blutzellen. | *Lebensdauer:* etwa 10 Tage 1 mm³ Blut enthält ca. 5 000 bis 9 000 weiße Blutzellen. | *Lebensdauer:* etwa 4 bis 10 Tage 1 mm³ Blut enthält ca. 250 000 Blutplättchen. |
| *Aufgabe:* Transport von Sauerstoff | *Aufgabe:* Vernichtung eingedrungener Krankheitserreger und Fremdkörper, Antikörperbildung | *Aufgabe:* Gerinnung des Blutes und Wundverschluss |

# Mosaik

## Blutgerinnung und Wundverschluss

Wird ein Blutgefäß verletzt (Abb. 1), sind die **Blutplättchen** zur Stelle und bewirken eine Verengung des Blutgefäßes, damit langsamer Blut austritt. Die Blutplättchen bilden einen Pfropfen und verschließen das Gefäß.

Bei größeren Verletzungen setzen die Blutplättchen einen Stoff frei, einen Gerinnungsfaktor, der die Bildung von *Fibrin* bewirkt. Fibrin ist nicht löslich, besteht aus sehr langen, dünnen Fäden, die sich zu einem feinen

Netz verdichten. In diesem Fibrinnetz verfangen sich Blutplättchen und Blutzellen. Die Blutplättchen geben einen Stoff ab, der das *Fibrinnetz* festigt. Auf diese Weise entsteht ein Gerinnsel, das die Wunde verschließt. Dieser Vorgang heißt **Blutgerinnung** (Abb. 2).

Das Blutgerinnsel trocknet zu einer Kruste. Diese Kruste verhindert als **Wundschorf** das Eindringen verschiedener Fremdkörper, z. B. Bakterien und Schadstoffe.

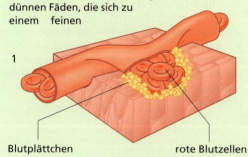

1

Blutplättchen          rote Blutzellen

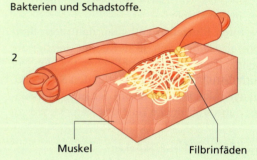

2

Muskel          Filbrinfäden

# Biologie im Alltag

## Blutgruppen und Blutübertragung

Nach Operationen oder großen Blutverlusten wird oftmals eine **Blutübertragung (Bluttransfusion)** notwendig. Wird wahllos das Blut eines Spenders übertragen, kann es passieren, dass sich die roten Blutzellen des Empfängers zusammenballen. Diese Blutpfropfen würden die Blutgefäße verstopfen. Der Empfänger würde sterben. Durch Untersuchungen wurde festgestellt, dass das Blut jedes Menschen bestimmte Stoffe enthält, die unterschiedliche Eigenschaften hervorrufen. Aufgrund des Vorhandenseins oder Fehlens dieser Stoffe wird das Blut den **Blutgruppen** A, B, AB oder 0 (Null) zugeordnet.

Die eine Stoffgruppe bildet Eiweiß-Zucker-Verbindungen. Diese befinden sich auf der Oberfläche (Zellmembran) der roten Blutzellen. Diese Stoffe werden **Antigene** genannt. Es gibt zwei Antigene, das Antigen A und das Antigen B.

Erblich ist festgelegt, ob die roten Blutzellen das Antigen A **oder** B, die Antigene A **und** B oder gar kein Antigen besitzen. Danach wird das Blut in die Blutgruppen A, B, AB oder 0 eingeteilt (Abb. 1, S. 125). Besitzen die roten Blutzellen das Antigen A, bilden sie die Blutgruppe A; besitzen sie das Antigen B, bilden sie die Blutgruppe B. Befinden sich die Antigene A und B auf den roten Blutzellen, gehört das Blut zur Blutgruppe AB. Sind keine Antigene auf den roten Blutzellen, hat das Blut die Blutgruppe 0 (Null).

Die zweite Stoffgruppe sind Eiweiße. Diese Stoffe werden **Antikörper** genannt. Sie sind im Blutplasma enthalten. Man unterscheidet auch zwei Antikörper, den *A-Antikörper* und den *B-Antikörper*. Das Blutplasma der Blutgruppe A enthält den B-Antikörper, das Blut der Blutgruppe B den A-Antikörper. Das Blut der Blutgruppe AB hat keine Antikörper. Im Blut der Blutgruppe 0 kommen beide Antikörper (A- und B-Antikörper) vor (Abb. 1, S. 125; Tab., S. 125). Die **Verklumpung** des Blutes wird durch diese Antikörper im Blutplasma ausgelöst. Dies geschieht nach dem **„Schlüssel-Schloss-Prinzip"** (Tab., S. 125).

| Modell der Antigen-Antikörper-Reaktion der Blutgruppen („Schlüssel-Schloss-Prinzip") | | | | |
|---|---|---|---|---|
| **Blutgruppen** | **A** | **B** | **AB** | **0** |
| Antigene auf der Oberfläche der roten Blutzellen | Antigene A | Antigene B | Antigene A und B | keine Antigene |
| Antikörper im Blutplasma | B-Antikörper | A-Antikörper | keine Antikörper | A- und B-Antikörper |
| Verklumpung mit | A-Antikörpern | B-Antikörpern | A- und B-Antikörpern | keine |

Durch die spezifische chemische Struktur des Antikörpers (Schlüssel) kann er sich nur an die Blutzellen anlagern, die das passende Antigen (Schloss) besitzen, und durch diese Anlagerung die Verklumpung auslösen (Tab.; Abb. 1).

Bei einer **Blutübertragung sollte immer Blut der gleichen Blutgruppe verwendet werden.** Es gibt aber **Notsituationen,** z.B. Konservenmangel bei den seltenen Blutgruppen B und AB, operative Eingriffe oder schwere Unfälle, die blutgruppenungleiche Transfusionen notwendig machen. Bei solchem AB0-ungleichen Spenderblut sollten grundsätzlich Konzentrate von roten Blutzellen verwendet werden. Bei diesen Konzentraten sind mit dem Blutplasma auch die Antikörper weitgehend entfernt worden. Bei der Blutübertragung von roten Blutzellenkonzentraten gelten folgende Regeln:

| Blutplasma mit Antikörpern der Empfänger mit der Blutgruppe | Konzentrate von roten Blutzellen mit Antigenen als Spenderblut | | | |
|---|---|---|---|---|
| | rote Blutzellen der Blutgruppe | | | |
| | **A** haben | **B** haben | **AB** haben | **0** haben |
| A hat Antikörper B | nicht verklumpt | verklumpt | verklumpt | nicht verklumpt |
| B hat Antikörper A | verklumpt | nicht verklumpt | verklumpt | nicht verklumpt |
| AB hat keine Antikörper | nicht verklumpt | nicht verklumpt | nicht verklumpt | nicht verklumpt |
| 0 hat Antikörper A und B | verklumpt | verklumpt | verklumpt | nicht verklumpt |

**1** Bluttransfusionsschema für das AB0-System bei Verwendung der Konzentrate von roten Blutzellen als Spenderblut (● nicht verklumpt; ● verklumpt)

1. 0-rote Blutzellenkonzentrate können auf Empfänger der Blutgruppe 0 und dürfen auf Empfänger der Blutgruppen A, B und AB übertragen werden.
2. A- und B-rote Blutzellenkonzentrate dürfen nur blutgruppengleich und können auf Empfänger der Blutgruppe AB übertragen werden.
3. AB-rote Blutzellenkonzentrate dürfen nur auf Empfänger der Blutgruppe AB übertragen werden.

Bei der Transfusion von roten Blutzellenkonzentraten sind die Spender der Blutgruppe 0 **Universalspender,** die Empfänger der Blutgruppe AB **Universalempfänger** (Abb. 1).

Vor einer **Blutübertragung** muss das Blut auf Vorhandensein der Antigene und Antikörper untersucht werden, um eine Verklumpung zu vermeiden. Deshalb wird das Blut der Spender und Empfänger im Labor untersucht und eine **Blutgruppenbestimmung** vorgenommen.

Oftmals hängt das Leben von Verunglückten oder Kranken von einer schnellen Blutübertragung (Abb. 2) ab. Deshalb wird u. a. vom Roten Kreuz zu **Blutspenden** (Abb. 1) aufgerufen. Unter medizinischer Aufsicht und Kontrolle können gesunde Menschen Blut spenden. Das gespendete Blut wird gründlich untersucht, u. a. auf HIV (s. S. 248) und Gelbsucht. Nur wenn diese Tests ohne Befund bleiben, negativ sind, werden die Blutkon-

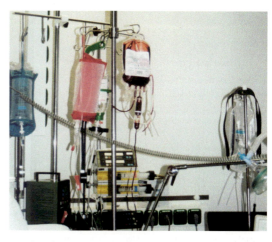

**2** Blutübertragungsapparaturen

serven zur Verwendung freigegeben. Die Blutpräparate werden auf Abruf durch die Krankenhäuser in speziellen Kühlräumen (Abb. 3) für einen begrenzten Zeitraum aufbewahrt.

> Nach dem Vorhandensein oder Fehlen von Stoffen an den roten Blutzellen – Antigene genannt – wird das Blut den Blutgruppen A, B, AB und 0 (Null) zugeordnet.
> Im Blutplasma befinden sich ebenfalls Stoffe – Antikörper genannt – , die eine Verklumpung des Blutplasmas auslösen können.
> Bei einer Blutübertragung sollte immer Blut der gleichen Blutgruppe verwendet werden.

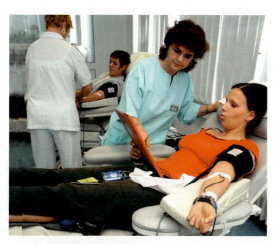

**1** Blutspender sind Lebensretter.

**3** Blutkonserven werden im Kühlraum aufbewahrt.

# Mosaik

## Leistungen von KARL LANDSTEINER

Seit mehreren Jahrhunderten haben Wissenschaftler versucht, Menschen durch Blutübertragungen zu helfen. Aber nur wenige waren erfolgreich. Meistens war das Ergebnis der Tod des Patienten. Erst ab 1901 wurde die Blutübertragung eine verlässliche Hilfe für den Arzt.

Der Wiener Arzt **DR. KARL LANDSTEINER** hatte nämlich 1901 die Ursachen für den Nichterfolg der Blutübertragungen gefunden. Durch intensive Untersuchungen stellte er Folgendes fest: Wenn man Blut verschiedener Menschen mischt, dann verklumpen einige Blutmischungen, andere aber nicht. In weiteren Untersuchungen trennte er das Blut verschiedener Testpersonen in die roten Blutzellen und das Blutserum (Blutplasma ohne Fibrinogen). Anschließend vermischte er jeweils das Serum und die roten Blutzellen der verschiedenen Testpersonen untereinander. Wieder traten bei einigen Testpersonen in den Blutmischungen Verklumpungen auf. Bei anderen Testpersonen wurden hingegen die roten Blutzellen von keinem der Blutseren aller Testpersonen verklumpt. Nach seiner Meinung musste es also drei verschiedene Blutgruppen geben. Er nannte die beiden zur Verklumpung führenden Blutgruppen A und B und die nicht zur Verklumpung führende Blutgruppe C. Diese Blutgruppe wurde erst acht Jahre später als Blutgruppe 0 (Null) bezeichnet.

Im Jahre 1902 wurde die vierte Blutgruppe von LANDSTEINERS Mitarbeitern entdeckt. Später erhielten die vier Blutgruppen die Bezeichnung A, B, 0 (Null) und AB.

Mit der Entdeckung der vier Blutgruppen und der Feststellung von LANDSTEINER, dass im Serum eines Menschen der Antikörper fehlt, der gegen die eigene Blutgruppe gerichtet ist (A hat nicht Antikörper A), wurde die Blutübertragung von Mensch zu Mensch ermöglicht und ihre Gefahr reduziert.

Für seine Entdeckungen der Blutgruppen bekam LANDSTEINER im Jahre 1930 den Nobelpreis. Neben der Erforschung der Blutgruppen gelang es LANDSTEINER herauszufinden, dass an den roten Blutzellen weitere Substanzen vorhanden sind, die bei einer Blutübertragung ebenfalls beachtet werden müssen, z. B. **Rh-Faktor (Rhesus-Faktor)**. Das Blutmerkmal Rh kommt etwa bei 85 % der Mitteleuropäer vor (Rh-positives Blut). Es fehlt bei etwa 15 % (Rh-negatives Blut).

1 KARL LANDSTEINER (1868–1943)

2 Blutübertragung im 17. Jahrhundert

## Blutkreislauf im Überblick

Das Blut durchfließt unseren Körper in Arterien, Kapillaren und Venen. Diese Blutgefäße bilden ein geschlossenes Röhrensystem. In diesem Röhrensystem kreist das Blut durch den Körper und erreicht alle Organe und Zellen (Abb. 1a, b). Dieser ständige Blutstrom vom Herzen und zurück zum Herzen wird **Blutkreislauf** genannt.

Beim Blutkreislauf werden *Lungenkreislauf* und *Körperkreislauf* unterschieden (Abb. 1a).

Der *Lungenkreislauf* beginnt in der rechten Herzhälfte. Das sauerstoffarme und kohlenstoffdioxidreiche Blut fließt aus der rechten Herzkammer in Arterien zur Lunge. Es nimmt dort Sauerstoff auf, gibt Kohlenstoffdioxid ab und fließt in Venen zurück zur linken Herzhälfte (Abb. 1a).

Im Körperkreislauf fließt nun das sauerstoffreiche und kohlenstoffdioxidarme Blut aus der linken Herzkammer in Arterien in alle Teile des Körpers.

In den Kapillaren gibt das Blut Sauerstoff und andere Stoffe ab und nimmt Kohlenstoffdioxid und weitere Stoffe, z. B. Stoffwechselendprodukte, auf. Das nun sauerstoffarme und kohlenstoffdioxidreiche Blut fließt aus dem Körper in Venen zurück zur rechten Herzhälfte (Abb. 1a).

Damit schließt sich der Blutkreislauf wieder.

> Das Blut fließt in einem geschlossenen Röhrensystem, das von Arterien, Kapillaren und Venen gebildet wird, durch unseren Körper. Bei dem Blutkreislauf wird zwischen Körperkreislauf und Lungenkreislauf unterschieden.

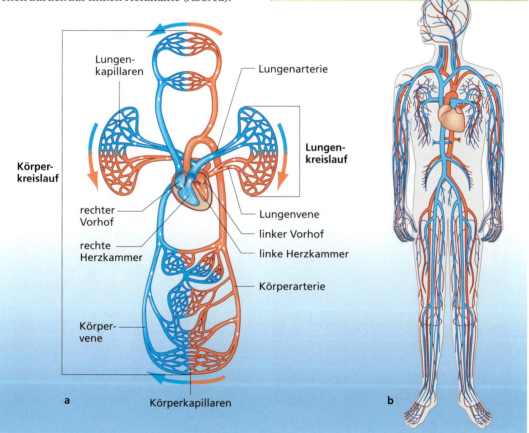

**1** Der geschlossene Blutkreislauf des Menschen besteht aus Körperkreislauf und Lungenkreislauf. Beide werden aus Arterien, Kapillaren und Venen gebildet.

# Bau und Funktionen der Blutgefäße

Das Blut fließt durch unseren Körper in Blutgefäßen. Durch die Kontraktion des Herzmuskels wird das Blut in die Blutgefäße gepumpt, die das Blut vom Herzen in den Körper wegführen. Diese

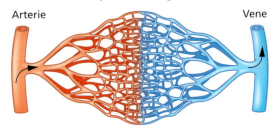

Kapillaren (Haargefäße)

Arterie                                                    Vene

**2** Kapillaren bilden ein feines Kapillarnetz. Das Blut strömt durch die Kapillaren in die Vene.

Blutgefäße werden **Arterien** genannt, z. B. Körperarterie, Lungenarterie (s. S. 128). Sie besitzen eine dicke und elastische Muskelschicht in ihrer Wand (Abb. 1a).

Durch den Druck, mit dem das Herz das Blut in die Arterien pumpt, wird ihre elastische Muskelwand gedehnt. An dieser Stelle entsteht eine Erweiterung der Arterie. Dann kontrahiert an der erweiterten Stelle die Muskelwand, die Arterie wird zusammengezogen und das Blut wird ein Stückchen weitergedrückt.

Die Erweiterung und Kontraktion der Muskelwand erfolgt im Rhythmus des Herzschlags. Dadurch entsteht eine Druckwelle, die sich über die ganze Arterie fortsetzt (Abb. 1b). Diese Druckwelle kann man deutlich als **Puls** fühlen, z. B. an den Handgelenken, an den Schläfen, am Hals.
Je nach körperlicher Anstrengung, z. B. Kniebeugen, 100-m-Lauf, Wandern, ist die Zahl der Herzschläge und damit auch die Zahl der „Pulsschläge" unterschiedlich.

Arterien besitzen eine sehr dicke, elastische Muskelschicht. Arterien führen das Blut vom Herzen in alle Körperteile bzw. zur Lunge.

Die Arterien verzweigen sich nach dem Abgang aus dem Herzen und werden im Querschnitt immer kleiner, bis sie in haarfeine Blutgefäße (Haargefäße, Kapillaren) übergehen. Die **Kapillaren** bilden ein dichtes Kapillarnetz (Abb. 2).
Die Wand der Kapillaren besteht nur aus einer Zellschicht (Abb. 1a, S. 130). Die im Blut gelösten Stoffe gelangen im Körper aus den Kapillaren in die Körperzellen.

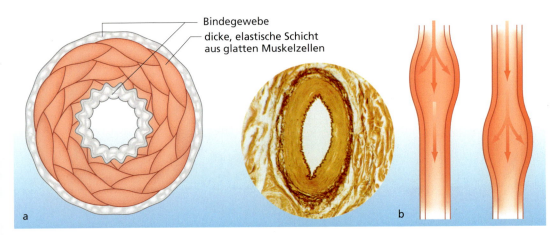

Bindegewebe
dicke, elastische Schicht aus glatten Muskelzellen

a                                                    b

**1** Im Querschnitt der Arterie (Schema und Original) ist die dicke Muskelschicht zu sehen (a). Die fortschreitende Druckwelle des Blutes ist als Pulswelle zu fühlen (b).

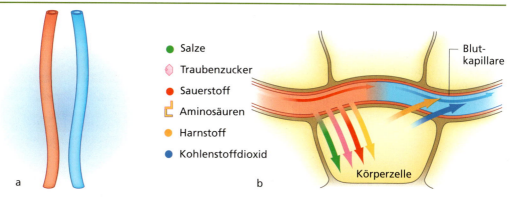

- Salze
- Traubenzucker
- Sauerstoff
- Aminosäuren
- Harnstoff
- Kohlenstoffdioxid

Blut-kapillare

Körperzelle

a     b

**1** Die Blutkapillaren (a) besitzen eine einschichtige Zellwand (a). Der Austausch von Stoffen (Auswahl) findet zwischen Blutkapillare und Körperzelle statt (b).

Aus den Körperzellen wandern die Stoffwechsel-endprodukte (z. B. Harnstoff, Kohlenstoffdioxid) in die Kapillaren (Abb. 1b).

> Kapillaren besitzen eine einschichtige Kapillarwand. Kapillaren ermöglichen den Stoffaustausch im Körper zwischen Blut und Zellen bzw. in der Lunge zwischen Blut und Lungenbläschen.

Die Kapillaren gehen über in **Venen** (Abb. 2), die im Querschnitt immer größer werden. Sie transportieren das Blut aus dem Körper bzw. aus der Lunge zum Herzen hin. Die Venen haben im Gegensatz zu den Arterien dünne, aber sehr dehnbare Wände. Sie können sich nicht aktiv zusammenziehen. An Stellen, an denen Venen mit einer Arterie in einer gemeinsamen Bindegewebshülle eingeschlossen sind, drückt die Pulswelle der Arterie die Venenwand zusammen. Dies verursacht den Blutstrom in der Vene. Die Venen enthalten im Innern in bestimmten Abständen **Venenklappen.** Sie verhindern das Zurückfließen des Blutes (Abb. 2b). Auch Muskeln, z. B. Skelettmuskeln, drücken auf die Venen und fördern den Blutstrom.

> Venen besitzen eine dünne Muskelschicht und Venenklappen. Venen führen das Blut aus dem Körper bzw. aus der Lunge zum Herzen. Venenklappen verhindern das Zurückfließen des Blutes in den Körper.

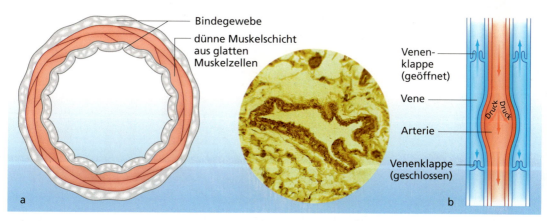

Bindegewebe

dünne Muskelschicht aus glatten Muskelzellen

Venen-klappe (geöffnet)

Vene

Arterie

Venenklappe (geschlossen)

a     b

**2** Im Querschnitt der Vene (Original und Schema) ist die dünne Muskelschicht zu sehen (a). Das Blut strömt in der Arterie vom Herzen und in der Vene zum Herzen (b).

# Das Herz und seine Leistung

Unser Herz ist etwa faustgroß und liegt zwischen den beiden Lungenflügeln fast in der Mitte der Brusthöhle. Die Spitze des Herzens weist nach links unten (Abb. 1, 2). Betrachtet man den Längsschnitt eines Herzens (Abb. 1, 2), erkennt man, dass das Herz ein **Hohlmuskel** ist.

Eine muskulöse Scheidewand, die **Herzscheidewand**, teilt das Herz in/zwei vollständig voneinander getrennte Hälften. Jede Hälfte besteht aus einem kleineren **Vorhof** und einer größeren **Herzkammer**.

Die Blutströmung in und vom Herzen wird durch **Herzklappen** geregelt. Die Vorhöfe und Herzkammern werden durch Segelklappen getrennt. Je eine Herzkammer und die Lungen- bzw. Körperarterie werden durch eine Taschenklappe getrennt (Abb. 2).

> Das Herz ist ein Hohlmuskel. Es ist durch die Herzscheidewand in zwei Hälften getrennt. Diese bestehen aus je einem Vorhof und einer Herzkammer.

Die **Tätigkeit des Herzens** kann man mit einer Saug-Druck-Pumpe vergleichen. Da das Herz ein Hohlmuskel ist, kann es sich abschnittsweise zusammenziehen (kontrahieren) und erschlaffen.

Diese Tätigkeit des Herzmuskels bewirkt das Ansaugen des Blutes zum Herzen, den Transport des Blutes im Herzen und das Ausstoßen des Blutes aus dem Herzen in den Körper bzw. zur Lunge. Das Zusammenziehen (Kontrahieren) und Erschlaffen des Herzmuskels erfolgt in einem bestimmten Rhythmus.

**1** Herz des Menschen (Original) mit Herzkammern, getrennt durch die Herzscheidewand

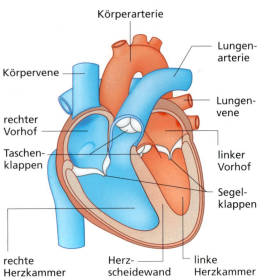

**2** Herz des Menschen im Längsschnitt

Nach jedem Zusammenziehen des Muskels erfolgt ein Erschlaffen. Man sagt, das **Herz schlägt** (Abb. 1, S. 132).

> Durch rhythmisches Zusammenziehen und Erschlaffen des Herzmuskels wird das Blut aus dem Körper und der Lunge vom Herzen angesaugt und auch in den Körper und zur Lunge zurückgepumpt.

Das Herz eines Erwachsenen schlägt in Ruhe 60- bis 80-mal in der Minute, d. h., der Herzmuskel zieht sich 60- bis 80-mal in der Minute zusammen und erschlafft wieder. Bei jedem Schlag pumpt das Herz etwa 70 ml Blut aus jeder Herzkammer in die abführenden Blutgefäße.

Berechnet man die Arbeit des Herzens für einen Tag, so kommt die erstaunliche Anzahl von etwa 80 000 bis 100 000 Herzschlägen mit einer Pumpleistung von etwa 14 000 Litern heraus. Im Verlaufe eines 70- bzw. 75-jährigen Lebens pumpt das Herz ungefähr 200 bis 250 Millionen Liter Blut in den Körper.

Die Anzahl der Herzschläge pro Minute wird als **Herzfrequenz** bezeichnet.

Die Anzahl der Herzschläge pro Minute und damit die Herzfrequenz ändert sich im Verlaufe des Lebens (Tab., S. 132).

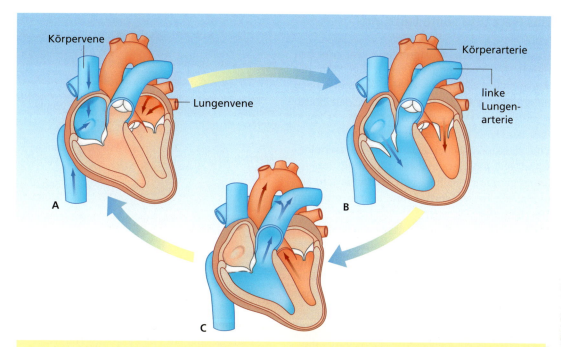

Körpervene

Lungenvene

Körperarterie

linke Lungen- arterie

A

B

C

Beim **Erschlaffen des Herzmuskels** füllen sich die Vorhöfe mit Blut aus Körper- und Lungenvenen (Abb. A). Die Vorhöfe ziehen sich zusammen, die Herzklappen (Segelklappen) öffnen sich, das Blut fließt in die beiden Herzkammern (Abb. B). Das Erschlaffen des Herzmuskels wird als **Diastole (Ansaugvorgang)** bezeichnet.

Beim **Zusammenziehen des Herzmuskels** wird das Blut durch die sich öffnenden Herzklappen (Taschenklappen) aus den Herzkammern herausgepresst. Aus der rechten Herzkammer wird es in die Lungenarterien, aus der linken Herzkammer in die Körperarterie gepumpt (Abb. C). Das Zusammenziehen des Herzmuskels wird als **Systole (Auspressvorgang)** bezeichnet.

**1** Arbeitsweise des Herzens (Erschlaffung und Kontraktion des Herzmuskels)

| Anzahl der Herzschläge pro Minute in Ruhe (Herzfrequenz) | |
|---|---|
| Neugeborenes | 130 –140 |
| 2-Jähriger | 120 |
| 10-Jähriger | 90 |
| 14-Jähriger | 80 – 85 |
| 30-Jähriger | 70 |
| 70-Jähriger | 72 |
| 80- bis 85-Jähriger | 80 – 85 |

Beispielsweise bewirken Angst- und Schrecksituationen, auch körperliche Anstrengungen und Freude eine Erhöhung der Herztätigkeit.

Der Erwachsene hat normalerweise eine Ruhe-Herzfrequenz von 72 Schlägen in der Minute, ein durchtrainierter Sportler, z.B. Läufer, kann eine Ruhe-Herzfrequenz von 40 oder weniger Herzschlägen haben. Beim Leistungssport steigt die Herzfrequenz bis auf 250 Herzschläge pro Minute.

**Die Anzahl der Herzschläge pro Minute ist die Herzfrequenz. Sie ist abhängig vom Alter und von den Leistungen des Körpers.**

Die Tätigkeit des Herzens, die Herzfrequenz, wird durch innere und äußere Faktoren beeinflusst.

## Herz- und Kreislauf-Erkrankungen und vorbeugende Maßnahmen

Herz- und Kreislauf-Erkrankungen stehen seit Jahren an erster Stelle bei Krankheitsstatistiken. Trotz der Fortschritte der Medizin auch auf diesem Gebiet sind Erkrankungen des Herzens und des Kreislaufs die Ursache für den Tod vieler Menschen, vor allem in den hoch entwickelten Industrieländern.

Zu den häufigsten Kreislauf-Erkrankungen gehören u.a. *Bluthochdruck, Arterienverkalkung, Schlaganfall, Herzinfarkt* und *Krampfadern* (Abb., S.134).

Herz- und Kreislauf-Erkrankungen haben vielfältige **Ursachen. Risikofaktoren** begünstigen den Ausbruch der Krankheit. Dazu gehören u.a. übermäßiger Nikotin-, Alkoholgenuss, Übergewicht durch zu fetthaltige Ernährung, Bewegungsmangel, auch großer Stress, bedingt durch Ärger, Aufregung oder Konfliktsituationen. Jeder Mensch kann Herz- und Kreislauf-Erkrankungen vorbeugen, wenn er in seiner persönlichen Lebensweise möglichst viele Risikofaktoren vermeidet.

Jeder sollte durch das Einhalten einiger **Grundregeln einer gesunden Lebensweise** (s.S.135) den Herz- und Kreislauf-Erkrankungen vorbeugen.

## Mosaik

### Übersicht über die wichtigsten Herz- und Kreislauf-Erkrankungen

**Herzinfarkt**
Der Herzmuskel benötigt Sauerstoff und Nährstoffbausteine für seine Tätigkeit. Diese Stoffe werden ihm durch die **Herzkranzgefäße** (Abb. a) zugeführt.
Wenn durch Fett- oder Kalkeinlagerungen an der Innenwand der Herzkranzgefäße eines oder mehrere dieser Gefäße verengt sind, werden Abschnitte des Herzmuskels nicht mehr ausreichend versorgt. Sauerstoffmangel verursacht Herz-

schmerzen, z.B. „Enge in der Brust", Schmerzen im linken Brustkorb, die in die linke Schulter bis in den Arm ausstrahlen. Sind dies Zeichen eines Anfalls, die nach ausreichendem Sauerstoffangebot wieder verschwinden, spricht man von **Angina pectoris** (Abb. b).

Wird ein Herzkranzgefäß durch ein Blutgerinnsel verschlossen, tritt der **Herzinfarkt** ein (Abb. c). Die nicht versorgten Teile des Herzmuskels sterben ab.

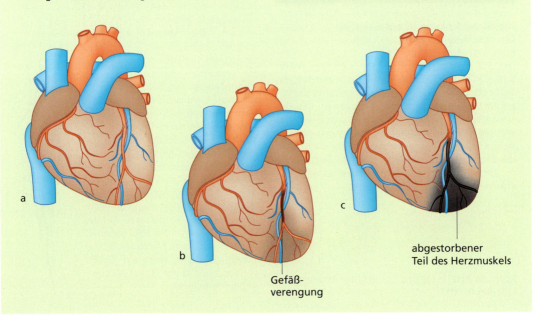

a

b
Gefäß-
verengung

c

abgestorbener
Teil des Herzmuskels

## Mosaik

### Bluthochdruck

Das fließende Blut drückt gegen die Wände der Blutgefäße, besonders gegen die Wände der Arterien. Die Kraft, mit der der Blutstrom gegen die Gefäßwand drückt, wird als **Blutdruck** gemessen. Dies erfolgt am Arm mithilfe eines Blutdruckmessgerätes (Abb.). Untersuchungen ergaben, dass der Blutdruck im Normalfall zwischen 120 und 80 mm Hg hin- und herpendelt (mm Hg bedeutet „Millimeter Quecksilbersäule"), bei 60-Jährigen zwischen 160 und 90 mm Hg. Steigt der Blutdruck dauerhaft auf Werte oberhalb des für das Alter gültigen Normalwertes an, spricht man von **„Bluthochdruck"**. Hoher Blutdruck führt einerseits zu Herzmuskelschwäche, andererseits zu Gefäßverkalkungen mit ihren Folgen Schlaganfall und Herzinfarkt, aber auch zu Schäden am Gehirn und an den Nieren.

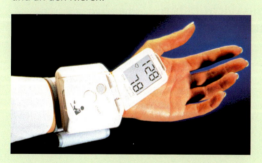

### Arterienverkalkung (Arteriosklerose)

Gesunde Arterien (Abb. a) besitzen eine dicke, elastische Muskelschicht (Abb. 1, S. 129), durch deren Tätigkeit das Blut in den Gefäßen fließt. Schon in jungen Jahren können sich durch **Kalk- und Fettablagerungen** an der Innenwand der Arterien Verengungen bilden (Abb. b–d). Die Gefäßwand verliert ihre Elastizität. Durch diese Verengungen fließt weniger Blut. Dadurch werden beispielsweise Organe wie das Gehirn, die Nieren, das Herz weniger mit Sauerstoff versorgt, als sie für ihre Tätigkeit benötigen. Diese Organe erkranken.

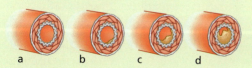

Normale Arterie (a) und Stadien der Arterienverkalkung (b–d)

### Schlaganfall (Hirnschlag)

Als **Schlaganfall** bezeichnet man Ausfallserscheinungen des Gehirns. Ursache ist oftmals eine Mangeldurchblutung durch Arterienverkalkung im Gehirn und im Bereich der Halsgefäße. Sie kann bis zum Gefäßverschluss führen. Durch diese Mangeldurchblutung erhalten bestimmte Hirnregionen keinen Sauerstoff und keine Nährstoffbausteine. Die betroffenen Hirnregionen können ihre Aufgaben nicht mehr ausführen, sie gehen zugrunde. Das führt u.a. zur halbseitigen Lähmung des Körpers, zu Sprachstörungen, Erkennungs- und Sehstörungen.

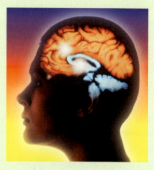

### Krampfadern

Bei Menschen, die vorwiegend stehende, sitzende oder bewegungsarme Tätigkeiten ausführen, werden die Venen an den Beinen (Abb. a) durch den ständigen Blutstau erweitert. Die Venen können sich nicht aktiv zusammenziehen. Sie verformen sich zu **Krampfadern** mit Aussackungen (Abb. b). Die Venenklappen (s. S. 130) können sich nicht mehr schließen, sodass der Rückfluss des Blutes zum Herzen gestört ist. In den erkrankten Venen können sich Blutgerinnsel (Thromben) bilden. Dann spricht man von einer Venenthrombose, die sehr gefährlich sein kann. Die Blutgerinnsel können mit dem Blutstrom in die Lunge gelangen, dort ein Gefäß verstopfen und zur tödlichen Lungenembolie führen.

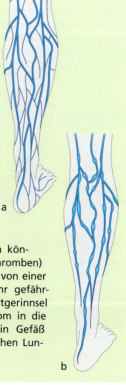

# Biologie im Alltag

## Verschiedene Herzuntersuchungen

Mithilfe eines **Elektrokardiogramms (EKG)** kann der Arzt die Herztätigkeit untersuchen. Die entstehenden elektrischen Ströme werden über Elektroden aufgenommen und mit einem Schreiber in einer Herzstromkurve aufgezeichnet (Abb. a). Verschiedene Herzkrankheiten sind im EKG an typischen Abweichungen von der normalen Herzstromkurve zu erkennen (Abb. b).

Bei einem **Herzkatheter** (Abb. 1) wird durch die Arterie in der Leiste oder Armbeuge ein dünner Schlauch (Katheter) zum Herzen vorgeschoben. Durch ein Kontrastmittel werden Herzkranzgefäßverengungen sichtbar.
Mit einem **Ballonkatheter** (Abb. 2), der in die verengte Stelle des Blutgefäßes geschoben wird, kann durch Druck die Verengung gedehnt und die Ablagerung im Blutgefäß zur Seite gepresst werden.
Bei mehreren Verengungen wird eine **Bypassoperation** (Abb. 3) vorgenommen. Dabei wird meist eine gesunde Beinvene am Herzen zur Umgehung der Engstelle eingepflanzt.

## Grundregeln einer gesunden Lebensweise

1. Beginne nicht mit dem Rauchen bzw. stelle das Rauchen ein, denn das Nikotin bewirkt eine Verengung der Blutgefäße!
2. Kontrolliere dein Körpergewicht, denn Übergewicht belastet deinen Kreislauf! Erhöhte Blutfettwerte (Cholesterin) tragen wesentlich zur Arterienverkalkung bei.
3. Achte auf deinen Blutdruck! Erhöhter Blutdruck schädigt die Blutgefäße und beschleunigt die Arterienverkalkung.
4. Vermeide ein Zuviel an Stress! Stress ist eine seelische Anspannung, die verschiedene Folgen haben kann, z. B. Herzklopfen, Prüfungsangst, Schweißausbrüche, Verkrampfungen der Herzkranzgefäße.
5. Achte auf regelmäßige Bewegung deines Körpers, vermeide Bewegungsmangel, denn Bewegung erhält die Blutgefäßwände elastisch! Herz- und Kreislaufkranke dürfen sich aber nicht überanstrengen. Nicht alle Sportarten sind empfehlenswert (Tab.).

| Empfehlenswert | Nicht empfehlenswert |
| --- | --- |
| Laufen, Wandern, Radfahren, Schwimmen, Bergwandern, Skilanglauf | Ringen, Gewichtheben, Liegestütze, Tauchen, Klimmzüge, Rudern, Bergsteigen, Windsurfen, Kraftsport |

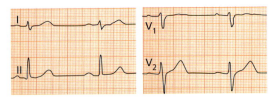
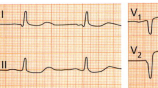
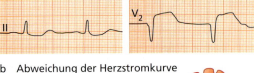

a   Normales EKG

b   Abweichung der Herzstromkurve

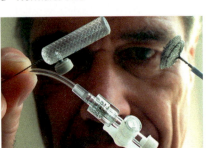

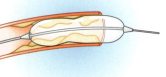
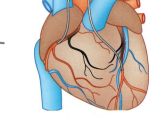

1   Herzkatheter

2   Ballonkatheter

3   Bypassoperation

## Ausscheidung und Ausscheidungs- organe

Die in den Zellen unseres Körpers entstehenden Stoffwechselendprodukte Wasser, Kohlenstoffdioxid und Harnstoff sowie überschüssige Salze müssen ausgeschieden werden. An der Ausscheidung beteiligt sind die Lungen (Abb. 1, S. 115), die Haut (s. S. 139) und die Nieren.

### Nieren als Ausscheidungsorgane

Die **paarigen Nieren** liegen links und rechts von der Wirbelsäule an der Rückwand der Bauchhöhle (Abb. 1). Sie sind nicht an der Körperwand festgewachsen, sondern werden von Fettgewebe in ihrer Lage gehalten.
Die Nieren sind bohnenförmig, dunkelbraunrot gefärbt und haben eine glatte Oberfläche (Abb. 1). Sie bestehen aus einer *Rindenschicht*, die von etwa 2 bis 2,5 Millionen Nierenkörperchen gebildet wird, und aus einer *Markschicht*, in der sich zahlreiche Harnkanälchen befinden (Abb. 2).

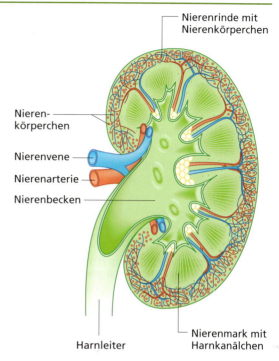

2  Feinbau der Niere

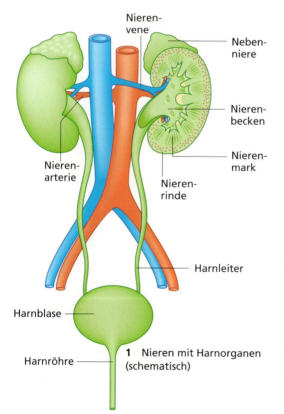

1  Nieren mit Harnorganen (schematisch)

Die *Nierenkörperchen* sind winzige Filter, die schädliche Stoffe aus dem Blut filtern.

Sie bestehen aus einem Blutkapillarknäuel, das von einer Kapsel umschlossen wird. An diese schließt sich ein feines Harnkanälchen in Form eines vielfach gewundenen Rohres an (Abb. 2, S. 137).
Jeweils in der Nierenmitte treten sowohl die Nierenarterie in die Niere ein als auch die Nierenvene aus der Niere aus.
Die *Nierenarterie* transportiert mit Stoffwechselendprodukten beladenes Blut aus dem Körper in die Niere, die *Nierenvene* versorgt den Körper mit „gereinigtem" Blut (Abb. 1, 2).

> Die paarigen, bohnenförmigen Nieren sind wichtige Ausscheidungsorgane. Sie liegen links und rechts der Wirbelsäule an der Rückwand der Bauchhöhle.
> Die Nierenrinde besteht aus Millionen von Nierenkörperchen.
> Die Markschicht wird aus zahlreichen Harnkanälchen gebildet.

In den Nierenkörperchen beginnt die **Harnbildung** (Abb. 1). Wenn das Blut durch das Blutkapillarknäuel fließt, werden im Nierenkörperchen Wasser und darin gelöste Stoffe, wie Traubenzucker, Harnstoff, Salze, aus dem Blut ausgeschieden. Diese Flüssigkeit nennt man **Primärharn.** Er gelangt in die Harnkanälchen (Abb. 1, 2).

Da die Kapillarwände äußerst feine Poren besitzen, können Stoffe, die größer als die Poren sind (z. B. Eiweiße, rote Blutzellen), nicht ausgefiltert werden.

Es werden 180 Liter Primärharn pro Tag gebildet. Er enthält außer Eiweiß nahezu alle im Blut gelösten Stoffe, z. B. ca. 30–40 g Harnstoff, ca. 8 g Salze. Da wir an einem Tag niemals 180 Liter, sondern höchstens einen bis zwei Liter Harn ausscheiden, muss es einen Mechanismus geben, der die Wassermenge des Primärharnes reduziert.

Dies geschieht in den mehrfach gewundenen Harnkanälchen, die netzartig von Blutkapillaren umsponnen werden. In ihnen wird der größte Teil des Wassers und der Stoffe, die im Körper weiterverwendet werden, wie Traubenzucker und Salze, durch Resorption wieder dem Blut zugeführt (Abb. 1, 2). Aus den Harnkanälchen gelangt der **Sekundärharn** oder **Endharn (Urin)** in kleine Sammelröhrchen. Diese münden wiederum in das Nierenbecken.

Von dort aus tröpfelt der Harn Tag und Nacht in den **Harnleiter,** einen etwa 30 cm langen

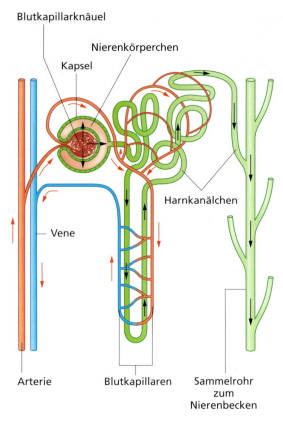

**2** Harnbildung (schematisch) in Harnkanälchen und Weiterleitung des Harns in Sammelröhrchen

Schlauch, dessen Muskeln den Harn abwärts zur **Harnblase** befördern.

Diese füllt sich allmählich und speichert zeitweise den Harn. Die Muskeln der Blasenwand pressen den Harn durch die Harnröhre aus dem Körper.

Die männliche Harnröhre führt gemeinsam mit dem Samenleiter als Harnsamenröhre durch den Penis und ist etwa 20 cm lang. Die weibliche Harnröhre ist dagegen nur 4 cm lang.

> Die Nieren entfernen aus unserem Blut überschüssiges Wasser, Salze und Stoffwechselendprodukte, z. B. Harnstoff. Der gebildete Harn wird über Harnleiter, Harnblase und Harnröhre ausgeschieden.

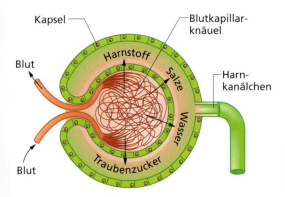

**1** Nierenkörperchen als Filter (schematisch)

DUDEN - PAETEC Basiswissen Schule

Datei  Bearbeiten  Ansicht  Gehe  Lesezeichen  Extras  Hilfe

http://www.schuelerlexikon.de/

Basiswissen Schule                                   Startseite | Impressum | Installationshinw

**Biologie**      Themen  Register  Zeitleiste  Suche  Schuelerlexikon.de      **DUDEN**

Wortanfang:       Verwandte Themen    Druckversion    Internetverweise    Vorlesen

## Erkrankungen der Niere

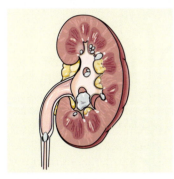

Bild 1

Unter den **Nierenerkrankungen** kommt die **Nierenbeckenentzündung** am häufigsten vor. Entzündungen des Nierenbeckens werden von Bakterien hervorgerufen und treten oft nach starken Erkältungen auf. Hohes Fieber, Schmerzen in der Nierengegend und Beschwerden beim Wasserlassen können darauf hinweisen.

Eine **Harnblasenentzündung** kann auf das Eindringen von Krankheitserregern oder auf Reizstoffe im Harn zurückgeführt werden. Oft wird sie nicht ernst genug genommen; lebenslange Erkrankungen können die Folge sein.

Im Nierenbecken können Harnbestandteile, z. B. Calcium- und Phosphatsalze, als feste **Nierensteine** ausgefällt werden. Bleiben sie im Nierenbecken, verursachen sie kaum Beschwerden. Gelangt ein Nierenstein in den Harnleiter und bleibt dort stecken, staut sich der Harn. Die Harnleitermuskulatur versucht durch Muskelbewegungen den Stein in die Blase zu befördern. Das verursacht große Schmerzen (Nierenkolik). Die Behandlung reicht von Medikamenten über Ultraschallzertrümmerung bis zum operativen Eingriff.

Auch in der Blase können **Blasensteine** entstehen. Sie können Schmerzen, Harnanhalten und Blut im Urin zur Folge haben.

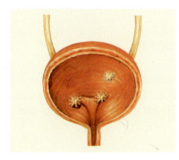

Bild 2

Durch **vorbeugende Maßnahmen,** z. B. Tragen von Nierenschutz beim Motorradfahren, Wechseln nasser Badekleidung, Vermeiden von örtlicher Unterkühlung, Vermeiden extrem gewürzter Speisen, ausreichende tägliche Flüssigkeitszufuhr (mindestens etwa 2 Liter), können wir unsere Nieren und Harnorgane gesund erhalten.

Der dauernde Ausfall der Nierenfunktionen führt zu einem Rückstau von Endprodukten des Stoff- und Energiewechsels im Körper und somit zu einer inneren Vergiftung.
Beim Nierenversagen gelangen alle schädlichen Stoffe, die mit dem Urin normalerweise ausgeschieden werden, in die Blutbahn. Bei Nierenversagen gibt es zwei Behandlungsmöglichkeiten, entweder werden die Nieren durch eine Maschine (Dialysegerät, künstliche Niere) oder durch die Niere eines anderen Menschen (Nierentransplantation) ersetzt.

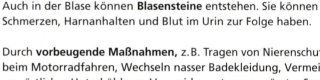 **... und mehr**

**Informiere dich auch unter:**   *Ausscheidungsorgane, Niere, Erkrankungen, Nierenerkrankungen*

## Haut als Ausscheidungsorgan

Unsere Haut ist ein wichtiges Sinnesorgan (s. S. 174).

Über die Haut scheiden wir aber auch Stoffe ab. Sie ist also auch ein notwendiges **Ausscheidungsorgan**.

Jeder hat das bestimmt schon am eigenen Körper erfahren. Beispielsweise schwitzt unser Körper nach einem sportlichen Wettstreit oder in der Sauna. Der ausgeschiedene *Schweiß* besteht wie der Harn aus Wasser, Kohlenstoffdioxid und Harnstoff. Die Schweißabsonderung erfolgt durch **Schweißdrüsen.** Diese Drüsen sind knäuelartig aufgerollte Schläuche. Der Ausführungsgang jeder Schweißdrüse ist korkenzieherartig gewunden und mündet in der Oberhaut (Abb. 1, S. 140). Die Schweißdrüsen verdunsten täglich bis zu einem Liter Wasser, bei anstrengender körperlicher Arbeit sogar 5 bis 10 Liter. Der unangenehme Schweißgeruch entsteht, wenn Bakterien den Schweiß zersetzen. Besonders zahlreich befinden sich Schweißdrüsen in den Achselhöhlen, den Fußsohlen, Handtellern und den Ellenbeugen.

Über die Schweißabgabe wird u. a. auch unsere *Körpertemperatur* reguliert.

Neben Schweiß sondert die Haut auch Talg, ein zähflüssiges Hautfett, aus **Talgdrüsen** (Abb. 1, S. 140) ab. Ihre Drüsenzellen liegen in der Wand von vielen kleinen, traubenartig angeordneten Bläschen (Bläschendrüsen). Der Ausführungsgang jeder Talgdrüse ist relativ gerade und mündet in die Oberhaut (Abb. 1, S. 140).

Das Hautfett wirkt Wasser abstoßend und erschwert das Eindringen von Krankheitserregern. Die Haut wird durch den dünnen Fettfilm geschmeidig gehalten.

Der **Nachweis der Wasserabgabe und der Kohlenstoffdioxidabgabe** durch die Haut kann an einem **einfachen Experiment** beobachtet werden (s. unten).

> Die Haut ist ein wichtiges Ausscheidungsorgan. Mit dem Schweiß werden Wasser, Harnstoff und Kohlenstoffdioxid aus dem Körper entfernt.

## Weise die Abgabe von Wasser und Kohlenstoffdioxid durch die Haut nach.

*Materialien:*
Folienbeutel oder Becherglas 800 ml, Handtuch, Gummiringe, Kalkwasser als Nachweismittel, Pipette

*Durchführung und Beobachtung:*
1. Stecke die Hand in ein Becherglas, verschließe mit dem Handtuch die Öffnung des Becherglases.
2. Beobachte nach etwa 10 Minuten die Hand und die Innenwand des Becherglases bzw. des Folienbeutels. Beobachte die Hand nochmals nach etwa 30 Minuten! Notiere deine Ergebnisse.
3. Gib mit der Pipette einige Tropfen Kalkwasser in das Becherglas bzw. den Folienbeutel und schwenke das Becherglas bzw. den Beutel. Beobachte und notiere deine Ergebnisse.

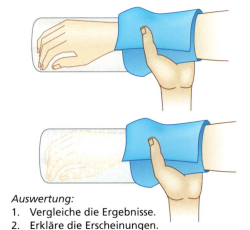

*Auswertung:*
1. Vergleiche die Ergebnisse.
2. Erkläre die Erscheinungen.

Der Aufbau der Haut entspricht ihren Aufgaben. Die **äußere Haut** als unser größtes Organ mit einer Fläche von fast $2\,m^2$ stellt einerseits eine unmittelbare Verbindung unseres Körpers zur Umwelt her, und andererseits grenzt die Haut unseren Körper gegen die Umwelt ab. Die Haut des Menschen besteht aus drei Schichten, der *Ober-, Leder-* und *Unterhaut* (Abb. 1).

Die oberste Hautschicht der **Oberhaut,** die *Hornschicht*, besteht aus flachen, plattenförmigen Zellen ohne Zellorganellen, die miteinander verschmolzen sind und Hornsubstanz (Keratin) enthalten. Diese Zellen lösen sich ständig als Hautschuppen ab.
Darunter liegen Zellschichten, die als *Keimschicht* bezeichnet werden. Die Keimschicht besteht aus hohen zylindrischen Zellen und Zellen, die braune bis schwarze Farbstoffkörnchen (Melaninpigmente) enthalten.
Die Menge der Pigmente ist von Mensch zu Mensch unterschiedlich. Die Farbstoffkörnchen schützen uns vor allem gegenüber kurzwelligen UV-Strahlen. Die Keimschicht insgesamt hat die Aufgabe, neue Zellen zu bilden, die nach außen geschoben werden und dabei verhornen.

In der Keimschicht befinden sich auch bewegliche Zellen, die Keime aufnehmen und vernichten.

Mit der Oberhaut ist die darunterliegende **Lederhaut** durch Papillen (kleine Erhebungen) wellenförmig verzahnt.
Die Lederhaut ist eine derbe Bindegewebsschicht, in die z. B. Drüsen, Nerven, Blutgefäße, Sinneszellen (Abb. 1; s.a. S. 174), Muskeln und Haare eingelagert sind.

An die Lederhaut schließt sich das **Unterhautgewebe** an (Abb. 1).
Diese Fettschicht schützt Muskeln, Knochen und innere Organe vor Schädigungen durch Druck und Stoß. Sie dient der Wärmeisolation des Körpers und als Energiequelle.
Fette aus dieser Schicht werden als „Energielieferanten" genutzt.

> Unsere äußere Haut besteht aus Oberhaut (Schutz, Bildung neuer Zellen), Lederhaut (Ausscheidungs- und Sinnesfunktion) und Unterhaut (Wärmeisolierung, Schutz, Energiespeicher).

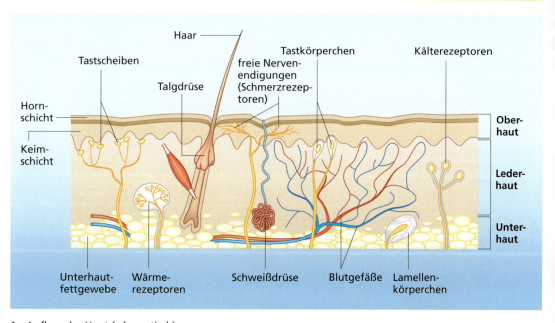

**1** Aufbau der Haut (schematisch)

## Stoff- und Energiewechsel – ein Überblick

### Aufbau körpereigener organischer Stoffe

Die energiereichen organischen Grundnährstoffe Kohlenhydrate, Fette und Eiweiße sind lebensnotwendige Baustoffe und Energielieferanten (s. S. 78 – 80).
Sie werden mit der Nahrung aufgenommen. In den Nährstoffen ist die **Energie** in Form von chemischer Energie gespeichert.

In den Verdauungsorganen werden die körperfremden Nährstoffe Kohlenhydrate, Fette, Eiweiße in ihre Grundbausteine abgebaut (verdaut).
Die Nährstoffbausteine, z. B. Traubenzucker, Aminosäuren, Glycerol (Glycerin) und Fettsäuren, werden durch das Blut bzw. die Lymphe zu den Zellen transportiert.
In den Zellen werden ständig aus diesen körperfremden Grundbausteinen der Nährstoffe körpereigene, organische Stoffe, z. B. körpereigene Kohlenhydrate, Fette, Eiweiße, aufgebaut (Abb. 1).
Diese werden als **Baustoffe** für wachsende Zellen verwendet, ersetzen die abgestorbenen Zellen und werden genutzt, vorhandene Zellen zu erneuern.
Auch viele organische Verbindungen, z. B. Enzyme, Abwehrstoffe, Blutbestandteile, die DNA werden aus den Nährstoffbausteinen aufgebaut.
Alle diese Zellprozesse, ebenso die Konstanthaltung der Körpertemperatur, erfordern Energie.
Auch im Ruhezustand, selbst im Schlaf, benötigt der Körper Energie für das Aufrechterhalten der Lebensfunktionen, z. B. für die Herztätigkeit, die Atmung, die Tätigkeit des Gehirns.
Das bedeutet also, dass die Körpertemperatur von etwa 37 °C nur konstant gehalten werden kann, wenn wir ausreichend Energie mit unserer Nahrung aufnehmen. Auch das Gehirn funktioniert als Zentrum der Verarbeitung und Speicherung von Information nur richtig, wenn genügend Nährstoffe vorhanden sind.

> Aus den Nährstoffbausteinen Traubenzucker, Aminosäuren, Glycerol (Glycerin) und Fettsäuren werden in den Zellen körpereigene organische Stoffe (Kohlenhydrate, Fette, Eiweiße) aufgebaut.

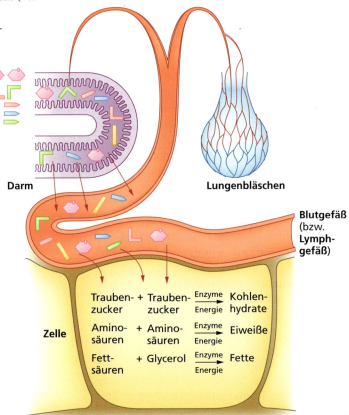

**1** Aufbau körpereigener energiereicher organischer Stoffe (Kohlenhydrate, Eiweiße, Fette) in den Zellen aus Nährstoffbausteinen

## Abbau körpereigener organischer Stoffe und Energiefreisetzung

Die Grundbausteine der körpereigenen organischer Stoffe (Traubenzucker, Aminosäuren, Fettsäuren, Glycerol/Glycerin) werden in den Zellen unseres Körpers durch einen **Oxidationsprozess** abgebaut. Dabei wird die in diesen Stoffen enthaltene Energie in Energie umgewandelt, die für Lebensprozesse genutzt wird.

Solange in der Zelle Traubenzucker (Glucose) vorhanden ist, wird zunächst die darin enthaltene Energie genutzt.

Bei hohem Energiebedarf können aber auch Aminosäuren und Fettsäuren oxidiert werden. Diese werden dazu in der Leber zu Traubenzucker umgewandelt.

Der **Abbau des Traubenzuckers** ist ein sehr komplizierter Prozess. Aus dem Chemieunterricht wisst ihr, dass Verbrennungsvorgänge (Oxidationen) viel Energie freisetzen, dabei entstehen hohe Temperaturen. Hohe Temperaturen würden die Zelle sofort zerstören; deshalb wird der Traubenzucker in den Zellen ganz allmählich in vielen nacheinander ablaufenden Teilschritten abgebaut und oxidiert.

Der gesamte Vorgang dieser **biologischen Oxidation** wird durch Enzyme gesteuert. *Traubenzucker* und der durch die Atmungsorgane aufgenommene *Sauerstoff* sind die **Ausgangsstoffe. Die Endprodukte** sind *Kohlenstoffdioxid* und *Wasser*. Die in Traubenzucker enthaltene *Energie* wird dabei in Energie umgewandelt, die für Lebensprozesse genutzt werden kann (Exp. 1, S. 143). Wasser wird durch Lunge (Exp. 2, S. 143), Haut und Nieren aus dem Körper ausgeschieden (s.a. S. 136, 139). Die freigesetzte Energie wird im Körper z. B. für den Aufbau körpereigener organischer Stoffe (Abb. 1, S. 141), für die Muskeltätigkeit in den Zellen, für die Aufrechterhaltung der Körpertemperatur, für Wachstum und Entwicklung oder auch für das Ausführen körperlicher und geistiger Arbeitsleistungen genutzt.

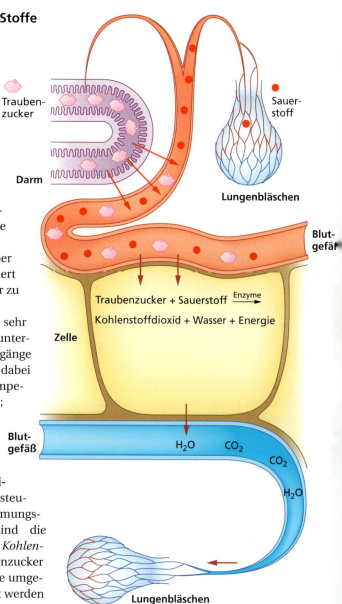

**1** Abbau körpereigener energiereicher organischer Stoffe in den Zellen zu Stoffwechselendprodukten (biologische Oxidation)

In den Zellen werden die körpereigenen organischen Stoffe durch einen komplizierten Prozess abgebaut (verbrannt). Dabei wird Energie freigesetzt. Diese wird für das Ausführen von Lebensfunktionen genutzt.

## 1. Demonstrieren des Abbaus (Verbrennung) von Traubenzucker in einem Modellexperiment

*Vorbereiten des Experiments:*
1. Stelle eine Vermutung auf.
2. Entwickle einen Experimentierplan.
3. Wähle notwendige Materialien aus.
   Würfelzucker oder Traubenzucker, Holz- oder Zigarettenasche, Glühblech, Brenner, Stoppuhr, Tiegelzange

*Durchführung des Experiments, Beobachten und Protokollieren der Ergebnisse:*

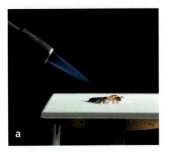
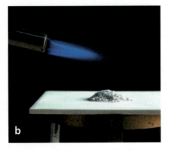

a  b  c

1. Ein Stück Würfelzucker oder 5 g Traubenzucker auf einem Glühblech mit der Flamme des Bunsenbrenners direkt erhitzen und die Zeit von Beginn des Erhitzens an bis zum Einsetzen der Verbrennung stoppen (Abb. a).
   Das Würfelzuckerstück oder den Traubenzucker beobachten.
2. Ein Stück Würfelzucker oder 5 g Traubenzucker auf einem Glühblech mit etwas Holz- oder Zigarettenasche bestreuen bzw. vermischen, vorsichtig mit der Flamme des Bunsenbrenners direkt erhitzen (Vorsicht, die Asche wird leicht fortgeweht!) und die Zeit von Beginn des Erhitzens an bis zum Einsetzen der Verbrennung stoppen (Abb. b, c).
   Das Stück Würfelzucker oder den Traubenzucker beobachten.
3. Notieren der Ergebnisse.

*Auswertung des Experiments:*
1. Vergleiche beide Abbauprozesse.
2. Erkläre die unterschiedlichen Erscheinungen.

## 2. Weise die Wasserabgabe aus der Lunge nach.

*Materialien:*
Spiegel oder Glasscheibe

*Durchführung und Beobachtung:*
1. Hauche deine Ausatemluft auf den Spiegel bzw. an die Glasscheibe.
2. Beobachte den Spiegel bzw. die Glasscheibe.
3. Notiere deine Ergebnisse.

*Auswertung:*
Erkläre die beobachtete Erscheinung.

## Stoffwechselendprodukte und ihre Ausscheidung

Die Verbrennung der organischen Stoffe (biologische Oxidation) ist ein lebenswichtiger Stoff- und Energiewechselvorgang in den Zellen. Die beim Ablauf dieses Vorganges entstehenden Produkte werden **Stoffwechselendprodukte** genannt.

Beim Abbau (Verbrennung) der Fette und Kohlenhydrate entstehen die Stoffwechselendprodukte *Kohlenstoffdioxid* und *Wasser*. Beim Abbau der Eiweiße entsteht giftiges *Ammoniak,* das sofort mit Kohlenstoffdioxid zu unschädlichem *Harnstoff* reagiert.

Diese Stoffwechselendprodukte werden in Blut und Lymphe zu den Ausscheidungsorganen Lunge, Nieren und Haut transportiert, die diese an die Umwelt abgeben (Abb. 1; Exp. 2, S. 143).

Die Stoffwechselendprodukte müssen aus dem Körper entfernt werden. Eine Anreicherung in den Zellen würde zu Störungen im Ablauf der Zellfunktionen führen, teilweise auch zu Vergiftungserscheinungen.

> **Stoffwechselendprodukte sind im Stoff- und Energiewechsel entstandene Produkte. Sie werden aus dem Körper ausgeschieden.**

An den unterschiedlichen Lebensprozessen, die im Körper ablaufen, sind verschiedene Organe unseres Körpers beteiligt, z. B. die Verdauungsorgane und Atmungsorgane, das Blut und die Lymphe als Transportorgane und die Ausscheidungsorgane (Abb. 1). Die verschiedenen Prozesse der Aufnahme, der Umwandlung und Abgabe von Stoffen und Energie sind im Körper fein abgestimmt und werden in ihrer Gesamtheit als **Stoff- und Energiewechsel** bezeichnet (Abb. 1).

> **Als Stoff- und Energiewechsel bezeichnet man die Gesamtheit aller Prozesse der Aufnahme von Stoffen und Energie in den Körper, des Aufbaus von Körperstoffen, deren Umwandlung und Umwandlung der in ihnen enthaltenen Energie im Körper sowie der Ausscheidung von Stoffen und Energie aus dem Körper.**

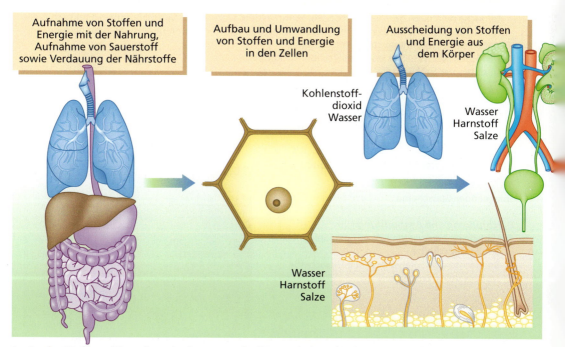

Aufnahme von Stoffen und Energie mit der Nahrung, Aufnahme von Sauerstoff sowie Verdauung der Nährstoffe

Aufbau und Umwandlung von Stoffen und Energie in den Zellen

Ausscheidung von Stoffen und Energie aus dem Körper

Kohlenstoffdioxid
Wasser

Wasser
Harnstoff
Salze

Wasser
Harnstoff
Salze

**1** An den Stoff- und Energiewechselprozessen im Körper sind veschiedene Organe des Körpers beteiligt.

# gewusst · gekonnt

**1.** Benenne die Atmungsorgane entsprechend der Ziffern 1–6.

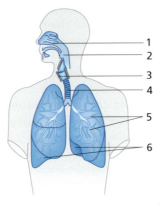

**2.** Beschreibe den Weg der Einatemluft. Erläutere dazu auch, was mit der eingeatmeten Luft in den Atmungsorganen geschieht.

**3.** Sauerstoff und Kohlenstoffdioxid sind Atemgase.
a) Beschreibe anhand der Abbildung den Bau eines Lungenbläschens.

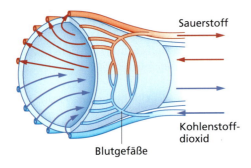

Sauerstoff

Kohlenstoffdioxid

Blutgefäße

b) Erkläre den Austausch der Atemgase zwischen den Lungenbläschen und den Blutkapillaren.

**4.** Der Anteil an Kohlenstoffdioxid ist in der Ausatemluft höher als in der Einatemluft. Begründe.

**5.** Erläutere den Zusammenhang zwischen Bau und Funktion am Beispiel der Lungenbläschen.

**6.** Übernimm den Lückentext in dein Heft. Vervollständige den Lückentext.

Der Austausch der Atemgase …①… und …②… findet in den …③… statt. Diese sind von einem dichten Netz aus …④… umsponnen. Der …⑤… gelangt aus den Lungenbläschen in das …⑥… Dort wird er an das …⑦… der roten Blutzellen gebunden. Aus den Zellen wandert das …⑧… in das Blut. Aus dem Blut gelangt das …⑨… in das …⑩… und wird ausgeatmet.

**7.** Zähle deine Atemzüge in einer Minute
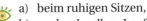
a) beim ruhigen Sitzen,
b) nach schnellem Lauf (oder 20 Kniebeugen).
Beschreibe und begründe das Ergebnis.

**8.** In unserer Lunge befinden sich etwa 300 Mio. bis 500 Mio. Lungenbläschen. Sie bilden aneinandergelegt eine Fläche von 70 bis 80 m$^2$. Ziehe Schlussfolgerungen in Bezug auf die Leistungsfähigkeit unserer Lunge.

**9.** Weise das Atemgas Kohlenstoffdioxid in deiner Ausatemluft nach. Du erhältst dazu ein Trinkröhrchen und ein Reagenzglas mit Kalkwasser. Beschreibe, wie du den Nachweis durchführst. Welche Arbeitsschutzmaßnahmen musst du beachten? Beschreibe dein Beobachtungsergebnis und werte es aus.

**10.** Beim Wandern werden 17 Liter Luft je Minute eingeatmet, beim Schlafen nur 5 Liter. Begründe den Unterschied.

**11.** Der Tabakrauch enthält viele schädliche Stoffe.
a) Nenne die Hauptschadstoffe des Tabakrauches.
b) Nenne die Teile der Atmungsorgane, die durch sie besonders geschädigt werden. Beschreibe die Schadwirkung der Atmungsorgane.

**12.** Das Blut ist ein vielseitiges Transportmittel. Welche Stoffe werden von den Blutbestandteilen transportiert? Fertige eine Tabelle an.

13. Betrachte die Bestandteile des Blutes mithilfe des Mikroskops (Dauerpräparat). Beschreibe.

14. Fertige eine Skizze vom Herzen in deinem Heft an. Beschrifte die Skizze mit folgenden Begriffen: rechter Vorhof, Lungenarterie, linke Herzkammer, Lungenvene, Körperarterie, linker Vorhof, Körpervene, rechte Herzkammer, Herzscheidewand, Herzklappen.

15. Nenne die Aufgaben, die Arterien und Venen im Körper- und Lungenkreislauf erfüllen.

16. Arterien besitzen dicke Wände, Venen dünne Wände und Kapillaren sehr dünne Wände. Begründe den unterschiedlichen Bau.

17. Ein erwachsener Mensch hat etwa 6 Liter Blut. Dieses Blut wird durch die Tätigkeit des Herzens in einer Minute einmal durch den Körper gepumpt. Berechne die Pumpleistung des Herzens für 1 Stunde und 1 Tag.

18. a) Fühle am eigenen Handgelenk deinen Puls und zähle die Pulsschläge in einer Minute.
    b) Führe 10 Kniebeugen aus, wiederhole das Zählen der Pulsschläge in einer Minute. Vergleiche und begründe die Ergebnisse.
    c) Fertige eine Tabelle an.

19. Die Herzfrequenz ist abhängig von der körperlichen Aktivität. Plane ein Experiment zur Bestätigung dieser Aussage nach folgender Schrittfolge:
    – Vermutungsbildung,
    – Planen,
    – Durchführen und Beobachten,
    – Auswerten mit Bezug zur Vermutung.

20. Betrachte genau die Abbildung des Blutkreislaufs auf Seite 128. Sind folgende Aussagen korrekt? Begründe deine Antwort.
    – Arterien führen sauerstofffreies Blut.
    – Venen führen kohlenstoffdioxidreiches Blut.

21. a) Lege dein Ohr an die Herzgegend eines Mitschülers / einer Mitschülerin und zähle die Herzschläge in einer Minute.
    b) Lasse deinen Mitschüler / deine Mitschülerin 10 Kniebeugen machen und wiederhole das Zählen der Herzschläge in einer Minute.
    Vergleiche und begründe die Ergebnisse.

22. Die roten Blutzellen übernehmen von dem Lungenbläschen Sauerstoff. Beschreibe anhand der Abbildung vom Blutkreislauf auf Seite 128 den Weg der roten Blutzellen durch unseren Körper und wieder zurück zur Lunge. Beschreibe ihre Veränderungen auf dem Weg durch unseren Körper.

23. Schreibe die Wortgleichung für die Verbrennung von Traubenzucker bei der Energiefreisetzung in den Zellen auf.

24. Begründe an einem Beispiel, dass Endprodukte des Stoffwechsels aus dem Körper entfernt werden müssen.

25. Nenne Ausscheidungsorgane. Ordne den Ausscheidungsorganen Stoffe zu, die diese aus dem Körper entfernen.

26. Beschreibe Lage und Bau der Nieren.

27. Die Nieren eines Erwachsenen werden pro Minute von etwa 1,2 Liter Blut durchflossen. Berechne die Blutmenge, die pro Tag (24 Stunden) durch die Nieren fließt.

28. Pro Minute strömen etwa 0,7 bis 1,2 Liter Blut durch die Nieren. In welcher Zeit fließt die gesamte Blutmenge einmal durch die Nieren?

29. Plane ein Experiment, mit dem man nachweisen kann, dass die Haut der Ausscheidung dient.

# Atmung

## Atmungsorgane

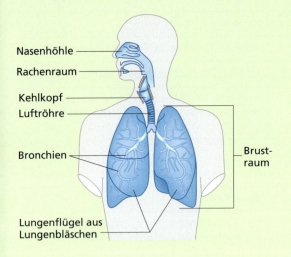

Nasenhöhle

Rachenraum

Kehlkopf

Luftröhre

Bronchien

Brust-
raum

Lungenflügel aus
Lungenbläschen

## Bau des Lungenbläschens

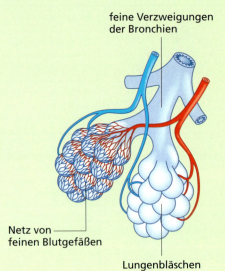

feine Verzweigungen
der Bronchien

Netz von
feinen Blutgefäßen

Lungenbläschen

## Gasaustausch zwischen Lungenbläschen und Blutkapillare

Der **Gasaustausch** erfolgt in den Lungenbläschen durch Diffusion.
**Sauerstoff** gelangt aus den Lungenbläschen ins Blut und mit dem Blut über das Herz zu allen Organen und Zellen des Körpers (1, 2).
**Kohlenstoffdioxid** wird mit dem Blut von den Organen und Zellen des Körpers über das Herz zu den Lungenbläschen transportiert und ausgeatmet (3, 4).

Die **Einatemluft** hat einen höheren Sauerstoffanteil und niedrigeren Kohlenstoffdioxidanteil als die **Ausatemluft.**

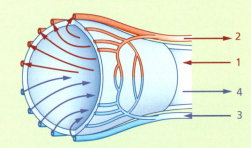

2

1

4

3

summa summarum

# Blut

## Blutbestandteile und ihre Funktionen

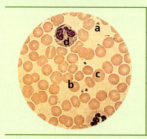

| | |
|---|---|
| Blutplasma (a): | ca. 55 % |
| Blutplättchen (b): | kernlos, unterschiedlich geformt; Blutgerinnung |
| rote Blutzelle (c): | kernlos, scheibenförmig; Sauerstoffbindung |
| weiße Blutzelle (d): | kernhaltig, wechselnde Form; Vernichtung von Krankheitserregern, Bildung von Abwehrstoffen |

## Bau und Funktionen des Blutgefäßsystems

| Herz | Blutgefäße | Blutkreislauf |
|---|---|---|
| Durch rhythmisches Zusammenziehen des Herzens wird das Blut durch unseren Körper transportiert. | Das Blut fließt in Blutgefäßen durch unseren Körper. | Im geschlossenen Röhrensystem kreist das Blut durch den Körper und erreicht alle Organe. |

Herz:
1 Vorhöfe
2 Herzkammern
3 Herzscheidewand

Blutgefäße:
Arterie
Kapillaren
Vene

Blutkreislauf:
Lungenkapillaren
Lungenarterie
Körperkreislauf
Lungenkreislauf
rechter Vorhof
rechte Herzkammer
Körpervene
Lungenvene
linker Vorhof
linke Herzkammer
Körperarterie
Körperkapillaren

## Ausscheidung

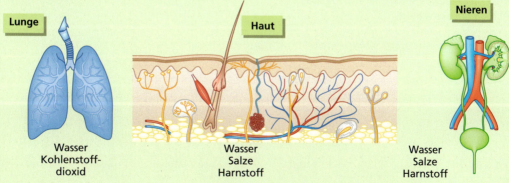

Lunge
Wasser
Kohlenstoffdioxid

Haut
Wasser
Salze
Harnstoff

Nieren
Wasser
Salze
Harnstoff

# Orientierung des Menschen und Regulation von Prozessen im Körper

# 4

# 4.1 Informationsaufnahme

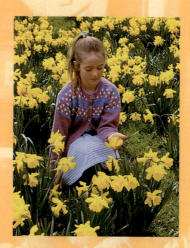

**Sinnesorgane – „Tore" zur Umwelt**

Mit den Sinnesorganen nehmen wir die verschiedensten Umwelteinflüsse auf. Wir erfreuen uns z. B. am Duft der Blüte oder an der Farbenpracht einer blühenden Wiese (Abb.). *Welche Bedeutung hat das Auge für uns als Lichtsinnesorgan? Wie kommt es, dass wir Erscheinungen in unserer Umwelt „sehen" können?*

**Das Ohr – ein wichtiges Kommunikationsorgan**

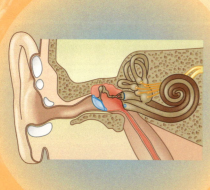

Beim Besuch von Musikveranstaltungen kann man Sprachen aus verschiedenen Ländern hören. In Diskoveranstaltungen (Abb.) ist die Musik so laut, dass ein Sprechen miteinander unmöglich wird. *Welche Bedeutung hat das Ohr für uns als Hör- und Gleichgewichtssinnesorgan? Wie verläuft der Hörvorgang?*

**Die Haut – ein bedeutungsvolles Sinnesorgan**

Die Haut ist unser größtes Organ und hat sehr viele verschiedene Funktionen zu erfüllen. *Können Tattoos (Abb.) die Funktionen der Haut beeinträchtigen?*

## Informationsaufnahme durch Sinneszellen

Mit den Sinneszellen und freien Nervenendigungen nimmt unser Körper Informationen aus der Umwelt und dem Innern des Körpers auf. Sinneszellen können an bestimmten Stellen konzentriert auftreten und von Schutz- und Hilfseinrichtungen umgeben sein. Dann bilden sie **Sinnesorgane.**

### Überblick über Sinne und Reizarten

| Sinne | Reizarten | Sinneszellen, die erregt werden | Energieformen | Empfindungen |
|---|---|---|---|---|
| Gesichtssinn | Licht (optische Reize) | Sinneszellen in der Netzhaut des Auges | Lichtenergie | Unterscheiden von Hell und Dunkel; Farben-, Bewegungs-, Bildsehen; räumliches Sehen |
| Geruchssinn | chemische Stoffe (chemische Reize) | Sinneszellen im Riechfeld der Nasenschleimhaut | chemische Energie | Unterscheiden von Geruchsqualitäten, z. B. brenzlig, würzig, faulig, fruchtig, blumig |
| Gehörsinn | Schall (akustische Reize) | Sinneszellen im Innenohr (Schnecke) | mechanische Energie (Luftschwingungen) | Wahrnehmen von Tonhöhen und Lautstärken |
| Gleichgewichtssinn | Lage- und Bewegungsänderungen des Körpers (mechanische Reize) | Sinneszellen im Innenohr (Lagesinneszellen im Vorhof, Bewegungssinneszellen in den Bogengängen) | mechanische Energie | Feststellen der Lage des Körpers, der Körperhaltung und -bewegung |
| Geschmackssinn | chemische Stoffe (chemische Reize) | Sinneszellen in den Geschmacksknospen der Zunge und des Gaumens | chemische Energie | Unterscheiden von Geschmacksqualitäten, z. B. sauer, süß, bitter, salzig |
| Temperatursinn | Wärme und Kälte, Veränderung der Temperatur (Temperaturreize) | Sinneszellen und freie Nervenendigungen in der äußeren Haut und der Schleimhaut | thermische Energie | Feststellen von Temperaturunterschieden und -veränderungen, Wärme- und Kälteempfindung |
| Druck- und Berührungssinn | Druck und Berührung (mechanische Reize) | Sinneszellen und freie Nervenendigungen in der Haut und den inneren Organen | mechanische Energie | Feststellen von Druck und Berührung |

## Reizbarkeit und Reize

Nimmt man an einem sportlichen Wettbewerb teil, atmet man schneller und tiefer als in Ruhe. Wenn die Sonnenstrahlen zu stark blenden, kneift man die Augen zu. Berührt man unverhofft mit der Hand einen heißen Ofen, zuckt man zusammen und zieht die Hand schnell zurück (Abb. 1). Wenn man mehrere Stunden nichts gegessen hat, kommt in der Magengegend ein Hungergefühl auf.

Diese Beispiele zeigen, dass wir auf die verschiedensten Einflüsse aus der Umwelt mit bestimmten Reaktionen antworten. Jeder Mensch ist wie alle übrigen Lebewesen reizbar.

Die aus der Umwelt und dem Innern unseres Körpers kommenden **Reize** sind sehr verschiedenartig. Es können z. B. *akustische, optische, chemische, mechanische Reize* oder auch *Temperaturreize* sein (s. Tab., S. 151). Durch Reize werden einzelne Sinneszellen (Rezeptoren), die in Sinnesorganen, z. B. Auge, Ohr, konzentriert sein können, bzw. freie Nervenendigungen, z. B. in der Haut, erregt.

> Reizbarkeit ist eine Eigenschaft lebender Organismen, auf Einwirkungen (Reize) aus der Umwelt und dem Innern des Körpers mit bestimmten Reaktionen zu antworten.

Die **Sinneszellen** sind auf bestimmte Reize spezialisiert. Beispielsweise werden die Sinneszellen im Innenohr durch akustische Reize und die Sinneszellen in der Netzhaut des Auges durch optische Reize erregt. Die Reize führen in den Sinneszellen zu elektrischen Spannungsänderungen.

Jede Spannungsänderung breitet sich als **Erregung (Nervenimpuls)** über die ganze Sinneszelle aus und wird auf die anschließende Nervenzelle übertragen. Die Erregungen, die Nervenimpulse, werden von den **Nerven** zum **Rückenmark** und ins **Gehirn** geleitet. Diese Nerven werden *Empfindungsnerven (sensible Nerven)* genannt. Im Gehirn bzw. im Rückenmark werden die Erregungen (Nervenimpulse) verarbeitet und auf andere Nerven, die zu den ausführenden Organen führen, übertragen.

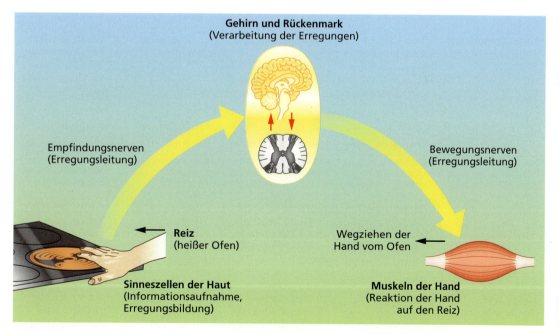

**Gehirn und Rückenmark**
(Verarbeitung der Erregungen)

Empfindungsnerven
(Erregungsleitung)

Bewegungsnerven
(Erregungsleitung)

**Reiz**
(heißer Ofen)

Wegziehen der
Hand vom Ofen

**Sinneszellen der Haut**
(Informationsaufnahme,
Erregungsbildung)

**Muskeln der Hand**
(Reaktion der Hand
auf den Reiz)

**1** Die Reiz-Reaktions-Kette verläuft von der Einwirkung des Reizes auf die Sinneszelle bis zur Auslösung der Reaktion.

Die Nerven, die die Erregungen vom Gehirn bzw. Rückenmark und zu den Organen leiten, werden *Bewegungsnerven (motorische Nerven)* genannt. Dieser Ablauf von der Einwirkung des Reizes auf die Sinneszelle bis zur Auslösung der Reaktion durch das Erfolgsorgan wird als **Reiz-Reaktions-Kette** bezeichnet (Abb. 1, S. 152).

> Die Erregungen werden über Empfindungsnerven zum Gehirn bzw. Rückenmark sowie über Bewegungsnerven zu den ausführenden Organen geleitet.

Dieser Prozess der Reizaufnahme, Erregungsbildung, Erregungsleitung und Erregungsverarbeitung führt zur **Wahrnehmung der Umwelt.**
Nur wenn der Reiz die richtige Stärke hat, werden die Sinneszellen erregt. Die in den Nerven weitergeleiteten Erregungen werden im Gehirn verarbeitet und zu **Wahrnehmungen** umgewandelt. Die Sinneswahrnehmungen ermöglichen uns die Orientierung in der Umwelt. Aus der Tabelle auf Seite 151 kannst du entnehmen, dass ein be-stimmtes Sinnesorgan nur durch bestimmte Reize erregt werden kann. Wenn beispielsweise Schall die Ohren erreicht, werden die Hörsinneszellen im Innenohr erregt, du hörst bestimmte Töne bzw. Geräusche. Wird sehr leise gesprochen, erreicht der Schall auch unsere Ohren, aber wir hören nichts oder kaum etwas.

Jeder Reiz muss eine minimale Stärke und Einwirkungsdauer – einen **Schwellenwert** – besitzen, damit er in den Sinneszellen eine Erregung hervorrufen kann. Ist die Reizstärke zu gering, wird die **Reizschwelle** für die Auslösung der Erregung in den Sinneszellen nicht erreicht. Die Sinneszellen werden dann nicht erregt.
Übersteigt die Reizstärke den Schwellenwert, kann es zu Beschädigungen der Sinneszellen kommen. Ist beispielsweise der Schall sehr laut, schmerzen die Ohren. Großer Lärm kann zur Hörbeeinträchtigung führen (s. S. 170).

> Jeder Reiz muss eine bestimmte Stärke (Schwellenwert) besitzen, um eine Erregung auslösen zu können.

**1**  Auf einen Schüler wirken die verschiedenen Reize aus der Umwelt gleichzeitig ein. Sie lösen bestimmte, aber ganz verschiedene Reaktionen aus.

## Untersuchungen zu Sinnesleistungen (Auswahl)

Jeder hat schon mit Freunden ein Open-Air-Konzert erlebt.

Anfangs herrscht bei allen Fans eine große Anspannung und Aufregung. Dann, unter dem Jubel der meist jungen Besucher, betreten – eingerahmt von grellfarbigen Lichteffekten – die Stars des Abends die Bühne und beginnen ihre Show.

Es dauert nicht lange, und die laute und „heiße" Musik der Lieblingsband „reißt" die Fans in die Höhe, sie beginnen zu klatschen, zu singen und zu schreien sowie sich im Rhythmus der Musik zu bewegen.

Mit all ihren Sinnen nehmen die Besucher ihre Umwelt wahr, z. B. sie sehen die „Lieblinge" und sie hören ihre Lieblingsmusik. Sie riechen die verschiedenen Gerüche ihrer Umgebung.

Schon nach wenigen Minuten steigt die Atemtätigkeit, das Herz schlägt schneller, der Körper wird warm und beginnt zu schwitzen.

Dieses Beispiel zeigt, dass wir mit unseren Sinnesorganen Informationen aus der Umwelt aufnehmen und darauf reagieren.

Durch **einfache Beobachtungen** und **Untersuchungen** ist es möglich, die Orte von Sinneszellen und die Reizschwellen sowie die Anzahl von Sinneszellen zu erkunden.

---

**1. Ermittle die Orte der Geschmackssinneszellen** (jeweils 2 Schüler arbeiten zusammen).

*Materialien:*
Zuckerlösung (10 %ig), Kochsalzlösung (2 %ig), Speiseessig (5 %ig), Chininlösung (0,1 %ig) oder Magnesiumsulfatlösung (5 %ig) oder Wermuttee, destilliertes Wasser, Wattestäbchen, 4 Plastebecher, Filtrierpapier

*Durchführung und Beobachtung:*
1. Bringe die Lösungen in je einen Plastebecher und beschrifte sie.
2. Trockne die vorgestreckte Zunge deines Mitschülers mit Filtrierpapier ab.
3. Tränke ein Wattestäbchen mit einer Untersuchungslösung und betupfe nacheinander Zungenspitze, mittleren Zungenrand, vorderen Zungenrand und Zungengrund mit dem Wattestäbchen.
4. Notiere die Ergebnisse.
5. Der Mitschüler spült die Mundhöhle mit destilliertem Wasser aus, die Zunge wird wiederum abgetrocknet.
6. Führe die gleiche Untersuchung mit den drei verbliebenen Lösungen durch.

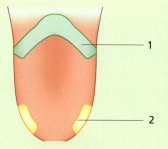

*Auswertung:*
1. Nenne die 4 ermittelten Geschmacksqualitäten (1–4).
2. Beschreibe, an welchen Stellen der Zunge du sie besonders intensiv empfunden hast.
3. Fertige ein Protokoll an.

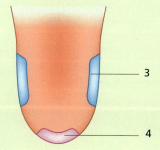

**2. Ermittle Schwellenwerte für Geschmacksreize** (jeweils 2 Schüler arbeiten zusammen).

*Materialien:*
verschiedene Konzentrationsstufen von Rohrzuckerlösung (0,2 %; 0,5 %; 0,8 %; 1,2 %; 1,5 %) und Kochsalzlösung (0,1 %; 0,2 %; 0,3 %; 0,4 %; 0,5 %);
10 Reagenzgläser, Reagenzglasständer, Augenbinde, destilliertes Wasser

*Durchführung und Beobachtung:*
1. Verbinde deinem Mitschüler die Augen.
2. Dein Mitschüler hat die verschiedenen Konzentrationsstufen jeweils einer Lösung in wechselnder
   Reihenfolge auf ihren Geschmack zu prüfen. Dazu gibst du ihm jeweils einen kleinen Schluck Lösung aus dem entsprechenden Reagenzglas.
3. Dein Mitschüler nennt dir positive, negative oder unsichere
   Geschmacksempfindungen.
4. Die Ergebnisse notiere in einer Tabelle.
5. Nach jeder Probe ist der
   Mund mit destilliertem
   Wasser zu spülen.

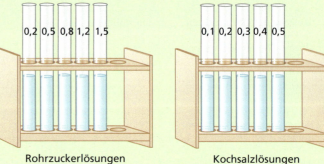

Rohrzuckerlösungen            Kochsalzlösungen

*Auswertung:*
1. Nenne die Reizschwellen,
   die für Rohrzucker- und
   Kochsalzlösung ermittelt
   wurden.
2. Fertige ein Protokoll an.
3. Vergleiche deine Ergebnisse mit den Ergebnissen der anderen Schülergruppen.

**3. Ermittle einige Geruchsqualitäten.**

*Materialien:*
Parfüm; Backaromen wie Rum, Bittermandel, Zitrone; Benzin 🔥 oder Alkohol (Ethanol) 🔥

*Durchführung und Beobachtung:*
1. Halte nacheinander jeweils ein geöffnetes Fläschchen mit den Flüssigkeiten vor deine Nase und
   halte die Atemluft an. Was stellst du fest?
2. Halte deine Nase zu und atme beim Nacheinandervorhalten der Flaschen jeweils die Luft durch den
   Mund ein. Was stellst du fest?
3. Halte nacheinander die Fläschchen vor deine Nase und
   atme durch die Nase ein.
   Was stellst du fest?

*Auswertung:*
1. Nenne die Geruchsqualitäten, die ermittelt werden
   konnten.
2. Fertige ein Protokoll an.

## 4. Ermittle die Bedeutung der Ohrmuscheln.

*Materialien:*
Wecker auf Teller, Papierblatt

*Durchführung und Beobachtung:*
1. Führe folgende Untersuchungen durch und achte dabei auf die Lautstärke des Schalls vom Ticken des Weckers:
   – Ohrmuscheln nach hinten an den Kopf drücken.
   – Ohrmuscheln rechtwinklig nach vorne drücken.
   – Beide Handflächen muschelförmig hinter die Ohren legen.
   – Ein aus Papier gedrehtes „Hörrohr" in eine Ohröffnung stecken.
2. Notiere jeweils das Ergebnis der Untersuchung.

| Stellung der Ohrmuscheln | empfundene Lautstärke |
| --- | --- |
| Ohrmuscheln nach hinten an Kopf gedrückt | |
| Ohrmuscheln rechtwinklig nach vorne gedrückt | |
| Handflächen hinter Ohren gelegt | |
| aus Papier „Hörrohr" in Ohröffnung gesteckt | |

*Auswertung:*
1. Welche Veränderungen der Lautstärke hast du festgestellt?
2. Leite aus den Ergebnissen die Bedeutung der Ohrmuscheln für das Hören ab.

## 5. Untersuche Druck- und Berührungsempfindungen (Tastsinn) an verschiedenen Stellen des Armes.

*Materialien:*
Folienstift, Augenbinde, Tastborste

*Durchführung und Beobachtung:*
1. Zeichne auf die Haut deines Nachbarn an verschiedenen Körperstellen, z.B. Handrücken, Ober- und Unterarm, mit dem Folienstift je eine Fläche von einem Quadratzentimeter.
2. Verbinde die Augen deines Nachbarn.
3. Ermittle die Anzahl der Druck- und Berührungspunkte, indem du jeweils die gesamte Fläche durch Berühren (jeweils gleiche Anzahl in den 3 Quadraten) mit einer Tastborste absuchst. Dein Nachbar soll jeweils den Punkt angeben, an dem er einen Berührungsreiz empfindet.
4. Zeichne jeden Druckpunkt, den dein Nachbar spürt, mit dem Folienstift in das jeweilige Quadrat ein.

*Auswertung:*
Vergleiche die Anzahl der Druckpunkte in den Quadraten der drei Untersuchungsstellen. Was stellst du fest? Begründe.

**6. Ermittle Kälte- und Wärmepunkte an der Hand.**

*Materialien:*
Stricknadeln, Eiswasser, heißes Wasser (60 °C),
2 dünne Folienstifte (grün, rot)

Durchführung und Beobachtung:
1. Zeichne auf den Handrücken deines Nachbarn an verschiedenen Stellen mit dem Folienstift eine Fläche von einem Quadratzentimeter (Abb.).
2. Taste mit der im Eiswasser gekühlten Stricknadel in den Flächen nach Kältepunkten!
   Markiere sie grün.
3. Taste mit der im heißen Wasser erwärmten
   Stricknadel in den Flächen nach Wärme-
   punkten! Markiere sie rot.

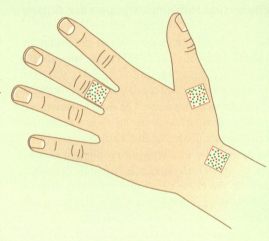

*Auswertung:*
Stelle die Anzahl der Warm- und Kaltpunkte
fest.

**7. Weise die Temperaturempfindlichkeit und die Anpassung der Temperatursinneszellen nach.**

*Materialien:*
3 Schalen mit Wasser unterschiedlicher Temperatur (10 °C, 25 °C, 35 °C)

*Durchführung und Beobachtung:*
1. Stelle 3 Schalen mit Wasser unterschiedlicher Temperatur nebeneinander (Abb.).
2. Tauche gleichzeitig für ca. 2 Minuten die
   eine Hand in die Schale mit 10˚C warmem
   Wasser und die andere
   Hand in das 35˚C
   warme Wasser.
   Welche Temperatur-
   empfindungen
   stellst du mit den
   Händen fest?

3. Bringe nach 2 Minuten beide Hände in die
   Schale mit 25˚C warmem Wasser.
   Welche Temperaturempfindungen stellst du
   nun fest?
4. Lass beide Hände noch einige Minuten in
   der Schale mit 25˚C warmem Wasser.
   Was stellst du fest?

*Auswertung:*
Vergleiche deine
Temperatur-
empfindungen.
Versuche sie
zu begründen.

## Das Auge – unser Lichtsinnesorgan

### Schutz- und Hilfseinrichtungen der Augen

Die fast kugeligen Augen liegen geschützt im Schädel, jedes in einer knöchernen **Augenhöhle** (Abb. 1). Die Knochen und Fettpolster schützen die Augen vor zu starkem Druck, Erschütterungen und Beschädigungen. Die **Augenbrauen** verhindern, dass Schweiß in die Augen fließt und zum „Brennen" der Augen führt.
Die **Augenlider** und **Wimpern** schließen sich sofort, wenn Fremdkörper, z. B. Insekten, Staubteilchen, in die Nähe der Augen gelangen. Sie verhindern das Eindringen der Fremdkörper in die Augen.
Die in den **Tränendrüsen** (Abb. 2) produzierte Tränenflüssigkeit gelangt auf die Hornhaut. Durch Lidschlag wird sie gleichmäßig über Hornhaut und Bindehaut verteilt. Im inneren Augenwinkel fließt sie durch Tränenkanälchen in den Tränensack und weiter in die Nasenhöhle. Die Tränenflüssigkeit verhindert ein Austrocknen von Hornhaut und Bindehaut. Außerdem werden kleine, in das vordere Auge gelangte Fremdkörper von der Tränenflüssigkeit herausgespült.

Zu den **Hilfseinrichtungen** des Auges gehören die **Augenmuskeln** (Abb. 1). Sie setzen am äußeren Augapfel an und bewirken die gleichsinnige Bewegung unserer Augen

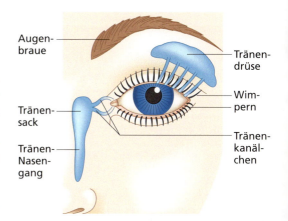

**2** Auge mit Tränendrüse und ableitenden Kanälen

> Hilfseinrichtungen der Augen sind die Augenmuskeln. Schutzeinrichtungen sind Tränendrüsen, Augenlider, Wimpern, Augenbrauen und Knochen von Schädel und Augenhöhlen.

### Bau des Auges und Funktionen seiner Teile

Die Augenwand ist aus drei Schichten aufgebaut (Abb. 1, S. 159).
Die äußere weiße und feste Schicht ist die **Lederhaut.** Nach vorne geht sie in die vorgewölbte durchsichtige **Hornhaut** über. Beide schützen die inneren Teile des Auges. Die mittlere Schicht ist die **Aderhaut.** Sie wird von zahlreichen Blutgefäßen durchzogen und dient der Versorgung der Augenteile mit Nährstoffen und Sauerstoff sowie dem Abtransport von Stoffwechselendprodukten. Nach vorn schließen sich Ziliarkörper und Regenbogenhaut an.

Die **Regenbogenhaut** gibt unseren Augen die Farbe. Sie enthält eingelagerte Farbstoffe. In ihrer Mitte lässt sie ein kreisrundes Loch frei, das Sehloch oder die **Pupille.**
Ring- und strahlenförmig angeordnete Muskeln in der Regenbogenhaut bewirken durch Kontraktion eine Verengung bzw. Erweiterung der Pupille. Dadurch gelangt eine unterschiedliche Menge von Licht in das Auge (Abb. 1, S. 161).

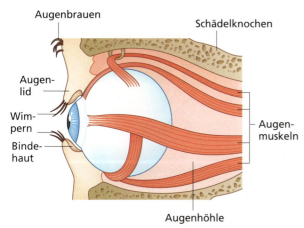

**1** Schutz- und Hilfseinrichtungen des Auges

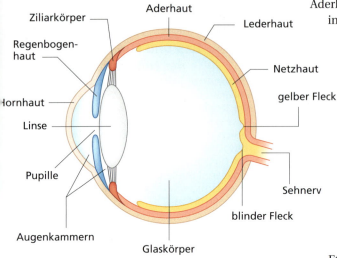

**1** Bau des Auges (Längsschnitt)

Aderhaut verwachsen und schützt die weiter innen liegende lichtempfindliche **Netzhaut** (Abb. 2) vor dem einfallenden Licht. Die Netzhaut enthält die *Lichtsinneszellen* (Stäbchen und Zapfen) sowie verschiedenartige Nervenzellen mit ihren Fortsätzen. Die innerste Schicht der Netzhaut besteht aus netzartig untereinander verbundenen Nervenzellen, die sich zum **Sehnerv** vereinen (Abb. 1). An der Stelle, wo der Sehnerv das Auge verlässt, befinden sich keine Lichtsinneszellen. Diese Stelle ist der blinde **Fleck,** die Stelle des Nichtsehens.

Etwas seitlich oberhalb der Austrittsstelle des Sehnervs befinden sich in einer Vertiefung der Netzhaut gehäuft Lichtsinneszellen (nur Zapfen). Es ist die Stelle des schärfsten Sehens, auch **gelber Fleck** genannt. Das Innere des Auges füllt der fast kugelige, durchsichtige, gallertartige **Glaskörper** (Abb. 1) aus. Er bewirkt durch Druck von innen, dass das Auge seine Form behält.

Der hinter der Regenbogenhaut liegende **Ziliarkörper** besteht aus einem Ringmuskel. Er umgibt wie ein Ring die farblose, durchsichtige und bikonvexe **Linse.** Sie ist durch strahlenförmig vom Linsenrand abgehende Fasern an dem Ziliarkörper befestigt. Durch Kontraktion und Entspannung des ringförmigen Ziliarmuskels kann die elastische Linse gewölbt bzw. abgeflacht werden (Abb. 1, S. 162).

Die Räume zwischen Hornhaut und Regenbogenhaut bzw. zwischen Regenbogenhaut und Linse heißen vordere bzw. hintere **Augenkammer.** Sie sind mit einer klaren Flüssigkeit, dem Kammerwasser, gefüllt. Das Kammerwasser dient u. a. der Aufrechterhaltung des Augeninnendruckes.

Die innere Augenschicht besteht aus zwei Teilen. Außen liegt – bedingt durch eingelagerte Farbstoffe – die schwärzliche **Pigmentschicht.** Sie ist fest mit der

> Das nahezu kugelförmige Auge besteht aus drei Augenhautschichten, der Linse und dem Glaskörper.
> Alle Teile des Auges führen entsprechend ihres Baues bestimmte Funktionen aus.

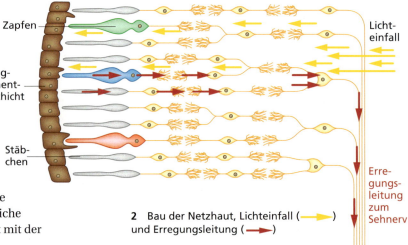

**2** Bau der Netzhaut, Lichteinfall (———▶) und Erregungsleitung (——▶)

## Der Sehvorgang

Im Physikunterricht ist die Brechung von Licht-strahlen durch verschiedene Linsen, z. B. Sam-mel- und Zerstreuungslinsen, behandelt worden.

Hornhaut, Kammerflüssigkeit, Linse und Glas-körper des Auges bilden ein System, das wie eine Sammellinse wirkt.

Das eintreffende Licht wird von der Hornhaut und der Kammerflüssigkeit gebrochen, gelangt durch die Pupille zur Linse, wird von ihr ebenfalls gebrochen, breitet sich durch den gallertartigen Glaskörper und die Nervenzellschicht der Netz-haut aus und erreicht dann die Lichtsinneszellen in der Netzhaut (Abb. 1). Die lichtempfindlichen Stäbchen und Zapfen werden durch die Licht-reize erregt. Dadurch kommt es zur Erregungsbil-dung in den Lichtsinneszellen. Es entsteht in der Netzhaut ein *umgekehrtes, verkleinertes,* aber *wirkliches (reeles)* **Bild** des betrachteten Objekts (Abb. 1).

Die in den Lichtsinneszellen (s. S. 159) durch den Lichtreiz ausgelösten Erregungen werden über den Sehnerv zum Sehfeld der Großhirnrinde (Abb. 2, S. 183) geleitet, dort verarbeitet und ge-speichert.

Mithilfe unseres Gehirns nehmen wir das Abbild des betrachteten Objektes in seiner natürlichen Lage, Größe und Gestalt wahr.

### Bau und Funktion der Netzhaut

Die **Netzhaut** jedes Auges enthält bis zu 130 Millionen Lichtsinneszellen, bis zu 125 Millio-nen längliche und schlanke Stäbchen sowie etwa 6 Millionen dickere und gedrungene Zapfen. Die Stäbchen werden schon durch schwaches Licht angeregt. Sie können Hell und Dunkel unterscheiden und dienen dem Dämmerungssehen. Die **Zapfen** werden durch helles Licht erregt. Sie ermöglichen das Far-bensehen (s. S. 165).

Ursache für die Entstehung der Erregung in den Stäbchen ist ein lichtempfindlicher Farb-stoff, der **Sehpurpur**. Durch Licht zerfällt die-ser Farbstoff. Dabei entstehen elektrische Im-pulse, die als Erregung weitergeleitet werden. Diese bewirken in unserem Bewusstsein einen Helligkeitseindruck. Anschließend wird der Sehpurpur wieder neu aufgebaut. Zum Auf-bau von Sehpurpur wird Vitamin A gebraucht. Fehlt Vitamin A in der Nahrung, kommt es zur **Nachtblindheit**.

Das einfallende Licht wird von der Hornhaut, der Linse und dem Glaskörper gebrochen und erreicht die Netzhaut. Dort entsteht ein ver-kleinertes, umgekehrtes reelles Bild des betrachteten Gegenstandes.
Die über den Sehnerv zum Gehirn gelangten Erregungen werden „verarbeitet". Im Ergebnis sehen wir den betrachteten Gegenstand.

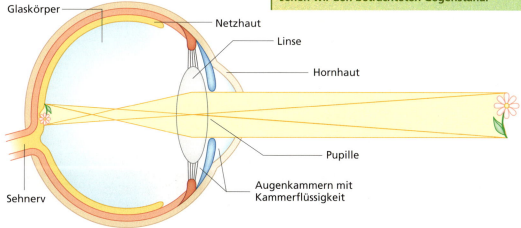

1   Sehvorgang – Bildentstehung in der Netzhaut

## Anpassungen des Auges

Jeder hat schon an sich selbst beobachtet, dass bei sehr grellem Licht die Augen verengt werden, bei weniger Licht und in der Dämmerung geschieht dies nicht. Diese Reaktion ist nicht nur ein Schutzreflex, sondern durch diese Reaktion werden auch die Pupillen verengt bzw. erweitert. Das kann man auch an sich selbst beobachten.

 *Stelle dich in einem hell erleuchteten Raum vor einen Spiegel und beobachte deine Pupillen.*
*Verschließe für einige Zeit mit der Hand ein Auge, nimm die Hand fort und schaue wiederum in den Spiegel. Betrachte genau die Pupille des vorher abgedeckten Auges und stelle die Unterschiede zur Pupille des anderen Auges fest.*

Es zeigen sich Veränderungen in der Größe der Pupillen. Durch diese unwillkürliche Reaktion,

**Pupillenreflex** genannt, passt sich unser Auge an die Menge des einfallenden Lichtes, also an die unterschiedliche Beleuchtungsstärke, an. Diese Anpassung des Auges wird **Pupillenadaptation** genannt.
Die Veränderung der Weite der Pupille beruht auf der Kontraktion bzw. Erschlaffung der ring- bzw. strahlenförmig angeordneten Muskeln in der Regenbogenhaut (Abb. 1).

> **Pupillenadaptation ist die Anpassung des Auges an die unterschiedliche Beleuchtungsstärke durch Erweiterung bzw. Verengung der Pupille.**

Wir können mit unseren Augen nicht zugleich nahe und ferne Gegenstände scharf sehen. Betrachten wir ferne Gegenstände, sehen wir die nahen Gegenstände unscharf; betrachten wir nahe Gegenstände, sehen wir die fernen Gegenstände unscharf.

**Pupille im grellen Licht**

**Verengung der Pupille**

durch Kontraktion der Ringmuskeln der Regenbogenhaut – Verringerung der Menge des einfallenden Lichtes

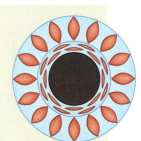

Pupille

Regenbogenhaut
strahlenförmig angeordnete Muskulatur

Ringmuskulatur

**Pupille im Dunkeln**

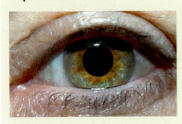

**Erweiterung der Pupille**

durch Kontraktion der strahlenförmig angeordneten Muskeln – Erhöhung der Menge des einfallenden Lichtes

**1** Anpassung des Auges an die unterschiedliche Beleuchtungsstärke – Pupillenadaptation

Das Auge passt sich auch an die unterschiedliche Entfernung der betrachteten Gegenstände an. Diesen Vorgang nennt man **Akkommodation.** Die Akkommodation beruht auf der unterschiedlichen Krümmung der elastischen Augenlinse. Die Linsen hängen jeweils mit Linsenbändern am ringförmigen Ziliarmuskel.

Betrachten wir z. B. *ferne Gegenstände,* so fällt das Licht fast parallel auf die Linsen. Die Ziliarmuskeln sind entspannt, die Linsenbänder werden straff gespannt. Dadurch werden die elastischen Linsen abgeflacht. Ihre Brechkraft ist geringer, sodass die entfernten Gegenstände in der Netzhaut scharf abgebildet werden (Abb. 1a).

Beim *Nahsehen* wird das Licht durch die Linsen stärker gebrochen. Dazu werden die Ziliarmuskeln kontrahiert. Dadurch entspannen sich die Linsenbänder, und die Linse nimmt – bedingt durch ihre eigene natürliche Elastizität – eine stark gekrümmte, fast kugelige Form an.

Damit erreicht sie eine höhere Brechkraft, sodass die nahen Gegenstände in der Netzhaut scharf abgebildet werden (Abb. 1b).

> **Akkommodation ist die Anpassung des Auges an die unterschiedliche Entfernung der zu betrachtenden Gegenstände durch Änderung der Linsenkrümmung.**

**a) Anpassung an ferne Gegenstände – Fernakkommodation**

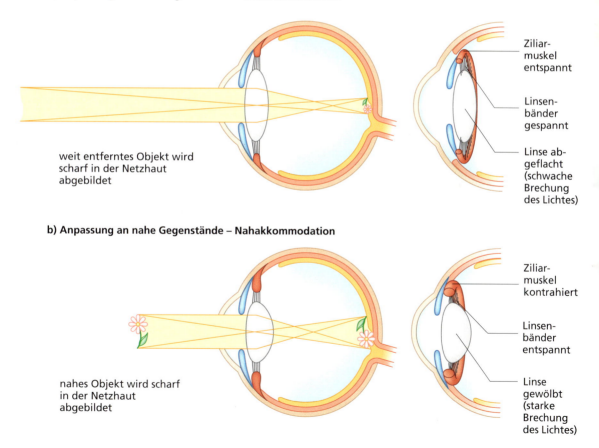

weit entferntes Objekt wird scharf in der Netzhaut abgebildet

Ziliar-muskel entspannt

Linsen-bänder gespannt

Linse ab-geflacht (schwache Brechung des Lichtes)

**b) Anpassung an nahe Gegenstände – Nahakkommodation**

nahes Objekt wird scharf in der Netzhaut abgebildet

Ziliar-muskel kontrahiert

Linsen-bänder entspannt

Linse gewölbt (starke Brechung des Lichtes)

**1** Anpassung des Auges an die unterschiedliche Entfernung der betrachteten Gegenstände – Akkommodation

## Sehfehler und ihre Korrektur

Bei **normalsichtigen Menschen** geschieht die Anpassung der Linsenkrümmung an die Entfernung des zu betrachtenden Gegenstandes unwillkürlich und ohne Anstrengung. Das hat zur Folge, dass in der Netzhaut von nahen und fernen Objekten ein scharfes Bild entsteht (s. S. 160, 162).

Bei einer Reihe von Menschen ist die Anpassung des Auges an die unterschiedlichen Entfernungen der Gegenstände gestört.

Diese **Sehfehler** (Abb. 1; Abb. 1, S. 164) können angeboren sein oder auch erst mit zunehmendem Alter auftreten. Letzteres betrifft die **Alters-**

**weitsichtigkeit** (Abb. 1, S. 164). Beim jungen Menschen ist die Linse noch elastisch und kann sich durch Krümmung an das Sehen naher und ferner Gegenstände anpassen.

Mit zunehmendem Alter nimmt die Elastizität der Linse ab. 40- bis 45-Jährige – bisher normalsichtig – können oftmals die normale Schrift im üblichen Abstand von 35 cm nicht mehr ausreichend lesen. Sie benötigen eine Lesebrille (mit Sammellinsen). Das Sehen in der Ferne ist dagegen normal. Bei 60- bis 70-Jährigen ist die Elastizität der Linse fast völlig erloschen. Sie müssen meistens eine Brille tragen.

Zur **Korrektur** der Sehfehler sind also Brillen mit verschiedenen Linsen notwendig.

### Kurzsichtigkeit (Ursache: angeboren)

Kurzsichtige Menschen können nahe Gegenstände mühelos sehen, aber ferne Gegenstände sehen sie verschwommen.

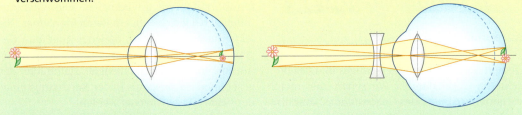

Augapfel zu lang; scharfes Bild von entfernten Gegenständen entstünde vor der Netzhaut, auf der Netzhaut ist das Bild unscharf.
*Korrektur:* durch Brillen mit Zerstreuungslinsen

### Weitsichtigkeit/Übersichtigkeit (Ursache: angeboren)

Weitsichtige (übersichtige) Menschen können ferne Gegenstände mühelos scharf sehen, nahe Gegenstände jedoch nur mit Mühe oder nur unscharf.

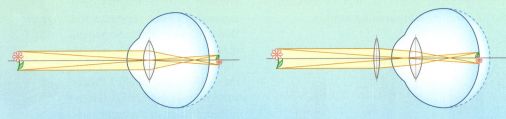

Augapfel zu kurz; scharfes Bild von nahen Gegenständen entstünde hinter der Netzhaut, auf der Netzhaut ist das Bild unscharf.
*Korrektur:* durch Brillen mit Sammellinsen

**1** Sehfehler und ihre Korrektur

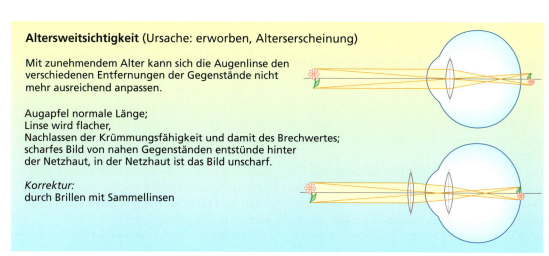

**Altersweitsichtigkeit** (Ursache: erworben, Alterserscheinung)

Mit zunehmendem Alter kann sich die Augenlinse den verschiedenen Entfernungen der Gegenstände nicht mehr ausreichend anpassen.

Augapfel normale Länge;
Linse wird flacher,
Nachlassen der Krümmungsfähigkeit und damit des Brechwertes;
scharfes Bild von nahen Gegenständen entstünde hinter der Netzhaut, in der Netzhaut ist das Bild unscharf.

*Korrektur:*
durch Brillen mit Sammellinsen

**1**  Sehfehler und ihre Korrektur

## Biologie im Alltag

### Das räumliche Sehen

In jedem Auge entsteht ein flächiges Bild des betrachteten Gegenstandes. Wir sehen aber nicht zwei getrennte Bilder des Gegenstandes, sondern ein einziges räumliches Bild. Dies ist eine Leistung unseres Gehirns. Vergleicht man nämlich das Netzhautbild des rechten und linken Auges miteinander, dann stellt man fest, dass sie deutlich voneinander verschieden sind. Das rechte Auge sieht den Gegenstand mehr von rechts, das linke mehr von links (Abb. 2). Mit beiden Augen wird der Gegenstand, z.B. ein Buchrücken, vollständig gesehen, da im Gehirn beide Bilder zu einem räumlichen Bild vereinigt werden.

Das **räumliche Sehen** ist für die räumliche Tiefenwahrnehmung unabdingbar. Diese ist nur möglich bei gleichzeitigem Betrachten eines Objekts mit beiden Augen, da jedes Auge den Gegenstand aus einem anderen Blickwinkel wahrnimmt und zwei verschiedene Halbbilder des gesehenen Gegenstands in der Netzhaut je eines der beiden Augen erzeugt werden.

Die beiden Sehnerven senden somit auch unterschiedliche Erregungsmuster zum Gehirn. Das Gehirn entwickelt aus ihnen die Raumempfindung.

Das Prinzip des räumlichen Sehens kann am **Stereoskop** verdeutlicht werden. In diesem optischen Gerät mit zwei Okularen entsteht ein räumliches Bild (Stereobild) des betrachteten Objekts. Mit einer **Stereokamera** kann man die beiden Halbbilder gleichzeitig aufnehmen. Diese räumlichen Bilder kann man dann bei einer Raumbildprojektion betrachten.

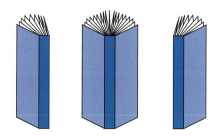

**2**  Räumliches Sehen eines Buchrückens

**Räumliches Sehen ist nur beidäugig möglich. Das räumliche Sehen ist eine Leistung unseres Gehirns.**

## Das Farbensehen

Das Licht breitet sich als elektromagnetische Wellen aus. Das Spektrum des sichtbaren Lichtes (das weiße Licht) reicht von den Farben Rot bis Violett. Infrarotes bzw. ultraviolettes Licht ist für uns unsichtbares Licht.

In der Dämmerung und bei geringer Beleuchtung können wir mit den Stäbchen **Hell** und **Dunkel** unterscheiden und mit den Zapfen bei ausreichender Beleuchtung **Farben sehen.**

Untersuchungen ergaben, dass es in der Netzhaut *drei verschiedene Zapfentypen* gibt, die je einen spezifischen Sehfarbstoff besitzen. Sie werden durch Licht der Grundfarben Rot, Grün und Blau erregt.

Eine gleich starke Erregung aller drei Zapfentypen ruft den Eindruck der Farbe Weiß hervor. Werden die Zapfen nur durch rotes und grünes Licht erregt, sehen wir die Farbe Gelb.

Farben können also gemischt werden. Durch *Mischen der Grundfarben* Rot, Grün und Blau erhält man alle Farben (Abb. 2).

In unserem Auge wird jede Farbe durch ein für sie typisches Erregungsverhältnis der drei Zapfentypen widergespiegelt. Dadurch kann unser Auge 150 bis 200 verschiedene Farben bzw. ca. 7 Mio. Farbtöne unterscheiden.

Bei einigen Menschen können die Zapfen für eine der Grundfarben oder sogar für mehrere Farben gestört sein oder ganz fehlen. Es kommt dann zu **Farbensinnstörungen** (Farbenfehlsichtigkeit) bzw. zur **Farbenblindheit.** Zur Überprüfung der Farbenfehlsichtigkeit gibt es Tafeln mit Testbildern (Abb. 1). Durch *Farbtests* kann man ermitteln, ob Personen z. B. an der Rotgrünblindheit (besser Rotgrünsehschwäche) leiden. Ein Rotgrünblinder kann diese Farben in Testbildern (Abb. 1) nicht wahrnehmen.

Für die Ausübung einiger Berufe sind solche Farbtests eine Voraussetzung, z. B. für Lokomotivführer, Kranfahrer, Fahrer von Transportfahrzeugen, ja sogar für alle Autofahrer im öffentlichen Straßenverkehr kann eine Sehstörung gefährlich werden.

> Das Farbensehen beruht auf dem Vorhandensein dreier Zapfentypen in der Netzhaut, die auf Licht der Grundfarben Rot, Grün und Blau reagieren.
> Die Verarbeitung der Erregungen im Gehirn erzeugt den Eindruck der jeweiligen Farbe.

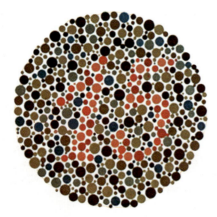

**1** Testbild zur Überprüfung der Rotgrünblindheit. Rotgrünblinde sehen beide Farben nicht normal, da ihr Farbensystem nur aus den Farben Blau und Gelb besteht.

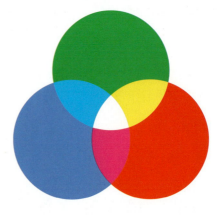

**2** Veranschaulichung der Farbmischung. Seit dem 18. Jh. ist bekannt, dass sich die verschiedenen Farbtöne aus den Grundfarben Rot, Grün und Blau zusammenmischen lassen.

## Optische Täuschungen

Dass unser Gehirn beim Sehen beteiligt ist, können wir an weiteren Beispielen verdeutlichen.

Betrachtet man die Abbildung 1a) genau, so scheint die Person im Hintergrund größer als die im Vordergrund zu sein. Ein Nachmessen zeigt aber, dass beide Personen gleich groß sind. Dies ist eine **optische Täuschung.** Sie entsteht, weil die Straße einen räumlichen und perspektivischen Eindruck erweckt. Im Gehirn ist die Erfahrung gespeichert, dass der hintere Gegenstand größer sein müsste als der vordere. Daher erscheinen die Personen unterschiedlich groß.

Die optische Täuschung wird noch größer, wenn man ein Auge schließt. Einige sehen auf der Abbildung 1b) ein junges Mädchen, andere eine alte Frau, obwohl auf der Netzhaut aller Betrachter das gleiche Bild entsteht.

Die junge Frau ist links im seitlichen Profil zu erkennen. Wenn man die Wimpern und die Nase der jungen Frau zuhält, sieht man das nach unten gerichtete Gesicht einer alten Frau, das Kinn im Pelzmantel versteckt. Auch bei der Auswertung dieses Bildes werden die gespeicherten Erfah-

b

rungen im Gehirn unbewusst bei der Sehwahrnehmung mit verarbeitet.

Bei der Betrachtung der Abbildung 1c) erscheinen die inneren Kreise unterschiedlich groß, obwohl sie den gleichen Durchmesser besitzen. Die Ursache dieser optischen Täuschung liegt darin, dass die Flächen in unserem Gehirn immer in Bezug zu ihrer Umgebung (kleinere Kreise, größere Kreise) wahrgenommen werden. Dabei wirken größere Figuren neben kleinen Figuren besonders groß.

> Beim Sehen wirken Auge und Gehirn zusammen (s. Sehvorgang, S. 160). Im Gehirn werden die Erregungen des Sehnervs mit gespeicherten Erfahrungen verarbeitet. Auch manche optischen Täuschungen beruhen darauf, dass das Gehirn das Gesehene nach der Erfahrung deutet.

a

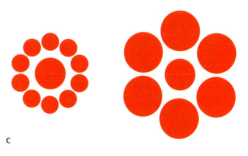

c

**1** Optische Täuschungen (a, b, c) machen deutlich: Sehen ist ein Vorgang, bei dem das Auge und das Gehirn eng zusammenarbeiten.

## Kontaktlinsen können Fehlsichtigkeit korrigieren

Heute benutzen viele Menschen Kontaktlinsen. Sie meinen: Je stärker die Fehlsichtigkeit ausgeprägt ist, desto größer sind die optischen Vorteile der Kontaktlinse. Das gilt für Kurzsichtigkeit und für Übersichtigkeit. Der Abstand zwischen Brillenglas und Auge beträgt ca. 12 mm, während die Kontaktlinse unmittelbar auf dem Tränenfilm schwimmt. Er bildet zwischen Hornhautvorderfläche und Kontaktlinsenrückfläche eine „Tränenlinse", die als Teil des optischen Systems die Wirkung der Kontaktlinse ergänzt. So kann man selbst hochgradige Fehlsichtigkeiten mit den im Vergleich zum Brillenglas wesentlich dünneren Kontaktlinsen korrigieren. Auch die Abbildungsfehler stärkerer Brillengläser, z.B. Randverzerrungen, treten bei Kontaktlinsen nicht auf. Mit Kontaktlinsen bleiben Sehen und Aussehen natürlich. Da sie jede Augenbewegung mitmachen und ihr Zentrum immer vor der Pupille liegt, gibt es keine unscharfen Randzonen. Das Gesichtsfeld bleibt uneingeschränkt.

Jetzt gibt es auch Kontaktlinsen mit UV-Blocker. Die **UV-Kontaktlinsen** geben einen Zusatzschutz gegen die schädigenden UV-Strahlen der Sonne. Erhältlich sind auch **Farblinsen.** Sie werden in verschiedenen Farben angeboten, als Sehhilfe oder auch als Blickfang genutzt. Es gibt Tages-, Wochen- und Monats-Kontaktlinsen. Je nach **Typ** müssen die Kontaktlinsen ausgetauscht werden.

## Schutz der Augen sowie ihre Gesundheit

Jeder Einzelne muss dafür sorgen, dass seine Augen gesund bleiben und vor Verletzungen geschützt werden.

Beim Ausführen aller Tätigkeiten, sei es Lesen, Schreiben, Kochen, Sticken, ist auf **ausreichende Beleuchtung** zu achten. Sehr helles Licht, auch grelles Sonnenlicht, ist schädlich für die Augen. Deshalb sollte eine **Sonnenbrille** getragen werden. In vielen Berufen sind die Augen durch **Schutzbrillen** (Abb. oben) oder **Schutzschilder** (Abb. 1, S. 168) zu schützen, z.B. beim Schleifen, Schweißen, Drehen gegen Funkenflug oder abspringende feste Teilchen, beim Motorradfahren gegen Wind und Fremdkörper, beim Arbeiten mit ätzenden Flüssigkeiten wie Säuren und Basen gegen ätzende Spritzer.

Um die Augen nicht zu überanstrengen, sollte man beim Ausführen seiner Tätigkeit, z.B. beim Arbeiten am Computer, beim Lesen, Schreiben, Sticken und Nähen, **die Augen** nach einiger Zeit **in die Ferne richten.** Denn die Linsenkrümmung verringert sich beim In-die-Ferne-Sehen, das Auge ruht sich aus.

Zu beachten ist auch der **Abstand zwischen Auge und Arbeitsgegenstand.** Beim gesunden Auge eines Erwachsenen zwischen 40 und 50 Jahren beträgt er etwa 25 bis 35 cm.

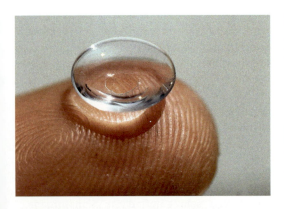

1   Kontaktlinsen – ein Sehen ohne Brille

2   Arbeitsplatz – Lichteinfall von links

1 Schutz der Augen durch ein Schutzschild

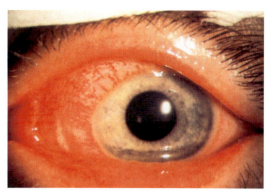

2 Bindehautentzündung

Kann man den Arbeitsgegenstand nicht mehr scharf sehen, muss ein Arzt aufgesucht werden.

Am Auge leidet bei Schädigungen der verschiedensten Art häufig zunächst die außen liegende Bindehaut. Die Zeichen der **Bindehautentzündung** sind bekannt: Die Augen erscheinen deutlich gerötet (Abb. 2), Tränen laufen die Wangen hinab, und die Lider blinzeln, vor allem bei hellem Licht. Brennen und Jucken verführen überdies dazu, kräftig zu reiben, wodurch sich die Entzündung verschlimmert.

Betroffen sind meist beide Augen, weil die Ursachen in der Regel das Augenpaar gemeinsam erreichen. Kälte und Wind, Sonnenstrahlen und Rauch, Chemikalien und viele andere Auslöser kommen infrage. Häufig schwellen die Bindehäute auch bei Heuschnupfen und sonstigen Allergien an. Daneben treten zahlreiche Bakterien und Viren als Krankheitserreger auf. Ob sich die Entzündung auf die Bindehäute beschränkt oder ob auch andere Teile, wie die Hornhaut, mit betroffen sind, kann nur der Facharzt feststellen. Denn Entzündungen der Bindehaut neigen dazu, sich chronisch festzusetzen und hartnäckig wiederzukehren.

**Verletzungen des Auges** sind stets vom Arzt zu behandeln. Bereits winzige *Fremdteilchen* führen im Auge zu heftigen Schmerzen, denn jeder Lidschlag scheuert über die Hornhaut. Häufig lässt sich der Eindringling sogleich beseitigen, behutsam und stets in Richtung des Tränenflusses zur Nase hin. Bei jeder ernsteren Schädigung ist unverzüglich ein Augenarzt aufzusuchen. Auf dem Weg dorthin sollte die Verletzung möglichst steril abgedeckt sein. Gerade bei Arbeits- und Verkehrsunfällen dringen Glas- und Metallsplitter leicht in den Augapfel ein. Es entstehen inwendige Blutungen, und durch eingeschleppte Keime folgt meist eine schwere Infektion. Wird die notwendige Behandlung verzögert, ist das Auge oft nicht mehr zu retten. Auch Narben und Eintrübungen können, trotz Heilung, den völligen Sehverlust bedeuten.

Besonderen Wert erhält die richtige Hilfe vor Ort bei chemischen *Verätzungen* des Auges. Ob Säuren oder Basen, am Arbeitsplatz oder im Haushalt: sofort das Auge ausspülen! Am besten eignet sich klares, fließendes Wasser direkt aus der Leitung mindestens zehn Minuten lang. Wichtig ist, dass die Chemikalie vollständig aus dem Auge entfernt wird, weil sonst die Verätzung weiter fortschreitet. Besonders gefährlich ist in dieser Hinsicht Kalkstaub. Alle Arten von Verätzungen erfordern schnellstmöglich ärztliche Hilfe. Andernfalls drohen schlimme Vernarbungen der vorderen Augenhäute und damit Erblindung.

> Die Augen sind ein wichtiges Sinnesorgan des Menschen. Sie lassen uns die Umwelt in ihrer Wirklichkeit sehen und erleben. Die Augen sind aber sehr empfindliche Sinnesorgane, deshalb muss man sie schützen.

# Das Ohr – unser Hörsinnesorgan

## Bau des Ohres und Funktionen seiner Teile

Zum **äußeren Ohr** gehört die *Ohrmuschel*. Sie besteht aus einem elastischen Knorpel. Sie ist ein „Schalltrichter", der die Schallwellen in den *Gehörgang* leitet. Dieser gehört gleichsam zum äußeren Ohr. Das Ohrschmalz stellt eine Schutzschicht für die Auskleidung des Gehörganges dar. An das äußere Ohr schließt sich das **Mittelohr** an. Es besteht aus der Paukenhöhle mit den *Gehörknöchelchen* Hammer, Amboss und Steigbügel, der *Ohrtrompete* und dem *Trommelfell*. Dieses grenzt das Mittelohr gegen den Gehörgang ab.

Die Ohrtrompete stellt eine Verbindung mit der Rachenhöhle her. Sie dient dem Druckausgleich zwischen beiden Räumen. Das hat jeder bestimmt schon einmal selbst bei schnell fahrenden Fahrstühlen oder beim Start eines Flugzeuges erlebt. Durch Schlucken ist es möglich, die Luftdruckunterschiede von Mittelohr und Mundhöhle auszugleichen.
Trommelfell und Gehörknöchelchen dienen der Übertragung der Schwingungen auf das Innenohr. Das **Innenohr** wird von der *Schnecke*, dem *Hörsinnesorgan*, sowie dem *Vorhof* und den *Bogengängen*, dem *Gleichgewichtsorgan*, gebildet. Alle Teile liegen geschützt im knöchernen Schädel (Abb. 1).

Die Schnecke mit ihren zweieinhalb Windungen enthält etwa 14 000 *Hörsinneszellen.*
Das Innenohr ist mit *Ohrlymphe* ausgefüllt. Diese Flüssigkeit überträgt die Schwingungen vom Mittelohr auf die Hörsinneszellen.
Alles, was wir hören können, z. B. Geräusche, Sprache, Musik, Lärm, wird durch den Schall verursacht. **Schall** wird durch Schwingungen erzeugt. Bei Schallschwingungen unterscheidet man Töne, Klänge, Geräusche und den Knall. Der Schall wird von der Ohrmuschel aufgenommen und im Gehörgang bis zum Trommelfell geleitet, das in Schwingungen gerät. Die Schwingungen werden im Mittelohr von den Gehörknöchelchen über ein dünnes Häutchen, das ovale Fenster, auf die Flüssigkeit (Lymphe) des Innenohres übertragen. Die Hörsinneszellen in der Schnecke werden durch diese Flüssigkeitsschwingungen gereizt und anschließend erregt. Die in den Hörsinneszellen entstehenden Erregungen werden über den Hörnerv zum Hörzentrum des Gehirns (s. S. 183) geleitet und dort verarbeitet. **Wir hören.**

> Das Ohr besteht aus Außenohr, Mittelohr und Innenohr. Das Außenohr dient der Schallaufnahme und -weiterleitung, das Mittelohr der Übertragung der Schwingungen. In den Hörsinneszellen des Innenohres entstehen Erregungen, die über den Hörnerv zum Gehirn geleitet werden.

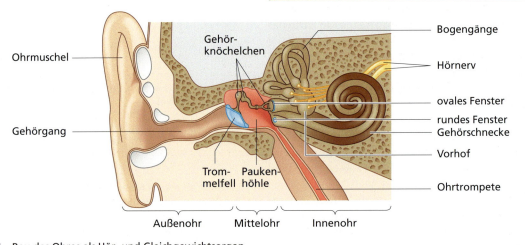

**1** Bau des Ohres als Hör- und Gleichgewichtsorgan

Die Unterschiede zwischen **hohen und tiefen Tönen** sind abhängig von der **Anzahl der Schwingungen pro Sekunde** (Frequenz). Je größer die Anzahl der Schwingungen ist (je höher die Frequenz ist), desto höher ist der Ton. Die Tonhöhe wird in *Hertz (Hz)* gemessen (1 Hertz = 1 Schwingung pro Sekunde). Der Mensch kann unterschiedliche Töne von 16 bis 20 000 Schwingungen pro Sekunde (16 bis 20 000 Hz) wahrnehmen. Mit zunehmendem Alter verschlechtert sich das Hören. Während die obere Hörgrenze beim Kind bei etwa 20 000 Hz, beim 35-Jährigen bei 15 000 Hz und beim 50-Jährigen bei 12 000 Hz liegt, sinkt sie beim 70-Jährigen auf ca. 5 000 Hz ab.

Der Mensch kann nicht nur – aufgrund der Anzahl von Schwingungen in der Sekunde – hohe und tiefe Töne unterscheiden, sondern auch laute und leise Töne.

Die **Lautstärke** wird in *Dezibel* (dB) angegeben. Ein Geräusch, das um 10 dB zunimmt, wird als doppelt so laut empfunden. Wirkt eine sehr große Lautstärke, ab 120 dB, längere Zeit auf unsere Ohren ein, empfindet man dies als Schmerz. Die Geräusche können z. B. zur Belästigung werden, zu Konzentrationsschwäche, zu Schlafstörungen, zu Störungen des Nervensystems und zu Gehörverlusten führen (Tab.).

Umgebungsgeräusche, die uns stören, bezeichnen wir persönlich als **Lärm.** Es gibt keinen festen Wert für die Schwelle der Lärmempfindung. Dennoch kann man Lärm als Schall beschreiben, der den Menschen belästigt oder sogar gesundheitlich schädigt. Um zu beurteilen, ob Lärm das Gehör gefährdet, muss man ihn messen.

Bereits ab 65 bis 70 dB(A) kann Lärm wie ein Stressfaktor wirken. Das kann zu hohem Blutdruck und zu Herz-Kreislauf-Beschwerden bis hin zum Herzinfarkt führen. Außerdem können Zunahme der Atemfrequenz, die Abnahme der Hautdurchblutung und eine Verringerung der Magensekretion die Folge sein. Lärmstress kann Magengeschwüre verursachen. Bereits ab 85 dB(A) wird es für das Gehör gefährlich. Viele Menschen, die Lärm in dieser Stärke über Jahre hinweg auf sich wirken lassen, müssen mit Gehörschäden rechnen. Ab 90 dB(A) sind alle Ohren auf Dauer gefährdet.

| Geräusch- und Lärmquellen | Lautstärke in Dezibel | Lärmauswirkungen |
|---|---|---|
| Lärm in Kesselschmiede | 130 | Schmerzgrenze |
| Presslufthammer, 1 m entfernt Propellerflugzeug Diskomusik | 120 | Schwerhörigkeit durch Schädigung des Innenohres |
| Düsenflugzeug, 200 m entfernt | 115 | |
| Kreissäge, 1 m entfernt | 110 | |
| Autohupe | 100 | |
| vorbeifahrender LKW, Gewitter | 90 | Störung des Nervensystems, Veränderung von Puls und Blutdruck, Schlafstörungen |
| Motorrad, 7 m entfernt | 85 | |
| Auto, 7 m entfernt | 80 | |
| Straßenverkehr | 70 | |
| laute Unterhaltungsgespräche, 1 m entfernt, Staubsauger | 65 | |
| Radio bei Zimmerlautstärke | 50 | Beeinträchtigung von Schlaf und geistiger Arbeit, Konzentrationsschwäche |
| leises Gespräch | 40 | |
| Flüstern, Blätterrauschen | 30 | |
| Gehen auf weichem Teppich, Ticken einer Uhr | 20 | |
| Computer | 10 | |

**Lärm ist eine vom Menschen als störend empfundene Schalleinwirkung. Je nach Stärke, Art und Einwirkdauer kann das Wohlbefinden zeitweise oder dauerhaft beeinträchtigt werden.**

# Mosaik

## Schutz der Ohren und ihre Gesunderhaltung

Unsere Ohren besitzen keine besonderen Schutzeinrichtungen wie unsere Augen. Die Schallwellen dringen ungehindert in den Gehörgang ein, unabhängig von der Anzahl der Schwingungen pro Sekunde und der Lautstärke der Geräusche. Dauerlärm kann zur Beeinträchtigung der Gesundheit und besonders zu Hörschäden führen (s. Tab., S. 170). In einigen Berufen ist es erforderlich, einen **Hörschutz** zu tragen, z. B. bei Schmiedearbeiten, Arbeiten mit einem Presslufthammer, bei der Prüfung von Motoren, beim Einweisen von Flugzeugen, beim Fahren mit einem Traktor, in einer Spinnerei (Abb. unten).

Personen, die in lärmgefährdeten Berufen tätig sind, müssen sich regelmäßig untersuchen lassen, damit eine beginnende **Lärmschwerhörigkeit** frühzeitig erkannt werden kann. Lärmschwerhörigkeit ist eine anerkannte Berufskrankheit.

Mit fortschreitendem Alter tritt in der Regel eine Veränderung des Hörvermögens ein, wobei vor allem die höheren Töne schlechter oder nicht mehr wahrgenommen werden. Alte Menschen hören oft Klingeln (Fahrrad, Telefon, Wecker) nicht, verstehen Telefongespräche wesentlich schlechter, vermögen mehreren Stimmen in einer Unterhaltung nicht mehr zu folgen u. a. m. Diese **Altersschwerhörigkeit** ist unterschiedlich stark ausgeprägt und kann zur Verordnung von Hörgeräten führen.

Untersuchungen haben ergeben, dass die **Schwerhörigkeit** nicht nur ein Problem alter Menschen ist. Bereits jeder vierte über 40 Jahre klagt darüber, nicht gut zu hören. Immer mehr junge Menschen haben ihr Gehör bei Disko-Besuchen, durch Tragen von Walkmen, im Verkehrslärm oder im Beruf überanstrengt. Das kann zu akuten Hörstörungen, insbesondere zum plötzlichen **Ge-** **hörverlust (Hörsturz)** führen. Dieser muss schnellstens ärztlich untersucht werden, um bleibende Schwerhörigkeit zu vermeiden. Heute bietet die **Hörgerätetechnik** eine große Auswahl an modernen Hörgeräten an, vom bewährten Hinter-dem-Ohr-Gerät über Hörbrillen bis hin zum winzigen Gerät, das im Gehörgang getragen wird. Das Hörgerät ist ein elektronisches Gerät zur Verbesserung des Hörvermögens bei Schwerhörigkeit. Es besteht aus einem Mikrofon, Verstärker und Lautsprecher.

Unsere Ohren sind auch gegen **Zugluft** zu schützen. Entzündungen des Gehörganges können zur **Mittelohrentzündung** führen, ebenso eindringende Krankheitserreger. Relativ häufig kommt es vor, dass spielende Kinder **Fremdkörper in das Ohr** einführen (Murmeln!), die sich dann nicht mehr entfernen lassen. Es ist falsch, tief in den Gehörgang eingedrungene Fremdkörper selbst wieder entfernen zu wollen. Jeder Versuch des Fassens mit einer Pinzette u. Ä. treibt den Fremdkörper tiefer in das Ohr. Es können dabei durchaus Trommelfellverletzungen ausgelöst werden. Der Arzt hat besondere Instrumente, um hinter den Fremdkörper zu gelangen und ihn so zu entfernen.

Ähnlich wie Fremdkörper kann auch **verhärtetes Ohrenschmalz** wirken. Es kann die Ursache für eine Hörverschlechterung sein. Keinesfalls darf hierbei mit Haarnadeln, Streichhölzern oder ähnlichem „untauglichem Werkzeug" eingegriffen werden. Eine Ohrspülung durch den Arzt mit lauwarmem Wasser entfernt oft auch festhaftendes Ohrenschmalz.

**Die Ohren sind wichtige Kommunikationsorgane. Sie sind zu schützen und gesund zu erhalten.**

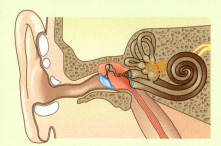

Das Innenohr ist mit *Ohrlymphe* ausgefüllt. Diese Flüssigkeit überträgt die Schwingungen vom Mittelohr auf die Hörsinneszellen. Wir hören.

**Beispiele für Suchmaschinen**
www.google.de
www.yahoo.de
www.web.de
www.msn.de
www.schuelerlexikon.de

**Tipps für die Suche im Internet**
– Verwende klare und treffende Suchwörter.
– Schreibe die Suchwörter klein, dann werden sowohl die groß- als auch kleingeschriebenen Wörter gefunden.
– Achte darauf, in welcher Sprache die Suchmaschine suchen soll.
– Achte darauf, ob der Informationsabruf kostenpflichtig oder kostenfrei ist.

## Das Ohr und der Hörvorgang – Informationssuche im Internet

Das **Internet** ist auch für die Schule zum unentbehrlichen Arbeitsmittel geworden. Es enthält eine riesige Informationsfülle über alle Bereiche des Lebens.

Zur Vorbereitung von Prüfungen, zur Anfertigung eines Vortrages, zur Lösung komplexer Aufgaben oder auch zur Vorbereitung auf ein bestimmtes biologisches Thema kann man sich Informationen aus dem Internet beschaffen.

Dazu ist es möglich, am Computer verschiedene **Suchmaschinen** zu nutzen. Man kann aber auch unter der Adresse **www.schuelerlexikon.de** Informationen suchen, da diese Adresse besonders für Schüler entwickelte und aufbereitete Artikel enthält.

Um Informationen aus dem Internet, z.B. über das Ohr und den Hörvorgang, zu holen, müssen am Computer bestimmte **Schritte ausgeführt** werden.
1. Gib zuerst über einen Web-Browser eine Internetadresse (Suchmaschine) ein, z.B. www.schuelerlexikon.de.
2. Gib in das speziell vorgesehene Suchfenster dein **Suchwort Ohr** ein und frage die Informationen aus der Datenbank ab. Das Suchprogramm durchsucht die Datenbank nach deinem eingegebenen Suchwort darin. Das Ergebnis ist eine Liste von Containern (Artikeln).
Öffne die einzelnen Container und informiere dich über deren Inhalt.

Findet man mit einer Suchmaschine keine ausreichenden Informationen, so können weitere Suchmaschinen genutzt werden, z.B. www.yahoo.de, www.google.de.

1. Gib die Suchmaschine www.yahoo.de und anschließend das Suchwort „ohr" ein. Frage die Informationen aus der Datenbank ab. Du erhältst mehrere Millionen Dokumente zum Thema Ohr.

2. Schränke die Suche ein, indem du die Suchwörter „ohr hörvorgang" (getrennt durch ein Leerzeichen) eingibst. Du erhältst noch einige Hundert Dokumente zum gewählten Thema.

3. Weitere Einschränkungen erhältst du durch weitere Suchwörter. Ein Minuszeichen vor einem Suchwort bedeutet, dass das Suchwort in den gefundenen Artikeln nicht vorkommt (z. B. liefert „ohr hörvorgang – hörgerät" die Artikel, die Ohr, Hörvorgang, aber nicht Hörgerät enthalten).

4. Öffne ausgewählte Dokumente und informiere dich über deren Inhalt.

Mithilfe der im Internet gesuchten Informationen können folgende **Aufgaben** beantwortet werden:

1. Das Ohr ist für uns ein wichtiges Sinnesorgan.
   Nenne die Teile des Ohres und gib deren Funktion an.

2. Beschreibe den Hörvorgang.

3. Es kommt vor, dass ein Mensch mit gesunden Ohren doch nicht hören kann. Begründe diese Aussage.

## Tipps für die Suche im Internet

1. Bei einer sehr großen Anzahl von angezeigten Dokumenten kannst du die Informationssuche einschränken
   – durch Eingabe mehrerer Wörter, die durch ein Leerzeichen getrennt werden, oder durch ein direkt vor das Suchwort gesetztes Pluszeichen,
   – durch ein direkt vor das zweite Suchwort gesetztes Minuszeichen.

2. Die Anzahl der angezeigten Dokumente ist oftmals sehr groß. Die besten „Treffer" stehen am Anfang.

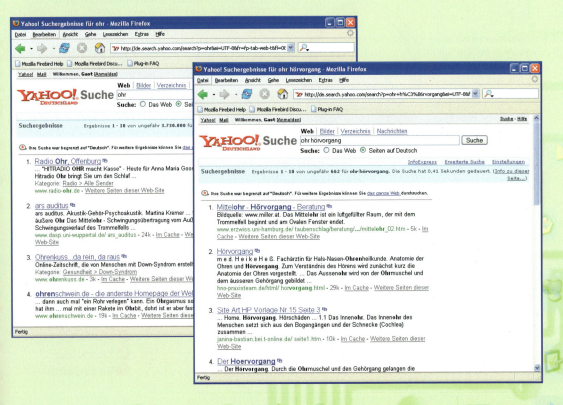

## Mosaik

Das Ohr ist ein **Gleichgewichtsorgan.** Bei jeder Ausführung von Tätigkeiten verändert der Mensch die Lage und Bewegung seines Kopfes und letztlich auch seines Körpers. Diese Veränderungen bewirken eine Bewegung der Ohrlymphe in den 3 Bogengängen und den Ampullen sowie im Vorhof (Abb. unten; Abb. 1, S. 169). Durch die Strömung der Ohrlymphe werden die Sinneszellen im Innenohr erregt.

### Weitere Sinnesorgane

Die **Haut** ist ein wichtiges Sinnesorgan. Dass unsere Haut ein wichtiges Ausscheidungsorgan ist, z. B. von Wasser, Schweiß, ist bekannt. Sie ist aber auch gleichermaßen ein unentbehrliches Sinnesorgan (Abb. unten). Über die Haut nehmen wir unterschiedliche Empfindungen wahr, z. B. die Berührung einer Hand, den Druck eines harten Gegenstandes, die Kälte des Schnees, die Wärme der Ofenplatte oder den Schmerz einer Wunde. Die Haut besitzt also mehrere Sinnesfunktionen, beispielsweise den **Temperatursinn,** den **Tastsinn** und den **Schmerzsinn.** Durch Temperaturreize sowie durch Druck- und Berührungsreize werden Sinneszellen und freie Nervenendigungen in der Haut, besonders in der Lederhaut, erregt (Abb. unten). Bei zu starker Reizung empfindet man Schmerz. Die **Wärmerezeptoren** werden nur durch Temperaturerhöhung, die Kälterezeptoren nur durch Temperaturerniedrigung erregt. Sie übermitteln uns keine absoluten Temperaturwerte wie ein Thermometer, sondern nur Temperaturunterschiede und -veränderungen (s. Experimente 6, 7, S. 157). Durch feinste Berührungen, Druck und Erschütterungen werden die unterschiedlichen **Tastkörperchen** der Haut (Abb. unten) erregt. Feinsten Druck und feinste Berührungen vermitteln uns Tastscheiben und Tastkörperchen in der Hautoberfläche (s. Experiment 5, S. 156). Tiefer in der Lederhaut und im Unterhautfettgewebe liegen die Lamellenkörperchen, die auf stärkeren Druck reagieren. Der Schmerz wird uns von freien Nervenendigungen gemeldet. Sie liegen in sehr großer Anzahl in unserer Haut und reichen bis in die Oberhaut hinein.

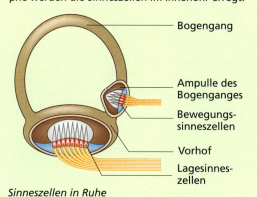

Bogengang

Ampulle des Bogenganges

Bewegungssinneszellen

Vorhof

Lagesinneszellen

*Sinneszellen in Ruhe*

Verändern wir unsere Lage, vor allem die Lage des Kopfes, werden die Lagesinneszellen im Vorhof erregt. Die entstehenden Erregungen werden über Nerven zum Gehirn geleitet und dort verarbeitet. Bei jeder Bewegung des Kopfes bzw. des Körpers, auch Drehbewegung, werden durch die Lymphe in den Bogengängen die Bewegungssinneszellen gereizt und erregt. Auch diese Erregungen werden über Nerven zum Gehirn geleitet und dort verarbeitet. Der Mensch kann auf diese Weise das Gleichgewicht seines Körpers wieder herstellen.

*Sinneszellen durch Strömung der Ohrlymphe gereizt*

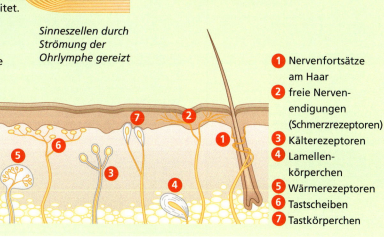

① Nervenfortsätze am Haar

② freie Nervenendigungen (Schmerzrezeptoren)

③ Kälterezeptoren

④ Lamellenkörperchen

⑤ Wärmerezeptoren

⑥ Tastscheiben

⑦ Tastkörperchen

# Mosaik

Die **Nase** ist ein weiteres wichtiges Sinnesorgan. Oben in der Nasenhöhle, beiderseits der oberen Nasenscheidewand, liegt die **Riechschleimhaut.** Sie ist reich an Blutgefäßen und sondert den Nasenschleim ab. Zwischen Stützzellen und Schleimdrüsen liegen auf einer Fläche von ca. 5 cm$^2$ etwa 10 Mio. Riechsinneszellen. Der **Geruchssinn** ist ein chemischer Sinn. Er reagiert auf die mit der Atemluft in die Nase gelangten gasförmigen Duftstoffe. Diese werden im Schleim der Nasenhöhle gelöst und erregen die Riechsinneszellen. Die Erregungen gelangen über den Riechnerv zum Gehirn; wir nehmen den Geruch wahr.

Der Geruchssinn ist beim Menschen und bei den Tieren unterschiedlich entwickelt. Die mit Geruchssinneszellen ausgestattete Riechschleimhaut ist beim *Menschen* etwa 5 cm$^2$ groß, beim *Hund* ca. 85 cm$^2$ und beim *Reh* 90 cm$^2$ (Abb. 1). Während die Riechschleimhaut beim Menschen nur den oberen Teil der Nasenschleimhaut bedeckt, befindet sie sich beim Hund (ca. 85 cm$^2$ mit 320 Mio. Sinneszellen) und Reh (ca. 90 cm$^2$ mit 300 Mio. Sinneszellen) auf der gesamten Innenfläche. Deren Riechleistung ist also höher als die des Menschen. So können Hunde z. B. als Spürhunde zum Auffinden von Drogen bzw. kriminellen Personen eingesetzt werden.

Beim Riechen kann eine Zuordnung der Düfte zu bestimmten Gebieten der Riechschleimhaut nicht vorgenommen werden. Wir unterscheiden zwar verschiedene Geruchsqualitäten wie brenzlig, würzig, faulig, fruchtig, blumig, schweißig, aber eine Abgrenzung dieser Gerüche können wir nicht vornehmen; die wahrgenommenen Gerüche zerfließen ineinander. Daher sind unsere Geruchsempfindungen meistens Mischempfindungen und werden auch als solche wahrgenommen. Jeder riechende Stoff besitzt einen charakteristischen Geruch. Daher ist die Anzahl der Geruchsqualitäten, die wir unterscheiden können, sehr hoch, wahrscheinlich unbegrenzt.

Die Riechsinneszellen „gewöhnen" sich sehr schnell an einen Geruch, sie adaptieren. Beispielsweise wird eine langsame Luftverschlechterung in einem Raum nicht wahrgenommen.

**Bedeutung** hat der Geruchssinn für die Anregung der Speichel- und Magendrüsen zur Absonderung der Verdauungssäfte. Schon der Geruch von Speisen führt zur Auslösung der Sekretion. Wir „riechen", was es zu essen gibt.

Der Geruchssinn hat auch bei den zwischenmenschlichen Beziehungen eine soziale und hygienische Funktion zu erfüllen. Bei feinem Parfümgeruch werden positive Gefühle geweckt, Schweißgeruch empfinden wir dagegen als unangenehm.

Es gibt Menschen, die leiden unter **Riechstörungen.** Ursachen können Schädigungen am Riechnerv bzw. am Riechzentrum im Gehirn (Abb. 2, S. 183) sein. Durch eine **Riechprüfung** kann die Geruchsfähigkeit untersucht werden. Bei der subjektiven Riechprüfung werden dem zu Untersuchenden Substanzen mit unterschiedlicher Geruchsqualität vor jedes Nasenloch gehalten. Dazu nimmt man reine Riechstoffe wie Zimt oder Vanille, die nur über den Riechnerv wahrgenommen werden. Bei Riechstörungen werden die reinen Stoffe nicht wahrgenommen.

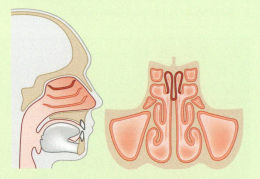
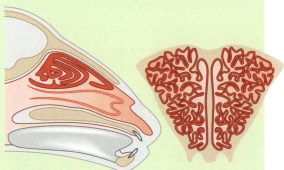

1  Schnitt durch Nasenhöhle mit Riechschleimhaut von Mensch und Reh

## Biologie im Alltag

### Bedeutung des Tastens für Blinde

In der Haut des Menschen befinden sich etwa 640 000 Tastpunkte. Die Anzahl der Tastkörperchen ist besonders groß an den Fingerspitzen, der Fußsohle, den Lippen und in der Handfläche.

Mithilfe der Tastkörperchen kann man ertasten, ob ein Gegenstand glatt, rau, spitz, stumpf, eckig oder rund ist. Da die Anzahl der Tastkörperchen in den Fingerspitzen besonders groß ist, können blinde Menschen mit ihren Fingern die **Blindenschrift** ertasten.

Die Blindenschrift (Abb. 2) ist eine Punktschrift, die von Blinden abgetastet („gelesen") und eingedrückt („geschrieben") werden kann. Sie beruht auf einer zwölfpunktigen, von CHARLES BARBIER (1767–1841) geschaffenen Grundform. Der blinde LOUIS BRAILLE (1809–1852) vereinfachte

die Grundform durch das Sechspunktgrundzeichen (Abb. 2 a). Damit begründete er die international eingeführte Blindenschrift, die nach ihm benannte braillesche Schrift oder Brailleschrift. Bei den gedruckten Materialien für Blinde werden die brailleschen Zeichen durch Druckpressen als abtastbare, etwas vom Papier erhabene Punkte in das Papier gedrückt (Abb. 2 b).

Jeder Buchstabe wird durch eine bestimmte Anzahl von Punkten sowie durch ihre Anordnung zueinander gekennzeichnet (Abb. 2 a).

Damit sich blinde Menschen zeitlich orientieren können, gibt es **Blindenuhren** (Abb. 3). Diese Uhren besitzen auf den Zeigern und dem Zifferblatt braillesche Zeichen. Durch Abtasten dieser Zeichen können die blinden Menschen die Uhrzeit feststellen.

Der Tastsinn ist also besonders bei Blinden ausgeprägt. Sie finden sich mit seiner Hilfe in ihrer Umgebung zurecht.

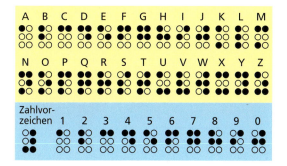

1   Blinde Schülerin am Computer

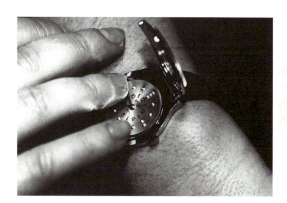

3   Blindenuhr mit ertastbarem Relief

2 a)   Blindenschrift (Schema)

2 b)   Blindenschrift (Original)

# gewusst · gekonnt

1. Definiere die Begriffe Reizbarkeit und Reiz.

2. Beschreibe an einem Beispiel, welche Vorgänge im Körper eines Menschen ablaufen, wenn er auf einen Reiz reagiert, z. B. Fußgänger – Ampelverkehr; Fuß – Reißnagel; Fußballtorwart – scharf geschossener Ball.

3. Wir ziehen unsere Hand sofort zurück, wenn wir mit ihr unbewusst einen sehr heißen Gegenstand berühren.
Beschreibe an diesem Sachverhalt den Ablauf einer Reiz-Reaktions-Kette.

4. Beim Ballfangen wirken Sinnesorgane, Nervensystem und Muskeln zusammen. Erläutere an diesem Beispiel den Ablauf vom Reiz zur Reaktion.

5. Nenne die Teile des Auges und gib deren Funktion an. Fertige dazu eine Tabelle an.

6. Beschreibe den Verlauf der Lichtstrahlen durch eine Sammellinse. Verwende dazu deine Kenntnisse aus dem Physikunterricht. Nutze dazu auch im Internet die Suchmaschine www.schuelerlexikon.de.

7. Du kannst nahe und ferne Gegenstände nicht gleichzeitig deutlich sehen (s. Abb. unten). Wie nennt man diese Anpassung deiner Augen? Beschreibe diesen Sachverhalt an einem Beispiel.

8. Nenne Schutz- und Hilfseinrichtungen des Auges und beschreibe deren Funktion.

9. Wenn du weinst, „läuft" dir die Nase. Begründe diese Aussage.

10. Beschreibe den Sehvorgang.
Betrachte dazu die Abbildung 1 auf Seite 160.

11. Ein weitsichtiger Mensch sieht nahe Gegenstände unscharf. Begründe.

12. Viele ältere Menschen tragen erst seit ihrem 45. Lebensjahr eine Brille. Begründe.

13. Beschreibe anhand der Abbildungen die Anpassung unserer Augen an die unterschiedliche Beleuchtung.

14. Ein Mensch mit Rotgrünsehschwäche kann die Zahl im Testbild nicht wahrnehmen. Begründe die Aussage.

15. Mit einer einfachen Untersuchung kannst du den blinden Fleck deines Auges nachweisen. Halte dazu dein linkes Auge zu.
Halte die untere Abbildung in Armeslänge vor dein rechtes Auge und schaue genau auf das linke Dreieck. Nähere nun langsam die Abbildung deinem Auge. Was stellst du fest?

**16.** Trifft unverhofft grelles Licht deine Augen, verschließt du sie. Beschreibe und begründe diese Reaktion deiner Augen.

**17.** a) Vergleiche Aufbau von Auge und Kamera.
b) Vergleiche den Strahlengang im Auge (Abb. 1, S. 160) und in der Kamera (Abb. unten).

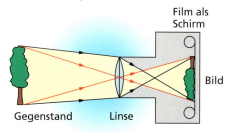

Gegenstand     Linse     Film als Schirm     Bild

**18.** Beim Lesen soll der Abstand vom Buch etwa 30 cm betragen.
Begründe diese Aussage.

**19.** Betrachte die Abbildung. Was stellst du fest? Begründe.

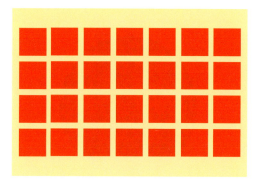

**20.** Waldkauz und Igel sind als Nachttiere fast farbenblind. Zauneidechse und Haushuhn sind als Tagtiere fast „nachtblind".
Erläutere diesen Sachverhalt.

**21.** Nenne die Teile des Ohres und gib deren Funktion an.
Fertige dazu eine Tabelle an.

**22.** Beschreibe den Hörvorgang.

**23.** Es kommt vor, dass ein Mensch mit gesunden Ohren doch nicht hören kann. Begründe.

**24.** Beim Aufwärtsfahren mit der Seilbahn in den Bergen oder auch mit dem Fahrstuhl in einem Hochhaus empfindet man Druck in den Ohren. Begründe diese Aussage.

**25.** In lärmintensiven Betrieben muss in bestimmten Zeitabständen eine Lärmmessung durchgeführt werden. Begründe.

**26.** Wenn du mit einem spitzen Gegenstand das Trommelfell zerstörst, führt diese Verletzung zur Beeinträchtigung deiner Hörfähigkeit. Begründe.

**27.** Um unsere Ohren gesund zu erhalten, sollten die aufzunehmenden Geräusche eine bestimmte Lautstärke nicht überschreiten. Erläutere diesen Sachverhalt an einigen Beispielen.
Nutze dazu die Tabelle auf Seite 170 und das Internet unter www.schuelerlexikon.de. Ziehe daraus Schlussfolgerungen für dein eigenes Verhalten.

**28.** a) Lärm ist ein gesundheitsschädigender Risikofaktor. Begründe.
b) Ermittle in deiner Umgebung verschiedene Lärmquellen und nenne Schutzmaßnahmen. Fertige dazu eine Tabelle an.

**29.** Übermäßig laute Diskomusik beeinträchtigt das Hörvermögen. Begründe.
Ziehe Schlussfolgerungen für dein eigenes Verhalten.

**30.** Die Haut ist ein Sinnesorgan. Begründe diese Aussage.

**31.** Erläutere anhand der Abbildung 1 auf Seite 152 das Zustandekommen der Tastempfindung.

## Sinnesorgane des Menschen

**Sinneszellen,** die sich oft in **Sinnesorganen** befinden, sowie **freie Nervenendigungen** werden durch Reize aus der Umwelt und dem Körperinneren erregt. Sinneszellen sind auf bestimmte Reize spezialisiert.

Mithilfe der Sinnesorgane können wir mit unserer **Umwelt Kontakt** aufnehmen, uns an unsere Umwelt **anpassen.** Wir können uns mit ihrer Hilfe orientieren und vielfältige Situationen – auch Gefahren – erkennen und bewerten, Eindrücke aufnehmen und im Gehirn verarbeiten.

## Das Auge als Lichtsinnesorgan

Das **Auge** wird durch optische Reize (Licht) erregt. Jeder Teil des Sinnesorgans hat bestimmte Funktionen beim Sehen zu erfüllen.

### Bau des Auges

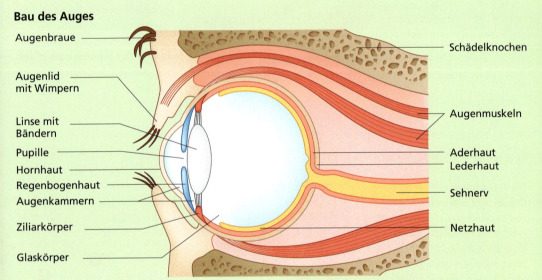

Augenbraue — Schädelknochen

Augenlid mit Wimpern

Linse mit Bändern — Augenmuskeln

Pupille — Aderhaut

Hornhaut — Lederhaut

Regenbogenhaut

Augenkammern — Sehnerv

Ziliarkörper — Netzhaut

Glaskörper

### Sehvorgang

Hornhaut, Augenflüssigkeit, Augenlinse und Glaskörper bilden ein System, das wie eine Sammellinse wirkt. Durch dieses Linsensystem wird das auftreffende Licht gebrochen. Es breitet sich durch den Glaskörper aus und erregt die Lichtsinneszellen in der Netzhaut. Dort entsteht ein umgekehrtes, verkleinertes und wirkliches (reelles) Bild des betrachteten Objekts.

Die in den Lichtsinneszellen entstehenden Erregungen werden über den Sehnerv zum Sehfeld des Gehirns geleitet. Die Erregungen werden verarbeitet. Der Mensch nimmt das Bild des betrachteten Objekts in seiner natürlichen Größe und Gestalt wahr.

### Anpassungen des Auges

Mithilfe der Sinnesorgane können wir uns an unsere Umwelt anpassen, z.B. können sich die Augen an unterschiedliche Beleuchtungsstärken *(Pupillenadaptation)* und an unterschiedliche Entfernungen von Objekten *(Akkommodation)* anpassen.

### Sehfehler und ihre Korrektur

Sehfehler, z.B. Kurzsichtigkeit, Weit- oder Übersichtigkeit und Alterssweitsichtigkeit, können mit Brillengläsern, die Sammel- bzw. Zerstreuungslinsen ähnlich sind, korrigiert werden. Bei allen Sehfehlern entsteht das Bild des betrachteten Objektes nicht auf der Netzhaut.

## Das Ohr als Hörsinnesorgan

### Bau des Ohres

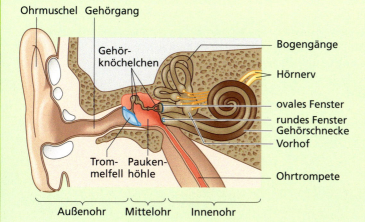

Ohrmuschel  Gehörgang

Gehör-
knöchelchen

Bogengänge

Hörnerv

ovales Fenster

rundes Fenster
Gehörschnecke

Vorhof

Ohrtrompete

Trom-  Pauken-
melfell  höhle

Außenohr  Mittelohr  Innenohr

### Hörvorgang

Der Schall wird von der Ohrmuschel aufgenommen und im Gehörgang bis zum Trommelfell geleitet. Dieses wird in Schwingungen versetzt, die über die Gehörknöchelchen auf die Flüssigkeit des Innenohres (Lymphe) übertragen werden. Die Hörsinneszellen in der Gehörschnecke werden gereizt. Die entstehenden Erregungen werden über den Hörnerv zum Hörzentrum im Gehirn geleitet und dort verarbeitet. Der Mensch nimmt verschiedene Tonhöhen und Lautstärken wahr.

### Die Haut als Sinnesorgan

Die Haut hat als unser größtes Organ sehr viele verschiedene Funktionen zu erfüllen. Stoffwechselendprodukte werden über sie ausgeschieden. Die Haut reguliert über Schweißabgabe und Veränderungen an den Blutgefäßen unsere Körpertemperatur. Durch eine Vielzahl von Sinneszellen (Abb.) stehen wir über die Haut mit unserer Umwelt in Verbindung.
Sie vermittelt uns über Sinneszellen und freie Nervenendigungen Empfindungen wie Wärme, Kälte, Druck, Berührung und Schmerz.

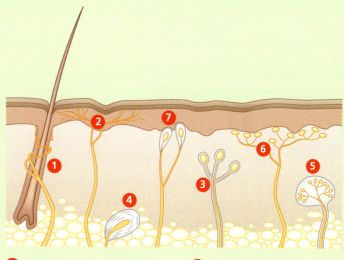

1 Nervenfortsätze am Haar

2 freie Nervenendigungen (Schmerzrezeptoren)

3 Kälterezeptoren

4 Lamellenkörperchen

5 Wärmerezeptoren

6 Tastscheiben

7 Tastkörperchen

Unsere Sinnesorgane sind sehr empfindliche Organe. Sie sind vor Reizüberflutung, gewaltsamer Beschädigung sowie vor Zugluft und Fremdkörpern zu schützen.

# 4.2 Informationsverarbeitung im Zentralnervensystem

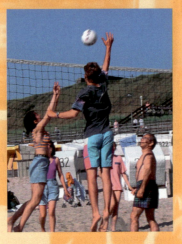

## Lernen – eine Leistung des Gehirns

Lernen können alle höheren Tiere. Der Mensch und mit Einschränkungen Menschenaffen können sich Kenntnisse und Fähigkeiten aneignen sowie Einstellungen, Denk- und Verhaltensweisen aufgrund von Einsichten oder Erfahrungen entwickeln.
Jeder Mensch lernt individuell. Einige lernen aus Büchern, andere brauchen nur konzentriert dem Vortragenden zu lauschen, wieder andere müssen alles mitschreiben und danach lernen.
*Welche Bedeutung hat das Lernen?*
*Welche Lerntypen kann man unterscheiden?*

## Ohne Nerven geht es nicht

Bei Wettkämpfen hast du vielleicht schon einmal einem Speerwerfer (Abb.) zugesehen. Er nimmt mit seinem Speer in der Hand Anlauf, streckt sich, holt mit dem Arm weit aus und wirft den Speer mit voller Kraft fort. Diese zielgerichteten Bewegungen werden nicht nur durch seine Gelenke und Muskeln, sondern auch durch das Zusammenspiel mit seinen Sinnesorganen und Nerven ermöglicht.
*Wie ist unser Nervensystem aufgebaut?*
*Welche Leistungen kann es vollbringen?*

## Sinnesorgane und Nerven – ein eng verknüpftes „Paar"

Unsere Sinnesorgane ermöglichen uns im Zusammenwirken mit dem Nervensystem die Orientierung in der Umwelt. Auch beim Volleyball gelingt der Abschlag des Balls nur, wenn die Spieler aufmerksam und konzentriert jede Bewegung der gegnerischen Spieler auf dem Volleyballfeld beobachten. Sie müssen dann blitzschnell reagieren, um die gezielten Bälle über das Netz zu schlagen.
*Wie wirken Nervensystem und Sinne zusammen?*
*Welche Bedeutung hat dieses Zusammenwirken für den Menschen?*

## Teile des Nervensystems

Der Mensch besitzt wie alle Wirbeltiere ein **Zentralnervensystem,** bestehend aus vielen Millionen *Nervenzellen,* die in *Gehirn* und *Rückenmark* konzentriert sind.

### Bau und Funktionen der Nervenzelle

Die Bausteine von Gehirn und Rückenmark sind also die **Nervenzellen.** Sie weisen einen besonderen Bau auf. Sie bestehen aus einem *Nervenzellkörper* mit kurzen Fortsätzen *(Dendriten)* und einem langen Nervenzellfortsatz, auch *Nervenfaser (Neurit)* genannt (Abb. 1). Die Nervenfaser verbindet z. T. meterlang den Nervenzellkörper mit anderen Nervenzellen, Drusenzellen oder Muskelfasern. Am Ende ist der Neurit auch vielfach verzweigt und besitzt kleine Verdickungen, die *Endknöpfchen.* Die kurzen baum- oder strauchartig verzweigten Fortsätze am Nervenzellkörper werden *Dendriten* genannt. Sie stehen mit anderen Nervenzellen oder auch Sinneszellen in Verbindung. So sind die Nervenzellen durch ihren Bau für die Aufnahme, Verarbeitung und Weiterleitung von Informationen (Nervenimpulsen, Erregungen) spezialisiert.

Wissenschaftler schätzen, dass die Gesamtlänge aller Nervenfasern eines Menschen eine Strecke von etwa einer Milliarde Meter bildet. Das wäre eine Leitung, die von der Erde bis zum Mond und wieder zurück reichen würde.

Jeder Neurit nimmt an den Endknöpfchen Kontakt mit den Dendriten der darauffolgenden Zelle auf (Abb. 1). Zwischen den Endknöpfchen und dem Dendriten der folgenden Zelle bleibt ein winziger Spalt. Endknöpfchen, Spalt und Membran des Dendriten bilden die *Synapse.* Die Nervenimpulse müssen diesen Spalt überwinden und tun dies mithilfe von chemischen Stoffen (Überträgersubstanzen).

> Die Nervenzelle ist der kleinste Baustein des Nervensystems. Sie besteht aus dem Nervenzellkörper mit Dendriten und dem Neuriten.
> Die Nervenzelle dient der Aufnahme, Weiterleitung und Übertragung von Nervenimpulsen.

### Bau und Funktionen des Gehirns

Das weiche und druckempfindliche Gehirn ist durch die Schädelknochen vor schädlichen äußeren Einflüssen geschützt (Abb. 1, S. 183). Einen weiteren **Schutz** bieten die drei Hirnhäute und die Hirnflüssigkeit. Das Gehirn eines Erwachsenen wiegt etwa 1500 g und enthält etwa 10 bis 14 Milliarden Nervenzellen. Das Gehirn wird in fünf Abschnitte (Abb. 1, S. 183) eingeteilt. Jeder Abschnitt erfüllt bestimmte Aufgaben. Das **Nachhirn** oder verlängerte Rückenmark ist das Reflexzentrum unseres Körpers. Von hier aus werden z. B. Atmung, Herzschlag, Blutdruck und Kreislauf gesteuert. Das Nachhirn ist aber auch „Umschaltstelle" für wichtige Nervenbahnen, die die Verbindungen der Körpermuskulatur mit dem Gehirn darstellen.

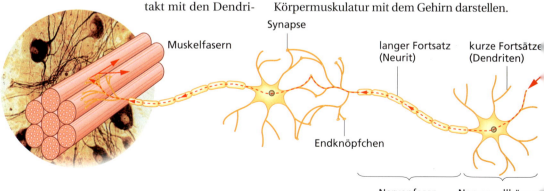

Synapse

Muskelfasern

langer Fortsatz (Neurit)

kurze Fortsätze (Dendriten)

Endknöpfchen

Nervenfaser

Nervenzellkörper

**1** Die Nervenzellen – kleinste Bauelemente des Nervensystems – dienen der Erregungsleitung ( ⟶ ).

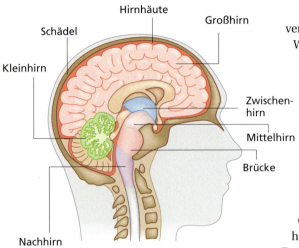

**1** Mittelhirn, Brücke und Nachhirn bilden den Hirnstamm.

Das sich nach hinten auswölbende **Kleinhirn** macht etwa ein Achtel der gesamten Hirnmasse aus. Seine beiden Hälften sind stark gefurcht. Die äußere graue Hülle, die *Kleinhirnrinde,* besteht aus Nervenzellen, die untereinander über sehr viele Verknüpfungsmöglichkeiten verfügen. Der innere Teil, das *Kleinhirnmark,* wird von vielen Nervenfasern gebildet. Das Kleinhirn steht mit dem Gleichgewichtsorgan im Innenohr in Verbindung, reguliert und koordiniert unsere sämtlichen Bewegungsabläufe.

Das kleine **Mittelhirn** ist ebenfalls eine „Umschaltstelle" für Nervenbahnen, die vor allem von den Augen und Ohren zum Gehirn führen. Es ist eine Zentralstelle für zahlreiche Reflexe (s. S. 186–189).

Das **Zwischenhirn** ist eine Schaltstation für Nervenbahnen aus dem gesamten Körper zum Gehirn und vom Gehirn in den Körper. In diesem Gehirnabschnitt sitzt auch eine Zentrale, die z.B. die Körpertemperatur, den Glucose- und Salzgehalt des Blutes reguliert sowie für verschiedene Gefühle wie Hunger, Durst, Angst, Wut, Aggression, Freundschaft und Liebe verantwortlich ist.

Das **Großhirn** besteht aus zwei Hälften, die durch eine Längsspalte voneinander getrennt sind. Die Oberfläche wird durch zahlreiche Windungen und Furchen unterteilt. Die im Durchschnitt 6 mm dicke *Großhirnrinde* ist die aus Nervenzellkörpern (s. S. 182) bestehende *graue Substanz.* Unterhalb der Großhirnrinde befindet sich das *Großhirnmark,* die *weiße Substanz,* bestehend aus Nervenfasern (s. S. 182).

Das Großhirn ist das Zentrum zahlreicher Empfindungen und Wahrnehmungen, Sitz des Lernens, des Erinnerungsvermögens und des Gedächtnisses, des Denkens, der Begriffssprache, des bewussten Handelns (s. S. 192, 193). Den einzelnen Bereichen der Großhirnrinde sind bestimmte Funktionen zugeordnet. Dies führte zur Einteilung in **Rindenfelder** (Abb. 2). Für die Aufnahme, Verarbeitung und Weiterleitung von Erregungen sowie für die Speicherung von Informationen sind einzelne Gehirnteile eng miteinander verbunden.

> Das weiche Gehirn liegt geschützt in der Schädelkapsel. Es besteht aus mehreren Abschnitten (Nach-, Klein-, Mittel-, Zwischen- und Großhirn), die jeweils bestimmte Funktionen erfüllen.

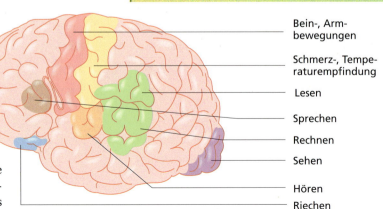

**2** Einige Rindenfelder auf der Großhirnrinde

## Bau und Funktionen des Rückenmarks

Der etwa 40 bis 50 cm lange und 1 cm dicke weiche und empfindliche Rückenmarksstrang liegt geschützt in dem Wirbelkanal der Wirbelsäule (Abb. 1). Einen weiteren Schutz bieten die Rückenmarkshäute.

In einem Querschnitt durch das Rückenmark (Abb. 1) ist außen die aus Nervenfasern bestehende *weiße Substanz* zu erkennen. Innen liegt, schmetterlingsförmig angeordnet, die aus sensiblen und motorischen Nervenzellkörpern bestehende *graue Substanz* (Abb. 1).

Aus dem Rückenmark treten zwischen den einzelnen Wirbelkörpern 31 Paar Nerven zu beiden Seiten der Wirbelsäule aus. Sie verzweigen sich im Bereich des Rumpfes und der Gliedmaßen. Die Rückenmarksnerven stellen eine Verbindung zu allen Teilen des Körpers her, beispielsweise zu den Muskeln und zur Haut. Über Nervenfasern steht das Rückenmark in enger Verbindung zum Gehirn; es ist eine zentrale Schaltstation (Abb. 2).

> Das Rückenmark – umgeben von Rückenmarkshäuten – liegt geschützt im Wirbelkanal der Wirbelsäule. Durch Nervenfasern steht das Rückenmark mit allen Teilen des Körpers und mit dem Gehirn in Verbindung.

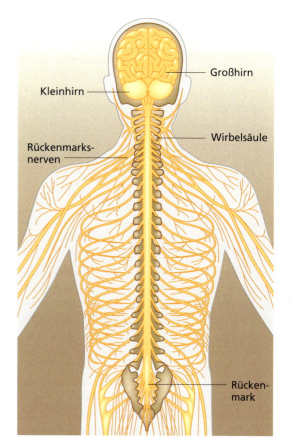

**2** Wirbelsäule und Rückenmark

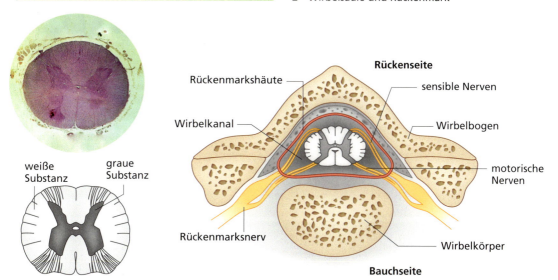

**1** Querschnitt durch Rückenmark und Wirbelsäule

# Mosaik

## Das vegetative Nervensystem

Das **vegetative Nervensystem** umfasst die Nerven, die zu den inneren Organen führen und von ihnen wegführen. Sie beeinflussen die Tätigkeit des Herzens, der Drüsen und der glatten Muskulatur in den inneren Organen, z.B. Atmung, Blutkreislauf, Verdauung, Ausscheidung. Deshalb nennt man das vegetative Nervensystem auch Eingeweidenervensystem. Das vegetative Nervensystem ist kaum von unserem Willen beeinflussbar. Es arbeitet selbstständig, ist aber auch mit dem Zentralnervensystem verknüpft.

Insgesamt dient das vegetative Nervensystem dazu, die inneren Prozesse unseres Körpers konstant zu halten und sie in unserem Körperinneren bei Belastung zu steuern und zu regulieren. Beispielsweise erhöhen sich die Atemfrequenz und die Herzfrequenz bei körperlicher Anstrengung oder bei Stress-Situationen. Bei Angst und Schrecken weiten sich die Blutgefäße, wir erblassen, oder der Darm wird angeregt, wir müssen die Toilette aufsuchen.

All diese Reaktionen laufen ohne unseren Willen und oftmals unbewusst ab. Verantwortlich dafür sind zwei gegensätzlich wirkende Nervenstränge, der Sympathikus und der Parasympathikus. Der **Sympathikus** (Abb. 1b) besteht aus 2 Nervensträngen, von denen je einer rechts und links von der Wirbelsäule liegt. Er wirkt auf die von ihm versorgten Organe meist anregend (Leistungssteigerung).

Der **Parasympathikus** (Abb. 1a) wird von Gehirn- und Rückenmarksnerven gebildet. Sie versorgen ebenfalls alle inneren Organe. Er bewirkt meist die Erholung der Organe. Beide wirken als **Gegenspieler.**

**Das Nervensystem besteht aus dem Zentralnervensystem (Gehirn, Rückenmark), dem peripheren Nervensystem (Empfindungs- und Bewegungsnerven, hinführend zu und ausgehend von Gehirn und Rückenmark) und dem vegetativen Nervensystem (Symphathikus und Parasympathikus als Gegenspieler).**

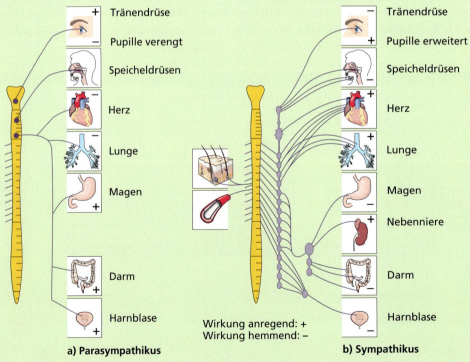

| + | Tränendrüse | | − | Tränendrüse |
| − | Pupille verengt | | + | Pupille erweitert |
| | Speicheldrüsen | | | Speicheldrüsen |
| | Herz | | + | Herz |
| − | Lunge | | | Lunge |
| | Magen | | | Magen |
| + | | | − | |
| | | | + | Nebenniere |
| | Darm | | | Darm |
| + | | | − | |
| | Harnblase | | − | Harnblase |
| + | | | | |

Wirkung anregend: +
Wirkung hemmend: −

**a) Parasympathikus**     **b) Sympathikus**

**1** Das vegetative Nervensystem besteht aus zwei Gegenspielern, dem Parasympathikus und dem Sympathikus. Es beeinflusst die inneren Organe, die glatte Muskulatur und die Drüsen.

## Reiz-Reaktions-Abläufe und Reflexe

### Unbedingte Reflexe

Verschluckt man sich, beginnt man sofort zu husten. Wenn plötzlich ein greller Lichtstrahl das Auge erreicht, verengt sich sofort die Pupille. Wenn ein Fremdkörper, z. B. eine Fliege, in die Nähe der Augen kommt, schließen sich die Augenlider. Dringt ein Fremdkörper in die Nase ein, beginnt man zu niesen. Gelangt Nahrungsbrei auf den Zungengrund, kommt es zu Schluckbewegungen. Auf einen bestimmten Reiz folgt eine bestimmte Reaktion. Sie ist unwillkürlich, also wenig von unserem Willen beeinflusst. Solche unwillkürlichen Reiz-Reaktions-Abläufe werden **unbedingte Reflexe** genannt. Jeder Reflex läuft nach einem ähnlichen Schema in einem Reflexbogen ab (Abb. 1). Der **Reflexbogen** ist die Nervenbahn, auf der ein Reflex abläuft.

Grundlage für diese unwillkürlichen Reiz-Reaktions-Abläufe sind also die Veränderungen in den betroffenen Sinneszellen, dem zentralen Nervensystem und dem ausführenden Organ (Erfolgsorgan).

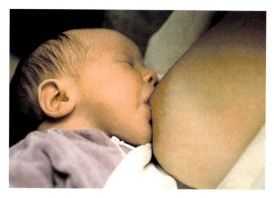

2  Saugendes Menschenbaby (Tragling)

> Unbedingte Reflexe sind unwillkürliche Reaktionen des Körpers auf einen Reiz. Jeder Reflex läuft in einem bestimmten Reflexbogen ab.

Wenn ein Kind geboren wird, ist es sofort in der Lage zu saugen (Abb. 2). Angelockt von der Wärme der Milchquelle (Brust), löst die Berührung der Brustwarze mit den Lippen beim Baby die Saugbewegung aus. Diese Reaktion ist der **Saugreflex.**

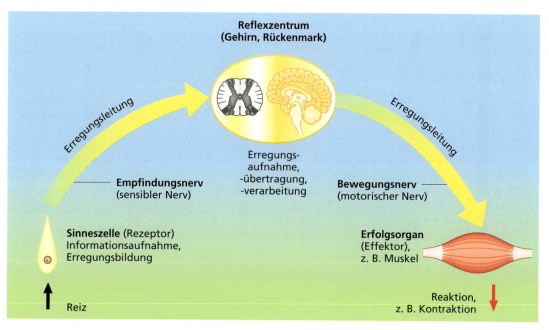

**Reflexzentrum**
**(Gehirn, Rückenmark)**

*Erregungsleitung*

*Erregungsleitung*

Erregungs-
aufnahme,
-übertragung,
-verarbeitung

**Empfindungsnerv**
(sensibler Nerv)

**Bewegungsnerv**
(motorischer Nerv)

**Sinneszelle** (Rezeptor)
Informationsaufnahme,
Erregungsbildung

**Erfolgsorgan**
(Effektor),
z. B. Muskel

Reiz

Reaktion,
z. B. Kontraktion

1  Ablauf eines Reflexes in einem Reflexbogen

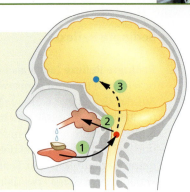

1. Auf die Zunge gebrachte Nahrung reizt die Geschmackssinneszellen und ruft in ihnen eine Erregung hervor. Die Erregungen gelangen über Empfindungsnerven zum Reflexzentrum im Nachhirn (●). Die Erregungen werden verarbeitet.

2. Neue Erregungen veranlassen über Bewegungsnerven die Speicheldrüsen zur Absonderung des Speichels.

3. Gleichzeitig wird der Geschmack der Nahrung in der Großhirnrinde (●) empfunden.

**1** Ablauf des angeborenen (unbedingten) Speichelreflexes

Die Saugbewegungen müssen mit Schluckbewegungen koordiniert werden.

Dieser **Schluckreflex** tritt bei jeder Nahrungsaufnahme auch bei Erwachsenen auf. Vor diesem Schluckreflex wird noch ein anderer, nämlich der **Speichelreflex** ausgelöst (Abb. 1). Auch dieser unbedingte Reflex sichert von Geburt an die gute Verdauung der Nahrung.

Ein weiterer angeborener Reflex ist der **Kniesehnenreflex** (Abb. 2).

Der Schlag trifft als Reiz die Kniesehne unterhalb der Kniescheibe. Die Kniesehne verbindet den Streckmuskel im Oberschenkel mit dem Schienbein. Der Schlag bewirkt eine Dehnung des Streckmuskels.

Durch diese Dehnung werden die Muskelspindeln (spindelförmige Sinnesorgane) erregt. Sensible Nerven (Empfindungsnerven) leiten die Erregung in das Rückenmark und schalten sie auf

motorische Nerven (Bewegungsnerven) um. Diese führen über motorische Endplatten zum Streckmuskel zurück, der kontrahiert, und der Unterschenkel schnellt nach vorn (Reaktion; Abb. 2).

Zu den angeborenen **Schutzreaktionen** gehören auch das **Niesen, Husten, Erbrechen,** der **Lidschlussreflex.** Die Beispiele zeigen, dass unbedingte Reflexe oft Schutzreaktionen sind.

Auf dem Ablauf dieser Reflexe beruhen elementare Lebensfunktionen wie Ernährung, Atmung, Fortpflanzung und Schutz des Körpers. Angeborene Reflexe bleiben meist zeitlebens erhalten.

> **Unbedingte Reflexe sind angeborene kurze Reaktionen auf bestimmte Reize. Sie laufen immer in gleicher Weise ab und sind nur gering beeinflussbar.**

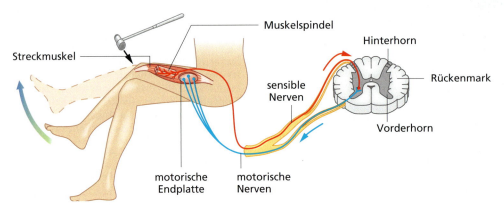

**2** Der Ablauf des Kniesehnenreflexes erfolgt als Reiz-Reaktions-Kette zur Koordination der Muskelbewegung.

## Bedingte Reflexe

**Bedingte Reflexe** (auch als bedingte Reaktionen bezeichnet) gehören zum erworbenen Verhalten. Auf der Grundlage von angeborenen unbedingten Reflexen und durch gleichzeitiges, wiederholtes Reizangebot entwickeln sich beim Menschen und bei den Tieren Reaktionen auf bestimmte Reize **(Signalreize).** Die Reaktionen werden im Verlaufe des Lebens erworben. Diese Reaktionen nennt man **erworbene Reflexe** oder **bedingte Reflexe.**

**2**   Apparatur zur Untersuchung des bedingten Speichelreflexes

Diese Reflexe wurden zuerst von dem russischen Mediziner und Physiologen PAWLOW (Abb. unten, S. 189) an *Hunden* erforscht (Abb. 1, 2). Die Aufnahme von Futter löst beim Hund den Speichelreflex und die Abgabe von Magensaft aus (beides unbedingte Reflexe). Leuchtet bei der Futtergabe immer eine Lampe auf, dann reicht nach häufiger Wiederholung schon allein das Aufleuchten der Lampe aus, um die Sekretion (Abgabe) von Speichel und Magensaft auszulösen. Der Hund lernte, das Licht als Signal für Futter zu erkennen.

> Eine bedingte Reaktion (bedingter Reflex) entsteht durch wiederholte zeitliche und/oder räumliche Verbindung unbedingter Reaktionen (Reflexe) mit einem neuen Reiz (Signalreiz). Sie kann ohne neuen Signalreiz erlöschen.

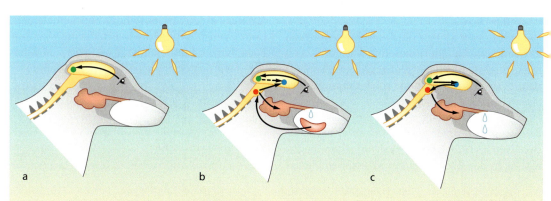

a                b                c

Durch Aufleuchten der Lampe werden die Lichtsinneszellen gereizt. Es erfolgt die Weiterleitung der entstehenden Erregungen über den Sehnerv zum Sehfeld des Gehirns (●). Dort wird das Aufleuchten wahrgenommen (a).

Durch Nahrung werden die Geschmackssinneszellen gereizt. Die entstehenden Erregungen werden zum Geschmackszentrum im Nachhirn (●) weitergeleitet. Über Nerven erfolgt die Weiterleitung der Erregungen zur Speicheldrüse. Dort wird Speichel **(unbedingter Reflex)** abgesondert.

Gleichzeitig wird die Geschmackswahrnehmung im Gehirn (Geschmacksfeld ●) gespeichert. Bei mehrfacher Wiederholung dieses Vorganges **(Aufleuchten der Lampe kombiniert mit Nahrungsgabe)** kommt es zu einer zeitweiligen und unbeständigen Verbindung der erregten Gehirnfelder (Seh- und Geschmacksfeld), zur Anbahnung eines **bedingten Reflexes (erworbenen Reflexes b).**

Allein das Aufleuchten der Lampe genügt nun, um die Absonderung des Speichels auszulösen. Ein **bedingter Reflex (erworbener Reflex)** ist ausgebildet (c).

**1**   Ausbildung des erworbenen (bedingten) Speichelreflexes

Bedingte Reflexe haben auch bei vielen **Tierdressuren** (Abb. 1) und beim Verhalten des Menschen Bedeutung.

In verantwortungsvollen Tierdressuren werden die bedingten Reaktionen auf dem natürlichen Verhalten der Tiere aufgebaut. So springen *Delfine* oft und gern aus dem Wasser (angeborenes Verhalten). Dieses Verhalten wird bei der Dressur genutzt, um sie z. B. durch einen Ring springen zu lassen. Die Delfine werden danach gefüttert, d. h., sie werden für das Lernen einer Reaktion belohnt, und damit lernen sie aufgrund **positiver Erfahrungen**.

Bedingte Reaktionen durch positive Erfahrungen finden auch beim *Menschen* statt. „Mir läuft das Wasser im Mund zusammen" ist eine häufige Redewendung, wenn man von einer Speise hört, die man schon einmal selbst gekostet hat und die sehr gut geschmeckt hat. Das Beschreiben der Speise löst also schon den Speichelfluss aus.

**Negative Erfahrungen** (z. B. Bestrafungen oder körperliche Beeinträchtigungen) können sehr schnell und nachhaltig bedingte Reaktionen auslösen. Das *Anfassen des heißen Ofens* löst beim *unerfahrenen Kind* Schmerz und Zurückziehen der Hand aus. Die typischen Merkmale eines heißen Ofens werden später immer wieder eine Rückziehreaktion zur Folge haben.

Auch wenn man lange Zeit den *gleichen Tagesrhythmus* für Aufstehen, Mittagessen, Abendes-

1 Dressur von Delfinen (Schwertwal) in den USA

sen, Schlafengehen einhält, bilden sich erworbene Reflexe heraus. Der Körper stellt sich durch Wachsein, Hungergefühl, Müdigkeit auf diesen Rhythmus ein. Wird der zeitliche Ablauf des Tages dauernd geändert, erlöschen die erworbenen Reflexe. Wird der Tagesablauf wieder rhythmisch gestaltet, entwickeln sich auch wieder zu den bestimmten Zeiten die erworbenen Reflexe, wie Wachsein, Hunger, Müdigkeit.

> Durch die Ausbildung erworbener Reflexe sind der Mensch und zahlreiche Tiere in der Lage, Informationen im Gehirn zu speichern und zu verarbeiten sowie zu lernen.

## Mosaik

### Leben und Leistungen von PAWLOW

PAWLOW wurde am 14. September 1849 in Rjasan geboren. Von 1870 bis 1875 studierte er Naturwissenschaften in Petersburg, arbeitete im Laboratorium über die Tätigkeit von Verdauungsdrüsen und über den Blutkreislauf.

Von 1875 bis 1878 arbeitete er in der medizinisch-chirurgischen Akademie in Petersburg, besonders über den Blutkreislauf und die Bauchspeicheldrüse in Verbindung mit dem Nervensystem. Ab 1879 widmete sich PAWLOW vor

allem dem Studium der Verdauungsprozesse an lebenden Tieren.

Im Jahre 1904 erhielt er den Nobelpreis für Medizin und Physiologie.

Ab 1904 arbeitete Pawlow vor allem auf den Gebieten der Reflexe und der höheren Nerventätigkeit des Menschen. Aufgrund zahlreicher Experimente mit Hunden formulierte er seine Theorie der bedingten Reflexe.

Am 27. Februar 1936 starb er in Leningrad.

## Lernen und Gedächtnis

Die Umwelt der Tiere und des Menschen verändert sich ständig. Es werden Straßen gebaut, Wälder gerodet, Industrieanlagen errichtet. Auch Naturgewalten und die Jahreszeiten führen zu Veränderungen. Würden Tiere und Menschen nur über angeborene Verhaltensmuster verfügen, wären sie nicht in der Lage, sich innerhalb kurzer Zeit diesen Veränderungen anzupassen. Diese Leistung vollbringen Tiere genau wie Menschen durch **Lernen.**

> Lernen ist die Anpassung des Verhaltens von Tieren und Menschen an die sich verändernden Umweltbedingungen unter Nutzung von Erfahrungen.

**Erlerntes Verhalten** wird auf verschiedene Weise erreicht. Man unterscheidet z.B. Lernen durch *Gewöhnung*, Lernen durch *bedingte Reaktionen (bedingte Reflexe)*, Lernen durch *Versuch* und *Irrtum*, Lernen durch *Nachahmung*, Lernen durch *Einsicht*.

### Lernformen

#### Lernen durch Versuch und Irrtum

Tiere und Menschen lernen häufig über Handlungen. Während des Lernens werden auch Fehler gemacht, und deshalb wird es als *Versuch-Irrtum-Lernen* bezeichnet.

**1**   Lernen durch Versuch und Irrtum

In der **menschlichen Entwicklung** spielt das Versuch-Irrtum-Lernen eine große Rolle. Setzen zum Beispiel Kinder oder Erwachsene ein schwieriges Puzzle zusammen, probieren sie immer wieder das Zusammenfügen der Einzelteile, bis das Gesamtpuzzle steht (Abb. 1). Aus *Versuch und Irrtum* gewinnen sie so Erfahrungen, sodass beim nächsten Mal der Zusammenbau des Puzzles schneller erfolgt.

Kinder lernen, einen Turm zu bauen, indem sie durch Versuch und Irrtum die Bausteine genau übereinanderstellen.

Und wer hat nicht schon die Erfahrung gemacht, dass das Fahrradfahren, auch mit schmerzhaften Versuchen verbunden, erlernt wird.

> Versuch-Irrtum-Lernen ist eine Lernform, bei der eine zufällige Handlung zum Erfolg führt und später weiter genutzt wird.

#### Lernen durch Spielen

*Kinder* versetzen sich gern in die Rolle von Erwachsenen, sie spielen Verkäufer und Kunde im Warenhaus, Hochzeit (Abb. oben), Krankenschwester und Patient, Lehrer und Schüler. Dabei üben sie soziale Rollen und verbessern ihre soziale Kommunikation, ihre Verständigung untereinander.

> Das Spielen ist ein Lernen durch Ausprobieren des Verhaltens ohne eine direkte Anforderung. Es dient der Entwicklung körperlicher Leistungen und dem Gewinn von Erfahrungen über den eigenen Körper und über das Verhalten von anderen Personen.

## Lernen durch Nachahmung

Viele Tiere und auch wir Menschen übernehmen bei anderen beobachtete Bewegungen, Lautäußerungen oder Handlungen häufig in das eigene Verhalten. Diese Lernform wird als **Nachahmung** bezeichnet.

So werden die Erfahrungen der Älteren auf die Jüngeren, auf die Nachkommen, weitergegeben. Bauen beispielsweise Eltern ihrem Kleinkind mit Holzklötzchen eine Mauer oder ein Haus, kann es durch *Beobachten* und *Nachahmen* bald selbst die Bauklötze so aufstapeln, wie die Eltern es vorgemacht haben. Das Gleiche kann man auch beobachten, wenn Kleinkinder Tätigkeiten des Vaters nachahmen (Abb. 1).

Das **Lernen durch Nachahmung** findet vor allem bei *sozial lebenden Tieren* und dem *Menschen* statt und setzt das Erkunden und Beobachten voraus. Beispielsweise werden bei einem Schülerexperiment vom Lehrer oft die wichtigsten Handlungen vorgeführt und/oder erklärt. Schülerinnen und Schüler versuchen danach, in gleicher Weise zu handeln.

> **Nachahmen ist die Übernahme des Verhaltens von anderen Menschen oder anderen Tieren. Durch Nachahmung werden Gewohnheiten oder Traditionen von Generation zu Generation weitergegeben.**

## Lernen durch Einsicht

Menschen können aufgrund der Kombination von Gedächtnisinhalten, d.h. mehrerer Erfahrungen, ein neues Problem durch planendes und vorausschauendes Handeln lösen. Bei diesem *Lernen durch Einsicht* sind Elemente der Planung und des Handelns bekannt, die Zusammensetzung dieser Elemente ist aber neu. Beispielsweise könnte als Aufgabe die effektive Durchführung der Reise einer Sportgruppe zum Schülerwettkampf im Schwimmen gestellt werden. Durch Kenntnis der Zugabfahrtzeiten, der Fahrtdauer vom Wohnort A zum Wettkampfort B, der verfügbaren Zeit der Schüler und der Zeitdauer des Wettkampfes ist eine exakte Planung und Durchführung der Reise möglich. Auch hier nutzen die Schüler Erfahrungen aus anderen Reisen und die Kenntnisse über Fahrpläne zur neuen Kombination für die aktuelle Reise, also durch Einsicht.

Aber nicht nur die Menschen sind zu einsichtigen Lernleistungen fähig. Es gibt viele Beispiele dieses Lernens bei *Menschenaffen.*

Ein *Schimpanse* wurde z.B. bei seinen Versuchen, eine hoch hängende Banane zu erreichen, beobachtet. Nach einigen erfolglosen Sprungversuchen setzte er sich hin und betrachtete die Gegenstände im Raum. Plötzlich nahm er vorhandene Holzkisten, stapelte sie übereinander, kletterte nach oben und holte sich die Banane (Abb. oben). Er hat nichts probiert, sondern er hat Erfahrungen neu kombiniert.

> **Einsichtiges Lernen ist die Fähigkeit, komplexe Situationen durch Erfassen von Zusammenhängen und planmäßiges Handeln zu meistern.**

**1** Lernen durch Beobachten und Nachahmen

## Das Lernen lernen – die 10 wichtigsten Lernregeln

1. **Plane dein Lernen!**
   Du sparst dir damit Zeit, denn gut geplant ist halb gelernt! Schau auf deinen Wochen/Tagesplan und schon kann's losgehen!

2. **Beginne jeden Tag zur gleichen Zeit mit dem Lernen!**
   Dein Körper gewöhnt sich daran, und dein Gehirn schaltet leichter auf konzentriertes Arbeiten.

3. **Beginne das Lernen mit leichten Aufgaben!**
   Wie ein Motor braucht auch dein Gehirn eine Aufwärmphase, bis es Höchstleistungen bringt.

4. **Vermeide, ähnliche Lernstoffe hintereinander zu lernen!**
   Dadurch überlistest du dein Gedächtnis und verhinderst, dass du viel und schnell vergisst.

5. **Verwende möglichst viele unterschiedliche Lernwege!**
   Lesen, Hören, Sehen sind die verschiedenen Lernwege; je häufiger du beim Lernen damit wechselst, je weniger ermüdest du. Wenn du sie beim Lernen für ein Fach alle einsetzen kannst, umso mehr freut sich dein Gedächtnis.

6. **Wechsle zwischen schriftlicher und mündlicher Arbeit ab!**
   So kannst du noch länger konzentriert arbeiten.

7. **Vermeide, zu viel auf einmal zu lernen!**
   Wenn du zu viel auf einmal lernst, vergisst du doppelt so schnell.

8. **Wiederhole am Anfang öfters!**
   Dadurch prägt sich das Gelernte besser und schneller ein.

9. **Versuche, den Lernstoff sinnvoll zu lernen!**
   Versuche, die Lerninhalte in Zusammenhänge zu bringen, so lernst du sie leichter. Ist das nicht möglich, so gebrauche Gedächtnisstützen.

10. **Vergiss die Pausen nicht!**
    Sie sind zur Erholung wichtig. Für die erste Stunde reichen zweimal 5 Minuten, damit du auch wieder den Einstieg findest
    (Entnommen aus dem Internet unter www.google.de von mehreren Autoren, z. B. Theodor-Heuss-Gymnasium Aalen, Albert-Schweitzer-Schule Nidderau.)

## Gedächtnis

Tiere und Menschen sind in der Lage, **Informationen** zu speichern und bei Bedarf wieder abzurufen. Mit der Höherentwicklung des Gehirns können diese Informationen zu komplexen Eindrücken, Erfahrungen und Kenntnissen verarbeitet und in dieser neuen Qualität gespeichert werden. Die Nervenzellen des Gehirns und ihre Verbindungen sind die Grundlage für diese Speicherung, d. h. für das **Gedächtnis.**

> Gedächtnis ist die Fähigkeit des Gehirns, Informationen über verschiedene Zeiträume hinweg zu speichern und aufzubewahren.

Man unterscheidet nach der Länge der Informationsspeicherung das Kurzzeit- und das Langzeitgedächtnis. Die aus der Umwelt aufgenommenen Informationen können im **Kurzzeitgedächtnis** (Abb. 1, S. 193) *Sekunden bis maximal wenige Minuten* gespei-  chert bleiben. Danach werden sie gelöscht oder vom mittelfristigen Speicher aufgenommen. Dazu gehören das Merken einer Telefonnummer ohne Wiederholung oder das Merken einer Anweisung, die nur kurzfristig Bedeutung hat.

Im **mittelfristigen Speicher** bleiben die Informationen einige Stunden bis Tage erhalten. Wenn z. B. ein Jugendlicher von der Disko kommt, wird er die Musikfolge des Abends im Wesentlichen im Kopf haben. Nach und nach vergisst er, was an jenem Abend gespielt wurde. Das Gehörte gerät allmählich in Vergessenheit. Nur einige Teile der Inhalte werden, wenn sie ständig wiederholt werden, in das **Langzeitgedächtnis** aufgenommen. Informationen, die für uns bedeutsam sind oder einen nachhaltigen Eindruck auf uns machen, können auch im Langzeitgedächtnis gespeichert werden.

Dort hinterlassen sie *Gedächtnisspuren*. Im Langzeitgedächtnis gespeicherte Informationen stehen meist lebenslang zur Verfügung.

Sie müssen durch wiederholtes Abrufen ständig in Erinnerung gebracht werden, damit sie auf Dauer behalten werden (Abb. 1).

Interessen, Neigungen, Einstellungen und Gefühle beeinflussen die Gedächtnisleistung. Deshalb ist das Gedächtnis jedes Menschen immer individuell. So erinnern wir uns an Ereignisse, die für uns sehr bedeutungsvoll waren, noch sehr lange Zeit, z. B. an ein wichtiges sportliches Ereignis, an ein spannendes Experiment im Chemie- oder Biologieunterricht, an Gefahrensituationen. Gleichgültigkeit und Abneigung behindern dagegen die Gedächtnisleistung, die Informationen rutschen dann weg wie durch ein Sieb.

Die Qualität des Gedächtnisses, die **Merkfähigkeit,** ist individuell sehr unterschiedlich. Sie hängt z. B. von der Anzahl der Wiederholungen, vom Zeitabstand, von der Konzentrationsfähigkeit und auch vom Interesse am Thema ab.

Dementsprechend ist auch das **Lernen,** insbesondere das Lernen durch Einsicht, individuell unterschiedlich. Die Fähigkeit zum **Lernen** ist angeboren.

> Lernen beruht auf Vorgängen der Informationsaufnahme, -weiterleitung, -verarbeitung, -speicherung und -abgabe.

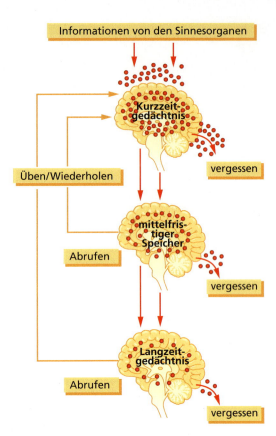

1  Ablauf von Gedächtnisvorgängen (——▶)

Um Gedächtnisleistungen vollbringen zu können, muss der Mensch über ein gewisses **Lernvermögen** verfügen. Beim Menschen sind Erfahrungen und Kenntnisse am dauerhaftesten, die er in seiner Kindheit und im Schulalter aufnimmt. Mit etwa 25 Jahren erreicht das Gehirn den Höhepunkt seiner Leistungsfähigkeit. Leitungsbahnen und Überträgerstoffe nehmen dann wieder ab. Durch Übung kann aber die Leistungsfähigkeit bis ins hohe Alter gefördert werden.

Man unterscheidet verschiedene **Lerntypen.** Manche Menschen behalten am besten, was sie lesen (*Lesetyp,* Abb. links) bzw. hören *(Hörtyp, akustischer Lerntyp),* andere, was sie sehen *(Sehtyp, visueller Lerntyp),* und wieder andere, was sie selbst tun *(Anfasstyp, haptischer Lerntyp).*

Durch einfache **Untersuchungen** kann man unterschiedliche Lerntypen ermitteln (s. S. 194, 195).

**Ermittle verschiedene Lerntypen** (jeweils 2 Schüler/innen arbeiten zusammen)

*Materialien:*
10 Zettel mit je einem Wort von einem Gegenstand (Untersuchung 1), eine Liste mit den Wörtern von 10 Gegenständen **(Untersuchung 2)**, 10 unterschiedliche Gegenstände (z.B. Schlüssel, Apfel, Bleistift, Arbeitsheft, Münze; **Untersuchung 3)**, Augenbinde und weitere 10 Gegenstände (z.B. Radiergummi, Tasse, Kamm, Bürste; **Untersuchung 4)**, Stoppuhr oder Uhr mit Sekundenzeiger, Vorlage für Rechenaufgaben, Auswertungsvorlage (Lerntypenkreuz), Papier und Bleistift

**Hinweis:** In jeder Untersuchung müssen andere Gegenstände entweder original oder als geschriebenes Wort oder als vorgelesenes Wort verwendet werden. Die jeweilige Untersuchungsperson darf diese Wörter und Gegenstände vor Untersuchungsbeginn nicht sehen bzw. hören.

Werden 2 bis 4 Untersuchungen von dem gleichen Schülerpaar durchgeführt, kann man den Lerntyp der Untersuchungsperson ermitteln.

1. **Untersuchung zum Lesetyp**
   *Durchführung und Beobachtung:*
   1. Gib deinem Untersuchungsschüler nacheinander im Abstand von drei Sekunden 10 Zettel mit je einem Wort von einem Gegenstand! Er darf jedes Wort zwei Sekunden lesen.
   2. Löse nun 30 Sekunden lang mit deinem Untersuchungsschüler einfache Kopfrechenaufgaben.
   3. Gib deinem Untersuchungsschüler 20 Sekunden Zeit, sich an die gelesenen Wörter für Gegenstände zu erinnern; dann soll er die behaltenen Wörter nennen.
   4. Notiere die genannten Wörter und ermittle deren Anzahl.

2. **Untersuchung zum Hörtyp**
   *Durchführung und Beobachtung:*
   1. Lies deinem Untersuchungsschüler nacheinander im Abstand von drei Sekunden 10 Wörter von Gegenständen vor.
   2. Löse nun – wie in Untersuchung 1 – 30 Sekunden lang mit deinem Untersuchungsschüler Kopfrechenaufgaben.
   3. Gib ihm wiederum 20 Sekunden Zeit, sich an die gehörten Wörter zu erinnern; dann soll er die behaltenen Wörter nennen.
   4. Notiere die genannten Wörter und ermittle die Anzahl.

**3. Untersuchung zum Sehtyp**

*Durchführung und Beobachtung:*

1. Lege deinem Untersuchungsschüler nacheinander im Abstand von drei Sekunden 10 Gegenstände auf den Tisch. Er darf jeden Gegenstand zwei Sekunden betrachten.
2. Löse nun – wie in den Untersuchungen 1 und 2 – 30 Sekunden lang mit ihm Kopfrechenaufgaben.
3. Gib ihm wiederum 20 Sekunden Zeit, sich an die gesehenen Gegenstände zu erinnern; dann soll er die gemerkten Gegenstände nennen.
4. Notiere die genannten Gegenstände und ermittle deren Anzahl.

**4. Untersuchung zum Anfasstyp**

*Durchführung und Beobachtung:*

1. Verbinde deinem Untersuchungsschüler die Augen. Gib ihm nacheinander 10 Gegenstände in die Hände, die er jeweils zwei Sekunden betasten darf.
2. Löse nun – wie in den Untersuchungen 1 bis 3 – 30 Sekunden lang mit ihm Kopfrechenaufgaben.
3. Gib ihm wiederum 20 Sekunden Zeit, sich an die betasteten Gegenstände zu erinnern; dann soll er die gemerkten Gegenstände nennen.
4. Notiere die genannten Gegenstände und ermittle deren Anzahl.

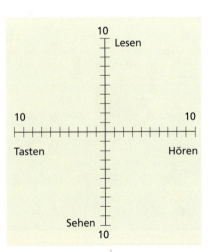

*Auswertung für Untersuchungen 1– 4:*

1. Markiere die Anzahl der gemerkten Wörter (Untersuchung 1 und 2) sowie der gemerkten Gegenstände (Untersuchungen 3 und 4) in dem Lerntypenkreuz.
2. Verbinde die Punkte zu einem Viereck.
3. Erläutere und begründe, was für ein Lerntyp dein Untersuchungsschüler ist.

## Erkrankungen und Gesunderhaltung des Nervensystems

### Erkrankungen des Nervensystems

Werden unsere Sinneszellen sehr lange und zu stark erregt, bewirkt diese **Reizüberflutung** eine Schädigung der Sinneszellen und damit auch des Nervensystems. Da das Nervensystem auch die Tätigkeit der inneren Organe steuert, führt eine zu hohe nervliche Beanspruchung z.B. auch zu Magen-Darm- und Herz-Kreislauf-Erkrankungen.

Schlägt man bei einem Sturz mit dem Kopf auf einen festen Gegenstand bzw. auf den Boden auf, kann eine **Gehirnerschütterung** die Folge sein. Der Verletzte ist oftmals bewusstlos, muss sich erbrechen, leidet unter Schwindelgefühlen und Kopfschmerzen. Unbedingte Bettruhe ist erforderlich.

Werden motorische Nervenbahnen durchtrennt oder Nervenzellkörper zerstört, kommt es zu **Lähmungen.** Die Verletzten können ihre Muskeln nicht mehr bewegen. Wird z.B. durch einen Kopfsprung in unbekanntes Gewässer die Wirbelsäule mit dem Rückenmark verletzt, kann eine **Querschnittslähmung** auftreten. Je nach der Höhe der Rückenmarksverletzung treten völlige Lähmung und Empfindungslosigkeit in den tieferen Körperabschnitten ein. Eine Heilung ist nicht mehr möglich. Zeitlebens sind die Erkrankten auf einen Rollstuhl angewiesen.

Eine weitere Nervenerkrankung ist die von Viren verursachte **Kinderlähmung.** Befallen Viren das Rückenmark und zerstören dort Nervenzellen, kommt es zu Lähmungen der Gliedmaßen.

Ausfallerscheinungen des Gehirns bezeichnet man als **Schlaganfall** (Abb., S. 134).

Eine besonders schwere Nervenerkrankung ist die **multiple Sklerose.** Bei ihr treten schubweise Veränderungen in der Hirnsubstanz auf. Die Folge davon sind Lähmungen und Störungen in der Empfindlichkeit der betroffenen Körpergebiete. Die Ursachen dieser Erkrankung sind noch nicht vollständig geklärt. Wird unser Körper insgesamt überfordert, z.B. durch Ärger in der Schule, im Beruf, in der Familie, durch persönliche Konflikte und Probleme, kann dies zu nervlichen Erkrankungen führen. Auch **angeborene Erkrankungen** können zur geistigen Behinderung führen. **Geistig und körperlich behinderte Kinder** bedürfen vonseiten der Eltern, Geschwister und aller anderen Personen einer besonderen Zuneigung, Unterstützung und Hilfe.

### Gesunderhaltung des Nervensystems

Eine wichtige Maßnahme zur Gesunderhaltung des Nervensystems und damit des gesamten Körpers ist die **Einhaltung eines bestimmten Tagesablaufs.** Viele unserer Lebensprozesse im Körper verlaufen im regelmäßigen Rhythmus, z.B. Herzmuskeltätigkeit, Atmungstätigkeit, Wechsel von Schlaf- und Wachzustand. Auch die Leistungsfähigkeit des Menschen schwankt im Tagesablauf (Abb., S. 197). So sollte darauf geachtet werden, dass am Tag ein ausreichender Wechsel von Arbeit und Erholung sowie Freizeitgestaltung (Abb. 1) eingehalten wird. Unregelmäßige Zeiteinteilung und große Hektik führen zu nervösen Störungen.

Besonders wichtig für die Gesunderhaltung unseres gesamten Körpers ist ausreichender **Schlaf.** Der Mensch verbringt ca. ein Drittel seines Lebens im Schlaf. Er stellt eine lebensnotwendige Aufbau- und Erholungsphase unseres Körpers dar.

**1** Sinnvolle Freizeitgestaltung dient der Gesunderhaltung des Nervensystems.

| Schlafdauer in Stunden pro Tag | |
|---|---|
| Neugeborene | bis 16 |
| Kleinkinder (bis 9 Jahre) | ca. 11 |
| Jugendliche (14–19 Jahre) | ca. 8–9 |
| Erwachsene (bis 45 Jahre) | ca. 7 |
| ältere Menschen (bis 70 Jahre) | ca. 6 |
| | |
| Kurzschläfer | 5–6 |
| Langschläfer | 8–9 |

Totaler Schlafentzug für eine Nacht hat noch keinen Leistungsabfall zur Folge. Bei Schlafentzug über 48 Stunden zeigen sich Erschöpfungssymptome, z.B. das Reaktionsvermögen ist verlangsamt, die Lernfähigkeit eingeschränkt. Die Koordinierung der Bewegungen verringert sich. Traumbilder (Halluzinationen) können im Wachzustand auftreten. Diese Erscheinungen verlieren sich wieder nach 10 bis 13 Stunden Schlaf.

Die **Schlafdauer** ist von bestimmten Gewohnheiten und auch Umweltbedingungen abhängig. Fest steht, dass der tägliche Schlafbedarf abhängig vom Lebensalter, vom Beruf und den Lebensgewohnheiten ist (s.Tab.).
Im Schlaf sind gegenüber dem Wachzustand zahlreiche Körperfunktionen verändert. Es sinken z.B. Herzfrequenz, Blutdruck und Körpertemperatur, das Bewusstsein ist eingeschränkt, die Augen sind geschlossen, die Muskelspannung lässt nach.
Ursachen von **Schlafstörungen** können Lärm, Übermüdung, Schmerzen, quälende Gedanken, aber auch tief greifende Konflikte und Erkrankungen sein. Schlafstörungen mit **Schlaf-** oder **Beruhigungsmitteln** zu beseitigen bringt keinen Erfolg, höchstens eine kurzzeitige Besserung. Besonders gefährlich ist die Einnahme von **Drogen** (s. S.262 bis 269) sowie der **Missbrauch von Medikamenten.**

Das Nervensystem ermöglicht uns die Orientierung in der Umwelt, regelt und steuert alle Vorgänge im Körper. Voraussetzung für seine Gesunderhaltung ist ein richtiger Tagesablauf in Bezug auf Arbeit und Erholung, Freizeit, Körperpflege, Essen, Schlafen und Wachsein.

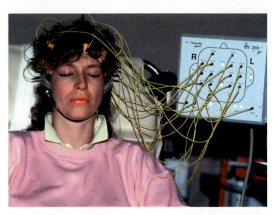

**1** Ableiten von Gehirnströmen

## Mosaik

### Schlafphasen

Durch Ableiten und Aufzeichnen der elektrischen Impulse des Gehirns (EEG; Elektroencephalogramm, Abb. 1), durch Messungen der Augenbewegungen und der Muskelspannung kann man die verschiedenen **Schlafphasen** erforschen. Es werden unterschieden: *Einschlafphase, leichter Schlaf,* beginnender *Tiefschlaf.*

In den Phasen des Tiefschlafs erholen sich das Nervensystem, die Muskeln und Organe. Reservestoffe werden gebildet und Energie „aufgefüllt". In den Phasen des flachen (aktiven) Schlafes ist das Gehirn noch etwas aktiv. In diesen Phasen werden die tagsüber aufgenommenen Informationen verarbeitet und als Erinnerung gespeichert. Es ist die Zeit des bildhaften Träumens.

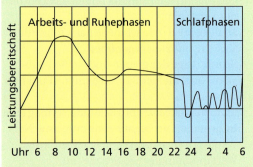

Aktivitäts- und Erholungsphasen eines Tages

## gewusst · gekonnt

1. Erläutere am Beispiel der Nervenzelle den Zusammenhang zwischen Bau und Funktion.

2. Betrachte mithilfe einer Lupe einen Querschnitt vom Rückenmark (Dauerpräparat). Zeichne das Objekt und beschrifte die Zeichnung.

3. Das Gehirn des Menschen besteht aus 5 Abschnitten.

Benenne die Gehirnabschnitte. Gib in einer Tabelle ihre wichtigsten Funktionen an.

4. Gehirn und Rückenmark bilden das Zentralnervensystem.
Stelle beide in einer Tabelle nach folgenden Gesichtspunkten gegenüber:
Schutz, Lage der grauen und weißen Substanz, allgemeiner Bau, allgemeine Funktion.

5. Mehr als 100 Meter pro Sekunde vermag eine Information im Organismus durch die Nervenfasern zurückzulegen. Rechne diesen Wert in Kilometer pro Stunde um.
Vergleiche die errechnete Geschwindigkeit mit der Geschwindigkeit eines Kleinautos.

6. Vergleiche unbedingte und bedingte Reflexe. Nenne Beispiele. Fertige eine Tabelle an.

7. Auf Reize aus der Umwelt reagiert der Organismus mit bestimmten Reaktionen, z. B. mit einem Reflex. Nenne Beispiele für einen Reflex. Beschreibe den Ablauf eines Reflexes.

8. Bei plötzlicher Annäherung einer Fliege schließen sich unwillkürlich deine Augenlider. Beschreibe den Ablauf dieses Reflexes.

9. Benenne in deinem Heft die in der Abbildung gekennzeichneten Glieder des Speichelreflexes. Gib für jedes Glied die entsprechende Funktion an.

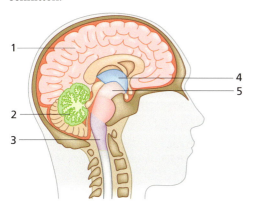

10. a) Ordne den mit Ziffern gekennzeichneten Teilen eines Reflexbogens folgende Bezeichnungen zu:
Rückenmark / Gehirn (Reflexzentrum), Sinneszelle (Rezeptor), Bewegungsnerv (motorischer Nerv), Erfolgsorgan (Effektor), Empfindungsnerv (sensibler Nerv).

b) Beschreibe mithilfe der Begriffe den Ablauf eines Reflexes.

11. Nenne deine bevorzugten Lernformen. Erläutere sie an Beispielen.

# Informationsverarbeitung im Zentralnervensystem

Kleinstes Bauelement des Zentralnervensystems ist die **Nervenzelle.** Sie dient der Aufnahme, Weiterleitung und Verarbeitung von Erregungen.

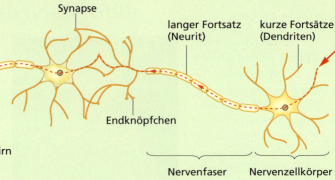

Synapse

langer Fortsatz (Neurit)

kurze Fortsätze (Dendriten)

Endknöpfchen

Nervenfaser

Nervenzellkörper

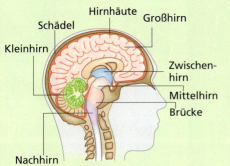

Hirnhäute   Großhirn

Schädel

Kleinhirn

Zwischen-hirn

Mittelhirn

Brücke

Nachhirn

Das weiche **Gehirn** liegt geschützt in der Schädelkapsel. Es besteht aus 5 Abschnitten.
Im Gehirn werden alle Erregungen aufgenommen, verarbeitet, teilweise gespeichert (Gedächtnis) bzw. auf andere Nerven übertragen. In ihm vollziehen sich alle Vorgänge unseres bewussten Fühlens, Denkens und Handelns.

Das **Rückenmark** liegt geschützt im Wirbelkanal der Wirbelsäule. Nerven des Rückenmarks führen in alle Teile des Körpers und zum Gehirn. Es ist ein Reflexzentrum.

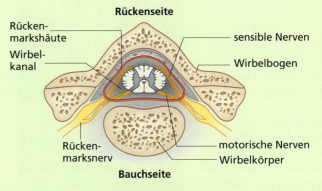

Rückenseite

Rücken-markshäute

Wirbel-kanal

sensible Nerven

Wirbelbogen

Rücken-marksnerv

motorische Nerven

Wirbelkörper

Bauchseite

# Reflexe

**Unbedingte Reflexe** sind angeborene unwillkürliche Reaktionen des Körpers auf einen Reiz.

Jeder Reflex läuft in einem **Reflexbogen (einer Reiz-Reaktions-Kette)** ab.
Sie sind oftmals Schutzreaktionen und bedingen den Ablauf von Lebensfunktionen.

**Bedingte (erworbene) Reflexe** sind Voraussetzung für Lernprozesse sowie für die Speicherung und Verarbeitung von Informationen.

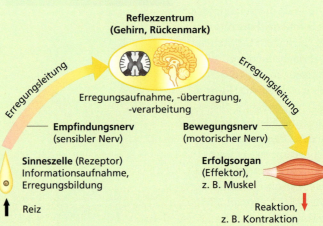

Reflexzentrum (Gehirn, Rückenmark)

Erregungsleitung

Erregungsleitung

Erregungsaufnahme, -übertragung, -verarbeitung

Empfindungsnerv (sensibler Nerv)

Bewegungsnerv (motorischer Nerv)

Sinneszelle (Rezeptor) Informationsaufnahme, Erregungsbildung

Erfolgsorgan (Effektor), z. B. Muskel

Reiz

Reaktion, z. B. Kontraktion

# 4.3 Regelung von Lebensprozessen durch Nerven und Hormone

## Lebensprozesse im Körper – koordiniert und geregelt?

In unserem Körper laufen die Lebensprozesse, wie Stoff- und Energiewechsel, Schwangerschaft, Geburt, Individualentwicklung und Wachstum, geregelt und koordiniert ab.
*Wodurch wird diese biologische Regulation bewirkt?*
*Warum müssen Störungen im Ablauf dieser Prozesse vermieden werden?*

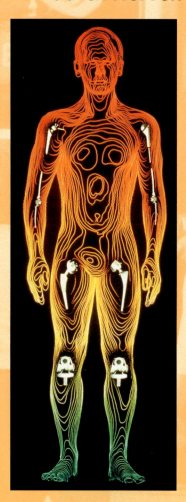

## Riese und Zwerg – nur ein Größenunterschied?

Manche Menschen wachsen bis zu einer Größe von 2,20 m oder 2,40 m. Sie zeigen Riesenwuchs. Andere wiederum sind kleinwüchsige Zwerge wie die Basketball spielenden Liliputaner (Abb.).
*Wie kommen diese Größenunterschiede zustande?*
*Welche Ursachen gibt es dafür?*

## Die Schilddrüse – eine wichtige Hormondrüse?

Die Schilddrüse ist ein kleines, schmetterlingsförmiges Organ, das an der Vorderseite des Halses – unterhalb des Kehlkopfes – wie ein Schild der Luftröhre aufliegt. Sie hat ein Gewicht bei einem Erwachsenen von etwa 50 g. Sie stellt aus Iod und Eiweißbausteinen das Hormon Thyroxin her, speichert dieses und gibt es bei Bedarf über das Blut an den Organismus ab.
*Welcher Lebensprozess wird durch Thyroxin geregelt?*
*Was bewirken ein Unterangebot bzw. ein Überangebot an Thyroxin im Körper?*

# Biologische Regelung

Im gesunden Körper des Menschen laufen viele biologische Vorgänge geregelt ab. Es werden Zustände möglichst konstant gehalten, z. B. Körpertemperatur, Blutdruck, Atmung, Blutzuckerspiegel, Beleuchtungsstärke im Auge, obwohl in der Umwelt und im Körperinneren ständig Veränderungen vor sich gehen. Diese Veränderungen erfolgen unwillkürlich, sind angeboren und ständig vorhanden. Sie sind aber keine unbedingten Reflexe, da durch eine dauernde Rückmeldung über den Ablauf der Reaktion an ein Regelzentrum ein geschlossener Wirkungskreis entsteht. Dieser geschlossene Wirkungskreis wird **biologischer Regelkreis** (Abb. 1) genannt.

Zahlreiche biologische Regelkreise sind die Grundlage für die Regelung und Steuerung aller Lebensprozesse in unserem Körper. Sie erfordern das Vorhandensein einer zentralen Schaltstelle (z. B. Gehirn, Rückenmark), die alle Prozesse überwacht und reguliert.
Die biologische Regelung ermöglicht eine bessere Anpassung des Organismus an sich ändernde Lebensbedingungen in der Umwelt und im Körperinneren.

> Die Regelung zahlreicher in unserem Körper ablaufender Prozesse erfolgt in biologischen Regelkreisen.

Wir wissen bereits, dass sich unsere Augen an die Menge des einfallenden Lichtes, also an die unterschiedliche Beleuchtungsstärke, durch **Veränderung der Pupillenweiten** anpassen können (s. Pupillenadaptation, S. 161).
Bei genauerer Betrachtung stellt man fest, dass dieser Vorgang über einen biologischen Regelkreis abläuft (Abb. 1, S. 202):
– Lichtsinneszellen in der Netzhaut „messen" die Menge des einfallenden Lichtes;
– Empfindungsnerven überbringen die „Messergebnisse" als Erregungen dem Sehfeld im Gehirn;
– im Gehirn erfolgt die Verarbeitung der Erregungen, neue Erregungen werden an Bewegungsnerven weitergeleitet;
– Bewegungsnerven überbringen die Erregungen den Muskeln der Regenbogenhaut;
– Muskeln der Regenbogenhaut erweitern bzw. verengen die Pupille je nach der Menge des einfallenden Lichtes, sodass die Beleuchtungsstärke im Auge relativ konstant bleibt.

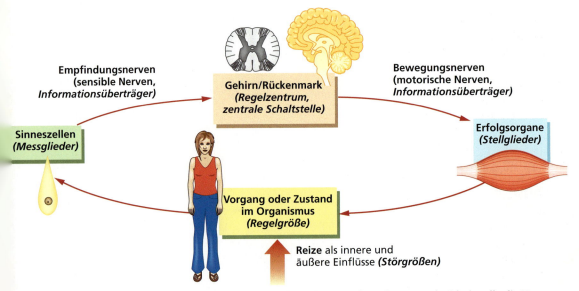

**1** Der biologische Regelkreis ist ein geschlossener Wirkungskreis, in dem eine zentrale Schaltstelle die Vorgänge bzw. Zustände im Körper überwacht und reguliert.

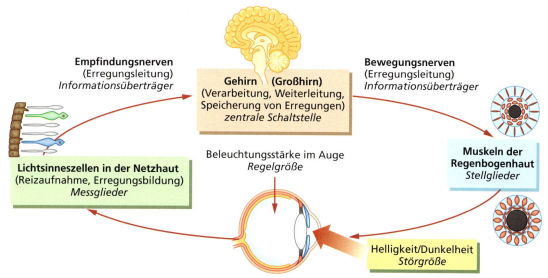

**1** Die Regelung der Pupillenweite bei unterschiedlicher Beleuchtungsstärke erfolgt auf der Grundlage eines biologischen Regelkreises.

Auch die **Regelung der Körpertemperatur** erfolgt in einem biologischen Regelkreis (Abb. 2).
Die Regelgröße ist die annähernd konstante Körpertemperatur von etwa 37°C, unabhängig von höherer oder niedriger Außentemperatur.
Bei absinkender Außentemperatur werden Muskeln und Leber als Wärme bildende Organe erregt.
Bei stark erhöhter Außentemperatur werden die Blutgefäße der Haut und die Schweißdrüsen als Wärme abgebende Organe erregt.
Einige biologische Prozesse werden durch **Zusammenwirken von Hormonen und Nerven** geregelt, z.B. Blutzuckerspiegel (Abb. 1, S. 206), Grundumsatz des Stoff- und Energiewechsels, Ausbildung der sekundären Geschlechtsmerkmale.

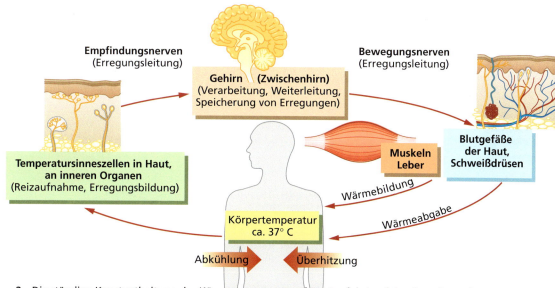

**2** Die ständige Konstanthaltung der Körpertemperatur auf 37°C erfolgt auf der Grundlage eines biologischen Regelkreises.

# Das Hormonsystem

## Hormone – die Boten des Körpers

Ob die Entwicklung im Mutterleib komplikationslos verläuft, das Wachstum nicht zu früh und nicht zu spät beendet wird, ob man in der Pubertät von geringen oder größeren Hautunreinheiten geplagt wird, ob man gut gelaunt oder eher gereizt reagiert, wie man Stress-Situationen meistert, alles das ist unter anderem eine Frage von lebenswichtigen Wirkstoffen, den **Hormonen.** Es gibt kaum einen Prozess, an dem diese chemischen Verbindungen, die schon in unvorstellbar niedrigen Konzentrationen wirken, nicht beteiligt sind. Hormone steuern alle Lebensprozesse, wie den Stoff- und Energiewechsel, das Wachstum, die Schwangerschaft und Geburt, beeinflussen das Immunsystem, wirken auf Organe und Nerven.

> Hormone sind chemische Wirkstoffe, die Lebensprozesse in unserem Körper steuern und koordinieren.

Das **Hormonsystem** stellt neben dem Nervensystem das zweite Informationssystem des Körpers dar. Das Nervensystem zeichnet sich durch eine blitzschnelle Informationsübertragung aus. Es dauert beispielsweise nur Bruchteile einer Sekunde, bis wir die Hand von einem heißen Gegenstand zurückziehen, den wir zufällig berührten. Dagegen verläuft die **Signalübermittlung über Hormone** viel langsamer, einige Sekunden bis zu mehreren Stunden. Die Wirkung hält jedoch länger an, weil die Informationsübertragung durch die Struktur chemischer Substanzen realisiert wird. Die vielen unterschiedlichen Prozesse werden durch jeweils ganz bestimmte Hormone ausgelöst oder beeinflusst (Tab., S. 205).

Die chemischen Botenstoffe, die Hormone, werden in **Hormondrüsen** produziert und bei Bedarf direkt in die Blutbahn abgegeben (Abb. 1). Über das Blut gelangen die Hormone zu den jeweiligen Zielorten, ihren Wirkungsorten. Weil die Hormone in das Innere (innen = endo), also direkt in das Blut, abgegeben (krine = sondere ab) werden, nennt man die Hormondrüsen **endokrine Drüsen** und das Hormonsystem **endokrines System.**

Obwohl die Hormone durch das Blut im gesamten Organismus verteilt werden, können nur die Zellen der Zielorte die Information empfangen und verwerten. Jedes Hormon besitzt nämlich eine spezifische chemische Struktur. Deshalb kann sich jedes Hormon nur an die bestimmten Zellen des Zielortes anlagern, da nur diese eine passende Stelle (Rezeptor) für die Anlagerung besitzen. Erst dann wird in der Zelle eine Reaktion ausgelöst. Dies funktioniert nach dem „Schlüssel-Schloss-Prinzip", d.h., durch die spezifische chemische Struktur des Hormons (Schlüssel) kann es sich nur an solche Zellen anlagern, die den entsprechenden Rezeptor (Schloss) besitzen (Abb. 2).

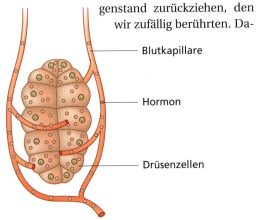

1  Das Hormon wird aus den Drüsenzellen direkt in das Blut gegeben.

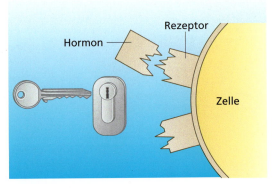

2  Ein Hormon passt zu einem Rezeptor wie ein Schlüssel in sein Schloss.

Durch diese Anlagerung kann das Hormon Reaktionen in der Zelle auslösen. Hormone wirken also in spezifischer Weise in bestimmten Zellen, Geweben oder Organen. Sie sind **wirkungsspezifisch** (Tab., S. 205).

Hormone wirken schon in geringen Mengen anregend oder hemmend auf die Lebensprozesse. Sie haben also einen **hohen Wirkungsgrad.**

> Hormone werden in Hormondrüsen produziert, direkt in das Blut abgegeben und durch das Blut zu den spezifischen Wirkungsorten transportiert.

### Überblick über das Hormonsystem

Hormondrüsen liegen im Körper verteilt. Dazu gehören *Hirnanhangdrüse* (Hypophyse), *Nebenschilddrüsen, Schilddrüse, Nebennieren, Bauchspeicheldrüse, Thymusdrüse* und *Keimdrüsen* (Eierstöcke bzw. Hoden; Abb. 1). Im Hormonsystem hat die **Hirnanhangdrüse (Hypophyse)** eine übergeordnete Rolle. Sie hat ungefähr die Größe eines Kirschkerns und ist über einen Stiel mit dem Hypothalamus, einem Bereich des Zwischenhirns, verbunden. Über den Hypothalamus besteht die Verbindung des Hormonsystems mit dem Nervensystem (Abb. 1, S. 205; Tab., S. 205).

Die Hirnanhangdrüse produziert nur wenige Milligramm Hormone pro Tag. Diese geringe Menge genügt, um sowohl direkt Prozesse im Körper auszulösen (z. B. durch das Hormon Somatropin das Wachstum) als auch andere Hormondrüsen zur Tätigkeit anzuregen, z. B. Nebennieren, Schilddrüse, Keimdrüsen (S. 218, 220). Für die Gesundheit und Funktionsfähigkeit unseres Körpers reicht die Konzentration vieler Stoffe schon in sehr geringen Mengen aus.

Die Hormone der Hirnanhangdrüse bewirken die Abgabe derjenigen Hormone ins Blut, die der Konzentrationsänderung entgegenwirken, z. B. bei einer zuckerreichen Nahrungszufuhr die Ausschüttung von Insulin zur Blutzuckersenkung (s. S. 206).

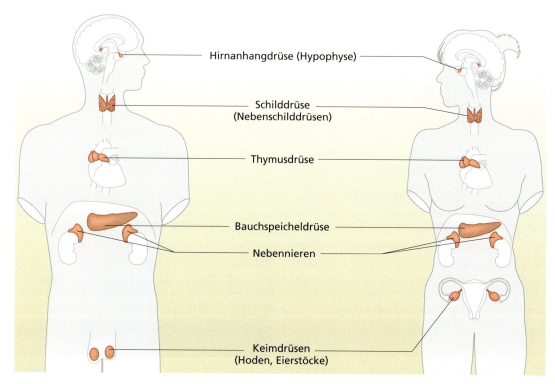

**1** Lage der Hormondrüsen im menschlichen Körper

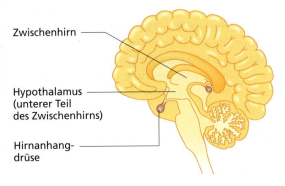

Zwischenhirn

Hypothalamus
(unterer Teil
des Zwischenhirns)

Hirnanhang-
drüse

**1**  Lage von Hirnanhangdrüse und Hypothalamus

Zwischen den Hormondrüsen und der Hirnanhangdrüse besteht außerdem eine negative Rückkopplung, d.h., wenn die erforderliche Konzentration wieder eingestellt wurde, wird die Hormonproduktion der Hirnanhangdrüse zur Anregung der Hormondrüsen wieder reduziert.

> **Durch Regelkreise ist es möglich, Stoffgleichgewichte im Blut zu realisieren und die Anpassung des Körpers an die jeweiligen aktuellen Bedingungen zu erreichen.**

| Hormondrüsen | produzierte Hormone (Beispiele) | Wirkungen der Hormone (Beispiele) |
| --- | --- | --- |
| **Hirnanhangdrüse (Hypophyse)** | Wachstumshormone | Regulation des Körperwachstums |
| | verschiedene Hormone zur Anregung von Lebensprozessen | Anregung anderer Hormondrüsen, z.B. Schilddrüse, Nebennieren, Keimdrüsen |
| **Schilddrüse** | Thyroxin | Steuerung des Stoff- und Energiewechsels im Organismus |
| **Nebenschilddrüsen** (4 kleine Epithelkörperchen) | Parathormon | Beeinflussung des Calcium- und Phosphorstoffwechsels (Regelung des Calciumwertes im Blut im Zusammenhang mit den Kalkverbindungen in den Knochen) |
| **Thymusdrüse** | Thymosin | Förderung der Abwehr gegen Infektionen, Beeinflussung des Immunsystems |
| **Nebennieren** Nierenmark | Adrenalin | „Stresshormon"; Blutdrucksteigerung, Erhöhung von Blutzuckerspiegel und Schlagfrequenz des Herzens, Beeinflussung der Atmung, Glykogenabbau |
| Nierenrinde | Kortikoide (Rindenhormone) | Regelung des Wasser- und Salzhaushaltes, Entzündungshemmung, Hemmung von Antikörperbildung und allergischen Reaktionen |
| **Bauchspeicheldrüse** (langerhanssche Inseln) | Insulin | Senkung des Blutzuckerspiegels, Glykogenbildung |
| | Glukagon | Erhöhung des Blutzuckerspiegels, Glykogenabbau |
| **Keimdrüsen** Eierstöcke | Östrogene Gestagene (Progesteron) | Förderung der Knochenbildung Förderung der Ausprägung sekundärer Geschlechtsmerkmale und sexueller Aktivität, Steuerung des Menstruationszyklus, Schwangerschaft |
| Hoden | Androgene (Testosteron) | Förderung der Ausprägung sekundärer Geschlechtsmerkmale und sexueller Aktivität, Förderung der Samenzellenbildung |

## Regulation des Blutzuckerspiegels

In der Schule klingelt es zur Frühstückspause. Die unterschiedlichsten Nahrungsmittel werden ausgepackt und gegessen. Uns interessiert nun, was mit ihnen in unserem Körper passiert.

Durch die Verdauungsprozesse gelangen die Grundbausteine der Nährstoffe ins Blut und verändern dort die Stoffkonzentration. Bei kohlenhydrathaltiger Nahrung steigt beispielsweise der Traubenzuckerwert im Blut an. Die Konzentration des Blutzuckers muss aber relativ konstant sein. Der Gehalt an Traubenzucker (Glucose) im Blut (Blutzuckerspiegel, Blutzuckerwert) wird durch das Zusammenwirken von Hormonen und Nerven auf 80 mg bis 100 mg Traubenzucker (Glucose) pro 100 ml Blut (im nüchternen Zustand) einreguliert. Der Blutzuckergehalt steigt bei einem Gesunden nach den Mahlzeiten auf etwa 140 mg Traubenzucker pro 100 ml Blut. Dieser Überschuss kann von den Körperzellen aufgenommen und genutzt werden, so dass der Blutzuckerwert schnell auf das Normalmaß reduziert wird. Diese **Regelung des Blutzuckerspiegels** wird durch Hormone und Nerven gesteuert (Abb. 1).

> Die relative Konstanthaltung des Blutzuckerspiegels (Gehalt an Traubenzucker im Blut) erfolgt durch das Zusammenwirken von Hormonen und Nerven.

Beteiligt an der Regulation sind die Hormone *Insulin* und *Glukagon* der Bauchspeicheldrüse und das Hormon *Adrenalin* der Nebennieren.

Das Insulin der Bauchspeicheldrüse bewirkt eine **Senkung des Blutzuckerspiegels,** indem Traubenzucker aus dem Blut in die Leber transportiert, dort in Glykogen („Leberstärke") umgewandelt und gespeichert wird (Abb. 1).

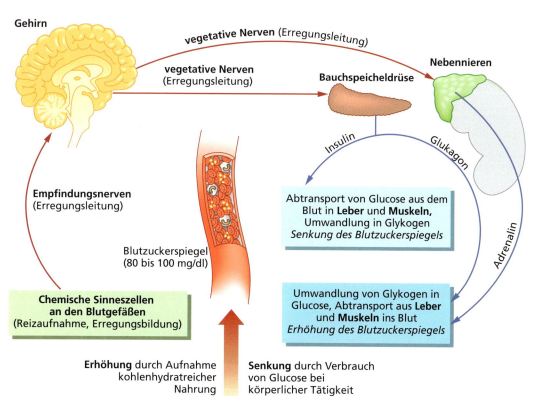

**1** Die Regulation des Blutzuckerspiegels ist ein Beispiel für das Zusammenwirken von Nerven und Hormonen.

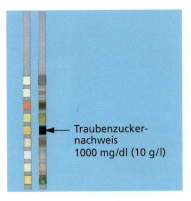

Traubenzucker-
nachweis
1000 mg/dl (10 g/l)

**1**  Teststreifen für Traubenzucker

**2**  Messgeräte zur Blutzuckerkontrolle

Das *Adrenalin* der Nebennieren und das *Glukagon* der Bauchspeicheldrüse bewirken eine **Erhöhung des Blutzuckerspiegels,** indem sie das Glykogen („Leberstärke") in der Leber zu Traubenzucker abbauen. Der Traubenzucker gelangt wieder in das Blut (Abb. 1, S. 206). Damit steigt der Traubenzuckergehalt des Blutes an.

> Das Insulin der Bauchspeicheldrüse bewirkt durch Umwandlung von Traubenzucker in Glykogen und dessen Speicherung in Leber und Muskeln eine Senkung des Blutzuckerspiegels. Das Adrenalin der Nebennieren und das Glukagon der Bauchspeicheldrüse bewirken durch Umwandlung von Glykogen in Traubenzucker und dessen Abgabe ins Blut eine Erhöhung des Blutzuckerspiegels.

Bietet man dem Körper ständig zu viel kohlenhydratreiche Nahrung an, findet auch ständig eine Stoffspeicherung statt, und besonders die Fettreserve im Körper wird aufgebaut. Es kommt zu Übergewicht. Damit diese Depots wieder aufgebraucht werden, hilft langfristig eigentlich nur eine Strategie: **weniger essen und mehr bewegen!** Bewegung hingegen bedeutet Muskelarbeit. Damit unsere Muskeln kontrahieren können, benötigen sie Energie. Der Brennstoff dafür ist im allgemeinen Traubenzucker (Glucose). Sowohl für die Ausführung körperlicher Betätigung (z. B. Sport, körperlich schwere Arbeit) als auch für die Bewältigung geistiger Tätigkeiten (z. B. Forschungsarbeiten, Schulhausaufgaben)

wird Traubenzucker verstärkt in den Zellen zur Aufrechterhaltung des Stoff- und Energiewechsels benötigt. Traubenzucker muss also ständig aus dem Blut in die Zellen abgegeben werden. Ist die Konstanthaltung des Blutzuckerspiegels gestört, kommt es zur **Zuckerkrankheit (Diabetes mellitus).** Sie beruht auf einem **Mangel an Insulin.** Dadurch kann zu wenig Traubenzucker in Glykogen umgewandelt und gespeichert werden. Der im Blut angereicherte Traubenzucker wird aus dem Blut mit dem Harn ungenutzt ausgeschieden und fehlt den Zellen als Energielieferant. Dies führt zu Müdigkeit, Sehstörungen, Gewichtsabnahme und allgemeiner Leistungsminderung. Für die Zuckerausscheidung über den Urin benötigt der Körper viel Flüssigkeit. Diesen Wasserverlust möchte der Körper auffüllen, die Zuckerkranken sind stark durstig.

Weitere Anzeichen können z. B. sein: Hautjucken, Schwindel und Kopfschmerzen.

Hat man diese Anzeichen am eigenen Körper festgestellt, sollte man, um Gewissheit zu haben, einen Arzt aufsuchen.

Der Arzt
– prüft mit einem Teststreifen den Zuckergehalt im Urin (Abb. 1),
– nimmt Blut ab und misst, wie viel Zucker sich im Blut befindet (Abb. 2).

> Beim Diabetes (Zuckerkrankheit) ist der Traubenzuckergehalt des Blutes (Blutzuckerspiegel) infolge nicht ausreichender Insulinbildung ständig zu hoch.

Ist der Blutzuckerspiegel durch Diät und **blutzuckersenkende Tabletten** nicht zu steuern, dann sind zusätzlich Insulingaben notwendig (Abb. 1). Der Diabetes muss unter ständiger Kontrolle durch einen Arzt behandelt werden, da jeder Patient auf „seinen" Diabetes eingestellt werden muss.

Die **Diätnahrung** enthält auch die Nährstoffe Kohlenhydrate, Fette, Eiweiße, nur ist ihr Anteil verändert (z. B. ist sie ohne Traubenzucker).

Eine Behandlung ist wichtig, um **Spätschäden** zu vermeiden bzw. zu vermindern, z.B. Erblindung, Taubheitsgefühle, Muskelschwund, Arteriosklerose, Herzinfarkt, Nierenversagen, Fettleber. Neben Durst, Schwäche, Erbrechen, schnellem Herzschlag, trockener Haut kann es zum diabetischen Koma kommen, wenn der Blutzuckerspiegel aufgrund des Insulinmangels extrem hoch steigt.

Viele Diabetiker verdanken der Entdeckung des Insulins ihr Leben. Die Insulinpräparate waren anfangs sehr teuer, da sie aus Bauchspeicheldrüsenextrakten von Rindern und Schweinen gewonnen wurden. Ungefähr 70 bis 80 Bauchspeicheldrüsen sind erforderlich, um die Menge an Insulin zu isolieren, die ein Diabetiker durchschnittlich in einem Jahr benötigt.

Heute ist es möglich, das **Insulin gentechnisch herzustellen.** Dazu wird ein Stückchen der menschlichen Erbinformation in die Erbinformation von Bakterien eingeschleust. Die so veränderten Bakterien produzieren nun menschliches Insulin, und dies in wesentlich größerer Menge, als man aus Bauchspeicheldrüsenextrakten gewinnen könnte (s. S. 487).

> Durch gesunde Ernährung, Vermeidung von Übergewicht und ausreichende Bewegung kann man dem Diabetes vorbeugen. Zur Einregulierung des Blutzuckerspiegels sind eine Diät und Insulingaben erforderlich.

**1** Injektionssystem zum Insulinspritzen

## Mosaik

### Diabetes-Typen

Die Zuckerkrankheit erhielt vor vielen hundert Jahren von griechischen Ärzten die Bezeichnung **Diabetes mellitus.** „Diabetes" beschreibt den Durchfluss des Urins und „mellitus" den honigähnlichen Geschmack des Urins.

Es gibt 2 Typen des Diabetes.

Beim **Typ-I-Diabetes** besteht der Insulinmangel infolge der Zerstörung der Inselzellen in der Bauchspeicheldrüse. Dieser Typ tritt vor allem in der Jugend auf (15. bis 24. Lebensjahr). Neben einem ausgeprägten Durstgefühl und einer überdurchschnittlich hohen Urinabgabe ist eine Gewichtsabnahme zu beobachten. Die Störung des Stoffwechsels bewirkt den rapiden Gewichtsverlust. Der Organismus ist nicht mehr in der Lage, ausreichend körpereigene Substanz aufzubauen, da die Stoffspeicherung eingeschränkt ist.

Die Zuckerkranken des Typ-I-Diabetes erhalten auf Dauer Insulingaben zur Einregulierung des Blutzuckerspiegels; sie sollten auch eine möglichst zuckerfreie Diät einhalten.

Der **Typ-II-Diabetes** wird auch Altersdiabetes genannt und betrifft häufig über 40-Jährige. Eine wesentliche Ursache vermutet man in einer Überforderung der Insulin produzierenden Zellen der Bauchspeicheldrüse durch Übergewicht, falsche Ernährung, Bewegungsarmut sowie Dauerbelastung des Körpers durch zu großen Stress. Oft haben Verwandte ebenfalls Diabetes. Deshalb vermutet man als Ursache auch einen ererbten Defekt der Inselzellen.

## gewusst · gekonnt

1. Erläutere anhand der Abbildung 2 auf Seite 202 die Wirkungsweise des biologischen Regelkreises zur Regelung der Körpertemperatur bei Überhitzung deines Körpers.

2. Ein frierender Mensch führt unwillkürlich aktive Körperbewegungen aus. Begründe.

3. Übernimm folgende Tabelle in dein Heft und fülle sie aus.
Welche Unterschiede gibt es in der Informationsübertragung?

| Informations-übertragung | Hormon-system | Nerven-system |
|---|---|---|
| Zeit | | |
| Dauer der Wirkung | | |
| Informationsträger | | |

4. Auf welche Weise wirken Hormone im Organismus? Beschreibe an Beispielen.
Informiere dich auch im Internet.

5. a) Stelle die Regulation des Blutzuckers anhand eines selbst entwickelten Schemas dar.
b) Beschreibe die Regulation
– bei der Aufnahme kohlenhydratreicher Nahrung,
– bei der Ausführung schwerer körperlicher Arbeit (z. B. Schweißen) oder anstrengender sportlicher Betätigung (z. B. Boxen).

6. Nenne Hormondrüsen und von ihnen gebildete Hormone.
Beschreibe deren Wirkungen im Körper.

7. Die Umwandlung von Traubenzucker in Glykogen entlastet den Blutzuckerspiegel. Begründe.

8. Nach intensiver geistiger Tätigkeit (z. B. nach dem Schreiben einer Klassenarbeit) ist dir heiß, dein Gesicht ist gerötet, du bist sehr aufgeregt. Begründe.

9. Vergleiche Bau und Funktion einer Hormondrüse, Schweißdrüse und Talgdrüse.
Fertige eine Tabelle dazu an.

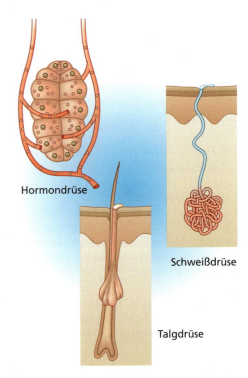

Hormondrüse

Schweißdrüse

Talgdrüse

10. Eine Diabetestherapie wurde möglich, nachdem es den Wissenschaftlern BANTING und BEST im Jahre 1921 gelungen war, das Hormon Insulin zu isolieren. Heute ist es möglich, das Insulin gentechnisch herzustellen. Welche Bedeutung hat die gentechnische Herstellung von Insulin für die Diabetiker?

## Biologische Regelung

Nerven- und Hormonsystem sind wichtige Steuerungs- und Regelsysteme unseres Körpers.

**Biologische Regelung** ist der Ablauf biologischer Prozesse (z.B. Blutdruck, Atmung, Blutzuckerspiegel) in Regelkreisen (Abb.). Sie erfolgt unwillkürlich, ist angeboren und ständig vorhanden. Durch eine dauernde Rückmeldung über den Ablauf der Reaktion an ein Regelzentrum entsteht ein geschlossener Wirkungskreis.

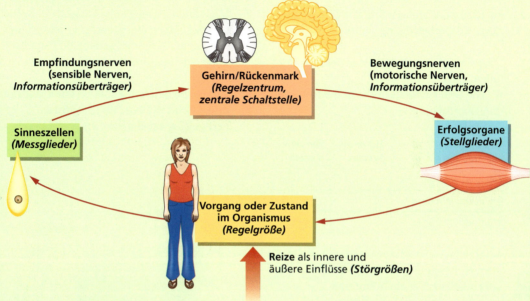

Empfindungsnerven
(sensible Nerven,
*Informationsüberträger*)

**Gehirn/Rückenmark**
*(Regelzentrum,
zentrale Schaltstelle)*

Bewegungsnerven
(motorische Nerven,
*Informationsüberträger*)

**Sinneszellen**
*(Messglieder)*

**Erfolgsorgane**
*(Stellglieder)*

**Vorgang oder Zustand
im Organismus**
*(Regelgröße)*

**Reize** als innere und
äußere Einflüsse *(Störgrößen)*

## Hormonsystem

**Hormone** sind chemische Wirkstoffe, die Lebensprozesse in unserem Körper steuern und koordinieren, z.B. Konstanthaltung des Blutzuckerspiegels.

**Hormone** werden in **Hormondrüsen** (Abb.) produziert, direkt in das Blut abgegeben und durch das Blut zu den spezifischen Wirkungsorten transportiert.

Störungen in der Hormonproduktion führen zu Erkrankungen (z.B. Zuckerkrankheit). Durch eine gesunde Lebensweise (gesunde Ernährung, Vermeidung von Übergewicht, ausreichende Bewegung) kann man Hormonstörungen vorbeugen.

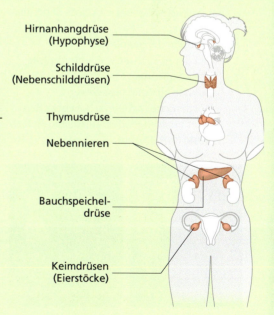

Hirnanhangdrüse
(Hypophyse)

Schilddrüse
(Nebenschilddrüsen)

Thymusdrüse

Nebennieren

Bauchspeicheldrüse

Keimdrüsen
(Eierstöcke)

# Sexualität, Fortpflanzung und Entwicklung des Menschen

5

# 5.1 Sexualität, Liebe und Partnerschaft

**Liebe und Partnerschaft – wichtige Bestandteile unseres Lebens**

Sexualität, Liebe und Partnerschaft gewinnen mit Eintritt der Geschlechtsreife eine immer größere Bedeutung. Jeder erlebt das auf seine persönliche Art und Weise.

*Wer ist für mich der/die Richtige?*

*Was gehört zu einer guten Partnerschaft?*

*Zärtlichkeit – ja, schneller Sex – nein?*

*Wie ist das mit dem „ersten Mal"?*

**Sexualität – was bedeutet das?**

Eine Freundin bzw. einen Freund zu haben, sich lieben, küssen und miteinander intim sein, heiraten und eine Familie gründen – das sind Vorgänge, die mit der Sexualität des Menschen zusammenhängen.

*Welche biologischen Grundlagen und welche Funktionen hat die Sexualität beim Menschen?*

*Durch welche Körpermerkmale unterscheiden sich Jungen und Mädchen, Mann und Frau?*

**Pubertät – Zeit der Geschlechtsreife**

Die Pubertät ist eine wichtige Phase in der Entwicklung jedes Menschen. Dieses Alter ist für beide Geschlechter eine erlebnisreiche Zeit des Suchens, Probierens und Erfahrungsammelns.

*...uft sie bei allen Mädchen ...gen gleich ab?*

*...t sich in der ...he" der*

# Sexualität und Pubertät

Als **Sexualität** bezeichnet man die Gesamtheit der Körpervorgänge und Handlungen, die mit der „Geschlechtlichkeit" und den Beziehungen der beiden Geschlechter zusammenhängen.
In biologischer Hinsicht dient Sexualität der Erzeugung von Nachkommen (Fortpflanzung).
Beim Menschen hat sie darüber hinaus starken Einfluss auf seine Gefühle, Bedürfnisse, Einstellungen und Verhaltensweisen sowie auf die Beziehungen zwischen den Geschlechtern wie Freundschaft, Liebe, Partnerschaft, Ehe.

Sexualität ist also ein wichtiges **Wesensmerkmal** und **Grundbedürfnis** des Menschen, welches sich bei jedem Einzelnen in einer persönlichen (individuellen) Art und Weise ausprägt.

Eine wichtige Phase der sexuellen Entwicklung ist die Zeit der **Geschlechtsreife,** die **Pubertät.** Dieser Übergang vom Mädchen zur jungen Frau und vom Jungen zum jungen Mann fin-

det zwischen dem 11. und 17. Lebensjahr statt. Verbunden mit dem Wachstumsschub des Körpers, entwickeln die **primären Geschlechtsmerkmale,** die Keimdrüsen, bei beiden Geschlechtern ihre volle Funktionsreife.
In den weiblichen Keimdrüsen, den Eierstöcken, werden reife Eizellen gebildet, und die ersten Menstruationsblutungen treten ein. In den männlichen Keimdrüsen, den Hoden, werden reife Samenzellen gebildet; es kommt zu Gliedversteifungen und ersten Samenergüssen.

Im Verlauf der Pubertät prägen sich auch **sekundäre Geschlechtsmerkmale** aus, die das äußere Erscheinungsbild des männlichen und des weiblichen Körpers kennzeichnen und unterscheiden (Abb. 1, 2).

Beim *jungen Mann* sind das die stärkere Ausbildung der Muskeln, breitere Schultern, Bartwuchs und Stimmbruch.

Bei der *jungen Frau* kommt es dagegen zu einer Abrundung der Körperformen, zur Ausbildung der Brüste und zur Verbreiterung des Beckens.

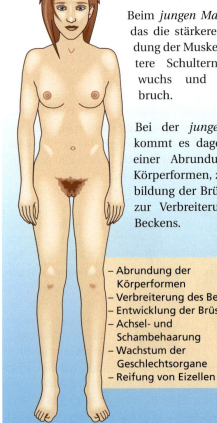

– Muskelwachstum
– Stimmbruch
– Verbreitung der Schultern
– Bartwuchs
– Achsel- und Schambehaarung
– Wachstum der Geschlechtsorgane
– Reifung von Samenzellen

– Abrundung der Körperformen
– Verbreiterung des Beckens
– Entwicklung der Brüste
– Achsel- und Schambehaarung
– Wachstum der Geschlechtsorgane
– Reifung von Eizellen

**1**  Merkmale der Geschlechtsreife des Mannes

**2**  Merkmale der Geschlechtsreife der Frau

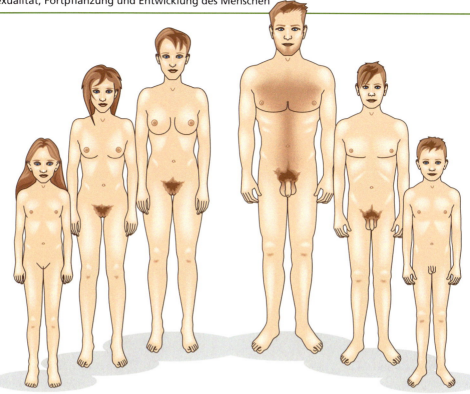

1  Die pubertäre Entwicklung von Sandra

2  Die pubertäre Entwicklung von Stephan

Die Reifungsvorgänge setzen bei manchen **früher,** bei anderen **später** ein. Am Ende der Pubertätszeit gleicht sich das aber wieder aus.
Also: Kein Grund zur Besorgnis bei den „Spätentwicklern"; kein Anlass zu Überheblichkeit und Hänseleien für die „Frühreifen"!

In der Pubertät verändern sich auch die **Gefühle** und **Verhaltensweisen** der Jugendlichen. Das ist eine Zeit des Suchens, Probierens, Erfahrungsammelns, die nicht problemlos abläuft. Jungen und Mädchen müssen erst lernen, mit ihren neuen Gefühlen richtig umzugehen. Manche sind anfangs noch unsicher, schüchtern, gehemmt; andere geben sich betont selbstbewusst, wollen auffallen durch ihre Kleidung, Frisur oder Sprache.

Viele Jugendliche lehnen gern Pflichten und Normen ab, führen Auseinandersetzungen mit Eltern oder Lehrern. Man bezeichnet die Pubertät daher auch als „Flegeljahre".
Auch die Beziehungen zwischen Jungen und Mädchen ändern sich in dieser Zeit. Die Mädchen achten verstärkt auf ihr Aussehen und wollen den Jungen gefallen. Die Jungen wollen den Mädchen durch mutiges Auftreten und Vorführren ihrer Kraft imponieren.
**Freundschaften** bilden sich und gehen wieder auseinander. Die einen zieht es mehr zur Gruppe, die anderen sind lieber allein oder zu zweit.

> Die Mädchen durchlaufen zwischen dem 11. und 17., die Jungen zwischen dem 13. und 18. Lebensjahr ihre geschlechtliche Reifezeit, die Pubertät.
> Dies ist verbunden mit einem körperlichen Gestaltwandel, Ausprägung der sekundären Geschlechtsmerkmale sowie Veränderungen in den Gefühlen und Verhaltensweisen der Jugendlichen.

# Sexualität und Partnerschaft

## Freundschaft, Liebe, Familie

Eine besondere Rolle spielen schon in der Pubertät das wachsende *Interesse am anderen Geschlecht* und die sich ausbildenden neuartigen Beziehungen zueinander. Jungen schwärmen für bestimmte Mädchen und umgekehrt. Man trifft sich, redet und flirtet miteinander, schließt lockere oder festere **Freundschaften.** Finden sich beide attraktiv und sympathisch, so erwächst daraus der Zustand des **Verliebtseins** (Abb. 1). Er ist gekennzeichnet durch Gefühle der Zuneigung, Sehnsucht nach Zusammensein und nach Austausch von *Zärtlichkeiten* wie Schmusen und Küssen (Abb. 2).

Aus Verliebtsein kann echte **Liebe** werden. Das ist ein Gefühl innerer Zuwendung, verbunden mit der Bereitschaft, für den anderen da zu sein, sich gegenseitig zu vertrauen und zu helfen.
Es entwickelt sich eine Partnerschaft, in der das Bedürfnis nach engeren Kontakten und intimeren Zärtlichkeiten wächst, welche sich auf die sexuell besonders empfindsamen Körperzonen ausdehnen (*„Petting"*).
Wann es zum ersten *Geschlechtsverkehr* kommt, ist freie Entscheidung beider Partner. Es sollte nicht übereilt, unüberlegt geschehen, sondern

**2** Austausch von Zärtlichkeiten

auf Zuneigung, persönlicher Reife und gründlichem gegenseitigem Kennenlernen beruhen.
Gegen Ende der Pubertät lösen sich die meisten Jugendlichen allmählich von ihren Eltern, je nach beruflicher Entwicklung und sozialen Umständen. Irgendwann steht dann auch die **Gründung einer Familie** (Abb. 3) im Blickfeld.
Die Ehe bietet dafür die besten Voraussetzungen und wird deshalb von Staat und Kirche gefördert. Sie basiert auf dauerhaften Partnerbeziehungen, gegenseitiger Treue und gemeinsamer Verantwortung für die Erziehung der Kinder. Wenn diese Prinzipien gewährleistet sind, werden auch nicht eheliche Verbindungen heute zunehmend anerkannt.

**1** Verliebt sein bedeutet so viel.

**3** Junge Familie in ihrem Glück

Die **heutige Jugend denkt** und spricht offener über Liebe und Sexualität. Gründe hierfür sind das ungezwungenere Verhältnis zu Eltern und Lehrern, intensivere sexuelle Aufklärung und Erziehung. Großen Einfluss haben auch Medien wie Film, Fernsehen und Zeitschriften; allerdings nicht immer nur in positivem Sinne (s. S. 232). Viele Jugendliche knüpfen intime Kontakte zeitiger an, als das früher der Fall war. Hierbei gibt es geschlechtsbedingte und individuelle Unterschiede.

**Jungen** erleben ihre sexuelle Reife meist etwas dranghafter, streben deshalb Intimkontakte direkter an. **Mädchen** sind meist stärker auf sich behutsam entwickelnde Sexualkontakte ausgerichtet. Das wird aber von individuellen Ausprägungen überlagert.

Die früheren Auffassungen vom unterschiedlichen **Rollenverhalten** der Geschlechter – dem „coolen", aktiven, lustbetonten Männertyp und dem passiv-zurückhaltenden, gefühlsbetonten Frauentyp – gelten heute als einseitig und überholt. Deshalb sollte sich kein junger Mensch von einem solchen falschen Rollenbild unter Druck setzen lassen oder krampfhaft einem Idealtyp aus Film und Fernsehen nacheifern wollen. Jeder ist auch in sexueller Hinsicht seine **eigene Persönlichkeit.** Beide Geschlechter können je nach Veranlagung, Stimmung oder Situation aktiv oder passiv, herausfordernd sinnlich oder romantisch zärtlich sein (Abb. 1, 2).

Für eine **gute Partnerschaft** ist es wichtig, Gefühle zu zeigen und zu erwidern, dem anderen seine Erwartungen und Wünsche mitzuteilen sowie sich über Probleme offen auszusprechen. Liebe zueinander und Sex miteinander erfordern gegenseitiges **Vertrauen** und **Verantwortung.**

**Beide** Partner sollen über Zeitpunkt, Art und Häufigkeit ihrer sexuellen Kontakte frei entscheiden, ja oder nein sagen können, nichts übereilen oder erzwingen!

**Beide** tragen Verantwortung für das Anwenden von Mitteln zur Empfängnisverhütung (s. S. 230) und zum Schutz vor Ansteckung mit Geschlechtskrankheiten.

> Sexualität, Liebe und Partnerschaft sind wichtige Bestandteile im Leben des Menschen. Mit dem Erreichen der Geschlechtsreife in der Pubertät gewinnt das auch für die Jugendlichen eine immer größere Bedeutung.

1 In einer guten Partnerschaft zeigen beide Partner Gefühle und erwidern sie.

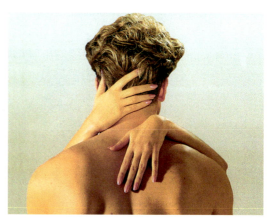

2 Liebe und Sexualität erfordern gegenseitiges Vertrauen und Verantwortung.

Sexualität ist beim Menschen kein triebhaftes Verhalten, sondern **bewusst gesteuertes Handeln** und **Erleben.** Dieses wird von gesellschaftlichen Leitbildern, von sozialen Lebensumständen wie Beruf, Familie, Freundeskreis, von der Erziehung, den positiven und negativen Erfahrungen beeinflusst. Deshalb gibt es Unterschiede in den sexuellen Einstellungen, Bedürfnissen und Handlungsweisen der einzelnen Menschen. Es lassen sich auch schwer verbindliche **„Normen"** dafür aufstellen, wohl aber für Partnerschaft, Ehe und Familie wichtige **Persönlichkeitseigenschaften** und **ethische** Werte nennen. Dazu gehören gegenseitiges Verständnis und Vertrauen, gemeinsame Verantwortung für Lebenssituationen, gegenseitige Achtung, Toleranz, Liebe, Zärtlichkeit, Einfühlungsvermögen, Rücksichtnahme u.a. Dazu gehören auch die Ablehnung jeglicher Form von sexueller Gewalt und sexuellem Missbrauch sowie die Toleranz gegenüber Homosexuellen. Verbunden mit dem notwendigen Sachwissen, entwickelt jeder junge Mensch seine ganz persönliche individuelle Form des Sexual- und Partnerverhaltens.

> Voraussetzung und Wertmaßstab für gute Partnerschaft sind gegenseitige Zuneigung und Vertrauen, Achtung und Verständnis, Rücksichtnahme und gemeinsame Verantwortung.

## Hetero-, Homo-, Bisexualität

Die meisten Menschen sind sexuell auf Partner des *anderen* Geschlechts orientiert (**heterosexuell**). Etwa 5–10% haben sexuelle Beziehungen zu Partnern des *gleichen* Geschlechts (**homosexuell**) oder Kontakte zu *beiden* Geschlechtern (**bisexuell**). Sexuelle Kontakte zwischen Personen gleichen Geschlechts müssen kein Anzeichen für homosexuelle Veranlagung sein, verunsichern aber die Betroffenen zunehmend. Sie versuchen, ihre „anders" gerichteten Gefühle zu verdrängen und zu verbergen. Erst nach längerer Zeit bekennen sie sich offen zu ihrem *Schwul-* oder *Lesbischsein* („Coming-out").

Die **Ursachen** für diese sexuellen Erscheinungsformen sind noch nicht völlig geklärt. Homosexuelle sind jedenfalls weder krank noch pervers. Deshalb werden homosexuelle Beziehungen zwischen Erwachsenen auch nicht mehr strafrechtlich verfolgt. Es gibt aber immer noch Vorbehalte und Diskriminierung gegenüber Schwulen, Lesben und Bisexuellen. Daher kämpfen ihre Interessenvertreter verstärkt um die Anerkennung und rechtliche Gleichstellung dauerhafter homosexueller Partnerschaften. Hierzu sind inzwischen durch den deutschen Bundestag gesetzliche Regelungen erfolgt. Danach können Homosexuelle auch heiraten (Abb. 1, 2).

**1** Ein schwules Paar tauscht die Ringe während der Eheschließung aus.

**2** Ein lesbisches Paar nach der Trauung auf dem Frankfurter Römer.

## Bau, Funktionen und Hygiene der Geschlechtsorgane

### Männliche Geschlechtsorgane

Zu den männlichen Geschlechtsorganen gehören die Hoden und Nebenhoden, die Samenleiter, die Vorsteher- und Bläschendrüse sowie das männliche Glied, der Penis (Abb. 1).
Die **Hoden** sind die männlichen Keimdrüsen. Sie bestehen aus mehreren hundert Samenkanälchen, in denen beim geschlechtsreifen Mann aus Ursamenzellen durch Teilung in großer Zahl die reifen Samenzellen (Spermien) gebildet werden (Abb. 2, 3). Vermischt mit Drüsensekreten, entsteht daraus die **Samenflüssigkeit (Sperma).** Diese wird von Zeit zu Zeit über die das männliche Glied durchziehende Harnsamenröhre entleert (**Samenerguss**). Das kann unwillkürlich bei Träumen, beim Manipulieren mit dem eigenen Penis (Masturbieren) oder beim partnerschaftlichen Geschlechtsverkehr erfolgen.
Jeder Samenerguss enthält viele Millionen winzig kleiner **Samenzellen.** Sie sind nur 0,05 mm lang und bestehen aus einem Kopf- und einem beweglichen Schwanzteil (Abb. 2).

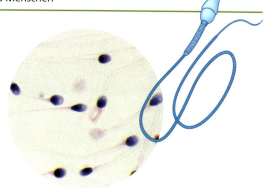

**2** Mikroskopisches Bild von Spermien (ca. 500-mal vergrößert) und schematische Zeichnung

Die Hoden produzieren auch das männliche **Sexualhormon Testosteron,** das die Ausprägung der Geschlechtsmerkmale und das Sexualverhalten des Mannes steuert. Die Einnahme von Testosteron-Präparaten zur Muskelförderung und Leistungssteigerung im Sport wird als unerlaubtes Doping mit Wettkampfsperren bestraft.

> Zu den männlichen Geschlechtsorganen gehören Hoden, Samenleiter, männliches Glied (Penis). Nach Eintritt der Geschlechtsreife werden in den Hoden ständig Samenzellen (Spermien) in großer Zahl gebildet.

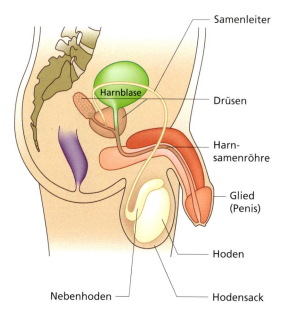

**1** Männliche Geschlechtsorgane

Samenleiter
Harnblase
Drüsen
Harn-samenröhre
Glied (Penis)
Hoden
Nebenhoden
Hodensack

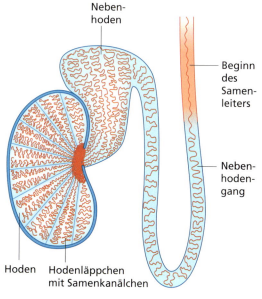

**3** Bau eines Hodens (Längsschnitt)

Neben-hoden
Beginn des Samen-leiters
Neben-hoden-gang
Hoden   Hodenläppchen mit Samenkanälchen

## Weibliche Geschlechtsorgane und Menstruationszyklus

Die Geschlechtsorgane der Frau liegen im Körperinneren (Unterleib, Beckenregion). Zu ihnen gehören Eierstöcke, Eileiter, Gebärmutter und Scheide (Abb. 1). Bei jungen Mädchen ist der Scheideneingang außerdem noch durch eine Hautfalte, das Jungfernhäutchen, teilweise verschlossen. Es schützt die inneren Geschlechtsorgane.

Die weiblichen Keimzellen, die **Eizellen,** werden in den beiden **Eierstöcken** gebildet.

Bereits beim neugeborenen Mädchen sind mehrere hunderttausend Eizellen angelegt. Nach Eintritt der Geschlechtsreife (11.–14. Lebensjahr) entwickeln sich einige dieser Eianlagen weiter zu 1 bis 2 cm großen flüssigkeitsgefüllten **Eibläschen (Follikeln).** Alle 4 Wochen platzt das reifste Bläschen (**Follikelsprung** oder auch **Eisprung**). Er findet 12 bis 14 Tage vor Beginn der darauf folgenden Menstruation statt und gibt eine befruchtungsfähige Eizelle frei. Diese wird vom Trichter eines Eileiters aufgefangen (Abb. 2).

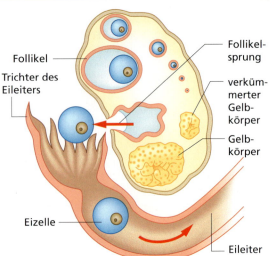

**2** Reifung der Eizelle, Follikel-(Ei-)sprung und Auffangen des Eies durch den Eileiter. Der entleerte Follikel bildet sich zum Gelbkörper um.

Die **Eileiter** sind etwa 12 cm lange Röhren; ihre Schleimhaut besitzt feine Flimmerhärchen zum Transport der Eizellen in Richtung Gebärmutter. Die **Gebärmutter** (Uterus) ist ein birnenförmiges Organ, dessen Wandung aus Muskulatur besteht; der Hohlraum ist mit Schleimhaut ausgekleidet.

> Weibliche Geschlechtsorgane sind Eierstöcke, Eileiter, Gebärmutter und Scheide. Die weiblichen Geschlechtszellen (Eizellen) werden in den Eierstöcken gebildet.

Die sich monatlich wiederholenden Vorgänge in den Eierstöcken (Eibläschenreifung, Follikelsprung, Gelbkörperbildung) sind mit **Veränderungen in der Gebärmutterschleimhaut** (Wachstum, Anreicherung mit Blut, Abbau) verbunden. Diese für das Leben der Frau sehr bedeutsame Erscheinung wird **Menstruationszyklus** genannt (Abb. 1, S. 220).

Äußerlich macht sich der Menstruationszyklus durch monatliche **Blutungen,** auch „Regel" oder „Periode" genannt, bemerkbar.

Die erste Regelblutung ihres Lebens tritt bei Mädchen meist im Alter zwischen 11 und 14 Jahren ein. Der genaue Zeitpunkt ist allerdings bei jedem Mädchen anders. Bei dem einen setzt sie früher, bei dem anderen später ein.

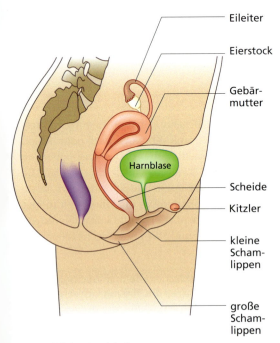

**1** Weibliche Geschlechtsorgane

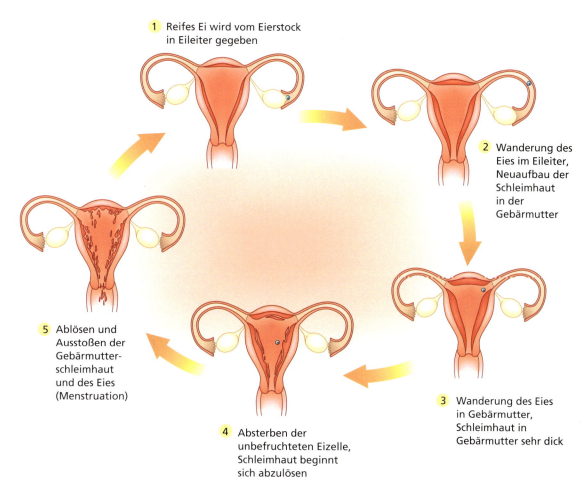

1 Reifes Ei wird vom Eierstock in Eileiter gegeben

2 Wanderung des Eies im Eileiter, Neuaufbau der Schleimhaut in der Gebärmutter

3 Wanderung des Eies in Gebärmutter, Schleimhaut in Gebärmutter sehr dick

4 Absterben der unbefruchteten Eizelle, Schleimhaut beginnt sich abzulösen

5 Ablösen und Ausstoßen der Gebärmutter-schleimhaut und des Eies (Menstruation)

1 Menstruationszyklus (Gesamtschema)

Dauer und Stärke der Monatsblutungen sind bei jeder Frau unterschiedlich; ebenso können Zeitdauer und Regelmäßigkeit des Zyklus schwanken. Das gilt insbesondere für junge Mädchen, bei denen sich der Rhythmus erst einpendeln muss, was 1 Jahr bis 2 Jahre dauern kann.

Das Schemabild (Abb. 1) vermittelt genauere Vorstellungen vom Menstruationszyklus und den in der Gebärmutter ablaufenden Teilvorgängen.

Dieser biologische **Regelprozess** wird durch weibliche **Sexualhormone** aus den Eierstöcken sowie durch übergeordnete Hormone aus der **Hirnanhangdrüse** gesteuert.

**Schwankungen** und zeitweilige **Störungen** des Zyklus können durch starke körperliche oder psychische Belastungen (Aufregung, Stress, Angst), Reisen mit Klimawechsel oder Krankheiten verursacht werden. Das Ausbleiben der Regelblutung kann aber auch eine erfolgte Befruchtung und beginnende Schwangerschaft signalisieren. Deshalb muss die Frau ihren monatlichen Zyklus beobachten und kontrollieren, um Abweichungen und Störungen festzustellen.

Zwischen Geschlechtsreife und Wechseljahren erfolgt bei der Frau die Bildung befruchtungsfähiger Eizellen. Das ist mit einem ca. 28-tägigen Menstruations-(Regel-) Zyklus verbunden, der durch Hormone gesteuert wird.

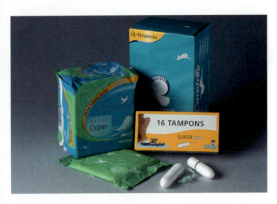

1  Tampons und Slipeinlagen

Jedes Mädchen und jede Frau sollte einen **Regel-(Menstruations-)Kalender** führen, in den sie die Blutungstage und möglichst auch die Stärke der Blutung einträgt. Das ist für die Frau eine wichtige Selbstkontrolle, ob ihr Zyklus regelmäßig verläuft. Bei häufigen Unregelmäßigkeiten, sehr starken Blutungen, Schmerzen und anderen Beschwerden sollte sie einen Frauenarzt (Gynäkologen) aufsuchen und ihm dabei den Regelkalender vorlegen (Abb., S. 222).

## Hygiene der weiblichen Geschlechtsorgane

Zur täglichen Körperpflege der Frauen und Mädchen (Abb.) gehört auch die Hygiene der Geschlechtsorgane. Dabei müssen Mädchen (Frauen) die äußeren Geschlechtsorgane waschen, da die Schleimhaut in der Scheide ständig Flüssigkeit absondert.
**Der monatliche Zyklus** des Mädchens bzw. der Frau und die damit verbundenen Blutungen erfordern spezielle Hygienemaßnahmen. Hierfür gibt es mehrere Möglichkeiten, aus denen das Mädchen oder die Frau je nach Alter, Lebenssituation und persönlicher Vorliebe auswählen kann. Dazu gehören das Verwenden von Slipeinlagen und Tampons (Abb. 1).
*Tampons* werden in die Scheide geschoben und ermöglichen der Frau völlige Bewegungsfreiheit während der „Regeltage". Sie bestehen aus einem zusammengerollten Wattevlies, an dem ein Rückholfaden befestigt ist.

*Menstruationsbinden* und *Slipeinlagen* sind aus Watte und Zellstoff hergestellte Vorlagen, die vor die Scheidenöffnung gelegt werden und das Blut aufsaugen. Je nach Stärke der Blutung kann die Frau Vorlagen von unterschiedlicher Dicke benutzen oder diese entsprechend öfter wechseln. Bei jedem Wechseln sollte die Schamregion äußerlich von Blutresten gesäubert werden.

## Hygiene der männlichen Geschlechtsorgane

Zur täglichen Körperpflege der Jungen gehört auch das Sauberhalten der „Intimregion", also das gründliche Waschen zwischen den Beinen. Denn dort können sich sonst Urinreste und Drüsensekrete ansammeln, was zu unangenehmem Körpergeruch oder zu Entzündungen führen kann.
Unter der Vorhaut liegen Talgdrüsen. Diese sondern fettende Stoffe ab, die sich am Rand der Eichel sammeln. Deshalb sollten die Jungen/Männer beim Waschen, Duschen oder Baden die Vorhaut ihres Gliedes zurückschieben und gründlich reinigen.

> Die tägliche Sauberhaltung der Geschlechtsorgane ist Teil der Körperpflege.
> Während der Menstruation ist die Hygiene besonders wichtig.

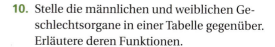

1. Erläutere den Begriff „Sexualität".

2. Beschreibe den Ablauf der Geschlechtsreife (Pubertät) bei Jungen und Mädchen. Nenne primäre und sekundäre Geschlechtsmerkmale von Mann und Frau.

3. Wie erlebst du gegenwärtig deine Pubertät? Welche Veränderungen stellst du fest
   a) an deinem Körper,
   b) in deiner Persönlichkeit,
   c) in deinem Verhältnis zu Eltern, Familie, Freunden, häuslichen Pflichten,
   d) in deiner Einstellung zum Lernen, zu Schule und Lehrern, zum sozialen Umfeld?
   Welche Probleme hast du damit?

4. Was bedeuten dir Freundschaft, Liebe, Sexualität, Partnerschaft? Welche Erfahrungen hast du hierzu gemacht, welche Enttäuschungen schon erlebt? Woher, von wem holst du dir Rat?

5. Wie wünschst du dir deine(n) Freund(in), deinen Liebes- und künftigen Ehepartner?

6. Welche Voraussetzungen sollten deiner Meinung nach erfüllt sein, wenn ein junges Paar zum ersten Mal miteinander schläft?

7. Gibt es typisch männliche oder weibliche Formen des sexuellen Verhaltens? Äußere dich dazu.

8. Äußere deine Meinung über
   – Partnerschaft, Liebe, Sexualität,
   – sexuelle Moral, Verantwortung, Freiheit,
   – Machos, „leichte Mädchen", schnellen Sex,
   – Prostitution, sexuelle Gewalt.

9. Was versteht man unter „Homosexualität"? Informiere dich, auch im Internet, über gesetzliche Regelungen.

10. Stelle die männlichen und weiblichen Geschlechtsorgane in einer Tabelle gegenüber. Erläutere deren Funktionen.

11. Die Entwicklung eines Jungen zum Mann und eines Mädchens zur Frau sind an äußerlichen Veränderungen sichtbar. Beschreibe diese äußerlich sichtbaren Veränderungen.

12. Beschreibe
    a) die Bildung und Reifung der Samenzellen,
    b) die Bildung und Reifung der Eizellen.

13. Beschreibe anhand der Abbildung 1 auf Seite 220 den Ablauf des Menstruationszyklus der Frau.

14. Nenne und begründe
    a) allgemeine Maßnahmen der Intimhygiene bei beiden Geschlechtern,
    b) spezielle Maßnahmen und Mittel der Menstruationshygiene der Frau.

15. Welche Bedeutung hat das gewissenhafte Führen eines „Regelkalenders"? Wann ist der Besuch beim Frauenarzt notwendig?

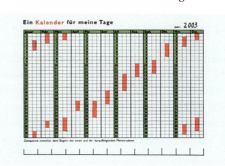

Hinweis:
Über diese und weitere, euch interessierende Fragen solltet ihr im Unterricht oder auf einer Projektveranstaltung frei und offen diskutieren.

## Sexualität

**Sexualität** nennt man die Gesamtheit der Lebenserscheinungen, die mit der „Geschlechtlichkeit" des Menschen zusammenhängen. Sie hat biologische, psychische und soziale Funktionen, z. B. Fortpflanzung, Lustempfinden, Liebe, Partnerschaft.

## Pubertät und Geschlechtsmerkmale

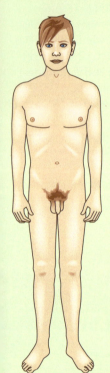 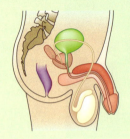 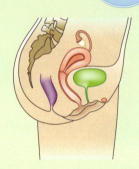 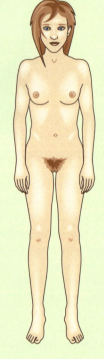

### Geschlechtsorgane
Junge und Mädchen, Mann und Frau unterscheiden sich durch primäre und sekundäre Geschlechtsmerkmale. Diese erlangen ihre volle Ausprägung in der Phase der *Pubertät.*

### Keimzellenreifung
In den Hoden des Mannes werden mit der Geschlechtsreife *reife Samenzellen* gebildet; in den Eierstöcken der Frau *reife Eizellen*. Letzteres ist verbunden mit einem vierwöchentlichen *Menstruationszyklus.* Dieser erfordert spezielle Hygienemaßnahmen.

## Pubertät und Partnerbeziehungen

Im Leben der jungen Menschen erlangen jetzt Beziehungen zum anderen Geschlecht (Freundschaft, Liebe, sexuelle Kontakte) eine immer größer werdende Bedeutung.
Aber: Nicht unüberlegt oder übereilt handeln!
Sexuelle Partnerschaft erfordert persönliche Reife, Zuneigung, Achtung vor- und Verantwortung füreinander!

## Homosexualität

Homosexuelle (Schwule, Lesben) fühlen sich zu Partnern des gleichen Geschlechts hingezogen. Sie sind weder krank noch pervers und werden deshalb heute nicht mehr diskriminiert, sondern heterosexuellen Paaren rechtlich weitgehend gleichgestellt.

# 5.2 Fortpflanzung und Entwicklung des Menschen

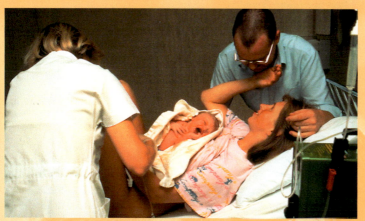

## Schwangerschaft – ja oder nein?

Frühe Schwangerschaften führen bei den jungen Müttern (und Vätern) meist zu Problemen und Schwierigkeiten. Das lässt sich durch gewissenhafte Verwendung von Verhütungsmitteln vermeiden.

*Welche Methoden und Mittel zur Empfängnisverhütung gibt es? Worauf beruht ihre Wirkung, und wie müssen sie angewendet werden?*

*Wer ist für die Verhütung „verantwortlich"?*

## Schwangerschaft und Geburt

Schwangerschaft und Geburt eines Kindes sind bedeutende Ereignisse, die jede Frau anders erlebt und auf die sie sich körperlich und seelisch gut vorbereiten muss.

Beide Partner tragen eine hohe Verantwortung.

*Wie entwickelt sich das Kind im Mutterleib?*

*Wie läuft die Geburt ab?*

*Was gehört zur gesunden Lebensführung der Schwangeren?*

*Welche Maßnahmen der Vorbereitung auf die Geburt und der Geburtshilfe gibt es?*

## Ein Baby braucht Pflege und Liebe

Das Neugeborene ist völlig hilflos und auf sorgsame Betreuung durch die Mutter und andere Familienmitglieder angewiesen. Die dabei entstehenden Beziehungen sind wichtig für die Entwicklung seiner Persönlichkeit.

*Welche Verantwortung ergibt sich hieraus für die Mutter und die anderen Bezugspersonen?*

*Wie verläuft die frühkindliche Entwicklung?*

*Welche gesellschaftlichen Maßnahmen und Einrichtungen zur Schwangeren-, Mütter- und Säuglingsberatung gibt es?*

# Geschlechtsverkehr und Befruchtung

Wenn der junge Mann so weit entwickelt ist, dass sich in seinen Geschlechtsorganen Samenflüssigkeit (Sperma) bildet, die reife Samenzellen (Spermien) enthält, und wenn sich bei der jungen Frau beim monatlichen Zyklus reife Eizellen bilden, dann haben sie **Zeugungsfähigkeit** erreicht. Das heißt, sie können sich fortpflanzen, Nachkommen „zeugen".

Eine Zeugung erfolgt in der Regel durch geschlechtliche Vereinigung von Mann und Frau. Die biologische Fachbezeichnung für diesen Vorgang ist **Begattung**. In der Umgangssprache nennt man es Geschlechtsverkehr, Intimbeziehung (Koitus), miteinander schlafen (Beischlaf) u. a. Beim Geschlechtsverkehr kommt es zum **Samenerguss** (Ejakulation) des Mannes.

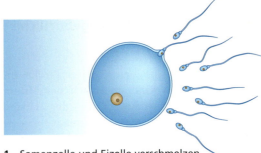

**1** Samenzelle und Eizelle verschmelzen.

Beim Samenerguss werden einige Milliliter Samenflüssigkeit ausgestoßen; darin sind mehrere hundert Millionen Samenzellen enthalten. Bei Jugendlichen kommt es auch zu unwillkürlichen nächtlichen Samenergüssen. Sie werden als **Pollution** bezeichnet.

Beim ungeschützten Geschlechtsverkehr gelangen die Samenzellen in die Scheide der Frau, wo sie sich mit ihren Schwanzfäden aktiv vorwärtsbewegen. Schon in weniger als 2 Stunden können sie über die Eingangsöffnung der Gebärmutter in die Gebärmutterhöhle und von dort in die Eileiter gelangen.

Befindet sich zu diesem Zeitpunkt im Eileiter eine reife Eizelle, dann kann es zum Eindringen einer Samenzelle und damit zur **Befruchtung** (Empfängnis) kommen (Abb. 1). Hierbei verschmilzt der Zellkern der Samenzelle mit dem Zellkern der Eizelle. Aus der **befruchteten Eizelle** (Zygote, Abb.) entwickelt sich der Keimling (Embryo).

Ein Kind zu zeugen bedeutet für beide Partner große Verantwortung, erfordert gesicherte Lebensumstände. Das ist bei sehr jungen Paaren oft nicht gegeben. Deshalb sollten beide schon bei den ersten Intimbeziehungen auf das Anwenden von **Verhütungsmitteln** achten (s. S. 230).

## Mosaik

### Geschlechtsverkehr

Die geschlechtliche Vereinigung verläuft in mehreren Phasen. In der ersten stimmen sich die Partner aufeinander durch Zärtlichkeiten ein (Vorspiel), was zur wachsenden beiderseitigen **Erregung** führt.

Beim **Mann** kommt es dabei durch verstärkten Blutstrom in die Schwellkörper des Penis zu einer Versteifung und Aufrichtung des Gliedes **(Erektion)**.

Bei der **Frau** schwillt der Kitzler (Clitoris) an. Scheideneingang und Scheidenkanal werden durch Drüsensekrete angefeuchtet.

Beim eigentlichen **Geschlechtsverkehr,** der in verschiedenen Positionen (Stellungen) vollzogen werden kann, wird das versteifte männliche Glied in der Scheide der Frau bewegt, bis auf dem Höhepunkt der sexuellen Erregung **(Orgasmus)** der Samenerguss des Mannes erfolgt. Auch die Frau erlebt beim Sexualakt ansteigende Lustempfindungen bis zum Orgasmus, der aber oft zeitlich nicht mit dem des Mannes zusammenfällt. Daran schließt sich eine Phase des Abklingens der sexuellen Erregung und der Entspannung an. Die sexuelle Erlebnisfähigkeit und Harmonie entwickelt sich erst allmählich mit zunehmender Dauer und Tiefe der Partnerbeziehung.

Die geschlechtliche Vereinigung von Mann und Frau ist Voraussetzung für die Zeugung von Nachkommen. Wenn in den Hoden des jungen Mannes reife Samenzellen gebildet, in den Eierstöcken der jungen Frau reife Eizellen frei werden, sind sie zeugungsfähig. Bei ungeschütztem Geschlechtsverkehr kann es zur Befruchtung und Schwangerschaft kommen.

## Schwangerschaft und vorgeburtliche Entwicklung

Die Entwicklung der befruchteten Eizelle bis zum geburtsreifen Kind im Bauch der Mutter (**Schwangerschaft**) dauert von der letzten Menstruation gerechnet etwa 9 Monate.

Die Entwicklung der befruchteten Eizelle bis zum geburtsreifen Kind bezeichnet man als **vorgeburtliche Entwicklung.**

Die befruchtete Eizelle beginnt sich bereits auf ihrem Weg durch den Eileiter in die Gebärmutter zu teilen. Es entsteht ein Zellhaufen und daraus ein Bläschen mit einer winzigen Keimlingsanlage im Inneren. Dieses **Keimbläschen** nistet sich nach 7 bis 10 Tagen in die Gebärmutter ein (Abb. 1).

In den folgenden Wochen entwickelt sich aus der Keimlingsanlage der **Embryo** und aus der Hüllschicht der Keimblase, die mit ihren feinen Zotten in die Gebärmutterschleimhaut hineinwächst, der sogenannte **Mutterkuchen** (Placenta). Das ist ein spezielles Organ, durch welches im Verlauf der Schwangerschaft das Kind mit Sauerstoff und Nahrung versorgt wird (Abb. 2).

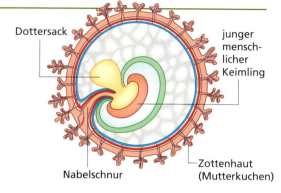

**2** Embryo, 4 Wochen alt (Schema)

**Nach 6 Wochen** lässt der 2 bis 3 cm große Embryo bereits eine Körpergliederung und erste Organanlagen (Augen, Magen-Darm-Trakt, einfaches Herz) erkennen (Abb. 3). Der **4 Monate alte Fetus** ist schon 20 cm groß und hat deutlich menschliche Gestalt. Muskeln und Skelett bilden sich aus; die Mutter verspürt erste Bewegungen ihres Kindes (Abb. 1, S. 227).

Mit medizinischen Geräten lassen sich die Herztöne abhören, Lage und Größe des Kindes, später auch das Geschlecht feststellen und Fehlentwicklungen diagnostizieren. Das heranwachsende Kind wird bis zur Geburt über den **Mutterkuchen** und die **Nabelschnur** mit Nahrung und Sauerstoff versorgt.

Am **Ende des 7. Monats** ist das Kind etwa 35 cm groß und 1300 g schwer. Zu diesem Zeitpunkt ist seine Organentwicklung schon fast abgeschlossen.

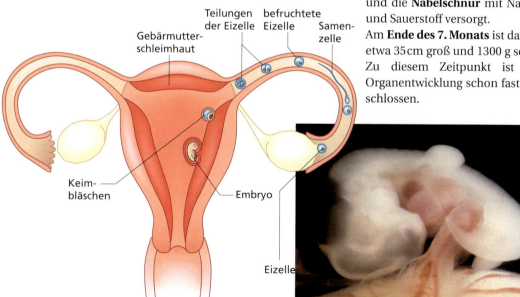

**1** Weg der befruchteten Eizelle, ihre Teilung und Einnistung in die Gebärmutter

**3** Embryo in der 6. Woche, erkennbar sind Körpergliederung sowie erste Organanlagen

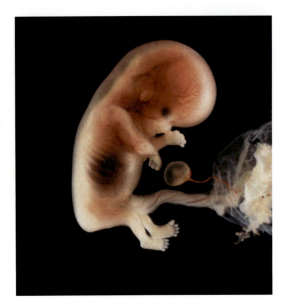

**1**  Fetus im 4. Monat

Über die Poren von Blutkapillaren und die Hohlräume im Mutterkuchen findet zwischen Mutter und Kind ein reger **Stoffaustausch** statt. Aus dem Blut der Mutter gehen Sauerstoff und Nährstoffe in das Blut des Kindes über. Umgekehrt werden Kohlenstoffdioxid und weitere Stoffwechselendprodukte aus dem Blut des Kindes in das der Mutter abgegeben.

Über den Mutterkuchen gelangen auch Hormone und Antikörper in den Organismus des heranwachsenden Kindes. Auf dem gleichen Wege können aber auch schädliche Stoffe wie Alkohol, Nikotin, Medikamente oder Drogen sowie Krankheitserreger in den kindlichen Kreislauf gelangen.

> Während der Schwangerschaft (9 Monate) entwickelt sich aus der befruchteten Eizelle ein Kind.
> Über den Mutterkuchen und die Nabelschnur wird es mit den lebensnotwendigen Stoffen versorgt.

Es bestehen nun Chancen, dass das Kind bei einer vorzeitigen Geburt (Frühgeburt) durch spezielle Pflegemaßnahmen am Leben erhalten werden kann.

In den **letzten beiden Monaten** bis zur normalen Geburt erfolgt die weitere „Ausreifung" des Kindes. Es bilden sich Fettpolster in der Haut; die Körperformen runden sich. Das Kind nimmt an Größe, Gewicht und Körperkraft weiter zu; am Ende der Schwangerschaft ist es 50 bis 52 cm lang und 2 800 bis 3 400 g schwer. Es hat nun auch seine spätere Geburtslage in der Gebärmutter eingenommen; das ist in der Regel mit dem Kopf nach unten (Abb. 2).
Der Bauch der Mutter wölbt sich stark vor (Abb. 2). Für die Frau wird es immer mühsamer, das Kind mit sich herumzutragen. Sie ist recht unbeholfen und oft müde. In dieser Zeit braucht sie viel Ruhe und mehr Hilfe und Unterstützung ihrer Familie.

Während der gesamten Schwangerschaft liegt das sich entwickelnde Kind gut geschützt in der mit Fruchtwasser gefüllten **Fruchtblase**. Durch die **Nabelschnur** ist es mit dem **Mutterkuchen** verbunden (Abb. 2).

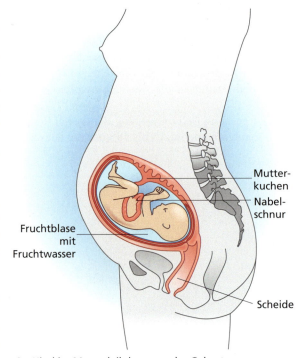

Mutterkuchen

Nabelschnur

Fruchtblase mit Fruchtwasser

Scheide

**2**  Kind im Mutterleib kurz vor der Geburt

## Die Geburt (Entbindung)

Die Geburt verläuft in 3 Phasen:
In der **Eröffnungsphase** bereiten erste *Wehen*, das sind Kontraktionen der Gebärmutter, den Geburtskanal auf den Austritt des Kindes vor. Der Gebärmuttermund öffnet sich; die Fruchtblase wird in Richtung Scheide gedrückt und platzt schließlich (Blasensprung; Abb. 1).

In der **Austreibungsphase** wird das Kind durch kräftigere, von der Mutter durch aktives Mitpressen unterstützte Wehen meist mit dem Kopf zuerst geboren. Hebamme und Arzt leisten dabei „Geburtshilfe" (Abb. 1, 2). Das Kind hängt zunächst noch an der Nabelschnur; diese wird abgebunden und durchtrennt.

Da das Kind nun nicht mehr über den Mutterkuchen mit Sauerstoff versorgt wird, reichert sich in seinem Blut Kohlenstoffdioxid an; dadurch wird sein Atemzentrum gereizt. Das Neugeborene fängt kräftig an zu schreien, füllt dabei seine Lunge mit Luft und beginnt selbstständig zu atmen.

In der **Nachgeburtsphase** löst sich innerhalb von 1 bis 2 Stunden nach Austritt des Kindes der funktionslos gewordene Mutterkuchen von der Gebärmutterwand ab. Der Mutterkuchen wird mit der anhängenden Nabelschnur und den Fruchthüllen als „Nachgeburt" abgestoßen. Damit ist die Nachgeburtsphase beendet.

Der gesamte Geburtsvorgang dauert bei Erstgebärenden manchmal 5 bis 16 Stunden, bei nach-

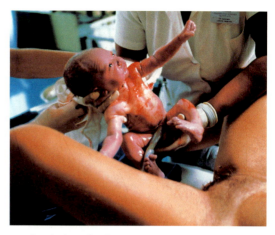

**2** Ein Kind wird geboren.

folgenden Geburten meist nur noch 3 bis 8 Stunden.

Es gibt verschiedene Geburtsarten, Entbindungstechniken und Gebärpositionen, über die sich die Schwangere in der Zeit ihrer Geburtsvorbereitung informieren und entscheiden kann. Die Entbindung in einer **Klinik** ist ratsam, weil hier Fachkräfte bereitstehen, die notfalls schmerzlindernde Maßnahmen, ärztliche Eingriffe oder Schnittentbindungen durchführen können. Außerdem stehen moderne Geräte zur Verfügung.

> **Die Geburt (Entbindung) verläuft in 3 Phasen: Eröffnungs-, Austreibungs- und Nachgeburtsphase. Das Kind wird durch Wehen aus dem Körper der Mutter herausgedrückt. Das geschieht unter Betreuung durch Fachkräfte.**

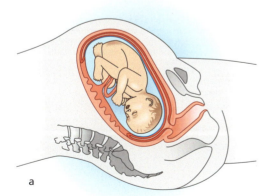

a

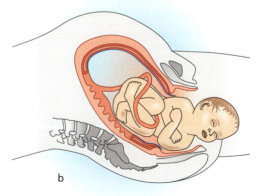

b

**1** Das Kind wird a) in den Gebärmutterausgang gedrückt, b) aus dem Körper gepresst.

# Eltern, Kinder, Familie

Im Verlauf der Schwangerschaft gibt es sogenannte „sensible Phasen", in denen das heranwachsende Kind besonders empfindlich gegenüber schädlichen Stoffen, Infektionen und anderen Einwirkungen ist. Das sind vor allem die ersten drei Schwangerschaftsmonate, wenn sich
beim Kind die Organe ausbilden. Es gibt vielfältige **Gefahren für das heranwachsende Kind.**

Jede werdende Mutter sollte an den vorgeschrie-
benen 10 **Vorsorgeuntersuchungen** beim Frauenarzt und an einem Kurs zur Geburtsvorbereitung teilnehmen. Im Babyjahr
nach der Geburt finden 6 Früh-
erkennungsuntersuchungen
statt, verbunden mit Impfungen (weitere im 2. bis
14. Lebensjahr). Sie sind alle
korrekt einzuhalten.

Das neugeborene Men-
schenkind ist lange Zeit
hilflos und auf sorg-
same **Betreuung** ange-
wiesen (Abb. 1, 2).
In den ersten Wochen
schläft das Baby 14 bis 18 Stunden am Tag. Alle
4 Stunden braucht es Nahrung; am besten in dieser Zeit ist Stillen mit Muttermilch. Hierbei wie
auch bei den anderen Pflegemaßnahmen entsteht eine enge **Mutter-Kind-Beziehung**, die sich
positiv auf die ganze Familie auswirkt. Vater und
Geschwister helfen mit, wenn das Baby körperliche Grundfertigkeiten wie Kriechen, Sitzen, Laufen ausbildet sowie Umweltkontakte wie Gegenstände ergreifen, das Spielen entwickelt und
schließlich auch das Sprechen lernt.

### Gefahren für das heranwachsene Kind

– *Rauchen:* Eine Zigarette beschleunigt deutlich den Herzschlag des Kindes im Mutterleib. Rauchende Mütter haben 3-mal so
häufig Frühgeburten und doppelt so viele
Totgeburten.
– *Alkohol:* 30–50 % der Kinder von Alkoholi-
ker-Müttern kommen mit Schädigungen
oder Rückständen in der körperlichen und
geistigen Entwicklung zur Welt.
– *Drogen*: Kinder können schon im Mutterleib „drogensüchtig" werden, wenn die
Schwangere Drogen nimmt.
– *Medikamente:* Durch unkontrollierte Einnahme von Medikamenten kann das heranwachsende Kind geschädigt werden.
– *Infektionen:* Durch Infektionen im Mutterleib mit Mumps, Gelbsucht, Syphilis und
Röteln ist das ungeborene Kind besonders
gefährdet.
– *Röntgenstrahlen/Impfung und Zahnbe-
handlung:* Vor jeder Behandlung muss der
Arzt über eine bestehende Schwangerschaft
informiert werden.

1   Liebevolles Füttern des Babys

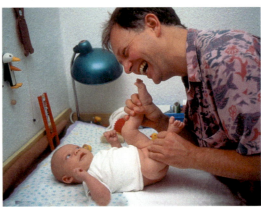

2   Schmusen mit Papa

## Biologie im Alltag

### Verhütungsmethoden

Zur Verhütung ungewollter Schwangerschaften gibt es Methoden und Mittel mit unterschiedlicher Anwendung, Wirkung und Sicherheit. Am häufigsten angewendet und für junge Partner die geeignetsten sind das Kondom und die „Pille".

Das **Kondom** ist eine elastische Gummihülle, die vor dem Geschlechtsverkehr auf das steif gewordene männliche Glied gerollt wird (Abb.1). Nach dem Samenerguss – noch vor dem Erschlaffen des Gliedes – muss es aus der weiblichen Scheide gezogen werden; dabei ist das Kondom am Ring festzuhalten. Bei jedem Verkehr ist ein neues Kondom zu verwenden! Kondome schützen zugleich vor Ansteckung mit Geschlechtskrankheiten und der Übertragung von HIV.

**Daher:** Geschlechtsverkehr mit neuen Partnern oder Zufallsbekanntschaften niemals ohne Kondom!

Die **„Anti-Baby-Pille"** enthält hormonelle Wirkstoffe, die bei der Frau das Freiwerden reifer Eizellen verhindern. Es gibt verschiedene Pillentypen (Abb.), die vom Frauenarzt, Frauenärztin individuell verschrieben und auf Verträglichkeit erprobt werden. Exakt nach Vorschrift eingenommen, ist ihre Sicherheit sehr hoch. Wegen möglichen Nebenwirkungen sind halbjährlich ärztliche Kontrolluntersuchungen notwendig.

**Sichere Empfängnisverhütung** ist für eine Frau die Voraussetzung, selbst zu bestimmen, wann sie ein Kind möchte, ohne Angst vor einer Schwangerschaft ihre Ausbildung abschließen zu können und ihren Beruf sinnvoll auszuüben.

Weitere Methoden und Verhütungsmittel sind Spiralen, Pessare und chemische Mittel.

**1** Verschiedenfarbige Kondome

**Spiralen** aus beschichtetem Kunststoff werden vom Frauenarzt bzw. von der Frauenärztin in die Gebärmutter eingesetzt.

**Pessare** sind Gummikappen, die sich die Frau selbst einlegen kann. Beides ist für junge Mädchen weniger geeignet.

**Chemische Mittel** sind samenabtötende Zäpfchen, Gels, Sprays, die vor dem Verkehr in die Scheide eingeführt werden; sie sind von geringerer Sicherheit (Abb.2).

Ganz unsicher und daher nicht ratsam ist das „Aufpassen und Unterbrechen" (Herausziehen des Gliedes vor dem Samenerguss)!

Reife Frauen mit stabilem Zyklus können ihre fruchtbaren Tage mittels *Kalender, Temperaturmessen* oder mit dem *„Babycomputer"* ermitteln.

> Die gebräuchlichsten Verhütungsmittel sind die „Pille" und das Kondom. Letzteres gibt zugleich Schutz vor Infektion mit Geschlechtskrankheiten und Aids.

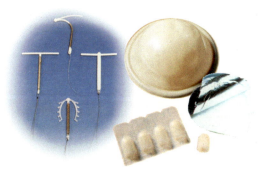

**2** Spiralen, Pessare und chemische Mittel

## Überblick über häufige Geschlechtskrankheiten und Aids

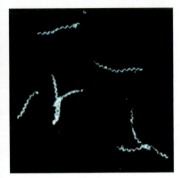

Bild 1

**Geschlechtskrankheiten** sind **Infektionskrankheiten**, die fast ausschließlich über den Geschlechtsverkehr übertragen werden.
Zu den typischen Geschlechtskrankheiten gehören **Syphilis (Lues)** und **Tripper (Gonorrhoe)**. Sie sind mittlerweile relativ selten geworden, können aber immer noch jederzeit bei ungeschütztem Verkehr übertragen werden.

Man kann die Geschlechtskrankheiten durch Abstriche oder Bluttests sicher nachweisen bzw. ausschließen. Da Geschlechtskrankheiten für einen selbst, für andere Partner/innen und auch in der Schwangerschaft für ungeborene Kinder ein Risiko darstellen, sollte in Zweifelsfällen immer sofort ärztlicher Rat eingeholt und eine mögliche Infektion abgeklärt werden.
Eine Meldepflicht besteht zur Zeit nur für Syphilis- und Tripper-Infizierte, die sich einer Behandlung willentlich entziehen.
Bei Verdacht auf eine Geschlechtskrankheit sollte man einen Facharzt (Dermatologe oder Urologe) aufsuchen und auf keinen Fall Geschlechtsverkehr haben.
Geschlechtskrankheiten kann man vorbeugen, indem man sich zum einen beim Geschlechtsverkehr schützt (Kondome benutzen) und zum anderen nur Sex mit Menschen hat, die man genau kennt. Sollte eine Geschlechtskrankheit festgestellt werden, sollte so lange auf Geschlechtsverkehr verzichtet werden, bis die Therapie erfolgreich abgeschlossen wurde.

### Syphilis (Lues)

Erreger der Syphilis sind **Bakterien** *(Treponema palidum)*. Sie werden fast ausschließlich beim ungeschützten Geschlechtsverkehr übertragen. Ansteckend sind viele Körperflüssigkeiten, besonders aber die Scheidenflüssigkeit, Samen, Blut oder auch Speichel infizierter Personen. Syphilis kann aber auch angeboren sein, wenn die Schwangere infiziert ist und dadurch die Infektion an das ungeborene Kind weitergibt. Syphilis kommt heutzutage in unserer Gesellschaft sehr selten vor und ist in Deutschland meldepflichtig. Bei den meisten der gemeldeten Fälle handelt es sich um Menschen, die sich im Ausland angesteckt haben. Syphilis ist zum Beispiel in Afrika und Asien sehr verbreitet.

 **... und mehr**

**Informiere dich auch unter:** *Geschlechtskrankheiten, Syphilis, Lues, Tripper, Gonorrhoe, Chlamydien, Herpes genitalis, Feigwarzen, Aids*

## Biologie im Alltag

### Sexueller Missbrauch

Hierunter versteht man sexuelle Handlungen gegen den Willen der Betroffenen, an/mit Minderjährigen oder Abhängigen durch Verführung, Drohung, Zwang.

Ganz besonders schlimm ist der **sexuelle Missbrauch von Kindern.** Er bedeutet, dass Mädchen oder Jungen zu sexuellen Handlungen verführt oder gezwungen werden, z.B. zum Anschauen oder Berühren der Geschlechtsorgane oder zum gewaltsamen Geschlechtsverkehr mit Verletzung oder sogar anschließender Tötung. Sexueller Missbrauch wird deshalb unter schwere Strafe gestellt.

Die Täter sind in solchen Fällen zumeist Personen, die ihre Opfer im Auto mitnehmen oder durch Geld, Geschenke, Süßigkeiten und Versprechungen an einsame Orte locken.

Es sind nicht immer Fremde, die Kinder missbrauchen, oft sind es Bekannte, Verwandte oder sogar Familienangehörige (Vater, Stiefvater, Bruder). Die strafbaren sexuellen Handlungen finden in solchen Fällen oft wiederholt über längere Zeit statt. Sie werden erst später aufgedeckt, weil die betroffenen Kinder durch Belohnungen oder Druck zum Schweigen gezwungen werden oder sich schämen, offen darüber zu sprechen.

Nicht jede Zärtlichkeit zwischen Erwachsenen und Kindern/Jugendlichen ist gleich sexueller Missbrauch. Daher: keine Panik, aber im Zweifels- oder Wiederholungsfall nicht schweigen, sondern offen *Rat und Hilfe* bei Vertrauenspersonen oder in Beratungsstellen suchen (z.B. bei PRO FAMILIA Gesellschaft für Familienplanung und Sexualberatung).

### Sex in den Medien

Im Fernsehen und Internet gibt es Sendungen, die Sex in verschiedenen Formen zum Inhalt haben. Viele sind für Kinder und Jugendliche als „nicht geeignet" eingestuft, weil sie verfrühte oder unrealistische Vorstellungen von Sexualität vermitteln. In Jugendzeitschriften (z.B. BRAVO) werden neben solchen Darstellungen auch nützliche Beiträge zur fundierten sexuellen Aufklärung von Jugendpsychologen publiziert. Kein junger Mensch sollte sein persönliches Verhalten nur nach dem „Sexbild" der Medien ausrichten. Das gilt noch mehr für pornografische Magazine und Videos aus Sex-Shops, zu denen Jugendliche unter 18 Jahren deshalb keinen Zutritt haben. Die dort ebenfalls verkauften Liebestropfen, Glückshormone und erotischen Hilfsmittel sind von zweifelhaftem Nutzwert. Das Sexualmedikament VIAGRA ist nicht ungefährlich und muss vom Arzt verschrieben werden!

### Künstliche Befruchtung

Wenn auf normalem Weg keine Schwangerschaft zustande kommt, können Befruchtungstechniken versucht werden. Bei der *Befruchtung außerhalb des Körpers („Retorten-Baby")* werden der Frau reife Eizellen abgesaugt und zur Befruchtung im Reagenzglas mit Samenzellen vermischt. Nach 48 Stunden erfolgt mit einer Sonde die Übertragung in die Gebärmutter (siehe auch Genetik, S. 488).

Bei der *„Mikro-Methode"* werden unter dem Mikroskop mit einer winzigen Kanüle einzelne Spermien direkt in die Eizelle injiziert (Abb. unten). Die Samenzellen können vom Partner oder von fremden Spendern (aus *„Samenbänken")* stammen. Letzteres ist nicht ohne Probleme. *Eizellenspende* und Austragen des Babys durch *„Leihmütter"* sind bei uns nicht gestattet.

# gewusst · gekonnt

1. Beschreibe die Befruchtung.

2. Beschreibe
   a) die Entwicklung der befruchteten Eizelle bis zur Einnistung in die Gebärmutter,
   b) die Entwicklung des Keimlings in den ersten Wochen,
   c) die Entwicklung des Embryos und des Kindes bis zur Geburt.
   Nutze dazu das Lehrbuch und Internet.

3. Erläutere, wie das sich entwickelnde Kind im Mutterleib mit den lebensnotwendigen Stoffen versorgt wird.

4. Nenne und erläutere Gefahren für die gesunde Entwicklung des Kindes im Mutterleib. Leite daraus Schlussfolgerungen für das Verhalten und die Lebensführung der werdenden Mutter ab.

5. Erkundige dich über gesellschaftliche Maßnahmen und Einrichtungen zur Schwangerenbetreuung und Geburtsvorbereitung.

6. Beschreibe anhand der Lehrbuchdarstellung Seite 228 den Geburtsvorgang in seinen drei Phasen.
   Wie wird die Gebärende dabei durch Hebamme, Arzt und Medizintechnik unterstützt?

7. Sprich mit deiner Mutter darüber, wie sie Schwangerschaft und Geburt erlebt hat.

8. Begründe die Notwendigkeit und Bedeutung des Stillens für das Baby und die Mutter.

9. Beschreibe die Pflege, Betreuung und Entwicklung des Babys im ersten Lebensjahr. Nutze deine Erfahrungen in der Familie.

10. Für junge Liebespaare und auch für Eheleute ist es wichtig, selbst zu bestimmen und zu planen, wann sie ein Kind haben wollen. Für diese „Familienplanung" ist Schwangerschaftsverhütung sehr wichtig.
    a) Welche Methoden und Mittel gibt es zur Verhütung?
    b) Welche Mittel sind für junge Partner am besten geeignet? Begründe.
    c) Wer ist für die Verhütungsmaßnahmen „verantwortlich"?

11. Beschreibe die Anwendungsweise des Kondoms. Erläutere dessen „doppelte" Schutzfunktion.

12. Erläutere die empfängnisverhütende Wirkung der „Pille" und die Grundprinzipien ihrer Einnahme.
    Stelle dabei einen Zusammenhang mit dem Menstruationszyklus der Frau her.

13. Diskutiert über Meinungen und Fragen
    a) zur Darstellung von Sex in den Medien und deren Auswirkungen;
    b) zu Prostitution, Sexklubs und anderen Formen „käuflicher Liebe";
    c) zu sexueller Gewalt, Missbrauch von Kindern und Minderjährigen;
    d) zu umstrittenen Methoden und Projekten der Fortpflanzungsmedizin.

14. Bei der Benutzung der „Pille" sind ärztliche Kontrolluntersuchungen erforderlich. Begründe.

Sammelt zu all diesen Themen, Aufgaben und Fragen zusätzliches Informationsmaterial. Nutzt dazu auch das Internet.
Diskutiert über die gesammelten Informationen, gestaltet Wandzeitungen, organisiert zusammen mit dem Lehrer Projektveranstaltungen, zu denen auch Gäste als Referenten oder Diskussionspartner eingeladen werden können.

## Geschlechtsverkehr und Befruchtung

Ungeschützter Geschlechtsverkehr kann zur Verschmelzung von Eizelle und Samenzelle (Befruchtung) und damit zur Empfängnis (Zeugung) führen. Das ist der Beginn für die Schwangerschaft.

## Schwangerschaft und vorgeburtliche Entwicklung

Im Verlauf von 9 Monaten entwickelt sich in der Gebärmutter der Frau ein Keimling (Embryo) bis zum geburtsreifen Kind. Er wird über Mutterkuchen und Nabelschnur von der Mutter mit Nahrung und Sauerstoff versorgt.

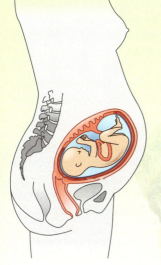

## Geburt

Sie verläuft in 3 Phasen: Eröffnung, Austreibung, Nachgeburt. Das Kind wird durch Wehen, Pressen der Mutter, Geburtshilfe von Hebamme/Arzt geboren.
Das Neugeborene braucht intensive *Betreuung und Pflege* (Stillen, Windeln, Säubern u. a.).
Gute *Eltern-Kind-Beziehungen* sind auch in den nachfolgenden Lebensabschnitten sehr wichtig!

## Gesunde Lebensführung der werdenden Mutter

Schwangere sollten nicht rauchen, keinen Alkohol trinken, schädliche Medikamente und Drogen vermeiden sowie sich vor Infektionen schützen, sich fit halten und auf die Geburt vorbereiten!

## Verhütungsmethoden

Für junge Partner am geeignetsten sind:

*Kondome*
fangen die Samenflüssigkeit auf, schützen zugleich vor Infektionen.

*„Anti-Baby-Pillen"*
verhindern bei der Frau das Freiwerden befruchtungsfähiger Eizellen.

*Weitere Mittel sind:*
Spiralen, Schutzkappen für die Frau, chemische Mittel, Computer zur Bestimmung der (un)fruchtbaren Tage u. a.

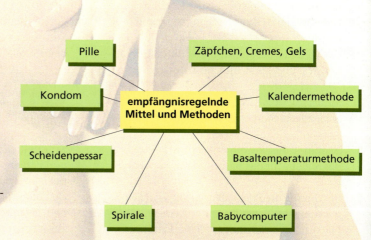

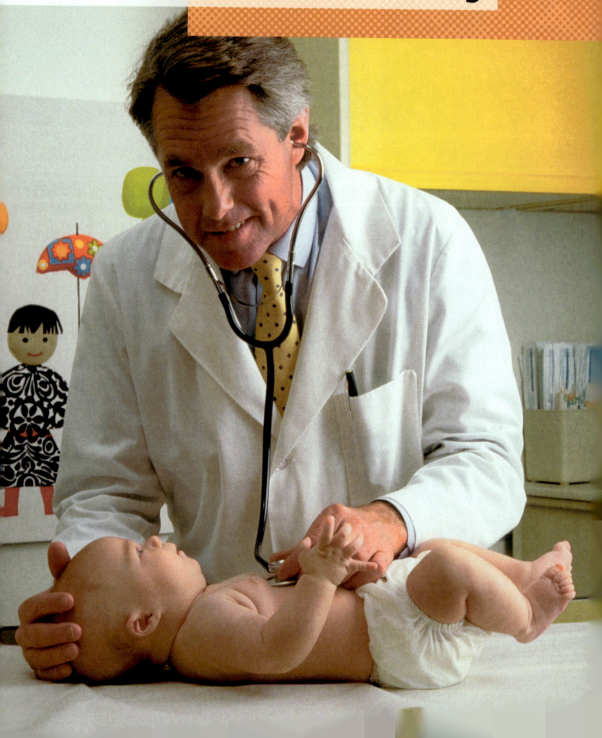

# Gesundheit und soziale Verantwortung 6

# 6.1 Infektionskrankheiten

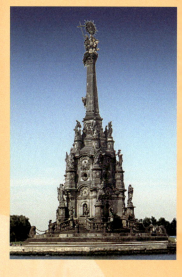

## Impfungen – Schutz vor Erkrankung?

Infektionsgefahr besteht immer und überall. Sowohl Kinder als auch Erwachsene können an einer Infektionskrankheit erkranken. Ausreichende Impfungen können vor solchen Erkrankungen und ihren möglichen gesundheitlichen Folgen wie Lähmungen, Krampfleiden und Herzschwäche schützen.

*Was verstehst du unter Schutzimpfung?*
*Welche Vorgänge laufen bei einer Impfung im Körper ab?*

## Gesundheit – ein hohes Gut!

Jeder kann durch eine gesunde Lebensführung, z. B. durch ein ausgewogenes Verhältnis von körperlicher und geistiger Belastung, zur Gesunderhaltung seines Körpers beitragen. Dennoch treten verschiedene Krankheiten auf, häufig Infektionskrankheiten.

*Warum bricht nicht immer eine Krankheit aus, wenn Krankheitserreger in den Körper eingedrungen sind?*
*Welche Abwehrreaktionen gibt es?*
*Wie können die Abwehrreaktionen unterstützt werden?*

## Infektionskrankheiten – „Geißel" der Menschheit?

Jahrhundertelang haben Pest, Cholera und andere Infektionskrankheiten die Menschen als Seuchen immer wieder heimgesucht. Die letzte Pestepidemie 1720 im Gebiet von Marseille (Frankreich) hat schätzungsweise 50 000 Menschen das Leben gekostet. Als Erinnerung und Gedenken an diese schreckliche Seuche wurden vielerorts „Pestsäulen" errichtet.

*Welche Infektionskrankheiten gibt es?*
*Auf welche Weise kann eine Ansteckung erfolgen?*

# Entstehung und Verlauf von Infektionskrankheiten

Aus der Umgebung können in unseren Körper verschiedene Erreger von Krankheiten eindringen. Dies können *Bakterien, Viren, Pilze,* tierische *Einzeller* oder *Prionen* (Eiweißpartikel) sein. Der Körper wird von ihnen infiziert (angesteckt). Es erfolgt eine **Infektion.** Die ausbrechenden Krankheiten heißen **Infektionskrankheiten** oder **ansteckende Krankheiten.** Sie sind auf andere Personen übertragbar.

Die Erreger können auf direktem oder indirektem Weg in den Körper gelangen (Abb.1; Tab., S.238). Die direkte Übertragung erfolgt durch Tröpfchen- und Schmierinfektion, durch Einatmen mit der Luft, durch Geschlechtsverkehr, bei der Geburt. Indirekt können die Erreger mit der Nahrung aufgenommen, durch Instrumente, z.B. Spritzen, eingeimpft oder durch Tiere, z. B. Fliegen, Mücken, übertragen werden.

Die Krankheitserreger können an den unterschiedlichsten Stellen in den menschlichen Körper eindringen (Abb.2). Als Eintrittspforten dienen meist die Lunge und die Verdauungsorgane,

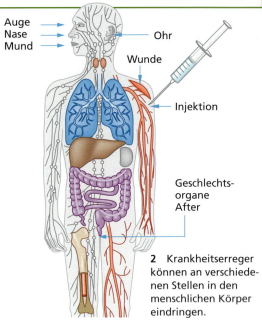

**2** Krankheitserreger können an verschiedenen Stellen in den menschlichen Körper eindringen.

seltener die Haut und die inneren Schleimhäute.

> **Infektionskrankheiten sind ansteckende Krankheiten. Sie werden durch Erreger hervorgerufen.**

| Art | Anzahl der Arten | Wirkungsweise | Beispiele für Krankheiten |
|---|---|---|---|
| Viren | über 1000 | zerstören die Zellen von innen | Grippe, Kinderlähmung, Röteln, Gelbsucht, Mumps, Windpocken, Aids |
| Bakterien | über 1000 | sondern Giftstoffe ab und zerstören Gewebe | Meningitis (Hirnhautentzündung), Borreliose (durch Zecken übertragen), Keuchhusten, Typhus, Tuberkulose, Pest, Tetanus, Diphtherie, Scharlach, Cholera, eitrige Mandelentzündung |
| Pilze | über 50 | zerstören über das Immunsystem körpereigenes Gewebe | Hautpilz, Hefepilzbelag in der Mundhöhle |
| Parasiten | über 50 | Manche zerstören die Zellen von innen. Andere sind große Parasiten (z.B. Mücken) und entziehen dem Körper Stoffe. | Malaria, Schlafkrankheit, Trichomonas |
| Prionen (Eiweißpartikel) | | verändern die Eiweiße (Proteine) des Körpers | Creutzfeldt-Jakob-Syndrom, Rinderwahnsinn (BSE) |

**1** Verschiedene Krankheitserreger können unterschiedliche Krankheiten verursachen.

Nach der Infektion vermehren sich die Erreger im Körper. Durch Abgabe von Giftstoffen (Toxine) bzw. durch eine bestimmte Erregerkonzentration kommt es zur Schädigung des Körpers. Typische Anzeichen für eine Erkrankung – **Symptome** genannt – treten auf, z.B. steigt die Körpertemperatur an. An verschiedenen Symptomen erkennt der Arzt die Art der Erkrankung.

Den Zeitraum, der zwischen der Übertragung der Erreger und dem Auftreten der Symptome (Ausbruch der Krankheit) liegt, nennt man **Inkubationszeit**. Die Inkubationszeit ist bei verschiedenen Infektionskrankheiten unterschiedlich lang (s. Tab.).

| Krankheit | Inkubationszeit |
|---|---|
| Diphtherie | 2 – 7 Tage |
| Masern | 9 – 11 Tage |
| Windpocken | 14 – 21 Tage |
| Röteln | 14 – 21 Tage |
| Kinderlähmung | 7 – 14 Tage |
| Scharlach | 2 – 7 Tage |

Während der Inkubationszeit vermehren sich die Erreger. Aber im Körper werden auch Abwehrstoffe mobilisiert, sodass in vielen Fällen die Krankheit nicht ausbricht (Abb. 1). Vom aktuellen Gesundheitszustand eines Menschen ist es mit abhängig, ob der Mensch erkrankt. Menschen,

**Übertragungswege für Infektionen**

*direkte Übertragung:*
– Tröpfcheninfektion (z.B. Schnupfen)
– Schmierinfektion (z.B. Scharlach)
– Atemluft (z. B. Windpocken)
– Geschlechtsverkehr (z.B. Syphilis, Tripper)
– Schwangerschaft (z.B. Röteln)
– Geburt (z. B. Tripper)
– Muttermilch (z.B. Aids)

*indirekte Übertragungswege:*
– Lebensmittel (z.B. Salmonellose)
– Instrumente (z.B. Aids, Hepatitis)
– Tiere (z.B. Malaria, Borreliose)

die durch ständige Überlastungen, Fehlernährung u. a. geschwächt sind, sind gegenüber Infektionen anfälliger.

In nasskalten Jahreszeiten treten häufig **Erkältungskrankheiten** (Schnupfen, Husten, Halsschmerzen) auf, die relativ harmlos verlaufen. Wir können aber auch beobachten, dass schnell viele Menschen an diesen „grippalen Infekten" erkranken. Wie die grippalen Infekte sind auch andere Infektionskrankheiten ansteckend oder übertragbar.

**Die Krankheitserreger vermehren sich im Körper und führen zum Ausbruch der Infektionskrankheit.**

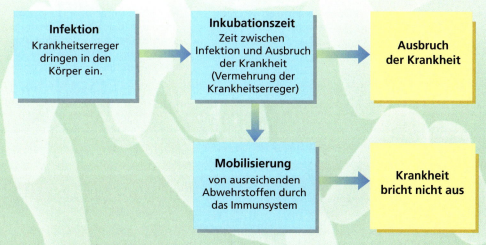

1 Entstehung einer Infektionskrankheit

# Mosaik

## Bakterien und Viren als Krankheitserreger

### Bakterien als Krankheitserreger

**Bakterien** sind sehr klein (s. Tab.). Die größten Bakterien kann man mit einem Lichtmikroskop bei 1000-facher Vergrößerung erkennen. Für die kleinsten Bakterien (0,2 μm) ist ein Elektronenmikroskop erforderlich.

| Bakterien (Auswahl) | Länge in $\mu m$ |
| --- | --- |
| Erreger des Milzbrandes | 3,0 – 10 |
| Erreger der Diphtherie | 0,2 |
| Erreger des Wundstarrkrampfes | 2,5 – 5 |
| Erreger der Tuberkulose | 3,0 |
| Erreger der Lungenentzündung | 1,0 |
| Erreger der Cholera | 1,5 – 3,0 |

Bakterien bestehen nur aus **einer einzigen Zelle** (Abb.). Bei Bakterien ist eine **Zellwand** vorhanden. Sie gibt den Bakterien ihre Gestalt und verleiht ihnen Schutz. Zusätzlichen Schutz bietet bei vielen Bakterien noch eine Schleimschicht, die der Zellwand außen aufgelagert ist. Unterhalb der Zellwand befindet sich die Zellmembran. Zusammen mit der Zellwand umschließt sie das in der Zelle befindliche Zellplasma. Die dünne Zellmembran ermöglicht den Stoffaustausch mit der Umwelt. Sie liegt der Zellwand dicht an.

Bakterien sind **kernlose Lebewesen.** Sie besitzen eine **fadenförmige Kernsubstanz,** die die Erbanlagen enthält. Die Form der Bakterien ist unterschiedlich. Sie können kugel-, stäbchen-, komma- bzw. schrauben- oder spiralförmig aussehen. Manche lagern sich kettenförmig oder paketförmig aneinander. Sie bilden **Kolonien.** Einige besitzen auch Geißeln zur Fortbewegung.

Die **Fortpflanzung** und **Vermehrung** der Bakterien erfolgt ungeschlechtlich durch Querteilung. Haben sie die Größe des Ausgangsbakteriums erreicht, teilen sie sich erneut. Diese Form der ungeschlechtlichen Fortpflanzung wird **Spaltung** genannt.

### Viren als Krankheitserreger

**Viren** sind sehr, sehr klein, z. B. 10 bis 350 nm Länge bzw. Durchmesser (1 nm = 1 Millionstel mm). Sie sind nur mithilfe des Elektronenmikroskops sichtbar. Hinsichtlich ihres Baues und ihrer Eigenschaften sind sie von Bakterien völlig verschieden. Sie haben auch verschiedene Formen und Größen (Abb.).

Ihre Außenhülle hat oftmals die Form von geometrischen Körpern. Sie besteht aus Eiweißstoffen. Im Inneren enthält das Virus eine Erbsubstanz. Viren sind **keine echten Lebewesen.** Sie können sich nur in lebenden Zellen vermehren, zeigen also keinen eigenen Stoffwechsel. Gelangt ein Virus in eine lebende Zelle, werden in dieser neue Viren gebildet. Die „Wirtszelle" stirbt ab, die neu gebildeten Viren gelangen nach draußen und können weitere lebende Zellen befallen (s. S. 244).

Ein bestimmtes Virus erzeugt meist eine ganz spezifische Krankheit. Schützen kann man sich vor ihnen durch gesunde Lebensweise (Stärkung der Körperabwehr) und vorbeugende Schutzimpfungen (z. B. gegen Kinderlähmung, Pocken).

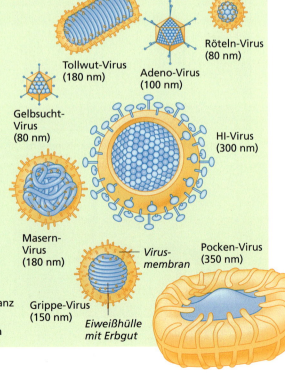

Geißel — Schleimhülle — Zellmembran — Zellwand — Kernsubstanz — Zellplasma

Tollwut-Virus (180 nm)

Gelbsucht-Virus (80 nm)

Adeno-Virus (100 nm)

Röteln-Virus (80 nm)

HI-Virus (300 nm)

Masern-Virus (180 nm)

Grippe-Virus (150 nm)

Virus-membran

Eiweißhülle mit Erbgut

Pocken-Virus (350 nm)

## Mosaik

## Pilze als Krankheitserreger

Die **Candida-Hefepilze** können Erkrankungen der Haut, der Schleimhäute, der inneren Organe und des Zentralnervensystems hervorrufen. Die Hefepilzinfektionen äußern sich durch charakteristische Krankheitserscheinungen, z.B. durch Rötung, Schuppung, Jucken und Brennen der Haut bzw. Schleimhäute, weißlichen Ausfluss aus der Scheide, Knötchenbildung an inneren Organen oder weiße punkt- bis flächenförmige Beläge der Mundschleimhaut (Abb. 1).
Beim ersten Auftreten der Symptome sollte ein Arzt aufgesucht werden, damit der Hefepilz in seiner Verbreitung eingeschränkt wird. Die Mykosen werden mit speziellen gegen *Candida-Hefepilze* wirkenden Medikamenten behandelt.

Der **Mutterkornpilz** (Abb. 2) befällt manchmal Roggenähren. Er bildet harte, schwarze große kornähnliche Dauerpilzgeflechte (Myzelien) aus, die aus reifenden Roggenähren herausragen. Sie enthalten giftige Stoffe, z.B. das LSD, ein starkes Rauschgift. Im LSD-Rausch kommt es zu Sinnestäuschungen, Wahrnehmungsstörungen und Wahnerlebnissen. Einige der Inhaltsstoffe werden als Heilmittel in der Medizin verwendet, z.B. zur Behandlung von Migräne, und als wehenförderndes Mittel bei der Geburt.
Die mikroskopisch kleinen **Rostpilze** (Abb.4) schmarotzen auf Grünpflanzen. Ihr Pilzgeflecht wächst in die Stängel und Blätter der befallenen Pflanze und bildet dort kleine orange, braune bis schwärzliche Flecken aus. Dies sind Sporenlager. Die Pflanzen erkranken bzw. bringen nur einen niedrigen Ernteertrag.

Eine **„Mischkultur" aus verschiedenen Pilzen** (Hautpilzen, Hefe- und Schimmelpilzen) verursacht Erkrankungen der Haut, Haare, Hand- und Fußnägel (Abb.3). Krankheitserscheinungen sind u. a. Jucken und Rötung der Haut, Bläschenbildung zwischen den Zehen und an der Fußsohle. Die Pilze sind vor allem dort zu finden, wo es warm und feucht ist, insbesondere in Schwimmbädern, Duschkabinen, Saunen und Badezimmern. Zeigen sich die ersten Symptome, sollte ein Arzt aufgesucht werden.

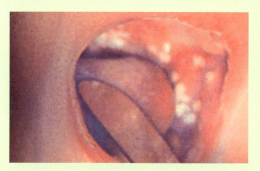

1 Hefepilzerkrankung der Mundschleimhaut

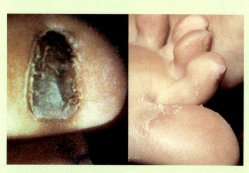

3 Nagel- und Fußpilz

2 Mutterkornpilz

4 Getreiderost

# Infektionskrankheiten – durch Bakterien verursacht

Bakterien (s. S. 239) können beim Menschen, aber auch bei Tieren und Pflanzen Infektionskrankheiten hervorrufen.

Für den Menschen gehören z. B. *Keuchhusten, Diphtherie, Wundstarrkrampf (Tetanus), Tuberkulose, Cholera, Pest, Borreliose, die Geschlechtskrankheiten Syphilis* und *Tripper* (s. Tab., S. 243) dazu.

**Keuchhusten** gehört zu den gefährlichen Infektionskrankheiten für Säuglinge und Kleinkinder. Diese Krankheit wird durch das Bakterium *Bordetella pertussis* hervorgerufen.

Das Keuchhustenbakterium wird durch Einatmen von winzigen Tröpfchen, die beim Husten und Sprechen von infizierten Menschen abgegeben werden, übertragen. Etwa nach zwei Wochen (Inkubationszeit: 7 bis 21 Tage) treten erste Anzeichen der Erkrankung wie Schnupfen, Husten, Heiserkeit und erhöhte Temperatur auf. Erst danach zeigen sich die typischen Hustenanfälle, Hals- und Schluckbeschwerden, Fieber sowie das Schleimerbrechen (Abb. 1). Gefährliche Erstickungsanfälle sind nicht selten.

Ist die Erkrankung ausgebrochen, können die Begleiterscheinungen des Keuchhustens durch Medikamente, insbesondere Antibiotika, abgeschwächt werden. Durch diese Medikamente werden die Erreger abgetötet bzw. deren Vermehrung verhindert. Sie sorgen für eine Abschwächung der Krankheitszeichen und für eine Verkürzung der Erkrankungsdauer. Einen wirksamen Schutz gegen den Keuchhusten bietet die *Impfung*, die im Säuglingsalter durchgeführt wird. Auch Erwachsene können an Keuchhusten erkranken. Bei ihnen verläuft die Erkrankung wesentlich milder und ohne Komplikationen. In der Regel erkrankt ein Mensch an Keuchhusten nur einmal im Leben.

**Diphtherie** ist nicht nur eine Kinderkrankheit. Heute sind etwa 70 % der an Diphtherie Erkrankten Erwachsene, auch ältere Menschen.

Bis zum Ende des vorletzten Jahrhunderts war Diphtherie eine gefährliche Seuche. In Deutschland beispielsweise erkrankten 1893 etwa eine halbe Million Menschen. Die Krankheit verlief mit hoher Sterblichkeit. Erst als EMIL VON BEHRING (s. S. 254) ein Diphtherieserum herstellen konnte, wurden viele diphtheriekranke Menschen vor dem Tod bewahrt. Die Diphtherieerreger (Abb. 2) wurden bereits 1884 entdeckt. Sie werden durch Tröpfcheninfektion bei direktem Kontakt, z. B. beim Husten, oder durch infizierte Gegenstände übertragen und gelangen auf die Schleimhäute von Nase, Rachen und Kehlkopf eines anderen Menschen, wo sie sich vermehren.

**1**  Der Keuchhusten (Pertussis) führt zu Hustenanfällen sowie Hals- und Schluckbeschwerden.

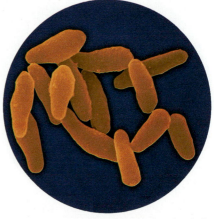

**2**  Diphtherieerreger (elektronenmikroskopische Aufnahme, 3750-fach)

Nach einer Inkubationszeit von 2 bis 7 Tagen treten erste Krankheitserscheinungen wie Abgeschlagenheit, Fieber um 38 °C bis 39 °C und Schluckbeschwerden auf. Die oberen Atemwege entzünden sich, der Rachenraum und die Gaumenmandeln überziehen sich mit grauweißen Belägen. Häufig kommt es auch zum Befall des Kehlkopfes.

Die Beläge können so zunehmen, dass es zu starken Schluckbeschwerden, zu Atemnot und eventuellem Ersticken führen kann. Deshalb erhielt die Diphtherie auch den Namen „Würgeengel".

Die ärztliche Behandlung erfolgt mit einem *Heilserum.* Je zeitiger diese Behandlung beginnt, desto eher werden Schäden vermieden. Zur Behandlung werden auch Antibiotika eingesetzt.

Verläuft die Erkrankung an Diphtherie normal, ist nach ca. 2 bis 3 Wochen mit der Heilung zu rechnen. Besser ist es jedoch, wenn man durch *Impfung* einen langjährigen Schutz gegen Diphtheriebakterien erhält, der allerdings etwa alle 10 Jahre aufgefrischt werden sollte.

Die Krankheit **Wundstarrkrampf** (Tetanus) wird durch stäbchenförmige Bakterien hervorgerufen (Abb. 1). Weil sich diese Bakterien überall aufhalten, besonders in Erde, Staub und morschem Holz, kann es schnell zur Infektion kommen. Die Erreger dringen durch kleinste Hautverletzungen, verursacht durch Kratzer, Holzsplitter, Dornen, sowie in geringfügige Schürf- und Schnittwunden in den Körper ein, vermehren sich und produzieren innerhalb weniger Tage ein Nervengift.

Als Krankheitszeichen treten zunächst Mattigkeit, Schweißausbrüche und Schlaflosigkeit, später qualvolle Krampfzustände der Muskulatur (Nackensteife, Muskelstarre im Gesicht) auf. Sind die Atem- und Herzmuskulatur betroffen, verläuft die Krankheit mit Todesfolge. Die Sterblichkeit liegt gegenwärtig bei 30 % bis 50 % aller Erkrankungen. Weltweit werden 300 000 bis 500 000 Erkrankungen jährlich geschätzt. 60 Milliardstel Gramm des Tetanusgiftes sollen genügen, um den Tod eines Menschen herbeizuführen. Ein Gegengift gibt es nicht.

Im Krankheitsfall muss innerhalb von 24 Stunden mit einem Heilserum behandelt werden. Ein wirksamer Schutz erfolgt durch eine **Impfung.**

Die meldepflichtige **Tuberkulose der Lungen** (Abb. 2) wird durch ein stäbchenförmiges Bakterium verursacht. Über die Atemluft gelangt es in die Lunge und bildet knötchenartige Entzündungsherde, die sich schnell ausbreiten. Dadurch wird die Atmung beeinträchtigt, Fieber, Husten und eitriger Auswurf sind die Folgen.

**1** Der Tetanuserreger ruft eine schwere bakterielle Erkrankung des Nervensystems mit Krämpfen hervor.

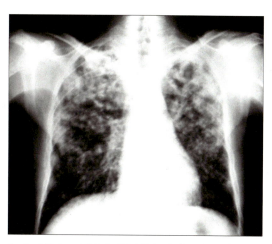

**2** Im Röntgenbild sind bei Tuberkulose knötchenartige Entzündungsherde in der Lunge zu sehen.

Unbehandelt führt die Lungentuberkulose zur Zerstörung des Lungengewebes. Dadurch können die Erreger in die Luftwege gelangen, es entsteht die offene Lungentuberkulose mit einer sehr großen Ansteckungsgefahr für andere Personen. Vorbeugende Maßnahmen sind insbesondere *Röntgenuntersuchungen* und *Schutzimpfungen* der Neugeborenen.

Werden mit **Salmonellen** verseuchte Nahrungsmittel (insbesondere Fleisch, Milch, Eier und deren Produkte) oder verseuchtes Trinkwasser aufgenommen, kann es zu **Lebensmittelvergiftungen (Salmonellosen)** kommen. Erreger sind Salmonellen, stäbchenförmige Bakterien (Abb. 1). Nach einer Inkubationszeit von 20 bis 24 Stunden macht sich die Erkrankung durch Fieber, Übelkeit, Erbrechen und Durchfall bemerkbar. Sie

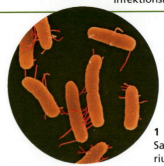

**1** Stäbchenbakterium Salmonella typhimurium

dauert meist nur wenige Tage. Nach dem Bundesseuchengesetz besteht für diese Erkrankung Meldepflicht.

Eine Infektionsgefahr besteht besonders beim Verzehr von ungewaschenem Obst und Gemüse sowie rohen oder kurzzeitig erhitzten Fleisch- und Eierwaren. Erst durch längeres Erhitzen (Kochen oder Braten) werden Salmonellen abgetötet.

## Weitere durch Bakterien verursachte Infektionskrankheiten

| Krank-heit | Erreger und Über-tragung | Inkuba-tionszeit | Krankheitsanzeichen (Symptome) |
|---|---|---|---|
| Schar-lach | *Streptokokken* Tröpfchen- und Schmierinfektion | 2–7 Tage | hohes Fieber; Kopf-, Halsschmerzen und Erbrechen; feinfleckiger Hautausschlag; Entzündung der Zungen-papillen ("Himbeerzunge") |
| Typhus | *Salmonellen* infiziertes Wasser und infizierte Speisen sowie Lebensmittel | 7–14 Tage (durch-schnittlich) | Kopf- und Gliederschmerzen; Fieber (bis 40 °C); zunächst Verstopfung, später breiartige, oft auch blutige Durchfälle; rötliche Flecken auf der Bauchhaut |
| Hirn-hautent-zündung (Hib) | *Meningokokken* eitrige Prozesse in Ohr, Kehlkopf, Atmungsorganen oder durch das Blut | 2–7 Tage | häufig Entzündung der oberen Luftwege, aber auch Ausbreitung auf Mittelohr, Kehlkopf und Hirnhäute, Eiteransammlung über den Großhirnhälften, vielfach Langzeitschädigung des Nervensystems |
| Tripper (Gonor-rhoe) | *Gonokokken* Kontakt- oder Schmierinfektion bei Geschlechtsverkehr oder Geburt | meist 3 Tage | eitriger Ausfluss aus Scheide oder Harnröhre, Entzündung von Harnblase und inneren Geschlechts-organen |
| Syphilis | *Stäbchenbakterien* Direktkontakt beim Geschlechtsverkehr | ca. 21 Tage | knotige Geschwüre an äußeren Geschlechtsteilen oder Lippen, Zunge und After; später Hautausschläge und großflächige Geschwüre; unbehandelte Krank-heit verläuft in 3 Phasen |
| Borre-liose | *Borrelien* Übertragung durch Zecken (Holzbock) | wenige Ta-ge, Wochen, Monate bis Jahre | Hautrötung, Fieber, Muskel- und Kopfschmerzen, Lähmungen von Gliedmaßen und Nerven, Schutzimpfung wird empfohlen |

## Infektionskrankheiten – durch Viren verursacht

Zu den Infektionskrankheiten beim Menschen, die durch Viren (s. S. 239) verursacht werden, gehören z. B. *Grippe, Masern, Kinderlähmung, Hepatitis* und *Aids* (s. Tab. S. 246).

Die **Virusgrippe** (Influenza) ist eine sehr häufige Infektionskrankheit, die durch Influenza-Viren (Grippe-Viren, Abb. 1) ausgelöst wird. Jährlich treten *Grippe-Epidemien* regional auf, d. h., in einem kurzen Zeitraum erkranken viele Menschen. Aber es treten auch Grippe-Epidemien weltweit auf, z. B. 1889/90 („Russische Grippe"), 1918/19 („Spanische Grippe"), 1957/58 („Asiatische Grippe") und 1968/69 („Hongkong-Grippe").

Das Grippe-Virus befällt vor allem die Schleimhautzellen

von Nase, Luftröhre und Bronchien. Die Virusgrippe kann leicht und mit nur gering ausgeprägten Symptomen verlaufen. Deshalb wird sie häufig mit einer Erkältungskrankheit verwechselt.

Typische Anzeichen für die Erkrankung sind plötzlich auftretendes hohes Fieber, Kopf-, Glieder- und Halsschmerzen sowie Husten. Bereits wenige Stunden bis zu drei Tagen nach der Infektion mit Grippe-Viren können diese Anzeichen auftreten. Eine schwere Virusgrippe kann mehrere Wochen andauern.

Die Grippe-Viren werden durch Tröpfchen beim Sprechen, Niesen oder Anhusten übertragen, können sich im Körper schnell vermehren (Abb. 1) und die genannten Krankheitsanzeichen hervorrufen. Häufig treten Komplikationen wie Erkrankungen der Lunge oder Herzmuskelentzündung als Folge einer Grippe auf.

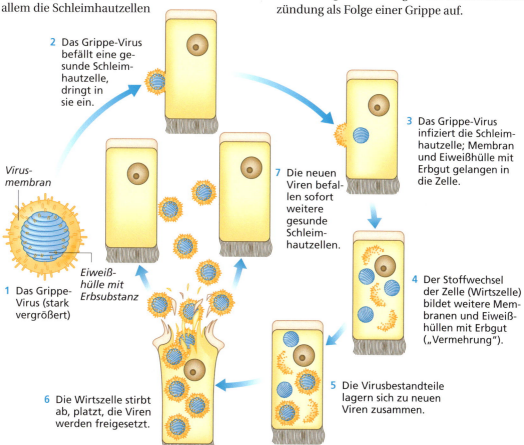

2 Das Grippe-Virus befällt eine gesunde Schleimhautzelle, dringt in sie ein.

3 Das Grippe-Virus infiziert die Schleimhautzelle; Membran und Eiweißhülle mit Erbgut gelangen in die Zelle.

*Virus-membran*

7 Die neuen Viren befallen sofort weitere gesunde Schleimhautzellen.

*Eiweiß-hülle mit Erbsubstanz*

1 Das Grippe-Virus (stark vergrößert)

4 Der Stoffwechsel der Zelle (Wirtszelle) bildet weitere Membranen und Eiweißhüllen mit Erbgut („Vermehrung").

6 Die Wirtszelle stirbt ab, platzt, die Viren werden freigesetzt.

5 Die Virusbestandteile lagern sich zu neuen Viren zusammen.

1 Verlauf der Infektion mit Grippe-Viren

Zu den wirksamsten Vorbeugemaßnahmen gehört die *Grippeschutzimpfung,* die von September bis November durchgeführt wird. Gesunde Lebensführung und Abhärtung des Körpers stärken die Abwehrkräfte gegen Grippe-Viren.

**Masern** werden oft als eine relativ harmlose Kinderkrankheit angesehen. Die Masern-Viren (Abb.) gelangen über Tröpfcheninfektion in den Körper. Nach 9 bis 11 Tagen Inkubationszeit zeigen sich die Symptome der Krankheit, z.B. Husten, hohes Fieber sowie rotfleckiger Ausschlag vom Kopf über den Körper (Abb. 1).
Masern können schwerwiegende Komplikationen nach sich ziehen, z.B. Hirnhautentzündung, Lungen- und Mittelohrentzündung. Durch Medikamente werden die Begleiterscheinungen der Masern gemildert. Die Krankheit selbst kann man nicht behandeln. Wer einmal an Masern erkrankt war, bekommt die Krankheit nicht ein zweites Mal.
Eine *Impfung* gewährt gegen die Erreger einen zuverlässigen Schutz. Sie hat sich in den vergangenen Jahrzehnten bewährt, die Anzahl der Erkrankungen ist stark zurückgegangen.
Die Weltgesundheitsorganisation (WHO) plant, die Masern durch systematische Impfungen bis 2007 in Europa auszurotten.

**Hepatitis** (Leberentzündung mit Gelbsucht) ist eine Leberentzündung, die durch Hepatitis-Viren A bis E (Abb.) hervorgerufen wird. Es gibt insbesondere 3 Typen – Hepatitis A, B und C. Diese virusbedingte Erkrankung macht sich durch Übelkeit, Erbrechen, Abgeschlagenheit bemerkbar. Ein bis zwei Wochen nach der Ansteckung kommt es zu einer leichten Gelbfärbung von Haut und Augen („Gelbsucht").
**Hepatitis A** ist die am häufigsten vorkommende und ansteckende Leberentzündung, die hauptsächlich im Kindesalter auftritt. Das Hepatitis-A-Virus gelangt bei schlechten hygienischen Verhältnissen mit der Nahrung in den Körper und vermehrt sich dort. Man kann sich schützen, wenn man einige hygienische Grundsätze beachtet (s.unten). Dies ist be-

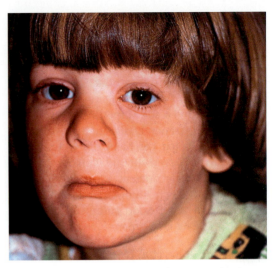

**1** Typisches Krankheitszeichen für Masern ist der Hautausschlag.

sonders wichtig bei Reisen, vor allem in Länder mit hoher Hepatitis-A-Gefährdung.

Seit 1992 gibt es eine Impfung gegen Hepatitis A. Sie besteht aus einer *Dreifachimpfung* – zwei Impfungen vor der Reise, eine Impfung 1 Jahr nach der Reise. Danach besteht ein zehnjähriger Schutz. Die Impfung ist besonders für Auslandsreisende wichtig, die über keine entsprechenden Antikörper verfügen. Durch eine Blutuntersuchung kann vor der Impfung festgestellt werden, ob man schon Abwehrstoffe gegen Hepatitis A besitzt. Wenn ja, entfällt die Impfung.

**Hygienische Grundsätze für Reisen in gefährdete Gebiete**

- Frisches Obst und Gemüse schälen oder kochen!
- Nur abgekochtes Wasser oder Mineralwasser verwenden!
- Keine aufgeschnittenen Früchte und rohen Salate essen!
- Auf Eiswürfel und Speiseeis verzichten!
- Nur durchgegartes Fleisch verzehren!

Handele nach dem Motto:
Schäle es, koche es, brate es oder vergiss es!

**Hepatitis B** ist die gefährlichste Form der Hepatitis. Die Infektion führt zu den o. g. Krankheitserscheinungen, kann aber auch schwere gesundheitliche Schäden wie chronische Leberentzündungen, Leberzirrose oder Schrumpfleber nach sich ziehen. Die Übertragung des Hepatitis-B-Virus kann durch alle Körperflüssigkeiten, z.B. Blut, Speichel, Tränenflüssigkeit, Sperma, erfolgen. Hauptsächlich geschieht die Übertragung durch Geschlechtsverkehr und Blutkontakte. Kleinste Hautverletzungen, wie sie z. B. beim Zähneputzen, durch Tätowieren (Abb. 1) oder Piercing sowie durch Sport auftreten, dienen als Eintrittspforte in den Körper.

In Deutschland stecken sich jährlich etwa 50 000 Personen an. Besonders gefährlich ist die Infektion auch deshalb, weil die Erkrankung nicht ausbrechen muss, die Viren aber weiter übertragen werden können. In solchen Fällen sind alle möglichen Übertragungswege zu vermeiden. Die einzige Möglichkeit, sich vor einer Infektion mit Hepatitis-B-Viren und deren Folgen zu schützen, ist die *Hepatitis-B-Schutzimpfung*. Die Impfung be-

**1**  Ein millionstel Milliliter Blut mit Hepatitis-B-Viren genügt für die Übertragung beim Tätowieren.

sitzt auch Bedeutung, weil eine akute Hepatitis B nicht behandelt werden kann. Von drei Impfungen sind die ersten beiden im Abstand von 4 Wochen, die dritte 6 Monate nach der ersten Dosis durchzuführen. Danach besteht ein Langzeitschutz von 10 Jahren.

| Weitere durch Viren verursachte Infektionskrankheiten | | | |
|---|---|---|---|
| **Krankheit** | **Erreger und Übertragung** | **Inkubationzeit** | **Krankheitsanzeichen (Symptome)** |
| Mumps (Ziegenpeter) | *Mumpsvirus* Tröpfcheninfektion (Husten, Niesen) | 14–30 Tage | Schwellungen der Ohrspeicheldrüsen und des Gesichts; Fieber, Kopf- und Gliederschmerzen |
| Röteln | *Rötelvirus* Tröpfcheninfektion (Anhusten), über Mutterkuchen | 12–21 Tage | blassroter kleinfleckiger Hautausschlag, zuerst im Gesicht, dann am Körper; Schwellungen der Lymphknoten des Halses; harmlose Virusinfektion – außer bei Schwangeren |
| Kinderlähmung (Poliomyelitis) | *Poliomyelitis-Viren* Schmier- und Tröpfcheninfektion | 3–14 Tage | Fieber, Durchfall, Schluckbeschwerden, Abgeschlafftheit und Gliederschmerzen, später Lähmungserscheinungen |
| Windpocken | *Windpocken-Virus* Tröpfcheninfektion (Husten, Niesen) | 14–21 Tage | Kopfschmerzen, leichtes Fieber, bläschenförmiger, stark juckender Hautausschlag; meist im Kindesalter, verläuft harmlos |
| Hirnhaut- und Hirnentzündung (**Frühsommer-**Meningoencephalitis/FSME) | *FSME-Virus* Stich von Zecken (Holzböcke) | 7–10 Tage | Fieber, Kopf- und Gliederschmerzen; Entzündung der Hirnhäute, des Gehirns, der Nerven und des Rückenmarks; Lähmungen; Schutzimpfung möglich |

# Biologie im Alltag

## Vorbeugung von Infektionskrankheiten

Jeder kann durch geeignete Lebensweise dazu beitragen, dass seine Gesundheit weitgehend erhalten bleibt. Damit Krankheitserreger möglichst nicht in den Körper eindringen können bzw. abgewehrt werden, gilt es, die Regeln der Sauberkeit und Hygiene einzuhalten, den Körper abzuhärten und die eigenen Abwehrstoffe zu mobilisieren.

Zur **gesunden Lebensweise** gehören sowohl eine gesunde Ernährung (Abb.) als auch ein ausgewogenes Verhältnis von körperlicher sowie geistiger Belastung und Entspannung.

Jeder kann also durch seine Lebensweise bewusst darauf achten, dass seine tägliche Nahrung alle Nährstoffe (Kohlenhydrate, Fette, Eiweiße), Vitamine und Ballaststoffe enthält. Weiterhin ist wichtig, dass auch die Mengen so bemessen sind, dass der Körper ausreichend mit Stoffen zum Aufbau der körpereigenen Substanz und mit Energie für alle Lebensprozesse versorgt wird.

Im Tagesablauf sollte ausreichende Bewegung, möglichst an frischer Luft, eingeplant werden. Das können sportliche Aktivitäten, z.B. Laufen, Radfahren, Schwimmen, Wandern (Abb.1), aber auch Spaziergänge, Treppensteigen, Tanzen sein. Hygienische Regeln einhalten heißt aber auch, das Wohlergehen und die Leistungsfähigkeit des Körpers durch Beachtung der Auswirkungen von Klimafaktoren, Strahlung, Schad- und Fremdstoffen zu erhalten.

Umweltfaktoren wie Temperatur, Luftfeuchtigkeit, Luftdruck und Schadstoffe haben Einfluss auf die Gesundheit, das Wohlbefinden und die Leistungsfähigkeit der Menschen. Wer krank ist, kann bei bestimmten Wettersituationen Beschwerden vor allem im Bereich des Herz-Kreislauf- und Atmungssystems bekommen.

Der aktuelle Allgemeinzustand unseres Körpers ist mit ausschlaggebend dafür, ob eine Infektionskrankheit ausbricht oder nicht. Ein ständig überlasteter Mensch und ein geschwächter Organismus begünstigen die Ausbreitung von Krankheitserregern.

Durch sportliche Aktivitäten und Abhärtungsmaßnahmen, z. B. Fitnesstraining, regelmäßigen Saunabesuch (Abb.2), kann das Abwehrsystem aktiviert und trainiert werden.

> Durch eine gesunde Lebensweise – bezogen auf körperliche und geistige Aktivitäten – können die Abwehrstoffe des Körpers mobilisiert werden.

1   Bei Wanderungen sollte man sich angemessen kleiden, damit man auf unterschiedliche Luft- und Körpertemperaturen eingestellt ist.

2   Um den eigenen Körper abzuhärten und gesund zu erhalten, ist ein wöchentlicher Saunagang empfehlenswert.

## Aids – erworbene Immunschwäche-krankheit

Aids heißt übersetzt so viel wie „**ansteckendes Abwehr-Schwäche-Syndrom**".
Die einzelnen Worte dieser Abkürzung erklären, was mit Aids gemeint ist.
– *Ansteckendes:* Von einem Menschen auf den anderen übertragbar, im Gegensatz zu vererbten Krankheiten.
– *Abwehr:* Mit den meisten ansteckenden Krankheiten wird der menschliche Körper ohne fremde Hilfe durch seine eigenen Abwehrstoffe fertig. Deshalb bekommt man auch nicht jedes Mal Schnupfen, wenn die halbe Schulklasse erkältet ist.
Das bedeutet, dass bei den Mitschülern der Schnupfen nach einiger Zeit von selbst weggeht. Das funktioniert, weil die T-Helferzellen im menschlichen Körper sofort Alarm schlagen, wenn Krankheitserreger in den Körper eindringen. Diese Zellen rufen weitere Abwehrzellen zu Hilfe, die dann die Krankheitserreger unschädlich machen (s. S. 252). Bei Aids ist es anders.
– *Schwäche:* Wenn das HI-Virus in den Körper eines Menschen gelangt, kann es die T-Helferzellen zerstören und die Abwehrkräfte so schwächen, dass andere Krankheitserreger vom Körper nicht mehr abgewehrt werden können (Abb. 1).
– *Syndrom:* Bedeutet, dass mehrere Krankheitserscheinungen zusammen auftreten.

Aids ist die jüngste und gefährlichste sexuell übertragbare Krankheit. Ihr Erreger ist das Human-Immundefekt-Virus (HIV).
Weltweit leben derzeit ca. 40,3 Mio. Menschen mit HIV/Aids. 16 Mio. sind bereits an Aids gestorben, zwei Drittel davon allein in Afrika.

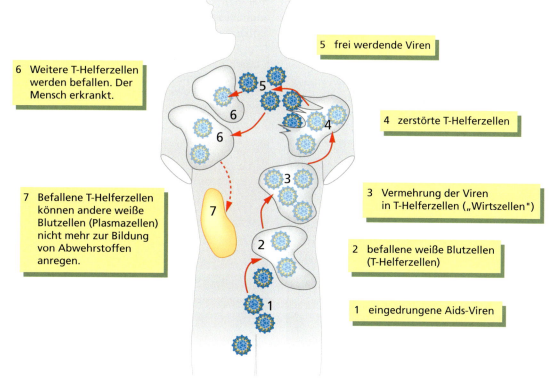

5  frei werdende Viren

6  Weitere T-Helferzellen werden befallen. Der Mensch erkrankt.

4  zerstörte T-Helferzellen

7  Befallene T-Helferzellen können andere weiße Blutzellen (Plasmazellen) nicht mehr zur Bildung von Abwehrstoffen anregen.

3  Vermehrung der Viren in T-Helferzellen („Wirtszellen")

2  befallene weiße Blutzellen (T-Helferzellen)

1  eingedrungene Aids-Viren

**1**  HI-Virus und seine Wirkung im Körper

In *Deutschland* leben ca. 50 000 Menschen mit HIV-Infektionen, bisher gab es 26 000 HIV/Aids-Todesfälle. Das Heimtückische an Aids ist, dass die meisten Betroffenen von ihrer HIV-Infektion erst später Kenntnis bekommen, weil sie lange Zeit nahezu beschwerdefrei sind. In dieser Zeit können sie aber bereits andere anstecken und die Krankheit weiter verbreiten. Gewissheit schafft erst ein HIV-Labortest.

Trotz intensiver Forschung hat man bisher noch keine Impfstoffe oder Heilmittel gefunden. Die Ärzte können heute feststellen, ob HIV im untersuchten Blut sind. Diesen **Bluttest** nennt man **„HIV-Antikörper-Test",** weil nicht HIV selbst, sondern die Abwehrstoffe (HIV-Antikörper) nachgewiesen werden, die der Körper nach einer Ansteckung mit HIV bildet. Allerdings dauert es längere Zeit, bis die HIV-Antikörper zu erkennen sind. Zwischen der möglichen Ansteckung (z. B. dem letzten ungeschützten Geschlechtsverkehr) und dem Test sollte etwa ein Vierteljahr vergangen sein, sonst sagt der Test nichts aus. Auch wenn der Test zeigt, dass man keine HIV-Antikörper im Blut hat, ist das natürlich kein Freibrief, sich nicht vor Ansteckung zu schützen.

Im Gegenteil: Man sollte alles dafür tun und sich konsequent vor Ansteckung schützen.

Wer **„HIV-positiv"** oder „Antikörper-positiv" ist, hat sich zwar angesteckt, ist aber noch nicht aidskrank. Wichtig ist aber, dass jeder Infizierte andere über bestimmte Übertragungswege anstecken kann.

Das **Risiko einer HIV-Ansteckung** ist sehr hoch beim Sex mit Zufallsbekanntschaften, Prostituierten und männlichen Homosexuellen. Hier müssen unbedingt Kondome angewendet werden (*„Safer Sex"*)!

Eine weitere Ansteckungsquelle ist das Benutzen infizierter Kanülen durch Drogensüchtige.

**Keine Ansteckungsgefahr** besteht bei
– Händegeben, Anhusten, Anniesen,
– gemeinsamem Spielen und Sporttreiben,
– gemeinsamem Benutzen von Bestecken, Gläsern und Geschirr sowie von Handtüchern und Bettwäsche,
– Besuch von Schwimmbädern, Saunen,
– Mückenstichen, Kontakten mit Tieren u. Ä.

Wie Menschen mit Aids leben, hängt auch davon ab, ob ihnen ihre Umgebung Kraft gibt, sich innerlich gegen diese Krankheit zu wehren. Ein verzweifelter Mensch ist viel anfälliger für Ansteckungskrankheiten als ein Mensch, der sich in seiner Umgebung sicher und geborgen fühlt. Deshalb ist es für Menschen mit HIV oder Aids ganz wichtig, dass man sie nicht alleine lässt. Es gibt auch gar keinen Grund, den Kontakt mit Aidskranken zu meiden. Hände schütteln, sich umarmen, gemeinsam essen – das alles ist ungefährlich, ebenso der Schweiß oder Speichel von Aidskranken.

Wer in seiner Umgebung einen Menschen mit HIV oder Aids kennt und Angst vor einem persönlichen Kontakt hat, der sollte sich an eine **Beratungsstelle** wenden. Sie bietet Rat und Hilfe.

Aids ist eine Immunschwächekrankheit. In den Körper eingedrungene Viren zerstören die Gruppe von weißen Blutzellen (T-Helferzellen). Der Körper bildet nun keine Abwehrstoffe mehr, dadurch können sich Infektionen im Körper ausbreiten.

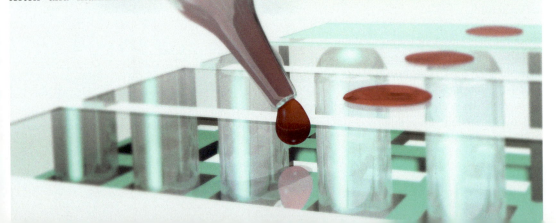

## Immunität und Immunisierung

### Immunität

Zahlreiche **Krankheitserreger,** hauptsächlich *Bakterien* und *Viren,* gelangen ständig in unseren Körper, z. B. über Atemwege, über Wunden oder über verschiedene Körperkontakte.
Aber nicht immer bricht die entsprechende Krankheit aus. Der Körper reagiert mit **Abwehrreaktionen.** Man sagt, der Körper ist gegen bestimmte Krankheitserreger immun.
Die Unempfindlichkeit bzw. Widerstandsfähigkeit des Körpers gegenüber Krankheitserregern oder deren giftigen Stoffwechselendprodukten wird als Immunität bezeichnet.

**Immunität** wird durch die Gesamtheit aller Abwehrreaktionen des Körpers gewährleistet. Es sind auch Reaktionen gegen Fremdeiweiße (z. B. bei Transplantationen) eingeschlossen.

> **Immunität ist die Widerstandsfähigkeit des Organismus gegen Krankheitserreger und Fremdstoffe.**

Die Abwehrreaktionen oder Immunreaktionen werden durch das **Immunsystem (Abwehrsystem)** ausgelöst. Dadurch können Erkrankungen in vielen Fällen wirkungsvoll verhindert werden.

Zum menschlichen Immunsystem (Abb. 1) gehören die *Lymphknoten,* die *Thymusdrüse,* das *rote Knochenmark,* die *Milz,* die *Gaumen-* und *Rachenmandeln* sowie der *Wurmfortsatz* des Blinddarms. Außer diesen Organen werden zu dem Immunsystem noch die *Lymphzellen* (weiße Blutzellen, s. S. 251), die *Fresszellen* und *Plasmazellen* gezählt.

Wesentlichen Anteil an Immunreaktionen besitzen die weißen Blutzellen, insbesondere die **Lymphzellen** oder **Lymphozyten,** die man in *B*- und *T-Lymphzellen* unterteilt.
Etwa 25 % der weißen Blutzellen sind Lymphzellen. Sie stellen die zelluläre Grundlage des Immunsystems dar.

> **Zum Immunsystem des Menschen gehören die lymphatischen Organe (Lymphknoten, Thymusdrüse, Milz, Gaumen- und Rachenmandeln), das rote Knochenmark und weiße Blutzellen.**

### Angeborene natürliche Immunität

Es gibt verschiedene **Immunreaktionen.** Beispielsweise lässt eine gesunde und unverletzte Haut keine Erreger in den Körper. Sekretbildungen wie Tränenflüssigkeit, Speichel, Nasensekret schließen aufgrund ihrer schleimigen Beschaffenheit Mikroorganismen ein, so dass sie mit dem Sekret aus dem Körper entfernt werden.
Im Magen werden eingedrungene Erreger oftmals von der Magensäure abgetötet, im Blut werden sie von bestimmten weißen Blutzellen vernichtet.

Mandeln

Lymph-knoten

Milz

Wurm-fortsatz

Knochen-mark

**1** Das Immunsystem des Menschen (die lymphatischen Organe) verhindert in vielen Fällen den Ausbruch einer Krankheit.

1  Weiße Blutzelle (Fresszelle) nimmt Krankheitserreger in ihr Plasma auf und vernichtet sie.

Einige amöboid bewegliche weiße Blutzellen (Fresszellen und Granulozyten) umfließen eingedrungene Krankheitserreger, z. B. Bakterien oder Viren, aber auch andere Fremdkörper, nehmen diese in ihr Zellplasma auf und verdauen sie (Abb. 1). Die Überreste werden als Eiter abgeschieden.

Diese *unspezifischen Abwehrreaktionen* machen unseren Körper auf natürlichem Weg widerstandsfähig (resistent) gegenüber Krankheitserregern.

Man sagt, unser Körper besitzt eine **natürliche Immunität** (Widerstandsfähigkeit, Unempfindlichkeit). Er ist gegenüber Krankheitserregern immun (unempfindlich). Diese natürliche Immunität ist **angeboren.**

> Natürliche Immunität ist die angeborene Widerstandsfähigkeit gegenüber Krankheitserregern. Die unspezifischen Abwehrreaktionen werden durch weiße Blutzellen (Fresszellen) hervorgerufen.

### Erworbene natürliche Immunität

Es gibt aber auch eine **erworbene Immunität.** Darunter versteht man die Widerstandsfähigkeit oder Unempfindlichkeit des Körpers gegenüber bestimmten Krankheitserregern aufgrund des Vorhandenseins von bestimmten **Abwehrstoffen (Antikörpern)** im Körper. Im Körper laufen dann *spezifische Abwehrreaktionen* ab. Die Abwehrstoffe werden erst in der Auseinandersetzung mit eingedrungenen Krankheitserregern oder Fremdkörpern gebildet. Sie bleiben nach der Erkrankung im Körper erhalten. Ursache für die erworbene Immunität sind zwei Formen von weißen Blutzellen (Lymphzellen), nämlich die **B-Lymphzellen** und **T-Lymphzellen**. Die **B-Lymphzellen** sind in der Lage, Abwehrstoffe (Antikörper) zu bilden, die sie an das Blut bzw. die Lymphe abgeben.

Die **T-Lymphzellen (T-Helferzellen)** können Krankheitserreger als körperfremd erkennen und beauftragen die B-Lymphzellen zur Bildung von Abwehrstoffen (Antikörpern; Abb. 1, S. 252).

Nur **die** B-Lymphzellen, die zu den Erregern passen, stellen gegen die eingedrungenen Erreger Antikörper her. Diese Antikörper sind also auf bestimmte Erreger spezialisiert.

Die eingedrungenen Erreger tragen auf ihrer Oberfläche Merkmale oder Strukturen, die als **Antigene** bezeichnet werden. Werden die Antigene der Erreger von den Fresszellen und den T-Helferzellen als körperfremd „erkannt", beginnen die Gegenmaßnahmen.

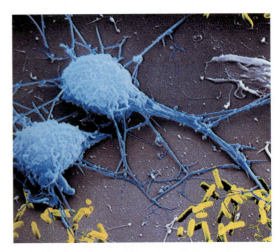

2  Fresszellen können Bakterien (z. B. Darmbakterien) aufnehmen und vernichten.

Die Fresszellen umschließen die Eindringlinge und verdauen sie (Abb. 1, S. 251). Ist eine große Anzahl von Erregern vorhanden, regen die T-Helferzellen die B-Lymphzellen zur Bildung der Abwehrstoffe (Antikörper) an. Diese verbinden sich mit den Antigenen der Erreger. Die Erreger verklumpen und werden von Fresszellen vernichtet. Diese Reaktion bezeichnet man als **Antigen-Antikörper-Reaktion** oder **erworbene natürliche Immunreaktion** (Abb. 1).

Die gebildeten Abwehrstoffe (Antikörper) sind erregerspezifisch, d. h., dass die Antikörper nur zu bestimmten Antigenen passen. Es sind die Antigene, die die Bildung der Abwehrstoffe (Antikörper) ausgelöst haben.

Für jedes Antigen wird ein passender Antikörper gebildet. Bestimmte Lymphzellen können sich bei einem erneuten Zusammentreffen mit einem Antigen, das schon einmal die Bildung von Antikörpern ausgelöst hat, „erin-

nern". Diese Lymphzellen nennt man **Gedächtniszellen.**

Deshalb kommt es bei wiederholter Infektion mit dem gleichen Erreger häufig nicht mehr zum Ausbruch der Krankheit. Beispielsweise erkrankt man an *Masern, Röteln, Mumps* und *Windpocken* in der Regel nur einmal im Leben. Es wurde eine **lebenslange natürliche Immunität** erworben.

Die Widerstandsfähigkeit unseres Körpers kann durch viele Faktoren geschwächt werden, z. B. durch lang andauernde (chronische) Infektionen und Erkrankungen (z. B. Aids), durch Stress, Mangelernährung und Umweltgifte.

> Bei der Immunreaktion (Antigen-Antikörper-Reaktion) werden im Körper Abwehrstoffe (Antikörper) gebildet, mit deren Hilfe eingedrungene Krankheitserreger abgetötet werden. Diese Reaktion ist erregerspezifisch. Die Antikörper bleiben dann oft im Körper erhalten.

1 eindringende **Fremdkörper** (Bakterien, Viren, Staub)

2 **„Fresszellen"** (weiße Blutzellen) vernichten Fremdkörper.

5 **Antikörper** verbinden sich mit den Fremdkörpern, machen diese unschädlich.

6 **„Fresszellen"** vernichten die unschädlich gemachten Fremdkörper.

3 Bei vielen eingedrungenen Fremdkörpern werden von „Fresszellen" weitere weiße Blutzellen (**T-Helferzellen**) aktiviert.

4 **B-Lymphzellen** (weiße Blutzellen) werden von T-Helferzellen angeregt, spezielle für den eingedrungenen Fremdkörper bestimmte Antikörper zu bilden.

8 B-Lymphzellen bilden **Gedächtniszellen,** sie können passende Antikörper bilden.

7 Ein Teil der **Antikörper** bleibt erhalten, sie vernichten neu eindringende Fremdkörper. (**Unser Körper ist immun.**)

**1** Ablauf einer Antigen-Antikörper-Reaktion (Immunreaktion)

## Immunisierung

Die Immunität gegen bestimmte Krankheitserreger kann künstlich durch den Vorgang der **Immunisierung** (Impfen) erreicht werden. Es wird eine aktive und eine passive Immunisierung unterschieden.

Bei der **aktiven Immunisierung** werden dem Menschen kleine Mengen von abgeschwächten Erregern einer bestimmten Krankheit eingeimpft. Die Antigene der Erreger werden von den T-Helferzellen erkannt. Diese regen die B-Lymphzellen an, die passenden Abwehrstoffe (Antikörper) zu bilden. Dringen nun Erreger dieser bestimmten Krankheit in den Körper ein, wird ihre anfangs geringe Anzahl von den Abwehrstoffen abgetötet. Die Krankheit bricht nicht aus. Da der Körper die Abwehrstoffe selbst gebildet hat, nennt man diese Form der Immunisierung aktive Immunisierung (Abb. 1). Angewandt wird sie gegenwärtig z. B. bei *Masern*, *Mumps* und *Röteln*, *Typhus*, *Cholera*, *Pocken* und *Kinderlähmung*.

Die aktive Immunisierung wirkt mehrere Jahre, weil die Gedächtniszellen, die die Abwehrstoffe

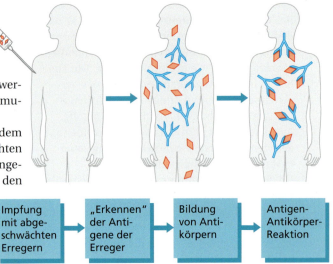

| Impfung mit abgeschwächten Erregern | → | „Erkennen" der Antigene der Erreger | → | Bildung von Antikörpern | → | Antigen-Antikörper-Reaktion |

◆ Erreger mit Antigenen    Ψ Antikörper

**1**   Verlauf der aktiven Immunisierung

bilden, sehr langlebig sind. Deshalb ist diese Art der Impfung eine **Schutzimpfung.**

Schutzimpfungen werden weltweit durchgeführt. Ihre Erfolge sind groß, z. B. bei der Bekämpfung der *Pocken* und der *Kinderlähmung*.

## Mosaik

### Menschenpocken – eine gefährliche Volksseuche

Tausende Menschen starben jährlich an **Menschenpocken.** Diese Krankheit wird durch Viren hervorgerufen. Lange vor ihrer Entdeckung, in der ersten Hälfte des 20. Jahrhunderts, beschrieb 325 n. Chr. der Chinese GE HONG den Verlauf dieser Infektionskrankheit.

Der Engländer EDWARD JENNER (Abb.) beobachtete schließlich, dass Bauernmädchen, die an Kuhpocken erkrankte Kühe molken, sich infizierten (ansteckten), aber nur leicht erkrankten und danach gegen Menschenpocken immun waren. Offensichtlich hatten die Kuhpocken den Körper angeregt, Abwehrstoffe zu bilden, die auch gegen eindringende Menschenpocken wirkten. 1796 entschloss er sich, Menschen vorbeugend mit Kuhpocken zu impfen, und erreichte einen Schutz vor Menschenpocken. JENNERS Entdeckung wurde aber nur zögerlich aufgenommen.

In Deutschland wurde diese Impfung (aktive Immunisierung) erst durch das Impfgesetz von 1874 eingeführt. Seitdem erkranken nur noch wenige Menschen an Pocken.

EDWARD JENNER (1749–1823)

Englischer Landarzt; geboren am 17. 5. 1749 und gestorben am 26. 1. 1823 in Berkeley. Er führte als Erster 1796 die Pockenschutzimpfung ein.

Bei der **passiven Immunisierung** (Abb. 1) wird dem Körper ein Serum eingeimpft. Dieses Serum gewinnt man, indem Tieren, z. B. Pferden, Krankheitserreger eingeimpft werden. Die Tiere bilden im Blut Abwehrstoffe (Antikörper) gegen die eingeimpften Erreger. Das den Tieren entnommene Blut enthält nun Abwehrstoffe. Aus diesem Blut wird das Serum gewonnen, das dem Menschen zur Bekämpfung einer bestimmten Krankheit eingeimpft wird.

Da der Körper die Abwehrstoffe nicht selbst bildet, also passiv ist, nennt man diese Form der Immunisierung passive Immunisierung (Abb. 1).

Angewandt wird diese Form der Impfung z. B. bei *Diphtherie, Wundstarrkrampf (Tetanus), Keuchhusten und Hirnhautentzündung (Hib)*. Schon 1890 entwickelte EMIL VON BEHRING (s. unten) ein Heilverfahren gegen Diphtherie, das man heute als passive Immunisierung bezeichnet.

Vorteilhaft ist bei der passiven Immunisierung der rasche Eintritt der Wirkung. Die Abwehrstoffe werden in relativ kurzer Zeit wieder abgebaut. Somit bieten sie keinen Langzeitschutz gegen eine erneute Ansteckung.

In der Bundesrepublik gibt es eine ständige Impfkommission, die Empfehlungen zu Impfstoffen,

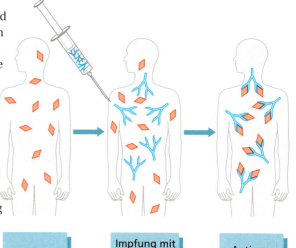

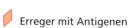 

Erreger mit Antigenen        Antikörper

**1**  Verlauf der passiven Immunisierung

Impfalter sowie zu den Abständen der Impfungen erarbeitet und als **Impfkalender** veröffentlicht (Abb. 1, S. 255). Denn ein ausreichender Impfschutz von Kindern und Erwachsenen verhindert den Ausbruch von Krankheiten.

## Mosaik

Der deutsche Arzt EMIL VON BEHRING entwickelte am Hygiene-Institut Berlin (heute Robert-Koch-Institut) eine Serumtherapie gegen Diphtherie und Wundstarrkrampf.

1890 fand BEHRING heraus, dass die Krankheit Diphtherie durch Bakterien und deren Gifte hervorgerufen wird. Das von ihm entwickelte Heilserum wirkt gegen die Bakteriengifte.

BEHRING infizierte Pferde mit abgeschwächten Diphtheriebakterien, um

**EMIL VON BEHRING (1854–1917)**

die Bildung von Abwehrstoffen (Antikörpern) auszulösen. Aus dem Blut der infizierten Tiere gewann er das Serum mit den Antikörpern und impfte damit an Diphtherie erkrankte Menschen.

Für seine Arbeiten zur passiven Immunisierung erhielt EMIL VON BEHRING 1901 den Nobelpreis.

Ab 1893 war er Professor für Hygiene an der Universität Halle und ab 1895 an der Universität Marburg. Dort starb er 1917.

**Impfkalender**
**Empfohlenes Impfalter und Mindestabstände zwischen den Impfungen bis zum 18. Lebensjahr**

| Antigenkombinationen (Krankheiten) | Lebensmonat | | | | | | Lebensjahr | |
|---|---|---|---|---|---|---|---|---|
| | Geburt | 2 | 3 | 4 | 11–14 | 15–23 | 5 – 6 | 19–17 |
| Diphtherie | | 1. | 2. | 3. | 4. | | A | A |
| Tetanus | | 1. | 2. | 3. | 4. | | A | A |
| Keuchhusten | | 1. | 2. | 3. | 4. | | A | A |
| Hirnhautentzündung (Hib) | | 1. | (2.) | 3. | 4. | | | |
| Kinderlähmung (Poliomyelitis) | | 1. | (2.) | 3. | 4. | | | A |
| Leberentzündung mit Gelbsucht (Hepatitis B) | | 1. | (2.) | 3. | 4. | | | G |
| Masern/Mumps/Röteln | | | | | | 1. | 2. | |

**1., 2., 3., 4.** – Impfungen; **G** – Grundimmunisierung; **A** – Auffrischungsimpfung; (2.) – kann u.U. entfallen

**1** Im Impfkalender ist angegeben, in welchem Alter und welchen Abständen Impfungen durchzuführen sind.

In einigen Ländern der Welt sterben heute noch viele Menschen an durch Impfungen vermeidbaren Krankheiten. Der Weltgesundheitsbericht 1998 gibt beispielsweise an, dass jährlich an *Masern* ca. 960 000 Menschen, an *Keuchhusten* ca. 410 000 Menschen und an *Tuberkulose* ca. 2,9 Mio. Menschen sterben. Für einige Erkrankungen hält die Schutzwirkung anfangs nur wenige Wochen an und muss in Abständen wiederholt („aufgefrischt") werden.

Eine **Dreifachimpfung** gibt es gegen *Diphtherie, Keuchhusten, Wundstarrkrampf (Tetanus), Masern, Mumps* und *Röteln*, eine **Vierfachimpfung** gegen *Infektionen der Atmungsorgane* mit Übergreifen auf die *Hirnhäute*.

**2** Das Impfbuch enthält Eintragungen des Arztes.

Solche Mehrfachimpfungen sind besonders für Säuglinge wichtig.

In ein **Impfbuch** (Abb. 2) trägt der Arzt zur Übersicht und Kontrolle alle Impfungen ein.
Auch für Erwachsene sollten verschiedene Impfungen in bestimmten Abständen aufgefrischt werden, z. B. *Diphtherie* – alle 10 Jahre, *Hepatitis* – alle 5 Jahre, *Tetanus* – alle 10 Jahre, *Kinderlähmung* – alle 10 Jahre.

Darüber hinaus werden Impfungen bei besonderem Anlass empfohlen. Dazu gehören u. a. die Impfungen gegen *Grippe, Windpocken, Hirnhautentzündung* (FSME, Frühsommer-Meningoencephalitis, wird durch Zecken übertragen) und verschiedene reisemedizinische Impfungen.

Bei der Immunisierung unterscheidet man aktive und passive Immunisierung.
Bei der aktiven Immunisierung erfolgt die Impfung mit abgeschwächten Krankheitserregern zur Bildung von Abwehrstoffen im Körper. Bei der passiven Immunisierung wird ein Serum mit Abwehrstoffen geimpft.

### Biologie im Alltag

## Organspende

Zur Wiederherstellung der Gesundheit werden oftmals Zellen, Gewebe oder ganze Organe von einem Menschen auf den anderen übertragen. Infrage kommen z. B. Gefäße, Haut, Niere, Herz u. a. Man bezeichnet die Übertragung als **Transplantation.**

Bei der Übertragung eines Gewebes/Organs kann es zu einer Immunreaktion des Organempfängers kommen.

Das bedeutet: Das gespendete Organ enthält Antigene, die vom Empfänger als fremd erkannt werden. Während der Immunreaktion werden spezielle Lymphzellen und Antikörper gebildet, die gegen das transplantierte Gewebe/Organ wirken. Das gespendete Gewebe/Organ kann abgestoßen werden. Deshalb muss bei der **Organspende** bereits darauf geachtet werden, dass die Antigene von Spender und Empfänger möglichst ähnlich sind (z. B. bei direkten Blutsverwandten). Die Immunabwehr kann durch Medikamente unterdrückt werden.

Nach den Gesetzen ist die Entnahme von Organen nur mit Zustimmung des Betroffenen möglich.

Nach seinem Tode kann die Zustimmung auch durch die nächsten Angehörigen erteilt werden. Organe dürfen nur dann entnommen werden, wenn der Tod zweifelsfrei festgestellt worden ist.

Entscheidend ist dabei der eingetretene Hirntod. Hirntod bedeutet das Absterben des Gehirnes vor dem Absterben aller anderen Organe. Das Gehirn kann z. B. durch einen Schlaganfall absterben. Es kann die Tätigkeit der anderen Organe nicht mehr steuern, sodass z. B. die vom Gehirn gesteuerte Atmung aufhört.

Auch das Herz stellt aufgrund des Sauerstoffmangels seine Tätigkeit ein. Wir sagen, der Mensch ist gestorben. In diesem Fall können die Organe zur Verpflanzung entnommen werden. Bis zur Entnahme wird der Mensch an eine Maschine angeschlossen, die ihn über den Hirntod hinaus künstlich beatmet und für die Durchblutung der Organe sorgt. Nur durchblutete Organe eignen sich für eine Organspende.

Unter allen **Organtransplantationen** weist die Verpflanzung der Niere die höchste Erfolgsquote auf. Nach einem Jahr funktionieren noch 80 bis 90 % der Nieren, nach fünf Jahren noch ca. 75 %.

Weltweit wurden bisher über 350 000 Nieren verpflanzt, davon in der Bundesrepublik Deutschland über 39 000. Die Zahl der Spendernieren deckt jedoch nicht den Bedarf. Dialysepatienten müssen drei bis fünf Jahre auf eine Spenderniere warten. Allein in Deutschland stehen derzeit über 11 000 Namen auf der Warteliste für eine Niere.

Die Bereitschaft, nach dem Tode Organe für schwer kranke Menschen zu spenden, sollte den nächsten Angehörigen mitgeteilt werden. Am besten ist es, wenn man zu Lebzeiten einen **Organspenderausweis** (Abb. 1) ausfüllt und mit dem Personalausweis bei sich trägt. Dort kann man aufschreiben, ob und welche Organe nach dem Tod entfernt und anderen hilfsbedürftigen Menschen eingepflanzt werden dürfen. Ein Herz muss beispielsweise in weniger als vier Stunden übertragen werden. Da zählt jede Minute.

> **Geeignete Spenderorgane werden weltweit durch Organbanken erfasst und im Bedarfsfall an entsprechende Kliniken vermittelt.**

**1** Der Organspendeausweis gibt darüber Auskunft, welche Organe nach dem Tode entfernt werden dürfen.

# Biologie im Alltag

## Allergien – überempfindliche Abwehrreaktionen unseres Immunsystems

Viele Menschen werden von wiederkehrenden Erkrankungszeichen, wie entzündete Augen, Schnupfen, Juckreiz, Hautrötungen und Hautausschlag, geplagt, ohne dass spezielle Erreger festgestellt werden können. Die Menschen leiden an **Allergien.** Dies sind übermäßige Abwehrreaktionen des Immunsystems gegen unschädliche, oft harmlose körperfremde Stoffe.

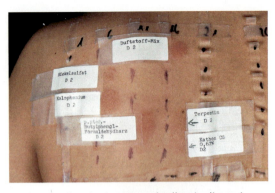

**1** Zum Nachweis einer Kontaktallergie dient ein Pflastertest, bei dem Testsubstanzen mit Pflaster meist am Rücken aufgebracht werden.

Diese auslösenden körperfremden Stoffe nennt man **Allergene.** Sie wirken auf unser Immunsystem wie **Antigene** (vom Körper als fremd erkannte Stoffe, die eine Reaktion des Immunsystems auslösen; s. S. 252). Allergene können auf verschiedenem Weg in unseren Körper gelangen, z. B. durch Einatmen, mit der Nahrung, durch Hautkontakt. Dringt ein Allergen in den Körper ein, läuft eine Antigen-Antikörper-Reaktion (s. S. 252) im Immunsystem ab, obwohl die auslösenden Stoffe unschädlich sind.

Die gebildeten Antikörper bewirken, dass bestimmte weiße Blutzellen (Mastzellen genannt) Stoffe abgeben, die zu den jeweiligen allergischen Symptomen führen. Allergien sind eigentlich **Fehlreaktionen** des **Immunsystems.**

Allergien können durch sehr **verschiedene Allergene** ausgelöst werden (Tab., unten). Die wichtigste **Behandlungsmethode** besteht in der Vermeidung des Kontaktes mit den betreffenden Allergenen. Dies wird für Pollenallergiker mit dem sogenannten Pollenflugkalender unterstützt. Zur Linderung und Heilung einer Allergie werden verschiedene Medikamente eingesetzt. Liegt ein Verdacht auf ein allergisch hervorgerufenes Krankheitsbild vor, können unterschiedliche **Allergietests** zur Ermittlung des Allergens durchgeführt werden (Abb. 1).

| Allergiearten (Auswahl) | Allergene | Krankheitsanzeichen (Symptome) |
|---|---|---|
| Pollenallergie (Heuschnupfen, Pollen- oder Heuasthma) | Blütenpollen von vorwiegend Windbestäubern | verstopfte oder laufende Nase, häufiges Niesen, gerötete und tränende Augen, asthmatische Beschwerden |
| Tierhaar- bzw. Federallergie | Tierhaare, Federn | Schnupfen, allergisches Bronchialasthma |
| Nahrungsmittelallergie | Kuhmilch, Hühnerei, Nüsse, Gewürze, Sellerie, Hülsenfrüchte u. a. | Erbrechen, Durchfall, allergische Reaktionen der Haut (Nesselsucht) und der Atmungsorgane, Kopfschmerzen |
| Schimmelpilzallergie | Sporen von Schimmelpilzen | Schnupfen, asthmatische Beschwerden |
| Hausstaubmilbenallergie | Kot der Hausstaubmilbe | Schnupfen, asthmatische Beschwerden, Bindehautentzündung, Hautreaktionen |
| Insektengiftallergie | Gift von Bienen und Wespen | örtliche Reaktionen an der Stichstelle, Nesselsucht, Asthmaanfälle bis zum lebensgefährlichen Schock; sofort Gegenmittel spritzen |

**ROBERT KOCH, Helfer der Menschheit – Informationssuche im Internet**

ROBERT KOCH wurde 1843 in Clausthal-Zellerfeld geboren. Er studierte Naturwissenschaften und Medizin in Göttingen und arbeitete nach Abschluss seines Studiums als Arzt und Forscher.
Durch seine Untersuchungen konnte er Erreger von Infektionskrankheiten nachweisen und dadurch ihre Ursachen aufklären.
Im **Internet** findest du zahlreiche Artikel, die Informationen über sein Leben und Forschen sowie über seine Verdienste enthalten. Willst du diese Informationen beim Lernen nutzen, musst du am Computer bestimmte Schritte – wie auf den Seiten 170, 171 beschrieben – ausführen.
Gib als **Suchwort** „+koch +robert" ein!

Mit der Suchmaschine www.schuelerlexikon.de erhältst du ca. 5 Artikel, mit www.google.de ca. 2 Mio.

Weitere Suchmaschinen sind u.a. www.yahoo.de www.msn.de

## gewusst · gekonnt

1. Infektionskrankheiten bilden eine recht große Gruppe von Krankheiten, haben jedoch hinsichtlich ihrer Verbreitung eine Gemeinsamkeit.
   a) Nenne die Gemeinsamkeit der Infektionskrankheiten.
   b) Nenne die Arten von Erregern für Infektionskrankheiten.
   c) Beschreibe, auf welchen Wegen Infektionen übertragen werden können.

2. Nenne Krankheiten, die durch Bakterien verursacht werden.
   Beschreibe ihr Krankheitsbild und vorbeugende Maßnahmen. Nutze das Internet unter www.schuelerlexikon.de.
   Fertige eine Übersicht an.

3. Nenne Krankheiten, die durch Viren verursacht werden. Nutze das Internet unter www.schuelerlexikon.de. Fertige eine Tabelle mit den Spalten Krankheit, Erreger und Symptome an.

4. Erläutere den Begriff „Inkubationszeit". Beschreibe an einer Krankheit, was während der Inkubationszeit im Körper abläuft. Entwickle ein Schema.

5. ROBERT KOCH konnte durch seine Untersuchungen Erreger von Infektionskrankheiten nachweisen und so ihre Ursachen aufklären.
   Bereite einen Vortrag über das Leben und die Verdienste von ROBERT KOCH vor.
   Nutze dafür entsprechende Literatur und das Internet unter www.schuelerlexikon.de.

6. Viele Menschen sind gegen ausgewählte Krankheiten immun.
   Fertige eine Übersicht zur Immunität an.
   Verwende dazu folgende Begriffe und Sachverhalte: erworbene Immunität, Immunität, Überstehen der Infektionskrankheit, Impfung, natürliche Immunität.

7. Vergleiche natürliche und erworbene Immunität. Nenne Beispiele.

8. Während des ganzen Lebens soll ein ausreichender Schutz gegen Tetanus-Bakterien im Körper vorhanden sein. Deshalb wird immer wieder auf die Tetanus-Schutzimpfung hingewiesen.
   a) Beschreibe, wie es zur Infektion mit den Tetanuserregern kommen kann.
   b) Eine rechtzeitige Tetanus-Impfung ist wichtig. Begründe.
   c) Nach 10 Jahren muss eine Auffrischung erfolgen. Begründe.

9. Vergleiche aktive und passive Immunisierung.

10. Im Impfkalender für Säuglinge, Kinder und Jugendliche sind alle Impfungen aufgelistet, die bis zum 18. Lebensjahr empfohlen werden. Für einige Infektionskrankheiten sind Auffrischungsimpfungen nötig. Begründe.

11. Aids ist die gefährlichste der sexuell übertragbaren Krankheiten.
    a) Nenne die Hauptansteckungsquellen, Risiken und Schutzmöglichkeiten.
    b) Erläutere den Stand der medizinischen Behandlung und Betreuung Aidskranker.

12. Viele Menschen werden durch eine Organtransplantation gerettet. Häufig vergeht eine lange Zeit, bis ein geeignetes Organ gefunden wird. Erläutere die Gründe, die bei der Suche nach einem geeigneten Organ beachtet werden müssen.

13. In den letzten Jahren haben Allergien stark zugenommen. Versuche, auch mithilfe des Internets, Ursachen dafür zu finden.

## Entstehung und Verlauf einer Infektionskrankheit

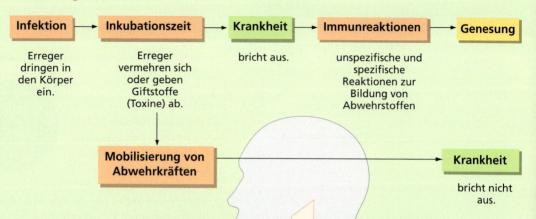

| Infektion | Inkubationszeit | Krankheit | Immunreaktionen | Genesung |
|---|---|---|---|---|
| Erreger dringen in den Körper ein. | Erreger vermehren sich oder geben Giftstoffe (Toxine) ab. | bricht aus. | unspezifische und spezifische Reaktionen zur Bildung von Abwehrstoffen | |

**Mobilisierung von Abwehrkräften** ──────→ **Krankheit**

bricht nicht aus.

**Infektionskrankheiten (ansteckende Krankheiten)** werden von Erregern, z.B. Bakterien und Viren, hervorgerufen. Sie sind übertragbar.

## Immunität und Immunisierung

### Immunität
**Immunität** ist die Widerstandsfähigkeit des Körpers gegenüber Krankheitserregern aufgrund des Vorhandenseins von Abwehrstoffen (Antikörpern).

**Immunität**
(Widerstandsfähigkeit, Unempfindlichkeit)

natürliche Immunität            erworbene Immunität

### Immunisierung
Durch **Immunisierung (Impfung)** kann künstlich die Immunität gegen bestimmte Krankheitserreger erreicht werden.

**Immunisierung**

aktive Immunisierung            passive Immunisierung

Impfen mit abgeschwächten oder toten Erregern – Körper bildet Antikörper

Impfen mit Abwehrstoffen (Antikörpern)

## Schutz vor Infektionskrankheiten

- durch persönliche Maßnahmen wie gesunde Lebensführung, Sauberkeit und Hygiene
- durch Schutzimpfungen
- durch Vermeiden der Umweltbelastung mit Schadstoffen

# 6.2 Gesundheit und Umwelt

**Macht rauchen männlich?**
Es gibt viele Anlässe, bei denen Jugendliche zur Zigarette greifen (Abb.); sei es, weil sie das Rauchen „geil" finden, weil sie ihr Erwachsensein und ihre Männlichkeit „beweisen" wollen oder weil sie ganz einfach nur angeben bzw. einen anderen „Kumpel" nachahmen möchten. Dabei wird nicht bedacht, dass auch das Nikotin des Tabakrauchs zu den Suchtmitteln gehört.
*Was sind Suchtmittel?*
*Was veranlasst Jugendliche, Suchtmittel einzunehmen?*
*Warum sind Menschen suchtgefährdet bzw. werden süchtig?*

**Löst die Einnahme von Drogen unsere Probleme?**
Eine regelmäßige Einnahme von Drogen, z. B. durch Rauchen, Spritzen, Schnupfen, führt dazu, dass die Menschen völlig auf sie angewiesen sind. Sie werden abhängig. Werden die Drogen abgesetzt, treten krankhafte Entzugserscheinungen auf.
*Wie wirken die Drogen?*
*Worin liegt ihre Gefährlichkeit?*
*Was bedeutet es, abhängig zu sein?*

**Ist unsere Luft ausreichend zum Atmen?**
Die Industrie, der Verkehr, die Kraftwerke und Haushalte geben jährlich mit ihren Abgasen gewaltige Schadstoffmengen an die Luft ab (Abb.).
Oftmals ist die Luft so dunkel, dass kaum die Sonnenstrahlen durchscheinen.
*Welche Schadstoffe verunreinigen die Atemluft?*
*Worin besteht die gesundheitsschädigende Wirkung der Luftschadstoffe?*
*Welche Maßnahmen müssen zur Einschränkung der Luftverschmutzung durchgeführt werden?*

## Drogen und ihre Wirkung im Körper

### Drogen, Sucht und Abhängigkeit

**Drogen** oder **Suchtmittel** sind Stoffe, die in die natürlichen Lebensprozesse des menschlichen Körpers eingreifen. Sie beeinflussen die Wahrnehmungen, Gefühle und Stimmungen des Menschen (Abb. 1).

Wenn man den Begriff Drogen hört, denkt man zuerst an die verbotenen Drogen wie Haschisch, Heroin, Kokain, LSD, Ecstasy. Aber auch Alkohol, Nikotin und verschiedene Medikamente gehören zu den Drogen.

Warum einige Menschen Suchtmittel einnehmen, hat viele Ursachen, persönliche und gesellschaftliche (s. S. 268). Am Anfang steht oftmals der Wunsch, sich wohl- oder besser zu fühlen.

Manche Drogen erzeugen Hochstimmung und Glücksgefühle, andere beruhigen, wiederum andere putschen auf, steigern die Erregung, verändern das Denken und die Sinneswahrnehmungen.

Die Drogenwirkung hängt vom jeweiligen eingenommenen Stoff ab. Sie wird auch beeinflusst von der Dauer der Einnahme, von der eingenommenen Dosis sowie von persönlichen Stimmungen und der individuellen körperlichen Verfassung. Im Laufe der Zeit benötigt der Körper – um die gleiche Wirkung zu erzielen – immer mehr des jeweiligen Suchtmittels. Damit geht einher, dass der Körper auch immer mehr des jeweiligen Suchtmittels „verträgt".

> **Suchtmittel (Drogen) sind Stoffe, die in die natürlichen Lebensprozesse des Körpers eingreifen und Wahrnehmungen, Gefühle und Stimmungen des Menschen beeinflussen.**

Schließlich hat der Drogen Einnehmende ständig das Verlangen, erneut die Droge einzunehmen, um ein bestimmtes Lustgefühl und eine innere Hochstimmung zu erreichen oder auch, um Unlustgefühle und eine tiefe Missstimmung zu vermeiden. Man sagt, der Mensch ist **„süchtig".**

Diese Sucht nach bestimmten Drogen führt letztendlich zur **Abhängigkeit,** sowohl zur seelischen als auch zur körperlichen Abhängigkeit.

Wird das Suchtmittel zum „Dreh- und Angelpunkt" aller Handlungen, Gedanken und Gefühle, besteht eine *seelische Abhängigkeit* (Abb. 1).

immer wieder Auftreten von alten und neuen Problemen

Arbeitsstress, Sorgen, Probleme

Einnahme von Suchtmitteln

Einnahme von mehr Suchtmitteln

Einnahme von immer mehr Suchtmitteln

Nachlassen der Suchtmittelwirkung

Rauschzustand, Glücksgefühle

**1** Entstehung der seelischen und körperlichen Abhängigkeit von Drogen – ein Teufelskreis

Das Suchtmittel dient dann dazu, das innere Gleichgewicht zu halten, Unlustgefühle, Schmerzen und Belastungen zu vermeiden bzw. sich Wohlbefinden und Glücksgefühle zu verschaffen. Seelische Abhängigkeit ist der unbezwingbare Drang, sich die Droge um jeden Preis zu beschaffen und einzunehmen, z.B. auch durch kriminelle Handlungen.

Wenn das Suchtmittel abgesetzt wird, treten bei den Süchtigen Unlust- und Angstgefühle, Verstimmungen bis hin zu Selbstmordgedanken auf. Weitere Folgen seelischer Abhängigkeit sind u. a. die Einengung der Interessen auf das Suchtmittel, die Vernachlässigung bzw. der Verlust der Familie, das Verlieren der Arbeitsstelle, das Auswechseln der Freunde, die Gleichgültigkeit gegenüber der Schule.

Neben dieser seelischen Abhängigkeit gibt es auch eine *körperliche Abhängigkeit*. Wird das Suchtmittel abgesetzt bzw. dem Körper nicht mehr zugeführt, dann kommt es zu Entzugserscheinungen wie Schmerzen am ganzen Körper, Übelkeit, Erbrechen, Durchfall, Schweißausbrüchen, Fieber und Schwindelanfällen, Frieren, Zittern und Schlafstörungen. Diese körperlichen Entzugserscheinungen bewirken, dass der Abhängige nur bestrebt ist, Suchtmittel zu beschaffen und sie einzunehmen. Dabei werden Gesundheit, Aussehen, Familie und Beruf vernachlässigt. Beide Formen der Abhängigkeit beeinflussen das private und das berufliche Leben des Süchtigen.

> **Sucht ist die krankhafte, zwanghafte Abhängigkeit von Suchtmitteln, das ständige Verlangen nach einer erneuten Einnahme dieser Stoffe, um ein bestimmtes Glücksgefühl zu erreichen oder Unlust- und Angstgefühle zu vermeiden.**

## Legale und illegale Drogen

Alle Drogen führen bei Missbrauch zu tiefen Veränderungen im körperlichen, seelischen und sozialen Bereich des Süchtigen. Sie verändern die Beziehungen des Menschen zu seiner Umgebung, z.B. zu den Freunden, Arbeitskollegen, zur Familie.

Von Fachleuten werden legale („erlaubte") und illegale (verbotene) Drogen (s. S. 265) unterschieden.

### Alkohol und Nikotin als legale („erlaubte") Drogen

Zu den legalen Drogen gehören beispielsweise *Alkohol*, *Nikotin* und *Medikamente*. Sie sind in Deutschland nicht verboten. Alkohol und Nikotin werden als Genussmittel, Medikamente als Arzneimittel angeboten.

Bei Missbrauch zeigen diese „Alltagsdrogen" ihre zerstörerische Wirkung an Körper und Leben des „Süchtigen" wie die illegalen Drogen. Leider wird diese Tatsache von der Gesellschaft und in der Politik nach wie vor unterschätzt.

| Bier | Weißwein | Sekt | Korn | Cognac |
|------|----------|------|------|--------|
| 250 ml | 125 ml | 100 ml | 25 ml | 20 ml |
| (4 Vol.-%) | (8–10 Vol.-%) | (12 Vol.-%) | (32 Vol.-%) | (38–40 Vol.-%) |

**Alkohol** ist ein Genussmittel und außerdem eine legale Droge. Die alkoholischen Getränke (Abb., S. 263) haben einen unterschiedlichen *Alkoholgehalt*.

In jedem Supermarkt und Lebensmittelgeschäft kann man alkoholische Getränke kaufen. Sie werden bei den unterschiedlichsten Anlässen in der Familie, im Freundeskreis, unter Berufskollegen, auf Partys oder nach Wettkämpfen getrunken, und zwar in verschieden hohen Mengen.

Sicherlich hat jeder schon einmal erlebt, dass einige Menschen nach Einnahme von Alkohol lustig werden, kontaktfreudig sind und ihre Hemmungen verlieren. Andere dagegen werden ag-

gressiv, laut, sind gereizt oder zeigen nur noch langsame Bewegungen und ein nachlassendes Reaktionsvermögen.

Regelmäßige Einnahme von Alkohol führt wie bei anderen Drogen zur *seelischen* und *körperlichen Abhängigkeit*. Der **Alkoholsüchtige** (Alkoholkranke) kann nach einiger Zeit nicht mehr auf Alkohol verzichten, er ist alkoholkrank. Typische Verhaltensänderungen von Alkoholkranken sind heimliches Trinken, Schuldgefühle, Aggressivität und auch nachlassendes Verantwortungsgefühl.

Länger andauernder Alkoholmissbrauch hat die **Schädigung innerer Organe** (Abb. 1) zur Folge, das Erinnerungsvermögen, die Konzentrations- und Gedächtnisleistungen lassen nach. Letztendlich führt Alkoholmissbrauch zu Wahnvorstellungen und geistigem Verfall. Neben diesen „Langzeitfolgen" kann die Einnahme von großen Mengen Alkohol in sehr kurzer Zeit zu Störungen der Herz- und Atemtätigkeit, zur Bewusstlosigkeit und auch zum Tode durch Alkoholvergiftung führen. Jährlich gibt es in Deutschland etwa 40 000 Alkoholtote. Besonders gefährdet durch Alkohol sind Ungeborene im Mutterleib (s. S. 229) sowie auch Kinder und Jugendliche. Bei ihnen wirken schon geringe Mengen Alkohol. Laut Jugendschutzgesetz darf zwar an keinen Jugendlichen unter 16 Jahren Alkohol verkauft oder ausgeschenkt werden, aber oft wird gegen diese Bestimmung verstoßen.

**Nikotin** ist wie Alkohol ein Genussmittel und eine legale Droge. Aus dem Biologieunterricht ist bereits bekannt, dass Nikotin Bestandteil der Tabakpflanze ist. Der Tabak wird geraucht (Zigarette, Zigarre), geschnupft (Schnupftabak) oder gekaut (Kautabak).

Nikotin gelangt durch die dünnen Schleimhäute der Atmungs- und Verdauungsorgane ins Blut. Mit dem Blut wird es im Körper verteilt. In kleinen Mengen führt diese Droge zu einer Anregung der Gehirntätigkeit und kann vorübergehend Unlustgefühle, Ermüdungserscheinungen und Hunger beseitigen sowie die Konzentration steigern (s. a. S. 272).

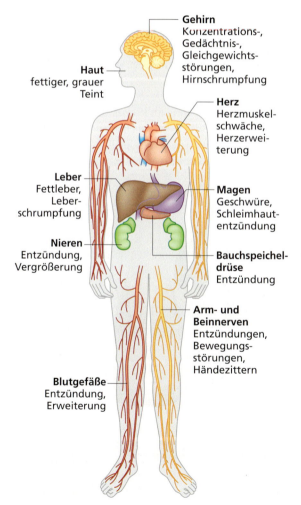

**Gehirn**
Konzentrations-, Gedächtnis-, Gleichgewichtsstörungen, Hirnschrumpfung

**Haut**
fettiger, grauer Teint

**Herz**
Herzmuskelschwäche, Herzerweiterung

**Leber**
Fettleber, Leberschrumpfung

**Magen**
Geschwüre, Schleimhautentzündung

**Nieren**
Entzündung, Vergrößerung

**Bauchspeicheldrüse**
Entzündung

**Arm- und Beinnerven**
Entzündungen, Bewegungsstörungen, Händezittern

**Blutgefäße**
Entzündung, Erweiterung

1  Alkohol zerstört innere Organe.

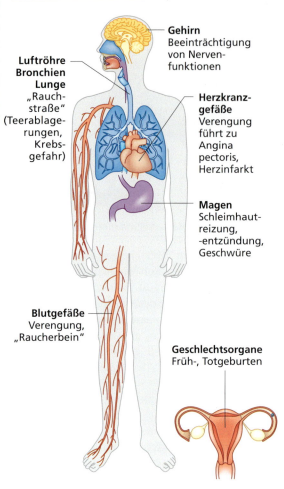

**Gehirn**
Beeinträchtigung
von Nerven-
funktionen

**Luftröhre**
**Bronchien**
**Lunge**
„Rauch-
straße"
(Teerablage-
rungen,
Krebs-
gefahr)

**Herzkranz-**
**gefäße**
Verengung
führt zu
Angina
pectoris,
Herzinfarkt

**Magen**
Schleimhaut-
reizung,
-entzündung,
Geschwüre

**Blutgefäße**
Verengung,
„Raucherbein"

**Geschlechtsorgane**
Früh-, Totgeburten

**1**  Nikotin zerstört innere Organe.

Bei Einnahme größerer Mengen Nikotin entstehen **körperliche Schäden** (Abb. 1). Dazu gehören beispielsweise die Verengung und Verkalkung der Blutgefäße.
Dies führt zu Durchblutungsstörungen insgesamt und insbesondere der Herzkranzgefäße und Beine. Das kann letztendlich Herzinfarkt und „Raucherbein" zur Folge haben. Die Atmungsorgane können an chronischer Bronchitis sowie an Lungen- und Bronchialkrebs erkranken (s. a. S. 121).

> Alkohol und Nikotin gehören zu den legalen Drogen. Bei regelmäßiger Einnahme größerer Mengen führen sie zur Abhängigkeit und zur Sucht sowie zur Schädigung innerer Organe.

## Haschisch, Heroin und andere illegale (verbotene) Drogen

Der Besitz und Vertrieb sowie die Herstellung von illegalen Drogen ist in Deutschland nach dem Betäubungsmittelgesetz verboten. Verstöße gegen das Gesetz werden bestraft. Zu den illegalen Drogen gehören u. a. *Haschisch* und *Marihuana*, *Heroin* und *Kokain*, aber auch die künstlich hergestellten Drogen, wie *LSD* und *Crack*, sowie die Designerdrogen, z. B. *Ecstasy*.
**Haschisch** und **Marihuana** werden aus den Blättern und Blüten der *Hanfpflanze* (Abb. 2) gewonnen. Diese enthalten Harz. *Haschisch* stellt man aus dem Harz her. Das Harz wird zu Klumpen oder Platten geknetet sowie zu Öl umgewandelt. *Marihuana* (Abb.) besteht aus einem Gemisch getrockneter und zerkleinerter Blüten und Blätter.
Beide Drogen werden in der Regel mit Tabak gemischt und geraucht, aber auch als Tee getrunken. Sie kommen vor allem aus dem Vorderen Orient, Afrika, Asien und Südamerika. Diese Drogen bewirken eine gehobene Stimmung, ein Wohlbefinden sowie oftmals eine gesteigerte Kontaktfreudigkeit. Nach längerem Einnehmen führen sie zum Nachlassen der Konzentrations- und Leistungsfähigkeit, ja sogar zu Depressionen. Hanf ist auch eine wichtige **Nutzpflanze.**

**2**  Die Hanfpflanze ist eine Drogenpflanze.

Er wird angebaut, um Getränkezusatzstoffe, Öl sowie Fasern zu gewinnen.

**Kokain** ist ein Stoff, der aus den Blättern des in Südamerika wachsenden *Kokastrauches* gewonnen wird. Es gehört zu den ältesten Drogen, z. B. kauten die Indianer schon vor mehreren Tausend Jahren die Blätter des *Kokastrauches* zu besonderen Anlässen als Aufputschmittel.

Kokain ist als weißes Pulver auf dem Markt. Es wird geraucht, gespritzt oder geschnupft.

Es zeigt eine schnelle, vor allem aufputschende Wirkung durch Beeinträchtigung des Nervensystems in Form von Hemmungslosigkeit, Größenwahn, erhöhtem Kontakt- und Redebedürfnis.

Nach kurzer Zeit (ca. 1 Stunde) folgt diesem „Hoch der Gefühle" ein unangenehmes Tief, z. B. mit Aggressionen, Magen- und Muskelschmerzen, Angstzuständen, Depressionen und Verfolgungswahn. Längerfristige Einnahme verursacht Gehirnschäden, Überlastung von Herz und Kreislauf, Appetitlosigkeit und Abmagerung, auch Atemstörungen bis hin zum Herz- und Atemstillstand. Das gefährliche Suchtmittel **Crack** wird aus chemisch verändertem Kokain gewonnen. Seine Wirkung ist um ein Vielfaches stärker als die des Kokains. Nach nur einmaliger Einnahme entsteht schon eine körperliche Abhängigkeit.

Der *Schlafmohn* (Abb. 1, 2) ist eine der ältesten Arzneipflanzen der Welt. Aus dem eingetrockneten Milchsaft der noch unreifen Mohnkapsel

**2** Angeritzte Mohnkapsel mit Milchsaft

wird **Roh-Opium** (Abb.) hergestellt. Wichtigster Bestandteil dieses Roh-Opiums ist das Morphium (Morphin). Es ist in ärztlich verordneter Dosierung und unter der Kontrolle des Arztes ein wertvolles schmerzstillendes Arzneimittel.

Aus Opium (Abb.) bzw. aus Morphium wird die gefährlichste Droge gewonnen, das **Heroin.** Heroin ist das in der Drogenszene am weitesten verbreitete Suchtmittel. Es gehört zu den stärksten illegalen Rauschgiften. Es kann ebenfalls schon nach einmaliger Anwendung zur Sucht führen. Heroin ist ein weißliches Pulver. Häufig werden ihm im Labor Stoffe beigemischt, die zusätzlich für unseren Körper schädlich sind.

Heroin wird in die Vene gespritzt, es wird geraucht oder inhaliert. Heroin hat eine stark betäubende und beruhigende Wirkung. Es ist angst- und schmerzmindernd, steigert das Selbstbewusstsein und verursacht ein kurzes Hochgefühl. Langfristig treten Gehirnschäden, körperlicher Verfall, Wahnideen, Leberschäden, Magen- und Darmstörungen auf.

Immer wieder kommt es bei Heroinsüchtigen zu Todesfällen durch Überdosierung und durch giftige Zusatzstoffe oder zu Atemstörungen.

> Die Herstellung und Weitergabe sowie die Einnahme illegaler Drogen sind verboten. Sie bewirken eine seelische und körperliche Abhängigkeit sowie die Schädigung innerer Organe, führen zum Verfall der Persönlichkeit und oft zum Tode.

**1** Anbau von Schlafmohn als Drogenpflanze

## Biologie im Alltag

### Künstlich hergestellte Drogen

Künstlich hergestellte illegale Drogen sind u. a. LSD und Ecstasy. **LSD** wurde aus einem Bestandteil des **Mutterkorns** hergestellt, heute erfolgt die Herstellung synthetisch. Das große, dunkle Mutterkorn in Getreideähren wird von den Pilzfäden eines Pilzes gebildet. LSD ist ein starkes Rauschgift. Im LSD-Rausch kommt es zu Sinnestäuschungen, Wahrnehmungsstörungen und Wahnerlebnissen, verbunden mit einer schwankenden Stimmungslage von „hoch" und „tief". Die Einnahme von LSD erfolgt als Lösung auf Tabletten, in Kapseln oder auf anderen Trägern und wird geschluckt. Es führt oft zur seelischen Abhängigkeit.

Seit einigen Jahren gibt es eine neue Szenendroge: **Ecstasy.** Diese Droge wird als Tablette oder Kapsel geschluckt. Sie verursacht Sinnestäuschungen, wirkt leistungssteigernd und verdrängt Ermüdungserscheinungen des Körpers. Besonders in der Technokultur soll Ecstasy helfen, Tanzmarathons von bis zu 36 Stunden Dauer durchzuste-

hen. Der dabei eintretende Flüssigkeitsmangel – bedingt durch Schwitzen – kann zum Hitzschlag bzw. Kreislaufkollaps führen.

Die Wirkung der Droge Ecstasy beginnt etwa 20 bis 60 Minuten nach der Einnahme und hält 3 bis 4 Stunden an. Auftretende Neben- und Nachwirkungen wie erhöhter Blutdruck, Übelkeit, Verengung der Herzkranzgefäße können zu Herzrhythmusstörungen, ja sogar zum Tod durch Herzinfarkt führen.

Spielsucht

Arbeitssucht

**Suchtverhaltensweisen**

Ess-Sucht

Kaufsucht

Fernsehsucht

Musiksucht

## Ursachen des Drogenkonsums, Vorbeugung und Hilfe

Suchtgefährdung und Sucht werden nicht durch eine einzige Ursache herbeigeführt. Sie entstehen aufgrund eines vielschichtigen **Ursachenbündels.** Dazu gehört u.a. das nähere Umfeld des Menschen – *ungünstige Wohnbedingungen, kinderunfreundliches Wohngebiet, Arbeitslosigkeit oder Trennung der Eltern.*
Mit zunehmendem Alter des Kindes und Jugendlichen nehmen die Einflüsse von außen zu, z.B. aus der *Clique,* dem *Freundeskreis,* der *Schulklasse,* auch durch *Zeitschriften, Fernsehen* und aus dem Berufsumfeld. Ursachen können aber auch u.a. *Neugier, Langeweile,* Angst vor dem *Alleinsein, Hemmungen* und *Niedergeschlagenheit* sein. Die **Jugendlichen** sind besonders drogen- und suchtgefährdet. Gerade in dieser Zeit erwarten die Familie, die Schule (Abb.1), die Freunde, der Ausbildungsbetrieb (Abb.2) die Bewältigung zahlreicher Aufgaben. Es werden von ihnen eigene Anstrengungen und Entscheidungen gefordert und Verantwortungsgefühl abverlangt. Die Jugendlichen bauen neue Beziehungen zu gleichaltrigen Jungen und Mädchen auf, sie möchten in der Clique eine bestimmte „Position" erringen und diese auch behaupten, sie müssen sich für ein Berufsziel entscheiden, sie sollen lernen, Verantwortungsgefühl zu entwickeln und Verantwortung zu tragen.

Diese vielfältigen Entwicklungsaufgaben werden von Jugendlichen unterschiedlich bewältigt. Manche Jungen und Mädchen meistern altersgemäße Aufgaben ohne Schwierigkeiten, regeln selbstständig bestimmte Angelegenheiten und entwickeln eigene lebensbejahende Werte. Andere Jugendliche fühlen sich von den vielen Leistungen, die ihnen abverlangt werden, überfordert. Um dieser Belastung zu entfliehen, suchen sie anfangs unbewusst und dann bewusst nach Möglichkeiten, den Problemen aus dem Weg zu gehen. Eine schlechte Möglichkeit ist die Einnahme von Suchtmitteln. Diese verdrängen und beseitigen nur scheinbar für kurze Zeit die Schwierigkeiten und Probleme. Der Drogenkonsum kann aber die bestehende Wirklichkeit mit all ihren Problemen nicht verändern.

> Ursachen von Suchtgefährdung und Sucht sind sehr vielfältig und eng miteinander verknüpft.

Ein „intaktes" **Familienleben** ist sehr wichtig für Kinder und Jugendliche, nicht drogensüchtig zu werden. In der Kindheit ist die Familie oft der „Schutzhafen". Die Kinder fühlen sich geborgen. Auch Jugendliche brauchen die Familie als „Heimathafen". Dieser gibt ihnen immer wieder Kraft, um Schwierigkeiten, z.B. in Schule und Beruf, zu meistern. Er gibt aber auch Trost und Halt, wenn sie Enttäuschungen, z.B. mit dem Freund oder der Freundin, erleben.

1   Die Schule stellt vielfältige Anforderungen.

2   Die Ausbildung verlangt Fleiß und Ausdauer.

**1** Diskussion über die Gefährlichkeit der Drogen

Die Jugendlichen brauchen die Eltern als Weggefährten und als Gesprächspartner. Wenn sie wissen, dass sie zu Hause verständnisvolle, auch manchmal kritische Partner haben, kommen sie gern von selbst immer wieder ins Elternhaus zurück. Solche Jugendlichen, die eigene Konflikte auf diese Weise partnerschaftlich lösen, brauchen nicht auf Suchtmittel oder auf Gewalttaten zurückzugreifen.

Die Chance, „erfolgreich" gegen eine Suchtgefährdung oder Drogenabhängigkeit vorzugehen, ist umso größer, je früher und gezielter die Hilfe einsetzt. Hilfe für Menschen mit Suchtproblemen geben **Beratungsstellen** (Abb. 1). Dort arbeiten ausgebildete und erfahrene Berater, z. B. Ärzte, Sozialarbeiter, Psychologen, Therapeuten. In der Regel wird mit den Eltern erst ein persönliches Beratungsgespräch geführt. Dann kommt der Suchtgefährdete oder Suchtabhängige entweder allein, mit Freunden oder in Begleitung der Eltern zum Gespräch. Wichtig ist das eigene Wollen des Rat- bzw. Hilfesuchenden und seine aktive Mitarbeit. Gemeinsam wird versucht, die Ursachen der Schwierigkeiten oder Konflikte zu finden und entsprechende Therapiepläne aufzustellen und zu realisieren.

Neben Beratungsstellen gibt es weitere Einrichtungen bzw. Organisationen für Suchtkrankenhilfe, Gesundheitsförderung und Vorbeugung. Dazu gehören u. a. der **„Elternkreis drogen-** **gefährdeter und drogenabhängiger Jugendlicher".** Elternkreise dienen dem gegenseitigen Austausch von guten wie schlechten Erfahrungen im Kampf um die Abhängigkeit der Kinder. Es gibt auch eine Reihe von **Selbsthilfegruppen,** in denen sich Menschen, die Suchtmittel einnehmen oder eingenommen haben, treffen. Ziel dieser Gruppen ist es, sich durch gegenseitige Hilfe dabei zu unterstützen, von dem jeweiligen Suchtmittel loszukommen. Beratungsstellen, andere Einrichtungen oder Organisationen, die Rat und Hilfe bei Suchtmittelgefährdung oder -abhängigkeit anbieten, gibt es sowohl in großen und mittleren als auch in vielen kleinen Städten. Auch in Deutschland gibt es ein relativ enges Netz von Beratungsstellen.

> Zahlreiche Einrichtungen bzw. Organisationen geben Hilfe bei Suchtgefährdung oder Drogenabhängigkeit. Ausgebildete Berater sind fachkundige Partner der Rat- und Hilfesuchenden.

## Mosaik

### Medikamentenmissbrauch

Zahlreiche Medikamente sind für viele Erkrankte lebensnotwendig, z. B. für Zuckerkranke, für Menschen mit Bluthochdruck bzw. zu niedrigem Blutdruck, für Herzkranke, für an Grippe Erkrankte.

Wichtig ist, dass die verordneten Arzneimittel genau nach Anordnung und unter Kontrolle des Arztes eingenommen werden. Er bestimmt die Menge des Medikaments und die Zeit der Einnahme. So können Medikamente den Heilungsprozess fördern. Werden Medikamente ohne Aufsicht und Kontrolle des Arztes eingenommen, ist dies **Medikamentenmissbrauch.** Dieser Missbrauch schadet der Gesundheit des Körpers und führt allmählich auch zur seelischen und körperlichen Abhängigkeit.

Das betrifft sowohl die Einnahme von Schmerz- und Schlafmitteln als auch von Beruhigungs- und Aufputschmitteln.

## Umwelteinwirkungen und Gesundheit

Jeder nutzt ganz selbstverständlich die Umwelt für das tägliche Leben. Aber: Von der Umwelt gehen vielfältige Wirkungen auf unsere Gesundheit aus. Umwelteinflüsse können die Gesundheit fördern oder erhalten, es können auch gefährdende Einflüsse auftreten. Wer diese beiden Seiten kennt, kann seine Gesundheit schützen und mit seinem eigenen Verhalten dazu beitragen, die gefährdenden Einflüsse nicht noch zu verstärken (z.B. durch Reinhaltung des Wassers, Reinhaltung der Luft; s.S.417, 420–428).

Denn die ausreichende Versorgung mit Wasser, Luft und Nahrung ist eine notwendige Bedingung für unser Leben.

### Verunreinigte Luft macht uns krank

Die Versorgung mit „frischer Luft" ist eine grundlegende Lebensbedingung für alle Organismen, also auch für den Menschen. Mit jedem Atemzug nimmt der Mensch **Luft** und damit auch Sauerstoff sowie andere Stoffe, z.B. Schadstoffe, auf.

Sicher hat schon jeder einmal „dicke Luft" im Unterrichtsraum oder anderswo erlebt und erfahren müssen, dass sich nach kurzer Zeit Kopfschmerzen einstellen. Um den Sauerstoffanteil wieder zu erhöhen, wird gelüftet. Insbesondere Räume mit Isolierfenstern müssen häufiger gelüftet werden, weil der normale Luftaustausch stark behindert wird.

Durch das Lüften wird aber auch die Luftfeuchtigkeit reguliert. Die Luftfeuchtigkeit sorgt dafür, dass Nasen-, Rachen- und Mundschleimhäute

nicht so schnell austrocknen. Trockene Schleimhäute können nur mäßig Krankheitserreger abwehren.

Wenn wir frische Luft einatmen, ist diese oft nicht rein. Luft wird durch den Menschen (z.B. durch den Einsatz von fossilen Brennstoffen, durch Kraftfahrzeuge, Flugzeuge, durch die Herstellung industrieller Produkte u.a.) und durch die Natur (z.B. Vulkanausbrüche, Gewitter) verunreinigt.

| Wirkungen von Schadstoffen auf Mensch und Tier | |
| --- | --- |
| Schadstoffwirkung | Grenzwerte |
| **Schwefeldioxid** | |
| – Reizung von Haut und Schleimhäuten<br>– Nasennebenhöhlenentzündungen und Atemwegserkrankungen<br>– bei ständiger Einwirkung Lungenschädigung | 125 µg/m$^3$ (24 Stunden) |
| **Stickstoffoxide** | |
| – bei längerer Einwirkung chronische Bronchitis mit Lungenschädigung | 30 µg/m$^3$ (Jahr) |
| **Kohlenstoffmonooxid** | |
| – Beeinträchtigung des Kreislaufsystems<br>– Kopfschmerzen, Übelkeit, Schwindel, Ohrensausen<br>– Beeinträchtigung der Aufmerksamkeit<br>– verringerte Lichtempfindlichkeit | 10 µg/m$^3$ (8 Stunden) |

Durch die Aufnahme von Luft mit Schadstoffen (z.B. Kohlenstoffmonooxid, Schwefeldioxid, Stickstoffoxide, feine Staub- und Rußteilchen) kann es zu gesundheitlichen Schäden besonders an Lunge, Bronchien und Haut mit Wirkungen auf andere Organe kommen (Tab., S.270).

Um solche Schäden abzuwenden, wurde in der Bundesrepublik ein System von Grenz- und Richtwerten für die Luft zum Schutz der Bevölkerung im Freien und am Arbeitsplatz erarbeitet.

Die Schadstoffe aus Verkehr und Industrie u. a. wirken auf den menschlichen Körper, schädigen das Abwehrsystem und können auch **Allergien** (s.S.257) auslösen. Etwa bei jedem vierten Mitteleuropäer sind Allergien zu verzeichnen. Für einige Stoffe, z.B. Formaldehyd und Stoffe des Tabakrauches, ist die allergene Wirkung nachgewiesen.

Die schädigende Wirkung der verunreinigten Luft spüren wir besonders bei **Smog-Situationen** (engl. **sm**oke – Rauch, **fog** – Nebel). Diese treten bei bestimmten Wetterlagen vor allem in Großstädten und Industriegebieten auf (Abb., S.270, „Berlin versinkt im Smog").

Das ist z.B. bei Nebel und in den Wintermonaten der Fall, wenn die bodennahe Kaltluft durch eine hoch darüber liegende Warmluft am Aufsteigen gehindert wird. Dann werden die Schadstoffe nicht durch Luftbewegungen wegtransportiert. Es bildet sich eine Dunst-, Staub- und Abgasglocke über dem Gebiet (Abb. 1).

Viele Menschen leiden bei Smog unter Herz-Kreislauf-Erkrankungen und Atemnot. Zum Schutz der Menschen wird dann *Smog-Alarm* ausgerufen. Auch alle Autofahrer sollten diesen Alarm beachten.

Um eine weitere Verunreinigung der Luft zu vermindern, müssen Industrieanlagen und Kraftwerke entsprechende Luftfilter einbauen. Kraftfahrzeuge werden regelmäßig einem Abgastest unterzogen.

> **Luftschadstoffe beeinträchtigen die Gesundheit aller Menschen. Die Reinhaltung der Luft ist lebensnotwendig.**

**1** Entstehung einer Smog-Situation

## Schädlichkeit des Rauchens

Rauchen ist eine Gewohnheit, die sich nach wie vor viele Menschen im Verlaufe ihres Lebens angeeignet haben. Das Rauchen wird durch äußere Ereignisse wie Nachahmungstrieb, Stress, Nervosität, zu starke Belastung, Angabe, Herausstellen der Überlegenheit und des Erwachsenseins noch verstärkt.

Heute wird zwar mehr und mehr von Jugendlichen wie Erwachsenen erkannt, dass das Rauchen gesundheitsschädigend ist, aber trotzdem wird viel geraucht. Bei den unfreiwilligen Mitrauchern, den **Passivrauchern,** können sich Reizungen der Schleimhäute, z. B. Augenbrennen, Husten, Heiserkeit, Kratzen im Hals, aber auch Kopfschmerzen, Atembeschwerden, Übelkeit und Bronchitis einstellen.

Heute gibt es eine große Anzahl gesetzlicher Regelungen zum **Nichtraucherschutz.**

In immer mehr Bereichen des täglichen Lebens werden die Möglichkeiten zu rauchen eingeschränkt. Die Nichtraucher werden mehr als früher geschützt, z. B.:

– In öffentlichen Einrichtungen (z. B. Rathäusern, Sparkassen, Banken, Postämtern) können Nichtraucher Schutzmaßnahmen vor dem Tabakrauch verlangen (z. B. Rauchverbot, räumliche Trennung von Nichtrauchern und Rauchern).
– In öffentlichen Verkehrsmitteln (z. B. in Straßenbahnen, Bussen, U-Bahnen, Flugzeugen) besteht die Möglichkeit, bestimmte Zonen als Nichtraucherbereiche zu kennzeichnen oder das Rauchen generell zu verbieten. So sind viele Flüge bereits „Nichtraucherflüge". Viele Taxifahrer haben ihr Auto zum Nichtrauchertaxi erklärt.

Es ist bereits bekannt, dass Rauchen verschiedenen Organen unseres Körpers, z. B. dem Magen und Herzen, der Haut und Lunge, schadet (s. S. 264). Der Tabakrauch enthält viele schädliche Stoffe. **Hauptschadstoffe** sind Nikotin, Teerstoffe und Kohlenstoffmonooxid.

Eine **Nikotinvergiftung** äußert sich in Übelkeit, Erbrechen, Durchfall, Kreislaufkollaps. Durch auftretende Atemlähmung kann der Tod eintreten.

**Teerstoffe** sind im Tabakrauch als sehr feine Teilchen enthalten. Mit dem eingeatmeten Rauch gelangen sie in die Atmungsorgane. In der Luftröhre und in den Bronchien setzen sich die Teerstoffe ab und hemmen das Schlagen der Flimmerhärchen. Dadurch werden die eingeatmeten Krankheitserreger und Staubteilchen nicht mehr nach außen befördert. Es kommt zu Entzündungen, z. B. Bronchitis, und zum Raucherhusten.

In den Lungenbläschen verhindern die abgelagerten Teerstoffe den Gasaustausch von Sauerstoff und Kohlenstoffdioxid (s. S. 121). Dadurch wird sowohl die Atmung beeinträchtigt als auch die Erkrankung an Lungenkrebs gefördert. Der Tabakrauch enthält ein farbloses, giftiges Gas, das **Kohlenstoffmonooxid.** Dieses giftige Gas gelangt über die Lungenbläschen ins Blut. Es wird anstelle des Sauerstoffs vom Blut aufgenommen und in die Zellen des Körpers transportiert. Dadurch gelangt weniger Sauerstoff in die Zellen. Dieser Sauerstoffmangel kann u. a. zum Herzinfarkt und zu Durchblutungsstörungen von Fingern und Zehen (z. B. Raucherbein), aber auch zu Ermüdungserscheinungen, zur Konzentrationsschwäche und Leistungsverminderung führen.

> Tabakrauch enthält Stoffe, die die Organe unseres Körpers schädigen. Auch Passivrauchen schadet dem Körper.
> Zu den Hauptschadstoffen gehören u. a. das Kreislaufgift Nikotin, die atmungshemmenden und Krebs erregenden Teerstoffe sowie das Atmungsgift Kohlenstoffmonooxid.

geöffnete Zigarette

„verteerter Filter"

**1**  Ein Raucher, der täglich 20 Zigaretten raucht, atmet in 30 Jahren 5 kg bis 10 kg reinen Teer ein.

## 1. Weise Teer und Kohlenstoffdioxid im Zigarettenrauch nach.

*Materialien:*
Kalkwasser, Zigarette, Wasserstrahlpumpe, Streichhölzer

*Durchführung:*
1. Baue die Apparatur entsprechend der Skizze zusammen.
2. Die Zigarette wird angezün-
   det. Der Rauch wird anschließend einige Minuten mithilfe
   einer Wasserstrahlpumpe
   durch die Apparatur gesaugt.

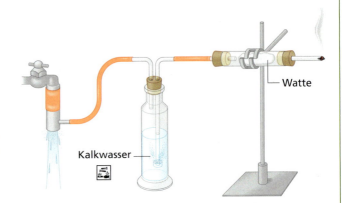
Watte

Kalkwasser

*Beobachtung:*
1. Beobachte die Veränderungen
   an der Watte, Zigarette und im
   Kalkwasser.
2. Notiere deine Beobachtungsergebnisse.

*Auswertung:*
1. Beschreibe die schädlichen Folgen der Teerstoffe in unserem Körper.
2. Welche Wirkung hat das Rauchen auf den Menschen?

## 2. Weise die Schädlichkeit von Zigarettenrauch auf die Keimung von Samen nach.

Tabakrauch ist nicht nur gesundheitsschädigend für den Menschen, sondern auch schädlich für die
Keimung von Samen, für das Wachstum und die Entwicklung von Pflanzen. Dies kann in einem einfachen Experiment nachgewiesen werden (s. unten).

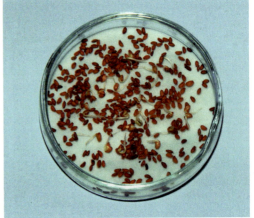

Auf feuchtem Filterpapier keimen Kressesamen in
der Petrischale. Die Keimwurzel durchbricht die Samenschale.

Wird täglich in die Petrischale Zigarettenrauch ge-
blasen, wird die Keimung der Kressesamen stark
eingeschränkt.

## Stress und Gesundheit

Stress kann positiv und negativ sein. Konfliktsituationen, aber auch nicht zu bewältigende Umweltsituationen, wie Lärm, Hitze, Kälte, sowie überhöhte Leistungsanforderungen, Unfälle, Ärger in der Schule oder bei der Arbeit, Liebeskummer usw. führen zum **Stress.** Unter Stress versteht man extreme Belastungen, die nicht genügend ausgeglichen werden können oder denen man nicht ausweichen kann. Diese Belastungen werden als unangenehm empfunden. Stress führt zu Verhaltensänderungen und Veränderungen der Körperfunktionen, ausgelöst durch das Nervensystem und die Hormone. Die Reize, die den Stress auslösen, z.B. Hitze, Kälte, Lärm, Schadstoffe, Drogen (s. S. 262–269), Verletzungen, Leistungsdruck, Über- und Unterforderung, bezeichnet man als Stressoren.

Immer häufiger kommen Menschen zum Arzt und sagen: „Der Lärm vor meinem Haus macht mich krank."

*Was ist geschehen, ist Lärm ein Stressfaktor?*

Der auftretende starke Lärm (über 90 dB) erregt im Innenohr die Hörsinneszellen. Die Erregungen werden vom Gehirn registriert und lösen in der Nebenniere eine verstärkte Bildung und Abgabe von Stresshormonen (Adrenalin, Noradrenalin) aus. Die Hormone werden in das Blut abgegeben und mobilisieren Energiereserven des Körpers, erhöhen seine Empfindlichkeit, erhöhen die Atemfrequenz, den Herzschlag und den Blutdruck. Durch die erhöhte Aktivität der Organe muss mehr Sauerstoff aufgenommen und transportiert werden. Gleichzeitig nehmen Zucker- und Fettgehalt im Blut zu. Dadurch werden auch die „Brennstoffe" zur Energiefreisetzung bereitgestellt. Der Körper hat in kürzester Zeit auf volle Leistungsbereitschaft geschaltet.

Der Stress hat unseren Körper also zu Höchstleistungen herausgefordert und sogar zur Steigerung der Widerstandskraft beigetragen. Solche Veränderungen hat jeder sicherlich selbst schon erlebt, beispielsweise vor Prüfungen und Klassenarbeiten. Hier ist der Stressor die Leistungsanforderung und/oder die Unsicherheit über die richtige Vorbereitung der Klassenarbeit. So steigt der Adrenalinspiegel an, das setzt energiereiche Substanzen frei, führt aber gleichzeitig zu einer größeren Erregung, zu Herzklopfen. Mit bestandener Prüfung oder nach dem Abschluss der Klassenarbeit verringert sich die Anspannung, und man kann sich wieder erholen.

Kann die Stress-Situation nicht beendet werden, können die Dauerbelastungen und die Körperfunktionsänderungen zu dauerhaften Schäden führen. Zuerst kommt es zur Schwächung des Immunsystems und damit zu erhöhter Infektionsanfälligkeit. Bei weiterem Stress (**Dauerstress**) kann es zu nervlichen Störungen und Erschöpfungszuständen des Körpers sowie zur Ausbildung organischer Erkrankungen, z.B. Magengeschwüre, Bluthochdruck, Arteriosklerose, Herzinfarkt, kommen. Kann jedoch der Mensch die Stress-Situationen beenden, dann führen wiederum Hormone zur Normalisierung der Körperfunktionen.

Bei Schülern können schon Dauerbelastungen, die durch zu wenig Schlaf und falsche Ernährung verursacht werden, zu Stress-Symptomen wie Nervosität, Kopfschmerzen, Herzklopfen, Magenschmerzen führen.

Führen die ständigen Dauerbelastungen zur Schädigung des Körpers, dann bezeichnet man die Situation als **Distress.**

Stress kann auch positiv sein, wenn durch ihn der Körper aktiviert wird. Dieser Stress wird **Eustress** genannt.

Dem Stress kann durch die Meidung belastender Situationen, durch gute Zeiteinteilung, durch ausreichend Schlaf, richtige Ernährung und Bewegung sowie durch rechtzeitige Gespräche mit Eltern, Lehrern und Freunden entgegengewirkt werden.

> **Stress ist die Reaktion des Körpers auf die erhöhte Belastung. Er wird durch Reize, Stressoren genannt, hervorgerufen.**
> **Lang anhaltender Stress macht krank.**

## gewusst · gekonnt

1. a) Sammle aus Tageszeitungen, Fernseh- und Rundfunkmeldungen Berichte über Drogen.
   b) Erläutere an Beispielen Gefahren der Drogeneinnahme.

2. Die Abbildung veranschaulicht den „Teufelskreis" eines Drogensüchtigen.
   Beschreibe die Stationen des Kreises.

3. Das Nikotin des Zigarettenrauches fördert durch Ablagerung die Verengung der Blutgefäße. Nenne daraus ableitbare Folgen.

4. Auf der Zigarettenschachtel einer bekannten Marke steht: Die EG-Gesundheitsminister: Rauchen verursacht tödlichen Lungenkrebs. Rauchen kann tödlich sein. Teer 10 mg, Nikotin 0,8 mg, Kohlenstoffmonooxid 10 mg.
   a) Diskutiere diesen Sachverhalt.
   b) Was soll mit der obigen Anordnung erreicht werden?

5. Wer hilft bei Suchtproblemen? Informiere dich, welche Einrichtungen oder Organisationen in deinem Wohnort Hilfe anbieten.

6. Ermittle in der Umgebung Quellen, die Schadstoffe verursachen und somit zur Umweltbelastung beitragen. Gib jeweils an, welcher Umweltfaktor belastet wird.

7. Welche Bedeutung hat ein „intaktes" Familienleben für Kinder und Jugendliche in Bezug auf Suchtgefährdung und Drogenabhängigkeit? Erläutere.

8. Halten sich viele Menschen in geschlossenen Räumen, z. B. Klassenräumen, längere Zeit auf, muss regelmäßig gelüftet werden. Erläutere diesen Sachverhalt.

9. Stress beeinflusst Körperfunktionen. Beschreibe wesentliche Veränderungen bei Dauerstress.

10. Nenne Möglichkeiten, wie man Stress vermindern kann.

11. Diskutiere folgende Ansichten:

    – Ich rauche, weil meine Freunde in der Clique rauchen.
    – Durch Rauchen erreiche ich in der Gruppe eine positive Stellung.
    – Ich glaube, Herbert raucht, weil er angeben will.
    – Mein Großvater ist 80 Jahre und raucht immer noch. Warum soll ich ihm nicht nacheifern?
    – Als mein Vater aufgehört hat zu rauchen, wurde er dick.
    – Eine Möglichkeit der Haltbarmachung von Lebensmitteln ist das Einräuchern. Das erreiche ich auch durch das Rauchen für meinen Körper.
    Informiere dich auch im Internet unter www.schuelerlexikon.de.

**summa summarum**

## Faktoren aus der Umwelt und der Lebensweise, die die Gesundheit des Menschen beeinflussen

### illegale Drogen
Haschisch, Heroin, Marihuana, Crack, LSD, Ecstasy

### unsauberes Wasser
Überschreitung der Grenzwerte der Inhaltsstoffe im Trinkwasser

### Bestandteile des Tabakrauches
Nikotin, Teerstoffe, Kohlenstoffmonooxid

### Schadstoffe aus der Luft
Kohlenstoffmonooxid, Schwefeloxide, Stickstoffoxide Staub- und Rußteilchen Smog- Situationen

### Alkoholgehalt von Getränken
Bier, Wein, Sekt, Korn, Cognac

### Lärm und Stress
als störend empfundene Schalleinwirkung Reaktion auf erhöhte Belastung

## Maßnahmen zur Gesunderhaltung

- Aktive Entspannung und sinnvolle Freizeitgestaltung ohne Drogen
- Einschränkung des Genusses von Alkohol und Tabak auf ein Minimum
- Einschränkungen von lärmintensiven Einwirkungen und Schutz bei lärmintensiven Arbeiten
- Stressvermeidung durch z. B. gesunde Ernährung, ausreichend Schlaf, Bewegung, Freundschaften
- Kein Missbrauch von Medikamenten
- Verringerung der Umweltbelastung z. B. durch Schadstoffe

# Stoff- und Energiewechsel bei Pflanzen, einigen Bakterien und Pilzen

# 7

# 7.1 Bau und Funktionen der Organe der Samenpflanzen

### Die Sprossachse – das „Leitungsorgan" der Pflanzen

Das von der Wurzel aufgenommene Wasser muss z. B. bei dem Mammutbaum (Abb.) durch den Stamm oft sogar bis zu 100 Metern entgegen der Schwerkraft zu den Blättern transportiert werden.
*In welchen Teilen des Spross-inneren erfolgt die Leitung von Wasser und organischen Stoffen?*
*Wie entsteht die „Kraft", die das Wasser in den Baumstämmen so hoch zu transportieren vermag?*
*Woher haben die riesigen Baumstämme ihre Festigkeit?*
*Was passiert mit den aufgenommenen Mineralstoffen in den Pflanzen?*

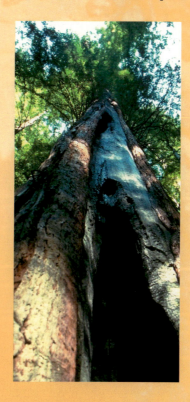

### Die Spaltöffnungen des Laubblattes – „Verbindungen" zur Umwelt

Von der Zellschicht an der Unterseite der Laubblätter der Zimmerpflanze Alpenveilchen (Abb.) ist es einfach, ein Frischpräparat anzufertigen. Beim Mikroskopieren sind zwischen den Zellen der Blattunterseite Spaltöffnungen zu erkennen.
*Welche Aufgabe haben Spaltöffnungen?*
*Welche Bedeutung haben die Spaltöffnungen für die Lebensprozesse in den Pflanzen?*

### Die Wurzel – das „Standbein" von Pflanzen

Die Wurzel verankert die Pflanzen im Boden (Abb.). Sie sorgt für die Wasser- und Mineralstoffaufnahme und kann Nährstoffe speichern.
*Wie ist die Wurzel im Inneren aufgebaut?*
*Wie kann die Wurzel Wasser und Mineralstoffe aufnehmen?*
*Auf welchen physikalischen Gesetzmäßigkeiten beruht die Stoffaufnahme und -leitung?*

# Vielfalt der Pflanzen

Wenn von Pflanzen gesprochen wird, denken viele nur an **Samenpflanzen.** Sie prägen das Landschaftsbild – Wiesen, Wälder, Parkanlagen, Alleen. Zu den Pflanzen gehören aber noch andere Gruppen: die **Moos-** und **Farnpflanzen** (Abb. 1). Alle diese Lebewesen besitzen den grünen Farbstoff *Chlorophyll.* Sie sehen daher meist grün aus. Chlorophyll besitzt auch die Gruppe der **Algen.**
Die Pflanzen sind an unterschiedliche Lebensbedingungen angepasst. Sie kommen daher in großer Vielfalt auf der Erde vor. Die *Samenpflanzen* leben wie die *Moos-* und *Farnpflanzen* vorwiegend auf dem Lande. Es gibt aber auch Arten, die im oder auf dem Wasser ihren Lebensraum haben, z.B. *Wasserlinse, Weiße Seerose.* Vertreter der Gruppe der *Algen* sind überwiegend Wasserbewohner, man findet sie aber auch auf dem Lande, z.B. an Baumstämmen (s.a.S.29).

Die Vielfalt an Pflanzen und Algen (etwa 289 000 Arten) ist kaum überschaubar. Sie unterscheiden sich z.B. in der **Größe.** Manche Algen sind mikroskopisch klein *(z.B. Chlorella)*, andere Algen werden über 100 m lang (z.B. *Birnentang*, s.S.35). Die kleinste Samenpflanze *(Wasserlinse)* ist nur wenige Millimeter groß. Der *Mammutbaum* dagegen kann über 100 m hoch werden.
Auch die **Lebenszeit** der Pflanzen ist unterschiedlich. Manche leben z.B. nur 1 Jahr (z.B. die *Garten-Erbse*), andere können über 1 000 Jahre alt werden (z.B. die *Eiche*, der *Mammutbaum*).

Die **Vielgestaltigkeit der Pflanzen** fällt uns besonders **bei den Samenpflanzen** auf. Manche haben nadelförmige *Blätter*, z.B. Kieferngewächse. Bei den meisten Pflanzen sind die Blätter laubblattartig, z.B. *Eiche.* Sehr unterschiedlich sind auch die *Blüten* in Form und Farbe der Kronblätter sowie in ihrer Größe.

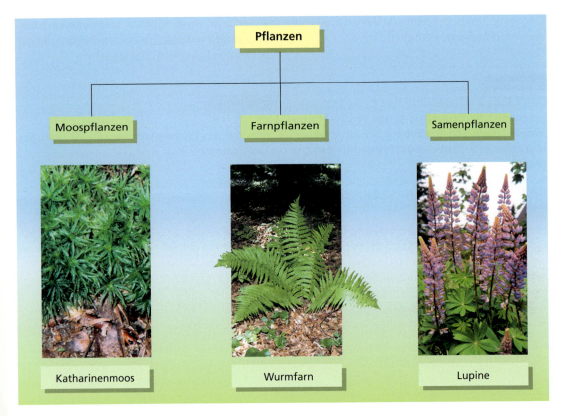

**1**  Übersicht über die Vielfalt der Pflanzen

## Wie bestimme ich Lebewesen?

Auf Wanderungen oder Exkursionen sieht man viele Lebewesen (z. B. Pflanzen, Tiere, Pilze), die unbekannt sind. Wenn man wissen möchte, um welches Lebewesen es sich handelt und zu welcher Organismengruppe es gehört, ist das durch das Bestimmen herauszufinden.

Das **Bestimmen** ist ein Verfahren, mit dem der Name eines unbekannten Lebewesens *mithilfe von Abbildungen* oder *Bestimmungsschlüsseln* festgestellt wird. Dazu müssen die typischen Merkmale des unbekannten Lebewesens mit dem bloßen Auge, einem Fernglas oder einer Lupe beobachtet, erfasst und benannt werden.

In der Regel ist ein **Bestimmungsschlüssel** so aufgebaut, dass 2 unterschiedliche Ausbildungsformen eines Merkmals (z. B. Schwanz lang, Schwanz kurz; Blüte rot, Blüte weiß) verglichen und gegenübergestellt werden. Die 2 Ausbildungsformen bilden ein Merkmalspaar und werden mit 1 und 1*, 2 und 2* usw. bezeichnet.

Am Ende der Zeilen mit den Merkmalen steht jeweils eine Ziffer (z. B. 2, 3). Sie führt zu dem Merkmalspaar, bei dem die Bestimmung fortgesetzt werden muss. So gelangt man schrittweise zum Namen des unbekannten Lebewesens.

Beim Bestimmen kann man in folgender **Schrittfolge** vorgehen:

**1. Schritt**

Lies im Bestimmungsschlüssel das erste angegebene Merkmalspaar (1 und 1*).

**2. Schritt**

Betrachte bzw. beobachte genau das zu bestimmende Lebewesen im Hinblick auf die angegebenen Merkmale. Nutze auch Hilfsmittel wie Lupe, Fernglas.

**3. Schritt**

Entscheide, welches Merkmal du von den zwei sich gegenüberstehenden Merkmalen auswählst. Setze die Bestimmung fort, indem du entsprechend der Ziffer am Ende der Merkmalszeile zum angegebenen nächsten Merkmalspaar gelangst.

**4. Schritt**

Wiederhole diese Schritte mit weiteren Merkmalspaaren so lange, bis du zum Namen des unbekannten Lebewesens gelangst.

**5. Schritt**

Benenne das Lebewesen! Präge dir die typischen Merkmale ein.

### Aufgabe

Mit den folgenden **Bestimmungsschlüsseln** kannst du einige Taubnesselarten bestimmen.

*Suche dir auf der Seite 281 eine Taubnesselart aus und versuche, sie zu bestimmen.*

## Wir bestimmen einige Taubnesselarten

| | |
|---|---|
| 1 | • Kronblätter gelb, Unterlippe mit rötlichen Flächen<br>**Goldnessel** |
| 1* | • Kronblätter weiß, rot oder rosa . . . . . . . . . . . . . . . . . . . . .2 |
| 2 | • Kronblätter weiß<br>**Weiße Taubnessel** |
| 2* | • Kronblätter rot oder rosa. . . . . . . . . . .3 |
| 3 | • Kronröhre aufwärtsgebogen<br>**Gefleckte Taubnessel** |
| 3 * | • Kronröhre gerade. . . . . . . . . . . . . . . .4 |
| 4 | • Obere Blätter stängelumfassend, untere Blätter gestielt und tief gekerbt<br>**Stängelumfassende Taubnessel** |
| 4 * | • Obere Blätter gestielt oder fest sitzend, nie stängelumfassend. . . . . . .5 |
| 5 | • Obere Blätter eiförmig bis dreieckig, untere Blätter rundlich, unregelmäßig gekerbt<br>• Blattstiel der oberen Blätter nur wenig verbreitert<br>**Purpurrote Taubnessel** |
| 5* | • Obere Blätter tief eingeschnitten<br>• Blattstiel der obersten Blätter stark verbreitert<br>**Eingeschnittene Taubnessel** |

Wenn man z.B. die *Purpurrote Taubnessel* (als unbekannte Taubnessel) in der Hand hat, führt der Weg in der Bestimmungstabelle zum Namen über 1* zu 2, von 2* zu 3, von 3* zu 4, von 4* zu 5. Damit ist das Ziel erreicht.

## Organismengruppen mit Chlorophyll

| Algen (ca. 33 000 Arten) | Moospflanzen (ca. 26 000 Arten) | Farnpflanzen (ca. 15 000 Arten) |
|---|---|---|
| **Algen** leben im Meer, im Süßwasser oder an feuchten Orten, z.B. Baumrinde, nassem Erdboden. Klassen der Algen sind u.a. Grünalgen, Armleuchteralgen, Jochalgen, Braun- und Rotalgen. Bei den **Grünalgen** gibt es einzellige, koloniebildende, fädige und flächige Formen (s.S.34, 35). Bei den band- und strauchförmigen **Braun-** und **Rotalgen** wird das Chlorophyll von braunen, gelben oder rötlichen Farbstoffen verdeckt. | Die **Moospflanzen** unterteilt man in die zwei Klassen *Lebermoose* und *Laubmoose.* Moospflanzen sind kleine, wurzellose Pflanzen. Mit Rhizoiden sind sie am Untergrund befestigt. Die **Lebermoose** besitzen meist einen blattähnlichen Körper, die **Laubmoose** sind stets in Moosstämmchen und Blättchen gegliedert. Die Zellen sind teilweise differenziert in Assimilations-, Oberhaut-, Leit- und Festigungszellen. Die Fortpflanzung erfolgt durch Sporen. | Die **Farnpflanzen** sind in Spross (Laubblätter, Sprossachse) und Wurzel gegliedert. Sie besitzen Gewebe und pflanzen sich durch Sporen fort. Die **Bärlappe** sind kleine, krautige, oft kriechende Pflanzen mit gabelig verzweigten Stängeln mit kleinen nadel- oder schuppenförmigen Laubblättern. Die **Schachtelhalme** besitzen eine hohle, aus ineinandergeschachtelten Gliedern bestehende Sprossachse, an deren Knoten sich wirtelig angeordnete Seitensprosse befinden. Die **Farne** sind eine formenreiche Gruppe mit meist krautigen, selten baumartigen Vertretern mit großen Laubblättern (Wedeln), an deren Unterseite häufchenweise Sporenkapseln (Sori) sitzen. |

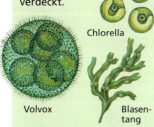

Chlorella

Volvox

Blasentang

Brunnenlebermoos

Widertonmoos

Wiesen-Schachtelhalm

Wurmfarn

## Samenpflanzen (ca. 230 000 Arten)

Die **Samenpflanzen** sind in Wurzel, Sprossachse und Laubblätter gegliedert. Charakteristische Merkmale sind der Besitz von Blüten und die Ausbildung von Samen. Die Blüten sind die Fortpflanzungsorgane, die Staub- und Fruchtblätter enthalten. Die Samenpflanzen besitzen stärker differenzierte Gewebe mit bestimmten Funktionen (s.S.285, 292, 299).

In den Blüten der **Nacktsamer** liegen die Samenanlagen frei ("nackt") auf den offenen Fruchtblättern (Samenschuppen). Es werden Samen, aber keine Früchte ausgebildet. Die Blüten sind einge-

schlechtig. Sie enthalten nur Staubblätter bzw. nur Fruchtblätter.

In den Blüten der **Bedecktsamer** sind die Samenanlagen in einem von den Fruchtblättern gebildeten Fruchtknoten eingeschlossen. Aus dem Fruchtknoten entwickelt sich die Frucht, die die Samen enthält. Die Blüten sind meistens zwittrig, d.h., sie enthalten Staub- und Fruchtblätter.

Die Bedecktsamer kann man noch in weitere Gruppen, z.B. in *Einkeimblättrige Pflanzen* und *Zweikeimblättrige Pflanzen*, einteilen.

Grau-Tanne

Europäische Lärche

Garten-Erbse

Weiße Taubnessel

## Organe der Samenpflanzen – ein Überblick

Samenpflanzen weisen eine große Vielgestaltigkeit auf, z. B. in der Größe, in Form, Farbe und Größe der Blüten, in Form und Größe der Laubblätter sowie in der Wuchsform der Wurzelsysteme.
Vergleicht man nun die Samenpflanzen, große und kleine, solche die an feuchten und solche die an trockenen Standorten leben, stellt man fest: **Sie stimmen in dem Grundaufbau überein.**

Ihre Hauptorgane sind *Wurzel* und *Spross* mit *Sprossachse,* *Laubblättern* und *Blüten* (Abb.).

**Wurzeln** sind in der Regel unterirdische Organe. Sie dienen der Verankerung der Pflanzen im Boden, der Aufnahme von Wasser und Mineralstoffen, deren Weiterleitung zu anderen Pflanzenorganen und gelegentlich auch als Speicherorgane für körpereigene organische Stoffe (z. B. *Möhre, Zuckerrübe).*

Die **Sprossachse (Stängel)** verbindet Blätter und Wurzeln miteinander und sorgt für den Stofftransport zwischen ihnen. Wasser und gelöste Mineralstoffe werden von den Wurzeln zu den Laubblättern transportiert, und die in den Blättern gebildeten Stoffe können über die Sprossachse in alle anderen Pflanzenteile gelangen.

Als Träger der Blätter und Blüten hat die Sprossachse die Aufgabe, diese möglichst günstig, z. B. zum Licht, zu positionieren. Nach der Beschaffenheit der **Sprossachse** werden die Samenpflanzen in **Kräuter** (grüne, weiche und biegsame Sprossachse) sowie in **Holzgewächse** (harte, feste, holzige Sprossachse – Stamm, Äste, Zweige) eingeteilt.

Das **Laubblatt** ist aus der *Blattfläche,* dem *Blattstiel* und dem *Blattgrund* aufgebaut. Wenn man die Laubblätter gegen das Licht hält, sind Blattadern zu erkennen. Bei den meisten Pflanzenarten durchziehen sie *netzartig* die gesamte Blattfläche, z. B. bei der *Gemeinen Haselnuss,* der *Stiel-Eiche* und der *Linde.* Bei einigen Pflanzenarten verlaufen sie parallel zueinander, z. B. bei dem *Gemeinen Knäuelgras* und beim *Rohrkolben.* Laubblätter dienen sowohl der Bildung, Leitung und Aufnahme von Stoffen als auch der Abgabe von Stoffen.

Die **Blüte** der Samenpflanzen besteht meistens aus folgenden Teilen: aus *Kelchblättern, Kronblättern, Staubblättern* und *Fruchtblättern.* Die Blüte dient der geschlechtlichen Fortpflanzung der Samenpflanzen. In ihr werden die Samen gebildet.

Die Hauptorgane der Samenpflanze sind Wurzel und Spross (Sprossachse, Laubblatt und Blüte). Jedes Organ erfüllt bestimmte Aufgaben.

Laubblatt mit Blattadern — Blüte — Sprossachse — Nebenwurzel mit Wurzelhaaren — Hauptwurzel

## Bau und Funktionen der Wurzel

### Der Bau der Wurzel

Wurzeln sind in der Regel unterirdische Organe. Sie dienen der Verankerung der Pflanzen im Boden, der Aufnahme von Wasser und Mineralstoffen, deren Weiterleitung zu anderen Pflanzenorganen und gelegentlich auch als Speicherorgane für körpereigene organische Stoffe. Der äußere und der innere Bau der Wurzeln sind optimal auf die Erfüllung dieser Aufgaben abgestimmt.

Alle Wurzeln einer Pflanze bilden ein **Wurzelsystem.** Bei *vielen Pflanzen* besteht das Wurzelsystem aus einer in die Tiefe wachsenden **Hauptwurzel,** die fortlaufend **Nebenwurzeln** bildet (Hauptwurzelsysteme). Die Hauptwurzel dringt tief in den Boden ein und bildet einen festen Anker (Abb. 1).

Einige Hauptwurzeln, z. B. die der *Möhre* und *Zuckerrübe*, sind als **Speicherorgane** umgebildet (Abb. 1, S. 285). Die gespeicherten Nährstoffe werden von der Pflanze während der Blüten- und Fruchtbildung verbraucht. Deshalb wird das Wurzelgemüse vor der Blüte geerntet.

Zahlreiche Pflanzen haben ein **sprossbürtiges Wurzelsystem** (Abb. 1). Bei ihnen stirbt die bei der Keimung des Samens gebildete Wurzel ab und wird durch mehrere aus der Basis der Sprossachse herauswachsende Wurzeln, die sogenannten sprossbürtigen Wurzeln, ersetzt. Die spross-

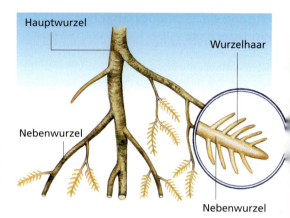

**2** Bau der Wurzel (schematisch)

bürtigen Wurzeln bilden dicht unter der Bodenoberfläche ein weit verzweigtes Wurzelsystem. Aus diesem Grund sind z. B. *Gräser* ausgezeichnete Bodenbedecker, die die Bodenerosion verhindern.

**Wurzelsysteme** haben meist eine beträchtliche Gesamtlänge und können beachtliche Tiefen erreichen, z. B. kann eine *Roggenpflanze* eine Gesamtlänge des Wurzelsystems von 975 m und eine Wurzeltiefe von 2 m besitzen.

Die **Zonierung** einer Wurzel (Abb. 2, S. 285) ist an Keimwurzeln gut erkennbar. An der Wurzelspitze befindet sich eine *Wurzelhaube* (Kalyptra). Sie schützt das darunter befindliche *Bildungsgewebe*.

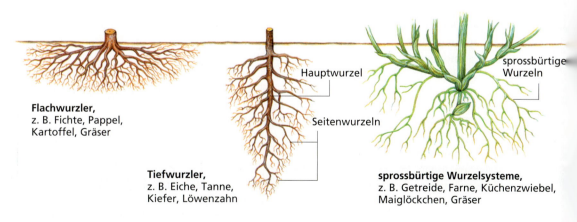

**1** Unterschiedliche Wurzelsysteme, sie verankern die Pflanzen im Boden.

**1** Speicherwurzeln bei Zuckerrübe und Möhre

lang ist, kann die Pflanze Wasser und Mineralstoffe aufnehmen. Die sehr fein gebauten Wurzelhaare leben nur ein bis wenige Tage und werden mit dem Wachstum neu gebildet.

Man hat ausgerechnet, dass eine ausgewachsene *Roggenpflanze* über 10 Milliarden Wurzelhaare hat, deren Oberfläche 400 m$^2$ beträgt und die eine Gesamtlänge von etwa 10 000 km haben.

Obwohl die Wurzeln ein sehr unterschiedliches äußeres Aussehen haben können, sind sie in ihrem **inneren Bau** weitgehend übereinstimmend gebaut (Abb. 3; Abb. 1, S. 286).

Dieses Bildungsgewebe ist durch Zellteilungen für das Wachstum der Wurzeln im Erdboden verantwortlich. Der Bereich des Wachstums wird *Streckungszone* genannt. Er kann durch das Anlegen einer gleichmäßigen Markierung an Keimwurzeln leicht ermittelt werden.

Dicht hinter der *Streckungszone* folgt die *Wurzelhaarzone*. Dort vergrößern viele winzige Wurzelhaare die Wurzeloberfläche, um so hinreichend Wasser aufnehmen zu können. Die Millimeter bis einen Zentimeter langen **Wurzelhaare** (Abb. 2, S. 284) bestehen jeweils nur aus einer Zelle.

Sie tragen in besonderem Maße zur Gesamtlänge der Wurzelsysteme bei. Nur in dem Bereich der Wurzelhaarzone, der oft nur wenige Zentimeter

Das äußere Abschlussgewebe wird **Rhizodermis (Wurzelhaut)** genannt. Die Rhizodermis besteht aus einer Einzelschicht dicht aneinandergelagerter Zellen, die die Wurzel wie eine „Haut" schützt. Sie bildet das Abschlussgewebe der Wurzel.

An der Wurzelhaarzone haben die Rhizodermiszellen Ausstülpungen und bilden so die feinen **Wurzelhärchen,** die für die Aufnahme von Wasser und Mineralstoffen so wichtig sind (Abb. 2; Abb. 2, S. 284).

Nach dem Prinzip der Oberflächenvergrößerung wird durch die Ausstülpungen der einzelligen Wurzelhaarzellen die Fläche der Wasser aufnehmenden Wurzel auf einige hundert Quadratmeter erweitert.

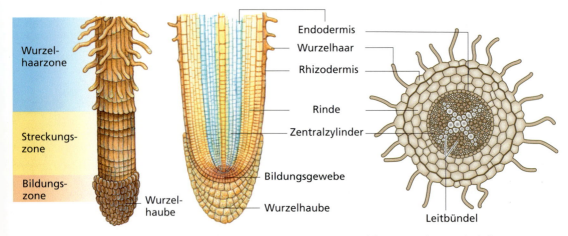

**2** Zonierung einer Wurzel    **3** Innerer Bau einer jungen Wurzel (Längs- und Querschnitt)

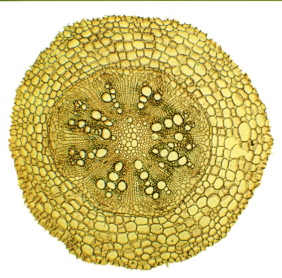

**1** Mikroskopisches Bild des Wurzelquerschnittes

Nach innen schließt sich das **Rindengewebe** an. Es bildet den Hauptteil des Wurzelkörpers und füllt den Raum zwischen der Rhizodermis und dem Leitgewebe mit gleichmäßig geformten Grundgewebszellen aus. Das Rindengewebe kann neben Schutz- und Festigungsfunktionen auch Speicherfunktionen erfüllen.

Die **Endodermis** ist die innerste Zellschicht der Rinde. Sie umschließt den **Zentralzylinder** mit den **Leitbündeln.** Die Leitbündel bestehen aus *Gefäß-* und *Siebzellen* (Abb. 1, 3, S. 292).
Die Gefäßzellen dienen der Leitung von Wasser, die Siebzellen transportieren organische Stoffe.
Das Leitgewebe hat neben der Transportfunktion immer auch Stütz- und Festigungsfunktionen zu erfüllen. Die Stützzellen sind an ihrer verstärkten Zellwand zu erkennen.
Zwischen beiden Zelltypen liegt ein Bildungsgewebe (Kambium).

Wurzeln verankern die Pflanze im Boden. Sie besitzen eine Rhizodermis mit Wurzelhaaren. Im Inneren sind eine Rindenschicht und der Zentralzylinder mit Leitbündeln vorhanden.
Zur Vergrößerung der aufnehmenden Oberfläche bildet die Rhizodermis einzellige Wurzelhaare aus. Die Wurzelhaare nehmen Wasser und Mineralstoffe auf.

## Mosaik

### Bedeutung von Wasser, Kohlenstoffdioxid und Mineralstoffen

Zerquetscht man frisches Pflanzenmaterial auf Filterpapier, so entsteht auf diesem ein Wasserfleck.
**Wasser** ist ein Hauptbestandteil der Pflanzen. Wasser dient der Pflanze als *Lösungs- und Transportmittel* für die Nährstoffe, ist Quellungsmittel und bewirkt die *Aufrechterhaltung des Zellinnendrucks.* Letzteres erkennt man daran, dass Pflanzen, die nicht genügend Wasser bekommen, welken. Die grundlegende Bedeutung des Wassers ist aber die eines unentbehrlichen Nährstoffes.

Die Samenpflanzen benötigen zur Ernährung **Wasser** und Mineralstoffe. Diese nehmen sie mit den Wurzeln aus dem Boden auf (s. S. 288) sowie Kohlenstoffdioxid durch die Laubblätter aus der Luft (s. S. 302).
**Kohlenstoffdioxid** ist ebenfalls ein wichtiger Nährstoff für die Pflanze. Die Pflanze baut in den Laubblättern aus *Wasser* und *Kohlenstoffdioxid Traubenzucker (Glucose)* auf. Außerdem entsteht bei diesem Prozess (Fotosynthese, S. 318) *Sauerstoff,* der wieder aus den Laubblättern an die Luft abgegeben wird. Der Traubenzucker ist die Grundlage für die Bildung weiterer organischer Stoffe, z. B. Stärke, Fette. Durch die Bildung der körpereigenen organischen Stoffe wächst die Pflanze (s. a. S. 324).

**2** Der eingepflügte Stallmist versorgt als organischer Dünger den Boden mit Humus.

# Mosaik

Fehlt der Pflanze Kohlenstoffdioxid, wird sie in ihrer Entwicklung gehemmt.

Der nicht genügend gebildete Traubenzucker fehlt der Pflanze dann z.B. zum Aufbau neuer Zellen und damit auch zum Wachstum.

Wird das Kohlenstoffdioxidangebot erhöht, wird auch die Entwicklung der Pflanze in bestimmten Grenzen positiv beeinflusst. Diese Tatsache wird z.B. zur Erhöhung des pflanzlichen Ertrages durch Zusatzbegasung in Gärtnereien genutzt (s. S.322).

Zum Aufbau körpereigener organischer Substanzen brauchen die Pflanzen auch **Mineralstoffe.**
Für ihre optimale Entwicklung benötigen Samenpflanzen die zehn *Hauptelemente* (C, O, H, N, S, P, K, Ca, Fe, Mg) sowie *Spurenelemente* (Mn, Cu, Mo, B, Zn).

Die **Mineralstoffzufuhr** erfolgt in der Landwirtschaft und im Gartenbau vor allem durch anorganische (mineralische) und organische **Düngung** (Abb.2, S.286). *Topfpflanzen* können u. a. durch Düngerstäbchen mit Mineralstoffen versorgt werden. Um *Hydrokulturen* mit Mineralstoffen zu versorgen, werden dem Gießwasser Nährsalzlösungen beigefügt. Wenn diese Stoffe nicht zugeführt werden, fehlen sie für die pflanzliche Ernährung. Die Ernteerträge in Landwirtschaft und Gartenbau werden entsprechend geringer.

Fehlen den Pflanzen bestimmte Mineralstoffe, kann man bei ihnen **Mangelerscheinungen** fest-

stellen. *Stickstoffmangel* wirkt sich z.B. negativ auf die Chlorophyllbildung bei den Pflanzen aus. Äußerlich ist das an dem Vergilben und Absterben älterer Blätter und einem nur spärlichen Wuchs erkennbar (Abb.1).

*Phosphormangel* beeinträchtigt den Stoffwechsel der Pflanzen. Sie reagieren mit absterbendem Blattgewebe (Abb.3) und dem Abwerfen der Blätter, vermindertem Wuchs und kümmerlicher Fruchtausbildung.

*Calciummangel* führt zum Absterben der Vegetationspunkte an den Wurzeln und am Spross. Die Missbildung junger Blätter ist ein Anzeichen dafür.

Dass sich die pflanzlichen Erträge in der Landwirtschaft durch **Zusatzdüngung** erhalten und auch steigern lassen, wurde von JUSTUS VON LIEBIG (1803–1873) durch seine Mineralstofftheorie wissenschaftlich begründet.

JUSTUS VON LIEBIG schuf die heute noch gebräuchliche Einteilung der anorganischen Düngemittel nach ihren Hauptnährstoffen und unterschied Stickstoff-, Phosphor-, Kali- und Kalkdünger. Diese werden heute größtenteils als **Mischdünger** angeboten.

Auch organische Stoffe, z.B. Stallmist (Abb.2, S.286) oder Gülle, können zur Nährstoffversorgung der Pflanzen genutzt werden. Durch die Tätigkeit der Zersetzer (Destruenten, s.S.340, 346, 348, 397) wie Bakterien, Pilze, können aus ihnen die anorganischen Mineralstoffe erschlossen werden.

**1** Stickstoffmangel an Zuckerrüben wird durch Vergilben der Laubblätter angezeigt.

**3** Bei Phosphormangel sterben Teile der Maispflanze ab.

## Die Aufnahme des Wassers durch die Wurzeln

Die Wasseraufnahme der Pflanzen erfolgt durch die Wurzelhaarzellen. Sie beruht auf physikalischen Gesetzmäßigkeiten. Physikalische Gesetze wirken auch außerhalb biologischer Objekte und lassen sich durch **Modellexperimente** veranschaulichen (Abb. 1).

In einem Standzylinder wird Wasser vorsichtig mit Zuckersirup unterschichtet. Zunächst sind beide Flüssigkeiten deutlich voneinander getrennt. Diese Grenze wird allmählich immer undeutlicher erkennbar und auch breiter, bis sich beide Flüssigkeiten vollständig miteinander vermischt haben. Die Ursache dieser eigenständigen Vermischung der Stoffe Wasser und Zuckersirup ist die Eigenbewegung der Wasser- und Zuckersirupteilchen (der Moleküle).

Wasser ist ein wichtiges Lösungsmittel, das aus zahlreichen Wasserteilchen (Wassermolekülen) besteht. Der Zuckersirup ist im Vergleich zum Wasser eine Lösung von Zucker in Wasser. Der Anteil des im Wasser gelösten Zuckers ist hoch. Deshalb spricht man von einer *konzentrierten Lösung*. Durch die *Eigenbewegung der Teilchen (Wasser- und Zuckerteilchen)* kommt es entlang dem Konzentrationsgefälle zu einem *Konzentrationsausgleich* zwischen den beiden Stoffen Wasser und Zuckersirup (Abb. 1).

Diesen Konzentrationsausgleich zwischen Wasser und Zuckersirup kann man durch Schmecken feststellen. Während Wasser einen neutralen Ge-

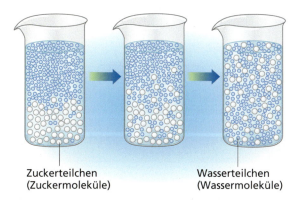

**1** Modellexperiment zur Diffusion

Zuckerteilchen (Zuckermoleküle)

Wasserteilchen (Wassermoleküle)

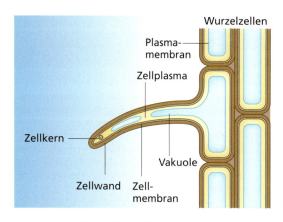

Wurzelzellen

Plasma-membran

Zellplasma

Zellkern

Vakuole

Zellwand    Zell-membran

**2** Bau einer Wurzelhaarzelle

schmack hat, schmeckt unverdünnter Zuckersirup widerlich süß. Die Mischung aus beiden hat eine angenehme Süße. Dieser physikalische Vorgang der Durchmischung heißt **Diffusion.**

> **Die Diffusion ist ein physikalischer Vorgang, bei dem aufgrund der Eigenbewegung der Stoffteilchen ein Konzentrationsausgleich zwischen unterschiedlich konzentrierten flüssigen oder gasförmigen Stoffen erfolgt.**

*Wie erfolgt nun die Aufnahme des Wassers aus dem Boden?*

Auf dem Weg in das Wurzelinnere müssen die Wasserteilchen zunächst von den Wurzelhaaren der Rhizodermis aufgenommen werden.

Die Wurzelhaarzellen (Abb. 2) sind dünnwandige, schlauchförmige, lebende Zellen. Im Innern der Zellwand befindet sich die Zellmembran, das Zellplasma mit dem Zellkern und große Vakuolen (Zellsafträume), in denen verschiedene Stoffe gelöst sind.

Das Zellplasma wird von der Zellwand und zu den Vakuolen jeweils durch dünne **Membranen** abgegrenzt. Die Membranen besitzen sehr kleine Poren. Während Wasserteilchen (Wassermoleküle) die Poren ungehindert durchdringen können, sind diese für die gelösten Stoffteilchen nicht passierbar. Da die Membranen immer nur einen Stoff passieren lassen, nennt man sie **semipermeable** (halbdurchlässige) **Membranen.**

Um diese Verhältnisse an einem **Modellexperiment** zu veranschaulichen, wird das Diffusionsexperiment etwas variiert.

Wasser und eine konzentrierte Lösung werden durch eine semipermeable Membran voneinander getrennt. Als *semipermeable Membran* verwendet man z.B. einen Kunstdarm. An einem Ende zugebunden, wird er mit einem Steigrohr versehen und mit angefärbter konzentrierter Zuckerlösung gefüllt. Diese Apparatur wird an einem Stativ in ein Becherglas mit Wasser gehängt (Abb. 1).

Das im Becherglas befindliche Wasser stellt das Bodenwasser dar, das von der Wurzel aufgenommen werden soll. Der Kunstdarm symbolisiert die Zellmembranen, die das Zellplasma und die Vakuolen einschließen. Die konzentrierte Zucker-lösung entspricht dem Zellplasma und den in den Vakuolen gelösten Stoffen.

In der Versuchsanordnung kann man nach wenigen Minuten ein Ansteigen des Flüssigkeitspegels im Steigrohr entgegen der Schwerkraft beobachten. Angefärbtes Zuckerwasser lässt sich dagegen nicht im Becherglas nachweisen.

*Wie lässt sich die Beobachtung erklären?*

Der Konzentrationsausgleich zwischen dem Wasser und der Zuckerlösung wird durch die semipermeable Membran in eine Richtung behindert. Die Zuckerteilchen in der konzentrierten Lösung werden durch die semipermeable Membran zurückgehalten. Die Wasserteilchen können die Membran ungehindert passieren und diffundieren in die Zuckerlösung. Durch diese Wasseraufnahme steigt der Flüssigkeitsstand im Steigrohr. Die konzentrierte Zuckerlösung wird durch die Wasseraufnahme verdünnt (theoretisch bis zum Konzentrationsausgleich).

Die Wanderung von Wasserteilchen aus einem Bereich, in dem sie in hoher Anzahl vorhanden sind (z.B. Bodenlösung, Wasser im Becherglas), durch eine semipermeable Membran in einen Bereich, in dem sie in geringer Anzahl vorliegen (z.B. Vakuole, Lösung im Kunstdarm), wird als **Osmose** bezeichnet.

> **Die Osmose ist ein physikalischer Vorgang, bei dem die Diffusion durch eine halbdurchlässige Membran in eine Richtung erfolgt.**

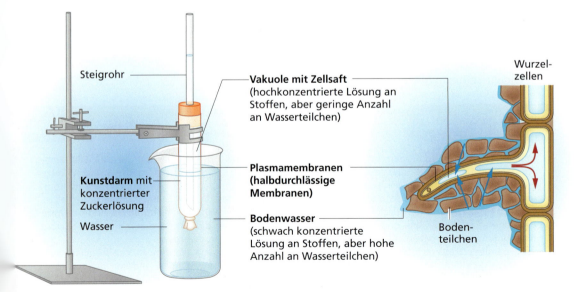

1   Modellexperiment zur Osmose und zur Aufnahme des Wassers in das Wurzelhaar

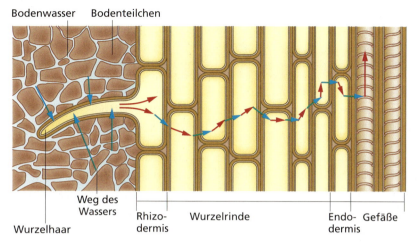

Bodenwasser    Bodenteilchen

Der Transport des **Wassers** erfolgt bis in die Gefäße des Zentralzylinders:

– Verteilung des Wassers innerhalb der Zellen durch **Diffusion** ( → ),

– Transport des Wassers in der Rinde von Zelle zu Zelle durch **Osmose** bis in die Leitgefäße ( → ).

Weg des Wassers    Rhizo-dermis    Wurzelrinde    Endo-dermis    Gefäße

Wurzelhaar

**1** Wasseraufnahme durch das Wurzelhaar ( → ), Transport des Wassers bis zum Leitgefäß ( → , → )

Im Zellplasma und in den Vakuolen der Wurzelhaarzellen ist die Konzentration der Stoffteilchen groß. Es sind weniger Wasserteilchen vorhanden. Im Bodenwasser ist dagegen der Anteil an Wasserteilchen groß. Die Konzentration an anderen Stoffen ist gering.
Zellplasma und Vakuolen einerseits und Bodenwasser andererseits sind durch semipermeable (halbdurchlässige) Membranen voneinander getrennt. Aufgrund des Vorgangs der Osmose wird das Wasser aus dem Boden aufgenommen. Innerhalb der Zellen eines Gewebes wird das Wasser auf der physikalischen Grundlage der Diffusion geleitet. Zwischen den Zellen, auch denen verschiedener Gewebe, erfolgt die Wasserleitung durch Osmose, weil semipermeable Membranen, z. B. Zellmembranen und Plasmamembranen, zu

passieren sind (Abb. 1). Die Vakuolen der inneren Zellen der Wurzel haben im Vergleich zu den Rhizodermiszellen eine höhere Konzentration an gelösten Stoffteilchen und einen geringeren Anteil an Wasserteilchen. Durch Osmose gelangt das Wasser entsprechend dem Konzentrationsgefälle von der Wurzelhaarzelle in das Wurzelinnere bis zu den Gefäßen in den Leitbündeln und von diesen in die Sprossachse (Abb. 1).

> Wasser wird durch Osmose in das Wurzelhaar aufgenommen. Die Wasserteilchen wandern vom Ort, wo sie in hoher Anzahl vorliegen (Bodenwasser), zum Ort, wo sie in geringerer Anzahl vorhanden sind (Zellsaft der Vakuole). Die Zellmembran wirkt als halbdurchlässige Membran.

## Mosaik

### Mineralstoffe und ihre Aufnahme

**Mineralstoffe** sind im Boden in Form von Mineralsalzen enthalten, z. B. als Phosphate, Nitrate und Carbonate. Der Mineralstoffgehalt des Bodens ist abhängig von den Bodeneigenschaften, der Vegetation, dem Klima und der Bewirtschaftung durch den Menschen. Als nährstoffreichste und damit ertragsreichste Böden gelten die Schwarzerdeböden.
Zu **Mineralstoffverlusten** kommt es, wenn die *Mineralstoffe* mit dem Sickerwasser (Bodenwasser) ausgewaschen werden. Die Mineralstoffe können von der Pflanze nur in gelöster Form aufgenommen werden. Da die Zellmembranen für die gelösten Mineralstoffe weitgehend undurchlässig sind, können diese nicht durch den Wasserstrom mittransportiert werden.
Die **Mineralsalze** werden an ein Trägerteilchen der Membran gebunden und von diesem unter Energieverbrauch aktiv in Form von Ionen in das Zellinnere transportiert.

## Bau und Funktionen der Sprossachse

Das von der Wurzel aufgenommene Wasser und die Mineralstoffe müssen zur weiteren biochemischen Verarbeitung von der Sprossachse zu den Blättern transportiert werden.

Die Sprossachse verbindet Blätter und Wurzeln miteinander und sorgt für den Stofftransport zwischen ihnen. Wasser und gelöste Mineralstoffe werden von den Wurzeln zu den Blättern transportiert, und die in den Blättern gebildeten Stoffe können über die Sprossachse in alle anderen Pflanzenteile gelangen. Als Träger der Blätter und Blüten hat die Sprossachse die Aufgabe, diese möglichst günstig, z. B. zum Licht, zu positionieren.

1 Windende Sprossachse der Stangenbohne

### Der Bau der Sprossachse

Die Sprossachsen sind vielfältig in ihrer **Gestalt** und **Form.** Sie können *krautig,* z. B. bei der Sonnenblume (Abb. unten), oder *holzig,* z. B. bei den Bäumen (Abb. 2) oder Sträuchern, sein.

Die Sprossachsen unterscheiden sich in der Wuchsform (z. B. *aufrechte, liegende, kletternde* und *windende,* Abb. 1) sowie in Verzweigungen (z. B. in *verzweigte* und in *unverzweigte*).

Unabhängig von der äußeren Mannigfaltigkeit, stimmen die jungen Sprossachsen in ihrem **inneren Bau** weitgehend überein (Abb. 2, S. 292). In dem mikroskopischen Bild eines Sprossachsenquerschnittes findet man die Epidermis, das Rindengewebe, die Leitbündel und das Mark, oftmals mit einer Markhöhle.

Viele dieser Gewebe treten auch am Wurzelquerschnitt auf und haben dort ähnliche Funktionen zu erfüllen (s. S. 285).

Die **Stängelepidermis** ist meist einschichtig und hat Schutz- und Abschlussfunktion nach außen.

Die **Rindenzellen** haben Festigungsfunktionen und können auch Stoffe speichern.

Die **Leitbündel** enthalten Gefäßzellen und Siebröhren (Abb. 1, 3, S. 292). Die *Gefäße* dienen der Leitung von Wasser und den darin gelösten Mineralstoffen aus der Wurzel in andere Teile der Pflanze.

In den *Siebröhren* werden die in den Laubblättern der Pflanze gebildeten organischen Stoffe in die Speicherorgane und Wurzeln geleitet.

2 Holzige Sprossachse – Baumstämme

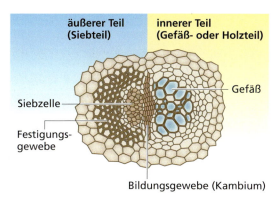

**äußerer Teil (Siebteil)** | **innerer Teil (Gefäß- oder Holzteil)**

Gefäß

Siebzelle

Festigungsgewebe

Bildungsgewebe (Kambium)

**1** Querschnitt durch ein Leitbündel

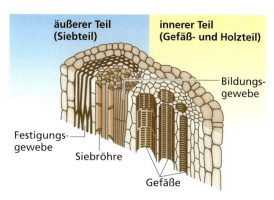

**äußerer Teil (Siebteil)** | **innerer Teil (Gefäß- und Holzteil)**

Bildungsgewebe

Festigungsgewebe

Siebröhre

Gefäße

**3** Längsschnitt durch ein Leitbündel

Betrachtet man mithilfe eines Mikroskops den Längsschnitt eines Leitbündels (Abb. 3), so ist gut zu erkennen, dass die *Gefäße* aus lang gestreckten, verholzten Röhren bestehen. Es sind tote Zellen ohne Querwände. Innen sind die Wände durch ringförmige oder schraubige Verdickungen verstärkt. Die Gesamtheit der Gefäße bildet den **Gefäßteil (Holzteil)** des Leitbündels. Der äußere Teil des Leitbündels enthält *Siebröhren*, er wird deshalb **Siebteil** genannt. Die Siebröhren haben ihren Namen erhalten, weil ihre Querwände durch Poren wie ein Sieb durchlöchert sind und dadurch den Stofftransport ermöglichen. Es sind lebende Zellen mit Zellplasma.

Zwischen den Sieb- und Gefäßzellen liegt bei einigen Gruppen der Samenpflanzen ein als *Kambium* bezeichnetes *Bildungsgewebe*. Es besitzt teilungsfähige Zellen und bildet bei jeder Zellteilung nach innen und außen neue Zellen. Auf diese Weise erfolgt das Dickenwachstum der Sprossachse (s. S. 297). Die Siebzellen werden von *Festigungsgewebe* umgeben. Das Festigungsgewebe besteht aus Zellen mit verdickten Zellwänden und verleiht der Sprossachse die erforderliche Stabilität.
Im Inneren der Sprossachse ist das **Mark.** Es besteht aus Grundgewebezellen, die Speicherfunktion haben können.

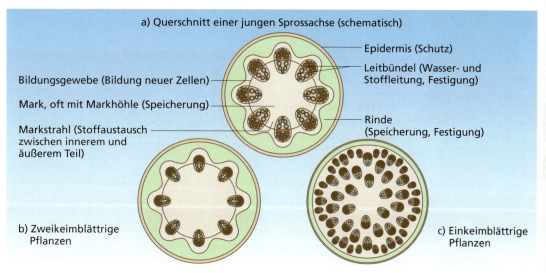

a) Querschnitt einer jungen Sprossachse (schematisch)

Epidermis (Schutz)

Leitbündel (Wasser- und Stoffleitung, Festigung)

Bildungsgewebe (Bildung neuer Zellen)

Mark, oft mit Markhöhle (Speicherung)

Markstrahl (Stoffaustausch zwischen innerem und äußerem Teil)

Rinde (Speicherung, Festigung)

b) Zweikeimblättrige Pflanzen

c) Einkeimblättrige Pflanzen

**2** Innerer Bau (Querschnitt) von jungen Sprossachsen verschiedener Typen (b, c)

Betrachtet man die Sprossachsenquerschnitte **bedecktsamiger Samenpflanzen** (Ein- und Zweikeimblättrige), fallen uns Gemeinsamkeiten und Unterschiede auf. Gemeinsam ist den Sprossachsen, dass sie aus denselben Geweben bestehen. Die Stängelepidermis, die Rinde, die Leitbündel und das Mark findet man bei allen bedecktsamigen Samenpflanzen, z. B. bei Kreuzblütengewächsen, bei Korbblütengewächsen und Gräsern (Abb. 1; Abb. 2, S. 292).

Trotz ihrer prinzipiellen Übereinstimmung lassen sich auch bei den Sprossachsenquerschnitten von bedecktsamigen Pflanzen Unterschiede feststellen. Am auffälligsten sind die Unterschiede bei der Anordnung der Leitbündel (Abb. 2, S. 292). Während die Leitbündel bei *zweikeimblättrigen Pflanzen* im Kreis angeordnet sind, findet man sie bei *einkeimblättrigen Pflanzen* über den ganzen Sprossachsenquerschnitt verstreut.

Der weitgehend gleiche Bau der Sprossachsen beruht auf denselben Grundfunktionen, die sie zu erfüllen haben.

> **Die Sprossachsen sind in Gestalt und Form mannigfaltig. Sie tragen die Laubblätter und Blüten. Im Inneren zeigen sie im Wesentlichen den gleichen Aufbau.**

## Die Leitung von Stoffen in der Sprossachse

Jeder weiß aus Erfahrung, dass in der Sprossachse Stoffe geleitet werden. Schnittblumen z. B. müssen ständig mit **Wasser** versorgt werden, das in den *Gefäßen der Leitbündel* der Sprossachse zu den Laubblättern und Blüten geleitet wird.

Die in den Pflanzenzellen mit Chlorophyll gebildeten **organischen körpereigenen Stoffe,** z. B. Traubenzucker, werden in Organe geleitet, die kein Blattgrün besitzen, z. B. in die Samen, Früchte und Wurzeln. Dieser Stofftransport findet in den *Siebzellen der Leitbündel* statt. Der Siebröhrensaft besteht aus einer 10- bis 30 %igen Lösung von organischen Stoffen, von denen 96 % Zucker sind. Die Teilchen der Stoffe werden durch Diffusion von Zelle zu Zelle weitergeleitet, da das Plasma der lebenden Siebzellen durch die Poren der Zwischenwände miteinander in Verbindung steht.

Die Versorgung der oberirdischen Pflanzenteile mit dem von den Wurzeln aufgenommenen Wasser und den darin gelösten Mineralstoffen gehört zu den wichtigsten Lebensprozessen der Pflanzen. Die Pflanzen leisten dabei Erstaunliches, denn das Wasser muss entgegen der Schwerkraft, z. B. bei Bäumen, in oft beträchtliche Höhen und in großen Mengen transportiert werden.

Anders als bei den Tieren, deren Blutkreislauf durch ein pumpendes Herz angetrieben wird, stehen den Pflanzen für den Wassertransport keine Flüssigkeitspumpen zur Verfügung.

Die **Wasserleitung** in der Sprossachse kann mit einem **einfachen Experiment** nachgewiesen werden. Dazu wird eine Pflanze mit weißen Blüten in ein Gefäß mit angefärbtem Wasser gestellt. Nach etwa 5 Stunden kann man beobachten, dass sich die Kronblätter der Pflanze angefärbt haben. Wird dann die Sprossachse der Pflanze durchgeschnitten, erkennt man die ebenfalls angefärbten Gefäße der Leitbündel (Abb. 1, S. 294).

a Pfeifenstrauch                    b Mais

Stängelquerschnitte von zweikeimblättrigen Pflanzen (a) und einkeimblättrigen Pflanzen (b)

Die feinen Röhren verzweigen sich in den Laubblättern und durchziehen als Blattadern die gesamte Blattfläche. Dadurch können das Wasser und die Mineralstoffe in alle Teile des Laubblattes geleitet werden.

> Die Sprossachse leitet Wasser und Mineralstoffe in die Laubblätter sowie umgekehrt die in den Laubblättern gebildeten Stoffe in alle Teile der Pflanze.

Der **Wassertransport** in den Gefäßen der Leitbündel ist von den Pflanzen kein aktiv geförderter Prozess. Er beruht auf rein **physikalischen Gesetzmäßigkeiten.**

In der Wurzel wird das Wasser von den Wurzelhaaren bis in die Gefäße durch Diffusion und Osmose geleitet (Abb.1, S.290). Der Transport des Wassers in den Gefäßen der Sprossachse bis in die Laubblätter und die Blüten erfolgt durch andere biophysikalische Vorgänge. Um die Vorgänge zu erkennen, kann man folgenden **Versuch** durchführen:
Füllt man ein Glasgefäß, das aus Röhren mit unterschiedlichem Durchmesser (Abb.2) besteht und dessen Röhren verbunden sind, mit Wasser, so stellt man fest, dass das Wasser bei den sehr engen Röhren (als **Kapillaren** bezeichnet) höher als in den weiten Röhren steigt.

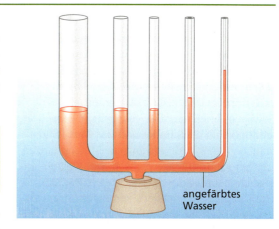

angefärbtes Wasser

**2** Das Wasser steigt in den englumigen Kapillaren aufgrund der Adhäsionskräfte höher als in den weitlumigen Gefäßen.

Ursache dafür ist das Wirken von Anziehungskräften zwischen den Teilchen des Wassers und des Glases. Die Anziehungskräfte zwischen den Teilchen verschiedener Stoffe werden als **Adhäsionskräfte** bezeichnet. Adhäsionskräfte bewirken z.B. das Haften von Kreide an der Tafel, von Farben an Wänden und auf Bildern. Auch die Wirkungsweise aller Klebstoffe basiert auf Adhäsion. In den Gefäßen wirkt die Adhäsion ebenfalls.

> Adhäsion ist in den Gefäßzellen das Anheftungsvermögen der Teilchen verschiedener Stoffe an die Gefäßwand.

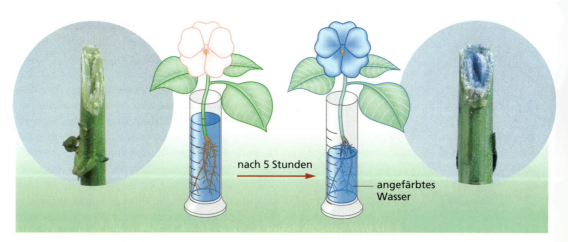

nach 5 Stunden

angefärbtes Wasser

**1** Nachweis der Wasserleitung in den Sprossachsen von den Wurzeln bis zu den Blüten

Die Gefäßzellen verschiedener Pflanzen haben einen unterschiedlich geringen Durchmesser. Er beträgt je nach Pflanzenart 40 – 700 µm. Die Gefäßzellen wirken wie **Kapillarsysteme,** in denen das Wasser aufsteigt. Mithilfe dieser Kapillarkräfte kann das Wasser in den Gefäßen des Leitbündels etwa 4 bis 7 cm aufsteigen. Das bedeutet, dass die in den Gefäßzellen (als Kapillaren gekennzeichnet) wirkenden Adhäsionskräfte zwar den Wassertransport erleichtern, sie können aber nicht die einzigen Kräfte sein, die ihn bewirken.

Für die Erzeugung des Wasserstroms in den Gefäßzellen des Leitbündels gibt es theoretisch zwei Möglichkeiten: einmal durch die Erzeugung eines **Druckes von der Wurzel** her und zum anderen durch die Entwicklung eines **Soges an der Spross-Spitze.** Im ersten Fall wird das Wasser in den Leitgefäßen von der Wurzel her „geschoben" und im zweiten Fall von den Blättern her „gezogen". Beide Möglichkeiten sind in der Pflanze verwirklicht.

Durch den **Wurzeldruck** wird beispielsweise im Frühjahr bei der Ausbildung der Laubblätter die „neue geschlossene" Wassersäule ermöglicht. Diese wurde im Herbst durch den

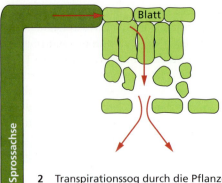

**2** Transpirationssog durch die Pflanze

Blattfall unterbrochen, da der Transpirationssog fehlt.

Der Wurzeldruck lässt sich auch an intakten Pflanzen beobachten. An warmen Tagen kann man in den frühen Morgenstunden bei jungen Graspflanzen, aber auch an den Blattspitzen des *Springkrauts, Schöllkrauts, Salates,* der *Kresse,* der *Erdbeere* usw. sehen, dass an ihnen Wassertröpfchen geradezu herausquellen. Diese Erscheinung wird als **Guttation** bezeichnet (Abb. 1). Der Wurzeldruck wird durch die osmotischen Vorgänge der Wasseraufnahme durch die Wurzelhaare erzeugt und beruht somit auf physikalischen Gesetzmäßigkeiten.

Die Pflanzen geben über die Spaltöffnungen der Blätter Wasser in Form von Wasserdampf ab. Dieser Vorgang heißt **Transpiration** (s. S. 300, 301). Der durch die Transpiration hervorgerufene Wasserverlust erzeugt einen Sog, der Wasser aus den Blattzellen, den Blattnerven und -stielen und letztlich aus der Sprossachse und den Wurzeln nachzieht. Diesen Sog nennt man **Transpirationssog** (Abb. 2). Durch den geringen Wassergehalt der Atmosphäre und damit letztendlich durch die Sonnenenergie wird ein Transpirationssog erzeugt.

**1** Durch die Guttation kann die Pflanze den Wasser- und Mineralstofftransport bei hoher Luftfeuchtigkeit aufrechterhalten.

Der Transpirationssog entsteht durch den unterschiedlichen Wassergehalt der Laubblätter und der sie umgebenden Luft. Er beruht auf den physikalischen Gesetzmäßigkeiten der Diffusion.

Das Wasser wird aufgrund der Transpiration gleichsam in Form von „Wassersäulen" durch die Gefäßzellen der Leitbündel nach oben gezogen (Abb. 2, S. 295).

Durch vielgestaltige Verdickungen der Zellwände der Gefäße, wie man sie auch analog in den Knorpelringen der Luftröhre oder dem Schlauch eines Staubsaugers finden kann, wird ein Zusammenfallen der Gefäße durch den Transpirationssog verhindert. Der Wasserstrom kommt nur unter der Voraussetzung zustande, dass die Wassersäulen in den Gefäßen trotz der hohen Zugkräfte nicht reißen.

Die Ursache für die Reißfestigkeit liegt darin begründet, dass sich die Wasserteilchen gegenseitig anziehen.

> Die Erscheinung des Zusammenhalts der Wasserteilchen wird als Kohäsion bezeichnet.

Die in den Laubblättern gebildeten **organischen Stoffe,** z. B. Glucose, werden in den *Siebröhren* in alle anderen Pflanzenorgane, z. B. in die Wurzeln, Samen und Früchte, geleitet.

**Wasser** und **Mineralsalzionen** werden in den *Gefäßen* von der Wurzel bis in die Laubblätter transportiert.

Der Transport des Wassers und der Mineralsalzionen erfolgt durch die Wirkung der Kapillarität (z. B. durch Adhäsion und Kohäsion) und durch den Transpirationssog (Abb. 2, S. 295). Die Pflanze braucht für den Wassertransport keine Energie aufzuwenden. Durch diese physikalischen Vorgänge wird das Wasser z. B. in Mammutbäumen bis zu 100 m hoch transportiert.

> Der Wassertransport und damit auch der Transport der Mineralsalzionen in den Gefäßen von den Wurzeln bis in die Blätter beruht auf den physikalischen Gesetzmäßigkeiten der Diffusion, Osmose, Adhäsion, Kohäsion und dem Transpirationssog.

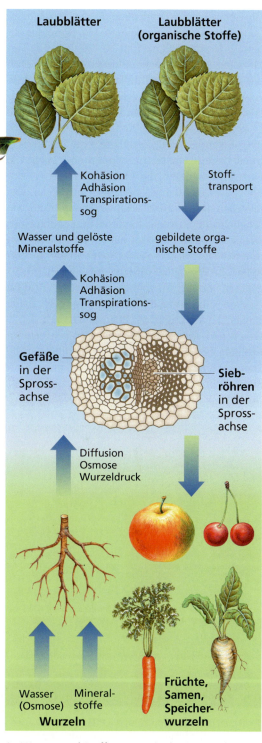

**Laubblätter**

**Laubblätter (organische Stoffe)**

Kohäsion
Adhäsion
Transpirationssog

Stofftransport

Wasser und gelöste Mineralstoffe

gebildete organische Stoffe

Kohäsion
Adhäsion
Transpirationssog

**Gefäße** in der Sprossachse

**Siebröhren** in der Sprossachse

Diffusion
Osmose
Wurzeldruck

Wasser (Osmose)  Mineralstoffe

**Wurzeln**

**Früchte, Samen, Speicherwurzeln**

**1** Wasser- und Stofftransport in der Sprossachse

# Mosaik

## Dickenwachstum von Sprossachsen

Bäume und Sträucher sind **Holzpflanzen.** Sie besitzen eine verholzte Sprossachse. Ihre Wurzeln und Sprossachsen (Stamm, Äste, Zweige) nehmen durch **Dickenwachstum** an Umfang (Dicke) zu.

Das Dickenwachstum findet nur in der äußeren Rindenschicht statt und beruht auf der Tätigkeit eines **Bildungsgewebes (Kambium),** das oft in Sprossachse und Wurzel als geschlossener Kambiumring vorliegt (Abb. 2, S. 292). Durch Zellteilung werden von diesem Bildungsgewebe Zellen sowohl nach innen als auch nach außen abgegeben (Abb. 2).

Die nach innen abgegebenen Zellen bilden **Gefäßzellen (Holzzellen),** die Wasser und Mineralstoffe von den Wurzeln bis zu den Laubblättern transportieren. Sie verholzen durch Einlagerung von Holzstoff (Lignin) und dienen deshalb auch der Festigung.

Alle weiter nach innen liegenden Gefäßzellen (Holzzellen) der Vorjahre sterben nach und nach ab und bilden das **Holz** der Bäume und Sträucher mit den Jahresringen.

Aus den von dem Bildungsgewebe nach außen abgegebenen Zellen entstehen **Siebröhrenzellen.** Sie leiten die in den Laubblättern gebildeten organischen Stoffe (z.B. Traubenzucker) von den Laubblättern bis in die Wurzeln. Darüber hinaus bilden sie **Rindenzellen,** die durch Einlagerung von Bastfasern die Festigkeit erhöhen. Beide – die Siebröhrenzellen und Rindenzellen – zusammen werden als **Bast** bezeichnet. Der äußere abgestorbene Teil der Rinde ist die mit eingelagerten Korkzellen versehene **Borke.** Sie schützt die Rinde vor mechanischen und klimatischen Einflüssen. Sie wächst nicht mit, sondern reißt auf und bildet schuppenartige Borken-

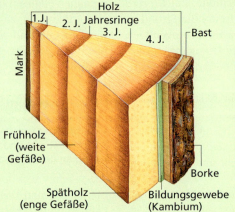

**2  Ausschnitt aus einem Kiefernstamm**

Im Frühjahr werden weitlumige und dünnwandige Holzzellen gebildet, da zu Beginn der Wachstumsperiode große Mengen von Wasser benötigt werden **(helles Frühholz).** Im Spätsommer entstehen kleinere und dickwandige Holzzellen **(dunkles Spätholz).** Durch den Wechsel in der Bildung weiter und enger Gefäßzellen (helles Frühholz und dunkles Spätholz) entstehen in den Bäumen die **Jahresringe** (Abb. 2).

stücke (z.B. Kiefer, Eiche; Abb. 3) oder blättert ab (z.B. Platane; Abb. 1).

Bast und Borke bilden die **Rinde** der Holzpflanzen (Abb. 2).

**Durch das Dickenwachstum nehmen die Sprossachsen und Wurzeln an Umfang (Dicke) zu. Ermöglicht wird das Dickenwachstum durch ein Bildungsgewebe (Kambium), das zwischen Rinde (außen) und Holz (innen) liegt.**

**1  Stamm einer Platane mit Rinde (blattartige Borkenstücke)**

**3  Stamm einer Wald-Kiefer mit Rinde (schuppenartige Borkenstücke)**

## Bau und Funktionen des Laubblattes

### Bau des Laubblattes

Ein Laubblatt besteht aus der Blattspreite, den Blattadern, dem Blattstiel und dem Blattgrund (Abb. 1). Der **Blattgrund** ist die Ansatzstelle des Blattstieles an der Sprossachse. Er kann verschiedengestaltig sein und wie bei der *Erbse* und Rose Nebenblätter bilden.

Der **Blattstiel** trägt die Blattspreite. Bei *Gräsern* fehlt ein Blattstiel. Bei ihnen ist der Blattgrund zu einer röhrenförmigen Blattscheide umgebildet, die den Halm umschließt. Am Übergang von der Blattscheide zur Blattspreite befindet sich meist ein Blatthäutchen (Abb. 2).

Die **Blattspreite** ist der flächige Teil des Laubblattes. Sie wird von den *Blattadern (Blattnerven)* durchzogen. Die Blattadern bestehen aus *Festigungsgewebe* mit den *Leitbündeln*. Sie verleihen dem Blatt die nötige Festigkeit und dienen dem Stofftransport (s. S. 292).

Die Anordnung der Leitbündel ist ein wichtiges Unterscheidungskriterium von ein- und zweikeimblättrigen Pflanzen (s. S. 292, 293). Während die Blattadern *bei Einkeimblättrigen* meist *parallel* verlaufen, sind sie *bei Zweikeimblättrigen netzartig verzweigt*. Von einem Hauptstrang, auch als Mittelrippe bezeichnet, zweigen Nebenstränge ab, die sich untereinander zu einem Netzwerk verbinden (Abb. 1).

Die Form der Laubblätter, die Ausbildung des Blattrandes und die Stellung der Laubblätter an den Sprossachsen sind von enormer Vielfalt. Sie ermöglichen in vielen Fällen eine genaue Bestimmung von Pflanzenarten.

Der **Blattrand** der Laubblätter kann zum Beispiel *ganzrandig, gebuchtet, gesägt* oder *gezähnt* sein. Auch die **Blattfläche** besitzt verschiedene Formen. So gibt es z. B. *schildförmige* (z. B. Kapuziner-Kresse), *rundliche (z. B. Schwarz-Erle)* oder *herzförmige (z. B. Winter-Linde)* Laubblätter. Bei manchen Pflanzen sind die Laubblätter aus mehreren Blättchen zusammengesetzt. So gibt es, nach Anzahl und Anordnung der Teilblättchen benannt, z. B. *dreizählige, gefingerte, gefiederte* Laubblätter.

> Das Laubblatt ist aus der Blattspreite, dem Blattstiel und dem Blattgrund aufgebaut. Laubblätter verschiedener Pflanzenarten sind in ihrer Größe und Gestalt sowie in ihrer Stellung an der Sprossachse mannigfaltig.

Betrachtet man das mikroskopische Bild eines Laubblattquerschnittes, erkennt man einen typischen Schichtenaufbau (Abb. 1, S. 299).

Die **Epidermis** der Blattoberseite ist meist einschichtig. Ihre Zellen sind fugenlos aneinandergefügt und haben in der Regel keine Chloroplasten. Die äußeren Zellwände der oberen Epidermis sind oft verdickt und von einem dünnen Häutchen, der **Kutikula,** geschützt.

netznervig, netzartig          parallelnervig, paralleladrig

- Blattspitze
- Blattrand
- Blattspreite
- Blattadern
- Blattstiel
- Blattgrund

**1**  Bau des Laubblattes

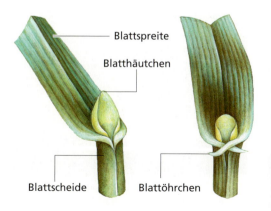

- Blattspreite
- Blatthäutchen
- Blattscheide
- Blattöhrchen

**2**  Laubblatt bei Gräsern

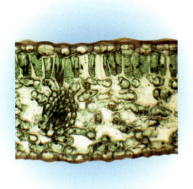
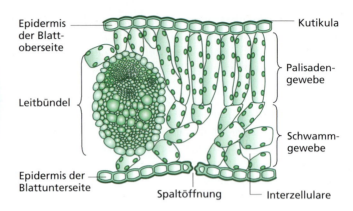

Epidermis der Blattoberseite

Leitbündel

Epidermis der Blattunterseite

Kutikula

Palisadengewebe

Schwammgewebe

Spaltöffnung

Interzellulare

**1** Querschnitt durch ein Laubblatt (mikroskopisches Bild und schematische Zeichnung)

Durch sie wird die obere Epidermis fast undurchlässig für Wasserdampf und andere Gase. Neben dem Schutz vor mechanischer Beschädigung schützt die obere Epidermis die Blätter vor Infektion durch Mikroorganismen.

Unter der oberen Epidermis befindet sich das **Palisadengewebe.** Es besteht aus säulenförmigen Zellen, die senkrecht zur Blattoberfläche stehen und etwa 80 % der Chloroplasten enthalten.
In den Chloroplasten finden Stoffwechselprozesse (z. B. Fotosynthese, S. 318) statt. Dabei werden mithilfe von Lichtenergie energiearme anorganische Stoffe, z. B. Wasser, Kohlenstoffdioxid, in energiereiche organische Stoffe, z. B. Traubenzucker, umgewandelt.
Sauerstoff wird abgegeben.

Unterhalb des meist einschichtigen Palisadengewebes befindet sich das **Schwammgewebe.** Die Zellen des Schwammgewebes sind in einem lockeren Verband angeordnet und enthalten ebenfalls Chloroplasten. Sie dienen vor allem der Fotosynthese (s. S. 314).
Die zum Teil recht großen **Interzellularen** (Zellzwischenräume) bewirken, dass das Schwammgewebe eine beträchtliche innere Oberfläche erreicht. Durch die Interzellularen erfolgt der Gasaustausch (s. S. 302) des Laubblattes mit der Umwelt.
Das Kohlenstoffdioxid gelangt durch die Interzellularen zu den Zellen des Schwamm- und Palisadengewebes. Der Wasserdampf z. B. kann in umgekehrter Richtung an die Umgebung abgegeben werden.

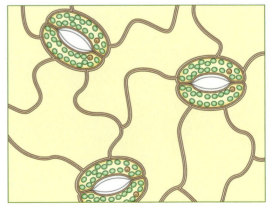

**2** Bau der Spaltöffnungen (mikroskopisches Bild und schematische Zeichnung)

Die **Epidermis** der Blattunterseite ist wie die Epidermis der Blattoberseite das Schutz- und Abschlussgewebe des Blattes. Sie erfüllt bei den meisten Pflanzen zwei entgegengesetzte Aufgaben. Einmal schützt sie die Pflanze durch ihre geschlossene Zellschicht vor Austrocknung. Zum anderen ermöglicht und reguliert sie den Gasaustausch der Pflanze mit der Außenluft. Zur Regulierung des Gasaustausches und der Wasserdampfabgabe (s. S. 301, 302) befinden sich in der Epidermis **Spaltöffnungen** (Abb. 1). Eine Spaltöffnung besteht aus zwei Schließzellen, zwischen den Schließzellen befindet sich ein Spalt. Die Form der Schließzellen ist meist bohnenförmig (Abb. 1; Abb. 2, S. 301).

> **Die Laubblätter stimmen im inneren Schichtaufbau weitgehend überein: Epidermis (obere und untere), Palisaden-, Schwammgewebe, Leitbündel, Interzellularen, Spaltöffnungen. Jede Zellschicht erfüllt bestimmte Funktionen.**

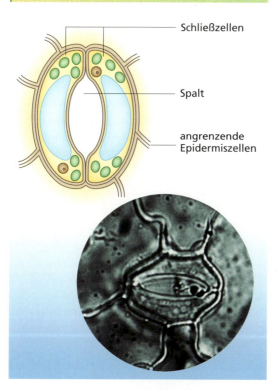

Schließzellen

Spalt

angrenzende Epidermiszellen

**1** Bau der Schließzellen (mikroskopisches Bild und schematische Zeichnung)

## Funktionen des Laubblattes

Das Wasser wird in den Gefäßen der Sprossachse bis in die Blätter geleitet. Dort wird das Wasser verteilt. Aus den Gefäßen der Blattzellen gelangt das Wasser in die *Interzellularen*. Es vermischt sich mit der dort vorhandenen Luft, es entsteht **Wasserdampf.** In den Interzellularen befindet sich eine höhere Anzahl von Wasserdampfteilchen als in der Außenluft. Nach den Gesetzen der Diffusion wandern die Wasserdampfteilchen durch den Spalt zwischen den Schließzellen in die wasserdampfärmere Außenluft. Die Wasserdampfabgabe wird durch die *Spaltöffnungen* reguliert.

Das Öffnen und Schließen der Spaltöffnungen erfolgt durch die zwei meist bohnenförmigen Schließzellen. Wenn die Wasserversorgung der Pflanzen gesichert ist, vergrößert sich der Zellinnendruck der Schließzellen, und die Öffnung des Spaltes erweitert sich. Der Wasserdampf wird an die Außenluft abgegeben. Bei Wassermangel erschlaffen die Schließzellen und der Spalt zwischen ihnen wird geschlossen (Abb. 2, S. 301). Diese Vorgänge beruhen auf den physikalischen Gesetzmäßigkeiten der Osmose. Ein Austrocknen der Pflanze wird damit verhindert.

Diese regulierte Wasserdampfabgabe der Pflanze durch die Spaltöffnungen bezeichnet man als **Transpiration (Verdunstung,** s. S. 295).

> **Eine Spaltöffnung besteht aus zwei Schließzellen und einem Spalt. Ein unterschiedlich hohes Wasserangebot bewirkt die Veränderung des Zellinnendrucks in den Schließzellen und damit die Öffnungs- und Schließbewegungen der Spaltöffnungen.**
> **Die Abgabe von Wasser in Form von Wasserdampf aus den Laubblättern wird als Transpiration bezeichnet.**

Die Transpiration durch die Spaltöffnungen lässt sich **experimentell** gut **nachweisen.** Im einfachsten Fall kann eine Topfpflanze unter eine Glasglocke gestellt werden. Ein Beschlagen der Wandung würde die Wasserdampfabgabe anzeigen (Abb. 1a, S. 301).

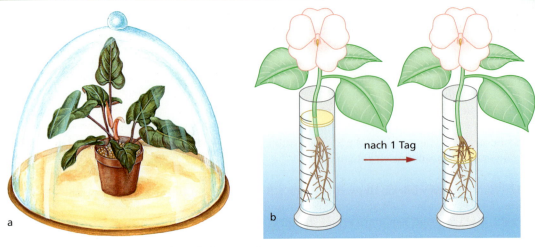

**1** Nachweis der Transpiration mithilfe einfacher Experimente

Um die Transpiration mengenmäßig zu erfassen, wird ein Spross in einen Messzylinder mit Wasser gestellt. Durch die Zugabe einiger Tropfen Öl wird die direkte Wasserverdunstung aus dem Messzylinder verhindert. Die von der Pflanze in einer bestimmten Zeit abgegebene Wassermenge kann an dem Messzylinder direkt abgelesen werden (Abb. 1b).

Das Schließen der Spaltöffnungen verhindert zwar, dass die Pflanzen bei hoher Sonnenein-strahlung zu viel Wasser abgeben und „verdunsten".

Das Schließen der Spaltöffnungen bewirkt aber auch, dass sie durch den geschlossenen Spalt kein Kohlenstoffdioxid mehr für ihre Ernährung aufnehmen können.

Das Problem der Landpflanzen, entweder zu „verdursten" oder zu „verhungern", wird durch die Tätigkeit der Schließzellen der Spaltöffnungen gelöst.

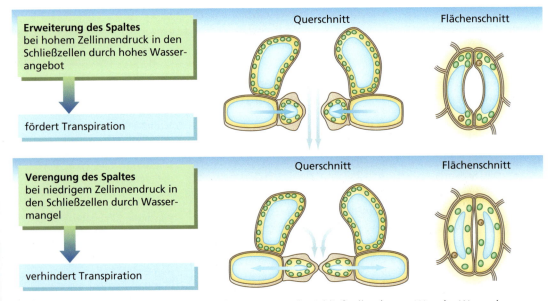

**2** Öffnen und Schließen des Spaltes durch die Bewegung der Schließzellen (⟶ Weg des Wassers)

Pflanzen benötigen zum Leben auch **Kohlenstoffdioxid** und **Sauerstoff.** Durch Diffusion gelangen beide Stoffe durch die Spaltöffnungen sowohl in das Blattinnere als auch wieder in die Außenluft (s.a. Fotosynthese, S.318, Atmung, S.329).
Der Vorgang der Aufnahme von Kohlenstoffdioxid und von Sauerstoff sowie die Abgabe dieser Stoffe und von Wasserdampf durch die Spaltöffnungen wird **Gasaustausch** genannt.

Die Transpiration wird von **Umweltfaktoren,** z.B. der *Temperatur,* der *Luftbewegung* (Wind) und der *Luftfeuchtigkeit,* beeinflusst. Eine Temperaturerhöhung, eine starke Luftbewegung und eine niedrige Luftfeuchtigkeit **fördern** die **Transpiration.** Je größer der Unterschied zwischen dem Gehalt an Wasserteilchen in den **Interzellularen der Laubblätter** und der **Außenluft** ist (z.B. bei niedriger Luftfeuchtigkeit oder bei schnellem Abtransport der Wasserteilchen durch den Wind), umso stärker ist die Transpiration.
Niedrige Temperaturen, eine hohe Luftfeuchtigkeit und eine geringe Luftbewegung **hemmen die Transpiration.** So gibt zum Beispiel eine Birke mit 200 000 Laubblättern an einem sonnigen, windigen Tag 300 Liter Wasser, an einem kühlen, regnerischen Tag nur 60 Liter Wasser aus den Laubblättern ab.

**Anzahl der Spaltöffnungen bei einigen Pflanzen pro 1 cm² Blattfläche**

|  | Oberseite | Unterseite |
|---|---|---|
| Apfelblatt | 0 | 29 000 |
| Bohne | 4000 | 28 000 |
| Erbsenblatt | 10 000 | 20 000 |
| Fliederblatt | 0 | 33 000 |
| Kartoffelblatt | 5 000 | 16 000 |
| Seerosenblatt | 49 000 | 0 |
| Stechpalme | 0 | 17 000 |
| Weymouths-Kiefer-Nadel | 14 000 | 0 |

Die Menge des durch Transpiration abgegebenen Wassers ist also recht beachtlich. Man hat bei Messungen in einem Buchenwald beispielsweise festgestellt, dass etwa 60 Prozent des jährlichen Niederschlages wieder als Transpirationswasser an die Umgebung abgegeben wurden.

> Durch die Spaltöffnungen der Laubblätter werden Gase wie Kohlenstoffdioxid und Sauerstoff aufgenommen und abgegeben.
> Der Vorgang der Aufnahme und Abgabe von Gasen heißt Gasaustausch.
> Die Transpiration wird von Umweltfaktoren (Temperatur, Luftbewegung, Luftfeuchtigkeit) beeinflusst.

## Mosaik

### Tagesverlauf der Transpiration

Die **Kurve 1** zeigt die Wasserdampfabgabe von Pflanzen während des Tagesverlaufes bei ausreichender Wasserversorgung. Bei ausreichender Wasserversorgung sind die Spaltöffnungen ständig geöffnet. Das bedeutet, es erfolgt keine Regulation der Wasserdampfabgabe, die Verdunstungsmenge ist ausschließlich von den zu den verschiedenen Tageszeiten herrschenden Umweltbedingungen abhängig.
Die **Kurve 2** zeigt die Transpiration bei einer in der Mittagszeit nicht mehr völlig

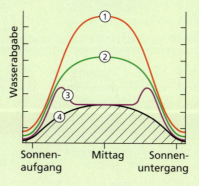

ausreichenden Wasserversorgung. Die Spaltöffnungen der oberen Blätter sind verschlossen und drosseln so den Wasserverlust.
Die **Kurve 3** dokumentiert die Transpiration bei nicht hinreichender Wasserversorgung in der Mittagszeit. Ein völliger Spaltverschluss verhindert die Wasserdampfabgabe. Transpiration und Gasaustausch finden nur morgens und abends statt. Bei einer gänzlich unzureichenden Wasserversorgung **(Kurve 4)** herrscht ein ständiger Spaltenschluss.

## Mosaik

### Metamorphosen der Sprossachse

Der Bau der Sprossachsen kann durch **Metamorphosen (Umwandlungen)** an die Erfüllung spezieller Aufgaben angepasst sein. Derartige Metamorphosen sind z.B. *unterirdische Erdsprosse (Wurzelstöcke), Sprossknollen, oberirdische* und *unterirdische Ausläufer, Sprossranken, Sprossdornen* und *verdickte Sprossachsen (Sukkulente).*

Unterirdische **Erdsprosse (Wurzelstöcke)** dienen der Überwinterung der Pflanzen. Sie speichern Nährstoffe, die der Pflanze im Frühjahr ein zeitiges Austreiben ermöglichen. Außerdem dienen Erdsprosse der ungeschlechtlichen (vegetativen) Fortpflanzung. Wir finden sie z.B. beim *Busch-Windröschen* (Abb. 1, 2), bei *Schwertlilien,* dem *Spargel* und *Maiglöckchen.*

Die *Erdbeere* bildet von der Mutterpflanze ausgehend **Kriechsprosse (oberirdische Ausläufer),** die Wurzeln schlagen, Blätter treiben und so neue Pflänzchen bilden. Die Ausläufer dienen der un-

### Metamorphosen (Umwandlungen) der Pflanzenorgane

geschlechtlichen Fortpflanzung (Abb. 4). Dieselbe Aufgabe erfüllen die **unterirdischen Ausläufer** der *Brennnessel,* des *Schilfs* und der *Quecke.*

3 Unterirdische Sprossknollen bei der Kartoffel

Bei vielen Kletterpflanzen (z.B. *Wein, Passionsblume*) sind Teile der Sprossachse zu **Sprossranken** umgebildet. Die Sprossranken dienen als Kletterorgane der Befestigung der Pflanzen. Blätter und Blüten können so besser zum Licht geführt werden.

Die **oberirdischen Sprossknollen** beim *Kohlrabi* und beim *Radieschen* haben Speicherfunktion. Die *Kartoffelknolle* ist eine **unterirdische Sprossknolle.** Neben der Überwinterungsfunktion dient sie der Nährstoffspeicherung und der ungeschlechtlichen Fortpflanzung. Die neue Kartoffelpflanze wächst aus den „Augen" der Sprossknolle (Abb. 3).

Abb. **1**

2 Unterirdische Erdsprosse beim Busch-Windröschen dienen der ungeschlechtlichen Fortpflanzung.

4 Oberirdische Ausläufer bei Erdbeeren dienen der ungeschlechtlichen Fortpflanzung.

# Mosaik

Bei *Schlehe, Weißdorn, Gleditsia* und *Christusdorn* (Abb.1) sind die Seitensprosse zu **Sprossdornen** umgewandelt worden. Sie dienen dem Schutz vor Tierfraß und haben so eine Abwehrfunktion.

In Anpassung an trockene Standorte kann die Sprossachse zu einem Wasser speichernden Organ umgewandelt werden **(Stammsukkulenz).** Stammsukkulenz finden wir z.B. bei *Kakteen* und *Wolfsmilchgewächsen* (Euphorbiaceae, Abb.2). Sie nehmen in der kurzen Regenzeit, die es in den Halbwüsten- und Wüstengebieten gibt, viel Wasser auf, speichern es im Innern der Sprossachse und geben es während der Trockenzeit sehr sparsam ab.
Als Schutz vor der Wasserverdunstung werden bei ihnen die Laubblätter häufig zu **Blattdornen** zurückgebildet oder fehlen. Dadurch müssen Blattfunktionen von der Sprossachse übernommen werden. Während oftmals an der Spross-Spitze noch Laubblätter vorhanden sind, sind sie etwas tiefer an der sukkulenten Sprossachse zu Blattdornen umgebildet.

In Anpassung an bestimmte Umweltbedingungen entstanden bei einigen Pflanzen Umbildungen der Sprossachse (Sprossmetamorphosen). Zu ihnen gehören z. B. Sprossdornen, Sprossknollen, Sprossranken, Ausläufer und Erdsprosse.
Da sie spezielle Funktionen ausführen, sind die Pflanzen gut an ihre Umwelt angepasst.

## Metamorphosen des Laubblattes

Wie auch bei den anderen Pflanzenorganen, findet man bei den Laubblättern in Anpassung an bestimmte Umweltbedingungen **Blattmetamorphosen (Umbildungen),** die spezielle Funktionen ausüben.

**Blattdornen** findet man z.B. bei *Kakteen,* der *Berberitze,* der *Akazie* (Abb.1, S.305), *Robinie* (Abb. rechts) und *Distel.* Sie sind Anpassungen an trockene Standorte, da sie die Transpiration einschränken. Blattdornen schützen die Pflanzen außerdem vor Tierfraß und verschaffen ihnen damit einen Überlebensvorteil.
Mit **Blattranken** können sich Pflanzen an Stützen festhalten, an ihnen hochwachsen und so die Laubblätter und Blüten besser positionieren. Blattranken findet man z.B. bei *Erbsenpflanzen, Wicken* (Abb.3, S.305) und *Bohnen.*
Eine weitere Anpassung an trockene Standorte sind die **Blattsukkulenten.** Bei ihnen haben die Blätter ein dickfleischiges, saftiges (sukkulentes) Aussehen und dienen der Wasserspeicherung. Blattsukkulente sind z.B. *Agaven, Mauerpfeffer, Queller, Fetthenne* und *Mittagsblume* (Abb.2, S.305).
Bei *Küchenzwiebeln, Tulpen* (Abb.5, S.305), *Lilien* und *Narzissen* z.B. haben die Blätter, die an den gestauchten Sprossachsen sitzen, Speicherfunktion.

1 Sprossdornen beim Christusdorn

2 Stammsukkulenz bei einer Säulen-Euphorbie

# Mosaik

**1**  Akazienzweig mit Blattdornen    **3**  Blattranken bei Erbsenpflanze und Wicke

Sie sind dick und fleischig. Sie stehen meist dicht gedrängt, einander schalenmäßig überdeckend an der gestauchten Sprossachse.
Die **Speicherblätter** dienen in Gestalt von Zwiebeln auch der Überwinterung der Pflanzen sowie der ungeschlechtlichen Fortpflanzung.

Bei insektenfressenden Pflanzen, z. B. der *Venusfliegenfalle*, dem *Sonnentau* und der *Kannenpflanze* (Abb. 4), können die Blätter zu Organen umgewandelt sein, die dem **Beutefang** dienen.
In der viele Zentimeter hohen „Kanne" (umgewandelte Blattspreite) sammeln sich Verdauungssäfte, in denen kleine Tiere ertrinken und verdaut

werden. Die Beutetiere – meistens Insekten – fliegen an den farbenprächtigen glatten Rand und stürzen in die „Falle".

**In Anpassung an bestimmte Umweltbedingungen entstanden bei einigen Pflanzen Umbildungen des Laubblattes (Blattmetamorphosen). Zu ihnen gehören z. B. Blattranken, Blattdornen, Speicherblätter.**
**Sie führen spezielle Funktionen aus, durch die die Pflanzen besser an ihre Umwelt angepasst sind.**

Abb. 4

**2**  Blattsukkulenz bei der Mittagsblume    **5**  Speicherzwiebel der Tulpe

## Angepasstheit der Pflanzen an unterschiedliche Lebensräume

Pflanzen können nicht wie Tiere durch Fortbewegung Wasserquellen oder Gebiete aufsuchen. Sie sind z. B. auf das Wasserangebot an ihrem Standort angewiesen und zeigen typische Anpassungen an den Standort.

**Wasserpflanzen** (Hydrophyten), z. B. die *Gelbe Teichrose* oder die *Weiße Seerose,* haben Schwimmblätter (Abb. 1, 2, S. 307). Andere Wasserpflanzen haben stark gegliederte Blätter, z. B. *Hornblatt, Wasserpest.*
An ihrem Blattquerschnitt sind Luftkammern erkennbar, die das Schwimmen ermöglichen. Zur Gewährleistung der Transpiration befinden sich die Spaltöffnungen in der oberen Epidermis (Abb. 2, S. 307).
Im Innern sind große Interzellularräume vorhanden. Luftkanäle und Durchlüftungsgewebe sind auch im Blattstiel vorhanden. Sie unterstützen das Schwimmen der Blätter auf der Wasseroberfläche und versorgen die kräftigen, im Bodenschlamm liegenden Erdsprosse mit Sauerstoff. Durch die gesamte Oberfläche erfolgt die Aufnahme von gelöstem Kohlenstoffdioxid und Sauerstoff sowie Mineralstoffen.

In Anpassung an feuchte Standorte entwickeln **Feuchtpflanzen** (Hygrophyten), z. B. das *Springkraut* (Abb. 3, S. 307), dünne, weiche und großflächige Blätter, die die Transpiration fördern.
Im Blattquerschnitt von Feuchtpflanzen erkennt man die geringe Dicke und die herausragenden Spaltöffnungen (Abb. 4, S. 307).
Die Epidermis ist dünnwandig, die Kutikula oft nicht vorhanden. Die Wasser- und Mineralstoffaufnahme erfolgt vorrangig durch oft flache Wurzelsysteme.

Für **Trockenpflanzen** (Xerophyten) sind dicke, derbe und ledrige Laubblätter typisch, wie man sie z. B. bei der *Fetthenne* findet. Die damit angestrebte Verringerung der Transpiration kann auch durch eine kleine Blattfläche, z. B. beim *Oleander* (Abb. 5, S. 307), *Mauerpfeffer* und *Heidekraut,* er-

1 Fliederstrauch als Tropophyt

reicht werden. Die Epidermis ist mehrschichtig, oft mit dicker Kutikula (Abb. 6, S. 307).
Tote Blatthaare an der Epidermis (z. B. bei der *Königskerze*) und vertieft liegende Spaltöffnungen (Abb. 6, S. 307), wie sie auch für nadelförmige Blätter (z. B. bei der *Wald-Kiefer*) typisch sind, sind weitere Anpassungen an trockene Standorte und setzen die Transpiration herab. Sie besitzen Gewebe zur Wasserspeicherung sowie oft einen kugel- oder säulenförmigen Wuchs, z. B. *Kakteen.* Das Wurzelsystem ist meist tief reichend.

Die Pflanzen, die wechselfeuchte Standorte der gemäßigten Zone besiedeln, nennt man **wandlungsfähige Pflanzen** (Tropophyten). Sie sind mit ihren Merkmalen zwischen Feucht- und Trockenpflanzen einzuordnen, z. B. die *Rot-Buche* oder der *Flieder* (Abb. 1). Bei Trockenheit und in Anpassung an die verschiedenen Jahreszeiten zeigen sie Laubfall.

> Pflanzen besitzen in Anpassung an den Wasserfaktor spezifische Einrichtungen, die z. B. die Transpiration regulieren (Pflanzen trockener Standorte – Verringerung der Wasserdampfabgabe; Pflanzen feuchter Standorte – Erhöhung der Wasserdampfabgabe).

1 Schwimmblätter der Seerose

2 Schwimmblatt (quer) einer Wasserpflanze

3 Große, dünne Blätter beim Springkraut

4 Dünnes Blatt (quer) einer Feuchtpflanze

5 Kleine, lederartige Blätter beim Oleander

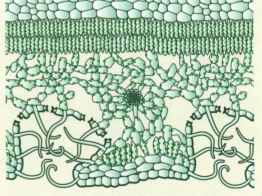

6 Blatt (quer) einer Trockenpflanze

## gewusst · gekonnt

1. Vergleiche den Aufbau des Wurzelsystems von Pflanzen, z.B. der Gemeinen Kuhblume und einer Getreidepflanze (s. Abb.). Fertige eine Tabelle an.

2. Betrachte eine Keimwurzel von Senf oder Gartenkresse mit der Lupe. Beschreibe den äußeren Bau.

3. Erläutere die Funktion der Wurzelhaare.

4. Mikroskopiere einen Wurzelquerschnitt. Zeichne einen Ausschnitt des mikroskopischen Bildes.
Vergleiche deine Zeichnung mit der Lehrbuchabbildung 1 auf Seite 286 und beschrifte sie. Stelle in einer Tabelle die im Wurzelquerschnitt vorhandenen Gewebe und ihre Funktionen zusammen.

5. Wasser ist ein unentbehrlicher Stoff für die Pflanze. Erläutere diesen Sachverhalt an Beispielen.

6. Ein Deo- oder Parfümspray wird vor der Klasse zerstäubt. Alle Schüler, die etwas riechen, werden aufgefordert, sich zu melden. Wo sitzen die Schüler, die sich zuerst melden? Begründe.

7. Gib ein Kaliumpermanganatkristall in eine mit Wasser gefüllte Petrischale. Beschreibe deine Beobachtung und erkläre sie.

8. Vergleiche Diffusion und Osmose miteinander. Fertige eine Tabelle an.

9. Beschreibe anhand der Abbildung 1 auf der Seite 289 den Aufbau und die Beobachtungen des Modellexperimentes zur Osmose. Erkläre den Vorgang der Osmose.

10. Bei der Düngung mit Mineralstoffe ist es nicht ratsam, nach dem Prinzip „Viel hilft viel" zu verfahren.
Begründe diesen Sachverhalt.

11. Ordne die folgenden Prozesse den physikalischen Vorgängen Diffusion und Osmose zu: Süßen von Tee, Saftbildung beim Salzen von Gurkenscheiben, Wassertransport von einer Wurzelhaarzelle zu einer benachbarten Zelle der Rindenschicht, Wassertransport innerhalb einer Zelle, Verdünnen einer Säure, Platzen der Kirschen im Regen.
Begründe deine Zuordnung.

12. Beim Zuckern von Erdbeeren tritt nach längerem Stehen Fruchtsaft aus, die Erdbeeren schrumpfen. Erkläre diese Erscheinung.

13. Beschreibe und erkläre die Wasseraufnahme durch die Wurzelhaarzelle (Abb.).

14. Mikroskopiere den Sprossachsenquerschnitt einer bedecktsamigen Pflanze.
Zeichne das mikroskopische Bild.
Vergleiche deine Zeichnung mit der Lehrbuchabbildung 2, Seite 292 Abb. 1, S. 293. Beschrifte sie.

15. Stelle in einer Tabelle die in einem Sprossachsenquerschnitt vorhandenen Gewebe und ihre Funktionen dar.

16. Zwei gleich große Zweige mit der gleichen Anzahl von Laubblättern werden in je ein Gefäß mit Wasser gestellt. Die Blattunterseiten des einen Zweiges werden mit Vaseline bestrichen. Die Wasseroberfläche wird in beiden Gefäßen mit Öl abgedichtet. Bereits nach kurzer Zeit ist der Wasserspiegel des

Gefäßes mit dem unbehandelten Zweig merklich gesunken, während der Wasserspiegel des anderen Gefäßes unverändert bleibt. Erkläre die Erscheinung.

17. Mikroskopiere den Sprossachsenquerschnitt einer einkeimblättrigen und zweikeimblättrigen Pflanze. Beschreibe die Unterschiede bei den verschiedenen bedecktsamigen Pflanzen im mikroskopischen Bild eines Sprossachsenquerschnittes.

18. Vergleiche den inneren Bau der Wurzel mit dem der Sprossachse.

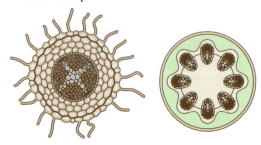

19. Erkläre die Entstehung eines Transpirationssoges und beschreibe seine Bedeutung für den Wassertransport durch die Sprossachse.

20. Mikroskopiere einen Laubblattquerschnitt und skizziere einen Ausschnitt des Bildes. Beschrifte die Zeichnung mithilfe des Lehrbuches. Entwickle eine tabellarische Übersicht über die verschiedenen Blattgewebe und deren Funktionen.

21. Stelle ein Abzugspräparat der Epidermis der Blattunterseite eines Laubblattes her. Beschreibe das mikroskopische Bild.

22. Erkläre die physikalischen Ursachen des Wassertransportes in den Gefäßzellen.

23. Mikroskopiere ein Leitbündel mit möglichst starker Vergrößerung.
Welche Zell- und Gewebetypen kannst du erkennen?
Fertige eine Skizze des mikroskopischen Bildes an und beschrifte sie.

Ermittle mithilfe des Lehrbuches die Funktionen der verschiedenen Gewebe.

24. Beschreibe ein Experiment, mit dem man das Wirken von Kohäsionskräften beim Wassertransport nachweisen kann.

25. Erläutere die Funktion von Schließzellen.

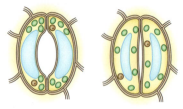

26. Die abgebildete Versuchsserie dient zum Nachweis der Abhängigkeit der Transpiration von äußeren Faktoren.
a) Beschreibe die Versuchsdurchführung.
b) Erkläre die zu erwartenden Versuchsergebnisse.

Pflanze unter normalen Bedingungen

Pflanze der Wärme ausgesetzt

Pflanze erhöhter Luftfeuchtigkeit ausgesetzt

Pflanze der Luftbewegung ausgesetzt

27. Viele Pflanzen können zur Regulation der Transpiration keine Ortsbewegung vornehmen. Erläutere an selbstgewählten Beispielen die Angepasstheit des Baues der Laubblätter an den Wasserfaktor.

## Mannigfaltigkeit der Pflanzen

Zu den Pflanzen gehören die *Algen, Moos-, Farn-* und *Samenpflanzen.*
Die **Samenpflanzen** sind in unserem Gebiet die auffälligste Gruppe. Sie stimmen trotz mannigfaltiger Gestalt in ihrem Grundaufbau überein: Wurzel, Spross mit Laubblättern und Blüten.

## Bau und Funktionen der Wurzel der Samenpflanze

Die **Wurzel** dient dazu, die Pflanzen im Boden zu verankern, Wasser und Mineralstoffe aufzunehmen und in den Spross weiterzuleiten sowie Reservestoffe zu speichern. Die Funktionen werden von verschiedenen Geweben ausgeführt, z.B. Rhizodermis, Rindengewebe, Bildungsgewebe (Abb.).

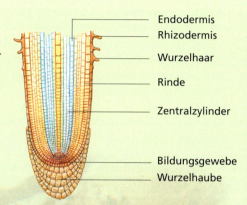

Endodermis
Rhizodermis

Wurzelhaar

Rinde

Zentralzylinder

Bildungsgewebe
Wurzelhaube

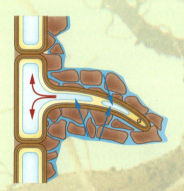

Die **Aufnahme des Wassers in das Wurzelhaar** erfolgt durch Osmose. Die Wasserteilchen wandern von dem Ort, an dem sie in hoher Anzahl vorhanden sind (Bodenwasser), zum Ort, an dem sie in geringer Anzahl vorliegen (Zellsaft der Vakuole). Die Zellmembranen sind halbdurchlässig.

Der **Transport des Wassers** erfolgt bis in die Gefäße des Zentralzylinders durch Diffusion und Osmose.

## Bau und Funktionen der Sprossachse der Samenpflanze

Die **Sprossachse** trägt die Laubblätter und Blüten. Sie besteht aus verschiedenen Geweben, z.B. Abschluss-, Grund-, Leit-, Festigungsgewebe (Abb. zweikeimblättrige Pflanze). Sie dient der Wasser- und Stoffleitung.

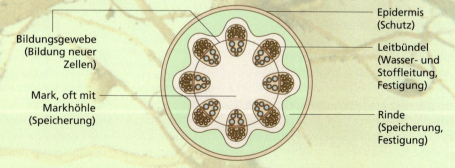

Bildungsgewebe
(Bildung neuer
Zellen)

Mark, oft mit
Markhöhle
(Speicherung)

Epidermis
(Schutz)

Leitbündel
(Wasser- und
Stoffleitung,
Festigung)

Rinde
(Speicherung,
Festigung)

## Bau und Funktionen des Laubblattes der Samenpflanze

Durch die Spaltöffnungen des **Laubblattes** werden Gase (Wasserdampf, Kohlenstoffdioxid, Sauerstoff) aufgenommen und abgegeben (Vorgang **Gasaustausch**).

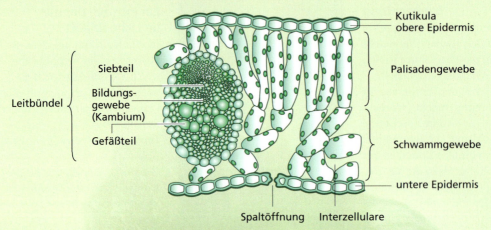

## Transport des Wassers und anderer Stoffe

Der **Transport des Wassers und der Mineralstoffe** von der Wurzel bis in die Laubblätter erfolgt durch Gefäße des Leitbündels. Es wirken mehrere physikalische Vorgänge zusammen, z.B. Diffusion, Osmose, Kohäsion, Adhäsion, Transpirationssog.

Die in den Laubblättern gebildeten **organischen Stoffe** werden in den Siebröhren in alle Teile der Pflanze geleitet.

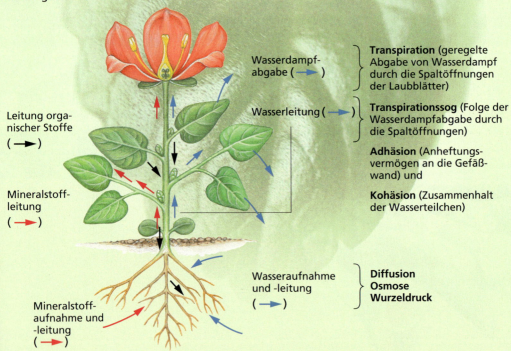

# 7.2  Stoff- und Energiewechsel der Pflanzen

### Eine überraschende Beobachtung

Dieffenbachien sind beliebte Zimmerpflanzen. Vergleicht man die Temperatur in den Blütenständen einer Dieffenbachie mit der Temperatur in der Wohnung, macht man eine überraschende Beobachtung: Die Temperatur in den Blütenständen ist um 2–3 °C höher als in der sie umgebenden Außenluft.

*Wie lässt sich diese Beobachtung erklären?*

*Geben auch andere Pflanzenteile Wärme an die Umwelt ab?*

### Ein Prozess, der nur im Licht abläuft

In Pflanzen läuft bei Licht ein Prozess ab, der nicht nur die stoffliche, sondern auch die energetische Grundlage für das Leben der Organismen auf der Erde liefert.

*Um welchen Prozess handelt es sich?*

*Wo läuft dieser Prozess ab, und was geht während des Ablaufs dieses Prozesses in den Pflanzen vor?*

### Eine Vielzahl organischer Stoffe in der Pflanze

Pflanzen enthalten viele verschiedene organische Stoffe. Zu ihnen gehören u. a. Farbstoffe, Duftstoffe und das Lignin in den verholzten Zellen der Bäume und Sträucher. Kohlenhydrate, Fette und Eiweiße sind Stoffe, die nicht nur in Pflanzen, sondern auch in den anderen Organismen vorkommen.

*Wie baut die Pflanze diese Stoffe auf?*

*Welche Bedeutung hat der Aufbau der organischen Stoffe für die anderen Organismen?*

## Ernährungsweisen

Alle Lebewesen müssen zur Aufrechterhaltung ihrer Lebensprozesse ständig Stoffe und Energie aus ihrer Umwelt aufnehmen (Ernährung). Für die Organismen, die diese Stoffe aufnehmen, handelt es sich meistens um körperfremde Stoffe. Diese Stoffe werden in den Zellen erst zu körpereigenen Stoffen umgewandelt (Assimilation, s. S. 326, 332). Es gibt zwei verschiedene **Ernährungsweisen.**

Die meisten *Bakterien*, die *Pilze*, die *Tiere* und der *Mensch* nehmen mit der Nahrung außer Wasser, Mineralstoffen und Vitaminen vor allem *Eiweiße, Fette* und *Kohlenhydrate* (z. B. Traubenzucker, Stärke) auf. Dies sind körperfremde, energiereiche, **organische Stoffe.** Diese Art der Ernährung wird **heterotrophe Ernährung** genannt (Abb. 2).

Davon unterscheidet sich die Ernährung der *Pflanzen mit Chlorophyll* und einiger *Bakterien*, die ebenfalls Chlorophyll besitzen. Sie nehmen als Nahrung *Wasser, Mineralstoffe* sowie *Kohlenstoffdioxid* der Luft auf. Das sind körperfremde, energiearme **anorganische Stoffe.** Einige Bakterien sind auch in der Lage, anorganische Stoffe als Nahrung zu nutzen, obwohl sie kein Chlorophyll besitzen.
Diese Art der Ernährung wird **autotrophe Ernährung** (Abb. 1) genannt.

> Die Ernährung ist ein Kennzeichen aller Lebewesen. Man unterscheidet zwei Ernährungsweisen: die heterotrophe und die autotrophe Ernährung.

**1** Autotrophe Ernährung findet man bei allen Pflanzen mit Chlorophyll und einigen Bakterien.

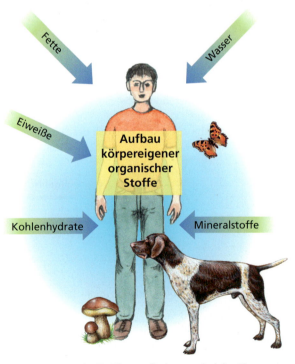

**2** Heterotrophe Ernährung findet man bei den Tieren, Pilzen, den meisten Bakterien und beim Menschen.

## Bildung körpereigener organischer Stoffe bei Pflanzen durch Fotosynthese

### Die Chloroplasten als Orte der Fotosynthese

Die von den Pflanzen aufgenommenen anorganischen Stoffe (autotrophe Ernährung) werden in ihren Zellen in körpereigene Kohlenhydrate, Fette, Eiweiße und viele andere organische Stoffe umgewandelt (Abb. 2). Unter diesen Stoffen gibt es einen Stoff, der das Ausgangsmaterial für den Aufbau aller anderen organischen Stoffe in der Pflanze darstellt. Es ist die Glucose (Traubenzucker), die innerhalb der Stoffgruppe der Kohlenhydrate zu den Einfachzuckern gehört. Glucose entsteht in den Pflanzen an Orten, die man nur mit dem Mikroskop finden kann. Auf der Suche nach dem Entstehungsort der Glucose müssen wir mithilfe des Mikroskops in das Innere des Laubblattes vordringen (Abb. 1, S. 315).

In den Zellen des Palisaden- und Schwammgewebes befinden sich grüne, linsenförmige Zellbestandteile, die Chloroplasten. Sie haben einen Durchmesser von 4 bis 6 μm und eine Dicke von 2 bis 3 μm. Eine Zelle aus dem Palisadengewebe des Laubblattes enthält etwa 18–20 Chloroplasten. Mit dem Elektronenmikroskop konnten die Wissenschaftler den Bau des Chloroplasten genauer erforschen (Abb. 1, 3). Der Chloroplast ist von einer Chloroplastenhülle umgeben, die aus zwei Membranen besteht. Eine Membran ist ein sehr dünnes Häutchen aus Plasma.

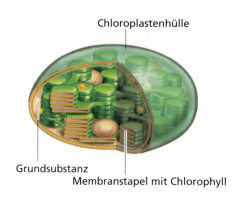

Chloroplastenhülle

Grundsubstanz

Membranstapel mit Chlorophyll

**1** Schematische Zeichnung vom Bau des Chloroplasten

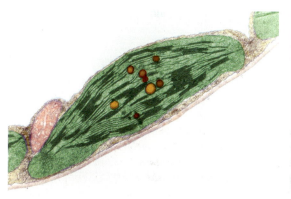

**3** Elektronenmikroskopische Aufnahme eines Chloroplasten im Dünnschnitt (Tomatenpflanze)

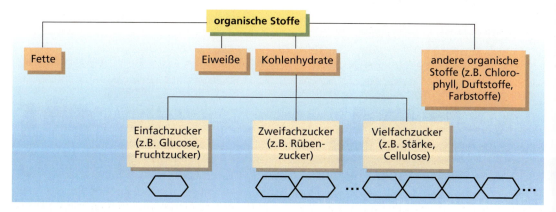

organische Stoffe

Fette

Eiweiße

Kohlenhydrate

andere organische Stoffe (z.B. Chlorophyll, Duftstoffe, Farbstoffe)

Einfachzucker (z.B. Glucose, Fruchtzucker)

Zweifachzucker (z.B. Rübenzucker)

Vielfachzucker (z.B. Stärke, Cellulose)

**2** Organische Stoffe in der Pflanzenzelle

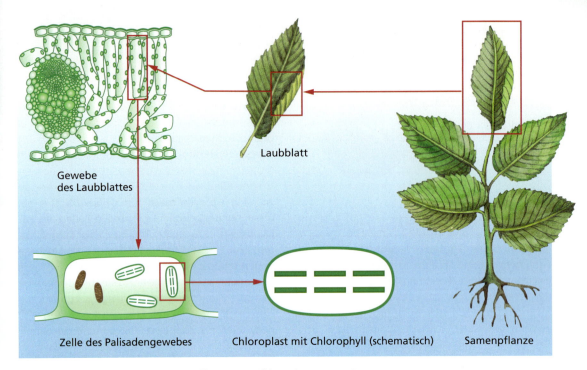

Laubblatt

Gewebe
des Laubblattes

Zelle des Palisadengewebes

Chloroplast mit Chlorophyll (schematisch)

Samenpflanze

**1** Von den Laubblättern der Samenpflanze zum Chloroplasten

Der Innenraum des Chloroplasten ist von einer farblosen Grundsubstanz ausgefüllt. Sie wird von Membranen durchzogen, die Membranstapel bilden. Auf den Membranen ist ein grüner Farbstoff aufgelagert, der als **Chlorophyll** bezeichnet wird (Abb.1, S.315; griech. chloro A grün, phyllom A Blatt). Das Chlorophyll ist ein kompliziert aufgebauter organischer Stoff, der nur in Pflanzen und einigen Bakterienarten vorkommt.

> Chloroplasten sind Zellbestandteile, die Membranstapel mit Chlorophyll enthalten und die von einer Chloroplastenhülle umgeben sind. Das Chlorophyll ist ein kompliziert aufgebauter, grüner Farbstoff.

## Beobachtungen zur Fotosynthese

Die Frage, wie die Pflanzen körpereigene, organische Stoffe aufbauen und welche Stoffe die Pflanzen dazu aus der Umwelt aufnehmen, blieb lange Zeit unbeantwortet.

Heute wissen wir, dass es sich bei den Stoffen, die in den Pflanzen aus den anorganischen Stoffen Kohlenstoffdioxid und Wasser aufgebaut werden, um Kohlenhydrate handelt. Zuerst wird **Glucose** (Traubenzucker) gebildet, die meist in **Stärke,** einen Vielfachzucker, umgewandelt wird. Dabei verbinden sich viele Glucosemoleküle zu langen Ketten (Abb.2, S.314).

J. SACHS (Abb.1, S.316) gelang es 1862, die Stärke in belichteten Laubblättern nachzuweisen. Sein Vorgehen beim Nachweis der Stärke nannte er Jodprobe (s. oben, S.317).

Während seiner Beobachtungen im 18. Jahrhundert bemerkte J. INGENHOUSZ nicht nur, dass belichtete Laubblätter Kohlenstoffdioxid aufnehmen, sondern dass sie auch gleichzeitig **Sauerstoff** abgeben. Wenn man die Sprosse einer Wasserpflanze (z.B. der *Wasserpest*) in ein mit Wasser gefülltes Gefäß gibt (Abb.2a, S.316) und an einen sonnigen Platz stellt, kann man beobachten, wie Gasbläschen aus den Sprossen entweichen. Mithilfe der Spanprobe lässt sich nachweisen, dass es sich bei diesem Gas um Sauerstoff handelt.

Deutscher Botaniker und Begründer der modernen Pflanzen-physiologie.
Er erforschte die Er-nährung, die Assimila-tion und weitere Le-bensprozesse der Pflanze. Er führte den Beweis, dass in belich-teten Laubblättern Stärke entsteht.

**1** Julius Sachs (1832–1897)

Ein glimmender Holzspan leuchtet beim Eintau-chen in das Gefäß, in dem sich der Sauerstoff an-gesammelt hat, hell auf. Stellt man das Gefäß mit der Wasserpflanze an einen dunklen Platz (Abb. 2b), hört die Abscheidung von Sauerstoff aus den Sprossen der Wasserpflanzen auf.

Die Bildung von Glucose und Sauerstoff aus Koh-lenstoffdioxid und Wasser erfolgt nur bei **Zufuhr von Lichtenergie** und wird deshalb als **Fotosyn-these** bezeichnet (Abb. 1, S. 318). Das Wort „pho-tos" kommt aus der griechischen Sprache und wird mit dem Wort „Licht" übersetzt.

Die Fotosynthese kommt nur in Organismen vor, die **Chlorophyll** besitzen (in Al-gen, Moosen, Farn- und Samen-pflanzen, Blaualgen und einigen Bakterien).

In den Pflanzen läuft die Fotosynthese dort ab, wo sich **Chloroplasten** mit **Chlorophyll** (Abb. oben, rechts) befinden, z.B. in den Zellen des Pa-lisadengewebes der Laubblätter. Die Chloropla-sten (Abb. 1, S. 314) sind die **Orte der Fotosynthese** in den Pflanzenzellen.
Wenn man so vorgeht, wie es die Abbildungen 2a bis 2c zeigen, kann man nachweisen, dass die Sauerstoffbildung durch Fotosynthese nur in grü-nen, chlorophyllhaltigen Pflanzenteilen erfolgt.

> Während der Fotosynthese werden aus Koh-lenstoffdioxid und Wasser der organische Stoff Glucose und Sauerstoff gebildet.
> Die Fotosynthese läuft nur bei Zufuhr von Lichtenergie und in grünen, chlorophyllhalti-gen Pflanzenteilen ab.

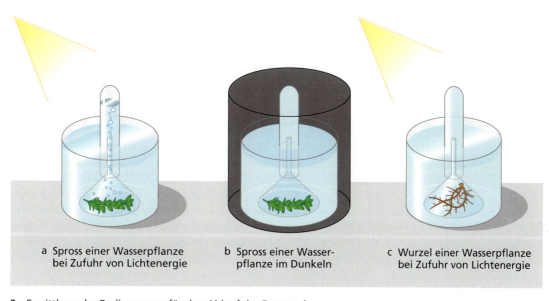

a Spross einer Wasserpflanze bei Zufuhr von Lichtenergie

b Spross einer Wasser-pflanze im Dunkeln

c Wurzel einer Wasserpflanze bei Zufuhr von Lichtenergie

**2** Ermittlung der Bedingungen für den Ablauf der Fotosynthese

# Mosaik

## Jodprobe nach JULIUS SACHS

In seinem Werk „Vorlesungen über Pflanzenphysiologie" (1887) beschreibt JULIUS SACHS sein Vorgehen beim Nachweis von Stärke in Laubblättern:
„Um das Blatt legt man, bei Sonnenaufgang, an beliebiger Stelle … einen Streifen Stanniol, den man fest an die Blattfläche andrückt. Nach etwa 5–6 Stunden nimmt man den Stanniolstreifen ab; das Blatt selbst wirft man in eine Schale mit kochendem Wasser und etwa nach 5 Minuten aus dieser in ein Gefäß mit heißem Alkohol. Auf diese Weise werden die in Wasser und Alkohol lös-

lichen Stoffe entfernt, und das Blatt erscheint völlig weiß oder gelblich.
Legt man es nunmehr in eine Flasche mit schwach alkoholischer Jodlösung, worin es etwa eine Stunde liegen bleibt, und endlich auf einen mit klarem Wasser gefüllten weißen Teller, so erscheinen die vom Licht getroffenen Teile schwarzblau, die Stelle aber, die durch das Stanniolband verdunkelt war, bleibt weiß oder hellgelb."
Seine Beobachtungen hat JULIUS SACHS in dieser Abbildung festgehalten.

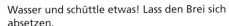

**Weise den bei der Fotosynthese in grünen Blättern gebildeten Traubenzucker nach.**

Materialien:
belichtete Laubblätter von Pflanzen, z.B. von Küchenzwiebel, Schnittlauch, Schwertlilie; fehlingsche Lösungen I und II, destilliertes Wasser; Reagenzgläser, Reagenzglasständer, Reagenzglashalter, Brenner, Schere, Spatel, Reibschale mit Pistill, Pipette, Glucose-Teststreifen

*Durchführung: Variante 1*
1. Zerschneide einige Laubblätter, zerreibe sie fein mit Wasser in einer Reibschale.
2. Versetze den Flüssigkeitsbrei im Reagenzglas mit fehlingscher Lösung I und II (1:1) und erwärme ihn vorsichtig.
   Trage dabei eine Schutzbrille, denn Fehling Reagenz wirkt ätzend.

*Beobachtung:*
Was kannst du nach kurzer Zeit im Reagenzglas beobachten? Notiere.

*Durchführung:* Variante 2
1. Wie Schritt 1 in Variante 1.
2. Versetze den Flüssigkeitsbrei im Reagenzglas mit destilliertem

Wasser und schüttle etwas! Lass den Brei sich absetzen.
3. Tauche in die Flüssigkeit im Reagenzglas einen Glucose-Teststreifen und beobachte. Vergleiche das Ergebnis mit der Farbskala auf der Packung.

*Beobachtung:*
Welche Farbänderung kannst du auf dem Glucose-Teststreifen feststellen? Notiere.

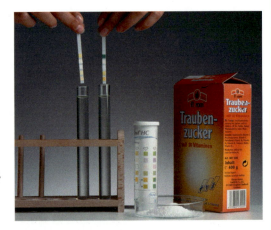

*Auswertung:* Varianten 1 und 2
1. Welcher organische Stoff ist in den Laubblättern enthalten?
2. Beschreibe den Prozess der Fotosynthese.

## Stoff- und Energieumwandlungen während der Fotosynthese

Das Vorhandensein von Chlorophyll und die Zufuhr von Lichtenergie sind die **Bedingungen** für den Ablauf der Fotosynthese. Während der Fotosynthese werden Kohlenstoffdioxid und Wasser in die Chloroplasten aufgenommen. Diese Stoffe sind die **Ausgangsstoffe** für die Fotosynthese.

In den Chloroplasten werden während der Fotosynthese Glucose und Sauerstoff gebildet. Diese Stoffe sind die **Produkte** der Fotosynthese (Abb. 1).

Die Ausgangsstoffe (Kohlenstoffdioxid und Wasser) und die Produkte (Glucose, Sauerstoff) der Fotosynthese unterscheiden sich in ihren Eigenschaften. So ist zum Beispiel die Glucose ein weißer, kristalliner Stoff, der wasserlöslich ist und süß schmeckt, das Wasser eine farblose Flüssigkeit.

Während der Fotosynthese entstehen in den Chloroplasten neue Stoffe mit anderen Eigenschaften. Das bedeutet, dass in den Chloroplasten chemische Reaktionen ablaufen. Dabei werden die Ausgangsstoffe Kohlenstoffdioxid und Wasser in die Produkte Glucose und Sauerstoff umgewandelt (Abb. 1).

Für diese **Stoffumwandlung** während der Fotosynthese kann man folgende Gleichung schreiben:

$$\text{Kohlenstoffdioxid} + \text{Wasser} \longrightarrow \text{Glucose} + \text{Sauerstoff}$$

$$6\ CO_2 + 6\ H_2O \longrightarrow C_6H_{12}O_6 + 6\ O_2$$

> **Die Zufuhr von Lichtenergie und das Vorhandensein von Chlorophyll sind die Bedingungen für den Ablauf der Fotosynthese. Die Ausgangsstoffe Kohlenstoffdioxid und Wasser werden in den Chloroplasten in die Produkte Glucose und Sauerstoff umgewandelt.**

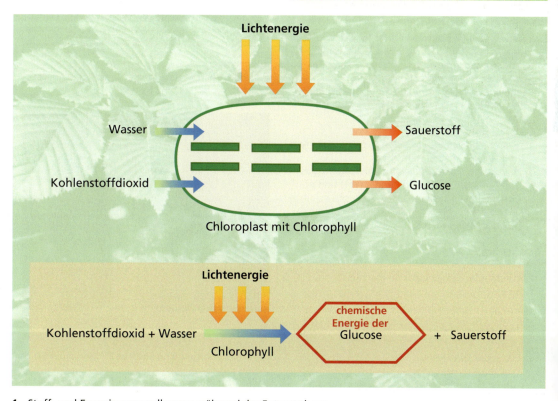

**1** Stoff- und Energieumwandlungen während der Fotosynthese

**Deutscher Arzt und Naturforscher**

Er forschte auf dem Gebiet der Energieformen in der lebenden und nicht lebenden Natur und entdeckte das Gesetz der Erhaltung und Umwandlung der Energie.

**1** JULIUS ROBERT MAYER (1814–1878)

Die Stoffumwandlungen während der Fotosynthese sind mit **Energieumwandlungen** verbunden. Wie alle chemischen Verbindungen enthalten auch die Ausgangsstoffe und Produkte der Fotosynthese chemische Energie.

Bei einem Vergleich der Energieinhalte (E) der Ausgangsstoffe und Produkte der Fotosynthese erkennt man, dass der Energieinhalt der Ausgangsstoffe kleiner ist als der Energieinhalt der Produkte:

$$E_{\text{Kohlenstoffdioxid + Wasser}} < E_{\text{Glucose + Sauerstoff}}$$

Das bedeutet, dass die Fotosynthese ein **endothermer Prozess** ist. Zur Bildung von Glucose und Sauerstoff aus Kohlenstoffdioxid und Wasser während der Fotosynthese ist wie bei jeder endothermen chemischen Reaktion Energie notwendig. Bei der Fotosynthese ist das *Lichtenergie*.

Die Glucose als ein Produkt der Fotosynthese hat einen sehr hohen Energiegehalt, die Glucose ist ein energiereicher organischer Stoff. Während der Fotosynthese nimmt das Chlorophyll Lichtenergie auf. In den Chloroplasten wird Lichtenergie *in chemische Energie der Glucose umgewandelt* (Abb. 1, S. 318).

Der Arzt und Naturforscher MAYER (Abb. 1) erkannte als erster Wissenschaftler, dass während der Fotosynthese eine Umwandlung von Lichtenergie in chemische Energie erfolgt. Das von

## Teilreaktionen beim Ablauf der Fotosynthese

Lange Zeit waren sich die Wissenschaftler nicht einig darüber, ob der bei der Fotosynthese gebildete Sauerstoff aus dem Kohlenstoffdioxid oder dem Wasser stammt.

Heute wissen wir, dass das Chlorophyll Lichtenergie aufnimmt und dadurch energiereich wird. Durch das energiereiche Chlorophyll wird Wasser gespalten. Dabei entstehen das Fotosyntheseprodukt Sauerstoff und der Wasserstoff, der sich mit einem kompliziert aufgebauten organischen Stoff verbindet.

Die vom Chlorophyll aufgenommene Lichtenergie wird in chemische Energie des ATP (Adenosintriphosphat) umgewandelt. Für die Bildung des Fotosyntheseproduktes Glucose ($C_6H_{12}O_6$) sind Kohlenstoffdioxid, der an einen organischen Stoff (R) gebundene Wasserstoff und das ATP als Energiequelle notwendig. Während der vielen Teilreaktionen, die bei der Bildung der Glucose ablaufen, wird die chemische Energie des ATP in chemische Energie der Glucose umgewandelt.

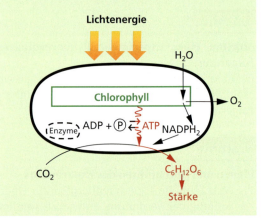

MAYER entdeckte **Gesetz der Erhaltung und Umwandlung der Energie** gilt nicht nur in der nicht lebenden Natur, sondern auch in der lebenden Natur, z. B. beim Ablauf der Fotosynthese.

Die Stoffumwandlungen während der Fotosynthese sind mit Energieumwandlungen verbunden. Lichtenergie wird in chemische Energie der Glucose umgewandelt.

# Wie führe ich ein Experiment durch?

Das **Experimentieren** ist eine sehr komplexe Tätigkeit, die dem Lösen von Problemen dient. Das Ziel eines Experiments besteht darin, eine Frage an die Natur zu beantworten. Die Bedingungen und damit das gesamte Experiment müssen wiederholbar sein. Beim Experimentieren geht man in der Regel in bestimmten Schritten vor. Dabei wird eine Erscheinung der Natur unter ausgewählten, kontrollierten, wiederholbaren und veränderbaren Bedingungen beobachtet, die Ergebnisse werden registriert und bewertet. Im Unterschied zur Beobachtung verändert man beim Experiment bewusst Bedingungen.

## 1. Schritt

**Erkennen und Formulieren des Problems**
Zunächst ist zu überlegen, welches Problem bzw. welche Frage mithilfe des Experiments beantwortet werden soll.

## 2. Schritt

**Aufstellen einer Vermutung**
Dabei ist zu überlegen, welche bisherigen Kenntnisse, z. B. Gesetzmäßigkeiten, zum Formulieren einer Vermutung, einer vorläufigen Antwort auf das Problem, herangezogen werden können.

## 3. Schritt

**Ableiten einer experimentell überprüfbaren Folgerung**
Es muss ein wirklich prüfbarer Gedanke entwickelt werden, eine experimentell überprüfbare Folgerung.

## 4. Schritt

**Planen und Durchführen des Experiments**
1. Nun kann ein Experimentierplan zur Überprüfung der Vermutung entwickelt werden. Dabei ist genau zu überlegen, welche
   – Bedingungen variiert werden müssen;
   – Veränderungen zu erwarten sind (Größe, Form);
   – Objekte, Geräte oder Chemikalien eingesetzt werden müssen;
   – Arbeitsschritte zur Durchführung des Planes notwendig sind.

2. Das Experiment wird genau nach den geplanten Vorgaben durchgeführt. (Je besser vorüberlegt und geplant wurde, desto genauer sind die zu erwartenden Ergebnisse.)
3. Alle zu beobachtenden Erscheinungen sind genau zu notieren.

## 5. Schritt

**Auswerten und Lösen des Problems bzw. der Frage**
1. Die protokollierten Messwerte und Beobachtungen werden ausgewertet. Dazu können Diagramme angefertigt, Berechnungen durchgeführt oder Aufnahmen gemacht werden.
2. Die vermutete Lösung wird mit den festgestellten Ergebnissen verglichen.
3. Beschreiben der Lösung des Problems / der Frage; Erklären der festgestellten Ergebnisse.

**Aufgabe**

**Weise die Ausscheidung von Sauerstoff bei der Fotosynthese in Abhängigkeit von der Beleuchtungsstärke (Beispiel) nach.**

*Wie wirkt sich eine höhere Lichtintensität auf die Fotosyntheseleistung aus?*

**Vermutung:**
Pflanzen benötigen zur Fotosynthese Licht. Wird die Lichtintensität erhöht, wird auch die Fotosyntheseleistung gesteigert.

**Experimentell überprüfbare Folgerung:**
Die Menge des gebildeten Sauerstoffs müsste steigen, wenn die Lichtintensität erhöht wird. Dies deutet auf eine höhere Fotosyntheseleistung hin.

**Plan und Durchführung des Experiments**
*Bedingungen, die variiert werden:*
Lichtintensität

*Materialien:*
Sprosse der Wasserpest; Wasser; Reagenzgläser mit Stopfen und Glasröhrchen, Reagenzglasständer, Zusatzleuchte (200 bzw. 500 Watt), Glasscheibe

*Arbeitsschritte:*
1. Fülle drei Reagenzgläser mit Wasser, beschicke sie jeweils mit einem gleich langen Sprossende der Wasserpest.
2. Verschließe die Reagenzgläser durch Stopfen mit Glasröhrchen.
3. Setze ein Reagenzglas mit Wasserpest in Fensternähe dem direkten Sonnenlicht aus, zähle die Anzahl der aufsteigenden Bläschen je Minute.
4. Setze ein Reagenzglas mit Wasserpest einer Zusatzbeleuchtung aus! Zähle die Anzahl der aufsteigenden Bläschen je Minute.
5. Stelle ein Reagenzglas mit Wasserpest im Klassenraum so auf, dass es nur wenigem Licht ausgesetzt ist. Zähle die Anzahl der aufsteigenden Bläschen je Minute.
6. Trage die Beobachtungsergebnisse in eine Tabelle ein.

7. Wiederhole mehrere Male das Experiment und errechne den Mittelwert.

**Beobachtung:**

| Beobachtungsergebnisse | | | | |
|---|---|---|---|---|
| Lichtein-wirkungen | Anzahl der Sauerstoffbläschen in 1 Min. | | | Mittel-wert |
| direktes Sonnenlicht | 56 56 | 74 | 64 | 62,5 |
| Zusatzbeleuchtung (200- bis 500-W-Leuchte) | 32 30 | 40 | 34 | 34 |
| wenig Licht (Klassenraum) | 10 | 8 | 9 | 9 |

**Auswertung des Experiments**
1. *Vergleiche die Anzahl der aufsteigenden Bläschen in den drei Reagenzgläsern.*
2. *Welcher Zusammenhang besteht zwischen der Anzahl der Sauerstoffbläschen und der unterschiedlichen Belichtung? Erkläre.*

Die aufgestellte Vermutung hat sich bestätigt. Es besteht ein Zusammenhang zwischen Lichtintensität, Fotosyntheseleistung und Sauerstoffmenge. Die Fotosynthese ist abhängig vom Licht. Eine steigende Lichtintensität hat eine Erhöhung der Menge des gebildeten Sauerstoffs zur Folge. Das deutet auf eine größere Fotosyntheseleistung hin.

# Biologie im Alltag

## Beeinflussung der Fotosynthese in Gewächshäusern

In Gewächshäusern ist es möglich, durch Veränderung wesentlicher Faktoren die Intensität der Fotosynthese zu erhöhen.

Bis zum Erreichen einer bestimmten **Lichtintensität**, die für verschiedene Pflanzenarten unterschiedlich hoch ist, bewirkt eine *Erhöhung der Lichtintensität eine Erhöhung der Intensität der Fotosynthese*. Es werden mehr Fotosyntheseprodukte (Glucose) gebildet, die den Pflanzen für die Bildung weiterer organischer Stoffe und damit für das Wachstum zur Verfügung stehen.

In *Gewächshäusern nutzt man die Zusatzbelichtung* vor allem bei der Anzucht von Jungpflanzen und der Produktion von Zierpflanzen (z.B. Rosen) in den Wintermonaten. Dazu werden in den Gewächshäusern Natriumhochdruckdampflampen (Abb.1) installiert.

Die Intensität der Fotosynthese wird auch vom **Kohlenstoffdioxidgehalt** der Luft beeinflusst. Die Luft enthält 0,03–0,04 % Kohlenstoffdioxid. Die Erhöhung des Kohlenstoffdioxidgehaltes der Luft (z.B. auf 0,08 % in Gewächshäusern) bewirkt,

**2**  Messfühler zur Kontrolle des Kohlenstoffdioxidgehaltes der Luft

dass die *Fotosynthese in den Pflanzen intensiver abläuft*. Zur Erhöhung des Kohlenstoffdioxidgehaltes der Luft in den Gewächshäusern wird Kohlenstoffdioxid aus $CO_2$-Tanks (Abb.3) durch Schläuche in das Gewächshaus geleitet ($CO_2$-Begasung). Mithilfe von Messfühlern (Abb.2) wird der Gehalt an Kohlenstoffdioxid in der Luft kontrolliert.

Außerdem müssen die Pflanzen ausreichend mit **Wasser** versorgt werden. Steht den Pflanzen genügend Wasser zur Verfügung, sind die Spaltöffnungen der Laubblätter geöffnet, und die Pflanzen können das Kohlenstoffdioxid als Ausgangsstoff für die Fotosynthese aufnehmen.

**1**  Natriumhochdruckdampflampen

**3**  Kohlenstoffdioxid-Tank

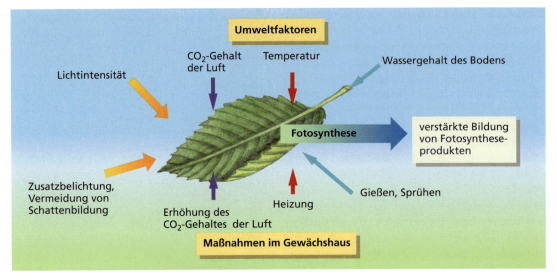

**1**  Möglichkeiten der Beeinflussung der Fotosynthese im Gewächshaus

Verengen sich die Spaltöffnungen infolge von Wassermangel, wird die Aufnahme von Kohlenstoffdioxid behindert und dadurch der Ablauf der Fotosynthese eingeschränkt (s. S. 301).

Die **Intensität der Fotosynthese wird von mehreren Faktoren gleichzeitig beeinflusst,** z. B. Lichtintensität, Kohlenstoffdioxidgehalt der Luft und Temperatur (Abb. 1). Die einzelnen Faktoren beeinflussen sich auch untereinander. Der Gärtner muss deshalb umfangreiche Kenntnisse über die Fotosynthese besitzen, um ein optimales Klima im Gewächshaus zu schaffen.

Durch Wahl der richtigen Werte für die Lichtintensität, die Kohlenstoffdioxidkonzentration und die Temperatur wird die Fotosynthese gefördert. Es werden mehr Fotosyntheseprodukte gebildet, sodass die Pflanzen schneller wachsen und größer und kräftiger werden.

## Auswirkungen von Luftverunreinigungen auf die Fotosynthese

Luftverunreinigungen (z. B. durch Schwefeldioxid, Oxide des Stickstoffs und Ozon) zerstören u. a. die Wachsschicht der Laubblätter von Pflanzen und beeinträchtigen die Funktion der Spaltöffnungen. Dadurch kann es zu einer Behinderung der Aufnahme von Kohlenstoffdioxid als Ausgangsstoff für die Fotosynthese kommen.

In Gebieten mit starker Luftverschmutzung lagert sich eine Staubschicht auf den Laubblättern ab. Durch diese Staubablagerungen werden die Spaltöffnungen verstopft. Es kann nicht genügend oder kein Kohlenstoffdioxid durch die Spaltöffnungen in die Interzellularen des Laubblattes aufgenommen werden. Auf das Laubblatt auftreffendes Licht wird durch die Staubschicht stärker als gewöhnlich reflektiert.

Die *Verringerung des Gehalts an Kohlenstoffdioxid* in den Interzellularen und das *Absinken der Lichtintensität* im Laubblatt bewirken, dass die *Fotosynthese* in diesen Laubblättern mit geringerer Intensität abläuft. Dadurch werden nicht mehr genügend Fotosyntheseprodukte als Grundlage für die Bildung weiterer organischer Stoffe in den Pflanzenzellen und damit für das Wachstum gebildet. Es kommt zum Abwerfen der Laubblätter, die Pflanzen bleiben im Wachstum zurück.

Die Schadstoffe können auch die Chloroplasten schädigen und dadurch die Fotosynthese beeinträchtigen.

## Bildung weiterer organischer Stoffe

Die während der Fotosynthese gebildete Glucose ist Grundlage für die Bildung weiterer organischer Stoffe in den Pflanzenzellen (Abb.1). Die Glucose wird durch biochemische Reaktionen in andere Kohlenhydrate (z.B. in Cellulose) und Fette umgewandelt.

Die **Cellulose** ist zum Aufbau der Zellwände der Pflanzenzellen notwendig, die Samen einiger Pflanzenarten besitzen einen hohen Gehalt von **Fetten.**

Auch die **Eiweiße** entstehen auf der Grundlage von Fotosyntheseprodukten. Wenn man die Formel von Glucose ($C_6H_{12}O_6$) ansieht, stellt man fest, dass die Glucose wie alle *Kohlenhydrate* nur aus den chemischen Elementen Kohlenstoff (C), Wasserstoff (H) und Sauerstoff (O) besteht.

*Eiweiße* enthalten neben diesen chemischen Elementen aber auch Stickstoff (N) und Schwefel (S). Deshalb sind zum Aufbau von Eiweißen auch Mineralstoffe notwendig (z.B. Nitrate und Sulfate), die diese chemischen Elemente enthalten. Eiweiße sind Hauptbestandteil des Zellplasmas. Durch den Einbau von Eiweißen in das Zellplasma kommt es zu einer Vermehrung der Plasmamenge, die Zelle wächst.

Neben den Kohlenhydraten, Fetten und Eiweißen wird in den Pflanzenzellen eine große Anzahl anderer Stoffe gebildet. Dazu gehören Vitamine, **Nektar, Harz, Duft-** und **Geschmacksstoffe,**

| Fettgehalt in Samen von wirtschaftlich genutzten Pflanzen (Angaben in % des Trockengewichts) | |
| --- | --- |
| **Pflanzensamen** | **Fettgehalt** |
| Haselnuss | 60 – 68 |
| Kakaobohne | 50 – 58 |
| Mandel | 40 – 45 |
| Mohnsamen | 40 – 51 |
| Sonnenblumenkerne | 40 – 65 |
| Rapssamen | 22 – 49 |
| Walnuss | 64 |

**Holzstoff** (Lignin, Abb.2), **Farbstoffe** und **Alkaloide.** Einige Stoffe, z.B. aus der Gruppe der Alkaloide, werden wirtschaftlich vom Menschen genutzt (z.B. das Coffein aus den Früchten des *Kaffeestrauches* als Genussmittel, das Atropin aus den Früchten der *Tollkirsche* als Mittel zur Erweiterung der Pupillen beim Augenarzt).

Oft entstehen in den Pflanzen mehr organische Stoffe, als für das Wachstum und andere Lebensprozesse sofort verbraucht werden. Dieser Anteil an organischen Stoffen wird in Vakuolen, in Samen oder Speicherorganen (z.B. in Spross- und Wurzelknollen, Zwiebeln, Rüben und Wurzelstöcken, Abb.1, 2, S.325) **gespeichert.**

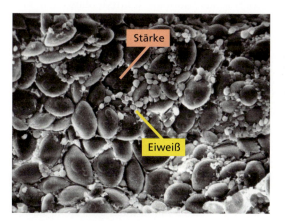

**1** Stärke und Eiweiß im Weizenkorn (elektronenmikroskopische Aufnahme)

**2** Verholzte Sprossachsen der Holzgewächse enthalten den organischen Holzstoff Lignin.

Der bedeutendste und häufigste Speicherstoff der Pflanze ist **Stärke**. Die Stärke ist wasserunlöslich und kann deshalb in der Pflanze nicht an andere Orte transportiert werden. Die während der Fotosynthese in den Chloroplasten abgelagerte Stärke wird daher nachts zu Glucose abgebaut. Aus der Glucose und dem Fruchtzucker, der wie die Glucose ein Einfachzucker ist, entsteht wasserlöslicher Rübenzucker, ein Zweifachzucker (s. S. 314). Der Rübenzucker strömt durch die Siebröhren der Leitbündel in Pflanzenteile, in denen keine Fotosynthese abläuft (z. B. in Samen, Wurzeln und Speicherorgane). Hier wird wieder Stärke aufgebaut (z. B. in Bohnensamen, Körnerfrüchten des Weizens, Sprossknollen der Kartoffel).

Während der Reifung von Samen und Früchten werden besonders viele Fotosyntheseprodukte von den Laubblättern in Richtung der reifenden Samen und Früchte transportiert. Einige Pflanzenarten speichern bestimmte Stoffe in großer Menge (s. Tab., S. 324).

Die Samen der *Garten-Erbse* (Abb. oben, rechts) enthalten im Vergleich zu anderen Pflanzenarten viel Eiweiß, im Rübenkörper der *Zuckerrübe* ist Rübenzucker gespeichert. Die Knollen der *Kartoffel* speichern Kohlenhydrate in Form von Stärke.

Die Speicherorgane der Pflanzen dienen der ungeschlechtlichen Fortpflanzung und Überwinterung. Die in diesen Organen gespeicherten organischen Stoffe sind die Grundlage zur Aufrechterhaltung von Lebensprozessen, z. B. Wachstum und Entwicklung, Blütenbildung.

Der **Mensch** nutzt zahlreiche Speicherstoffe für seine Ernährung, z. B. Stärke aus der Kartoffelknolle, Rübenzucker aus der Zuckerrübe, Vitamine und Mineralstoffe aus verschiedenen Gemüsesorten. Er nutzt die Pflanzen oder Pflanzenteile als Nahrungsmittel oder stellt aus ihnen Nahrungsmittel her. Sie sind außerdem eine wichtige Nahrungsgrundlage für zahlreiche **Tiere**.

> Die während der Fotosynthese gebildete Glucose ist Grundlage für die Bildung weiterer organischer Stoffe in den Pflanzenzellen. Die Glucose wird durch biochemische Reaktionen in andere Kohlenhydrate sowie u. a. in Fette und Eiweiße umgewandelt. Zur Bildung der Eiweiße sind Mineralstoffe notwendig.
> Organische Stoffe sind Grundlage für die sich heterotroph ernährenden Organismen.

**1** Das Scharbockskraut besitzt als Speicherorgane Wurzelknollen (s. Abb. oben).

**2** Die Früchte der Sonnenblume speichern Fette in Form von Öltröpfchen.

## Bedeutung der Fotosynthese für das Leben auf der Erde

Alle Organismen müssen ständig Stoffe als Nahrung aus ihrer Umwelt aufnehmen. Die meisten Bakterien, die Pilze, Tiere und der Mensch ernähren sich von körperfremden, energiereichen organischen Stoffen (Kohlenhydrate, Fette, Eiweiße; heterotrophe Ernährung, s. S. 313).
Die Pflanzen mit Chlorophyll und einige Bakterien, die Chlorophyll besitzen, nehmen dagegen körperfremde, energiearme anorganische Stoffe (Kohlenstoffdioxid, Wasser) auf (autotrophe Ernährung, s. S. 313).
Allen Lebewesen gemeinsam ist, dass sie die als Nahrung aufgenommenen körperfremden Stoffe in körpereigene, organische Stoffe umwandeln müssen. Dieser Prozess des Aufbaus, der „Angleichung" von Stoffen, heißt **Assimilation** (assimilare = angleichen).

> Assimilation ist der Aufbau körpereigener organischer Stoffe aus anorganischen Stoffen (bei Organismen mit Chorophyll) oder aus anderen organischen Stoffen (bei den meisten Bakterien, Tieren, Menschen, Pilzen).

Die Besonderheit der Pflanzen und einiger Bakterien mit Chlorophyll besteht darin, dass in ihren Zellen die Fotosynthese abläuft. Das bedeutet, dass sie in der Lage sind, anorganische Stoffe zu verwerten und daraus mithilfe des Chlorophylls und unter Nutzung von Licht organische Stoffe aufzubauen. Sie produzieren durch Fotosynthese also fortwährend die Nahrungsgrundlage für die meisten Organismen.
Ohne die Fotosynthese gäbe es für alle Organismen, die sich heterotroph ernähren, einschließlich des Menschen, keine Nahrung. Die heterotrophen Organismen würden aussterben.
Jetzt ist auch zu verstehen, dass am Anfang von Nahrungsketten immer Pflanzen mit Chlorophyll stehen (Abb. 1). Sie sind im Naturkreislauf die Produzenten (Erzeuger).
Viele Stoffe, die von den Pflanzen mit Chlorophyll durch Fotosynthese gebildet werden, sind als **nachwachsende Rohstoffe** für die Erzeugung weiterer Produkte von Bedeutung (z. B. *Bio-Diesel*).

| Erzeuger (Produzenten) | Verbraucher (Konsumenten 1. Ordnung) | Verbraucher (Konsumenten 2. Ordnung) | Endverbraucher (Endkonsumenten) |

**1**  Ausschnitt aus einem Nahrungsnetz im Mischwald

**1** Durch die riesigen Steinkohlenwälder der Karbonzeit wurden eine große Menge an Sauerstoff und über 50 % der Weltkohlevorräte gebildet.

**2** Holzkohle, ein raucharmer Brennstoff, wird durch Holzverkohlung gewonnen und heute vor allem als Grillkohle verwendet.

Das *Holz* der Bäume und Sträucher z. B. wird vielfältig verwendet, beispielsweise in der Bau- und Möbelindustrie, als Ausgangsstoff für die Herstellung von Zellstoff, Papier, Holzschnitzereien, Werkzeugen, Sportgeräten und Holzkohle (Abb. 2) sowie als Brennholz.

> **Die Fotosynthese ist die Grundlage für die Ernährung heterotroph lebender Organismen und für den Aufbau körpereigener organischer Stoffe in den Zellen dieser Organismen (Assimilation).**

Vor erdgeschichtlich langen Zeiträumen, als die ersten Organismen auf der Erde lebten, gab es noch keinen Sauerstoff in der Erdatmosphäre. Der Abbau organischer Stoffe zur Nutzbarmachung von Energie für die Lebensprozesse erfolgte durch Gärung. Erst nach der Entwicklung von chlorophyllhaltigen Organismen, die durch Fotosynthese Sauerstoff in die Erdatmosphäre abgaben, konnten sich auch Organismen entwickeln, die atmen.
Der durch die *Fotosynthese* gebildete Sauerstoff ist Voraussetzung für die Atmung (s. a. S. 333).
Die ersten Organismen, die Sauerstoff durch Fotosynthese in die Erdatmosphäre abgaben, traten zwischen 3,8 und 2,8 Milliarden Jahren vor heute auf. Es waren Cyanobakterien (Blaualgen) und Algen der Meere. Auch die riesigen Steinkohlenwälder der Karbonzeit (Abb. 1) bildeten gewaltige Mengen an Sauerstoff. Insgesamt konnte sich der Sauerstoffgehalt der Erdatmosphäre schon vor 450 Mio. Jahren auf den heutigen Wert von etwa 21 % erhöhen.
Obwohl fast alle Organismen atmen, bleibt seit mindestens 450 Mio. Jahren der Anteil an Sauerstoff in der Erdatmosphäre durch die Fotosynthese der Organismen mit Chlorophyll annähernd konstant.

> **Der durch die Fotosynthese gebildete Sauerstoff ist Voraussetzung für die Atmung aller Organismen.**
> **Durch die Fotosynthese wird der durch die Atmung der Organismen verbrauchte Sauerstoffanteil der Luft ständig erneuert.**

Die Fotosynthese liefert nicht nur die **stoffliche,** sondern auch die **energetische** Grundlage für das Leben vieler Bakterien, der Pflanzen, Tiere sowie des Menschen. Nur durch die Fotosynthese kann die **Lichtenergie der Sonne in chemische Energie** und damit in für die Lebensprozesse der Organismen **nutzbare Energie** umgewandelt werden.

> **Die Fotosynthese ist die Grundlage für die Energieversorgung fast aller Organismen. Von ihr ist heute der Fortbestand des Lebens auf der Erde abhängig.**

## Die Atmung der Pflanzen

### Die Mitochondrien als Orte der Atmung

Im 18. Jahrhundert entdeckte **J. Ingenhousz** (1730–1799), dass Pflanzen im Schatten und in der Nacht Sauerstoff aufnehmen und Kohlenstoffdioxid abgeben. Ingenhousz führte diese Beobachtung darauf zurück, dass Pflanzen ebenso wie Tiere und Menschen **atmen.** Er war der erste Wissenschaftler, der die **Atmung der Pflanzen** und die **Fotosynthese** voneinander unterschied und als zwei grundlegende Lebensprozesse in den Pflanzen erkannte.

Während die Fotosynthese nur in Zellen vorkommt, die Chloroplasten mit Chlorophyll enthalten (z. B. in den Zellen des Palisadengewebes der Laubblätter), läuft die Atmung in allen lebenden Zellen der Pflanze ab (z. B. in den Zellen der Laubblätter und der Wurzel).

Die Orte der Atmung in den Zellen sind die **Mitochondrien** (Abb. 2). Es sind kugel- bis stäbchenförmige Zellbestandteile, die 1 bis 8 µm lang sind. Sie sind in sehr großer Anzahl in den Zellen der Pflanzen, der Tiere und des Menschen enthalten. Das Mitochondrium besteht aus zwei Membranen. Die innere Membran bildet Einstülpungen (Abb. 2). Durch die Einstülpungen ist eine große innere Oberfläche vorhanden. An der inneren Membran laufen die Stoff- und Energieumwandlungen während der Atmung ab.

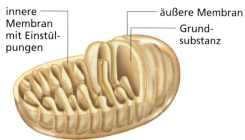

innere Membran mit Einstülpungen — äußere Membran — Grundsubstanz

**2** Bau des Mitochondriums (Elektronenmikroskopische Aufnahme und Schema)

Während die Fotosynthese nur am Tage oder bei Belichtung mit einer künstlichen Lichtquelle abläuft, atmen Pflanzen am Tage und in der Nacht. Die Fotosynthese und die Atmung laufen bei Helligkeit gleichzeitig in den Pflanzen ab.

> Die Mitochondrien sind Zellbestandteile, die aus zwei Membranen bestehen. Die innere Membran bildet Einstülpungen. Die Mitochondrien sind die Orte der Atmung in den Zellen.

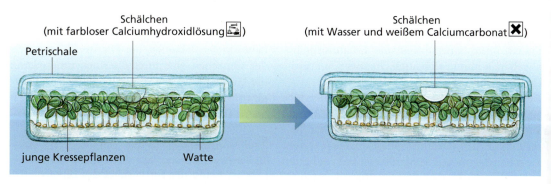

Schälchen (mit farbloser Calciumhydroxidlösung)

Schälchen (mit Wasser und weißem Calciumcarbonat)

Petrischale

junge Kressepflanzen     Watte

**1** Nachweis der Kohlenstoffdioxidabgabe bei der Pflanzenatmung am Beispiel junger Kressepflanzen

## Beobachtungen zur Atmung bei Pflanzen

Der organische, energiereiche Stoff *Glucose* und *Sauerstoff* sind die **Ausgangsstoffe** der Atmung. Die Glucose ist in den Zellen (z. B. reifer Früchte) enthalten oder wird aus anderen Kohlenhydraten (z. B. Stärke) gebildet. Der Sauerstoff wird durch die Spaltöffnungen der Laubblätter aus der Umwelt aufgenommen.
Die **Produkte** der Atmung sind die anorganischen Stoffe *Wasser* und *Kohlenstoffdioxid*.

Wenn man so vorgeht, wie es die Abbildung 1 auf der Seite 328 zeigt, kann man die Abgabe von Kohlenstoffdioxid durch die Pflanzen während der Atmung nachweisen. Das Nachweismittel, die farblose Calciumhydroxidlösung, reagiert mit Kohlenstoffdioxid. Es entsteht im Wasser schwer lösliches weißes Calciumcarbonat, durch das sich die Flüssigkeit im Schälchen milchig weiß trübt. Um zu verhindern, dass auch die Fotosynthese in den Kressepflanzen abläuft, müssen die Gefäße mit den Kressepflanzen vor der Durchführung des Kohlenstoffdioxidnachweises im Dunkeln stehen.

Außerdem kann man nachweisen, dass bei der Atmung der Pflanzen *Wärme* an die Umwelt abgegeben wird (Abb. 1). Im Vergleich zu trockenen Samen atmen feuchte, keimende Samen sehr intensiv. Dabei wird Wärme in den Thermosbehälter abgegeben, sodass ein Ansteigen der Temperatur feststellbar ist (Abb. 1).

In Blütenständen von Dieffenbachien ist deshalb die Temperatur höher als in der sie umgebenden Außenluft (Abb., S. 312).

> Glucose und Sauerstoff sind die Ausgangsstoffe, Wasser und Kohlenstoffdioxid die Produkte der Atmung.
> Während der Atmung wird Wärme an die Umwelt abgegeben.

## Stoff- und Energieumwandlungen in den Mitochondrien

Die Ausgangsstoffe der Atmung (Glucose und Sauerstoff) unterscheiden sich in ihren Eigenschaften von denen der Produkte (Kohlenstoffdioxid und Wasser). Während der Atmung entstehen in den Mitochondrien neue Stoffe mit anderen Eigenschaften. Das bedeutet, dass in den Mitochondrien chemische Reaktionen ablaufen. Dabei werden die **Ausgangsstoffe** *Glucose* und *Sauerstoff* in die **Produkte** *Kohlenstoffdioxid* und *Wasser* umgewandelt.

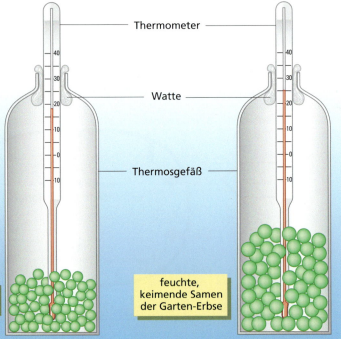

1   Nachweis der Wärmeabgabe bei der Pflanzenatmung

Für diese **Stoffumwandlung** während der Atmung kann man die folgende Gleichung schreiben:

$$\text{Glucose} + \text{Sauerstoff} \longrightarrow \text{Kohlenstoffdioxid} + \text{Wasser}$$

$$C_6H_{12}O_6 + 6\,O_2 \longrightarrow 6\,CO_2 + 6\,H_2O$$

In den Mitochondrien laufen **Oxidationen** ab. Oxidationen sind biochemische *Reaktionen mit Sauerstoff*. Während dieser Oxidationen, die durch *Enzyme* gesteuert werden, entstehen zahlreiche Zwischenprodukte.

Die Stoffumwandlungen während der Atmung sind mit **Energieumwandlungen** verbunden. Bei einem Vergleich der Energieinhalte (E) der Ausgangsstoffe und Produkte der Atmung stellt man fest, dass der Energieinhalt der Ausgangsstoffe größer als der Energieinhalt der Produkte ist.

$$E_{\text{Glucose + Sauerstoff}} > E_{\text{Kohlenstoffdioxid + Wasser}}$$

Die Atmung ist ein **exothermer Prozess.** Wie bei jeder exothermen Reaktion wird auch bei den biochemischen Reaktionen in den Mitochondrien Energie abgegeben. Während jedoch bei Oxidationen in der nicht lebenden Natur (z. B. im Reagenzglas) große Energiemengen auf einmal abgegeben werden, erfolgt die Abgabe von Energie bei den Oxidationen in den Mitochondrien schrittweise in kleinen Mengen.

Die Glucose als ein Ausgangsstoff der Atmung ist ein **energiereicher** Stoff. Während der Atmung wird ein Teil der **chemischen Energie der Glucose in thermische Energie** umgewandelt und als Wärme an die Umwelt abgegeben. Das hat zur Folge, dass man im Thermosgefäß mit den keimenden Erbsensamen (Abb. 1, S. 329) die Atmungswärme als Temperaturerhöhung messen kann.

Der andere Teil der in der Glucose enthaltenen chemischen Energie wird in Energie umgewandelt, die für die Aufrechterhaltung der Lebensprozesse (z. B. das Wachstum, die Bewegung) nutzbar ist.

> Die biochemischen Reaktionen in den Mitochondrien sind Oxidationen. Die Stoffumwandlungen während der Atmung sind mit Energieumwandlungen verbunden.
> Ein Teil der chemischen Energie der Glucose wird in thermische Energie umgewandelt und als Wärme an die Umwelt abgegeben. Der andere Teil der chemischen Energie der Glucose wird in Energie umgewandelt, die für die Aufrechterhaltung der Lebensprozesse nutzbar ist.

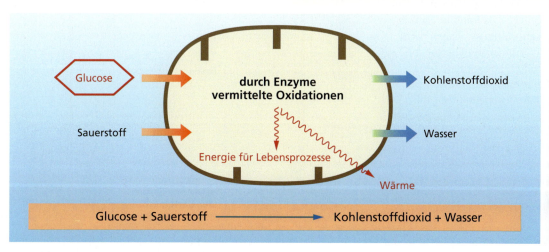

**1** Stoff- und Energieumwandlungen während der Atmung

# Biologie im Alltag

## Beeinflussung der Atmung bei der Lagerung von Obst und Saatgut in Lagerräumen

Wenn man zum Zeitpunkt der Ernte 100 kg Äpfel abwiegt, einlagert (z. B. in einen Keller) und nach mehrmonatiger Lagerung erneut wiegt, wird man feststellen, dass die Äpfel nur noch 80 kg wiegen. Es ist zu einem Masseverlust von etwa 20% gekommen. Auch äußerlich sind Veränderungen an den Äpfeln erkennbar. Zum Zeitpunkt der Ernte sind sie glatt und fest, nach längerer Lagerung geschrumpft und welk. Diese Beobachtungen sind auf die **Atmung der Äpfel** zurückzuführen. Während der Lagerung atmen die Äpfel weiter. Dabei werden die in den Äpfeln enthaltenen Kohlenhydrate (Glucose) verbraucht, es kommt zu einem Masseverlust. Ist der Masseverlust größer als 6 bis 7%, wird das Schrumpfen der Äpfel sichtbar.
Obwohl wir auf dem Markt oft viele Monate nach der Ernte Äpfel kaufen, sind diese Äpfel immer noch glatt und fest. Es gibt eine Möglichkeit, Äpfel und andere Früchte so zu lagern, dass der durch die Atmung der Früchte hervorgerufene Masseverlust vermindert wird. Dazu wird Wissen über die Beeinflussung der **Atmungsintensität durch verschiedene Faktoren** ausgenutzt (Abb. 1).

Ein Absinken der Temperatur sowie die Erhöhung des Kohlenstoffdioxidgehaltes und die Senkung des Sauerstoffgehaltes in der Luft führen zu einer Hemmung der Atmung.
Um eine Hemmung der Atmung zu erreichen, werden die Äpfel in gasdichte Kühlzellen (bei 0,5 bis 5 °C) eingelagert. Mithilfe technischer Geräte wird die Zusammensetzung der Luft in den Lagerräumen verändert. Der Sauerstoffgehalt der Luft sinkt von 21% auf 1,5% ab, der Gehalt an Kohlenstoffdioxid steigt von 0,03 bis 0,04% auf 4% an. Dadurch atmen die Äpfel mit so geringer Intensität, dass ein Masseverlust und damit das Schrumpfen der Äpfel weitgehend verhindert wird. Außerdem benötigen die Äpfel während der Lagerung eine bestimmte Luftfeuchtigkeit.

Bei der **Lagerung von Saatgut** (z. B. Getreide) muss beachtet werden, dass die Intensität der Atmung nicht nur von der Temperatur und der Zusammensetzung der Luft *(Gehalt an Sauerstoff und Kohlenstoffdioxid)* beeinflusst wird, sondern auch vom *Wassergehalt* in den Zellen.
Durch einen geringen Wassergehalt in den Zellen wird die Atmung gehemmt. Deshalb wird auf die Einlagerung von *trockenem* Saatgut und eine *niedrige Luftfeuchtigkeit* im Lagerraum geachtet.
In der freien Natur wird die Atmung wie die Fotosynthese auch durch Schadstoffe beeinflusst.

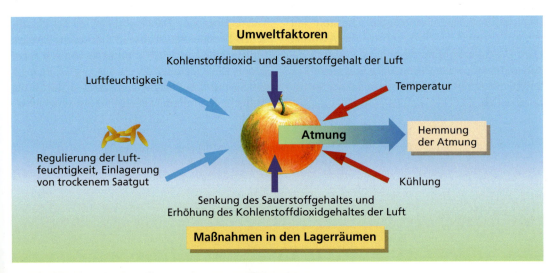

**1** Möglichkeiten der Beeinflussung der Atmung in Lagerräumen

## Stoff- und Energiewechsel bei Pflanzen – ein Überblick

Die Pflanzen besitzen wie alle Organismen einen **Stoff- und Energiewechsel.** Er ist ein Merkmal aller Lebewesen.

> Der Stoff- und Energiewechsel ist die Aufnahme von Stoffen und Energie in die Zellen, die Umwandlung von Stoffen und Energie in den Zellen und die Abgabe von Stoffen und Energie aus den Zellen (Abb. 1).

In den Zellen werden ständig *körpereigene, organische* Stoffe *aufgebaut* (**Assimilation**) und *organische* Stoffe zur Nutzbarmachung der in ihnen enthaltenen chemischen Energie *abgebaut* (**Dissimilation**). Die Assimilation und Dissimilation laufen gleichzeitig in den Zellen der Organismen ab.
Zum *Aufbau* körpereigener organischer Stoffe in den Zellen (Assimilation) nehmen die Organismen *anorganische* Stoffe (z.B. Kohlenstoffdioxid und Wasser) **oder** *organische* Stoffe (z.B. in der Nahrung enthaltene Kohlenhydrate, Fette und Eiweiße) auf. Deshalb unterscheidet man zwischen zwei Formen der Assimilation (Abb. 1, S. 334).
Die **autotrophe Assimilation** ist die Form der Assimilation, bei der aus *anorganischen* Stoffen körpereigene organische Stoffe aufgebaut werden.
Die Form der Assimilation, bei der aus *organischen* Stoffen körpereigene organische Stoffe aufgebaut werden, ist die **heterotrophe Assimilation.** Die heterotrophe Assimilation läuft in den Zellen der Menschen, Tiere, Pilze und vieler Bakterien, aber auch in den Wurzelzellen der Sprosspflanzen ab.

Beim Aufbau organischer Stoffe durch autotrophe Assimilation hat die Fotosynthese besondere Bedeutung (s. S. 324, 325). Die Fotosynthese ist eine Form der autotrophen Assimilation.
Sie läuft in den chlorophyllhaltigen Zellen der Pflanzen, in den Blaualgen und in einigen Bakterien ab. Die *Energiequelle* für den Aufbau des körpereigenen organischen Stoffes Glucose durch Fotosynthese ist die *Lichtenergie*.

> Die Fotosynthese ist eine Form der autotrophen Assimilation, bei der der Aufbau von Glucose aus Kohlenstoffdioxid und Wasser unter Zufuhr von Lichtenergie und mithilfe des Chlorophylls erfolgt. Dabei wird Sauerstoff abgegeben.

Ein Teil der in den Zellen aufgebauten organischen Stoffe wird zur Nutzbarmachung der in ihnen enthaltenen chemischen Energie durch **Dissimilation** wieder abgebaut.

> Dissimilation ist der Energie liefernde Abbau organischer Stoffe.

Die **Atmung** ist eine Form der Dissimilation. Bei der Atmung wird der organische Stoff Glucose zu den anorganischen Stoffen Kohlenstoffdioxid und Wasser abgebaut. Dabei wird ein Teil der chemischen Energie der Glucose in thermische Energie umgewandelt und als Wärme an die Umwelt abgegeben. Der andere Teil der chemischen Energie der Glucose wird in Energie umgewandelt, die für die Aufrechterhaltung der Lebensprozesse nutzbar ist.

**1** Der Stoff- und Energiewechsel (Schema)

**1**  Zusammenhang zwischen autotropher Assimilation (Fotosynthese) und heterotropher Assimilation

Bei den meisten Organismen erfolgt der Abbau der organischen Stoffe zur Nutzbarmachung der in ihnen enthaltenen chemischen Energie durch die Atmung (s. S. 115, 328).
Die Fotosynthese und die Atmung stehen miteinander im Zusammenhang (Abb. 2).
Eine weitere Form der Dissimilation ist die **Gärung** (s. S. 341–343). Bei ihr wird der energierei-

che organische Stoff Glucose zu anderen, aber energieärmeren organischen Stoffen abgebaut.

> Die Atmung ist eine Form der Dissimilation, bei der der organische Stoff Glucose zu den anorganischen Stoffen Kohlenstoffdioxid und Wasser abgebaut wird. Dabei wird Sauerstoff verbraucht.

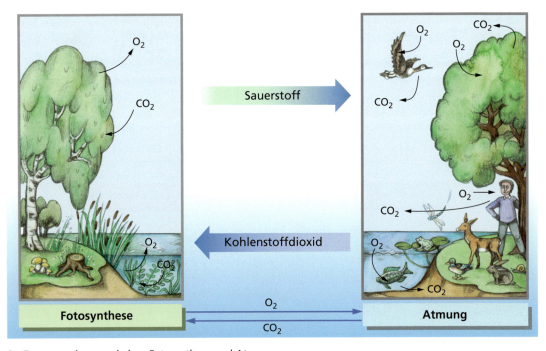

**2**  Zusammenhang zwischen Fotosynthese und Atmung

# Mosaik

## PRIESTLEY und sein Experiment

Eigentlich wollte der englische Chemiker und Naturforscher JOSEPH PRIESTLEY (1733–1804) mit seinen Experimenten, die er im 18. Jahrhundert mit Tieren und Pflanzen durchführte, die Zusammensetzung der Luft erforschen.

Er setzte eine lebende Maus in einen luftdicht abgeschlossenen Glasbehälter und beobachtete, dass die Maus nach kurzer Zeit starb.

Eine Pfefferminzpflanze aber, die PRIESTLEY in den anderen Glasbehälter stellte, konnte unter diesen Bedingungen weiterleben und sogar wachsen.

Eines Tages kam Priestley die Idee, die Maus und die Pfefferminzpflanze zusammen unter die Glasglocke zu bringen. Auch nach 8 Tagen lebte die Maus noch und die Pfefferminzpflanze war weiter gewachsen.

PRIESTLEY zog aus seinen Beobachtungen die Schlussfolgerung, dass Pflanzen die Luft „verbessern" und Tiere die Luft „verschlechtern".

Heute kennen wir den Zusammenhang zwischen Fotosynthese und Atmung (Abb. unten).

Mit diesem Wissen können wir die Beobachtungen von PRIESTLEY erklären.

$O_2$
$CO_2$
$O_2$
$CO_2$

Fotosynthese ⟷ Atmung

$O_2$ → $CO_2$

Atmung

$CO_2$
$O_2$

$O_2$
$CO_2$

Fotosynthese ⟷ Atmung

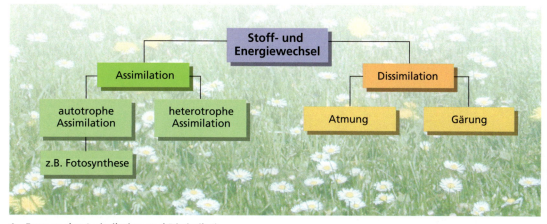

**1** Formen der Assimilation und Dissimilation

## gewusst · gekonnt

**1.** Vergleiche den Bau und die Funktion von Chloroplast und Mitochondrium.

**2.** a) Nenne die Ausgangsstoffe, Produkte und Bedingungen für den Ablauf der Fotosynthese.
   b) Beschreibe die Stoff- und Energieumwandlungen in den Chloroplasten.

**3.** Auf der Grundlage von Fotosyntheseprodukten werden in Pflanzen weitere organische Stoffe gebildet. Nenne Beispiele.

**4.** Werden Zimmerpflanzen nicht ausreichend gegossen, verengen sich die Spaltöffnungen der Laubblätter. Welche Folgen hat das für
   a) den Ablauf der Fotosynthese und
   b) das Wachstum der Zimmerpflanzen?

**5.** Durch Zusatzbelichtung und Kohlenstoffdioxidbegasung in Gewächshäusern wachsen die Kulturpflanzen schneller, sie werden größer und kräftiger. Erkläre diese Erscheinung. Nutze dazu auch das Internet, z. B. unter www.schuelerlexikon.de, www. google.de.

**6.** Bevor man den Nachweis führt, dass bei der Atmung der Pflanzen Kohlenstoffdioxid abgegeben wird, müssen die Pflanzen im Dunklen stehen.
Begründe dieses Vorgehen.

**7.** a) Nenne die Ausgangsstoffe und Produkte der Atmung.
   b) Beschreibe die Stoff- und Energieumwandlungen in den Mitochondrien.

**8.** In Blüten von Riesenseerosen ist die Temperatur um 10 °C höher als in der sie umgebenden Außenluft.
Erkläre diese Erscheinung.

**9.** Wie in der nicht lebenden Natur gilt auch in der lebenden Natur das Gesetz der Erhaltung und Umwandlung der Energie.
Begründe diese Aussage am Beispiel
   a) der Fotosynthese und
   b) der Atmung.

**10.** Ein Aquarium ist in einem ausgewogenen Verhältnis mit Fischen und Wasserpflanzen besetzt. Der Einbau einer Durchlüftung ist nicht erforderlich.
Wie ist das zu erklären?

**11.** Ohne die Fotosynthese der Pflanzen gäbe es für die heterotroph lebenden Organismen (z. B. Menschen, Tiere) bald keine Nahrung mehr auf der Erde. Finde eine Erklärung. Nutze dazu das Internet.

12. Die Fotosynthese liefert die stoffliche und energetische Grundlage für die Erhaltung des Lebens auf der Erde. Formuliere Argumente, die diese Aussage belegen.
Nutze dazu das Internet, u. a. www.schuelerlexikon.de.

13. Wie kannst du bei der Ermittlung der Bedingungen für den Ablauf der Fotosynthese vorgehen?

14. Übernimm die Tabelle in dein Heft.
Kreuze an, in welchen Organismengruppen die Fotosynthese abläuft.
Begründe deine Entscheidung.

| Pilze ( ) | Algen ( ) | Moose ( ) | Farne ( ) |
| --- | --- | --- | --- |
| Samenpflanzen ( ) | Tiere ( ) | Menschen ( ) | Blaualgen ( ) |

15. Um welche Stoff- und Energiewechselprozesse handelt es sich?
    a) Das Lebewesen nimmt Kohlenstoffdioxid auf und gibt Sauerstoff ab.
    b) Das Lebewesen nimmt Sauerstoff auf und gibt Kohlenstoffdioxid ab.
    Stelle den Zusammenhang zwischen den beiden Stoff- und Energiewechselprozessen her. Nutze dazu das Internet, u. a. www.schuelerlexikon.de.

16. Die Wurzelzellen besitzen keine Chloroplasten. Wie erfolgt in diesen Zellen der Aufbau körpereigener organischer Stoffe?

17. Halte einen Vortrag über die Bedeutung der Fotosynthese für das Leben auf der Erde. Nutze dazu Literatur und das Internet.

18. Übernimm die Tabelle in dein Heft. Vergleiche mithilfe der Angaben aus der Tabelle die Stoff- und Energieumwandlungen bei der Fotosynthese und der Atmung.

| Stoff- und Energiewechselprozess | Stoffumwandlung | | Energieumwandlung |
| --- | --- | --- | --- |
| | Ausgangsstoffe | Produkte | |

19. Nenne organische Stoffe, die besonders im Rübenkörper der Zuckerrübe, in den Samen von Garten-Erbse und Raps gespeichert werden.

20. a) Nenne Maßnahmen, durch die sich der Masseverlust von eingelagerten Äpfeln vermindern lässt.
    b) Auch bei guten Lagerbedingungen kommt es zu einem geringen Masseverlust. Erkläre diese Erscheinung.

21. Luftverunreinigungen (z. B. durch Schwefeldioxid und Oxide des Stickstoffs) beeinträchtigen die Funktion der Spaltöffnungen. Welche Folgen hat das für
    a) den Ablauf der Fotosynthese und
    b) das Wachstum von Pflanzen?

22. In Gebieten mit sehr starker Luftverschmutzung lagert sich eine Staubschicht auf den Laubblättern ab, durch die Staubablagerungen werden die Spaltöffnungen verstopft. Die Pflanzen in diesen Gebieten werfen die Laubblätter ab und bleiben im Wachstum zurück. Erkläre diese Erscheinung.

23. Was versteht man unter Stoff- und Energiewechsel?

24. Die Fotosynthese ist eine Form der autotrophen Assimilation.
Begründe diese Aussage.

# Fotosynthese

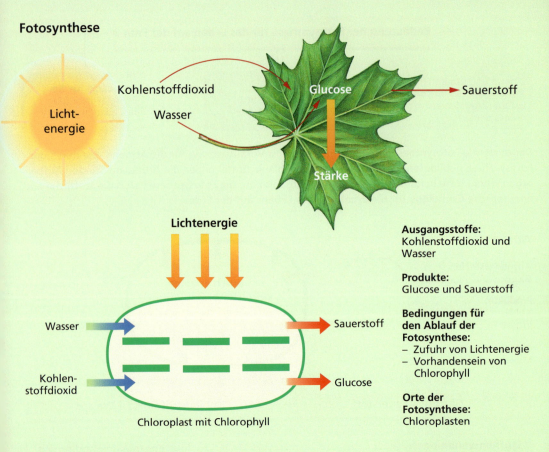

Kohlenstoffdioxid

Licht-energie

Wasser

Glucose

Sauerstoff

Stärke

**Lichtenergie**

Wasser

Kohlen-stoffdioxid

Sauerstoff

Glucose

Chloroplast mit Chlorophyll

**Ausgangsstoffe:**
Kohlenstoffdioxid und Wasser

**Produkte:**
Glucose und Sauerstoff

**Bedingungen für den Ablauf der Fotosynthese:**
– Zufuhr von Lichtenergie
– Vorhandensein von Chlorophyll

**Orte der Fotosynthese:**
Chloroplasten

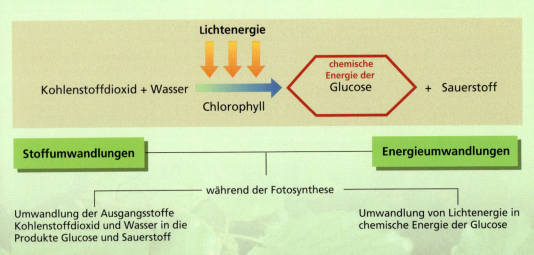

**Lichtenergie**

Kohlenstoffdioxid + Wasser

Chlorophyll

chemische Energie der Glucose

+  Sauerstoff

**Stoffumwandlungen**

**Energieumwandlungen**

während der Fotosynthese

Umwandlung der Ausgangsstoffe Kohlenstoffdioxid und Wasser in die Produkte Glucose und Sauerstoff

Umwandlung von Lichtenergie in chemische Energie der Glucose

Die **Intensität der Fotosynthese** wird von Umweltfaktoren (z. B. Lichtintensität, Kohlenstoffdioxidgehalt der Luft) beeinflusst. Dies kann insbesondere in Gewächshäusern ausgenutzt werden. Durch Schadstoffe der Luft (z. B. Schwefeloxide, Staub) kann die Fotosyntheseleistung stark beeinträchtigt werden.

summa summarum

**Bedeutung der Fotosynthese für das Leben auf der Erde**

Erneuerung des durch die Atmung der Organismen verbrauchten Sauerstoffanteils der Luft

Grundlage für die Ernährung heterotroph lebender Organismen

Grundlage für die Energieversorgung fast aller Organismen

Der durch die Fotosynthese gebildete Sauerstoff ist Voraussetzung für die Atmung. Die durch die Fotosynthese gebildeten organischen Stoffe (Kohlenhydrate) bilden die Grundlage für den Aufbau organischer Stoffe in heterotroph lebenden Organismen. Die Fotosynthese liefert die stoffliche und energetische **Grundlage für die Erhaltung des Lebens auf der Erde.**

## Atmung

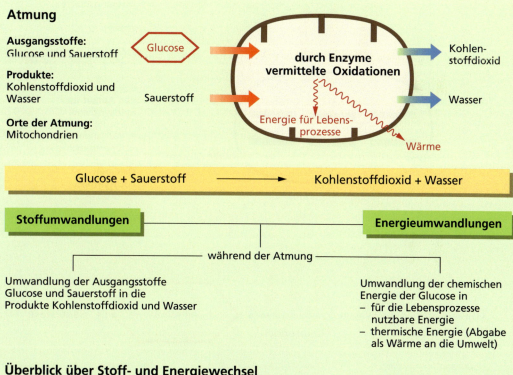

**Ausgangsstoffe:**
Glucose und Sauerstoff

**Produkte:**
Kohlenstoffdioxid und Wasser

**Orte der Atmung:**
Mitochondrien

Glucose

Sauerstoff

durch Enzyme vermittelte Oxidationen

Energie für Lebensprozesse

Kohlenstoffdioxid

Wasser

Wärme

Glucose + Sauerstoff ⟶ Kohlenstoffdioxid + Wasser

**Stoffumwandlungen**

**Energieumwandlungen**

während der Atmung

Umwandlung der Ausgangsstoffe Glucose und Sauerstoff in die Produkte Kohlenstoffdioxid und Wasser

Umwandlung der chemischen Energie der Glucose in
– für die Lebensprozesse nutzbare Energie
– thermische Energie (Abgabe als Wärme an die Umwelt)

## Überblick über Stoff- und Energiewechsel

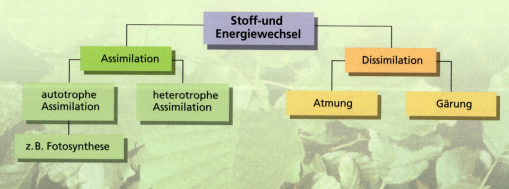

**Stoff- und Energiewechsel**

Assimilation

Dissimilation

autotrophe Assimilation

heterotrophe Assimilation

Atmung

Gärung

z. B. Fotosynthese

# 7.3 Lebensprozesse bei den meisten Bakterien und Pilzen

### Saft ist nicht gleich Saft

Vor ungefähr 9000 Jahren, also im siebten vorchristlichen Jahrtausend, entdeckten Bauern in Babylonien, dass sich über längere Zeit aufbewahrte Früchte und Fruchtsäfte in ihrem Geschmack veränderten. Aus den Fruchtsäften entstand ein berauschendes Getränk, das wir heute als Fruchtwein bezeichnen würden. Welche Vorgänge in den Fruchtsäften abliefen, blieb bis Anfang des 19. Jahrhunderts unbekannt.
*Warum veränderten die Fruchtsäfte ihren Geschmack?*
*Welcher Vorgang ist dafür verantwortlich?*

### Bakterien und Pilze – Besonderheiten ihres Stoff- und Energiewechsels

Werden Lebensmittel nicht kühl aufbewahrt, verderben sie schnell. Teilweise sind sie dann von „Schimmel" überzogen.
*Welcher Prozess bewirkt das Verderben der Lebensmittel?*

### „Recycling" in der Natur

In jedem Jahr beobachten wir, dass Laubblätter und abgestorbene Pflanzen und Tiere rasch verschwinden (Abb.). Wir sagen, sie verwesen bzw. sie verfaulen.
*Welche Vorgänge laufen dabei ab?*
*Sind daran mit bloßem Auge nicht sichtbare Lebewesen beteiligt?*

## Aufbau körpereigener Stoffe bei einigen Bakterien und Pilzen

Die meisten **Bakterien** und alle **Pilze ernähren** sich **heterotroph** (s.S.313). Sie sind auf körperfremde organische Stoffe angewiesen. Viele verwerten abgestorbene Lebewesen oder Teile von ihnen. Andere z. B. entziehen lebenden Organismen organische Stoffe. Aus den aufgenommenen körperfremden organischen Stoffen bauen sie körpereigene organische Stoffe auf (heterotrophe Assimilation, s.S.332). Diese benötigen sie für das Wachstum und die Entwicklung. Es gibt auch Bakterien, die Chlorophyll besitzen. Diese sind in der Lage, anorganische Stoffe als Nahrung aufzunehmen. Sie ernähren sich **autotroph.** Aus diesen Stoffen bauen sie körpereigene organische Stoffe auf (autotrophe Assimilation, s.S.332).

Bakterien kommen praktisch überall vor. Man findet sie sogar in heißen Quellen, wo über +100 °C herrschen. Um **Bakterien** zu beobachten, kann man sie auf einem künstlichen Nährboden, der sich in einer Petrischale befindet, züchten (Abb.1). Beimpft man einen solchen Nährboden mit Bakterien, bilden sich nach kurzer Zeit Flecken, die rasch größer werden. Es handelt sich um **Bakterienkolonien** (Abb.1), die bei 2 mm Durchmesser etwa 3 bis 4 Milliarden Bakterien enthalten.

Bakterien sind also sehr klein (Tab., S.239). Die größten Bakterien kann man mit einem Licht-mikroskop bei 1000-facher Vergrößerung erkennen. Für die kleinsten Bakterien (0,2 µm) ist ein Elektronenmikroskop erforderlich.

Die Form der Bakterien ist unterschiedlich. Sie können kugel-, stäbchen-, komma- bzw. schrauben- oder spiralförmig aussehen (Abb.1). Manche lagern sich kettenförmig aneinander. Einige besitzen auch Geißeln (s.S.239).

> Die meisten Bakterien leben heterotroph. Sie ernähren sich von organischen Stoffen. Diese werden umgewandelt zu körpereigenen, organischen Stoffen.
> Einige Bakterien ernähren sich autotroph.

**Pilze** stellen eine artenreiche Organismengruppe dar. Sie sind in Bau und Größe sehr mannigfaltig. Zu den Pilzen gehören z.B. *Hutpilze, Schimmelpilze* und *Hefepilze* (s.S.366). Sie besitzen in ihren Zellen keine Chloroplasten mit Chlorophyll. Sie ernähren sich **heterotroph.**

Die befallenen Nahrungsmittel, Pflanzen- und Tierreste werden nach und nach zersetzt. Die Pilze tragen als **Zersetzer** (Destruenten) **im Stoffkreislauf der Natur** – wie die Bakterien – ebenfalls zur Beseitigung abgestorbener Organismen bei (Abb.1, S.366).

> Die Pilze enthalten in ihren Pilzfäden keine Chloroplasten. Sie ernähren sich von organischen Stoffen, d. h. heterotroph.

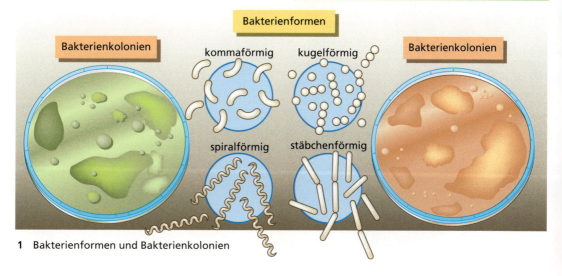

1 Bakterienformen und Bakterienkolonien

# Atmung und Gärung bei einigen Bakterien und Pilzen

Wie alle anderen Lebewesen benötigen auch Bakterien und Pilze Energie für die Aufrechterhaltung der Lebensprozesse. Nutzen können sie nur chemische Energie.

Zu dieser Energie gelangen die meisten Bakterien und Pilze, indem organische Stoffe (z. B. Glucose) in ihren Zellen abgebaut werden, um die darin enthaltene Energie zu nutzen (z. B. für den Aufbau organischer Stoffe). Ein Teil der Energie wird dabei als Wärme frei.

Bei vielen Bakterien und Pilzen erfolgt dieser Abbau wie bei den Pflanzen durch **Atmung** (s. S. 328). Als Produkte entstehen u. a. Wasser und Kohlenstoffdioxid. Bei anderen Bakterien und Pilzen kommt eine andere Form des Abbaus vor, die **Gärung.** Die Gärung unterscheidet sich von der Atmung.

## Gärung – Beispiel für Stoffabbau ohne Sauerstoff

Die **Gärung** kann man z. B. bei der Herstellung von Brot und Hefekuchen, Bier, Wein, Sauerkraut und einer Reihe von Milchprodukten beobachten. Sie ist ein Stoff- und Energiewechselprozess, der nicht bei Pflanzen vorkommt, sondern bei einigen Vertretern anderer Organismengruppen (z. B. **Pilzen** und **Bakterien**) abläuft.

Bei der **Bier- und Weinbereitung** werden die Kohlenhydrate aus dem Getreide und den Trauben der Weinrebe durch *Bier- und Weinhefepilze* in Ethanol und Kohlenstoffdioxid umgewandelt. Nach dem entstehenden Produkt (Ethanol) wird dieser Prozess als **alkoholische Gärung** bezeichnet (Abb. 1).

> Bei der alkoholischen Gärung wird Traubenzucker (Glucose) durch Hefepilzzellen in Ethanol (Alkohol) und Kohlenstoffdioxid umgewandelt. Dabei wird ein Teil der in der Glucose enthaltenen Energie so umgewandelt, dass sie für Lebensprozesse genutzt werden kann. Ein anderer Teil wird als Wärme abgegeben.

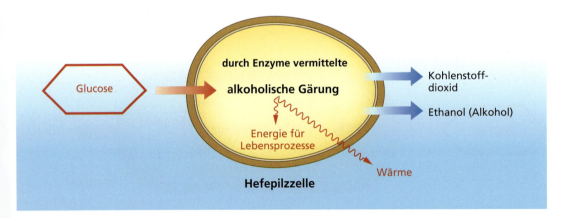

**1**   Schematische Darstellung der alkoholischen Gärung

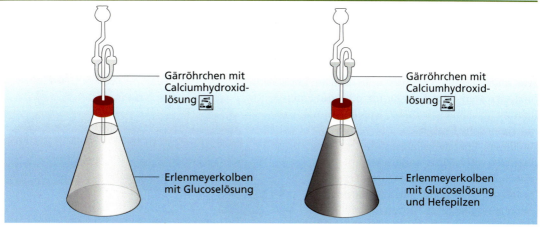

**1** Nachweis der alkoholischen Gärung durch Hefepilze

Die alkoholische Gärung läuft auch während der Herstellung von **Brot** und **Hefekuchen** ab. Die im Teig enthaltenen Kohlenhydrate werden von *Hefepilzen,* der „Bäckerhefe", in Ethanol und Kohlenstoffdioxid umgewandelt. Die Gasbläschen aus Kohlenstoffdioxid bilden Hohlräume im Brotteig, die als Löcher im Brot (Abb. oben, S. 341) und Kuchen zurückbleiben.

Um nachzuweisen, dass die **alkoholische Gärung** auf Lebensprozessen der *Hefepilze* beruht, füllt man einen Erlenmeyerkolben(konischen Kolben) nur mit Glucoselösung, einen zweiten Kolben mit Glucoselösung und Hefepilzen (Abb. 1).

Mit Calciumhydroxidlösung, die sich in den Gärröhrchen befindet, lässt sich nachweisen, dass nur in dem Kolben mit der Glucoselösung und den *Hefepilzen* Kohlenstoffdioxid als Produkt der alkoholischen Gärung entsteht (Abb. 1). Das **Sauerwerden der Milch** wird durch eine andere Gärungsart, die **Milchsäuregärung,** bewirkt. Die in der Milch enthaltenen Kohlenhydrate werden durch *Milchsäurebakterien* in Milchsäure umgewandelt (Abb. 2).

Bei der **Konservierung von Gemüse und Grünfutter** (z. B. Haltbarmachen von Sauerkraut, Abb. 2, S. 343, Silierung von Mais) nutzt man die hemmende Wirkung des Gärproduktes Milchsäure auf die Lebensprozesse Eiweiß zersetzender Mikroorganismen aus.

Milchsäurebakterien spielen auch bei der Herstellung von **Milchprodukten** (z. B. Jogurt, Käse, Abb. 1, S. 343) eine Rolle.

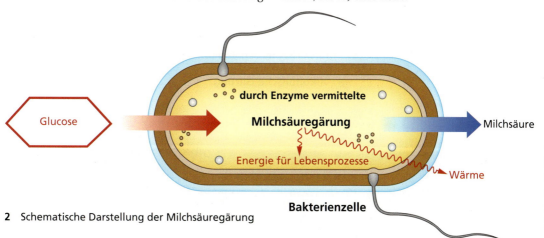

**2** Schematische Darstellung der Milchsäuregärung

**1** Jogurt und Käse werden mithilfe von Milchsäurebakterien hergestellt.

**2** Milchsäure-
bakterien sind
beteiligt an der
Herstellung von
sauren Gurken.

> Bei der Milchsäuregärung wird Traubenzucker
> (Glucose) durch Milchsäurebakterien in Milch-
> säure umgewandelt.

In der zweiten Hälfte des 19. Jahrhunderts vertra-
ten die Wissenschaftler **LOUIS PASTEUR** (1822 bis
1895) und **JUSTUS VON LIEBIG** (1803–1873) unterschiedliche Auffassungen über die Ursache der
Gärung. PASTEUR war der Meinung, dass die Gärung auf Lebensprozessen von Organismen beruht. LIEBIG hielt die Gärung für eine chemische
Reaktion. Heute wissen wir, dass beide Wissenschaftler Recht hatten.
Die unterschiedlichen Eigenschaften der Ausgangsstoffe und Produkte bei beiden Gä-
rungsarten (Abb. 1, S. 341; Abb. 2, S. 342) zeigen
uns, dass in den *Hefepilzen* und den *Milchsäurebakterien* biochemische Reaktionen ablaufen.
Wie bei der Atmung wird auch bei der Gärung die
chemische Energie der Glucose in thermische
Energie und für die Aufrechterhaltung der Le-

bensprozesse der Mikroorganismen nutzbare
Energie umgewandelt, z.B. für Wachstum, Vermehrung durch Sprossung bei Hefepilzen.
Die Energiemenge, die ausgehend von einer bestimmten Anzahl Glucosemoleküle in chemische
Energie für Lebensprozesse umgewandelt wird,
ist bei der Atmung jedoch höher als bei der Gärung. Die Gärung ist wie die Atmung ein **Dissimi-
lationsprozess** (s. S. 332–334).

> Die Gärung (z.B. alkoholische Gärung, Milch-
> säuregärung) ist eine Form der Dissimilation,
> bei der organische Stoffe (z.B. Traubenzucker)
> abgebaut werden. Ein Teil der in den Aus-
> gangsstoffen enthaltenen Energie wird dabei
> in Energie für Lebensprozesse umgewandelt.
> Im Unterschied zur Atmung ist diese Energie-
> menge geringer. Außerdem entstehen organi-
> sche Stoffe (z.B. Ethanol, Milchsäure).
> Die Gärung verläuft ohne Verbrauch von Sau-
> erstoff.

| Vergleich von Atmung und Gärung (alkoholische Gärung und Milchsäuregärung) | | |
|---|---|---|
| | **Atmung** | **Gärung** |
| **Vorkommen** | Mensch, Tiere, Pflanzen, viele Bakterien und Pilze | viele Bakterien, einige Pilze |
| **Ausgangsstoffe** | organische Stoffe und Sauerstoff | organische Stoffe |
| **Endprodukte** | anorganische Stoffe (z.B. Wasser, Kohlenstoffdioxid) | organische Stoffe (z.B. Ethanol [Alkohol], Milchsäure), |
| **Energie** | Energie für Lebensprozesse, Wärmeenergie | Energie für Lebensprozesse, Wärmeenergie, Energiemenge für Lebensprozesse geringer als bei der Atmung |

## Fäulnis und Verwesung durch Bakterien und einige Pilze

Pilze und viele Bakterienarten ernähren sich heterotroph von organischen Stoffen. Ein Teil der von diesen Organismen aufgenommenen organischen Stoffe wird für den Aufbau körpereigener Stoffe verwendet. Der andere Teil der organischen Stoffe – z.B. **Eiweiße** – wird in den Zellen der Bakterien und Pilze zu anorganischen Stoffen abgebaut. Dabei wird ein Teil der chemischen Energie der organischen Stoffe in Energie umgewandelt, die für die Lebensprozesse der Bakterien und Pilze nutzbar ist. Ein anderer Teil wird als Wärme abgegeben.

Zu den anorganischen Stoffen, die beim **Abbau organischer Stoffe** durch die Bakterien und Pilze als Destruenten entstehen, gehören Kohlenstoffdioxid ($CO_2$), Wasser ($H_2O$), Schwefelwasserstoff ($H_2S$), Ammoniak ($NH_3$) und andere stickstoffhaltige Stoffe (z.B. Nitrate). Außerdem entsteht Methan ($CH_4$).

Bei der Zersetzung organischer Stoffe aus abgestorbenen Organismen durch Bakterien und Pilze unterscheidet man zwischen der **Fäulnis** und der **Verwesung.**

Die **Fäulnis** wird meist durch Bakterien hervorgerufen. Beim Abbau der organischen Stoffe, der *ohne Anwesenheit von Sauerstoff* abläuft, sind Gärungsprozesse beteiligt. Während der Fäulnis entstehen anorganische Stoffe, z.B. Ammoniak, Schwefelwasserstoff und Kohlenstoffdioxid, die zum Teil übel riechend und giftig sind.

Der Prozess der Fäulnis wird auch gezielt zum Abbau organischer Stoffe, z.B. in Kläranlagen (Abb.1), in Faulgasanlagen, bei der Kompostbe-

**1** In einer Kläranlage bauen insbesondere Bakterien die organischen Stoffe ab.

reitung (Abb. unten) oder organischen Düngung genutzt. An der Zersetzung z.B. im Komposthaufen sind mehrere Pilz- und Bakterienarten beteiligt.

Der Abbauprozess **Verwesung** läuft bei *Anwesenheit von Sauerstoff* ab. Die organischen Stoffe werden durch Bakterien und Pilze bis zu den anorganischen Stoffen Kohlenstoffdioxid und Wasser abgebaut. Außerdem werden andere anorganische Stoffe gebildet, z.B. Nitrate.

> **Fäulnis ist die Zersetzung organischer Stoffe (insbesondere Eiweiße) durch Bakterien und Pilze unter Abwesenheit von Sauerstoff.**
> **Verwesung ist die Zersetzung organischer Stoffe durch Bakterien und Pilze bei Anwesenheit von Sauerstoff.**
> **Der Abbau organischer Stoffe durch Zersetzer (Fäulnis und Verwesung) hat große Bedeutung im Stoffkreislauf der Natur.**

## Untersuche die Tätigkeit von Bodenorganismen des Waldes.

*Materialien:*
Waldbodenproben von drei verschiedenen Standorten und Tiefen, sechs Petrischalen, Pipette, Wasser, Filterpapier aus Cellulose, Kalkwasser (⬜), Vaseline, 3 Standzylinder, 3 Deckel bzw. Glasplatten, 3 Uhrgläschen

**1. Nachweis der Atemtätigkeit der Bodenorganismen**

*Durchführung und Beobachtung:*
a) Fülle jeweils einen Standzylinder ein Drittel mit einer Bodenprobe und feuchte den Boden an.
b) Stelle auf die Bodenprobe ein Uhrgläschen mit Kalkwasser und verschließe den Standzylinder luftdicht (Deckel, Vaseline).
c) Beobachte mehrere Stunden bzw. Tage. Notiere deine Ergebnisse in einer Tabelle.

| Bodenproben verschiedener Standorte | Uhrglas mit Kalkwasser im Standzylinder | | |
|---|---|---|---|
| | 3 Stunden | 1 Tag | 2 Tage |
| 1. Standort obere Schicht 10 cm Tiefe | | | |
| 2. Standort obere Schicht 10 cm Tiefe | | | |

*Auswertung:*
1. Beschreibe die Veränderungen des Kalkwassers.
2. Begründe die Veränderungen des Kalkwassers.

**2. Nachweis der Cellulosezersetzung der Bodenorganismen**

*Durchführung und Beobachtung:*
a) Fülle jeweils eine Petrischale mit einer Bodenprobe und feuchte den Boden an.
b) Lege auf jede Bodenprobe ein gleich großes Filterpapier und drücke es etwas an (Abb.).
c) Beobachte zwei bis drei Wochen die Veränderungen an den Filterpapieren. Notiere deine Ergebnisse in einer Tabelle.

| Bodenproben verschiedener Standorte | Petrischale mit Cellulosefilter | | |
|---|---|---|---|
| | 1 Woche | 2 Wochen | 3 Wochen |
| 1. Standort obere Schicht 10 cm Tiefe | | | |
| 2. Standort obere Schicht 10 cm Tiefe | | | |

*Auswertung:*
1. Beschreibe die Veränderungen an den Filterpapieren.
2. Begründe die Veränderungen an den Filterpapieren.

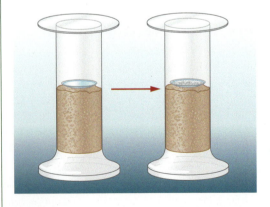

## Zersetzung der Waldstreu

Die Zersetzung der Waldstreu ist ein vielfältiger Prozess. An ihm sind sowohl Bakterien und einige Pilzarten als auch zahlreiche wirbellose Tiere beteiligt (Destruenten).
Dieser Zersetzungsprozess erfolgt in mehreren Etappen (Abb., S.347) bis zu anorganischen Stoffen.
Im Herbst fallen z. B. jedes Jahr ungefähr 25 Millionen Laubblätter auf einen Hektar (ha) Boden im Buchenwald.

$$1\,ha = 10000\,m^2$$
$$1\,t = 1000\,kg$$

Die Laubmasse entspricht einem Gesamtgewicht von ungefähr 4 Tonnen (t). Diese Laubschicht ist einige Zentimeter dick. Im Laufe der Zeit würde durch den alljährlichen Laubabwurf im Herbst die Laubschicht auf dem Waldboden auf mehrere Meter anwachsen.
*Wie ist es nun zu erklären, dass die Laubschicht nur wenige Zentimeter dick ist?*

Im Waldboden und im Laub leben eine Vielzahl kleiner und winziger Tiere und Bakterien. Zu ihnen gehören z.B. *Asseln, Regenwürmer, Tausendfüßer, Springschwänze, Milben, Insektenlarven, Nacktschnecken* sowie verschiedene Bakterienarten und Pilze.
Für diese Lebewesen bildet die Laubstreu die Nahrungsquelle. Sie fressen und zersetzen das herabgefallene Laub, wobei dies in mehreren Stufen erfolgt (s.S.347). Bei der Zersetzung haben Wind, Regen, Schnee im Verlauf des Jahres großen Einfluss.
Die in der Moosschicht und in der Laubstreuschicht (oberste Bodenschicht) lebenden wirbellosen Organismen wie *Asseln, Springschwänze, Tausendfüßer* zerstückeln größere organische Teile in kleinere. In der Vermoderungsschicht des Waldbodens werden die organischen Reste durch *Bakterien* und *Pilze* in Kohlenstoffdioxid, Wasser und Mineralstoffe (anorganische Stoffe) umgesetzt.

**Untersuche die Schichten der Laubstreu.**

*Materialien:*
Laubstreu verschiedener Schichten, Plastiktüten, Lupe, Pinzette, Gläser,
weißes Papier, Klebstoff, Bestimmungsbuch, Abbildungen von Tieren

*Durchführung und Beobachtung.*
1. Gib jeweils eine Handvoll Laubstreu von jeder Schicht in eine Plastiktüte und kennzeichne sie.
2. Betrachte mithilfe der Lupe aus jeder Schicht ein paar Laubblätter. Klebe sie auf weißes Papier! Benenne sie. Beschreibe.
3. Sammle mithilfe einer Pinzette und Lupe aus den Streuschichten die Tiere und gib sie in Gläser. Benenne die gesammelten Tiere.
   Ordne sie Tiergruppen zu.
   Nutze dazu Abbildungen (s.S.347) bzw. ein Bestimmungsbuch.

*Auswertung:*
1. Begründe die unterschiedliche Beschaffenheit der Laubblätter.
2. Welcher Zusammenhang besteht zwischen den Tieren und den Laubblättern der jeweiligen Streuschichten? Begründe

**Hinweis**
Die gesammelten Tiere sind nach der Untersuchung wieder in die Umwelt auszusetzen.

# Mosaik

Laubfall

Fensterfraß

Lochfraß

Skelettfraß

starke Zersetzung

Humusbildung

**Entstehung von Humus im Ökosystem Wald durch verschiedene Destruenten**

Ein abgestorbenes Blatt fällt auf den Boden. Sonne, Regen, Wind, Schnee und Frost wirken auf das Blatt. *Bakterien*, *Pilze* und *Algen* besiedeln es. Die Blattoberfläche weicht auf und wird mürbe.

*Springschwänze*, *Milben* und *Ohrwürmer* können die aufgeweichte Blattoberfläche anfressen. Es entstehen winzige Löcher.

*Insektenlarven* (z. B. Schnaken- und Haarmückenlarve) fressen das angegriffene Blattgewebe und vergrößern die Löcher. Nun können *Bakterien, Pilze* und andere kleinste Lebewesen in das Blattinnere eindringen.

*Nacktschnecken, Asseln* und *Tausendfüßer* fressen das Blattgewebe. Das Blattskelett bleibt zurück. Der Kot dieser Tiere und Laubreste werden von z. B. *Regenwürmern* gefressen, bei der Verdauung umgewandelt und wieder ausgeschieden.

Weitere *Bakterien* besiedeln die Blattoberfläche. Diese und die Kotreste werden von *Asseln, Springschwänzen* und *Fadenwürmern* gefressen.

Die noch vorhandenen Blattreste und der Kot der Tiere werden von *Regenwürmern* aufgenommen, umgewandelt und als Humus ausgeschieden.

## Ökologische Bedeutung der Stoffabbauprozesse

Die Zersetzung der abgestorbenen Organismen durch die Bakterien und Pilze hat große ökologische Bedeutung. So spielen die Stoffabbauprozesse Gärung, Fäulnis und Verwesung eine wesentliche Rolle im Stoffkreislauf der Natur (Abb. 1). Die Destruenten bauen die organischen Stoffe abgestorbener Tiere, Pflanzen oder Pflanzenteile zu anorganischen Stoffen ab. Diese Abbauprodukte sind Nahrung für autotroph lebende Organismen, die Produzenten (Abb. 1).

Ohne die zersetzende Tätigkeit der Destruenten würde unsere Erde mit „Organismenleichen" völlig bedeckt sein, sodass kein Leben mehr auf der Erde möglich wäre.

Durch die Tätigkeit von Bakterien und Pilzen werden neben anorganischen Stoffen auch **Humusstoffe** gebildet. Durch den Humus wird die Bodenfruchtbarkeit erhöht. Derartige Zerset-

zungsprozesse nutzt der Mensch bei der *Kompostierung* (Abb. unten, S. 344). Dabei werden im Garten anfallende Pflanzenreste, aber auch Küchenabfälle durch verschiedene Kleinstlebewesen – auch Bakterien und Pilze – teilweise zersetzt.

Diese zersetzende Tätigkeit macht sich der Mensch auch bei der **Reinigung von Abwässern** zunutze (Abb. 1, S. 344). Die Abwässer aus den Haushalten, der Landwirtschaft und den Industriebetrieben sind durch verschiedene Stoffe stark verunreinigt. Diese Stoffe würden die Gewässer stark belasten und zum Absterben vieler Organismen führen. In einer mehrstufigen Reinigung bauen insbesondere Bakterien die organischen Stoffe durch ihre Lebenstätigkeit ab (biologische Reinigungsstufe).

> Der Abbau organischer Stoffe durch Zersetzer (Gärung, Fäulnis, Verwesung) hat große Bedeutung im Stoffkreislauf der Natur und wird auf vielfältige Weise vom Menschen genutzt.

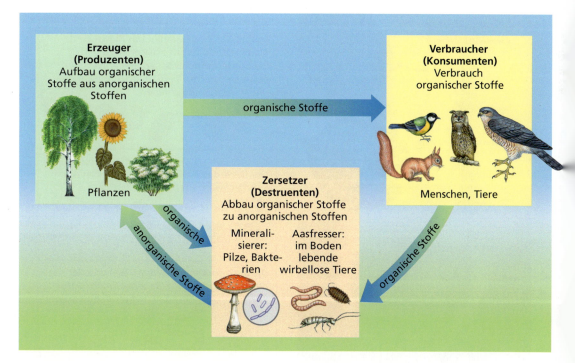

**1** Beziehungen zwischen Erzeugern, Verbrauchern und Zersetzern in der Natur

# gewusst · gekonnt

**1.** Man unterscheidet autotrophe und heterotrophe Ernährung.
Beschreibe, welche Form der Ernährung für die meisten Bakterien und
die Pilze zutrifft.

**2.** Assimilation und Dissimilation sind zwei voneinander abhängige, aber entgegengesetzte Stoff- und Energiewechselprozesse. Begründe diese Aussage.

**3.** Beschreibe die Stoff- und Energieumwandlungen bei der alkoholischen Gärung.

**4.** Bauern in Babylonien beobachteten schon vor sehr langer Zeit die Entstehung eines berauschenden Getränks aus Fruchtsäften.
a) Benenne den Prozess, der zu dieser Umwandlung führte.
b) Beschreibe die Stoff- und Energieumwandlungen bei diesem Prozess.

**5.** Welche Bedeutung hat die alkoholische Gärung für
a) die Hefepilze und
b) die Menschen?

**6.** Wird Milch in einem luftdicht abgeschlossenen Behälter auch sauer? Begründe deine Antwort.

**7.** Atmung und Gärung sind Formen der Dissimilation. Vergleiche die Energieumwandlung bei der Atmung und Gärung. Nutze dazu die Abbildungen auf den Seiten 330, 341 und 342.

**8.** Erkundige dich in einem Supermarkt, bei welchen Milchprodukten Milchsäurebakterien an der Herstellung beteiligt sind.

**9.** Im Herbst fallen etwa 25 Millionen Laubblätter auf einen Hektar Boden im Buchenwald. Das Gesamtgewicht der herabgefallenen Laubblätter beträgt ungefähr 4 Tonnen. Die Waldfläche z. B. von Mecklenburg-Vorpommern umfasst ca. 503 280 ha. Dies entspricht einem Waldanteil von 22 % (Bundesdurchschnitt 30 %). Ungefähr 12 % der Waldfläche sind mit Buchen bewachsen.
a) Berechne das Gewicht der herabfallenden Laubblätter auf $10000\,m^2$, $1000\,m^2$ und $1\,mm^2$.
b) Wie viele Hektar Wald sind in Mecklenburg-Vorpommern mit Buchen bewachsen?
c) Wie viele Tonnen Buchenblätter bedecken jährlich den Waldboden in Mecklenburg-Vorpommern?
d) Beschreibe die Vorgänge, die dazu führen, das die Laubschicht in den Buchenwäldern nur wenige Zentimeter dick ist.

**10.** Beschreibe die Entstehung dieser „Kunstwerke" von a bis e.
Verwende dabei die Begriffe: Fensterfraß, Lochfraß, Skelettfraß.

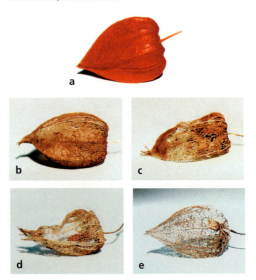

a

b          c

d          e

## Lebensprozesse bei den meisten Bakterien und Pilzen

### Aufbau körpereigener Stoffe

Die meisten Bakterien und Pilze nehmen körperfremde organische Stoffe (heterotrophe Ernährung) auf und bilden daraus ihre körpereigenen organischen Stoffe **(heterotrophe Assimilation).**

### Atmung und Gärung

Atmung und Gärung sind Formen der **Dissimilation.** Durch diese Prozesse werden organische Stoffe abgebaut. Ein Teil der in den organischen Stoffen enthaltenen Energie wird dabei in Energie umgewandelt, die für Lebensprozesse in den Zellen genutzt werden kann. Ein anderer Teil wird als Wärme abgegeben.

Die **Gärung** verläuft ohne Verbrauch von Sauerstoff. Die Energiemenge, die in chemische Energie für Lebensprozesse umgewandelt wird, ist bei der Atmung höher als bei der Gärung.

Bei der **alkoholischen Gärung** wird der energiereiche organische Stoff Traubenzucker (Glucose) zum energieärmeren organischen Stoff Ethanol (Alkohol) abgebaut.

### Fäulnis und Verwesung

**Fäulnis** ist die Zersetzung organischer Stoffe durch Pilze und Bakterien bei Abwesenheit von Sauerstoff.

**Verwesung** ist die Zersetzung organischer Stoffe durch Pilze und Bakterien bei Anwesenheit von Sauerstoff.

Die **Stoffabbauprozesse** haben große Bedeutung im Stoffkreislauf der Natur. Sie werden von Menschen genutzt, z. B. Abwasserreinigung, Kompostierung, Einlagerung von Grünfutter, Brot- und Jogurtherstellung.

# Beziehungen der Organismen im Ökosystem

**8**

## 8.1 Der Wald als terrestrisches Ökosystem

### Symbiose

Im Sommer und im Herbst lassen sich in Laub- und Nadelwäldern verschiedene essbare Pilzarten finden. Beliebt sind bei Pilzsammlern beispielsweise der Steinpilz, der Maronenröhrling und der Birkenpilz. Erfahrene Pilzsammler wissen, an welchen Orten im Wald man nach diesen Pilzarten suchen muss. Beispielsweise lassen sich Birkenpilze unter Birken finden.

*Warum kommen Birkenpilze nur unter Birken vor?*
*Welcher Zusammenhang besteht zwischen dem Pilz und dem Baum?*

### „Stockwerke" des Waldes

Am Rande von Laubmischwäldern fällt dem Waldbesucher ein vielfältiger „stockwerkartiger" Aufbau des Waldes auf. Auf dem Waldboden wachsen unter Sträuchern viele Kräuter, und darüber erheben sich, die Höhe eines Wohnhauses bisweilen überragend, Eichen, Hainbuchen und Birken.

*Welche Stockwerke lassen sich in einem Laubmischwald unterscheiden?*
*Weshalb wirkt ein Nadelwald viel einförmiger und auch dunkler als ein Laubmischwald?*

### Einheit von Organismen und Biotop

Die Organismen bilden mit ihrem Lebensraum (Biotop) eine untrennbare Einheit. Sie können nur existieren, wenn die Lebensbedingungen in ihrem Biotop ihren Ansprüchen genügen. Sie benötigen also ein bestimmtes Wirken von Umweltfaktoren.

*Von welchen Faktoren ist die Existenz der Lebewesen vor allem abhängig?*
*Welche Auswirkungen haben Besonderheiten eines Biotops auf das Vorkommen bestimmter Arten?*

## Ökosystem als Einheit von Biotop und Biozönose

Eingriffe in den Naturhaushalt sind meist gleichzeitig Eingriffe in Lebensbereiche und die dort vorkommenden Arten. Um die Folgen von Eingriffen zu verstehen, ist es daher wichtig, die Struktur und Funktion solcher Bereiche zu kennen. Als Beispiel sollen Wiesen, Wälder bzw. Gewässer dienen.

Das Erscheinungsbild dieser Bereiche wird oft von **Populationen** (Gesamtheit der Individuen einer Art in einem begrenzten Verbreitungsgebiet) bestimmter Pflanzenarten geprägt.

In einem Wald z. B. dominieren Populationen von Baumarten. Das Bild einer Wiese wird von Arten verschiedener Kräuter bestimmt. Die in dem jeweiligen Bereich (z. B. Hecke) vorkommenden Arten können hier gedeihen, weil ihre Ansprüche an die Lebensbedingungen erfüllt sind.

Beobachtet man diese Bereiche genauer, stellt sich schnell heraus, dass es sich um außerordentlich komplexe, vielschichtige Gebilde handelt, deren Struktur und Funktion zu durchschauen **intensive Untersuchungen** erfordert.

Dazu gehört eine *Bestandsaufnahme der Faktoren*, die für das Gebiet wichtig sind. Dazu zählen:
–  Bestimmung von Besonderheiten der Landschaft (z. B. Bodenverhältnisse, Relief – Hang, Tal);
–  die Ermittlung der physikalischen Faktoren (z. B. Klimafaktoren wie Temperatur- und Lichtverhältnisse sowie die Niederschlagsmenge) und der chemischen Faktoren (z. B. pH-Wert, verschiedene Stoffe), von denen die Existenz der Organismen abhängig ist;

–  die Erfassung der vorkommenden Arten und des Anteils der einzelnen Arten an der Gesamtzahl der Arten;
–  Veränderung der Artenanzahl im Verlaufe der Zeit (z. B. eines Jahres);
–  Ermittlung von Wechselwirkungen zwischen den Faktoren (Abb.);
–  Erfassung von Belastungen durch menschliche Tätigkeit (z. B. Eintrag von Schadstoffen) und deren Auswirkungen.

Um die **vorkommenden Arten zu ermitteln,** müssen in Verbindung mit regelmäßigen Beobachtungen bestimmte Verfahren und Hilfsmittel (u. a. Lupe, Mikroskop, Fernglas, Fotoapparat) genutzt werden. Dazu zählen
–  die **direkte Beobachtung** gegebenenfalls mithilfe einer Lupe oder eines Fernglases,
–  das **Sammeln** von Resten abgestorbener Organismen (z. B. Gehäuse, Schalen, Federn, Knochen),
–  das **Fangen** von Insekten und anderen Tieren, z. B. solchen, die sehr klein sind und im Wasser leben (Plankton), mit Insekten- bzw. Planktonfangnetzen sowie Fallen,
–  die **Isolierung** von Arten, die im Schlamm bzw. im Boden leben, durch **Sieben,**
–  die **Befragung** sachkundiger Personen (z. B. Fischer, Angler, Förster, Naturschutzbeauftragte), um vor allem Tiere zu ermitteln, die im Verborgenen leben und nur selten zu sehen sind.

Nur unter Berücksichtigung der Ergebnisse solcher Untersuchungen ist es möglich, die Struktur und Funktion von Lebensbereichen, z. B. von Wiesen, Wäldern bzw. von Gewässern, zu verstehen und deren Empfindlichkeit gegenüber Störungen zu beurteilen.

Mensch
Gestein
Tierwelt
Relief
Pflanzendecke
Klima
Boden
Wasserhaushalt

## Lebensraum und abiotische Faktoren

Der Lebensraum mit den darin siedelnden Organismenarten wird durch **abiotische (nicht lebende) Faktoren** bestimmt. Dazu zählen solche Faktoren wie *Licht, Temperatur, Luft (Sauerstoff, Kohlenstoffdioxid), Luftbewegung (Wind), Niederschläge, Luftfeuchtigkeit.*

Weitere abiotische Faktoren *physikalisch-chemischer Natur* sind z.B. die Einstrahlungen unterschiedlicher Art wie UV-Licht und radioaktive Strahlen, das Wasser im Boden und in Gewässern mit darin befindlichen Stoffen wie Mineralstoffe, Sauerstoff, aber auch Schadstoffen. Dazu gehören auch die Bodenverhältnisse wie Sand-, Lehm-, Humusböden, das Bodenrelief wie Hänge, Täler, Bergkuppen.

Die Gesamtheit der abiotischen Faktoren in einem Lebensbereich wird dessen **Biotop** (Lebensraum) genannt (Abb. 1).

> Der Biotop (Lebensraum) ist die Lebensstätte der Organismen mit bestimmten Lebensbedingungen. Die Eigenschaften des Biotops werden durch abiotische Faktoren (nicht lebende Faktoren) bestimmt. Sie bilden in ihrer Gesamtheit den Biotop.

Der Biotop lässt sich als ein **offenes System** auffassen. Von außen wirken ständig Stoffe ein wie Niederschläge, in der Luft enthaltene Schadstoffe, Düngemittel, Abwässer aus Siedlungsbereichen. Aber auch durch Strahlungen verschiedenster Art wie Sonnenlicht, UV-Strahlung, radioaktive Strahlung wird der Biotop mit den darin vorkommenden Lebewesen beeinflusst.
Der Biotop gibt aber auch fortwährend Stoffe und Energie an seine Umwelt ab. Im Biotop wird ständig Wasser verdunstet und gelangt als Wasserdampf in die Atmosphäre. Tiere verlassen einen Biotop und siedeln in anderen Biotopen, und auch der Mensch entnimmt ständig Stoffe aus dem Biotop (z.B. durch Ernte, Fischfang, Jagd).

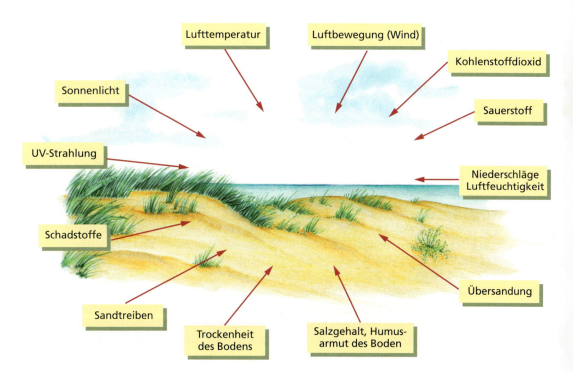

Lufttemperatur

Luftbewegung (Wind)

Kohlenstoffdioxid

Sonnenlicht

Sauerstoff

UV-Strahlung

Niederschläge
Luftfeuchtigkeit

Schadstoffe

Übersandung

Sandtreiben

Trockenheit
des Bodens

Salzgehalt, Humus-
armut des Boden

**1** Ausgewählte abiotische Umweltfaktoren im Lebensraum Strand/Düne

## Lebensraum und biotische Faktoren

Die vielfältigen Lebensräume (Biotope) auf der Erde werden von verschiedenen Organismenarten mit unterschiedlicher Individuenanzahl besiedelt. Die Organismen mit ihren Beziehungen untereinander stellen die **biotischen Faktoren (lebende Faktoren)** dar.

Zu den biotischen Faktoren zählen somit alle Lebewesen, die direkt oder indirekt auf ein anderes Lebewesen einwirken können.

Dazu gehören beispielsweise die Bestäubung von Blüten durch Insekten, die Verbreitung von Samen, z. B. durch Vögel, der Verzehr von Nahrungspflanzen durch Pflanzenfresser und von Beutetieren durch Fleischfresser.

Es gehören weiterhin dazu die Konkurrenz unter den Organismen um Nahrung, um Wohn-, Brut- und Lagerstätten, um Fortpflanzungspartner, die Besiedelung eines Lebewesens mit Parasiten, die auf oder in seinem Körper leben und diesen schädigen, sowie der Befall eines Organismus mit Krankheitserregern.

Die Organismen mit ihren Beziehungen untereinander leben in einem Lebensraum (Biotop) vergesellschaftet und bilden eine **Lebensgemeinschaft (Biozönose).** So bieten alle waldbildenden Pflanzen mit ihrem Laub und ihren Ästen zahlreichen Tierarten Aufenthaltsmöglichkeiten in Form von Nist- und Brutplätzen sowie Wohnstätten. Alle Organismenarten, die im Bereich eines Biotops (z.B. im Lebensraum Wald) vorkommen und gemeinschaftlich zusammenleben, bilden eine Lebensgemeinschaft, eine Biozönose.

> Die Lebensgemeinschaft (Biozönose) ist eine Gemeinschaft von Organismenarten (Pflanzen, Tiere, Pilze, Bakterien), die sich aufgrund ähnlicher Lebensbedingungen in einem Biotop befinden. Zwischen den Organismen gibt es Wechselbeziehungen. Die Organismen sind die biotischen Faktoren (lebende Faktoren).

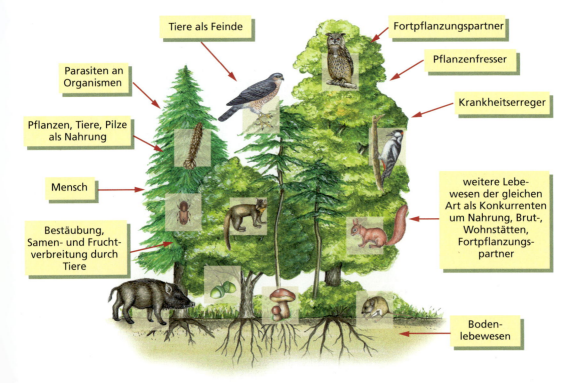

Tiere als Feinde

Fortpflanzungspartner

Pflanzenfresser

Parasiten an Organismen

Krankheitserreger

Pflanzen, Tiere, Pilze als Nahrung

Mensch

weitere Lebewesen der gleichen Art als Konkurrenten um Nahrung, Brut-, Wohnstätten, Fortpflanzungspartner

Bestäubung, Samen- und Fruchtverbreitung durch Tiere

Bodenlebewesen

**1**  Ausgewählte biotische Umweltfaktoren im Lebensraum Wald

## Beziehungen zwischen biotischen und abiotischen Faktoren

In einem Lebensbereich, z.B. Wald, beeinflussen die Organismen (biotische Faktoren) auch die abiotischen Faktoren. Die waldbildenden Pflanzen bringen beispielsweise ein spezifisches Klima innerhalb des Waldes hervor. Dieses Kleinklima im Wald unterscheidet sich beträchtlich vom Klima außerhalb des Waldes. Im Waldesinneren herrschen z.B. andere Licht-, Feuchtigkeits-, Temperatur- und Windverhältnisse als außerhalb des Waldes vor.

Zwischen der Lebensgemeinschaft der Organismen (Biozönose) und dem Lebensraum (Biotop) besteht also eine untrennbare Einheit. Diese Einheit wird von Biologen als **Ökosystem** aufgefasst (Abb. unten; Abb. S. 357).

Das Modell des Ökosystems hat sich in der Biologie als sehr nützlich zur Beschreibung der verschiedenen Lebensbereiche auf der Erde erwiesen. Als Ökosystem lassen sich sowohl kleine Lebensbereiche wie Tümpel, Baumstubben als auch große und sehr große Lebensbereiche wie Wälder, Seen, Meere, arktische Gebiete, Wüstengebiete, tropischer Regenwald bezeichnen.

> Das Ökosystem ist die Einheit (das Wirkungsgefüge) von Lebensgemeinschaft (Biozönose) und Lebensraum (Biotop). Zwischen beiden bestehen vielfältige Wechselbeziehungen.

Ökosysteme sind offene Systeme, sie stehen mit ihrer jeweiligen Umwelt (mit anderen Ökosystemen) in Wechselbeziehungen. Im Laufe der Zeit hat sich ein **„Gleichgewicht" im Ökosystem** eingestellt. Ökosysteme ändern sich in der Regel sehr langsam bei Veränderung ihrer Umwelt (z. B. führen Klimaveränderungen zu Eiszeiten).

**Veränderungen an Ökosystemen** gehen in der Gegenwart aber besonders vom Menschen aus. Durch Wirtschaft, Industrie und Verkehr werden Stoffe in Ökosysteme eingebracht, die beispielsweise zu Luftverschmutzung, Gewässerverunreinigung und als Folge zum Aussterben von Organismenarten führen. Auch die weltweite Klimaerwärmung ist eine Folge der Einwirkungen menschlicher Tätigkeit auf unsere Umwelt. Die Kontrolle der menschlichen Einflussnahme auf Ökosysteme ist daher weltweit zu einer wichtigen Aufgabe geworden.

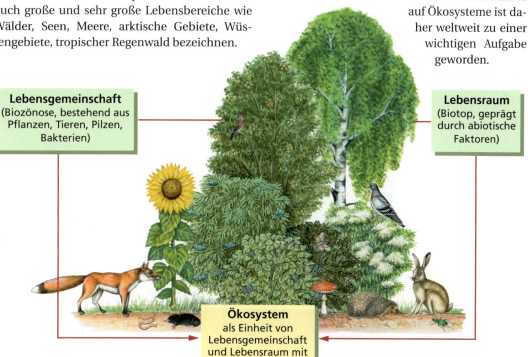

**Lebensgemeinschaft**
(Biozönose, bestehend aus Pflanzen, Tieren, Pilzen, Bakterien)

**Lebensraum**
(Biotop, geprägt durch abiotische Faktoren)

**Ökosystem**
als Einheit von Lebensgemeinschaft und Lebensraum mit Wechselbeziehungen

## Struktur eines Ökosystems

Das **Ökosystem** ist ein Beziehungsgefüge
zwischen einer Lebensgemeinschaft (Biozönose)
und ihrem Lebensraum (Biotop).

**Lebensraum
(Biotop)**
Lebensstätte
der Organismen,
ihr Lebenraum
**abiotische Faktoren**
z. B. Licht, Temperatur,
Wind, Boden, Wasser,
Schadstoffe

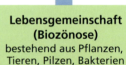

**Lebensgemeinschaft
(Biozönose)**
bestehend aus Pflanzen,
Tieren, Pilzen, Bakterien
**biotische Faktoren**
alle Lebewesen und
die Beziehungen
zwischen ihnen

**Ökosystem**
Einheit von Biotop
und Biozönose
und alle Beziehungen
zwischen ihnen

# Mosaik

## Ökosystem Wüste

*Verbreitung:*
Wüsten gibt es vorwiegend in 2 Gürteln, die jeweils in beiden Hälften der Erde zwischen dem 15. und 30. Breitengrad auftreten. Sie kommen in unterschiedlicher Ausprägung weltweit vor.

*Lebensbedingungen:*
Von allen Landökosystemen sind die Wüsten am trockensten (teilweise Regen nur 2 mm pro Jahr, in manchen Jahren regnet es überhaupt nicht).
Die Niederschläge fallen unregelmäßig. Einige Wüsten sind sehr heiß (z.B. Nordafrika – Tagestemperatur über +60 °C am Boden) und weisen starke Temperaturschwankungen zwischen Tag und Nacht auf. Es gibt aber auch kalte Wüsten (z.B. Rocky Mountains).

*Besonderheiten biotischer Faktoren:*
Der Pflanzenwuchs ist durch die Höhe und Häufigkeit der Niederschläge bestimmt. Trockenheit ertragende Pflanzen wie Kakteen und andere sukkulente Arten, die Wasser speichern können, herrschen vor. Manchmal fehlt über weite Strecken eine Vegetation.

Unter den Tieren sind Samen fressende Vögel und Nagetiere verbreitet. Eidechsen und Schlangen sind Jäger dieser Tiere. Die Tiere sind ebenfalls an das Wüstenklima angepasst, ihr Organismus braucht wenig Wasser. Manche sind nachtaktiv.
Sie halten sich am Tage in Höhlen auf, wo sie vor der Hitze geschützt sind, z.B. der kleine Wüstengecko (bis 12 cm) in der Namib-Wüste im Südwesten Afrikas.

## Weitere Ökosysteme

## Ökosystem tropischer Regenwald

*Verbreitung:*
In heißen Tropen nördlich und südlich des Äquators, weltweit, u.a. in Südamerika, Afrika, Südostasien.

*Lebensbedingungen:*
Die Jahrestemperatur beträgt zwischen +24 °C und +30 °C mit geringen Schwankungen. Tageslänge etwa 12 Stunden. Sehr hoch sind die Niederschläge (im Jahr zwischen 2000 und 10000 mm). Sie sind jahreszeitlich gleichbleibend.

*Besonderheiten biotischer Faktoren:*
Kennzeichnend ist die große Artenvielfalt. Auf einem Hektar (10 000 m$^2$) wachsen nicht selten 3000 Baumarten, teilweise über 50 m hoch, meist Laubbäume.

Die Vegetation weist in der Regel 5 Schichten auf: oberstes Kronendach, niedrige Bäume, Strauch-, Kraut- und Bodenschicht. Zahlreiche Lianen (Kletterpflanzen) und Epiphyten (u.a. Moose und Flechten auf Blättern; Orchideen, Farne und Bromelien in Astgabeln) siedeln in der Baumschicht. Die Vielfalt an Pflanzen bietet auch vielen Tieren eine Lebensgrundlage. Die einzelnen Tierarten bevorzugen bestimmte Nahrungsräume, z. B. das Kronendach (Fledermäuse, einige Vögel), andere (u.a. Kleinsäuger, Insekten) suchen im Bereich der Bodenschicht nach Futter. Tropische Regenwälder sind extrem bedroht, über die Hälfte ist bereits verloren. Damit wurden auch unzählige Arten vernichtet.

# Schichtung des Waldes und seine Struktur

## Schichtung und Raumstruktur des Waldes

Wird ein naturnaher Wald aufgesucht, so fallen am Waldrand nicht nur die hoch aufragenden Laub- und Nadelbäume, sondern auch das Unterholz auf. Es lassen sich Stufungen oder auch **„Stockwerke"** erkennen. Sie sind ein wesentliches Strukturmerkmal des Waldes.
In Laubmischwäldern, z.B. in *Eichen-Hainbuchen-Wäldern*, ist die Schichtung besonders vielfältig ausgeprägt. Diese vertikale Ordnung im Wald ist als günstige ökologische Nutzung des Luft- und Bodenraumes aufzufassen. Die unterschiedlich hohen Pflanzen „fangen" als Produzenten das Sonnenlicht für die Fotosynthese (s.S.318) ein. Durch Verzweigungen und durch die Blätter können Pflanzen ihre Oberfläche zum Aufnehmen des Sonnenlichts bedeutend vergrößern.

2   Frauenfarn

Die einzelnen Schichten des Waldes stellen für Tiere (Konsumenten), Pilze und Bakterien (Destruenten) vielfältige **Teil-Lebensräume** dar (Abb. 1; Abb. 1, S. 360). Die jeweils für eine Waldgesellschaft charakteristische Schichtung bildet sich in Übereinstimmung von Lebensbedingungen und ökologischen Ansprüchen waldbildender Pflanzenarten heraus. Ein naturnaher Wald hat bis zu fünf Schichten.

| Schichten des Waldes | Schichtbildende grüne Pflanzen/Pilze (Auswahl) | Tiere (Auswahl) |
|---|---|---|
| Baumschicht (über 15m, Kronenschicht) (5 bis 15m, Stammschicht) | Bäume, z.B. Stiel-Eiche, Trauben-Eiche, Rot-Buche, Kiefer, Tanne, Fichte; Bäume, z.B. Spitz-Ahorn, Eberesche, Traubenkirsche | Eichhörnchen, Schwarzspecht, Nonne, Waldkauz, Eichelhäher, Habicht, Baummarder |
| Strauchschicht (0,5 bis 5m) | Sträucher und Baumjungwuchs, z.B. Weißdorn-Arten, Vogelkirsche, Heckenrose, Blutroter Hartriegel, Hasel | Zaunkönig, Singdrossel, Buchfink, Tagpfauenauge, Reh |
| Krautschicht (0,1 bis 0,5m) | krautige Pflanzen, z.B. Busch-Windröschen, Waldmeister, Wald-Rispengras, Wurmfarn, Frauenfarn (Abb. 2), Heidelbeere | Kreuzspinne, Tagpfauenauge, Kaisermantel, Admiral, Wildschwein |
| Moose, Flechten, Pilze auf Untergrund (bis 0,1m) | Moose, z.B. Sternmoos, Torfmoos, Flechten, z.B. Gelbflechte, Bartflechte, Pilze, z.B. Birkenpilz, Fliegenpilz | Waldameise, Kreuzotter, Blindschleiche, Feuersalamander |
| Bodenschicht mit Wurzelstockwerken | Wurzeln der grünen Pflanzen, Pilzmyzel | Regenwurm, Assel |

1   Schichten in einem Mischwald

Je höher die Anzahl an Schichten, desto größer ist auch die Anzahl an verschiedenen Teil-Lebensräumen, die den Tieren zur Verfügung stehen. Die senkrechte (vertikale) Schichtung ist ein Ausdruck der Artenstruktur der waldbildenden Pflanzen.

**Die Pflanzenbedeckung als waagerechte Ordnung und die Schichtung des Waldes als senkrechte Ordnung bilden die Raumstruktur des Waldes. Sie ist ein Ausdruck dafür, wie der Luft- und Bodenraum durch die waldbildenden Pflanzen genutzt wird.**

## Altersstruktur und jahreszeitliche Struktur des Waldes

In dem Ökosystem Wald lässt sich auch eine **zeitliche Ordnung** erfassen. Neben Altbäumen befinden sich Bäume mittleren Alters und Jungwuchs. Die ständig ablaufende Verjüngung des Waldes durch die Produktion von Samen, deren Verbreitung und das Entstehen von Jungwuchs bewirkt das Ausbilden einer **Altersstruktur** innerhalb des Waldes. Das ungleiche Alter von Waldbäumen in naturnahen Wäldern ist eine Voraussetzung für die Dauerhaftigkeit des Waldes und für dessen Gleichgewicht.

Waldbesuche in den verschiedenen Jahreszeiten lassen in unseren Breiten im Laubwald eine weitere zeitliche Ordnung erkennen. Das Aussehen des Laubwaldes wandelt sich periodisch mit den Jahreszeiten. Laubwälder weisen einen **Frühjahrs-, Sommer-, Herbst-** und **Winteraspekt** auf. Im März/April ist es vor der Belaubung im Buchenwald hell. Die Krautschicht wird von *Busch-Windröschen* dominiert, die einen weißen Blütenteppich bilden. Diese Pflanzenart zählt zu den ersten Frühblühern im Laubwald. Zum Blühen und Fruchten benötigen *Busch-Windröschen* viel Licht, das im Frühjahr im Buchenwald reichlich vorhanden ist. Nährstoffe für rasches Wachstum und Blütenbildung sind im Wurzelstock gespeichert.

Kohlmeise · Eichelhäher · Eichhörnchen · Waldkauz · Blattlaus · Eichenwickler · Gallwespe · Specht · Maikäfer · Amsel · Waldameise · Wildschwein · Hase · Steinpilze · Sauerklee

1 Frühlingsaspekt im Buchenwald

3 Herbstaspekt im Buchenwald

Als weitere Frühblüher treten z. B. *Frühlings-Scharbockskraut* und *Hohler Lerchensporn* auf. Mit der zunehmenden Belaubung gelangt immer weniger Sonnenlicht durch das dichte Kronendach. *Waldmeister, Frühlings-Platterbse* und die *Einbeere* lösen die Frühblüher ab. Die Krautschicht wird auch durch verschiedene Gräser wie *Knäuelgras* geprägt. Die farbenprächtige Blühperiode des **Frühjahrsaspektes** geht zu Ende (Abb. 1).

Der **Sommeraspekt** zeigt sich im Buchenwald mit üppigem grünem Pflanzenwuchs (Abb. 2).

Werden die Tage wieder kürzer und fallen die Temperaturen, so zeigt sich bald der **Herbstaspekt** (Abb. 3). Im Buchenwald dominieren dann prächtig rot bis gelb gefärbte Laubblätter. Nach

den ersten Frösten genügen leichte Windstöße, um das Laub von den Bäumen zu fegen. Es zeigt sich der **Winteraspekt** (Abb. 4).

Diese **jahreszeitliche Struktur des Laubwaldes** wird durch das unterschiedliche Wirken abiotischer Faktoren (z. B. Licht, Temperatur, Wasser) ausgelöst.

> Waldökosysteme weisen Strukturen auf. Dazu zählt die stockwerkartige Schichtung. Die Schichten werden durch vielfältige waldaufbauende Pflanzenarten gebildet, die in ihrer Gesamtheit die Artenstruktur des Waldes ergeben. Die Altersstruktur drückt das Verhältnis zwischen Altbäumen, Bäumen mittleren Alters und Jungwuchs aus.

2 Sommeraspekt im Buchenwald

4 Winteraspekt im Buchenwald

## Moose – Wasser speichernde Organismen

### Vielfalt und Bau der Moose

Moose sind kleine in Stämmchen, Blättchen und wurzelähnliche Gebilde (Rhizoide) gegliederte **(Laubmoose)** oder mit einem flächenförmigen Körper ausgebildete **(Lebermoose)** Pflanzen, in deren Zellen Chloroplasten vorhanden sind. Eine Gewebedifferenzierung ist kaum vorhanden, spezielle Zellen übernehmen bestimmte Funktionen (s. S. 278).

### Lebensweise und Bedeutung

Moose ernähren sich **autotroph** (s. S. 313). Die Fortpflanzung erfolgt durch einen **Generationswechsel** (s. S. 363). Die Aufnahme und Abgabe von Wasser erfolgt durch die gesamte Oberfläche der Pflanze. Die Moosblättchen besitzen keine Wachsschicht (Kutikula) als Verdunstungsschutz. Das Wasser, das durch die Oberfläche in die Moospflanze aufgenommen wird, verdunstet bei Trockenheit sehr schnell wieder aus den Moosblättchen (Abb. unten).

Sie besitzen keine oder nur schwach entwickelte **Leit-** und **Festigungsgewebe** (Abb.).

**Moose** haben Bedeutung als
– Standortanzeiger für Böden (z. B. Torfmoos für sauren Boden),
– Besiedler von kahlem Untergrund (Bodenbildung, Verhinderung der Abspülung und Austrocknung des Untergrunds),
– Wasserspeicher im Wasserhaushalt der Natur.

> Moose sind wurzellose, mit Rhizoiden ausgestattete autotrophe kleine Pflanzen, die meist schattige Orte auf dem Lande besiedeln. Moospolster sind wichtige Wasserspeicher.

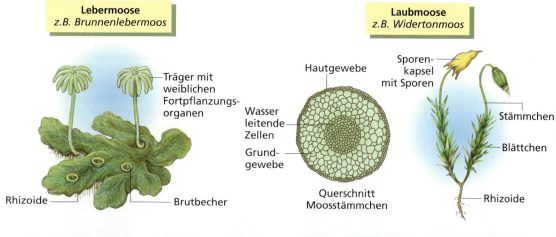

**Lebermoose**
*z. B. Brunnenlebermoos*

Träger mit weiblichen Fortpflanzungsorganen

Rhizoide

Brutbecher

**Laubmoose**
*z. B. Widertonmoos*

Hautgewebe

Wasser leitende Zellen

Grundgewebe

Querschnitt Moosstämmchen

Sporenkapsel mit Sporen

Stämmchen

Blättchen

Rhizoide

**1** Verdunstung von Wasser

**2** Moospflanzen im trockenen Zustand

**3** Aufnahme von Wasser

**4** Moospflanzen im feuchten Zustand

# Mosaik

## Fortpflanzung der Moose

Zur Fortpflanzung bilden sich an den Spitzen der Moospflanzen männliche oder weibliche Fortpflanzungsorgane. In den **männlichen Fortpflanzungsorganen** entstehen Schwärmzellen, in den **weiblichen Fortpflanzungsorganen** die Eizellen.

Die Schwärmzellen sind durch zwei Geißeln im Wasser beweglich. Bei feuchter Witterung schwimmen die Schwärmzellen durch Wassertropfen im Moospolster von den männlichen zu den weiblichen Fortpflanzungsorganen, wo es zur Befruchtung der Eizelle kommt. Aus der befruchteten Eizelle entwickelt sich die **Sporenkapsel,** in der die **Sporen** reifen. Bei trockener Witterung öffnet sich die Sporenkapsel und die reifen **Sporen** werden ausgestreut. Die Spore keimt zu einem verzweigten Faden, dem **Vorfaden,** aus. Aus den Knospen an diesen verzweigten Vorfäden wachsen neue Moospflanzen heran. Bei der Fortpflanzung der Moose kommt es zur Aufeinanderfolge einer geschlechtlichen und einer ungeschlechtlichen Generation.

Die **geschlechtliche Generation** ist die Generation, die Eizellen und Schwärmzellen bildet. Die Generation, die die Sporen bildet, ist die **ungeschlechtliche Generation.** Die Moospflanze stellt die geschlechtliche Generation dar, aus der befruchteten Eizelle geht die ungeschlechtliche Generation (Stiel mit Sporenkapsel) hervor.

**Die Fortpflanzung der Moose ist durch einen Generationswechsel gekennzeichnet.**

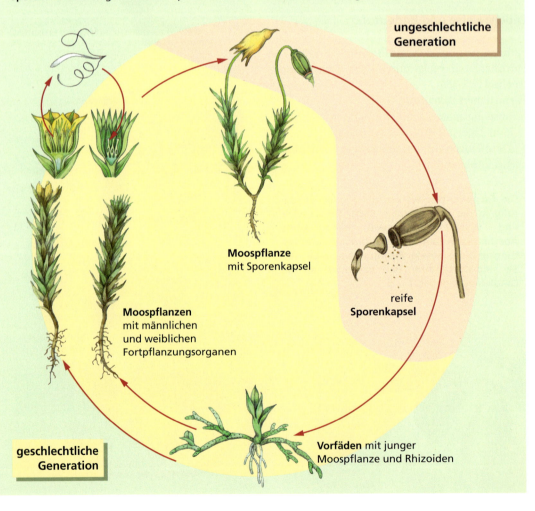

**ungeschlechtliche Generation**

**Moospflanze** mit Sporenkapsel

reife **Sporenkapsel**

**Moospflanzen** mit männlichen und weiblichen Fortpflanzungsorganen

**geschlechtliche Generation**

**Vorfäden** mit junger Moospflanze und Rhizoiden

# Farne – Organismen der Krautschicht

## Bau der Farne

**Farne** sind in Spross (Sprossachse und Blätter) und Wurzel gegliederte krautige, selten baumartige grüne Pflanzen mit großen Blättern (Wedeln), auf deren Unterseite sich häufchenweise angeordnet **Sporenkapseln mit Sporen** (Sori) befinden (Abb. rechts). Sie sind mit unterirdischen Wurzelstöcken (Erdsprossen) im Boden verankert. Die Wurzelstöcke sind sowohl Speicherorgan als auch Überwinterungsorgan.
Farne besitzen echte Gewebe, z. B. Leit-, Grund- und Festigungsgewebe, Epidermis mit Spaltöffnungen, die bestimmte Funktionen ausführen.

## Lebensweise und Bedeutung

Farne ernähren sich **autotroph** (s. S. 313). Die Fortpflanzung erfolgt durch einen **Generationswechsel** (s. S. 365).
**Farne** haben *Bedeutung als*
– Ausgangsmaterial für die Bildung von Steinkohlelagerstätten in der Karbonzeit,
– Zierpflanzen für den Menschen, z. B. Geweihfarn (Abb. unten).

> Die Farnpflanzen weisen neben der Gliederung in die Grundorgane Blatt, Sprossachse und Wurzel zunehmend differenzierte Abschlussgewebe, Wasseraufnahme- und Leitungsgewebe sowie Festigungsgewebe auf. Sie sind durch ihren Bau besonders an das Landleben angepasst.

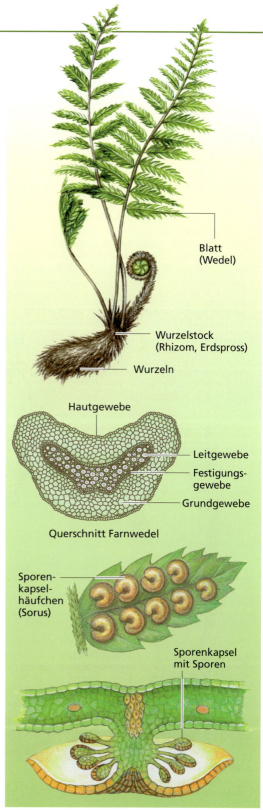

Blatt (Wedel)

Wurzelstock (Rhizom, Erdspross)

Wurzeln

Hautgewebe

Leitgewebe

Festigungsgewebe

Grundgewebe

Querschnitt Farnwedel

Sporenkapselhäufchen (Sorus)

Sporenkapsel mit Sporen

# Mosaik

## Fortpflanzung der Farne

Die **Fortpflanzung der Farne** ist durch einen **Generationswechsel** gekennzeichnet. Es wechseln sich eine **geschlechtliche** Generation (Vorkeim mit männlichen und weiblichen Fortpflanzungsorganen) und eine **ungeschlechtliche** Generation (Farnpflanzen mit Sporenkapseln) ab.
Die auf der Blattunterseite befindlichen Sporenkapseln platzen auf. Die daraus freigesetzten Sporen keimen aus und wachsen zu einem flach dem Boden anliegenden Pflänzchen, dem Vorkeim, heran. Auf ihm bilden sich weibliche und männliche Geschlechtsorgane.

Nach der Befruchtung der Eizelle entwickelt sich eine neue Jungpflanze, die zur Sporen ausbildenden Farnpflanze heranwächst.

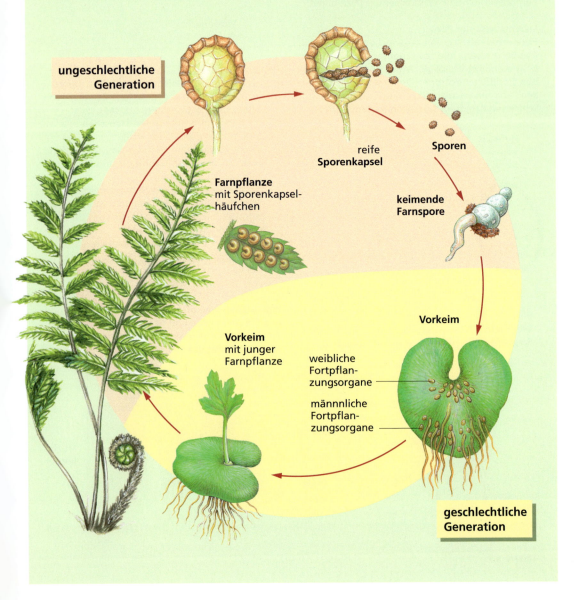

ungeschlechtliche
Generation

reife
Sporenkapsel

Sporen

**Farnpflanze**
mit Sporenkapsel-
häufchen

keimende
Farnspore

Vorkeim

**Vorkeim**
mit junger
Farnpflanze

weibliche
Fortpflan-
zungsorgane

männnliche
Fortpflan-
zungsorgane

geschlechtliche
Generation

# Mosaik

## Pilze – Organismen der Kraut- und Bodenschicht

**Vielfalt und Bau der Pilze**
Pilze sind einzellige, meist aber mehrzellige Organismen ohne Chlorophyll und mit einer Zellwand aus Chitin. Die mehrzelligen Pilze bestehen aus Zellfäden (Hyphen), deren Zellen einen bzw. mehrere Zellkerne besitzen. Die Pilzfäden bauen ein mehrjähriges unterirdisches Pilzgeflecht (Mycel, Vegetationskörper) auf, das den oberirdischen Fruchtkörper der Pilze bildet.

**Lebensweise der Pilze**
Pilze ernähren sich von organischen Stoffen (z.B. Traubenzucker), die zu anorganischen Stoffen (z.B. Kohlenstoffdioxid, Wasser) abgebaut werden. Es sind heterotrophe Organismen. Pilze pflanzen sich ungeschlechtlich durch Sporen (Hut-, Schimmelpilze) bzw. Sprossung (Hefepilze) fort.

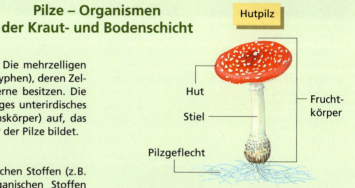

Hutpilz

Hut

Stiel

Frucht-körper

Pilzgeflecht

**Bedeutung der Pilze**
– als Zersetzer organischer Stoffe (Destruenten) im Stoffkreislauf der Natur (z.B. Zersetzer von Pflanzen- und Tierresten, s. S.344),
– als Nahrungsmittel für den Menschen (z.B. Hutpilze als Speisepilze),
– als Material- und Nahrungsmittelschädling (z.B. Zersetzer von Nahrungs- und Futtermitteln sowie Rohstoffen),
– bei der Herstellung von Nahrungsmitteln (z.B. Schimmelpilze zur Herstellung von Käsesorten; Hefepilze zur Herstellung von Brot, Kuchen, Bier und Wein, s.S.341),
– bei der Herstellung von Antibiotika (z.B. Schimmelpilze),
– bei der Verursachung von Krankheiten (z.B. Hautpilze, s.S.240).

**Pilze stellen eine artenreiche Organismengruppe dar. Sie sind in Bau und Größe sehr mannigfaltig. Zu den Pilzen gehören z. B. Hutpilze, Schimmelpilze und Hefepilze.**

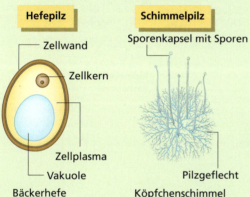

**Hefepilz**

Zellwand

Zellkern

Zellplasma

Vakuole

Bäckerhefe
Weinhefe
Bierhefe

**Schimmelpilz**

Sporenkapsel mit Sporen

Pilzgeflecht

Köpfchenschimmel
Gießkannenschimmel
Pinselschimmel

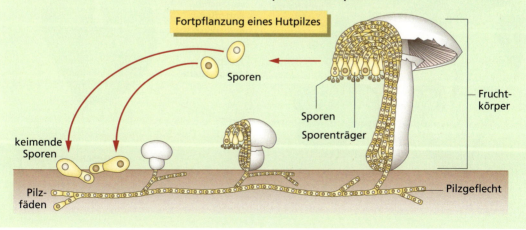

**Fortpflanzung eines Hutpilzes**

Sporen

keimende Sporen

Pilz-fäden

Sporen

Sporenträger

Frucht-körper

Pilzgeflecht

## Beziehungen zwischen abiotischen Faktoren und Pflanzen im Wald

Im Ökosystem Wald wirken **abiotische Faktoren** wie *Klimafaktoren* (z.B. Licht, Temperatur, Feuchtigkeit) und *Bodenfaktoren* (z.B. pH-Wert). Ein Waldökosystem, in dem die Bäume eine bestimmte Höhe erreicht haben und hinreichend dicht nebeneinanderstehen, beeinflusst jedoch selbst das Wirken abiotischer Faktoren. Der Wald bringt z. B. ein spezifisches Waldinnenklima hervor. Dieses Kleinklima im Wald unterscheidet sich beträchtlich vom Klima außerhalb des Waldökosystems.

### Licht als abiotischer Faktor für Pflanzen

**Licht,** insbesondere Sonnenlicht, ist einer der wesentlichsten abiotischen Faktoren. Es liefert die Energie für die Existenz nahezu aller Lebensgemeinschaften sowie für das Ausführen zahlreicher Lebensprozesse.

Die Pflanzen mit Chlorophyll können aus Wasser und Kohlenstoffdioxid unter Ausnutzung des Sonnenlichtes ein breites Spektrum von organischen Stoffen aufbauen. Der Prozess der Fotosynthese ist ökologisch betrachtet der wichtigste biochemische Prozess. Er bildet die Grundlage für die Produktion der **Biomasse** des Waldes. Darunter wird nicht nur das Holz, sondern die Gesamtheit aller lebenden, toten und zersetzten Organismen des Waldes und der von ihnen stammenden Substanz verstanden.

Die **Ansprüche der verschiedenen Pflanzenarten** an den Lichtfaktor sind unterschiedlich. Am Waldrand, mitten im dichten Baumbestand oder auf einer Lichtung im Wald herrschen ganz andere Lichtverhältnisse.
Unter den dichten Kronendächern der **Schattenbaumarten** *Rot-Buche* und *Gemeine Fichte* gedeihen nur solche Pflanzenarten, die den dort herrschenden geringen Lichtverhältnissen angepasst sind. Als **Schattenpflanzen** gehören dazu beispielsweise *Frühlings-Platterbse, Springkraut, Goldnessel,* viele *Farne* und *Moose.*

Wälder mit Schattenbaumarten haben meist einen kahlen Stammbereich und weisen eine wenig ausgebildete Strauch- und Krautschicht auf.
Im Vorfrühling vor der Belaubung sind die Lichtverhältnisse in Wäldern mit der Schattenbaumart *Rot-Buche* ganz anders. Die **Frühblüher** des Waldes, wie *Busch-Windröschen, Hohler Lerchensporn* und *Bär-Lauch,* kommen in einen ausreichenden Lichtgenuss (Anteil des Sonnenlichtes, den sie erhalten), den sie zum Blühen und Fruchten brauchen (Abb. 1).
Sie treiben rasch aus, blühen und bilden Reservestoffe, die sie z. B. in Zwiebeln oder Erdsprossen einlagern. So können sie im nächsten Frühjahr wieder wachsen und sich entwickeln.

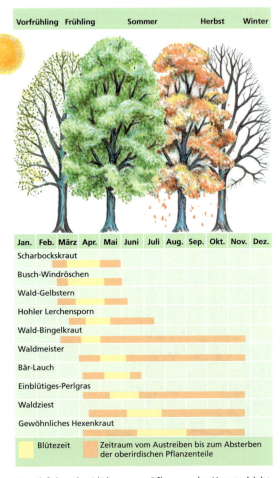

**1** Abfolge des Blühens von Pflanzen der Krautschicht eines Buchenwaldes in Abhängigkeit vom Lichtfaktor

So haben die Lichtverhältnisse für das **Vorkommen vieler Pflanzenarten** eine große Bedeutung. **Schattenpflanzen** kommen im Waldesinneren vor, **Sonnenpflanzen** an Waldrändern, auf Lichtungen und außerhalb des Waldes.

Die **Individualentwicklung der Pflanzen** ist ebenfalls abhängig vom Licht (Abb. 2).

Deutliche Auswirkungen sind z. B. auf die Wuchshöhe und die Blütenbildung von Kräutern zu beobachten. Bei optimaler Lichtstrahlung entwickelt sich die Pflanze am besten.

*Angepasstheiten an die Lichtverhältnisse* lassen sich auch an den **Blättern ein und derselben Pflanze** feststellen, z. B. der *Rot-Buche*.

Auf der besonnten Südseite des Kronenbereiches sind *Sonnenblätter*, auf der Nordseite und im Innern der Krone sind *Schattenblätter* ausgebildet

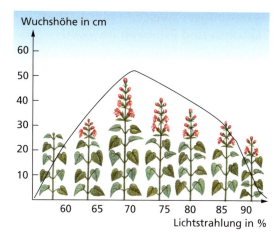

**2** Auswirkung der unterschiedlichen Lichtintensität auf Wachstum und Entwicklung von Wald-Ziest

(Abb. 1). Bei Sonnenblättern ist die Bildung organischer Stoffe größer als bei Schattenblättern.

Laubmischwälder mit den **Lichtbaumarten** *Schwarz-Kiefer, Europäische Lärche, Stiel-Eiche, Hänge-Birke, Zitter-Pappel (Espe)* bilden eine reiche Strauch- und Krautschicht aus. Diese Schichten sind wesentlich mit an der Biomasseproduktion des Waldes beteiligt. Sichtbarer Ausdruck der Biomasseproduktion im Wald ist das Höhen- und Dickenwachstum der Bäume.

| Merkmale der Laubblätter | Sonnenpflanzen | Schattenpflanzen |
|---|---|---|
| Größe | häufig kleiner | meist groß |
| äußere Beschaffenheit | relativ dick, derb | dünn, zart |
| Ausprägung des Palisadengewebes | meist mehrschichtig | einschichtig |

> Für Pflanzen ist der Lichtfaktor lebensnotwendig. Pflanzen sind als Sonnen- und Schattenpflanzen bzw. mit Sonnen- und Schattenblättern an unterschiedliche Lichtverhältnisse angepasst. Der Lichtfaktor ist wesentlich an der Ausbildung der Strukturen des Waldökosystems beteiligt.

Kutikula

obere Epidermis

Palisadengewebe

Schwammgewebe

untere Epidermis

Schließzelle   Kutikula   Spaltöffnung

**1** Merkmale und Querschnitte von Sonnen- und Schattenblatt derselben Pflanze

## Temperatur als abiotischer Faktor für Pflanzen

Die Lebensprozesse der einzelnen waldbildenden Pflanzen, z. B. Atmung, Transpiration, Entwicklung und Wachstum, sind temperaturabhängig. Alle Lebewesen sind aus vielen verschiedenen Eiweißen (Proteinen) aufgebaut, die ab einer bestimmten Temperatur gerinnen. Dadurch werden die Lebensprozesse gestört bzw. können nicht mehr ablaufen. Das Lebewesen stirbt.

Der Temperaturbereich, in dem Leben möglich ist, liegt im Allgemeinen zwischen einigen Minusgraden und etwa +45 °C. Spezifische Anpassungen an den Temperaturfaktor ermöglichen Leben weit über diesen Temperaturbereich hinaus, z. B. Vorkommen von Bakterien und Cyanobakterien („Blaualgen") in +80 °C heißen Quellen, Frostresistenz von Nadelbäumen im nördlichen Nadelwald bis etwa – 70 °C.

Der abiotische Faktor Temperatur beeinflusst wesentlich die **zeitliche Ordnung** in unseren Wäldern. **Holzgewächse** (Bäume und Sträucher) bilden Erneuerungsknospen und lagern Reservestoffe ein. Das ermöglicht im Frühjahr das Hervorbringen neuer Blätter.

*Tanne, Douglasie* und *Weymouths-Kiefer* sowie viele Laubbaumarten geben schon im Frühherbst ihre Samen frei. Als Anpassung an die Frostgrade im Winter verhindern Hemmstoffe, dass die Samen vorzeitig keimen.

*Fichte, Kiefer* und *Lärche* öffnen erst im Frühjahr unter dem Einfluss der warmen Sonnenstrahlung ihre Zapfen und geben ihre flugfähigen Samen frei. Anders ist es bei den **Pflanzen der Krautschicht.** Bei *mehrjährigen Kräutern* (z. B. Busch-Windröschen, Abb. 1) sterben die oberirdischen Teile ab. Sie überwintern mithilfe der im Erdboden liegenden Erneuerungsknospen wie Knollen, Zwiebeln, Wurzelstöcke.

Auch von den *einjährigen Kräutern* (z. B. Springkraut) ist während des Winters im Wald nichts zu sehen. Sie durchlaufen in einer Vegetationsperiode ihre Entwicklung von der Keimung bis zum Tode. Sie sterben vollständig ab und erneuern sich im darauffolgenden Jahr durch ihre frostresistenten Samen.

Untersucht man die Temperaturverhältnisse im Wald im Verlaufe eines Tages oder gar eines Jahres genauer, so lassen sich Schwankungen ermitteln. Diese sind an der Bodenoberfläche am größten.

Die Temperaturverhältnisse im Wald werden auch von der geografischen Lage und vom Boden beeinflusst. Sandböden und trockene Kalkböden erwärmen sich schneller als feuchte Tonböden. Auch die Dichte der Pflanzen im Wald und die Anzahl der Schichten wirken sich auf die Temperaturverhältnisse im Wald aus.

**1**    Busch-Windröschen und ihre Wurzelstöcke

> Der abiotische Faktor Temperatur beeinflusst das Vorkommen der waldbildenden Pflanzen sowie die zeitliche Ordnung im Waldökosystem.
> Waldbildende Pflanzen in heimischen Wäldern sind z. B. durch Laubabwurf, Frostresistenz von Nadeln und Samen, Erneuerungsknospen an den Temperaturfaktor angepasst.

## Wasser als abiotischer Faktor für Pflanzen

Der Wasserhaushalt des Waldes wird durch die Niederschläge in Form von Regen und Schnee sowie die Boden- und Luftfeuchtigkeit bestimmt. Nach der Schneeschmelze sind die Wasservorräte des Waldes am höchsten. Sie nehmen über den Sommer laufend ab. Je dichter der Pflanzenbestand ist, umso mehr Wasser kann gespeichert werden. Außerdem wird der oberirdische Abfluss von Wasser verzögert und dadurch die Erosion des Bodens vermindert.

Dazu tragen besonders **Bäume, Sträucher** und **Kräuter** bei. Diese Pflanzen haben in der Regel in ihren Zellen zentrale Vakuolen und verfügen über einen „inneren" Wasservorrat, der durch ein gut ausgebildetes Wurzelsystem ergänzt werden kann. Sie können über die in der Epidermis des Blattes liegenden Spaltöffnungen ihre Transpiration regulieren und auch größere Schwankungen im Wasserangebot des Waldes ausgleichen. Sie besiedeln verschiedenartige Teil-Lebensräume in einem Waldökosystem wie Waldtümpel, feuchte Senken, Gebiete mit hohem Grundwasserstand und Staunässe, aber auch trockene Steilhänge und Bergkuppen. An das dort jeweils vorherrschende Wasserangebot sind sie angepasst (Tab. unten).

**Laubbäume** werfen im Herbst ihre Blätter ab. Auch der **Laubfall** ist eine Angepasstheit an den abiotischen Faktor Wasser. Die Verdunstungsoberfläche der Laubbäume wird drastisch verringert, und zugleich kann damit auch dem stark eingeschränkten Wassernachschub aus dem frosttrockenen Boden im Winter begegnet werden.

**1** Sumpf-Dotterblume – an feuchten und nassen Stellen in Wiesen, Gräben und Auwäldern

Aber auch **Moose, Flechten, Grünalgen** sowie **Pilze, Bakterien** und **Cyanobakterien (Blaualgen)** speichern Wasser und beeinflussen den oberirdischen Abfluss. Sie sind jedoch in ihrem Wasserhaushalt weitgehend vom Wasserangebot ihrer Umgebung abhängig, weil ihre Zellen nur sehr kleine oder gar keine Vakuolen aufweisen. Bei extremer Trockenheit können diese Organismen in einen Ruhezustand übergehen.

> Pflanzen sind an unterschiedliche Feuchtigkeitsverhältnisse des Waldes angepasst. Der abiotische Faktor Wasser ist wesentlich an der Ausbildung der Strukturen des Waldökosystems beteiligt. Durch die Speicherung von Wasser beeinflussen die waldbildenden Pflanzen selbst entscheidend das Kleinklima im Waldökosystem.

| Angepasstheit von Pflanzen an den abiotischen Faktor Wasser | | | |
|---|---|---|---|
| Pflanzen | Teil-Lebensräume | Merkmale der Angepasstheit | Bezeichnung |
| Sumpf-Dotterblume | an Gräben, in feuchten Senken | meist dünne Blätter, Spaltöffnungen an der Oberseite häufiger und emporgehoben | Feuchtpflanze (Hygrophyten) |
| Rot-Buche | auf mäßig feuchten bis mäßig trockenen Böden | Schattenbaumart mit häufig weichen Blättern, bei Trockenheit und im Herbst Blattabwurf | wandlungsfähige Pflanze (Tropophyten) |
| Heidekraut | auf sandigen, trockenen Böden | meist kleine, lederartige Blätter mit versenkten Spaltöffnungen | Trockenpflanze (Xerophyten) |

## pH-Wert als abiotischer Faktor für Pflanzen

Der **pH-Wert** ist ein weiterer wesentlicher abiotischer Umweltfaktor. Er ist ein *Wert für eine neutrale, saure oder basische Reaktion einer wässrigen Lösung,* sei es eine Bodenlösung oder das Wasser eines Gewässers. Der unterschiedliche Säuregrad des Bodens wird als **Bodenazidität** bezeichnet. Die Wasserstoff-Ionen, die zur Bodenazidität führen, entstammen den Niederschlägen (z. B. Gehalt der Niederschläge an Kohlensäure, schwefliger Säure), aus Dissimilationsprozessen von Bodenorganismen, aus Säure bildenden Düngern, aus sauren Fäulnis- und Verwesungsprodukten. In Böden lassen sich mehrere **Reaktionsbereiche** unterscheiden (Tab. rechts).

Die Ansprüche waldbildender Pflanzenarten an den pH-Wert des Bodens sind unterschiedlich (Abb. 1–3; Tab. unten). Manche Arten können verschiedene pH-Werte tolerieren, andere sind auf eng begrenzte Reaktionsbereiche angewiesen. Änderungen im pH-Wert haben großen Einfluss auf die im Biotop lebenden Pflanzenarten und Bodenorganismen. Manche Arten können solche Änderungen tolerieren, andere sind gefährdet.

### Reaktionsbereiche von Böden

| Reaktionsbezeichnung | pH-Wert | Reaktionsbezeichnung | pH-Wert |
|---|---|---|---|
| extrem sauer | < 3,0 | schwach basisch | 7,1–8,0 |
| sehr stark sauer | 3,0–3,9 | mäßig basisch | 8,1–9,0 |
| stark sauer | 4,0–4,9 | stark basisch | 9,1–10,0 |
| mäßig sauer | 5,0–5,9 | sehr stark basisch | 10,1–11,0 |
| schwach sauer | 6,0–6,9 | extrem basisch | > 11,0 |
| neutral | 7,0 | | |

> Der pH-Wert kennzeichnet die saure, neutrale und basische Reaktion des Bodens. Er beeinflusst stark das Vorkommen von waldbildenden Pflanzenarten und Bodenorganismen.

### Ökologische Ansprüche von Pflanzenarten an den pH-Wert (Beispiele)

| | |
|---|---|
| stark sauer bis mäßig sauer | Rauschbeere, Heidekraut (Abb. 1), Faulbaum |
| stark basisch bis schwach basisch | Schwarz-Kiefer, Berberitze (Abb. 2), Nesselblättrige Glockenblume |
| sauer – neutral – basisch | Spitz-Ahorn, Stiel-Eiche, Schwarzer Holunder(Abb. 3), Rot-Buche |

1 Heidekraut     2 Berberitze     3 Schwarzer Holunder

## Ökologische Potenz, Toleranzbereich, Zeigerpflanzen

Manche Pflanzenarten brauchen zu ihrem Gedeihen ganz bestimmte **Bodenverhältnisse.** Das *Heidekraut,* aber auch die *Preiselbeere* und die *Heidelbeere* gedeihen nur auf **sauren Böden.** Nur auf **feuchten Böden** kommen *Schwarz-Erle, Sumpf-Dotterblume, Wald-Schachtelhalm, Scharbockskraut* und *Trollblume* vor. Auf **stickstoffreichen Böden** findet man die *Große Brennnessel,* auf **trockenen Böden** die *Wohlriechende Weißwurz* und den *Besenginster,* auf **salzreichen Böden** den *Meersenf, Meerkohl* und den *Strandflieder.* Auf **kalkreichem Boden** wächst das *Leberblümchen* (Abb. 1–6, S. 373).

Am besten wachsen und entwickeln sich Pflanzen, wenn für sie wichtige abiotische Faktoren optimal gegeben sind, sich im **Optimum** befinden.

In bestimmten Grenzen ertragen die Arten aber Abweichungen in Richtung **Minimum** bzw. **Maximum** (Abb. 1). Minimum bzw. Maximum sind Grenzpunkte der Ausprägung (der Größe, der Wirkung) eines abiotischen Faktors für die jeweilige Art. Unterhalb und oberhalb dieser Grenzpunkte kann die jeweilige Organismenart nicht mehr überleben, sie stirbt.

**Optimum** ist der Wirkungsbereich (die Größe eines abiotischen Faktors), in dem die Art am bes-

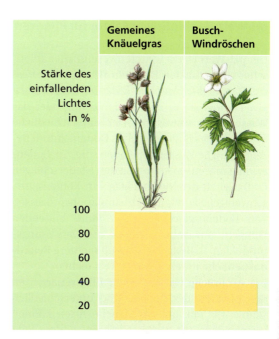

2   Toleranz von Pflanzenarten gegenüber dem Lichtfaktor, bezogen auf den Standort

ten gedeiht und sich fortpflanzt. Wenn für eine Art lebensnotwendige abiotische Faktoren nur im Bereich des **Minimums** bzw. **Maximums** gegeben sind, kann sie zwar noch existieren, sich aber meist nicht fortpflanzen und stirbt folglich aus.

**Minimum** ist die untere Grenze des Wirkungsbereiches (die Größe) eines abiotischen Faktors, in dem die Art noch existieren, sich aber nicht fortpflanzen kann.

**Maximum** ist die obere Grenze des Wirkungsbereiches (die Größe) eines abiotischen Faktors, in dem die Art noch existieren, aber sich ebenfalls nicht fortpflanzen kann.

> Die einzelnen Arten stellen bestimmte Ansprüche an die abiotischen Faktoren eines Biotops (Ausprägung Optimum, Minimum, Maximum).

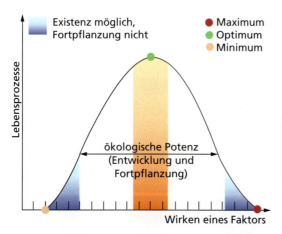

1   Die ökologische Potenz gibt den Bereich eines abiotischen Faktors an, in dem sich eine Art entwickeln und fortpflanzen kann.

Der Bereich eines abiotischen Faktors, den eine Art nutzt und in dem sie sich fortpflanzen kann, wird ihre **ökologische Potenz** genannt (Abb. 1, 2). Man unterscheidet eine weite und enge ökologische Potenz.

**1** Heidelbeere
(Säureanzeiger)

**2** Wasser-Schwertlilie
(Nässeanzeiger)

**3** Leberblümchen
(Kalkanzeiger)

**4** Besenginster
(Trockenheitsanzeiger)

**6** Meerkohl
(Salzanzeiger)

**5** Große Brennnessel
(Stickstoffanzeiger)

Die Fähigkeit, Schwankungen der Wirkung von abiotischen Faktoren sowohl in Richtung auf das Minimum als auch auf das Maximum in bestimmten Grenzen zu ertragen, wird **Toleranz** (Abb. 2) genannt.

> Der Bereich von abiotischen Faktoren, den die einzelnen Arten nutzen und in dem sie sich auch fortpflanzen können, ist ihre ökologische Potenz.

Die ökologische Potenz, der fortpflanzungsmögliche Bereich einer Art gegenüber einem Umweltfaktor, ist bei den Arten unterschiedlich. Sie ist auch oft nicht für alle Individuen einer Art gleich und kann sich im Verlaufe der Individuenentwicklung ändern.

Manche Arten haben bezüglich mehrerer abiotischer Faktoren eine *weite ökologische Potenz*. Solche Arten kann man in verschiedenen Ökosyste-

men, teilweise weltweit finden. Typische Beispiele sind der *Sperling,* die *Ratte* und *das Gemeine Knäuelgras.*

Andere Arten besitzen eine *enge ökologische Potenz.* Sie sind auf spezifische Biotope (Standorte) angewiesen. Bezieht sich diese enge ökologische Potenz bei Pflanzen auf **einen** abiotischen Faktor (z. B. das Licht, die Feuchtigkeit, den Salzgehalt), dann lassen sich solche Pflanzenarten als **Zeigerarten (Indikatorpflanzen)** für diesen abiotischen Faktor nutzen. Zeigerpflanzen gibt es für eine ganze Reihe abiotischer Faktoren (Abb. 1– 6).

> Zeigerpflanzen sind Pflanzen, die eine enge ökologische Potenz gegenüber einem bestimmten abiotischen Faktor besitzen. Sie können als Indikatoren für die Beurteilung der Ausprägung abiotischer Faktoren im Biotop herangezogen werden.

## Beziehungen zwischen abiotischen Faktoren und Tieren im Wald

### Licht als abiotischer Faktor für Tiere

Der Wechsel von Licht und Dunkelheit, von Tag und Nacht bewirkt bei im Wald lebenden Tieren gut beobachtbare Aktivitäten im Verhalten. In der Dämmerung ist das Schwärmen von *Mücken* auffällig. *Fledermäuse* fliegen zwischen den Baumwipfeln. In der Nacht jagen *Eulen, Igel* und *Dachse* ihre Beute. *Waldmäuse* suchen in den Nachtstunden ihre Nahrung. *Regenwürmer* kriechen auf der Erdoberfläche. Tagsüber sind die Sing- und Greifvögel aktiv. *Eidechsen* huschen zwischen Gesteinen und in der Luft schwirren *Käfer, Libellen* und *Fliegen*. Entsprechend ihren Aktivitäten lassen sich **tagaktive, nachtaktive** und **dämmerungsaktive Tiere** unterscheiden (Abb. 1, 2, 3).

Vom Licht beeinflusst wird auch der morgendliche **Sangesbeginn der Vögel.** Jede Art hat eine bestimmte Helligkeitsstufe, bei der sie munter wird und zu singen beginnt (Abb. 4).
„Frühaufsteher" bei den Singvögeln sind der *Gartenrotschwanz*, das *Rotkehlchen* und die *Amsel*.
„Langschläfer" sind *Haussperling* und *Star*.
Diese sogenannte **„Vogeluhr"** lässt gewisse Regelmäßigkeiten erkennen. Sie ist aber nicht ganz zuverlässig, weil sich, bedingt durch die Jahreszeiten, der Zeitpunkt des Sonnenaufganges verschiebt. Außerdem wird der morgendliche San-

| Uhrzeit | Vogelarten (Auswahl) |
|---------|---------------------|
| 4:00 Uhr | Gartenrotschwanz |
| 4:10 | Rotkehlchen |
| 4:15 | Amsel |
| 4:20 | Zaunkönig |
| 4:30 | Kuckuck |
| 4:40 | Kohlmeise |
| 4:50 | Zilpzalp |
| 5:00 | Buchfink |
| 5:20 | Grünfink |
| 5:20 | Haussperling |
| 5:40 | Star |
| 5:45 | Bachstelze |

**4** Sangesbeginn einiger Vogelarten in Abhängigkeit von der Helligkeit. Die Uhrzeiten sind bezogen auf einen Sonnenaufgang Mitte Mai um 5.30 Uhr (Sommerzeit).

gesbeginn durch Bewölkung, Nebel und wechselnde Temperaturen beeinflusst. Die „Frühaufsteher" sind oftmals abends auch die letzten Sänger, z. B. *Amsel, Rotkehlchen*.

> Der abiotische Faktor Licht beeinflusst die Tag- und Nachtaktivität sowie das Verhalten von waldbewohnenden Tieren.

**1** Tagaktives Tier (Kohlmeise)

**2** Nachtaktives Tier (Eule)

**3** Dämmerungsaktives Tier (Fledermaus)

## Temperatur als abiotischer Faktor für Tiere

**2** Winterschläfer (Igel) und Winterruher (Dachs)

Im Wald kann man beobachten, dass der abiotische Faktor Temperatur das Verhalten vieler Waldbewohner beeinflusst. Bei Sonnenschein sieht man auf Laubblättern sich „sonnende" *Schmetterlinge* oder *Eidechsen* schnell hinter Steinen und Gras verschwinden. Bei kühler Witterung lassen sich z. B. bei *Maikäfern* langsame Bewegungsabläufe und unkoordinierte Bewegungen beobachten (Abb. 1). Bei diesen **wechselwarmen Tieren** ist die Körpertemperatur weitgehend von der Umgebungstemperatur abhängig. Sie entspricht etwa den Temperaturverhältnissen der Umgebung. So ist auch die Aktivität dieser Tiere, z. B. der Insekten, Lurche und Kriechtiere, von der jeweiligen Umgebungstemperatur abhängig. Sie müssen deshalb die kalte Jahreszeit in frostfreien Verstecken in **Winterstarre (Kältestarre)** überdauern (Abb. 3).

> **Winterstarre (Kältestarre) ist ein bewegungsunfähiger Zustand der wechselwarmen Tiere bei stark herabgesetztem Stoffwechsel und niedriger Körpertemperatur.**

Bei *Säugetieren* und *Vögeln* wird die Körpertemperatur reguliert und relativ konstant gehalten. Die Körperbedeckung (z. B. Fell, Federn) schützt diese **gleichwarmen Tiere** vor Wärmeabgabe.
Viele einheimische *Säuger* passen sich deshalb der kalten Jahreszeit durch das Abhalten einer Winterruhe bzw. eines Winterschlafes an. Eine Rolle spielt dabei auch das schlechte Nahrungsangebot im Winter.

Die **Winterruhe** stellt einen Schlaf von besonderer Länge und Tiefe dar. Die Körpertemperatur dieser gleichwarmen Tiere (z. B. *Eichhörnchen, Dachs*, Abb. 2) bleibt dabei konstant. Sie wachen häufig auf. Ihre Aktivitäten sind eingeschränkt.

Der **Winterschlaf** dagegen ist durch eine deutliche Änderung im Stoffwechsel des Körpers und einer damit verbundenen Aktivitätseinschränkung gekennzeichnet. Während die Körpertemperatur dieser gleichwarmen Tiere *(z. B. Hamster, Haselmaus, Igel, Fledermaus, Siebenschläfer,* Abb. 1, S. 376) im Aktivzustand je nach Tierart zwischen 36 °C und 40 °C liegt, wird sie im Winterschlaf auf Werte um 5 °C abgesenkt.

Gleichzeitig sind Herzschlag und Atmung enorm gedrosselt. Beim winterschlafenden *Igel* wurden bis 21 Herzschläge (normal bis 320) und 1 Atemzug (normal bis 50) in der Minute festgestellt.

Eingeleitet wird die Bereitschaft zum Winterschlaf durch die geringere Tageslänge zu Beginn der kalten Jahreszeit. Sie bewirkt eine hormonelle Umstellung.

**1** Der wechselwarme Maikäfer steht bei kühler Witterung regungslos auf seinem Blatt.

**3** Die wechselwarme Waldeidechse überwintert eingerollt in Winterstarre.

**1** Siebenschläfer im Winterschlaf

Diese führt zur vermehrten Nahrungsaufnahme und zum Anlegen von Reservestoffen im Körper. Der Winterschlafzustand wird dann durch das Eintreten einer kritischen Umgebungstemperatur ausgelöst. Sie ist je nach Winterschläfer verschieden: z.B. *Hamster* +9–10 °C, *Haselmaus* (Abb.) +15–16 °C, *Igel* +17 °C. Während des Winterschlafzustandes ist das Sinken der Körpertemperatur durch die sogenannte Minimaltemperatur begrenzt. Sie liegt bei 0 °C bzw. wenige Grade darüber. Auch wenn es im Winterquartier der Schläfer noch kälter werden sollte, diese Minimaltemperatur des Körpers wird nicht unterschritten. Die Tiere wachen dann auf.

Nach Abklingen der kalten Jahreszeit erwachen die Winterschläfer durch das Ineinandergreifen von inneren und äußeren Bedingungen. Der Stoffwechsel wird aktiviert, und die Körpertemperatur erreicht wieder ihren normalen Wert. Erst dann setzt die Bewegungsaktivität der Tiere ein.

> Aktivität und Verhalten von waldbewohnenden Tieren werden durch den abiotischen Faktor Temperatur beeinflusst. Winterruhe und Winterschlaf einiger gleichwarmer Tiere sind Anpassungen an die kalte Jahreszeit.

## Mosaik

### Wasser als abiotischer Faktor für Tiere

Auch die Tiere des Waldes sind vom abiotischen Faktor Wasser abhängig. Sie benötigen Wasser zur Aufrechterhaltung ihrer Lebensvorgänge, oft auch als Fortpflanzungsort, z.B. Lurche.

*Vögel, Kriechtiere* und *Säugetiere* sind relativ unabhängig vom Wassergehalt der Umgebung. Sie sind **Trockenlufttiere.** Anpassungserscheinungen sind Federn, Fell bzw. stark verhornte Haut als Schutz vor starker Verdunstung und Austrocknung des Körpers.

Bei regnerischem kühlen Wetter liegen z.B. *Zauneidechsen* (Abb.2) träge in ihrem Versteck und bleiben kalt und steif.

**2** Zauneidechse

*Lurche* sind z.B. stark vom Wassergehalt der Umgebung abhängig. Sie sind **Feuchtlufttiere.** Angepasst an ihre Umgebung sind sie durch eine feuchte, schleimige und drüsenreiche Haut. Diese bietet nur wenig Schutz vor Austrocknung.

*Feuersalamander* (Abb.3) z.B. leben in Laubwäldern in der Nähe von Gewässern. Sie halten sich in feuchtem Moos, zwischen Steinen an Gewässern und in der Laubstreu auf.

**3** Feuersalamander

## Untersuchungen von Faktoren im Waldökosystem – eine Auswahl

Um ein möglichst vollständiges Bild über die Umweltsituation zu gewinnen, müssen fortlaufend viele Daten von **abiotischen Faktoren** erhoben werden. So erfolgen z.B. Messungen der Umweltbelastungen der Luft bzw. des Wassers mit jeweils anderen, speziellen Methoden und Verfahren. Einige davon können direkt im Freiland angewendet werden, für andere sind spezielle Laboreinrichtungen erforderlich. Im Rahmen einer **Tagesexkursion** kann man einige Methoden und Verfahren ausführen, z.B. Untersuchung der Lichtverhältnisse, der Luft, des Bodens.

Um ein Ökosystem zu beschreiben und seinen Zustand zu beurteilen, ist es erforderlich, zumindest einen Teil der vorkommenden Pflanzen- und Tierarten zu ermitteln (**biotische Faktoren).**
Um dies zu erreichen, müssen in Verbindung mit regelmäßigen Beobachtungen bestimmte Verfahren und Hilfsmittel (u.a. Lupe, Mikroskop, Fernglas, Fotoapparat) genutzt werden.
Während einer Exkursion können z.B. folgende **Aufgaben** gelöst werden:

- Beobachten einiger Vogelarten evtl. mithilfe eines Fernglases,
- Aufstellen von Barber-Fallen am Abend vor der Exkursion; Bestimmen einiger der gefangenen Tiere (s.a.S.47, 48),
- Abschütteln der Tiere von Bäumen und Sträuchern und ebenfalls Bestimmen einiger der dabei gefangenen Tiere,
- Sammeln von z.B. Gehäusen, Federn sowie Ermitteln von Trittsiegeln, Kotresten und Erdhöhlen, die Aufschluss über das Vorkommen von Tieren geben,
- Ermitteln und Bestimmen charakteristischer Pflanzen des Waldes.

Alle Arten werden in Listen erfasst und mit dem Ziel bewertet, charakteristische Besonderheiten der Biozönose zu erkennen.

## Untersuchungen der Lichtverhältnisse

Licht, insbesondere das Sonnenlicht, ist einer der wesentlichen abiotischen Faktoren. Es liefert die Energie für die Existenz nahezu aller Ökosysteme. Für die Einschätzung eines Biotops ist es daher wichtig, die Lichtverhältnisse zu ermitteln. Dies ist z.B. in Landökosystemen (beispielsweise im Wald) mit einem Luxmeter (Abb.1) möglich.

### 1. Messen der Lichtintensität an verschiedenen Standorten

*Materialien:*
Luxmeter (Abb.1), Messband

*Durchführung:*
1. Wähle verschiedene Standorte aus.
2. Miss die Lichtintensität mithilfe eines Luxmeters bei unterschiedlichen äußeren Bedingungen (u.a. bei Sonneneinstrahlung, bei bedecktem Himmel), und zwar in Bodenhöhe, in 2 m Höhe, in einem Pflanzenbestand, auf freiem Feld.

*Auswertung:*
1. Trage die Werte in eine Tabelle ein.
2. Werte die ermittelte Lichtintensität der verschiedenen Standorte bei verschiedenen Bedingungen. Erörtere erkennbare Auswirkungen, insbesondere auf Wachstum und Entwicklung von Pflanzen.

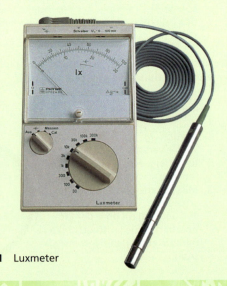

1   Luxmeter

## Untersuchung der Luft

Durch den Kraftfahrzeugverkehr, den Hausbrand sowie durch Kraft- und Heizwerke werden ständig Schadstoffe freigesetzt, die in die Luft gelangen und die Luft verschmutzen. Dazu gehören vor allem *Schwefeldioxid* ($SO_2$), *Kohlenstoffmonooxid* (CO), *Stickstoffoxide* ($NO_x$), *Ozon* ($O_3$) und Stäube.

Die Messung des Anteils vor allem der gasförmigen Schadstoffe in der Luft ist sehr kompliziert. Sie erfolgt meist in ortsfesten Stationen, die über das ganze Land verteilt sind und deren Messwerte an eine Zentrale übertragen und dort ausgewertet werden.
Gelegentlich werden auch Messfahrzeuge (mobile Stationen, Abb.) eingesetzt. Einige Untersuchungen sind mit einfachen Mitteln möglich.

**1. Messen der Lufttemperatur an verschiedenen Standorten**

*Materialien:*
mehrere Thermometer, 2 m lange Holzstäbe

*Durchführung:*
1. Wähle verschiedene Standorte aus (u.a. freies Feld, Waldrand, Waldinneres).
2. Stecke an jedem Standort Holzstäbe ein und befestige daran Thermometer, z.B. in 10, 50, 100 und 200 cm Höhe über dem Erdboden! Schütze die Thermometer vor direkter Sonneneinstrahlung (z.B. durch Alufolie).
3. Lies nach einer für alle Standorte gleichen Zeit die Temperatur ab. Registriere die Ergebnisse.

*Auswertung:*
1. Fertige aus den Messwerten ein Diagramm an.
2. Erläutere die Beziehungen z.B. zwischen der ermittelten Temperatur einerseits sowie der Sonneneinstrahlung, der Windstärke und den Feuchtigkeitsverhältnissen in Bodennähe andererseits.

**2. Ermitteln der Luftfeuchtigkeit (parallel zur Ermittlung der Lufttemperatur)**

*Materialien:*
4 Hygrometer (Abb.)

*Durchführung:*
1. Wähle verschiedene Standorte aus (u.a. freies Feld, Waldrand, Waldinneres).
2. Miss an jedem Standort in verschiedenen Höhen, z.B. 10, 50, 100 und 200 cm über der Erdoberfläche, die Luftfeuchtigkeit mithilfe eines Haarhygrometers (Abb.).

*Auswertung:*
1. Stelle die ermittelten Temperaturverhältnisse (Untersuchung 1) und Feuchtigkeitsverhältnisse von verschiedenen Standorten grafisch dar.
2. Vergleiche die Werte.
3. Erörtere die Ursachen für Unterschiede und mögliche Auswirkungen auf Organismen.

**3. Ermitteln des Flechtenbesatzes an Stämmen von Bäumen als Indikatoren für Luftverschmutzung**

*Materialien:*
Notizblock, Bleistift

*Durchführung:*
1. Wähle Bäume unterschiedlicher Standorte aus (z.B. Straßenrand, Waldgebiet, Zentrum eines Stadtgebietes als Vergleich).
2. Schätze den Flechtenbesatz des Umfanges der Baumstämme in 30 bis 200 cm Höhe (Deckungsgrad ermitteln).
Nutze dabei folgende Schätzskala für den Deckungsgrad:
Deckungsgrad 1 = 0 bis 1 % Deckung
Deckungsgrad 2 = 1 bis 10 % Deckung
Deckungsgrad 3 = 10 bis 25 % Deckung
Deckungsgrad 4 = 25 bis 40 % Deckung
Deckungsgrad 5 = über 40 % Deckung

*Auswertung:*
1. Registriere die Ergebnisse und vergleiche sie.
2. Schätze anhand des Flechtenbesatzes die Luftverschmutzung der verschiedenen Standorte ein.
**Hinweis:**
Hoher Flechtenbesatz deutet auf relativ geringe Luftverschmutzung hin.

## Untersuchungen des Bodens

Die Fruchtbarkeit des Bodens ist durch eine große Anzahl von Bodeneigenschaften bestimmt. Dazu gehören u. a.

- die *mineralischen Bestandteile* mit unterschiedlichen Korngrößen wie Kies, Sand, Schluff und Ton. Sie stammen aus dem Muttergestein; je nach dem Ausgangs- oder Muttergestein weisen die entstandenen Böden unterschiedliche Eigenschaften auf,
- die *organischen Stoffe,*
- das *Bodenwasser,*
- die *Bodenluft.*

Große Auswirkungen auf Pflanzen, aber auch auf Tiere und andere Organismen hat auch die Belastung des Bodens mit Schadstoffen. Insbesondere die Messung im Boden gelöster Stoffe wie Nitrite, Nitrate und Phosphate ist schwierig und erfordert spezielle Untersuchungen. Einige andere Faktoren lassen sich aber relativ einfach messen bzw. abschätzen, z. B. Bodenwasser. Die Analyse der Korngrößenzusammensetzung erfolgt in 2 Stufen, dem *Siebverfahren* (Trennung der Teilchen bis zu einer Größe von 2 mm) und dem *Schlämmverfahren.*
Letzteres beruht darauf, dass die Fallgeschwindigkeit im Wasser aufgeschlämmter Bodenteilchen mit dem Durchmesser zunimmt.

**1.** **Ermitteln der Korngrößenzusammensetzung des Bodens (Siebanalyse)**

*Materialien:*
Siebsatz (aus Sieben mit 2 mm, 3 mm und 5 mm weiten Öffnungen bestehend), Waage, Wägesatz, Bodenproben verschiedener Standorte (100 g je Probe)

*Durchführung:*
1. Trockne Proben von Sand-, Lehm- und Tonböden an der Luft; zerreibe Krümel und Klumpen mit der Hand.
2. Wiege etwa 500 g Boden der verschiedenen Bodenarten ab.
3. Gib jeweils eine Bodenprobe auf das oberste Sieb des Siebsatzes, schüttle kräftig.
4. Wiege den Anteil des auf den verschiedenen Sieben zurückgebliebenen Bodens, stelle die Masse fest und registriere sie in einer Tabelle.
5. Wiege Bodenteile, die durch das feinste Sieb (2 mm) hindurchgefallen sind (Feinboden) ebenfalls. Diese Probe für die folgende Schlämmanalyse aufbewahren.

*Auswertung:*
1. Errechne den prozentualen Anteil der verschiedenen Korngrößen bei den einzelnen Bodenarten.
2. Vergleiche den Anteil verschiedener Korngrößen bei den verschiedenen Bodenarten und werte die Ergebnisse aus.

**2.** **Ermitteln abschlämmbarer Teilchen bei verschiedenen Bodenarten (Schlämmanalyse)**

*Materialien:*
Schlämmzylinder nach Kühn, Waage, Wägesatz, Stoppuhr; durch Siebanalyse gewonnene Feinerde

*Durchführung:*
1. Leite eine Hypothese über den Anteil abschlämmbarer Teilchen der verschiedenen Bodenarten ab. Begründe die Hypothese.
2. Führe die Schlämmanalyse durch:
   - Abwägen von je 50 g des lufttrockenen Feinbodens der verschiedenen Bodenarten. Die einzelnen Proben getrennt in eine Schale mit Wasser bringen und unter Umrühren kochen lassen.
   - Nach dem Erkalten die Proben nacheinander (einzeln) in einen Schlämmzylinder schütten, Zylinder bis zur Marke mit Wasser füllen und kräftig umrühren.
   - Zylinder 10 Minuten ruhig stehen lassen, Wasser danach durch die seitliche Öffnung abfließen lassen (dadurch werden abschlämmbare Teilchen, die sich noch im Wasser befinden, vom Sand getrennt).
   - Abgesetzten Sand trocknen, den trockenen Rückstand wägen und Masse registrieren.

*Auswertung:*

1. Stelle den Masseverlust gegenüber der Ausgangsmasse der verschiedenen Bodenproben (50 g) fest.
2. Berechne den prozentualen Anteil an abschlämmbaren Teilen der einzelnen Bodenarten.
3. Vergleiche mit der Hypothese und werte die Ergebnisse unter Berücksichtigung einer Übersicht über verschiedene Bodenarten (s. Tab. Bodenarten, rechts) aus.

### 3. Abschätzen des Kalkgehaltes verschiedener Bodenproben

*Materialien:*
verdünnte Salzsäure (10 %, ), Bodenproben verschiedener Standorte, Porzellanschalen (oder Petrischalen), Pipette

*Durchführung:*

1. Gib die Bodenproben verschiedener Standorte in Schalen und tropfe mit einer Pipette jeweils 10 Tropfen Salzsäure hinzu. Trage dabei eine Schutzbrille und einen Kittel.
2. Beobachte die Proben und schätze den Kalkgehalt unter Berücksichtigung folgender Skala:
   - kein Aufbrausen: unter 1 % Calciumkarbonat,
   - schwaches, nicht anhaltendes Aufbrausen: 1 bis 2 % Calciumkarbonat,
   - deutliches, aber nicht anhaltendes Aufbrausen: 3 bis 4 % Calciumkarbonat,
   - starkes, lang anhaltendes Aufbrausen: über 5 % Calciumkarbonat.
3. Protokolliere die Beobachtungsergebnisse.

*Auswertung:*
Vergleiche die Ergebnisse der Schätzung des Kalkgehaltes verschiedener Standorte und setze sie zu Ansprüchen bekannter Pflanzenarten (z. B. Zeigerpflanzen) in Beziehung.

**Übersicht über Bodenarten**

| Anteil an abschlämmbaren Teilen in % | Bezeichnung der Bodenart | Symbol | Einstufung der Bodenart |
|---|---|---|---|
| 0 . . . 10 | Sand | S | leichte Böden |
| 10 . . . 13 | anlehmiger Sand | Sl | |
| 14 . . . 18 | lehmiger Sand | lS | |
| 19 . . . 23 | stark sandiger Lehm | SL | |
| 24 . . . 29 | sandiger Lehm | sL | mittlere Böden |
| 30 . . . 44 | Lehm | L | |
| 45 . . . 60 | lehmiger Ton | lT | schwerer Boden |
| > 60 | Ton | T | sehr schwerer Boden |

### 4. Ermitteln des Wassergehaltes von Böden

*Materialien:*
Bodenproben, z. B. Sandboden, Gartenerde, Moorboden, Waldboden, Humusboden; Waage, Trockenschrank, Heizung, Porzellanschälchen

*Durchführung:*

1. Wäge von jeder Bodenart die gleiche Masse ab (z. B. 500g).
2. Trockne jeweils gründlich die abgewogenen Böden im Trockenschrank.
   Wäge die Böden erneut und notiere die Ergebnisse.
3. Berechne den absoluten Wassergehalt (in Gramm) und relativen Wassergehalt (in Prozent) für die untersuchten Bodenarten.

*Auswertung:*

1. Vergleiche die Ergebnisse. Begründe die Unterschiede.
2. Ermittle die Beziehungen zwischen der Bodenfeuchtigkeit und den vorkommenden Pflanzen.

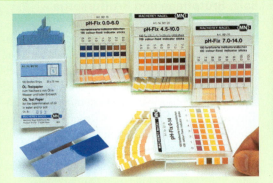

**1** Indikatorstäbchen

**2** pH-Messgerät

## 5. Untersuchen des pH-Wertes von Proben des Oberbodens

*Materialien:*
Bodenproben, Testpapier bzw. Indikatorstäbchen; pH-Messgerät (Abb. 1, 2); Trichter, Reagenzgläser, destilliertes Wasser, Filterpapier

*Durchführung:*
1. Entnimm Proben des Oberbodens verschiedener Standorte und trockne sie an der Luft.
2. Gib in je ein Reagenzglas etwa 2 – 3 cm hoch die Bodenprobe.
   Fülle die Gläser mit destilliertem Wasser und schüttle gut durch, filtriere anschließend.
3. Ermittle nach dem Absetzen der Bodenteilchen die Reaktion der Lösung:
   a) mit Testpapier bzw. Indikatorstäbchen (1 Sekunde in Filtrat halten und mit Farbskala vergleichen);
   b) mit pH-Messgerät (Elektrode in Filtrat halten und Messwert ablesen, Messwerte notieren).

*Auswertung:*
1. Vergleiche die pH-Werte der Proben.
2. Werte die pH-Werte im Hinblick auf die Bedeutung für die Organismen.

## 6. Bestimmen der Bodenart mithilfe der Handprobe

*Materialien:*
Proben von leichten, mittleren und schweren Böden, z. B. Sand, Lehm, Moorboden

*Durchführung:*
1. Nimm einen Löffel von feuchtem Boden (aber nicht nassem bzw. trockenem Boden) auf die linke Handfläche.
2. Knete die Probe mit den Fingern der rechten Hand gut durch und versuche, sie zu einer Kugel zu formen.
3. Rolle abschließend die Kugel so dünn wie möglich aus.

*Auswertung:*
Bestimme die Bodenarten anhand der Merkmaltabelle (s. unten).

| Merkmale im Ergebnis der Handprobe | Bodenarten |
|---|---|
| nicht bindig, nicht schmutzend | Sand |
| lässt sich zur Kugel formen, nicht ausrollbar | lehmiger Sand |
| auf Fingerstärke ausrollbar, knirscht deutlich | sandiger Lehm |
| plastisch formbar, kleine Figuren lassen sich bilden, knirscht bei starkem Reiben, Schmierfläche stumpf, bleibt matt | Lehm |
| matt glänzende Schmierfläche, einzelne Sandkörner sind noch spürbar | lehmiger Ton |
| hochglänzende glitschige Oberfläche | Ton |

## Beziehungen zwischen Organismen im Ökosystem

Wohin man in der Natur auch schaut, kein lebender Organismus kann vollständig eigenständig und unabhängig existieren. Er wird stets von seiner nicht lebenden Umwelt (abiotische Faktoren) und seiner lebenden Umwelt (biotische Faktoren) beeinflusst.

Zur lebenden Umwelt gehören die Angehörigen der gleichen Art sowie die Angehörigen anderer Organismenarten mit ihren vielfältigen Lebensaktivitäten.

Die von den biotischen Faktoren ausgehenden Wechselbeziehungen zwischen den Lebewesen im Ökosystem lassen sich somit einteilen **in innerartliche Wechselbeziehungen und zwischenartliche Wechselbeziehungen.**

> Innerartliche Beziehungen sind Beziehungen zwischen Lebewesen der gleichen Art, z. B. zwischen mehreren Rothirschen. Zwischenartliche Beziehungen sind Beziehungen zwischen Lebewesen verschiedener Arten, z. B. zwischen Fuchs und Kaninchen.

## Balz, Brutpflege und Brutfürsorge

Eine innerartliche Beziehung um den Fortpflanzungspartner kann man bei der **Balz** beobachten. Bei der Fortpflanzung suchen die Angehörigen einer Art ihre Sexualpartner. Bei vielen Tierarten hat dabei die Balz eine wichtige Bedeutung. Das Auffinden und Anlocken des Partners sowie das räumliche Zusammentreffen der Geschlechter kann durch verschiedene Reize ausgelöst werden. *Optische Reize* als Auslöser sind beispielsweise beim Pfau, bei verschiedenen Leuchtkäfern (z. B. „Glühwürmchen") und farbenprächtigen Fischmännchen zu beobachten. *Akustische Reize* als Auslöser findet man u. a. bei Heuschrecken, Zikaden, Fröschen, Vögeln, Brüllaffen, *chemische Stoffe* als auslösenden Reiz z. B. beim Schwammspinner (Lockentfernung bis 3 800 m).

Ein häufiger Waldvogel ist die *Amsel* (Abb. 1). Beispielsweise dringen Amsel-Weibchen zur Balz unauffällig in die Reviere der Männchen ein (Abb. 1). Das Werbeverhalten umfasst die Singbalz und das Imponieren der Männchen, das Werben um das Weibchen und Ansätze zum Nestbau.

Reviereingrenzen durch Gesang    Drohen einem Eindringling    Imponieren dem Weibchen

Werben um das Weibchen    Einwilligung in die Paarung    Paaren und Begatten

Nestbau    Gelege    Brüten    Brutpflege

**1** Das Balzverhalten der Amsel am Brutort enthält arttypische Verhaltensweisen.

Während der Balz verringert sich die Distanz der Sexualpartner, die Vögel gewöhnen sich aneinander, der Unnahbarkeitsbereich wird überwunden und die sexuelle Bereitschaft gefördert. Durch den Gesang angelockt, erscheinen im Revier oftmals mehrere Weibchen. Das Männchen wirbt durch bestimmte Körperbewegungen um ein Weibchen **(Balz).**

> Als Balz werden die „Paarungsspiele" der Tiere bezeichnet, die der Begattung vorausgehen.

Nach der **Paarung** und **Begattung** verteidigen beide gemeinsam ihr Revier. Nun beginnt der Bau des napfförmigen Nestes aus Zweigen, Moos und feuchter Erde in einer Astgabel oder Hecke durch das Weibchen. Das Männchen hilft beim Sammeln des Nestmaterials. In das Nest legt das Weibchen 3 bis 5 grünliche mit dunklen Flecken versehene Eier. Sie **brütet** ca. 14 Tage. Dann schlüpfen aus den Eiern hilflose nackte und blinde Jungvögel. Es sind **Nesthocker** (Abb. 1). Sie müssen von beiden Eltern gewärmt und mit Regenwürmern und Insekten gefüttert werden. Diese **Brutpflege** im Nest dauert ca. 14 Tage. Dann verlassen die Jungvögel das Nest, werden aber noch ca. 10 Tage von den Eltern gefüttert. Wie die jungen Amseln, sind u. a. auch die jungen *Tauben, Eisvögel* und *Rotkehlchen* hilflose **Nesthocker** und auf die Hilfe der Elterntiere angewiesen. Auch bei den *Mäusen*, den *Kaninchen* und *Eichhörnchen* kannst du Brutpflege beobachten.

Die Jungen sind nach der Geburt blind, nackt und hilflos. Eine Behaarung ist kaum vorhanden. Sie sind also auf die Pflege durch die Elterntiere angewiesen. Weibchen und auch Männchen vieler weiterer Tierarten betreiben eine intensive **Brutpflege.** Das Erleben der Pflege und Betreuung der Tierkinder durch die Elterntiere, besonders durch die Tiermütter (Abb.), gehört zu den schönsten Beobachtungen in Tiergärten, der freien Natur oder auch im Haus. Aber auch die männlichen Elterntiere betreiben Brutpflege. Die Männchen der *Geburtshelferkröten* z. B. schützen die Gelege der Weibchen. Dazu wickeln sie sich die durch einen Gallertfaden verbundenen Eier um die Hintergliedmaßen und tragen diese mit sich umher (Abb. 2). Nach zwei bis sieben Wochen – je nach Temperatur – tritt die Schlüpfbereitschaft der Larven ein. Die männlichen Geburtshelferkröten begeben sich dann zum Wasser, und die Larven schlüpfen.

> Brutpflege beinhaltet alle angeborenen Verhaltensweisen der weiblichen und männlichen Elterntiere, die der Aufzucht, der Pflege und dem Schutz der Nachkommen dienen (wie Bewachung und Versorgung der Eier bzw. der Brut, Herbeischaffen von Nahrung, Füttern, Sauberhalten, Vermitteln typischer Verhaltensweisen wie des Nahrungserwerbs, der Verteidigung).

**1** Junge Amseln werden gefüttert (Nesthocker).

**2** Geburtshelferkrötenmännchen mit Laich

**1** Pillendreher bei ihrer schweren „Arbeit"

Ein weiterer fördernder Faktor zum Schutz der Nachkommenschaft ist die **Brutfürsorge.** Zur *Brutfürsorge* verstecken *Weinbergschnecken* ihre Eier sicher im Boden, *Bitterlinge* legen ihre Eier in die Mantelhöhle der Teichmuschel, bei *Borkenkäfern* (Abb. unten) erfolgt die Eiablage unter der Borke von Nadelbäumen, und die *Pillendreher* verstecken die Eier zusammen mit einem Nahrungs- und Wasservorrat aus Mist (Abb. 1).

Bei den *Erlenblattkäfern* erfolgt die Eiablage auf der speziellen Futterpflanze, der *Schwarz-Erle.*

Die *Fliegen* legen ihre Eier in tote Tierkörper.

Maßnahmen der Brutfürsorge haben eines gemeinsam: Es sind Leistungen, die von den Elterntieren für die Nachkommen im Voraus erbracht werden, z.B. Schutz, Ernährung oder beides.

> Brutfürsorge beinhaltet Vorsorgemaßnahmen der Elterntiere für ihre Nachkommenschaft. Sie sind mit dem Zeitpunkt der Eiablage oder dem Absetzen der Jungen beendet.

## Mosaik

### Tierstaat – eine Form der innerartlichen Beziehungen von Lebewesen

In einem Tierstaat leben Tiere der gleichen Art, z.B. *Honigbienen* (s.S.64), *Rote Waldameisen, Termiten,* in einem geschlossenen Verband zusammen.

Die **Rote Waldameise** gehört zu den Staaten bildenden Insekten. Sie steht unter Naturschutz. Ihre Nesthügel im Wald können bis zu 1,5 m hoch werden (Abb.). Die Ameisen bauen sie aus Nadeln, Rindenteilen, Holzstückchen und anderen Materialien. Der unterirdische Teil des Ameisenstaates kann bis zu 2 m in die Tiefe hinabreichen.

Ein **Ameisenstaat** hat oft mehrere Königinnen, eine große Anzahl von Arbeiterinnen und viele Männchen. Die ungeflügelten und fortpflanzungsunfähigen Arbeiterinnen bauen die Nester, tragen die Nahrung heran und pflegen die Larven und Puppen. Die Königinnen und die Männchen besitzen 4 häutige Flügel. Im Mai starten sie zum „Hochzeitsflug".

Die Ameisen ernähren sich räuberisch und vertilgen z.B. große Mengen an Forstschädlingen wie Käfer und Raupen. Sie verbreiten Samen von Pflanzen, z.B. Taubnessel, Veilchen. Damit tragen sie auch zum ökologischen Gleichgewicht im Wald bei. Wegen ihres Nutzens verbreitet man sie auch künstlich und schützt ihre Nesthügel. Nahrungsvorräte werden nicht angelegt. Die Wintermonate überdauern Ameisen in Winterstarre.

Ein Tierstaat ist eine Form des Zusammenlebens von Tieren einer Art mit Arbeitsteilung aufgrund des unterschiedlichen Körperbaus und verschiedener Aufgaben der Mitglieder.

## Konkurrenz zwischen artgleichen Organismen

Jeder von Lebewesen einer Art besiedelte Lebensraum verfügt über begrenzte Ressourcen (z. B. Nahrung, Partner, Versteckmöglichkeiten). Die Angehörigen einer Art stehen untereinander in einem Wettbewerb um diese Ressourcen. Dieser Wettbewerb wird auch **Konkurrenz** genannt.

An *Rötelmäusen* (Abb. 1) z. B., sie gehören zu den Wühlmäusen, kann man Konkurrenzerscheinungen gut beobachten. Sie leben bevorzugt in lichten und feuchten Wäldern mit einer reichen Strauchschicht von *Holunder, Faulbaum, Hasel* mit eingestreuten *Brombeerbüschen*. Sie können viel besser als andere Wühlmäuse klettern. Ihre Nester liegen dicht unter der Erde. Die Nahrung besteht aus Kräutern, Samen und Insekten. Beobachtungen und Fallenfänge zeigten, dass die Anzahl der Rötelmäuse bereits im Frühjahr sehr angewachsen war. Im Januar des folgenden Jahres wurden nur noch wenige Tiere in ihrem Lebensraum vorgefunden. Im Lebensraum fiel ein starker Rindenfraß auf, der als Zeichen von großem Nahrungsmangel und starker Nahrungskonkurrenz gedeutet wurde.

Weiter fiel auf, dass die Wipfel der Sträucher bis nahezu vier Meter Höhe erklettert und benagt waren, obwohl in den unteren Teilen die Rinde noch wenig angegangen war. Dies wurde als ein Zeichen dafür gedeutet, dass die Tiere sich offensichtlich einander keine Ruhe mehr ließen, sich ständig vertrieben und ins hohe Astwerk flüchteten, um einigermaßen ungestört fressen zu können. Fraßspuren im Lebensraum zeigten: Die Rötelmäuse waren sogar bis zu zehn Metern über freies, keinen Schutz bietendes Gelände zu Büschen in einen Kiefernhochwald gelaufen, der sonst von ihnen gemieden wird. Einige Anhaltspunkte sprachen auch dafür, dass bei Rötelmäusen Kannibalismus stattfand.

Bei einer Übersiedelung des Lebensraumes führt die Konkurrenz oftmals untereinander zur **Abwanderung** bzw. zur **Vertreibung** von Individuen einer Art. Die Individuen suchen weniger besiedelte oder auch neue Lebensräume, die für die Entwicklung der Art geeignet sind. Sie tragen damit zur Entlastung des alten Lebensraumes und zur Verbreitung von Arten bei.

Ist das Territorium für die arteigenen Ansprüche zu klein geworden, finden auch **Revierkämpfe** statt. Dauernde Kämpfe verringern jedoch den Bruterfolg und lassen die Nachkommenzahl sinken. Im Verlaufe eines Revierkampfes wird das schwächere Männchen in der Regel vertrieben (*z. B. bei Rothirschen, Amseln,* Abb. Mitte).

Konkurrenz setzt auch dann ein, wenn die Anzahl der Organismen einer Art in einem begrenzten Lebensraum ansteigt und ein Ausweichen nicht mehr möglich ist. Es kommt dann zu häufigen Zusammenstößen, die zu Störungen bei der Balz, bei der Paarung und bei der Nahrungsaufnahme führen. Nahrungsverknappungen oder Nahrungsmangel verringern die Fruchtbarkeit der Individuen und die Sterblichkeit steigt an. Bei überhöhter Individuendichte tritt auch die Vernichtung der eigenen Brut ein (Kannibalismus), wie das Beispiel Rötelmäuse zeigte.

> **Konkurrenz ist ein Wettbewerb zwischen Organismen um die Nutzung von begrenzt verfügbaren Faktoren im Lebensraum, z. B. um Raum, Nahrung, Sexualpartner. Konkurrenz führt zu gegenseitiger Hemmung.**

**1** Die Rötelmaus ist eine Wühlmaus.

## Symbiosen

Eine wichtige Wechselbeziehung zwischen *Organismen verschiedener Arten* in einer bestimmten Lebensgemeinschaft ist die Symbiose.

Der größte Teil des auf dem Festland existierenden Lebens hängt von einer symbiotischen Wechselbeziehung, der **Mykorrhiza** *(Pilzwurzel;* griech. mykos = Pilz, rhiza = Wurzel), ab. Bei der Mykorrhiza handelt es sich um ein enges Miteinander und wechselseitiges Voneinander von Pilzen und pflanzlichen Wurzelsystemen.

Die meisten Pflanzen wie Farne und Samenpflanzen, z.B. Kieferngewächse, beherbergen Pilze. Diese sind entweder in die äußeren Wurzelzellen hineingewachsen oder sie umgeben das gesamte Wurzelsystem mit einem dichten Pilzgeflecht. Die Mykorrhiza-Pilze sind darauf spezialisiert, Mineralnährstoffe wie Phosphor, Stickstoff sowie Wasser aus dem Boden aufzunehmen. Ein Teil dieser Stoffe gelangt in die Wirtspflanzen und dient ihrer Ernährung. Die Pilze erhalten von den Pflanzen Kohlenhydrate (z.B. Traubenzucker). Diese dienen ihnen zur Ernährung.

Es wird angenommen, dass die Partnerschaft von Pflanzen und Pilzen die Besiedlung des damals kargen Festlandes durch höhere Pflanzen und Tiere vor 450 bis 400 Millionen Jahren wahrscheinlich erst ermöglicht hat.

Untersucht man z.B. bei der *Wald-Kiefer* die Enden der feinen Wurzeln, so stellt man fest, dass sie von einem dichten Pilzgeflecht vollständig umsponnen sind (Abb. 1, 2). Die von den Pilzfäden umsponnenen Baumwurzelenden schwellen durch das Eindringen der Pilzfäden oftmals zu kleinen länglichen Knollen an und verzweigen sich auf unterschiedliche Art.

> Die Symbiose ist eine enge Wechselbeziehung zwischen artverschiedenen Organismen mit gegenseitiger Abhängigkeit. Beide Partner sind im Vorteil und ziehen Nutzen aus der Gemeinschaft.

Symbiotische Wechselbeziehungen zeigen auch die auf der ganzen Erde verbreiteten **Flechten** (Abb. 1, 3, S. 387). Flechten bestehen aus einem Pilzgeflecht und aus einzelligen *Grünalgen* oder *Cyanobakterien* *(„Blaualgen";* Abb. 3, S. 387). Diese Organismen sind in der Lage, aus anorganischen Stoffen organische Stoffe (z. B. Traubenzucker) aufzubauen. Ein Teil dieser gebildeten Stoffe wird an die Pilze abgegeben. Die Pilze bilden ein dichtes Geflecht und können große Wassermengen aufnehmen. Sie schützen ihre Symbiosepartner vor dem Austrocknen und leiten ihnen Wasser und Mineralstoffe zu.

Flechten sind sehr anspruchslos. Sie besiedeln Lebensräume, die anderen Organismen keine Lebensgrundlagen bieten. Sie kommen am Nordrand der Tundren, in der Antarktis, im Hochgebirge (bis knapp unter 5000 m Höhe), in Wüsten und Halbwüsten, in den Tropen sowie in unserer gemäßigten Klimazone vor.

**1** Ein weißliches feines Pilzgeflecht der Ziegenlippe hat die Wurzelenden der Wald-Kiefer umsponnen.

**2** Die Mykorrhiza von Edelreizker und Wald-Kiefer ist Voraussetzung für das Gedeihen der Symbiose.

**1** Die Landkartenflechte ist eine Krustenflechte, die wie eine Kruste dicht der Unterlage aufliegt.

**3** Gelbe Wand- oder Schüsselflechte ist eine häufig an Mauern und Gestein vorkommende Laubflechte.

Flechten können in diesen extremen Lebensräumen nur deshalb existieren und überleben, weil die an der Flechtenbildung beteiligten Pilze und Partner (z. B. einzellige Algen) symbiotisch zusammenleben und sich gegenseitig förderlich sind.

Sie stellen eine Einheit dar, die organismusähnlich ist (Abb. 2). Deshalb werden Flechten innerhalb des Pflanzenreiches als eigene Gruppe betrachtet. *Flechten sind gegenüber Luftverunreinigungen extrem empfindlich.* Selbst geringe Mengen an Schwefeldioxid hemmen das Wachstum. Das Verschwinden von Flechten in Städten und stadtnahen Wäldern ist ein sicheres Anzeichen für ansteigende Schwefeldioxidkonzentrationen in der Atmosphäre.

Daher werden Flechten als Bioindikatoren („lebende Anzeiger") zur Kontrolle der Schwefeldioxidbelastung der Luft eingesetzt.

Auch im Tierreich gibt es Symbiosen. Der Einsiedlerkrebs verbirgt seinen weichen Hinterleib in einem Schneckengehäuse (Abb. 4). Dieses führt er immer mit sich und wechselt es, wenn er wächst. Auf dem Gehäuse siedeln sich Seerosen (Korallen) an. Durch ihre Nesselkapseln in den Fangarmen ist der Krebs geschützt. Dieser wiederum trägt die Seerosen bei seinen Wanderungen in neue Nahrungsräume.

> **Bekannte Symbiosen sind Mykorrhiza und Flechten.**

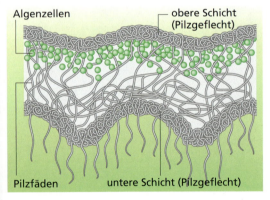

**2** Im Querschnitt ist der Aufbau einer Flechte aus einzelligen Algen und Pilzfäden zu erkennen.

Algenzellen — obere Schicht (Pilzgeflecht)

Pilzfäden — untere Schicht (Pilzgeflecht)

**4** Der Einsiedlerkrebs im Schneckengehäuse bildet mit den Seerosen eine Symbiose.

## Kommensalismus

Eine andere Form des Zusammenlebens zwischen zwei *artverschiedenen Organismen* ist der **Kommensalismus.** Hierbei sind die Partner meist locker miteinander vergesellschaftet und nur ein Partner zieht aus dieser Vergesellschaftung einen Nutzen. Bei dieser Form des Zusammenlebens artverschiedener Tiere profitiert z. B. die eine, meist kleinere Art von der Nahrung der anderen Art, ohne den Partner zu schädigen oder ihm zu nützen. Es ist eine „Tischgenossenschaft" (lat. commensalis = Tischgenosse).

Beispielsweise werden große Landraubtiere bei ihren Beutefängen von *Aasgeiern* begleitet. Letztere ziehen einen Nutzen aus den Beuteresten, die nach dem Abzug z. B. von *Löwen* zurückbleiben (Abb.1).

Einige Fische, sogenannte *Schiffshalter,* nutzen größere Fische und Wale vorübergehend als Transportmittel. Anstelle einer Rückenflosse besitzen sie eine Scheibe, mit der sie sich festsaugen können. Sie können dadurch ihre Lebensräume erweitern.

Auch viele Pflanzen nutzen Tiere für die Erweiterung ihres Lebensraumes aus. Beeren und saftige Früchte werden von Vögeln verzehrt, z. B. die *Vogelbeere* von der *Amsel* (Abb. oben), die *Mistelbeere* von der *Misteldrossel.*

Die Samen sind unverdaulich und werden oftmals weit entfernt von den Mutterpflanzen durch die Vögel ausgeschieden. Finden sie günstige Bedingungen, keimen die Samen. Die *Klette* besitzt Früchte mit hakenförmigen Haaren als Haftvorrichtungen. Sie bleiben am Fell vorbeistreifender Tiere haften und werden verbreitet.

Auf Regenwaldbäumen wachsen häufig u. a. *Bromelien, Farne* und *tropische Orchideen.* Diese Pflanzen verschaffen sich dadurch günstigere Lichtverhältnisse. Die Trägerbäume werden nicht beeinträchtigt. Sie sind nur Wuchsort für die aufsitzenden Pflanzen (Abb.2).

Eine Form des Kommensalismus ist auch die zeitlich später liegende Nutzung von verlassenen Wohnstätten von anderen Organismen. So werden Spechthöhlen durch andere höhlenbrütende Vogelarten, z.B. durch *Stare,* oder durch Kleinsäugerarten wie den *Siebenschläfer* belegt.

> **Kommensalismus ist eine Wechselbeziehung zwischen artverschiedenen Organismen, bei der ein Partner im Vorteil ist und Nutzen aus der Vergesellschaftung zieht, der andere Partner aber nicht geschädigt wird.**

**1** Aasgeier sind „Tischgenossen" der Löwen und ernähren sich von den Resten der erbeuteten Tiere.

**2** Drachenbäume und Bromelien wachsen als Aufsitzerpflanzen (Epiphyten) auf Bäumen.

## Parasitismus

Eine weit verbreitete Form von Wechselbeziehungen zwischen *Organismen verschiedener Arten* ist der **Parasitismus.** In dieser Beziehung lebt ein Organismus, der Parasit, auf Kosten eines anderen Organismus, des Wirtes. Diese Form der Beziehungen ist im Pflanzenreich wie im Tierreich weit verbreitet (s. a. S. 70).

**Parasiten** sind Organismen, die sowohl als *Außenparasiten* (Ektoparasiten, Abb. 1) außen an anderen Lebewesen als auch als *Innenparasiten* (Endoparasiten, Abb. 2) in anderen Organismen leben, sich dort fortpflanzen und sich von diesen anderen Lebewesen direkt oder indirekt ernähren.

> Parasiten sind Lebewesen, die in oder an anderen Organismen leben, sich von ihnen ernähren, sie dadurch schädigen, ohne sie immer zu töten.

Ein Lebewesen, dass einen Parasiten beherbergt, wird als **Wirt** bezeichnet. Viele Parasiten schmarotzen im Verlaufe ihres Lebens an verschiedenen, aber immer ganz bestimmten Wirten, sie vollziehen einen **Wirtswechsel.**
Den Wirt des erwachsenen Parasiten nennt man Endwirt, den des Parasiten im Jugendstadium *Zwischenwirt.*
Der Endwirt beherbergt den geschlechtsreifen

Parasiten, der Zwischenwirt die Larve. Oft wird der Wirt in seinen Lebensfunktionen kaum gestört. Manche Parasiten sind aber sehr gefährlich und können ihrem Wirt gesundheitliche Schäden zufügen oder ihn auch töten. Viele Parasiten ernähren sich vom Blut, andere von Körperteilen ihres Opfers, z. B. Muskeln, Haaren oder Haut, sowie von dem nährstoffreichen Darminhalt des Wirtes.

Die Übertragung auf die Wirte erfolgt beispielsweise durch unsaubere Nahrung, durch mit Parasiteneiern verschmutzte Luft, infolge mangelnder Körperpflege oder durch die aktive Fortbewegung der Schmarotzer selber. Zu den Parasiten, die auf der Oberfläche ihrer Wirte leben, gehören z. B. *Stechmücke (a), Blutegel (d), Zecken, Läuse (b)* und *Flöhe* (c). Ihre Beute sind Körpersubstanzen, die durch eine stechend-saugende Nahrungsaufnahme abgezapft werden (s. a. S. 70).

Andere Parasiten schmarotzen im Körperinneren der Wirte. Sie leben in Geweben, Körperhöhlen und im Darm. An diese parasitische Lebensweise sind Schmarotzer wie *Bandwürmer* (Abb. 2; Abb. 6, S. 70) durch gesteigerte Vermehrungsfähigkeit, Zwittertum, Rückbildung von Bewegungs- und Sinnesorganen, Vereinfachung des Verdauungssystems, Ausbildung von Haftorganen sehr gut angepasst.

**1** Panzer-Sommerwurz – ein Außenparasit – schmarotzt auf den Wurzeln anderer Pflanzen, z. B. Beifuß.

**2** Beim Fuchsbandwurm – einem Innenparasiten – ist der Mensch Zwischenwirt und der Fuchs Endwirt.

> Parasitismus ist ein Zusammenleben von Organismen verschiedener Arten mit einseitigem Nutzen für eine Art, den Parasiten.

## Räuber-Beute-Beziehungen

Zu den vielfältigen Nahrungsbeziehungen, die *Organismen verschiedener Arten* in einer Lebensgemeinschaft eingehen, gehört der **Raub.** Als **Räuber** (Fressfeinde) werden sowohl Pflanzenfresser, z.B. *Feldhase*, als auch Fleischfresser, z.B. *Mäusebussard, Fuchs, Specht*, bezeichnet. Die Beute sind sowohl Pflanzen, Teile von Pflanzen als auch Tiere.

Am Beispiel von *Buntspecht* (Räuber) und *Borkenkäfer* (Beutetier) kann man die Wechselbeziehungen in der *Lebensgemeinschaft Wald* verdeutlichen (Abb. 1). Man erkennt, dass sich Räuber- und Beuteorganismen im Bestand gegenseitig und mit zeitlicher Verzögerung regulieren. Die Anzahl der Beuteorganismen und der von ihnen abhängigen Räuber steht dabei in einem bestimmten Verhältnis. Ein Übermaß an Pflanzenfressern beeinflusst direkt das Wachstum, die Überlebens- und Fortpflanzungschancen der Fleischfresser.

In einer relativ stabilen Lebensgemeinschaft sind die Beziehungen zwischen Räuber- und Beuteorganismen so eingependelt, dass die negativen Wirkungen auf das Wachstum und das Überleben einer der beteiligten Organismenarten gering sind. Sie wirken sich günstig auf das **„Gleichgewicht"** in der Lebensgemeinschaft aus. Das biologische Gleichgewicht ist also ein Zustand, der sich in einer Lebensgemeinschaft eingestellt hat. Raub führt in der Regel nicht zur Vernichtung aller Beuteorganismen, weil Räuber und Beute sich gegenseitig in einem langen Entwicklungsprozess angepasst haben (s. a. S. 403). Die Räuber haben zum Erwerb der Beute bestimmte Strategien entwickelt, z.B. die Jagdstrategien von Greifvögeln.

Demgegenüber haben Beuteorganismen Strategien entwickelt, sich dem Zugriff der Räuber zu entziehen. Solche Entzugsstrategien sind z.B. Flucht *(Wasserfrosch)*, Wehrhaftigkeit *(Igel, Wespe)* oder Verstecken *(Zauneidechse, Kaninchen)*.

> Raub beinhaltet Wechselwirkungen zwischen Organismen verschiedener Arten. Es bildet sich oft ein ausgeglichenes stabiles Zahlenverhältnis zwischen Räubern und Beutetieren heraus.

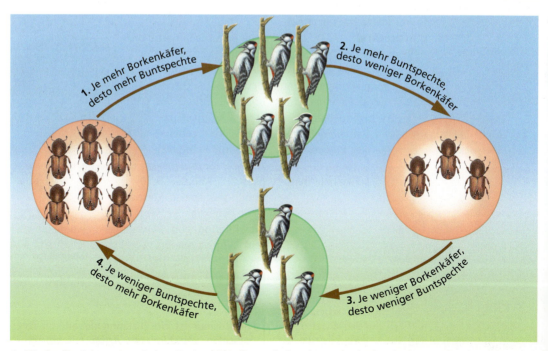

**1** Wechselbeziehungen zwischen Borkenkäfer (Beutetier) und Buntspecht (Räuber)

1. Erläutere den Begriff „Ökosystem" an einem Beispiel.

2. Ordne folgende Begriffe den lebenden (biotischen) und nicht lebenden (abiotischen) Faktoren zu: 1 Temperatur, 2 Wasser/Niederschläge, 3 Mensch, 4 Sonnenlicht, 5 andere Pflanzen, 6 Tiere, z. B. Vögel, 7 Sauerstoff, 8 Boden, 9 Parasiten, 10 Kohlenstoffdioxid, 11 Luftbewegung.

3. Ordne nachfolgende Organismen in die Schichten eines Laubmischwaldes ein: Sternmoos, Waldohreule, Wald-Kiefer, Waldmeister, Regenwurm, Bakterien, Hasel, Birkenpilz, Stiel-Eiche, Buntspecht, Flechten, Heidelbeere, Assel, Buchdrucker, Wurmfarn.

4. Beobachte Vögel und Säugetiere in einem Waldbestand.
Suche dir dazu einen geeigneten Beobachtungsstandort. Verhalte dich ruhig und verwende nach Möglichkeit ein Fernglas.
Halte in einem Beobachtungsprotokoll fest: Name und Anzahl der beobachteten Tiere (unter Verwendung von Bestimmungsliteratur), Lebensraum der Tiere (z. B. Baumschicht, Strauchschicht, Krautschicht), erkennbare Merkmale (z. B. Gestaltsmerkmale, Größe, Färbung) und Verhalten der Tiere (z. B. Lautäußerungen, Fortbewegungsweise, Nahrungssuche).

5. Fertige eine Bestandsaufnahme eines Waldes an.
   a) Dazu wird mit dem Messband ein Quadrat von 10 m Seitenlänge ausgemessen. Die Eckpunkte des Quadrates werden mit Stäben markiert. Angebracht ist eine Feinunterteilung der Untersuchungsfläche in kleinere Quadrate für die Bearbeitung durch Schülergruppen, z. B. in 4 Teil-Untersuchungsflächen mit den Ausmaßen von 5 m x 5 m.

   b) Zeichne von deiner Untersuchungsfläche einen verkleinerten Grundriss auf ein Protokollblatt aus Millimeterpapier. Bestimme die in der Untersuchungsfläche vorkommenden Pflanzenarten mithilfe von Bestimmungsliteratur.
   Trage den Wuchsort der bestimmten Einzelpflanzen in deinen Grundriss ein. Verwende Symbole für die einzelnen Arten. (Bei Gräsern und Moosen sollten nicht die Einzelpflanzen, sondern die größenmäßige Ausdehnung der von ihnen bewachsenen Fläche in den Grundriss eingetragen werden.)

   c) Ordne die ermittelten Pflanzenarten deiner Untersuchungsfläche den Schichten des Waldes zu. Schätze den Deckungsgrad der Schichten ein.

6. Moospolster haben im Haushalt der Natur eine wichtige Bedeutung. Du findest sie heraus, wenn du dir die Fotos ansiehst. Beschreibe.

7. Beschreibe Angepasstheiten waldbildender Pflanzen an den abiotischen Faktor Licht.

8. Die Zone des nördlichen Nadelwaldes reicht von der Taiga in Sibirien über Finnland, Schweden, Norwegen bis nach Kanada. Schlage in deinem Atlas nach und bestimme die Ausdehnung genauer. Warum enthält der nördliche Nadelwald keine Laubbaumarten?

9. Erkläre das Blühen vieler Pflanzen wie Busch-Windröschen, Leberblümchen, Hohler Lerchensporn im Laubmischwald bereits im Vorfrühling.

10. Vergleiche den Bau von Sonnenblättern und Schattenblättern. Nimm auch die Abbildung zu Hilfe.

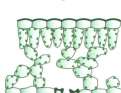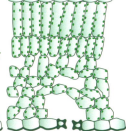

11. Fische, Lurche und Kriechtiere sind wechselwarm, Vögel und Säugetiere gleichwarm.

   a) Definiere die Begriffe wechselwarm und gleichwarm.
   b) Vergleiche die Überwinterung von Grasfrosch, Zauneidechse und Eichhörnchen. Nutze dazu auch das Internet unter www.schuelerlexikon.de.

12. Im Waldesinneren, am Waldrand und auf einer angrenzenden Wiese wurde an einem sonnigen Sommertag jeweils gegen 12:00 Uhr in einer Höhe von 20 cm vom Boden aus die Lufttemperatur gemessen. Der niedrigste Wert wurde im Waldesinneren, der höchste auf der Wiese ermittelt. Begründe die Unterschiede.

13. Was sagt ein gemessener pH-Wert des Bodens von 4,8 aus? Welche waldbildenden Pflanzen tolerieren diese Bodenreaktion? Nimm Literatur zu Hilfe bzw. suche Informationen im Internet über Zeigerpflanzen.

14. Erkläre die Zeigerwirkung bestimmter Pflanzenarten. Welche Pflanzenarten lassen sich den Säurezeigern, Trockenheitszeigern, Feuchtezeigern, Stickstoffzeigern zuordnen? Suche Informationen im Internet dazu.

15. Was ist ökologisch unter ökologischer Potenz und Toleranzbereich zu verstehen?

16. Kennzeichne den Unterschied zwischen Winterruhe und Winterschlaf bei Vertretern gleichwarmer Tiere.

17. Von den Landwirbeltieren kommen in arktischen Gebieten der Erde fast nur Vögel und Säugetiere vor. Lurche und Kriechtiere kommen nur in ganz wenigen Ausnahmen vor. Welche Erklärung gibt es dafür?

18. Bei Aufforstungen werden beispielsweise Kiefernsetzlinge sehr dicht gepflanzt. Sie wachsen und entwickeln sich in der Folgezeit sehr unterschiedlich. Manche wachsen schneller in die Höhe, andere bleiben zurück.

   a) Begründe das unterschiedliche Wachstum und die unterschiedliche Entwicklung.
   b) Nach einer bestimmten Zeit werden die kleinen, zurückgebliebenen Bäume entfernt (die Pflanzung wird durchforstet). Begründe.

19. a) Definiere den Begriff Symbiose.
   b) Erläutere diese Vergesellschaftungsform an ausgewählten Beispielen.

20. Der Schweinefinnenbandwurm ist ein Innenparasit. Begründe diese Aussage. Nimm Literatur zu Hilfe und suche Informationen im Internet, auch unter www.schuelerlexikon.de.

21. Ordne jedem der folgenden Begriffe die richtige Aussage zu: Symbiose, Konkurrenz, Parasitismus.
   Aussagen:
   A: Wechselbeziehung zwischen artverschiedenen Organismen mit einseitigem Nutzen für die eine Art
   B: Wettbewerb zwischen artgleichen Organismen um die Nutzung von begrenzt verfügbaren Ressourcen
   C: Wechselbeziehung zwischen artverschiedenen Organismen mit gegenseitiger Abhängigkeit und Nutzungsausgleich

## Ökosystem Wald – seine Schichtung und Struktur

Ein **Ökosystem** ist die Einheit von Biotop und Biozönose sowie aller Beziehungen zwischen ihnen.

Zwischen den Pflanzen und den in den Schichten des Waldes lebenden Tieren bestehen wechselseitige Beziehungen (z.B. Nahrung, Wohn- und Brutstätten, Schutz, Verbreitung von Samen). Pflanzen und Tiere, Pilze und andere Organismen bilden die **Lebensgemeinschaft (Biozönose) Wald.**

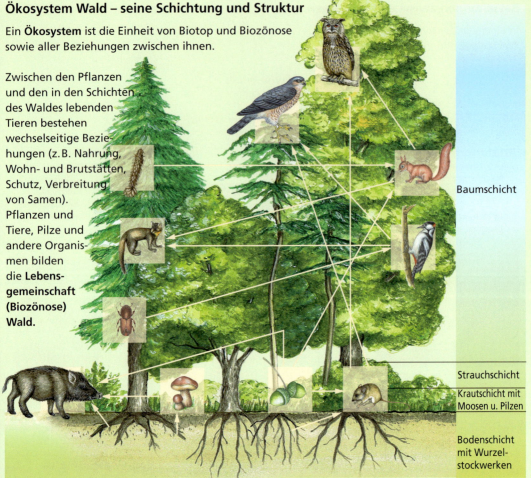

Baumschicht

Strauchschicht

Krautschicht mit Moosen u. Pilzen

Bodenschicht mit Wurzelstockwerken

## Beziehungen zwischen abiotischen Faktoren und Lebewesen

Der Lebensraum mit seinen **abiotischen Faktoren** ist Teil des Ökosystems Wald. Zwischen den abiotischen Faktoren und den Organismen bestehen enge Beziehungen.

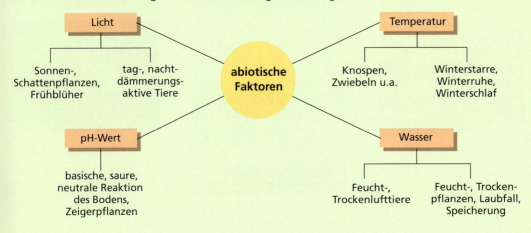

**Licht**
- Sonnen-, Schattenpflanzen, Frühblüher
- tag-, nacht-dämmerungs-aktive Tiere

**Temperatur**
- Knospen, Zwiebeln u.a.
- Winterstarre, Winterruhe, Winterschlaf

**abiotische Faktoren**

**pH-Wert**
- basische, saure, neutrale Reaktion des Bodens, Zeigerpflanzen

**Wasser**
- Feucht-, Trockenlufttiere
- Feucht-, Trockenpflanzen, Laubfall, Speicherung

## Beziehungen zwischen Lebewesen

In einem Ökosystem bestehen zwischen artverschiedenen und artgleichen Lebewesen vielfältige Wechselbeziehungen.

**Räuber-Beute**
Wechselbeziehungen zwischen artverschiedenen Organismen, zwischen denen sich ein Gleichgewicht ausbildet, z. B. Borkenkäfer – Buntspecht, Blattlaus – Marienkäfer

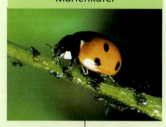

**Brutfürsorge/Brutpflege**
Vorsorgemaßnahmen für Nachkommen bzw. für Aufzucht, Pflege und Schutz, z.B. Ablegen von Insekteneiern, Aufzucht der Jungvögel, Säugen der Jungtiere

**Konkurrenz**
Wettbewerb zwischen Lebewesen um Nahrung, Partner, Lebensraum, z.B. Revierkämpfe der Rothirsche

**Beziehungen zwischen Lebewesen im Ökosystem**

**Symbiose**
Wechselbeziehungen zwischen verschiedenen Arten zum gegenseitigen Vorteil und Nutzen, z.B. Algen und Pilze in Flechten

**Kommensalismus**
Wechselbeziehungen zwischen artverschiedenen Organismen, bei der die eine Art von der Nahrung der anderen Art Nutzen zieht ohne den Partner zu schädigen, z. B. Löwe – Geier

**Parasitismus**
Wechselbeziehungen zwischen verschiedenen Arten mit einseitigem Nutzen für eine Art, z.B. Bandwurm als Innenparasit, Zecke als Außenparasit

# 8.2 Stoffkreisläufe und Energiefluss im Ökosystem

## Produzenten und Konsumenten

In jeder Lebensgemeinschaft haben sich Nahrungsketten und Nahrungsnetze herausgebildet. Durch den Verlust einer einzigen Pflanzenart wird durchschnittlich 10 bis 20 Tierarten die Lebensgrundlage entzogen. Dazu zählen auch Tiere, die gar keine Pflanzenfresser sind, wie der Wanderfalke. Dieser Greifvogel ist in Deutschland mit etwa 500 Brutpaaren vertreten.
*Warum gefährdet der Verlust von Pflanzenarten sowohl pflanzenfressende als auch fleischfressende Tierarten? Welcher Zusammenhang besteht zwischen Pflanzen und Tieren?*

## Kreisläufe in Natur und Technik

In der lebenden Natur sind Kreisläufe im Leben einzelner Arten bekannt (z. B. Blutkreislauf, Entwicklungszyklus).
Die Arten leben aber nicht isoliert voneinander, sondern bilden Gemeinschaften.
*Gibt es auch innerhalb solcher Gemeinschaften, z. B. einer Wiese, Kreisläufe?*
*Was geschieht, wenn die Kreisläufe gestört werden?*

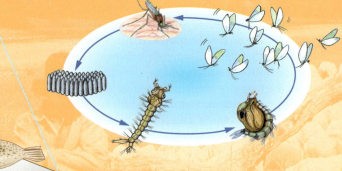

Ein Seehund frisst täglich ca. 5 kg Fisch. Dies entspricht:

**Seehund**

ca. 25 Schollen. Diese wiederum fressen:

**(Platt-)Fische**

ca. 625 kleine Fische. Diese wiederum fressen:

**kleine Fische**

ca. 15625 Garnelen. Diese wiederum fressen:

**Garnelen**

ca. 1,5 Mio. Planktontiere. Diese wiederum fressen:

im Gewässer schwebende Hohltiere, Krebse, Larven von Weichtieren, Ringelwürmer u.Ä.
**(Planktontiere)**

ca. 1,5 Mrd. Planktonpflanzen.

im Gewässer schwebende Blaualgen und Algen
**(Planktonpflanzen)**

## Nahrungspyramide

Nahrungsbeziehungen zwischen Produzenten und Konsumenten in einem Ökosystem lassen sich auch in einer Nahrungspyramide darstellen. Die Nahrungspyramide gibt Auskunft über das Verzehren und Verzehrtwerden und damit über die Ernährungsstufen.
*Warum treten auf den einzelnen Ernährungsstufen immer weniger Tiere auf?*
*Warum werden in der abgebildeten Nahrungspyramide die Tiere von Stufe zu Stufe immer größer?*

## Nahrungsbeziehungen im Ökosystem

Interessante Entdeckungen kann man machen, wenn man die Nahrungsgewohnheiten bekannter Lebewesen in einer Lebensgemeinschaft untersucht, z.B. der **Lebensgemeinschaft Wald.**
An den Blättern von Laubbäumen entdeckt man mitunter Fraßspuren. Von den Laubblättern ernähren sich viele Larven von Insekten. Ein *Buntspecht* klettert geschickt am Baumstamm einer *Kiefer.* Seine Klopfgeräusche sind weit zu hören. Herabfallende Rindenteile lassen erkennen, dass er auf Nahrungssuche ist. Er ernährt sich von *Borkenkäfern,* die er mit seinem meißelähnlichen Schnabel unter der Baumrinde hervorholt. Auf dem Waldboden findet man abgenagte Fichtenzapfen. Von den Samen unter den Zapfenschuppen ernähren sich *Eichhörnchen.* In der Laubstreu des Waldbodens hüpft eine Amsel umher und sucht nach Würmern und Insekten.
Die Organismenarten in einer Lebensgemeinschaft sind durch **Nahrungsbeziehungen** miteinander verbunden. Nahrungsbeziehungen lassen sich in **Nahrungsketten** (Abb.1) darstellen. Dabei wird die Frage beachtet: *Wer frisst wen?*
Die meisten der an Nahrungsketten beteiligten Organismen können unterschiedliche Nahrung aufnehmen. Beispielsweise verzehrt eine Amsel nicht nur Würmer und Insekten, sondern auch Pflanzensamen. Sie kann ein Glied in mehreren Nahrungsketten sein. So verzweigen sich in einer Lebensgemeinschaft immer mehrere Nahrungsketten zu einem **Nahrungsnetz** (Abb.1, S.397).

> Eine Nahrungskette ist eine Abfolge von Organismen, die – bezogen auf ihre Ernährung – direkt voneinander abhängig sind. Unter einem Nahrungsnetz versteht man verschiedene miteinander verbundene Nahrungsketten.

Werden die Nahrungsbeziehungen im Wald genauer analysiert, stellt sich heraus, dass am Anfang immer Organismen stehen, die Chlorophyll besitzen und daher meist grün sind (Algen, Moos-, Farn- und Samenpflanzen). Sie sind in der Lage, organische Stoffe, z.B. Traubenzucker, aus anorganischen Stoffen, z.B. Kohlenstoffdioxid und Wasser, aufzubauen und geben in diesem Prozess, der mithilfe des Chlorophylls und unter Nutzung des Sonnenlichtes abläuft, Sauerstoff ab. Sie werden daher **Produzenten (Erzeuger)** genannt.
Lebewesen, die kein Chlorophyll besitzen, sind auf die von den Produzenten gebildeten organischen Stoffe als Nahrung angewiesen.
Viele davon (u.a. der Mensch, viele Tiere) konsumieren diese Stoffe und werden deshalb Konsumenten (Verbraucher) genannt.
Zur **Gruppe der Konsumenten** gehören die *Pflanzenfresser* (Konsumenten 1.Ordnung, Primärkonsumenten). Sie ernähren sich direkt von den Produzenten, den Pflanzen. Zu den Pflanzenfressern zählen z.B. verschiedene *Mäusearten,* körnerfressende *Vogelarten, Hasen, Eichhörnchen* sowie *Heuschrecken* und *Schmetterlinge.*

1 Nahrungskette im Waldökosystem (⟶ bedeutet: wird gefressen von)

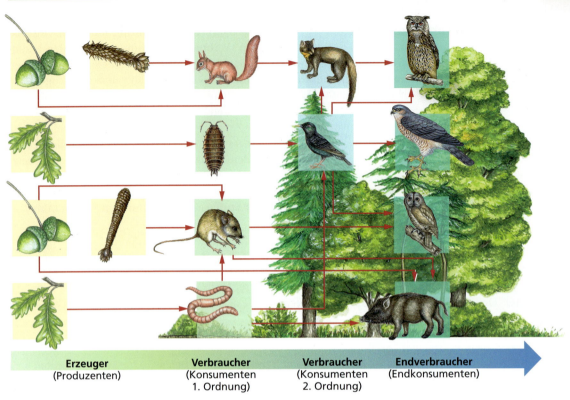

| Erzeuger (Produzenten) | Verbraucher (Konsumenten 1. Ordnung) | Verbraucher (Konsumenten 2. Ordnung) | Endverbraucher (Endkonsumenten) |

**1** Ausschnitt aus einem Nahrungsnetz im Mischwald

Zur Gruppe der Konsumenten gehören auch Tiere, die sich von den Pflanzenfressern ernähren, wie *Füchse, Eulenvögel, Frösche,* Insekten fressende *Vogelarten* sowie räuberisch lebende Insekten wie die *Gottesanbeterin.* Sie werden als *Fleischfresser* oder Konsumenten 2. Ordnung (Sekundärkonsumenten) bezeichnet.

Tiere, die sich von den Konsumenten 2. Ordnung (Sekundärkonsumenten) ernähren, werden als Konsumenten 3. Ordnung (Tertiärkonsumenten) bezeichnet. Eine *Ringelnatter,* die einen Frosch verschlingt, ist eine Konsumentin 3. Ordnung. Auch der *Falke,* der einen insektenfressenden Vogel verzehrt, gehört zu dieser Gruppe.

Andere Organismen, darunter viele bodenbewohnende Tiere *(z. B. Regenwurm, Aaskäfer, Abb.),* Pilze und Bakterien zersetzen im Wald organische Stoffe wieder zu anorganischen Stoffen. Sie werden deshalb **Destruenten (Zersetzer)** genannt.

Sie ernähren sich hauptsächlich von toten Organismen bzw. von Ausscheidungen der Organismen. Die Destruenten zerlegen die toten Überreste aller Organismenarten einschließlich ihrer eigenen letztlich in anorganische Stoffe (z. B. Wasser, Kohlenstoffdioxid, Mineralstoffe). Diese werden im Biotop (Boden, Wasser) freigesetzt und können von den Produzenten als Nährstoffe wieder verwendet werden. Durch die vielfältige Lebenstätigkeit der Destruenten wird der Stoffkreislauf im Ökosystem Wald geschlossen (Abb. 1, S. 398).

Die Organismen der Biozönose des Ökosystems Wald lassen sich bestimmten Ernährungsstufen zuordnen, zu den Produzenten (Erzeuger organischer energiereicher Stoffe), zu den Konsumenten (Verbraucher organischer energiereicher Stoffe) und zu den Destruenten (Zersetzer organischer energiereicher Stoffe).

## Stoffkreislauf im Ökosystem

Die Nahrungsketten und Nahrungsnetze erweisen sich in ihrer Gesamtheit als Nahrungskreisläufe oder allgemeiner formuliert als Stoffkreisläufe (Abb. 1).

Am Stoffkreislauf sind alle Organismen eines Ökosystems beteiligt.

> Nahrungsbeziehungen in einem Ökosystem bedingen einen Stoffkreislauf. Er umfasst alle Prozesse der Aufnahme von Stoffen, des Aufbaus, Umbaus und Abbaus von Stoffen, die Stoffumwandlung sowie die Abgabe von Stoffen.

Am Anfang der Nahrungsbeziehungen stehen immer Organismen, die Chlorophyll besitzen (Erzeuger). Die heterotroph lebenden Organismen (Verbraucher) nehmen die von den Erzeugern (Produzenten) gebildeten organischen Stoffe auf. So werden die von den Erzeugern gebildeten organischen Stoffe über die Verbraucher bis zu den Zersetzern weitergegeben.

Die Zersetzer bauen die Stoffe ab, wobei die Ausgangsstoffe, u.a. Wasser, Kohlenstoffdioxid und andere anorganische Stoffe, wieder freigesetzt werden und erneut von den Erzeugern (Produzenten) genutzt werden können.

**Der Stoffkreislauf beginnt von Neuem** (Abb. 1).

> Durch den Aufbau und den Abbau organischer Stoffe in einem Ökosystem, entstehen durch die darin lebenden Organismen Stoffkreisläufe.

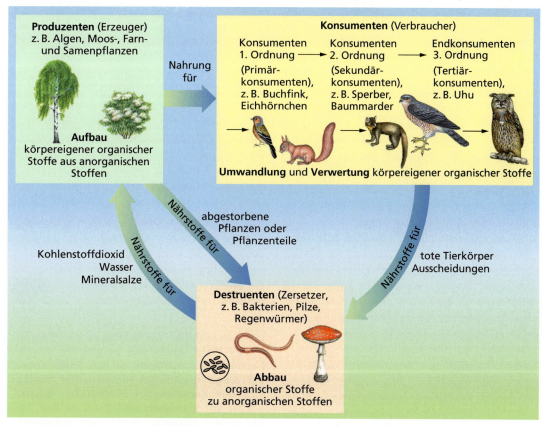

**1**  Beziehungen zwischen Erzeugern (Produzenten), Verbrauchern (Konsumenten) und Zersetzern (Destruenten) in einem Ökosystem (Stoffkreislauf)

## Beispiele für Stoffkreisläufe

Stoffkreisläufe sind die durch Auf- und Abbau organischer Stoffe in einem Ökosystem bewirkten Kreisläufe der chemischen Elemente wie Kohlenstoff, Stickstoff, Phosphor, Schwefel.

### *Der Kohlenstoffkreislauf*

Der Kohlenstoffkreislauf wird besonders deutlich, wenn der Weg des Kohlenstoffs verfolgt wird (Abb. 1). Der Kohlenstoff gelangt durch Fotosynthese über das in der Luft enthaltene $CO_2$ in chlorophyllhaltige Organismen, die **Erzeuger.** In der Nahrungskette nimmt er seinen Weg von den Erzeugern in den Körper von **Verbrauchern,** z.B. von Bakterien, der Pilze, der Tiere, des Menschen. Bereits durch die Atmung der meisten Organismen wird ein Teil wieder als $CO_2$ freigesetzt. Nach dem Tode der Organismen erfolgt der Abbau der organischen Stoffe durch die **Zersetzer,** wobei der Kohlenstoff als $CO_2$ wieder freiwird und wiederum in den Kreislauf eingehen kann. Im Ver-

laufe der Erdgeschichte hat sich ein solches Gleichgewicht zwischen $CO_2$-Produktion und $CO_2$-Verbrauch durch Organismen eingestellt, sodass der $CO_2$-Gehalt der Luft nahezu konstant bleibt. Dieses Gleichgewicht kann durch **menschliche Tätigkeit** erheblich gestört werden.

So werden u.a. durch Verbrennung fossiler Stoffe (u.a. Öl, Kohle), die auf Lebensprozesse von Organismen in früheren Erdperioden zurückgehen und große Mengen Kohlenstoff enthalten, ungeheure Mengen Kohlenstoffdioxid freigesetzt und an die Atmosphäre abgegeben. Gleichzeitig wird Sauerstoff verbraucht. Das führt zur Erhöhung des $CO_2$-Gehaltes der Luft und bewirkt u.a. den **Treibhauseffekt** (S. S. 423, 429). Deshalb ist es so wichtig, die $CO_2$-Freisetzung infolge menschlicher Tätigkeit, z.B. durch Verringerung der Verbrennung fossiler Energieträger, zu senken. In Deutschland soll sie bis zum Jahre 2005 um 25 % verringert werden (auf 760 Mio. Tonnen jährlich, zum Vergleich: 1990 waren es 1 014 Mio. Tonnen).

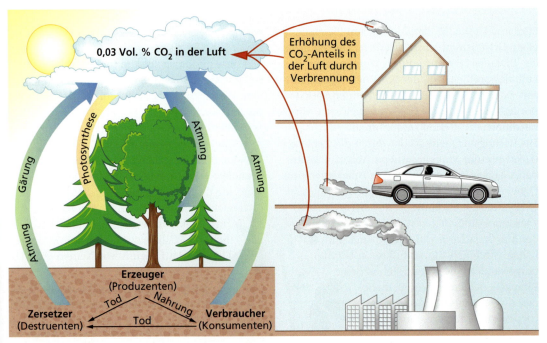

**1** Der Kreislauf des Kohlenstoffs in der Natur und die Einflüsse menschlicher Tätigkeiten auf den natürlichen Kohlenstoffkreislauf

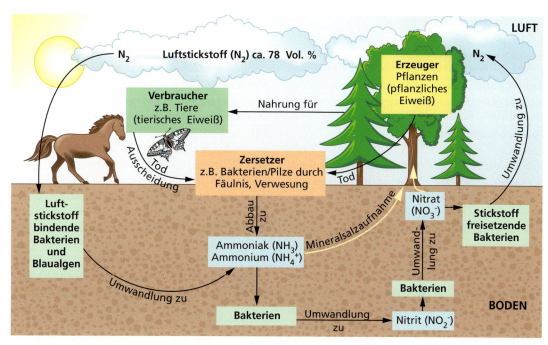

**1** Der Kreislauf des Stickstoffs in der Natur besteht aus mehreren komplizierten Teilkreisläufen.

### Der Stickstoffkreislauf

Stickstoff ist u. a. für den Aufbau von Eiweißen in allen Organismen unentbehrlich. Die Pflanzen als Erzeuger (Produzenten) können aber den Luftstickstoff (ca. 78 % der Luft) nicht direkt nutzen. Er liegt als $N_2$ vor. Pflanzen können Stickstoff normalerweise nur in Form von gelösten Mineralstoffen (s. S. 287, 290) aufnehmen.

Die wichtigste Quelle ist der durch die **Zersetzer (Destruenten)** vorgenommene Abbau abgestorbener Lebewesen durch Fäulnis und Verwesung. Dabei entstehen im Boden vor allem Ammoniak ($NH_3$) und Ammonium-Ionen ($NH_4^+$-Ionen). Diese stickstoffhaltigen Verbindungen werden durch *Bakterien* in andere stickstoffhaltige Stoffe (Nitrite und diese in Nitrate) umgewandelt. Die Nitrate stehen den **Pflanzen,** den Produzenten, im Boden als Mineralsalze (Nährstoffe) wieder zur Verfügung. Ein Teil der Nitrate wird von Stickstoff freisetzenden Bakterien wieder in $N_2$ umgewandelt, das in die Luft zurückkehrt (Abb. 1). Eine weitere Rolle im

Stickstoffkreislauf spielen Luftstickstoff bindende *Bakterien* (z. B. Knöllchenbakterien der Schmetterlingsblütengewächse, z. B. Klee, Abb.) und *Blaualgen.* Sie wandeln den Luftstickstoff ebenfalls in Ammoniak und Ammonium-Ionen um, sodass die **Pflanzen,** die in Symbiose mit ihnen leben, diese Stoffe als stickstoffhaltige Nährstoffe nutzen (s. a. S. 410).

*Im Stickstoffkreislauf spielen also Mikroorganismen eine entscheidende Rolle.*

Von den Pflanzen gelangt der Stickstoff in die **Verbraucher (Konsumenten),** indem sich z. B. die Tiere von den Pflanzen ernähren. Sterben die Verbraucher, erfolgt abermals die Bildung von Ammoniak, Nitriten und Nitraten. Diese stehen den Pflanzen wiederum zur Verfügung. Der **Kreislauf beginnt von Neuem** (Abb. 1).

> Pflanzen (als Erzeuger), Tiere (als Verbraucher) sowie Pilze und abbauende Mikroorganismen (als Zersetzer) bilden in Ökosystemen Stoffkreisläufe. Sie werden besonders am Beispiel der Kreisläufe der chemischen Elemente wie Kohlenstoff und Stickstoff deutlich.

## Energiefluss im Ökosystem

Mit der Energie in einem Ökosystem verhält es sich anders. Es gibt keinen Kreislauf, sondern einen **Energiefluss.** Das wird deutlich, wenn man die Nahrungsmengen der verschiedenen Ernährungsstufen einer Nahrungskette bzw. eines Nahrungsnetzes berechnet und grafisch darstellt.

Die grafischen Darstellungen weisen bei Lebensgemeinschaften auf dem Lande in der Regel eine Pyramidenform auf. Wegen dieser Pyramidenform wird die Darstellung der Stoffmassen als **Nahrungspyramide** (oder Biomassepyramide) bezeichnet (Abb. 1). Jede Ernährungsstufe dieser Pyramide stellt dabei die Nahrung für die nächsthöhere Stufe dar.

Unter **Biomasse** verstehen die Ökologen die momentane Masse (Gewicht) der lebenden Organismen in jeder Ernährungsstufe. Diese wird in Masseeinheiten, bezogen auf bestimmte Flächen (z. B. $kg \cdot m^2$) oder bei Gewässern auf bestimmte Rauminhalte (z. B. $kg \cdot m^{-3}$), angegeben. Die breite Basis der Nahrungspyramide stellt die Biomasse der Pflanzen dar. Diese Biomasse ist die Nahrungsgrundlage für eine geringere Masse von Konsumenten 1. Ordnung (Pflanzenfresser).

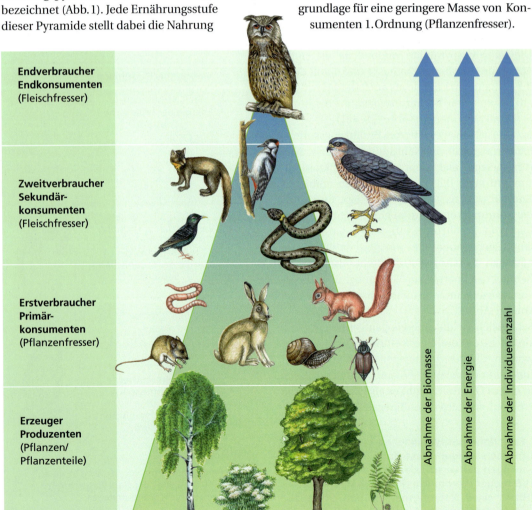

**Endverbraucher Endkonsumenten** (Fleischfresser)

**Zweitverbraucher Sekundärkonsumenten** (Fleischfresser)

**Erstverbraucher Primärkonsumenten** (Pflanzenfresser)

**Erzeuger Produzenten** (Pflanzen/ Pflanzenteile)

Abnahme der Biomasse

Abnahme der Energie

Abnahme der Individuenanzahl

**1** Nahrungspyramide im Ökosystem

Die in der pflanzlichen Biomasse enthaltenen Nährstoffe und die enthaltene Energie werden von den Konsumenten 1. Ordnung (Pflanzenfresser) für Wachstum und Entwicklung sowie für Atmungsprozesse benötigt. Ein Teil der in den Nährstoffen enthaltenen **chemischen Energie** wird dabei in **Wärme** umgewandelt und an die Umwelt abgegeben. Der durch die Lebensprozesse der Konsumenten 1. Ordnung verbrauchte Anteil an Biomasse und Energie steht der nachfolgenden Ernährungsstufe, den Konsumenten 2. Ordnung (Fleischfresser), nicht mehr zur Verfügung. Von Ernährungsstufe zu Ernährungsstufe der Pyramide nimmt so die jeweils verfügbare Biomasse und damit die darin enthaltene Energie rapide ab (Abb. 1; Abb. 1, S. 401).

Die Nahrungspyramide verdeutlicht die stetige Abnahme sowohl der Biomasse und damit der in ihr enthaltenen Energie als auch der Individuenanzahl von den Primärproduzenten bis hin zu den Endkonsumenten (Abb. 1, S. 401).

Im Ökosystem werden von Ernährungsstufe zu Ernährungsstufe in Nahrungsketten bzw. Nahrungsnetzen nicht nur Stoffe (Stoffkreislauf), sondern auch die in diesen Stoffen enthaltene **Energie** weitergegeben. Die Energie durchfließt die Nahrungsketten nur in einer Richtung. Es erfolgt von Ernährungsstufe zu Ernährungsstufe eine Energieabnahme um jeweils 90 %. Der nächsten Ernährungsstufe steht also nur ein Zehntel der Energie zur Verfügung, über die die vorangegangene Ernährungsstufe verfügen konnte (Abb. 1).

Schließlich ist die Energie „aufgebraucht", d.h. sie ist in andere Energieformen umgewandelt worden, die die Organismen zur Aufrechterhaltung ihrer Lebensprozesse nicht nutzen können. In einem Ökosystem gibt es also keinen Energiekreislauf, sondern einen **Energiefluss.**

Eine Nahrungspyramide ist die quantitative (massenmäßige) Darstellung der Nahrungsmengen der verschiedenen Ernährungsstufen (Erzeuger, Verbraucher) einer Nahrungskette bzw. eines Nahrungsnetzes. Von Stufe zu Stufe verringern sich sowohl die Nahrungsmengen und die in ihnen enthaltene Energie.

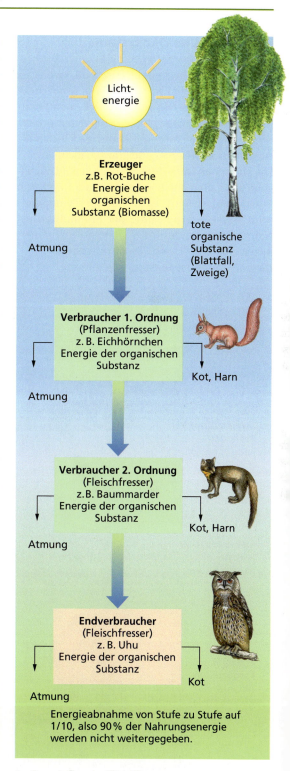

Lichtenergie

**Erzeuger**
z.B. Rot-Buche
Energie der organischen Substanz (Biomasse)

Atmung

tote organische Substanz (Blattfall, Zweige)

**Verbraucher 1. Ordnung**
(Pflanzenfresser)
z. B. Eichhörnchen
Energie der organischen Substanz

Atmung

Kot, Harn

**Verbraucher 2. Ordnung**
(Fleischfresser)
z.B. Baummarder
Energie der organischen Substanz

Atmung

Kot, Harn

**Endverbraucher**
(Fleischfresser)
z. B. Uhu
Energie der organischen Substanz

Atmung

Kot

Energieabnahme von Stufe zu Stufe auf 1/10, also 90 % der Nahrungsenergie werden nicht weitergegeben.

**1** Energiefluss im Waldökosystem

# Relative Stabilität des Ökosystems

Die Mitglieder von Lebensgemein- schaften bedingen sich insoweit, als die höheren Glieder der Nahrungskette wie Konsumenten 1., 2. und 3. Ordnung (Pflanzen- fresser, Fleischfresser) immer nur existieren kön- nen, wenn andere Mitglieder ihre artspezifische Nahrung herstellen bzw. bilden. *Kartoffelkäfer* treten in einer Lebensgemeinschaft beispiels- weise nur auf, wenn ihre Nahrungspflanze, die *Kartoffel*, vorhanden ist (Abb. oben).

Ein Waldökosystem beispielsweise setzt sich mo- saikartig aus vielen **Teil-Lebensräumen** zusam- men, wie hoch gewachsene Altbäume, Waldlich- tungen, feuchte Senken mit einem Erlenbruch, abgestorbene Baumstämme als Totholz, Baum- stubben. In diesen Teil-Lebensräumen existieren Nahrungsketten, die wiederum mit anderen Teil- Lebensräumen des Waldes über Nahrungsnetze verknüpft sind. Parallel nebeneinander laufen vielfältige Beziehungen zwischen Produzenten, Konsumenten und Destruenten ab.

Das **Gleichgewicht** des gesamten Waldökosys- tems erweist sich bei näherer Betrachtung als Er- gebnis von vielen ablaufenden Vorgängen in die- sen Teil-Lebensräumen.

Ständig gibt es **Störungen** in ihnen. Alte und morsche Bäume werden durch starken Wind um-

geworfen. Pflanzen und Tiere der Auwälder erleben jährlich Überschwemmungen.

Eine starke Zunahme von Schadinsekten stellt ein Signal für die Vermehrung ihrer Räuber dar, z.B. der insektenfressenden Vögel. Störun- gen lösen also stets Kettenreaktionen aus.

Die Gesamtheit der ständig schwankenden abio- tischen und biotischen Faktoren in den vielen Teil-Lebensräumen des Waldes (Instabilität) be- wirkt eine relative Stabilität des gesamten Wald- ökosystems über einen bestimmten Zeitraum. Dieser stabile Zustand eines Ökosystems wird auch als **ökologisches Gleichgewicht** bezeich- net. Es beruht auf Selbstregulation s. a. S. 390).

> Ökosysteme sind in der Lage, geringe Störun- gen selbst zu regulieren. Dadurch erhalten sie eine relative Stabilität.

Die **Stabilität von Ökosystemen** kann nicht nur durch natürliche Prozesse (z. B. Naturkatastro- phen wie Windbruch, Erdbeben, Schlammlawi- nen, Waldbrände) gestört werden, sondern wird gegenwärtig vor allem durch Auswirkungen der menschlichen Tätigkeit beeinträchtigt. Diese können so weit gehen, dass ein Ökosystem zu- sammenbricht. Deshalb sind die Erhaltung und der Schutz von Ökosystemen eine wichtige natio- nale und internationale Aufgabe (s. a. S. 428).

**1** Die Einhaltung des ökologischen Gleichgewichts beruht auf der Selbstregulation der Organismen, z. B. von Räubern (Fuchs) und Beutetieren (Waldmaus).

# Nahrungsaufnahme von Störchen – Verarbeiten biologischer Daten am Computer

**Beachte!**
Mithilfe von **Tabellenkalkulationsprogrammen** kann man Zahlenmaterial und Daten in Tabellen ordnen und in Diagrammen veranschaulichen. Für die dargestellten Beispiele eignet sich jedes gängige Tabellenkalkulationsprogramm. Hier wurde das **Programm Star Office** (OpenOffice Calc) verwendet.

**Der Weißstorch**

*Aussehen:*
weißes Gefieder mit schwarzen Schwungfedern, rote Beine und roter Schnabel
*Größe:* ca. 80 cm
*Gewicht:* 2,5 bis 4,5 kg
Flügelspannweite: ca. 2 m
*Ernährung:* Frösche, Mäuse, Insekten, Spinnen, Regenwürmer
*Vermehrung:* Brutzeit April bis Mai, Gelege aus 3 bis 4 (selten 4 bis 7) Eiern, Schlupf der Jungen nach ca. 32 Tagen, Jungvögel sind mit weißgrauem Flaum bedeckt
*Besonderheit:* Zugvogel

Die Flusslandschaft Elbtalaue liegt entlang der ehemaligen deutsch-deutschen Grenze. Dieser Geschichte ist es zu verdanken, dass die Auen der Elbe unzerstört blieben und seltene Tier- und Pflanzenarten überlebten.

1998 gab die UNESCO das länderübergreifende **Biosphärenreservat Flusslandschaft Elbe** bekannt. Die Bundesländer Sachsen-Anhalt, Niedersachsen, Mecklenburg-Vorpommern, Schleswig-Holstein und Brandenburg sind daran beteiligt.

Das **Biosphärenreservat Flusslandschaft Elbe-Brandenburg** (Abb.) ist durch den Ort **Rühstädt** über Brandenburgs Grenzen hinaus bekannt geworden. Rühstädt ist das **Storchendorf Nr. 1 in Deutschland.** Es liegt zwischen Wittenberge und Havelberg im Biosphärenreservat Flusslandschaft Elbe-Brandenburg. 1996 erhielt es den Titel „Europäisches Storchendorf".

Biologen ermitteln hier die **Nahrungsaufnahme von Störchen pro Tag.** Dazu mussten sie die Störche genau beobachten und die Beobachtungsergebnisse protokollieren. Aus den Protokollen wurden folgende Mittelwerte für die Nahrung eines Storches pro Tag errechnet:

130 Mäuse, 18 Frösche, 658 Regenwürmer, 682 Wiesenschnaken und deren Larven, 230 Heuschrecken, 332 Spinnen, 665 Käfer (Quelle: NABU Informationszentrum Rühstädt).

In dieser Form sind die Beobachtungsergebnisse der Biologen wenig übersichtlich. Damit man die Ergebnisse besser interpretieren kann, kann man am Computer aus dem Zahlenmaterial (den Daten) zuerst eine Tabelle erstellen und anschließend aus den Zahlen ein Diagramm entwickeln.

Dazu muss man die folgenden **Arbeitsschritte am Computer** ausführen:

## Darstellung von Beobachtungsergebnissen in einer Tabelle

1. Öffne das Tabellenkalkulationsprogramm.
2. Trage in Zeile 1 die Überschrift „Nahrungsaufnahme eines Storches pro Tag" ein.
   Hebe die Überschrift hervor. Dazu musst du zuerst die Überschrift markieren.
   Anschließend kannst du in der Symbolleiste z.B. FETT anklicken oder die Schriftgröße verändern.

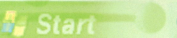 

3. Speichere dein Tabellenkalkulationsblatt unter dem Namen „Tabelle Storch". Gehe dazu mit dem Cursor in das Pull-down-Menü DATEI: SPEICHERN UNTER.

4. Gib in Zeile 3, Spalte A die Spaltenüberschrift „Tier" und in Zeile 3, Spalte B die Spaltenüberschrift „Anzahl" ein.

5. Ergänze in der Spalte „Tier" die genannten Tiere, gib in die Spalte „Anzahl" die jeweiligen Zahlen ein.

6. Passe die Spaltenbreiten an den Inhalt an.
   Dazu gehe mit dem Cursor in den Spaltenkopf zwischen die Buchstaben A und B. Aus dem Cursorkreuz wird eine Linie mit Pfeilen. Drücke die linke Maustaste und bewege die Maus nach rechts bzw. links.

7. Gestalte die Tabelle (s. Hinweise rechts oben).

In der Tabelle erscheint das Zahlenmaterial geordnet und übersichtlich. Es ist z.B. gut zu erkennen, welche Arten von Tieren der Storch am meisten frisst, welche weniger. Eine noch bessere Übersicht bieten Diagramme. Mit einem Kalkulationsprogramm lassen sich leicht aus Tabellen Diagramme erstellen.

## Darstellung von Beobachtungsergebnissen in einem Diagramm

1. Markiere deine Tabelle samt Überschrift (im Beispiel die Zellen A 3 bis B 10).

2. Rufe den Diagramm-Assistenten zum Erstellen und Formatieren des Diagramms auf: Menü EINFÜGEN: DIAGRAMM. (Die Schritte im Diagramm-Assistenten sind in anderen Tabellenkalkulationsprogrammen prinzipiell ähnlich – sie unterscheiden sich möglicherweise in der Reihenfolge.)

3. Im ersten Schritt muss nichts verändert werden, wenn die Markierung der Tabelle in Ordnung ist. Mit WEITER geht es zum nächsten Schritt.
   Wähle in den nächsten zwei Schritten die Diagrammart aus (z. B. Kreis).

4. Im letzten Schritt werden Diagrammtitel und Legende festgelegt.
   Die beiden Kontrollkästchen müssen einen Haken haben und der Diagrammtitel: „Nahrungsbedarf eines Storches pro Tag" wird in das entsprechende Feld eingetragen.

**Beachte!**
Eine **Tabelle** besteht aus Zeilen und Spalten. Der Schnitt einer Zeile und einer Spalte bildet die Zelle. Die obere Zeile heißt Spaltenkopf, die linke Spalte Zeilenkopf. Der Teil der Tabelle, der gestaltet werden soll, muss markiert werden. Dann können z.B. Rahmenlinien eingefügt werden (in der Symbolleiste: UMRANDUNG anklicken), Zellinhalte zentriert, links- oder rechtsbündig angeordnet werden. Weitere Formatierungsmöglichkeiten findest du im Menü: ZELLE …

**Beispiel für eine Tabelle**

| Nahrungsaufnahme eines Storches pro Tag | |
|---|---|
| Tier | Anzahl |
| Mäuse | 130 |
| Frösche | 18 |
| Regenwürmer | 685 |
| Wiesenschnaken | 682 |
| Heuschrecken | 230 |
| Spinnen | 332 |
| Käfer | 665 |

**Beispiel für das erstellte Diagramm**

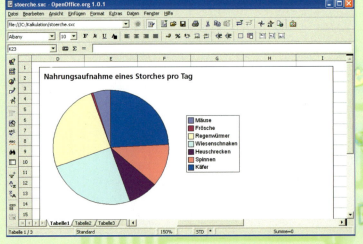

**Tipps zum Diagramm-Assistenten:**
– Achte darauf, dass die erste Spalte als Beschriftung dient.
– Wähle Liniendiagramme mit der Variante „Symbole".
– Denke an den Diagrammtitel.

**Die Population der Störche in Rühstädt**

| Jahr | Paare/besetzte Horste | Jungvögel |
|------|-----------------------|-----------|
| 1970 | 7 | 9 |
| 1971 | 9 | 20 |
| 1972 | 10 | 13 |
| 1973 | 10 | 14 |
| 1974 | 11 | 21 |
| 1975 | 12 | 23 |
| 1976 | 13 | 12 |
| 1977 | 14 | 25 |
| 1978 | 15 | 35 |
| 1979 | 16 | 34 |
| 1980 | 16 | 24 |
| 1981 | 17 | 39 |
| 1982 | 21 | 16 |
| 1983 | 20 | 26 |
| 1984 | 18 | 15 |
| 1985 | 15 | 34 |
| 1986 | 16 | 18 |
| 1987 | 17 | 43 |
| 1988 | 20 | 49 |
| 1989 | 23 | 49 |
| 1990 | 26 | 56 |
| 1991 | 22 | 22 |
| 1992 | 24 | 39 |
| 1993 | 34 | 82 |
| 1994 | 38 | 87 |
| 1995 | 41 | 84 |
| 1996 | 44 | 73 |
| 1997 | 32 | 38 |
| 1998 | 32 | 78 |
| 1999 | 37 | 85 |
| 2000 | 39 | 71 |
| 2001 | 37 | 68 |
| 2002 | 37 | 72 |
| 2003 | 34 | 43 |

5. Du kannst dein Diagramm in deinem Kalkulationsprogramm individuell verändern. Durch einen Doppelklick aktivierst du das Diagramm.
Zum Formatieren einzelner Diagrammobjekte werden diese mit der Maus markiert.
Durch einen Klick mit der rechten Maustaste kannst du über OBJEKTEIGENSCHAFTEN ein Menü mit vielfältigen Formatierungsmöglichkeiten auswählen.

Betrachte dein erstelltes Diagramm. Was kannst du daraus ablesen über:
– die Anzahl der vom Weißstorch gefressenen Wirbellosen und Wirbeltiere,
– das Verhältnis Wirbeltiere – Wirbellose?

Zur **Auswertung und Interpretation** deiner aufgestellten Tabellen und Diagramme kannst du folgende **Aufgaben** lösen:
1. Stelle Vermutungen auf, was passiert, wenn Feuchtgebiete der Elbtalaue trockengelegt, Fluss- und Bachläufe begradigt, eine Intensivierung der Landwirtschaft zu großen Monokulturen erfolgt und Schädlinge mit chemischen Mitteln bekämpft werden.
2. Fertige mit deinem Tabellenkalkulationsprogramm ein Diagramm zur Darstellung der Entwicklung der Weißstorchpopulation in Rühstädt seit 1970 an (Quelle: www.storchenclub.de). Benutze dazu die Daten der Tabelle „Die Population der Störche in Rühstädt". TIP: Wähle als Diagrammtyp den Standardtyp Punkt (XY).
So könnte dein erstelltes Diagramm aussehen.
Interpretiere das Diagramm.

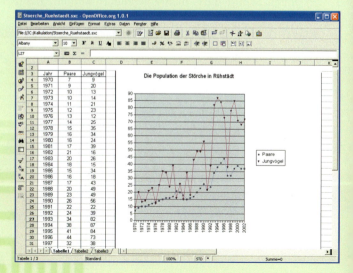

## Entwicklung einer Elch- und Wolfspopulation – Untersuchungen zu einer Räuber-Beute-Beziehung am Computer

Auf der im Lake Superior (USA, Bundesstaat Michigan) gelegenen Insel „Isle Royale" sind die Wechselbeziehungen zwischen Tierarten gut überschaubar. Die 54 km$^2$ große Insel ist nur von einem Drittel der auf dem Festland vorkommenden Säugetierarten besiedelt. Bis vor ca. einhundert Jahren fehlten größere Tiere sogar vollständig. Als Nationalpark ist auf der „Isle Royale" eine wirtschaftliche Nutzung von Naturgütern ausgeschlossen.

Aus historischen Quellen ist nachweisbar, dass um 1900 einige Elche aus Kanada auf diese Insel schwammen. In den folgenden Jahren (1900 bis 1949) lebten lediglich die Elche als Großwild auf dieser Insel. Bis 1930 konnte die Elchpopulation auf ca. 3000 Tiere anwachsen. Infolge von Überweidung brach 1935 die Elchpopulation zusammen. Sie erholte sich und erlebte 1949 einen weiteren Zusammenbruch. Im Jahre 1949 ließ ein strenger Winter das Eis des Lake Superior zufrieren. So konnte ein Wolfsrudel über die Eisdecke des Sees auf „Isle Royal" einwandern. In der folgenden Tabelle sind die Daten der Entwicklung der Elch- und Wolfpopulation aufgeführt (Quelle: Peterson, R.Q.; Vucetich, J.A.: Ecological Studies of Wolves on Isle Royale. Annual Report 2001–2002. Scool of Forestry and Wood Products TU Michigan, USA).

| Jahr | Elchpopulation | Wolfpopulation | Jahr | Elchpopulation | Wolfpopulation |
|------|---------------|----------------|------|---------------|----------------|
| 1958 | 563 | 20 | 1980 | 863 | 30 |
| 1959 | 610 | 22 | 1981 | 872 | 14 |
| 1960 | 628 | 22 | 1982 | 932 | 23 |
| 1961 | 639 | 23 | 1983 | 1038 | 24 |
| 1962 | 663 | 20 | 1984 | 1115 | 22 |
| 1963 | 707 | 26 | 1985 | 1192 | 20 |
| 1964 | 733 | 28 | 1986 | 1268 | 16 |
| 1965 | 765 | 26 | 1987 | 1335 | 12 |
| 1966 | 912 | 22 | 1988 | 1397 | 12 |
| 1967 | 1042 | 22 | 1989 | 1216 | 15 |
| 1968 | 1268 | 17 | 1990 | 1313 | 12 |
| 1969 | 1295 | 18 | 1991 | 1590 | 12 |
| 1970 | 1439 | 20 | 1992 | 1879 | 13 |
| 1971 | 1493 | 23 | 1993 | 1770 | 17 |
| 1972 | 1435 | 24 | 1994 | 2422 | 16 |
| 1973 | 1467 | 31 | 1995 | 1163 | 22 |
| 1974 | 1355 | 41 | 1996 | 500 | 24 |
| 1975 | 1282 | 44 | 1997 | 699 | 14 |
| 1976 | 1143 | 34 | 1998 | 750 | 25 |
| 1977 | 1001 | 40 | 1999 | 850 | 29 |
| 1978 | 1028 | 43 | 2000 | 900 | 19 |
| 1979 | 910 | 50 | 2001 | 1100 | 17 |

# Bio-Klick

## Von Wölfen und Elchen

Der Mangel an Elchen führte ab 1980 zum Zusammenbruch des Wolfbestandes: 1981 konnten lediglich noch 14 Raubtiere gezählt werden. Die Elche vermehrten sich, bis sie 1994 die Rekordmarke von 2422 Tieren erreichten und dabei mit der Überweidung der Vegetation ihre eigene Nahrungsgrundlage zerstörten: Eine Hungersnot führte zwei Jahre später zum Tod von 80 Prozent aller Elche. Die Katastrophe wäre vermeidbar gewesen, hätten die Wölfe wie in den siebziger Jahren vom Beuteüberfluss profitiert, was zumindest eine Stabilisierung der Elchpopulation zur Folge gehabt hätte. Die Wolfsrudel waren aber nicht in der Lage, ihre Fortpflanzung zu steigern. PETERSON ging dem Rätsel auf die Spur und entnahm mehreren Wölfen Blutproben. Die genetischen Analysen ergaben, dass die Wölfe an ausgeprägter Inzucht litten. Dies stellte die Nationalparkbehörde der Isle Royal vor ein Dilemma: Auf der einen Seite gilt in amerikanischen Nationalparks die Politik des Nichtveränderns, auf der anderen Seite müssten dringend neue Wölfe eingeführt werden, um das Ökosystem vor einer erneuten unkontrollierten und zerstörerischen Vermehrung der Elche zu bewahren. (Quelle: NZZ Dossiers, 27. 11. 2002)

Um festzustellen, inwieweit eine Beziehung zwischen der **Anzahl der Elche** (Beute) und der **Anzahl der Wölfe** (Räuber) besteht, sollte aus der Tabelle ein Diagramm entwickelt werden. Dazu musst du folgende **Arbeitsschritte am Computer** ausführen:

1.  Entwickle auf der Grundlage der Tabelle ein Diagramm. Gehe so vor, wie es in Punkt „Darstellung von Beobachtungsergebnissen in einem Diagramm" (S. 405) beschrieben ist.
    Dein Diagramm sollte so ähnlich wie folgendes Diagramm aussehen:

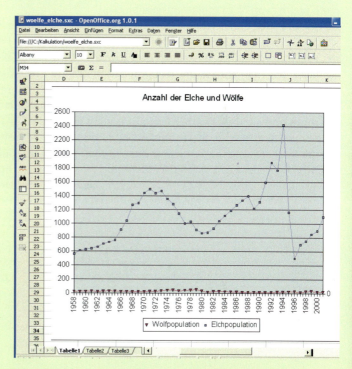

*Was ist aus dem so entstandenen Diagramm abzulesen?*
–  starke Schwankungen der Individuenzahl der Elchpopulation,
–  anscheinend geringe Schwankungen der Individuenzahl der Wolfpopulation.
Über die Schwankungen der Individuenzahl der Elchpopulation können relativ exakte Zahlen abgelesen werden. Schwieriger ist es, dem Diagramm Aussagen über die Entwicklung der Wolfpopulation zu entnehmen.

Eine Veränderung in der Darstellung des Diagramms ermöglicht es dir, genauere Aussagen auch über die Entwicklung der Wolfpopulation treffen zu können. Die Daten an sich werden dabei nicht verändert – lediglich ihre Darstellung.

2. Aktiviere das Diagramm durch Doppelklick und markiere die Datenreihe „Wolfpopulation" durch einen Klick. (Alle Datenpunkte müssen mit je einem Dreieck markiert sein.)

3. Wähle nach Klick mit der rechten Maustaste OBJEKTEIGENSCHAFTEN.

4. Öffne die Registerkarte OPTIONEN und aktiviere den Punkt Datenreihe ausrichten an SEKUNDÄRER Y-ACHSE.

**Weitere Tipps zur Formatierung des Diagramms:**

5. Verändern der Diagrammüberschrift:
   Diagramm durch Doppelklick aktivieren, Menü EINFÜGEN: TITEL.

6. Farben und Symbole der Datenreihen verändern:
   Wähle nach Klick mit der rechten Maustaste OBJEKTEIGENSCHAFTEN: Registerkarte LINIE, dort lassen sich Linienfarbe und Aussehen der Datenpunkt-Symbole ändern.

7. Zusätzlicher Text („Elche", „Wölfe"):
   In der linken Symbolleiste bei ZEICHENFUNKTIONEN ANZEIGEN die Maustaste etwas länger gedrückt halten und dann das TEXT-Element auswählen.
   Ziehe dann ein Textfeld über der entsprechenden Stelle im Diagramm auf.

8. Interpretiere das so entstandene Diagramm. Lies dazu auch die Information „Von Wölfen und Elchen" (S. 408).

Dein Diagramm sollte nun ungefähr wie das folgende Diagramm aussehen.

**Beachte!**

Auf der linken Größenachse ist wie im Diagramm die Individuenzahl der Elche von 0 bis 3000 dargestellt, auf der rechten Größenachse (die Sekundärachse) die Individuenzahl der Wolfpopulation von 0 bis 60. Dadurch sind Schwankungen der Individuenzahl der Wolfpopulation besser erkennbar und interpretierbar. Eine noch bessere Übersichtlichkeit des Diagramms erreichst du, indem du die Achsenbeschriftungen und eine Diagrammüberschrift einfügst. Du kannst auch die Art der Markierungen der einzelnen Datenreihen oder deren Farbe verändern. Dazu führe die Arbeitsschritte 5 bis 7 aus.

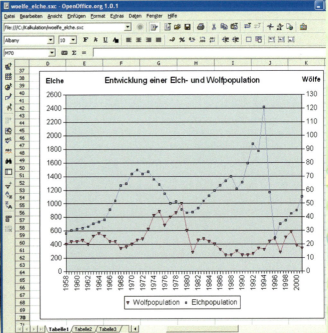

## Mosaik

### Besonderheiten der Wechselbeziehungen in einem Getreidefeld

Wie in anderen Ökosystemen bestehen auch in einem Weizenfeld oder anderen Flächen mit Kulturpflanzen Wechselbeziehungen, die es als Ökosystem kennzeichnen.

Von Vorteil ist z. B. die **Symbiose** zwischen *Knöllchenbakterien* und verschiedenen Kulturarten aus der Familie der Schmetterlingsblütengewächse *(z. B. Lupine)*. Von den Pflanzen erhalten die Knöllchenbakterien organische Stoffe als Nahrung.

Die Knöllchenbakterien sind in der Lage, Luftstickstoff zu binden und den Wirtspflanzen zur Verfügung zu stellen. Da in den „Knöllchen" ein Teil des gebundenen Luftstickstoffs übrig bleibt, kommt es im Endergebnis durch den Anbau z. B. von *Klee, Lupine* oder *Erbsen* auf natürliche Weise zur Anreicherung von Stickstoffverbindungen, einem wichtigen Nährstoff für Kulturpflanzen, im Boden (s. a. S. 400).

Auch **Kulturpflanzen** können nur dort angebaut werden, wo ihre Ansprüche erfüllt sind.

Enge Beziehungen bestehen zwischen den Arten z. B. eines Weizenfeldes. Sie äußern sich z. B. in ei-

ner **Konkurrenz** zwischen den einzelnen Weizenpflanzen selbst, aber auch zwischen den Weizenpflanzen und den Wildkräutern. Die Konkurrenz besteht vor allem um Wasser, Nährstoffe sowie günstige Lichtverhältnisse.

Enge Beziehungen zwischen den Arten in einem Getreidefeld äußern sich auch in **Nahrungsketten** bzw. **Nahrungsnetzen** (Abb. 1). Analysiert man die Wechselwirkung genauer, stellt sich – wie in anderen Ökosystemen – eine kreislaufähnliche Beziehung zwischen Erzeugern, Verbrauchern und Zersetzern heraus.

Das Besondere ist aber, dass der größte Teil (etwa 90 %) der von den Erzeugern, insbesondere den Kulturpflanzen, produzierten Biomasse dem Ökosystem Getreidefeld vom Menschen entnommen wird und außerhalb der natürlichen Kreisläufe den Nutztieren und dem Menschen als Nahrung dient. Für die Verbraucher und Zersetzer in einem Getreidefeld bleibt folglich nur wenig übrig.

Das bedeutet, dass in Agrarökosystemen der natürliche **Stoffkreislauf** und damit auch der **Energiefluss** gestört ist.

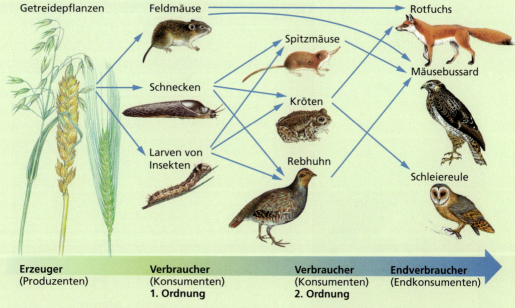

| Erzeuger (Produzenten) | Verbraucher (Konsumenten) 1. Ordnung | Verbraucher (Konsumenten) 2. Ordnung | Endverbraucher (Endkonsumenten) |

**1** Beispiel für ein Nahrungsnetz in einem Getreidefeld

# Der See als Ökosystem

Seen prägen das Landschaftsbild in Teilen von Deutschland wesentlich mit.
Sie sind nicht nur eine Wasseransammlung, sondern gleichzeitig Lebensraum für viele Organismen. Dieser Lebensraum weist z. B. gegenüber einem Wald viele Besonderheiten auf. Sie zu erkunden ist sehr wichtig.

## Das Umfeld eines See

Für die Beurteilung eines Sees ist dessen Umfeld von großer Bedeutung, weil vom Umfeld viele Einflüsse auf einen See ausgehen (z. B. Eintrag von Schadstoffen).
Viele Gewässer sind umgeben von landwirtschaftlichen Nutzflächen, von Wäldern oder liegen als Dorfteich inmitten eines Dorfes.

1. *Erkunde das Umfeld eines ausgewählten Sees und trage die Ergebnisse in eine Skizze ein. Beachte dabei folgende Gesichtspunkte:*

– *Gibt es Zu- bzw. Abflüsse?*
– *Ist der See von landwirtschaftlichen Nutzflächen (z. B. Feldern, Grünland) oder Wald umgeben?*
– *Liegen Siedlungen, Betriebe in der Nähe des Sees?*
– *Sind Gefahren für den See erkennbar?*

1. Projektidee – See als Ökosystem

2. Projektplan – Untersuchungen zum Ökosystem See

Projekt-struktur

3. Projektdurchführung – Untersuchungen im Ökosystem See und Auswertung

4. Projektpräsentation – Darstellen der Ergebnisse

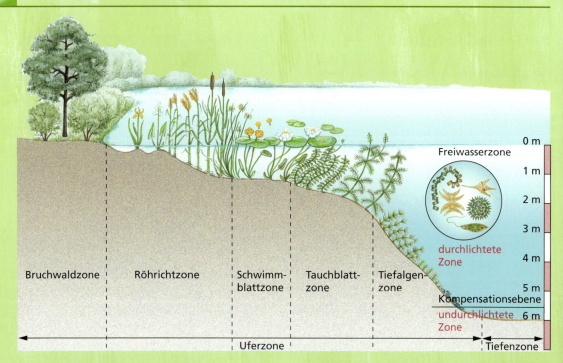

## Zonierung des Sees

Seen und Teiche weisen meist eine gut erkennbare Zonierung (Gliederung) auf (Abb. oben). Sie kann in Abhängigkeit vom Seetyp unterschiedlich sein.

Ein See besteht aus verschiedenen Zonen, die jede einen eigenen Lebensraum bilden. Diese Lebensräume bieten für Organismen jeweils unterschiedliche Lebensbedingungen.

**2.** *Versuche von einer geeigneten Stelle am Ufer aus einige der Zonen zu erkennen! Fertige eine eigene Skizze an und beschrifte sie.*

## Abiotische Faktoren eines Sees

Lebewesen können nur dort existieren, wo die Lebensbedingungen ihren Ansprüchen genügen. Die Lebensbedingungen in einem See werden durch die vorhandenen abiotischen Umweltfaktoren weitgehend mitbestimmt. Zu diesen Umweltfaktoren gehören u. a. das Licht, die Temperatur oder der Sauerstoffgehalt, der pH-Wert des Wassers sowie seine Belastung mit Schadstoffen. Über den Grad der **Verschmutzung des Wassers** von Ge-

wässern geben einfache Untersuchungen einen gewissen Aufschluss. Hinweise erhält man schon, wenn man die **Trübung** und **Farbe** sowie den **Geruch** des Wassers einschätzt.

**3.** *Ermittle die Trübung (Qualität) und Farbe von Wasser eines Sees.*
*Gehe nach folgender Anleitung vor:*

*Materialien:*
Bechergläser oder andere Glasbehälter aus Weißglas, Wasserproben

*Durchführung:*
1. Schöpfe mit einem Glasbehälter Wasser aus dem Gewässer.
2. Beurteile die Qualität und die Farbe des Wassers nach einer Skala (s. S. 413).

*Auswertung:*
1. Ermittle mögliche Ursachen für den Zustand des Gewässers.
2. Ermittle Beziehungen zwischen der Qualität des Gewässers und den im Gewässer lebenden Organismen.
3. Notiere die Ergebnisse.

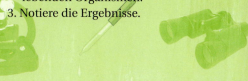

| Farben | Qualität |
|---|---|
| durchsichtig blau | unbelastet |
| schwach gelblich, gelblich, gelb | wahrscheinlich Abwasser-belastung, z.B. durch Eisen |
| gelblich braun | verstärktes Algenwachs-tum durch Nährstoffreichtum |
| gelblich grün, grün | verstärktes Algenwachs-tum durch Nährstoffreichtum |
| braun | belastet durch Eisen, Hu-musteilchen, evtl. durch Sickerwasser verursacht |
| grauschwarz | belastet durch Faulstoffe |

**1** Secchische Scheibe

Aufschluss über die **Belastung des Wassers** eines Gewässers vermitteln u.a. auch die **Sichttiefe** und die **Einwirkung von Schadstoffen** auf Wasserorganismen.

Die Sichttiefe ist ein einfaches Maß, um die Lichtdurchlässigkeit einzuschätzen, sie wird mithilfe der secchischen Scheibe (Abb. 1) ermittelt. Die Sichttiefe ist diejenige Tiefe, in der die secchische Scheibe noch gerade zu erkennen ist. Je sauberer das Wasser ist, desto größer ist die Sichttiefe. Geringe Sichttiefe (unter 3 m) deutet auf Belastungen des Gewässers hin.

**4.** *Ermittle den Geruch von Wasser eines Sees*
*Gehe nach folgender Anleitung vor:*

*Materialien:*
Gläser, Messzylinder, Flaschen mit Korken, Wasserproben

*Durchführung:*
1. Gib Gewässerproben jeweils in eine Flasche, verschließe sie. Schüttle sie kräftig.
2. Beschreibe nach Öffnung der Flasche den Geruch der Gewässerprobe.
   Nutze zur Einschätzung folgende Geruchsqualitäten: aromatisch, süßlich, faulig, modrig.
   Entscheide, mit welcher Intensität die jeweilige Geruchsqualität auftritt: schwach, stark, sehr stark.
3. Registriere die Ergebnisse in einer Tabelle.

*Auswertung:*
1. Fertige dazu eine Tabelle an.
2. Ermittle mögliche Ursachen für den Geruch des Wassers eines Gewässers.

**5.** *Miss die Sichttiefe eines Sees.*
*Gehe nach folgender Anleitung vor:*

*Materialien:*
weiße Scheibe an Leine mit Dezimetereinteilung oder secchische Scheibe (Abb. 1)

*Durchführung:*
1. Bestimme die Sichttiefe an verschiedenen Mess-Stellen durch Absenken der Scheibe.
2. Lies die Sichttiefe an der gemeterten Leine ab, wenn die Scheibe gerade noch zu erkennen ist.
3. Protokolliere die Ergebnisse.

*Auswertung:*
Schätze die Belastung des Wassers unter Berücksichtigung der Sichttiefe ein.

Der **pH-Wert** ist ein weiterer wesentlicher Faktor. Er zeigt an, ob eine Lösung neutral, sauer oder basisch ist.
Der pH-Wert hat großen Einfluss auf Lebewesen. Lebewesen sind an bestimmte pH-Werte angepasst. Sie entwickeln sich nur normal, wenn der entsprechende pH-Wert gegeben ist. Viele Fische z.B. können nur im Bereich eines bestimmten pH-Wertes leben (Tabelle).

| Die pH-Grenzwerte für einige Fischarten und andere Arten von Wassertieren | |
| --- | --- |
| *Vorzugswerte* | |
| Süßwasserfische | pH 7 (6–8) |
| Meeresfische | pH 8,2–8,4 |
| | |
| *Tödliche Werte im alkalischen Bereich* | |
| Forelle, Barsch, Karausche | pH  9,2 |
| Plötze | pH 10,4 |
| Hecht | pH 10,7 |
| Karpfen, Schleie | pH 10,8 |
| Amerikanische Flusskrebse | pH 10,2 |

**6.** *Ermittle den pH-Wert von Wasserproben. Gehe nach folgender Anleitung vor:*

*Materialien:*
Wasserproben, Testpapier bzw. Indikatorstäbchen, pH-Messgerät (Abb. 1, 2, S. 381)

*Durchführung:*
1. Halte ein Teststäbchen bzw. ein Indikatorstäbchen 1 Sekunde in die Wasserproben und vergleiche mit der Farbskala.
2. Halte die Elektrode des pH-Messgerätes in die Wasserproben und lies den Messwert ab.
   Notiere die Messwerte.

*Auswertung:*
1. Vergleiche die pH-Werte der Wasserproben.
2. Werte die pH-Werte im Hinblick auf die Bedeutung für die Organismen.

## Lebewesen eines Sees

Ein See bietet zahlreichen Lebewesen Lebensmöglichkeiten. Alle im Wasser lebenden Organismen (z.B. Algen, Unterwasserpflanzen, Fische, Krebstiere, tierisches Plankton) sind an die im Wasser herrschenden Lebensbedingungen angepasst. Dabei kommen in den einzelnen Zonen unterschiedliche Organismenarten vor. Die Organismenarten der **Bruchwald-, Röhricht-** und **Schwimmblattzone** sind meist gut zu erkennen.

**7.** *Versuche mithilfe eines Bestimmungsbuches die Namen einiger Pflanzen und Tiere der Bruchwald-, Röhricht- und Schwimmblattzone festzustellen.*
*Fertige dazu eine Tabelle an.*

In der **Tauchblattzone** leben die Pflanzen völlig untergetaucht. Sie müssen das spärlich anfallende Licht maximal ausnutzen.

**8.** *Nenne 10 Organismen und beschreibe deren spezifische Anpassung an das Leben im Wasser! Nutze dazu auch das Internet.*

**1** Wurzelstock einer Seerose

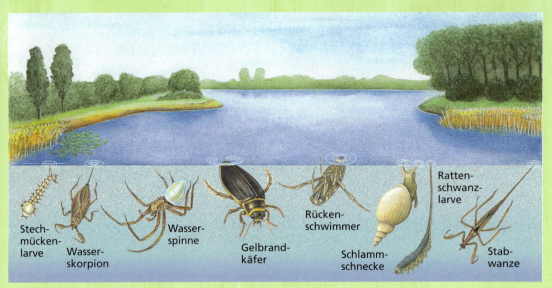

Ratten-
schwanz-
larve

Stech-
mücken-
larve

Wasser-
skorpion

Wasser-
spinne

Gelbrand-
käfer

Rücken-
schwimmer

Schlamm-
schnecke

Stab-
wanze

**1** Wirbellose Tiere eines Gewässers mit besonderen Atemmechanismen

In der **Freiwasserzone** lebt eine Vielfalt von Lebewesen. Auf der Wasseroberfläche beobachtet man verschiedene Vogelarten, im Wasser die unterschiedlichsten Fischarten, Krebstiere, Schnecken sowie zahlreiche Kleinstlebewesen. Die im Wasser schwebenden Lebewesen werden als **Plankton** bezeichnet.

Besonders wichtig ist das *pflanzliche Plankton* (Abb. 1, S. 416). Am Tage produziert es organische Stoffe und Sauerstoff. Es erhöht den Sauerstoffgehalt des Wassers und ist Nahrungsquelle für Kleinkrebse und einige Jungfische.

*Tierisches Plankton* (Abb. 2, S. 416), zu dem u. a. Wasserflöhe und andere Kleinkrebse zählen, ist wiederum Nahrungsgrundlage für andere Wassertiere (z. B. Fische, Larven von Insekten).

**9.** *Befrage Angler oder Fischer, welche Fischarten im See zu finden sind.*
*Ordne sie in Fried- und Raubfische. Begründe deine Zuordnung.*

**10.** *Entnimm eine Wasserprobe und betrachte sie mithilfe eines Mikroskops.*
*Prüfe, ob von den auf Seite 416 abgebildeten Kleinstlebewesen (Plankton) einige in der Probe vorkommen.*

**11.** *Viele wirbellose Tiere wie Schnecken, Spinnen, Insekten und deren Larven zeigen vielfältige Anpassungen an ein Leben im Wasser. Betrachte die Abbildung 1. Wie atmen diese Lebewesen? Beschreibe.*

Zwischen den Lebewesen eines Sees bestehen **vielfältige Beziehungen.** Diese Wechselbeziehungen werden besonders deutlich, wenn man fragt „Wer frisst wen?".

Infolge der **Nahrungsbeziehungen** bestehen zwischen den Organismen eines Sees zahlreiche Abhängigkeiten, die in einfachen Nahrungsketten bzw. komplexen Nahrungsnetzen ihren Ausdruck finden (Abb. 2, S. 417).

**12.** *Versuche weitere Nahrungsketten bzw. Nahrungsnetze in einem See aufzustellen. Begründe sie.*

**13.** *Am Anfang von Nahrungsketten stehen immer Pflanzen mit Chlorophyll. Begründe diese Aussage.*

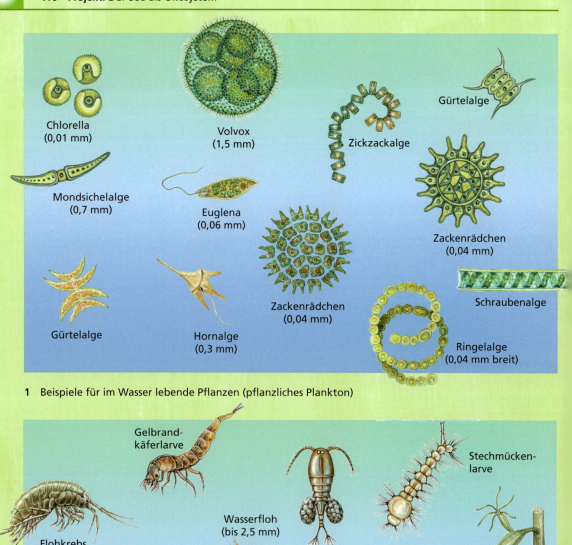

Chlorella
(0,01 mm)

Volvox
(1,5 mm)

Zickzackalge

Gürtelalge

Mondsichelalge
(0,7 mm)

Euglena
(0,06 mm)

Zackenrädchen
(0,04 mm)

Gürtelalge

Hornalge
(0,3 mm)

Zackenrädchen
(0,04 mm)

Schraubenalge

Ringelalge
(0,04 mm breit)

**1** Beispiele für im Wasser lebende Pflanzen (pflanzliches Plankton)

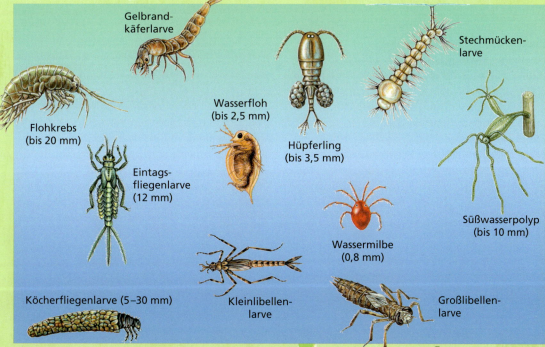

Gelbrand-
käferlarve

Stechmücken-
larve

Flohkrebs
(bis 20 mm)

Wasserfloh
(bis 2,5 mm)

Hüpferling
(bis 3,5 mm)

Eintags-
fliegenlarve
(12 mm)

Wassermilbe
(0,8 mm)

Süßwasserpolyp
(bis 10 mm)

Köcherfliegenlarve (5–30 mm)

Kleinlibellen-
larve

Großlibellen-
larve

**2** Beispiele für im Wasser lebende wirbellose Tiere unterschiedlicher Gruppen (tierisches Plankton)

1    „Überbleibsel" des Freizeitsports

3    Motorboote stören durch Lärm.

**14.** Auch im Ökosystem See wirken abiotische und biotische Faktoren.
Erläutere dies an Beispielen.

**15.** Der See ist ein Ökosystem.
Begründe diese Aussage.

**16.** In einem naturnahen Gewässer wurden in sechs aufeinanderfolgenden Jahren folgende Fangergebnisse erreicht:
– Friedfische   2540kg,   3470kg,   1920kg, 470 kg, 2300kg, 530kg,
– Raubfische   890kg,   2310 kg,   2750kg, 980 kg, 600 kg, 1200kg.
Stelle die Fangergebnisse in einem Diagramm grafisch dar.
Begründe die Veränderungen.

## Unsere Seen sind gefährdet

In manchen Seen ist die Belastung durch den Menschen, z.B. durch Schadstoffe und Müll, so groß, dass z.B. Fische sterben (Abb.1). Der Freizeitsport gefährdet die Gewässer ebenfalls (Abb.3).

**17.** Wodurch können Veränderungen der Lebensbedingungen eines Sees zustande kommen?

**18.** Ist der von dir untersuchte See ebenfalls Gefahren ausgesetzt? Beschreibe.

**19.** Was kann getan werden, um den See zu schützen? Beschreibe und begründe Maßnahmen, auch persönlicher Art.

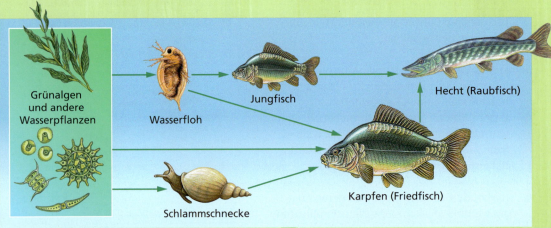

Grünalgen und andere Wasserpflanzen

Wasserfloh

Jungfisch

Hecht (Raubfisch)

Schlammschnecke

Karpfen (Friedfisch)

2    Nahrungsbeziehungen in einem Gewässer

## gewusst · gekonnt

1. Stelle Nahrungsketten des Waldes auf. Verwende dazu die Namen folgender Organismen: Eichhörnchen, Mäusebussard, Sperber, Eichenwicklerraupe, Eichel, Fichten, Specht, Kohlmeise, Eichenblätter, Borkenkäfer, Baummarder.

2. Nenne Tiere, die für den Waldkauz und den Buntspecht Beutetiere darstellen.

3. Ordne die nachfolgend aufgeführten Organismen den entsprechenden Ernährungsstufen zu. Begründe deine Zuordnung.
   Organismen:
   A: Schwebfliege
   B: Hecht
   C: pflanzliches Plankton
   D: Frosch
   *Ernährungsstufen:*
   1. Produzenten
   2. Konsumenten 1. Ordnung
   3. Konsumenten 2. Ordnung
   4. Konsumenten 3. Ordnung

4. Ordne die Namen der folgenden Lebewesen in die Gruppen der Pflanzenfresser und Fleischfresser ein: Mäusebussard, Wildkaninchen, Eichhörnchen, Fuchs, Ringeltaube, Habicht.
   Erläutere an Beispielen, dass der Wald eine Lebensgemeinschaft ist.

5. Fertige eine Tabelle an und ordne die Namen folgender Organismen den Produzenten, Konsumenten und Destruenten zu: Busch-Windröschen, Eichhörnchen, Regenwurm, Kellerassel, Reh, Rot-Buche, Wald-Sauerklee, Schimmelpilze, Mäusebussard, Bakterien. Begründe deine Zuordnung.

6. Entwickle eine Nahrungskette, deren Ausgangspunkt abgestorbene Pflanzenteile und tote Tierkörper sind. Beschreibe und begründe die Ernährungsstufen.

7. Stelle die Räuber-Beute-Beziehung zwischen Hecht und Karpfen in einem Kreisdiagramm dar. Beschreibe die wechselseitigen Beziehungen.
   Nutze dazu Informationen aus dem Internet bzw. www.schuelerlexikon.de.

8. Versuche für den Kreislauf des Sauerstoffs ein ähnliches Schema, wie es zum Kreislauf des Kohlenstoffs auf Seite 399 dargestellt ist, zu entwickeln.
   Stelle das Ergebnis im Unterricht zur Diskussion. Nutze dazu das Internet.

9. In Ökosystemen gibt es einen Stoffkreislauf aber keinen Energiekreislauf, sondern einen Energiefluss. Erläutere diese Tatsache am Beispiel der Abbildung 1 auf Seite 402. Suche auch im Internet.

10. Übernimm nachstehende Zeichnung der Pyramide in dein Arbeitsheft. Trage in die abgebildete leere Nahrungspyramide folgende Begriffe in der richtigen Reihenfolge ein:
    A) Konsumenten 3. Ordnung
    B) Produzenten
    C) Konsumenten 1. Ordnung
    D) Konsumenten 2. Ordnung

    a) 100 kg Planktontiere im Gewässer
    b) 1 kg Forelle
    c) 1000 kg Planktonpflanzen im Gewässer
    d) 10 kg Blaufelchen (Friedfisch)

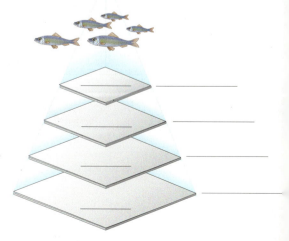

## Nahrungsbeziehungen im Ökosystem Wald

Im **Ökosystem Wald** bestehen zwischen den Pflanzen als **Erzeuger (Produzenten),** den Pflanzen- und Fleischfressern als **Verbraucher (Konsumenten)** sowie den Bakterien, Pilzen und bodenlebenden Tieren als **Zersetzer (Destruenten)** vielfältige Nahrungsbeziehungen. Diese lassen sich in **Nahrungsketten** und **Nahrungsnetzen** erfassen.

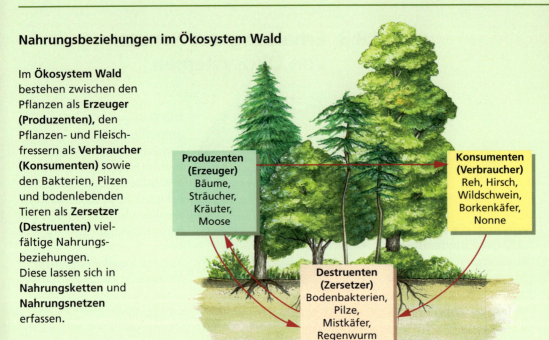

Produzenten (Erzeuger) Bäume, Sträucher, Kräuter, Moose

Konsumenten (Verbraucher) Reh, Hirsch, Wildschwein, Borkenkäfer, Nonne

Destruenten (Zersetzer) Bodenbakterien, Pilze, Mistkäfer, Regenwurm

## Stoffkreislauf und Energiefluss im Ökosystem Wald

Nahrungsketten und Nahrungsnetze bewirken einen **Stoffkreislauf** sowie einen **Energiefluss** im Ökosystem. Im Ökosystem erfolgen stets Veränderungen, die zu Ungleichgewichten führen. Die Gesamtheit der ständig schwankenden Umweltfaktoren (biotische, abiotische) im Ökosystem bewirkt eine **relative Stabilität** des gesamten Ökosystems, ein **ökologisches Gleichgewicht.**

summa summarum

# 8.3 Erhaltung und Schutz von Ökosystemen

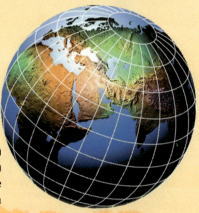

### Die Erde – ein einmaliger Planet

Von Astronauten wird unsere Erde als blauer Planet beschrieben. Bisher ist kein anderer Planet bekannt, der Eigenschaften wie die Erde besitzt und auf dem es Leben gibt.
*Welche Eigenschaften sind für unsere Erde charakteristisch? Wodurch ist die Erde gefährdet?*

### Gefahren, die das Leben auf der Erde bedrohen

Wir fühlen uns auf unserer Erde meist sicher und wohl, z. B. an den mecklenburgischen Stränden (Abb.), in den Alpen, im Schwarzwald oder Thüringer Wald. Aber dennoch drohen dem Menschen vielfältige Gefahren.
*An welche Gefahren müssen wir denken? Welche Gefahren beruhen auf natürlichen Vorgängen? Welche Gefahren davon sind Folgen der Tätigkeit des Menschen?*

### Maßnahmen zum Schutz des Lebens auf der Erde

Die gegenwärtig lebenden Generationen haben die Erde nur zeitweilig „gepachtet". Sie haben die Verantwortung, auch für künftige Generationen Bedingungen zu erhalten, die ihnen die Gestaltung ihres Lebens ermöglichen. Um dies zu sichern, sind vielfältige Schutzmaßnahmen unumgänglich.
*Welche Maßnahmen sind geeignet, um deutlich erkennbare Gefahren abzuwenden? Was kann jeder Einzelne dabei tun?*

## Gefahren, die der Umwelt drohen

Unsere Umwelt ist vielfältigen Belastungen ausgesetzt. Einige resultieren aus natürlichen Vorgängen. Beispiele dafür sind (u.a.(u.a.: Erdbeben, Vulkanausbrüche, radioaktive Strahlung und Un-wetter (z.B. Wirbelstürme, Taifune). Denkbar sind auch Zerstörungen durch Meteoriten. Gegen diese Bedrohungen können wir uns nur bedingt schützen (u.a. durch den Bau von Dämmen, die Einrichtung von Frühwarnsystemen). Es ist aber nicht möglich, sie völlig auszuschließen.

Gefahren, die von natürlichen Vorgängen ausgehen, werden in der Jetztzeit durch die **Tätigkeit des Menschen** verstärkt, oder es werden sogar Gefahren ausgelöst, die auf natürliche Weise derzeit nicht zustande kommen (z.B. durch die Produktion chemischer Stoffe, die es in der Natur nicht gibt). So bewirkt der „saure Regen" (s.S.423) als Folge menschlicher Tätigkeit nicht nur Schädigungen der Gesundheit des Menschen sowie die Beein-

trächtigung von Wachstum und Entwicklung anderer Organismen, sondern auch die Zerstörung von Bau- und Kunstwerken. Besonderen Gefahren ist die Artenvielfalt (Abb.1) ausgesetzt. Damit wird die Stabilität von Ökosystemen stark beeinträchtigt.

### Gefahren für die Artenvielfalt

Gegenwärtig beobachten wir weltweit einen dramatischen Rückgang der Artenvielfalt. Es wird geschätzt, dass täglich etwa 70 bis 300 Arten aussterben. Dies hängt hauptsächlich mit den Folgewirkungen menschlicher Tätigkeit zusammen. Um diesen Folgewirkungen entgegenzuwirken, ist es wichtig, sie genau zu kennen.

Die **Gefahren für die Artenvielfalt** steigen von Jahr zu Jahr. Die Einflussnahme und die Wirkung menschlicher Tätigkeit auf Ökosysteme und damit auf die Artenvielfalt sind sehr unterschiedlicher Art.

1. Durch die **Zerstörung oder Umwandlung natürlicher Lebensräume** werden vielen Arten Lebensmöglichkeiten genommen. Dazu gehören:

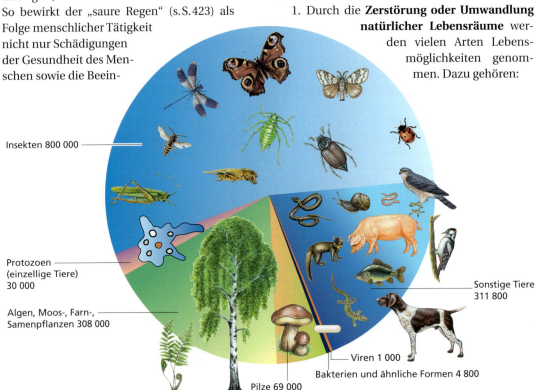

Insekten 800 000

Protozoen (einzellige Tiere) 30 000

Algen, Moos-, Farn-, Samenpflanzen 308 000

Sonstige Tiere 311 800

Viren 1 000

Bakterien und ähnliche Formen 4 800

Pilze 69 000

**1** Anzahl gegenwärtig bekannter Arten von Organismengruppen

**1** Durch Kiesabbau werden Lebensräume von Pflanzen und Tieren zerstört.

– Die Rodung von Wäldern sowie die *Zerstörung von Lebensräumen* durch Baumaßnahmen verschiedenster Art: Gegenwärtig werden beispielsweise weltweit pro Jahr 35 000 km$^2$ tropischer Regenwald abgeholzt, um Boden für Ackerbau, Industriebauten und Siedlungen sowie Holz als Rohstoff zu gewinnen. In Deutschland hat sich der Waldanteil seit dem Mittelalter auf ca. 30 % verringert. Etwa zwei Drittel der in Europa und Nordamerika als ausgestorben bzw. gefährdet geltenden Arten sind auf die Waldrodung zurückzuführen.

– Die Entwässerung ganzer Landstriche: Dadurch wird vor allem feuchtigkeitsliebenden Arten die Lebensgrundlage entzogen. Dies ist der Grund dafür, dass in unserem Raum z.B. die Lurche gefährdet sind.

– Die *Übernutzung von Ökosystemen, z.B. von Weiden:* Übernutzungen führen meistens zur Vernichtung vieler Arten und im Ergebnis zur nicht umkehrbaren Veränderung des Ökosystems.

– *Die Rohstoffgewinnung, z.B. der Abbau von Braunkohle, Mineralien und Kies (Abb. 1).*

2. Lebewesen können nur unter relativ eng begrenzten Lebensbedingungen existieren. **Die natürlichen Bedingungen werden derzeit durch menschliche Tätigkeit gravierend verändert.** So werden Tausende chemische Verbindungen produziert, z.B. für die Bekämpfung von Schädlingen, zur Herstellung von Waschmitteln und Kosmetika sowie von Farben und Klebstoffen, die bisher in der Natur nicht vorkamen. Viele Stoffe davon gelangen in die Umwelt und belasten bzw. schädigen als Giftstoffe direkt bzw. indirekt Organismen.

Manche Stoffe werden nur schwer abgebaut und gelangen über die Nahrungskette bis in den Körper des Menschen.

Erhebliche Belastungen der Biotope von Ökosystemen gehen auch von der Landwirtschaft und dem Gartenbau infolge der zusätzlichen Düngung aus, z.B. mit Stickstoff- und Phosphatverbindungen. Ein Teil der Mineraldüngemittel wird ausgewaschen und gelangt beispielsweise in Gewässer, wo das Algenwachstum mit seinen Folgen angeregt wird.

3. Schwerwiegende Folgen für Arten eines Ökosystems kann auch das **Einschleppen** oder **Eindringen von Arten** haben, die ursprünglich hier nicht vorkamen. Solche Arten vermehren sich manchmal geradezu explosionsartig unter den neuen Lebensbedingungen und verdrängen andere Arten.

So wurden beispielsweise 1862 in Australien zwölf europäische *Wildkaninchen* ausgesetzt. Sie brachten es bis zur Jahrhundertwende auf einen Bestand von etwa 1 Milliarde Tiere, zerstörten die Pflanzendecke und lösten eine heftige Bodenerosion aus.

Derzeit breiten sich auch bei uns eine Reihe eingewanderter Arten aus. Beispiele sind u. a. der *Japanische Staudenknöterich* und der Waschbär (Abb. 2, S. 423).

4. Auch die **Züchtung von Pflanzen- und Tierarten** für den Anbau bzw. die Haltung hat zur Veränderung der Artenvielfalt geführt. So werden beispielsweise auf riesigen Flächen nur wenige Kulturarten angebaut, oft dominiert nur eine Art *(Monokultur).* Die ursprünglichen Arten wurden verdrängt.

## Weltweite Auswirkungen menschlicher Tätigkeit

Viele Einwirkungen menschlicher Tätigkeit auf die natürlichen Lebensbedingungen erfolgen lokal (z.B. im Ort deiner Schule). Sie wirken sich aber zunehmend regional und global (weltweit) mit verheerenden Folgen für viele Arten und auch den Menschen aus.

1. Weltweite Veränderungen der Lebensbedingungen bewirkt der sogenannte **saure Regen** (Abb. 1). Er kommt durch die Lösung von Schadstoffen in Wasser in der Atmosphäre zustande, vor allem von *Schwefeldioxid* (entsteht z.B. bei der Verbrennung schwefelhaltiger Kohle) und *Stickoxiden* (z.B. in Auspuffgasen enthalten). Aus Schwefeldioxid entsteht schweflige Säure, aus Stickoxiden Salpetersäure. Diese Säuren gelangen mit den Niederschlägen in den Boden, bewirken z.B. eine Veränderung des pH-Wertes und schädigen dadurch die Pflanzen.

2. Ebenfalls global wirkt der **Treibhauseffekt.** Er wird durch sogenannte Treibhausgase ausgelöst. Dazu gehören *Kohlenstoffdioxid* ($CO_2$), *Distickstoffoxid* ($N_2O$, Lachgas), *Methan* ($CH_4$), *Ozon* ($O_3$), *Wasserdampf* ($H_2O$) und *Fluorchlor-*

**2** Der Waschbär lebte ursprünglich nicht in unseren Breiten.

*kohlenwasserstoff* (FCKW). Bis auf FCKW sind alle anderen Stoffe natürliche Bestandteile der Atmosphäre. Sie lassen die Sonnenstrahlen ungehindert durch, behindern aber die Wärmeabstrahlung von der Erde. Dadurch wird die Erde von einer „schützenden Hülle" umgeben, der wir eine angenehme durchschnittliche Temperatur von +15 °C zu verdanken haben; sonst würden −18 °C herrschen. Vor allem durch die Verbrennung fossiler Energieträger in Kraftwerken, Autos, Hausheizungsanlagen wird der Anteil der Treibhausgase – vor allem von Kohlenstoffdioxid – ständig erhöht.

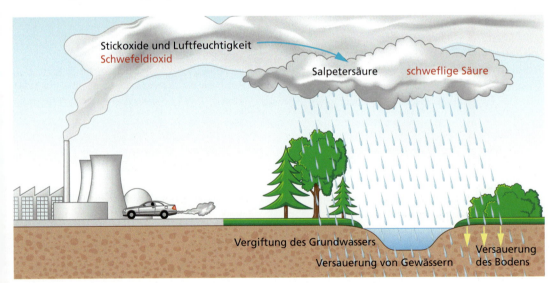

Stickoxide und Luftfeuchtigkeit
Schwefeldioxid

Salpetersäure    schweflige Säure

Vergiftung des Grundwassers

Versauerung von Gewässern

Versauerung des Bodens

**1** Entstehung und Wirkung des sauren Regens

Die „Hülle" wird dichter. Als Folge steigt die Durchschnittstemperatur auf der Erde ungewöhnlich schnell, voraussichtlich bis zum Jahre 2050 um +2,5 °C. Tritt diese Erwärmung ein, würde eine weltweite Klimaänderung die Folge sein. Niederschlagsverteilung und nachfolgend Vegetationszonen würden sich verschieben. Durch Abschmelzen des Eises der Pole und Gletscher käme ein Anstieg des Meeresspiegels zustande. Dies alles würde zur **Vernichtung zahlreicher Arten führen.**

3. Ähnlich bedrohlich ist die zunehmende Ausdünnung der **Ozonschicht** (Abb. 1). Ozon ist eine Verbindung von drei Sauerstoffatomen. Als natürlicher Bestandteil der Luft ist es sowohl in den unteren als auch in den oberen Luftschichten der Atmosphäre anzutreffen. Ozon entsteht durch komplizierte Prozesse unter Einfluss von Sonnenlicht aus bestimmten Vorläufersubstanzen, vor allem Stickstoffoxiden und Kohlenwasserstoffen, in Verbindung mit Sauerstoff. Um eine zu hohe Ozonkonzentration zu vermeiden, ist es daher erforderlich, die Bildung der Vorläufersubstanzen langfristig einzudämmen (u.a. durch Einschränkung des Kraftfahrzeugverkehrs).

In **Bodennähe** sind höhere Anteile unerwünscht, da Ozon bei stärkerer Konzentration z.B. die Schleimhäute angreift (Hustenreiz) und Pflanzen schädigt ((u.a. Schädigung der Zellen des Blattes).

In den **oberen Luftschichten** ist Ozon dagegen lebensnotwendig, da es wie ein UV-Filter wirkt und UV-Strahlen absorbiert. Dadurch schützt es den Menschen, die Tiere und die Pflanzen vor den schädigenden Wirkungen der UV-Strahlung.

Der Ozongehalt in etwa 20 km Höhe verringert sich von Jahr zu Jahr. Das Ausmaß der verdünnten Schicht erreichte im Jahr 2000 erstmals dichter besiedelte Gebiete. An dieser Ausdünnung sind (u.a. Kohlenwasserstoffe beteiligt, die z.B. aus Treibgasen und Kühlmitteln stammen und in die oberen Luftschichten gelangen. Die Chloratome aus diesen Verbindungen bewirken in einem komplizierten Prozess die Zerstörung der Ozonschicht.

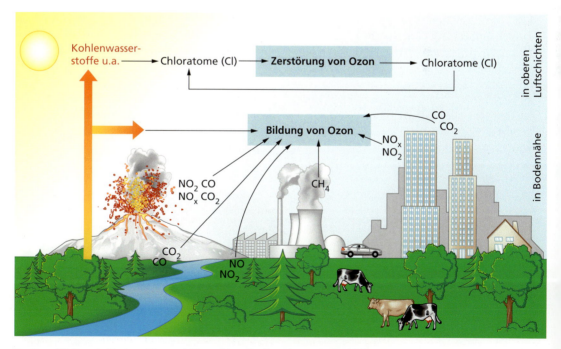

**1** Ozonbildung in Bodennähe und Ozonabbau in den oberen Luftschichten

Sie werden in diesem Prozess wieder frei und können erneut wirksam werden (Abb. 1, S. 424). Die Folge ist ein **Ozonloch,** durch das eine Zunahme der UV-Strahlung (teilweise bereits um 30%) mit schädigenden Auswirkungen auf Pflanzen, Tiere und den Menschen (u. a. Zunahme von Hautkrebs, Schwächung des Immunsystems) ermöglicht wird. Über der Antarktis befindet sich bereits ein großes Ozonloch.

4. Genauso verherrend auf unsere Umwelt wirkt sich die **Zerstörung von Lebensräumen** (Biotopen) aus. Werden z. B. in einem Feuchtgebiet durch Entwässerung die Bedingungen gravierend verändert, wird damit feuchtigkeitsliebenden Pflanzenarten die Lebensgrundlage entzogen. Sie bilden aber wiederum die Lebensgrundlage für Verbraucher (Konsumenten), was letztlich zum Rückgang z. B. der *Lurche* und des *Storches* führt. Das Ökosystem bricht zusammen.

5. Schon die **Vernichtung einer Art** kann die Kreisläufe in einem Ökosystem erheblich stören. Die *Große Brennnessel* beispielsweise sehen viele nur als „Unkraut" an. Sie ist Nahrungsgrundlage für Raupen verschiedener Tagesfalter (Abb. 1). Von ihnen ernähren sich wiederum eine Reihe von Verbrauchern (Konsumenten 2. Ordnung), u. a. Singvögel. Schon die teilweise Ausrottung der *Großen Brennnessel* würde also die kreislaufähnlichen Beziehungen in Ökosystemen empfindlich stören.

> Der Mensch beeinflusst derzeit die natürlichen Kreisläufe in einer solchen Weise, dass dadurch für die Natur und ihn selbst große Gefahren erwachsen.

Es ist ein gründliches Umdenken unerlässlich, wenn der Mensch nicht selbst seine Existenzgrundlage unumkehrbar zerstören will.

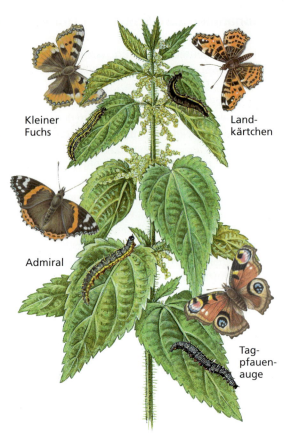

Kleiner Fuchs

Landkärtchen

Admiral

Tagpfauenauge

**1** Die Große Brennnessel als Nahrungsquelle für die Raupen vieler Tagfalter

Die Aufgabe besteht deshalb heute mehr denn je darin, Rohstoffe und Energieträger zu sparen und wirkungsvoll zu nutzen. Und zwar so, **dass die grundlegenden Bedürfnisse der gegenwärtig lebenden Menschen befriedigt werden und gleichzeitig die Lebensgrundlagen für künftige Generationen erhalten bleiben (nachhaltige Entwicklung).**
Eine wesentliche Voraussetzung dafür sind detaillierte Kenntnisse der natürlichen Lebensbedingungen der Organismen.
Diese Beispiele zeigen, dass eine bedrohliche Umweltsituation entstanden ist. Um ihr entgegenzuwirken, ist es erforderlich, die **Veränderungen der abiotischen Faktoren** ständig zu kontrollieren, um generell diesen Veränderungen entgegenzuwirken.

## Maßnahmen zum Schutz der Umwelt

Viele Daten deuten darauf hin, dass sich die Umweltsituation, insbesondere die Lebensbedingungen für Organismen im Ergebnis menschlicher Tätigkeit sowohl lokal als auch global bedrohlich verschlechtert haben. Um den daraus resultierenden Gefahren für die Existenz vieler Organismen entgegenzuwirken, werden eine Reihe von Maßnahmen durchgeführt.

1. Verringerung der weiteren Zerstörung von Lebensräumen und damit von Ökosystemen.
   So ist z. B. geplant, die Bodenfläche in Deutschland, die in Siedlungs- und Verkehrsfläche umgewandelt wird, von derzeit 120 ha bis zum Jahr 2020 auf 30 ha pro Tag zu reduzieren. Dieser Prozess soll durch ein „Bodengesetz" gefördert werden.

2. In vielen Bundesländern spielt der *Kies*- und *Sandabbau* (Abb. 1, S. 422) eine große Rolle. Einerseits ist das für das Land ökonomisch wichtig, andererseits sind damit aber ökologische Folgen (z. B. Veränderung der Landschaft) verbunden. Um diese Folgen möglichst gering zu halten, werden **Rekultivierungsmaßnahmen** eingeleitet, um die betreffenden Gebiete wieder nutzen zu können. Zahlreiche *Kiessand-Tagebaue* sind zu Erholungsgebieten umgestaltet worden. Die Baggerseen beispielsweise sind nicht nur für die Anwohner ideal, für viele Wasservögel sind sie ein neuer Lebensraum.

3. Die **Verringerung bzw. Vermeidung der Abgabe von Schadstoffen** an die Umwelt zielt darauf ab, die natürlichen Lebensbedingungen zu erhalten bzw. nicht weiter zu verschlechtern. Regelungen dazu sind (u. a. im Bundes-Immissionsgesetz (Fassung von 1997) sowie in der Smog-Verordnung und den verschiedenen „Wassergesetzen" enthalten. Bedeutsam sind (u. a.
   – die Verringerung der Kohlenstoffdioxidabgabe durch Einschränkung des Energieverbrauchs generell, insbesondere durch die Senkung der Verbrennung fossiler Brennstoffe, sowie die verstärkte Nutzung der Sonnen- und Windenergie; geplant ist z. B., die $CO_2$-Abgabe in Deutschland bis zum Jahr 2005 um 25 % zu senken (auf 760 Mio. t jährlich; zum Vergleich: 1990 waren es 1014 Mio. t),
   – das Verbot der Verwendung von FCKW,
   – die Reinigung aller Abwässer,
   – der sorgsame Umgang mit Chemikalien, (u. a. mit Pflanzenschutzmitteln und Insektiziden,

**1** Luchs
(vom Aussterben bedroht)

**2** Fischotter
(vom Aussterben bedroht)

**3** Alpenstrandläufer
(vom Aussterben bedroht)

– die Vermeidung von Überdüngung in der Landwirtschaft und im Gartenbau.

Für den Schutz der Umwelt ist die **Einsicht durch jeden Einzelnen** Voraussetzung, z. B. wenn es darum geht, den persönlichen Konsum, z. B. auch die Benutzung des eigenen Autos, einzuschränken bzw. das Verbrennen von Stoffen zu kontrollieren.

4. **Maßnahmen zur Erhaltung der Artenvielfalt** sind eine unersetzbare Voraussetzung für die Stabilität von Ökosystemen und damit für die Existenz von Leben auf der Erde. Untersuchungen (Kartierung) über das Vorkommen von Arten haben ergeben, dass eine Reihe von Arten gefährdet, vom Aussterben bedroht oder sogar schon ausgestorben sind (Abb. 1, 2; Abb. 1 – 3, S. 426). Solche Arten werden in einer **roten Liste** erfasst. Eine Reihe von Arten wurden durch die **Bundesartenschutzverordnung** unter besonderen Schutz gestellt. Für diese gesetzlich geschützten Arten gelten strenge Vorschriften. Sie dürfen z. B nicht gepflückt bzw. gefangen werden. Geschützt sind z. B. durch diese Verordnung das *Gewöhnliche Fettkraut* (Abb. 2), der *Fischotter* (Abb. 2, S. 426) und eine Vielzahl von Küstenvögeln (Abb. 3, S. 426).

5. Als besonders wirksam hat sich die Einrichtung von **Großschutzgebieten** erwiesen. Dazu gehören verschiedene Naturschutzkategorien.

## Mosaik

### Naturschutzkategorien

**Nationalparks** sind großflächige Naturlandschaften von besonderer Eigenart. Sie dienen der Erhaltung eines artenreichen Pflanzen- und Tierbestandes, vorrangig durch den Schutz natürlicher Entwicklungsabläufe. Sie stehen auch für Umweltbildung und Erholung zur Verfügung.

**Biosphärenreservate** sind großflächige Modellregionen von Natur- und Kulturlandschaften. Sie sollen beispielhafte Formen der Landnutzung unter Beachtung der natürlichen Naturausstattung bieten.

**Naturparks** sind Kulturlandschaften, die durch menschliche Tätigkeit über Jahrhunderte geprägt wurden und sich durch eine umweltgerechte Landnutzung auszeichnen sowie eine große Vielfalt an Pflanzen und Tieren ausweisen. Sie dienen auch der naturverträglichen Erholung.

**Naturschutzgebiete** (NSG) umfassen unterschiedlich große Flächen einer einzigartigen und vielfältigen Naturausstattung. Für diese Gebiete gibt es entsprechend ihrer Ausstattung spezielle Behandlungsrichtungen, die Ge- und Verbote umfassen. **Landschaftsschutzgebiete (LSG)** sind Gebiete, deren Erhaltung und Wiederherstellung wegen der Vielfalt, der Eigenart oder Schönheit des Landschaftsbildes sowie ihrer Bedeutung für die Erholung erforderlich ist.

**1** Frauenschuh (gefährdete Orchidee)

**2** Gemeines Fettkraut (stark gefährdet)

**3** Feuchtwiese mit Wollgras (unter Naturschutz)

So wichtig viele Einzelmaßnahmen sind, sie sind allein nicht hinreichend. Um auch künftigen Generationen Voraussetzungen für die Sicherung grundlegender Bedürfnisse zu erhalten, ist eine insgesamt **nachhaltige Entwicklung** in allen Bereichen des Lebens notwendig, wobei ökologische, wirtschaftliche und soziale Aspekte als Einheit gesehen werden müssen.

Um dies zu erreichen, ist es vor allem wichtig, dass alle über ein anderes „Wohlstandsmodell" nachdenken und wieder lernen, im Einklang mit der natürlichen Umwelt zu leben. Das ist sicher ein konfliktreicher Prozess. Zu der Aufgabe, die Lebensgrundlagen auch für künftige Generationen zu erhalten, zählt z.B. auch, den **ökologischen Landbau** zu fördern, in verstärktem Maße **nachwachsende Rohstoffe** *(z.B. Raps, Chinaschilf)* zu nutzen und **Renaturierungen** dort vorzunehmen, wo das möglich ist.

Die Belastung der Umwelt macht vor Ländergrenzen nicht Halt. Deshalb ist eine **internationale Zusammenarbeit** erforderlich.

Diese Zusammenarbeit äußert sich u. a. in einer Reihe von *Konferenzen* zum Schutz der Umwelt (z.B. der Konferenz der Vereinten Nationen für Umwelt und Entwicklung 1992 in Rio de Janeiro, in deren Ergebnis die Agenda 21 beschlossen wurde; der Klimakonferenz 1997 in Kyoto).

Sie äußert sich auch in internationalen *Konventionen* und *Vereinbarungen*, z.B. zur Einrichtung geschützter Feuchtgebiete in verschiedenen Staaten (Ramsar-Konvention 1971), in der Richtlinie über die Erhaltung wild lebender Vogelarten.

Ziel der Agenda 21 ist eine globale Partnerschaft, die auf eine **nachhaltige Entwicklung** ausgerichtet ist. Damit soll der zunehmenden Zerstörung der natürlichen Lebensgrundlagen und der wachsenden Kluft zwischen Nord und Süd entgegengewirkt werden. In der Agenda 21 werden die Kommunen aufgerufen, eine eigene lokale *Agenda 21* aufzustellen, die speziell auf die Gemeinden zugeschnitten ist (Abb. 1).

Die **lokale Agenda 21** zielt auf eine nachhaltige Entwicklung, die umweltverträglich, sozial gerecht und wirtschaftlich tragfähig ist. Ökologie, Ökonomie und soziale Sicherheit bilden eine untrennbare Einheit.

Die Probleme einer Gemeinde sollen „von unten", besonders unter Mitwirkung der Bürger und im Dialog mit ihnen, angegangen werden.

Die **Handlungsfelder,** die eine Gemeinde im lokalen Agenda-21-Prozess bearbeiten sollte, umfassen die nachhaltige Entwicklung in folgenden Bereichen: Verkehr; Landschaftspflege und Naturschutz; Energie und Klimaschutz; Kultur und Soziales; Bauen und Wohnen; Boden, Wasser und Abwasser; Wirtschaft und Arbeit; Tourismus und Erholung; Jugend und Bildung. Jede Kommune muss einige für sie besonders relevante Themen im Sinne von „Global denken – lokal handeln" in den Vordergrund stellen.

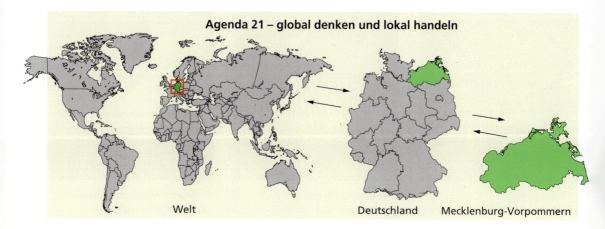
**Agenda 21 – global denken und lokal handeln**

Welt          Deutschland     Mecklenburg-Vorpommern

## gewusst · gekonnt

1. Ermittle im Umfeld deines Wohnortes Maßnahmen (Vorgänge), die Umweltbelastungen mit verursachen könnten.
Gehe auf Konflikte ein, die in diesem Zusammenhang auftreten können.

2. Nimm Kontakt mit der unteren Naturschutzbehörde deines Kreises auf.
Informiere dich über Umweltprobleme in deinem Kreis und über Maßnahmen, um diese Probleme zu lösen.

3. Ermittle im Umfeld deines Heimatortes stark gefährdete und gesetzlich geschützte Arten.

4. Beschreibe einige Formen des Flächenschutzes anhand von Beispielen aus deinem Heimatland.

5. Die Kreisläufe in der Natur werden durch natürliche Vorgänge und derzeit vor allem durch Auswirkungen der menschlichen Tätigkeit bedrohlich belastet.
Informiere dich darüber im Internet.

6. Erläutere an Beispielen aus deiner Umgebung, wo Lebensräume für Pflanzen und Tiere nachhaltig zerstört wurden.
Versuche die Auswirkungen auf das Biotop darzustellen. Nutze dazu auch grafische Mittel.

7. Erläutere an selbstgewählten Beispielen Belastungen von Stoffkreisläufen, die durch menschliche Tätigkeit zustande kommen.
Nenne und begründe Maßnahmen, um diese Belastungen zu verhindern bzw. zu verringern.

8. Beschreibe die Entstehung des sogenannten sauren Regens, auch mithilfe des Internets, z.B. www.schuelerlexikon.de, www.google.de.
Erläutere seine Auswirkungen auf Lebewesen.
Nenne und begründe Maßnahmen, um Auswirkungen des sauren Regens zu verringern.

9. Eine ernste Bedrohung für die Ökosysteme der Erde ist der Treibhauseffekt.
Nutze zur Beantwortung das Internet.
   a) Beschreibe die Entstehung des natürlichen Treibhauseffektes.
   b) Welche Auswirkungen sind möglicherweise zu erwarten?
   c) Erläutere Möglichkeiten, um Schaden abzuwenden.

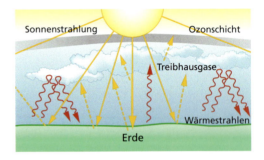

10. Die Artenvielfalt ist für das Leben auf der Erde und damit für den Menschen unerlässlich. Begründe diese Aussage.

11. Informiere dich mithilfe des Internets über Maßnahmen zum Umweltschutz und Naturschutz in deinem Heimatland und in deinem Heimatkreis.

12. Erläutere auch mithilfe des Internets den Begriff „nachhaltige Entwicklung". Beschreibe Konsequenzen, die sich daraus für Veränderungen unserer Lebensgewohnheiten und die Art und Weise der Produktion ergeben.

13. Für die Erhaltung und den Schutz von Pflanzen- und Tierarten ist der Schutz natürlicher Lebensräume von großer Bedeutung.
Gibt es in der näheren Umgebung deines Heimatortes solche geschützten Lebensräume (z. B. natürliche Hecken, Trockenrasen, Feuchtgebiete)? Was wird zum Schutz dieser Flächen getan?

14. Was könnte jeder Einzelne zum Schutz und zur Erhaltung der Artenvielfalt (von Pflanzen- und Tierarten) tun?

## Gefahren, die der Umwelt drohen

Umweltgefahren sind unterschiedlich bedingt. Sie kommen durch natürliche **Vorgänge (Prozesse)** und durch **Auswirkungen der Tätigkeit des Menschen** zustande.

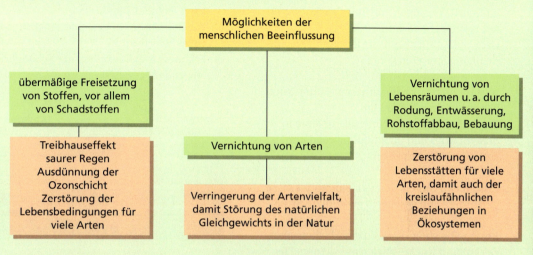

Umweltgefahren bedrohen nicht nur die Gesundheit des Menschen, sondern die Artenvielfalt und damit die Stabilität der Ökosysteme und sogar die Existenz von Leben auf der Erde.

## Maßnahmen zum Schutz der Umwelt

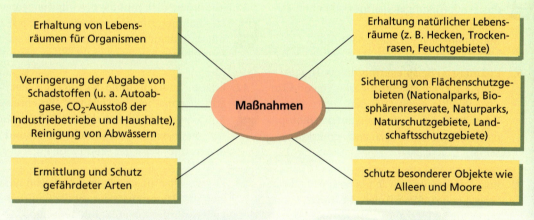

Die Erhaltung und der Schutz der Artenvielfalt als unsere Lebensgrundlage erfordert internationale Zusammenarbeit und die Mitwirkung jedes Einzelnen. Ziel muss eine nachhaltige Entwicklung auf allen Gebieten sein.

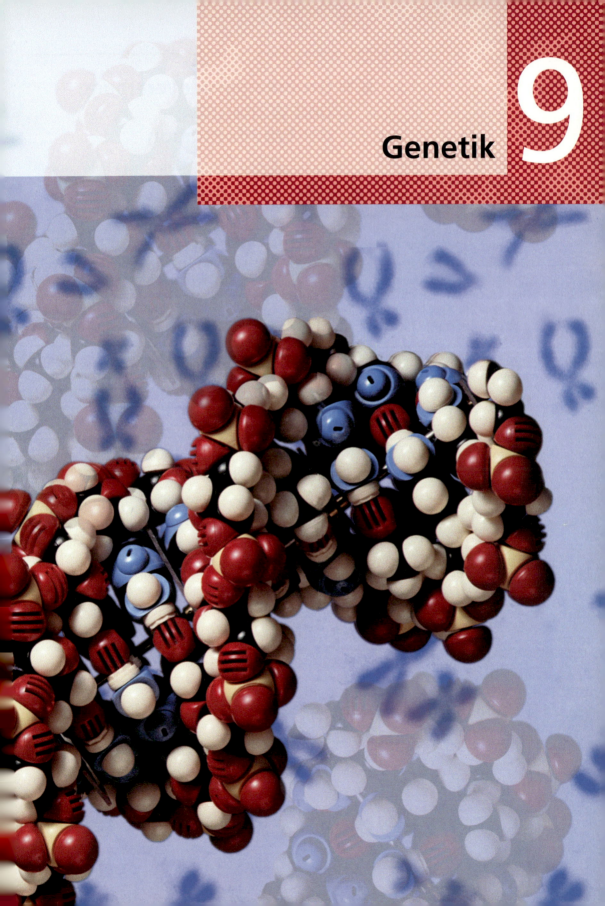

# Genetik

9

# 9.1 Grundlagen der Vererbung und Weitergabe der Erbinformation

## Weitergabe der Erbanlagen von Generation zu Generation

Die Nachkommen von Hunden sind wieder Hunde, und die Nachkommen von Fliegen sind wieder Fliegen (Abb.). Die Anlagen für spezifische Merkmale einer Art werden demnach von den Eltern auf die Nachkommen weitergegeben.
*Welche Möglichkeiten der Weitergabe von Erbanlagen gibt es? Wie erfolgt die Weitergabe der Erbanlagen?*

♀ weiblich          ♂ männlich

befruchtete Eizelle mit der genetischen Information zur Ausbildung aller Merkmale der Hunderasse

## Pflanzen und Tiere bringen immer wieder artgleiche Nachkommen hervor

Aus befruchteten Eizellen von Katzen werden wieder Katzen, aus Erbsensamen werden wieder Erbsenpflanzen. Aber innerhalb einer Art gibt es außer den Gemeinsamkeiten auch Unterschiede. So ist die Farbe des Fells eines Wurfs von Katzen (also von Geschwistern) sehr unterschiedlich (Abb.). Sogar an einer Pflanze, z. B. einem Zweig der Schneebeere, kommen unterschiedliche Blattformen vor.
*Welche Ursachen gibt es für diese Gemeinsamkeiten und Unterschiede?*

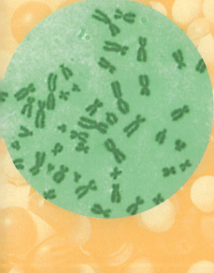

## Chromosomen sind Träger der Erbanlagen

Vor etwa 100 Jahren waren die Struktur und Funktion der Chromosomen als Träger der Erbanlagen schon ziemlich gut bekannt. Untersuchungen der chemischen Zusammensetzung der Chromosomen ergaben, dass sie aus Eiweißkomponenten und Nucleinsäuren bestehen.
*Welcher dieser chemischen Stoffe verkörpert die Erbinformationen?*

# Merkmale von Lebewesen

Einige Merkmale von Lebewesen kann man schon an ihrem **äußeren Erscheinungsbild,** dem **Phänotyp,** ablesen. Ein Vergleich der äußeren Erscheinungsbilder, der Phänotypen, ermöglicht es uns z. B., die Klassenkameraden zu unterscheiden oder sie genau zu beschreiben. Jede Person besitzt also für sie typische Merkmale.

Bestimmte phänotypische Merkmale, z. B. Haarfarbe, Augenfarbe, Ohrform oder die Fähigkeit zum Zungenrollen (Abb. 1, S. 464), sind bei nicht verwandten Menschen häufig unterschiedlich ausgebildet. Jeder hat schon einmal beobachten können, dass Kinder ihren Eltern oder Großeltern ähneln. Solche Ähnlichkeiten gibt es sowohl äußerlich als auch im Verhalten (Abb. 1, 2).

Bestimmte Eigenschaften, wie naturwissenschaftliche, künstlerische oder sprachliche Begabungen, können beim Menschen über viele Generationen hinweg beobachtet werden.

Bei anderen Menschen fällt uns auf, dass bei ihnen Krankheiten häufiger anzutreffen sind. Einige Zwillingspaare gleichen sich, während andere gar nicht als solche zu erkennen sind. **Familienähnlichkeiten** gibt es nicht nur zwischen Großeltern, Eltern und Geschwistern, sondern auch zwischen anderen Verwandten wie Onkel, Tante, Cousin.

Auch bei **Tieren** (z. B. Säugetieren) findet man in allen Familien sowohl gleiche als auch unterschiedliche Merkmale.

Bei den **Samenpflanzen** trifft das auch zu. Selbst in einer Pflanzenfamilie gibt es Gemeinsamkeiten und Unterschiede bei den Arten (Abb. 1, S. 434).

Oder vergleicht man z. B. einzelne Pflanzen bzw. Tiere einer **Wiese,** stellt sich heraus, dass sich bestimmte Pflanzen oder Tiere in ihren Eigenschaften und Merkmalen (z. B. Blütenaufbau, Blattform) ähneln. Heute ist bekannt, dass diese Ähnlichkeit auf **Verwandtschaft** beruht.

Jugendliche gaben auf die Frage, was sie geerbt haben, folgende Antworten (aus ELTERN 9, 1993):

„Es ist gut, daß man sich durch die Vererbung in einer Familie ähnelt. Sonst würde man ja kaum merken, daß man zusammengehört."
*Grundschüler, 10 Jahre*

„Ich bin eine tolle Vererbungsmischung: vom Vater die Anlage zur Glatze … Von der Mutter zwei Muttermale an der linken Backe, wo sie genau nicht hinpassen. Von Oma I die deutliche Aussprache, von Opa I das Grinsen, von Oma II platte Füße, von Opa II meine Fernsehsucht."
*Hauptschüler, 13 Jahre*

„Meine Eltern sind beide sehr aufgeregt und hektisch. Da braucht sich keiner zu wundern, wenn ich bei Klassenarbeiten aufgeregt und hektisch bin, und das hat zur Folge, daß man sich schlechter konzentriert. So geht manche Arbeit bei mir wegen meiner Erbanlage voll daneben. Ich habe es schwer, das meinen Eltern klarzumachen."
*Gymnasiastin, 12 Jahre*

**1**  Ähnlichkeit zwischen Kindern und Eltern

**2**  Was haben wir vererbt bekommen?

Je näher Organismen miteinander verwandt sind, desto mehr ähneln sie sich meist in ihren Eigenschaften und Merkmalen. Die Ähnlichkeit der Organismen kommt durch die unveränderte Weitergabe der Erbinformationen von den Eltern auf die Nachkommen zustande (Abb. 2, Abb. 1, S. 433). Die Nachkommen von Hunden sind z. B. wieder Hunde und die Nachkommen von Fliegen sind wieder Fliegen (Abb., S. 432). Die Anlagen für die typischen Merkmale einer Art werden demnach von den Eltern auf die Nachkommen weitergegeben (Abb. 2).

Die Weitergabe der Informationen zur Ausbildung dieser typischen Merkmale von Generation zu Generation wird als **Vererbung** bezeichnet.

Die Erhaltung der Arten ist wesentlich mit den Lebensprozessen Fortpflanzung und Vererbung verbunden. Durch Fortpflanzung werden Nachkommen erzeugt und durch Vererbung erhalten die Nachkommen Merkmale der Eltern.

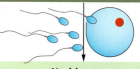

2 Weitergabe der Erbinformationen bei der geschlechtlichen Fortpflanzung

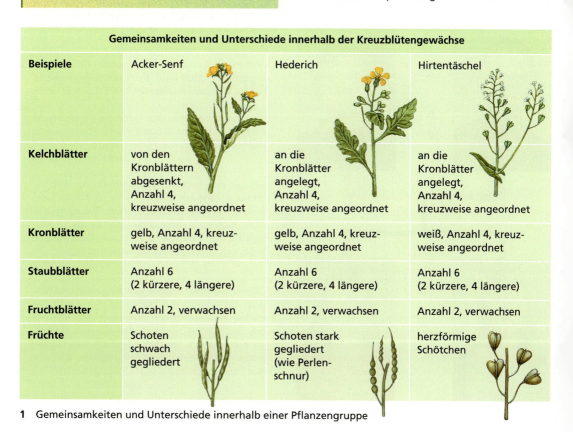

**Gemeinsamkeiten und Unterschiede innerhalb der Kreuzblütengewächse**

| | Acker-Senf | Hederich | Hirtentäschel |
|---|---|---|---|
| **Beispiele** | | | |
| **Kelchblätter** | von den Kronblättern abgesenkt, Anzahl 4, kreuzweise angeordnet | an die Kronblätter angelegt, Anzahl 4, kreuzweise angeordnet | an die Kronblätter angelegt, Anzahl 4, kreuzweise angeordnet |
| **Kronblätter** | gelb, Anzahl 4, kreuzweise angeordnet | gelb, Anzahl 4, kreuzweise angeordnet | weiß, Anzahl 4, kreuzweise angeordnet |
| **Staubblätter** | Anzahl 6 (2 kürzere, 4 längere) | Anzahl 6 (2 kürzere, 4 längere) | Anzahl 6 (2 kürzere, 4 längere) |
| **Fruchtblätter** | Anzahl 2, verwachsen | Anzahl 2, verwachsen | Anzahl 2, verwachsen |
| **Früchte** | Schoten schwach gegliedert | Schoten stark gegliedert (wie Perlenschnur) | herzförmige Schötchen |

1 Gemeinsamkeiten und Unterschiede innerhalb einer Pflanzengruppe

# Zelluläre und molekulare Grundlagen der Vererbung

## Bau der Zellen

Das Hauptmerkmal der **Zellen** (Abb. 1) höherer Organismen besteht in ihrer Untergliederung in Zellkern und Zellplasma (Cytoplasma). Beide Bereiche werden durch eine doppelte Kernmembran voneinander getrennt.

Der *Zellkern* (Abb. 2) enthält das Kernplasma, die Chromosomen (meist als Chromatingerüst) und Kernkörperchen. Er ist der Träger der Erbinformation. Von ihm werden alle Lebensprozesse gesteuert, die im Zellplasma ablaufen.

Die Kernmembran setzt sich in Membransystemen fort, die das Zellplasma durchziehen und *endoplasmatisches Retikulum* genannt werden. Das endoplasmatische Retikulum dient dem Schnelltransport von Stoffen. An ihm laufen die meisten Stoffwechselprozesse ab. Es ist dicht mit *Ribosomen* besetzt. Diese sind die Orte für die Bildung von Eiweißen.

Im *Zellplasma* (Cytoplasma) findet man verschiedene Organellen, wie *Lysosomen* (enzymhaltige Bläschen), den *Golgi-Apparat* (Dictyo-

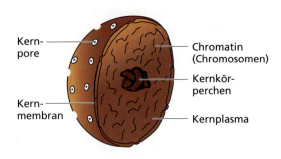

2   Bau des Zellkerns

som), die *Mitochondrien* und in Pflanzenzellen außerdem *Chloroplasten* und mit Zellsaft gefüllte meist große *Vakuolen*. Der *Golgi-Apparat* wird auch als Hauptumschlagplatz der Zelle bezeichnet. In ihm werden Enzyme gebildet und verschiedene Stoffwechselprozesse durchgeführt.

Die *Mitochondrien* sind die Orte der Zellatmung (s. S. 329). In den *Chloroplasten* der Pflanzenzellen findet die Fotosynthese statt (s. S. 318).
Die mit Zellsaft gefüllten *Vakuolen* der Pflanzenzellen besitzen Speicherfunktion für verschiedene Stoffe, z. B. Eiweiße, Fette, Salze, Wasser, Farbstoffe. Die Vakuolen dienen auch der Aufrechterhaltung des Zellinnendruckes, des Turgors, in der Zelle.

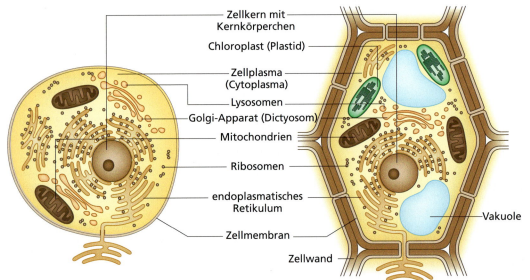

1   Bau einer Tierzelle (links) und einer Pflanzenzelle (rechts; schematische elektronenmikroskopische Bilder)

Die Membran, die die Vakuole vom angrenzenden Zellplasma abtrennt, wird *Tonoplast* genannt.

Alle Zellen sind von einer *Zellmembran* (Plasmalemma) umgeben. Sie grenzt das Plasma nach außen ab.

Die Zellmembranen Tonoplast und Plasmalemma ermöglichen einen Stoffaustausch zwischen den Zellen.

Die enzymhaltigen *Lysosomen* stellen die Verdauungsorganellen der Zelle dar.

Pflanzliche Zellen besitzen zusätzlich noch eine *Zellwand* (Abb. 1, S. 435). Sie ermöglicht neben ihrer Abgrenzungsfunktion noch den Stoffwechsel mit den benachbarten Zellen.

> In vielen Bestandteilen stimmen pflanzliche und tierische Zellen überein.
> Pflanzliche Zellen besitzen zusätzlich eine Zellwand, Chloroplasten und große mit Zellsaft gefüllte Vakuolen.

### Mikroskopische Untersuchung von Riesenchromosomen

*Materialien:*
Dauerpräparate von Riesenchromosomen der Zuckmückenlarve (Chironomus) und Taufliege (Drosophila); Mikroskope

*Durchführung*:
1. Betrachte das jeweilige Objekt im Mikroskop.
2. Fertige eine Skizze von einem Chromosomenabschnitt an.

*Auswertung:*
1. Beschreibe den Bau der Chromosomen.
2. Stelle eine Vermutung über die Bedeutung der Chromosomen für die Lebewesen auf. Überprüfe deine Aussagen mithilfe des Lehrbuches.

## Mosaik

### Die Bedeutung des Zellkerns für die Vererbung

Die Rolle des Zellkerns bei der Vererbung lässt sich am Beispiel der Transplantationsexperimente mit der einzelligen, bis zu 10 cm großen und im Mittelmeer vorkommenden *Schirmalge Acetabularia* erkennen. Die in Schirm und Stiel gegliederten Algen sind mit einem wurzelähnlichen Haftorgan, dem Rhizoid, das auch den Zellkern trägt, am Boden befestigt. Die beiden Arten *Acetabularia mediterranea* (a) und *Acetabularia wettsteinii* (b) unterscheiden sich durch die Größe und Kammerung ihres Hutes. Pfropft man z.B. den kernlosen Stiel von *Acetabularia mediterranea* auf das kernhaltige Rhi-

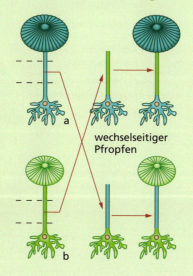

a

wechselseitiger Pfropfen

b

zoid von Acetabularia wettsteinii, so bildet die Pflanze später den kleineren Hut von *Acetabularia wettsteinii* aus. Auch das umgekehrte Experiment beweist, dass die Form des Hutes durch den Zellkern festgelegt wird (Abb. unten). Untersuchungen – auch an Tieren, z.B. am *Afrikanischen Krallenfrosch* – haben bestätigt, dass eine „entkernte" lebende Zelle abstirbt und dass eine Zelle mit „ausgetauschtem" Zellkern sich weiter entwickelt (s. S. 485).

**Der Zellkern ist Träger der genetischen Informationen und hat eine zentrale Bedeutung für die Vererbung.**

## Chromosomen und Gene

Im **Zellkern** befinden sich anfärbbare, fadenförmige Gebilde, die **Chromosomen.**

Im Mikroskop lassen sich die Chromosomen aus den Speicheldrüsen der *Mückenlarven* aufgrund ihrer enormen Größe besonders gut erkennen (Untersuchung, S.436). Es handelt sich bei ihnen um Riesenchromosomen (Abb.2). Die dunkler gefärbten Bereiche der Chromosomen sind die Orte, in denen die Erbinformationen gespeichert sind.

Jedes **Chromosom** besteht aus zwei *Halbchromosomen,* die *Chromatiden* genannt werden (Abb.1). Sie sind an einer Einschnürungsstelle (dem Centromer) fest miteinander verbunden.

Der Zellkern jeder Zelle enthält mehrere Chromosomen. Sie sind in Form und Größe unterschiedlich (Abb.1, S.438). Auch die Anzahl der Chromosomen in den Zellen verschiedener Tier- und Pflanzenarten ist unterschiedlich (Tab., rechts). Aber in allen Körperzellen **eines** Organismus stimmen Anzahl, Form und Größe der Chromosomen überein. Auch alle Individuen **einer** Tier- oder Pflanzenart (z.B. alle *Stubenfliegen,* alle *Kartoffelpflanzen* einer Art) weisen in ihren Körperzellen die gleichen Chromosomen in Anzahl, Form und Größe auf. Auch bei allen Menschen sind Anzahl, Größe und Form der Chromosomen gleich (Abb.1, 2, S.438).

> Die Chromosomen befinden sich im Zellkern. Die Anzahl, Größe und Form der Chromosomen sind bei den Individuen einer Art stets gleich.

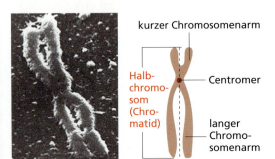

**1**  Aufbau eines Chromosoms

kurzer Chromosomenarm

Halb-chromo-som (Chromatid)

Centromer

langer Chromosomenarm

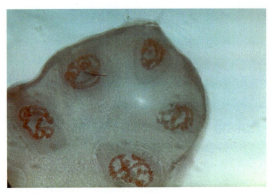

**2**  Riesenchromosomen einer Mückenlarve

| Chromosomenzahlen von Zellen einiger Tierarten und Pflanzenarten | | |
|---|---|---|
| **Organismen** | **Chromosomenzahlen** | |
| | in Körper-zellen | in Geschlechts-zellen |
| Stubenfliege | 12 | 6 |
| Regenwurm | 32 | 16 |
| Kaninchen | 44 | 22 |
| Kreuzotter | 36 | 18 |
| Mensch | 46 | 23 |
| Schimpanse | 48 | 24 |
| Pferd | 64 | 32 |
| Champignon | 8 | 4 |
| Erbse | 14 | 7 |
| Erdbeere | 14 | 7 |
| Zwiebel | 16 | 8 |
| Pfirsich | 16 | 8 |
| Mais | 20 | 10 |
| Möhre | 22 | 11 |
| Tomate | 24 | 12 |
| Wein | 38 | 19 |
| Kartoffel | 48 | 24 |

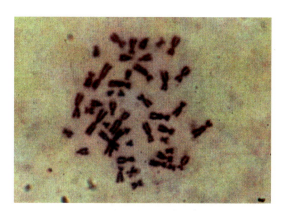

**1** Angefärbte Chromosomen einer menschlichen Körperzelle (doppelter Chromosomensatz)

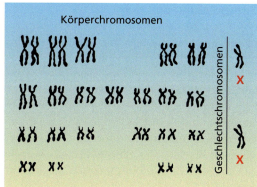

**2** Doppelter Chromosomensatz einer weiblichen Körperzelle des Menschen

In den Körperzellen der meisten Organismen sind die Chromosomen paarweise vorhanden.
Die Chromosomen jedes Paares sind von gleicher Größe und Form (Abb. 2, 3).
Jede menschliche Körperzelle besitzt also insgesamt 46 Chromosomen bzw. 23 **Chromosomenpaare.** Eine Körperzelle der *Stubenfliege* besitzt z. B. 12 und die eines *Pferdes* 64 Chromosomen bzw. 6 und 32 Chromosomenpaare (Tab., S. 437).
Die Gesamtheit aller Chromosomen einer Zelle ist der **Chromosomensatz.**
Die Zellen, in denen die Chromosomen paarweise vorhanden sind, haben immer einen *doppelten (diploiden) Chromosomensatz.* **Körperzellen** sind also diploide Zellen (Abb. 2; Tab., S. 437). Gleichen sich die zwei Chromosomen eines jeden Paares in Größe und Form, dann sind es **homologe Chromosomen.**
Die **Geschlechtszellen,** die Ei- und Samenzellen, besitzen nur die halbe Anzahl von Chromosomen der Körperzelle. Diese Zellen haben einen *einfachen (haploiden) Chromosomensatz.* Geschlechtszellen sind also haploide Zellen (Abb. 1, 2, S. 439; Tab., S. 437).
Stellt man von den *Chromosomen des Menschen* (Abb. 1) Mikrofotos oder Computerbilder her und vergrößert sie, so kann man sie mit der Schere ausschneiden und nach Größe und Form geordnet aufkleben. Man erhält eine **Chromosomenkarte,** die in der Fachsprache als **Karyogramm** bezeichnet wird (Abb. 3). Betrachtet man ein solches Karyogramm, erkennt man, dass die Chro-

mosomen paarweise auftreten. Das erklärt sich daraus, dass bei der Befruchtung väterliches und mütterliches Erbgut vereint werden. Vereinfachend können wir sagen, dass jeweils ein Chromosom vom Vater und ein Chromosom von der Mutter stammt.
Die so gebildeten Chromosomenpaare werden auch als *homologe Chromosomen* bezeichnet.

> **Körperzellen besitzen einen doppelten Chromosomensatz, sie sind diploide Zellen. Geschlechtszellen besitzen einen einfachen Chromosomensatz, sie sind haploide Zellen.**

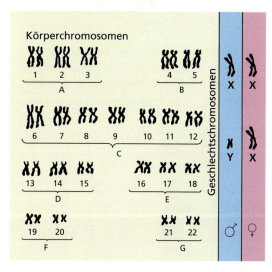

**3** Chromosomenkarte des Menschen (Karyogramm) mit den Chromosomenpaaren

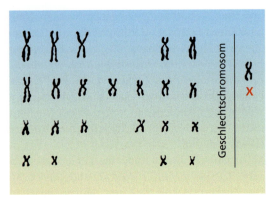

**1** Einfacher Chromosomensatz einer menschlichen Eizelle

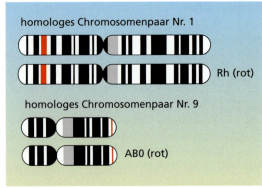

**3** Homologe Chromosomen des Menschen mit Lokalisierung von Erbanlagen (Genen)

Die *homologen Chromosomenpaare des Menschen* sind von 1 bis 22 durchnummeriert und zu sieben Gruppen (Kennbuchstaben A bis G) zusammen-

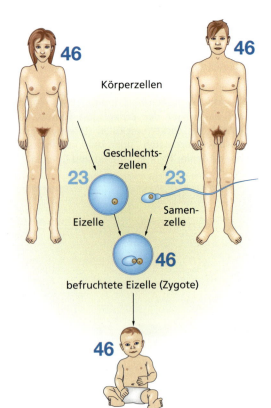

**2** Veränderung der Chromosomenzahl bei der Bildung der Geschlechtszellen und der Befruchtung

gefasst worden (Abb. 3, S. 438). Diese 44 Chromosomen werden auch als **Körperchromosomen** bezeichnet. Sie treten normalerweise immer als homologe Paare auf. Das 23. Chromosomenpaar sind die **Geschlechtschromosomen.** Sie sehen im weiblichen Geschlecht gleich aus und werden mit XX gekennzeichnet (Abb. 1; Abb. 2, 3, S. 438). Dem ungleichen Aussehen entsprechend werden die männlichen Geschlechtschromosomen mit XY bezeichnet (Abb. 2, 3, S. 438).

Untersuchungen ergaben, dass in den Chromosomen die Informationen zur Ausbildung aller Merkmale gespeichert sind. Auf ihnen sind die **Erbanlagen,** die Gene, lokalisiert. Auf dem Chromosom 1 liegt beispielsweise die Erbanlage, das Gen, für die Vererbung des *Rh-Faktors,* und auf dem Chromosom 9 befindet sich ein Abschnitt, der für die *Blutgruppenvererbung* verantwortlich ist (AB0-System, Abb. 3). Die zwei Erbanlagen zur Ausbildung eines Merkmals befinden sich in den zwei Chromosomen eines Chromosomenpaares an gleicher Stelle. Die Erbanlagen (Gene) enthalten also die Erbinformation für die Ausbildung bestimmter Merkmale.

Chromosomen sind Träger der Erbanlagen. Die Erbanlagen sind in linearer Reihenfolge auf den Chromosomen des Zellkerns angeordnet. Sie werden Gene genannt. Sie bestimmen die Ausbildung spezifischer Merkmale. Die Gene sind Träger der Erbinformation.

## Bau der DNA

Anfang der vierziger Jahre des 20. Jahrhunderts standen die Forscher vor einer paradoxen Situation. Sie konnten zwar die Lage der Erbanlagen, der Gene, in den Chromosomen genau bestimmen, über ihre chemische Natur konnten jedoch nur Vermutungen geäußert werden. Es war bekannt, dass die Chromosomen aus einer nicht eiweißhaltigen Komponente und aus Eiweißen bestehen (Abb. 1).

Die Mehrzahl der Forscher vertrat die Ansicht, dass nur die mannigfaltigen Eiweiße als Träger für die ebenso vielfältigen Erbanlagen infrage kämen. Auf den Gedanken, dass das Erbmaterial mit dem bereits 1888 von FRIEDRICH MIESCHER (1844–1895), einem Schweizer Chemiker, aus weißen Blutkörperchen und später aus Lachseiern isolierten **Nuclein** identisch sein könnte, kam man damals nicht. Der Zusammenhang zwischen der Nucleinsäure und ihrer Funktion als Erbmaterial blieb so bis zur Mitte unseres Jahrhunderts unerkannt.

Ein erster Beweis, dass die stoffliche Grundlage der Erbanlagen (der Gene) Moleküle sind, gelang AVERY (1877–1955) und seinen Mitarbeitern McCARTY und MAC LEOD 1944. Die Struktur der Nucleinsäuren konnte erst 1953 durch WATSON und CRICK (s. S. 441, 442) aufgeklärt werden. **Nucleinsäuren** sind Makromoleküle, die aus den drei chemischen Grundbausteinen *Zucker*, *Phosphorsäurereste* und *stickstoffhaltige organische Basen* bestehen. Als Zucker wurde die Pentose Desoxyribose gefunden. Das sind Zuckermoleküle mit fünf Kohlenstoffatomen. Diese Nucleinsäure wird deshalb **Desoxyribonucleinsäure (DNA)** genannt.

Als **organische Basen** findet man in der DNA *Cytosin (C)*, *Guanin (G)*, *Thymin (T)* und *Adenin (A)*. Die Zuckermoleküle sind mit den organischen Basen und der Phosphorsäure verknüpft (Abb. 2). Die Einheit aus Zucker, Base und Phosphorsäure wird als **Nucleotid** bezeichnet und bildet den Grundbaustein der DNA (Abb. 2; Abb. 1, S. 441). Jede DNA besteht aus einer Vielzahl solcher Nucleotide.

Die DNA-Moleküle einer menschlichen Zelle z. B. ergeben eine Länge von 2 Metern. Ihr Informationsgehalt entspricht etwa dem von 500 Büchern, mit je 1500 Seiten. Auf der DNA des Menschen sind etwa 32 000 Gene vorhanden.

> Die Desoxyribonucleinsäuremoleküle (DNA) sind die Träger der Erbanlagen (Gene). Sie besteht aus Zuckermolekülen (Desoxyribose), Phosphorsäureresten und den organischen Basen Adenin, Thymin, Guanin und Cytosin.

**1** Ein Chromosom besteht aus mehreren chemischen Bestandteilen.

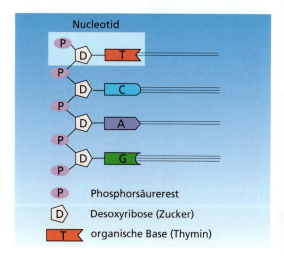

**2** Die DNA besteht chemisch aus drei Grundbausteinen.

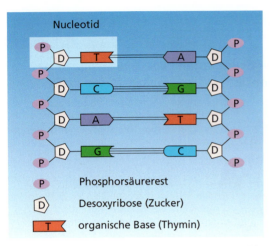

Nucleotid

P Phosphorsäurerest

D Desoxyribose (Zucker)

T organische Base (Thymin)

**1** Struktur der DNA als Doppelstrang (schematisch)

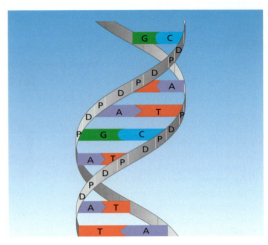

**2** Das WATSON-CRICK-Modell der DNA (Schema)

Aus vorliegenden Ergebnissen von Strukturanalysen entwickelten die Wissenschaftler WATSON und CRICK 1953 das nach ihnen benannte **Modell der DNA** (Abb. 2).

WATSON und CRICK fanden heraus, dass die DNA als Doppelstrang (Abb. 1, 2) vorliegt.

Die Einzelstränge werden jeweils von Zucker-Phosphat-Bändern gebildet. Die an sie gebundenen Basen sind nach innen gerichtet, sodass sich für die DNA die räumliche Struktur einer in sich gedrehten Strickleiter, Wendeltreppe oder Spirale ergibt. Man bezeichnet diese räumliche Anordnung der DNA als *Doppelhelix* (Abb. 2).

Eine Windung des DNA-Stranges wird von zehn Nucleotiden gebildet. Die Basenverteilung kann so erklärt werden, dass sich *Cytosin* und *Guanin* sowie *Adenin* und *Thymin* miteinander verbinden und so die „Sprossen" der Leiter bilden.

Durch die Art und Weise, wie sich die Basen paaren, nämlich A mit T und C mit G, sind die beiden Einzelstränge der DNA nicht identisch, sondern komplementär. Das bedeutet, sie ergänzen sich wie Positiv und Negativ eines Bildes (Abb. 2).

> Die DNA hat die Struktur eines schraubig gewundenen Doppelstranges. Der Doppelstrang entsteht dadurch, dass sich die organischen Basen Adenin und Thymin sowie Guanin und Cytosin miteinander paaren.

### Isolierung von DNA

*Material:*
Banane, Tomate, Kochsalz, Spülmittel, Becherglas, Messer, Rührstab, dest. Wasser, Kaffeefilter, Ethanol (−20°C), Impföse oder Holzspan

*Durchführung:*
1. Gib 3 g Kochsalz und 10 ml Spülmittel in ein Becherglas, fülle mit destilliertem Wasser auf 100 ml auf und löse das Salz unter Rühren auf.
2. Schneide 1/4 Banane oder Tomate in dünne Scheiben und würfele sie.
   Danach gib die gewürfelte Banane oder Tomate in die spülmittelhaltige Salzlösung.
3. Lass das Gemisch ca. 15 Minuten stehen.
4. Filtriere die Zellsuspension durch einen Kaffeefilter.
5. Gieße vorsichtig ca. 20 ml des kalten Ethanols (−20°C) auf die Oberfläche des Bananenextraktes! Warte ein paar Minuten.
6. Nimm mit einer Impföse (oder Holzspan) die ausgefallene DNA in der oberen Flüssigkeitsschicht auf
   Ziehe die DNA aus der Lösung und betrachte sie.

*Auswertung:*
1. Beschreibe deine Beobachtungen.
2. Erkläre die erzielten Ergebnisse.

## Mosaik

### Chromosomentheorie der Vererbung

Im Jahre 1880 wurden in teilungsfähigen Zellen stark anfärbbare, fadenförmige Gebilde, die Chromosomen, entdeckt. CORRENS (1864–1933) vermutete bereits 1900, dass die Chromosomen die Erbträger seien. 1903 wurde durch den Deutschen BOVERI (1862–1915) und den Amerikaner SUTTON (1876–1916) unabhängig voneinander die Chromosomentheorie der Vererbung begründet. Bewiesen wurde sie im Einzelnen erst später durch die Forschungen des amerikanischen Genetikers MORGAN (1866–1945; Nobelpreis 1933; Abb.) an der Fruchtfliege (Drosophila melanogaster, Abb.). Die Chromosomentheorie der Vererbung besagt, dass die Chromosomen die Träger der Erbanlagen sind.

### Weitere zelluläre Grundlagen der Genetik

### Ribonucleinsäure – eine weitere Nucleinsäure

Die Ribonucleinsäure (RNA) besteht aus den Zuckermolekülen Ribose (R), den Phosphorsäureresten (P) und organischen Basen (Adenin, Guanin, Cytosin und Uracil). In der RNA ist also die Base Thymin durch Uracil (U) ersetzt.

Die RNA wird an der DNA im Zellkern gebildet. Sie besteht nur aus einem Einzelstrang. Sie befindet sich im Zellkern, im Zellplasma und in den Ribosomen. Sie erfüllt wichtige Aufgaben bei der Weitergabe der Erbinformation während der Bildung der Eiweiße (s. S. 445).
Bei diesem Prozess werden verschiedene Formen der RNA unterschieden, messenger-RNA und transfer-RNA (s. S. 445).

Nucleotid

P — R — U

P — R — C

P — R — A

P — R — G

P

### WATSON und CRICK vor dem DNA-Modell

JAMES DEWEY WATSON wurde am 6. April 1928 in Chicago geboren. Er studierte Zoologie und promovierte mit 22 Jahren über den Einfluss von Röntgenstrahlen auf die Vermehrung von Phagen. Er arbeitete ab 1951 in Cambridge auf dem Gebiet der Röntgenkristallografie, um die räumliche Struktur der DNA aufzuklären. Dabei wird ein DNS-Doppelstrang in zwei Einzelstränge gespalten. Diese dienen als Matrizen für neue Doppelstränge.
FRANCIS HARRY CRICK wurde am 9. Juni 1916 in Northampton geboren. Er studierte Naturwissenschaften, Physik und Biophysik. Er arbeitete in Cambridge im gleichen Labor wie WATSON auf dem Gebiet der Röntgenkristallografie.
Gemeinsam mit WATSON stellte er 1953 das Doppelhelixmodell der DNA vor. Für ihre außergewöhnlichen Leistungen erhielten beide Wissenschaftler 1962 den Nobelpreis für Medizin.

## Identische Verdopplung (Replikation) der DNA

Die DNA besitzt die Fähigkeit zur identischen Verdopplung (identische Replikation, Abb. 1). Dabei wird der Elternstrang der Doppelhelix durch Enzyme in zwei Einzelstränge aufgespalten (Reißverschlussprinzip). An die Einzelstränge, die als Muster dienen, lagern sich, ebenfalls enzymatisch gesteuert, nach dem Prinzip der Basenpaarung Nucleotide an. Die neu entstandenen DNA-Moleküle bestehen aus je einem Elternstrang, der aus dem ursprünglichen DNA-Molekül stammt, und aus einem neu synthetisierten Strang. Vergleicht man beide neu entstandenen DNA-Doppelstränge miteinander, so erkennt man deutlich, dass sie dieselbe Reihenfolge der Nucleotidbasen besitzen. Sie sind identisch. Aus diesem Grunde spricht man von der identischen Verdopplung (Replikation) der DNA. Die so verdoppelte und nun auch mikroskopisch gut sichtbare Erbsubstanz kann jetzt gleichmäßig (identisch) auf die Zellkerne der Tochterzellen verteilt werden. Dadurch besitzen die Mutterzelle und die Tochterzellen dieselbe Anzahl der Chromosomen.

> Die identische Replikation ist die Verdopplung der DNA. Dabei wird ein DNA-Doppelstrang in zwei Einzelstränge, die als Matrizen für die Bildung neuer Doppelstränge dienen, gespalten. Die Einzelstränge werden durch Basenpaarung wieder zu identischen Doppelsträngen ergänzt.

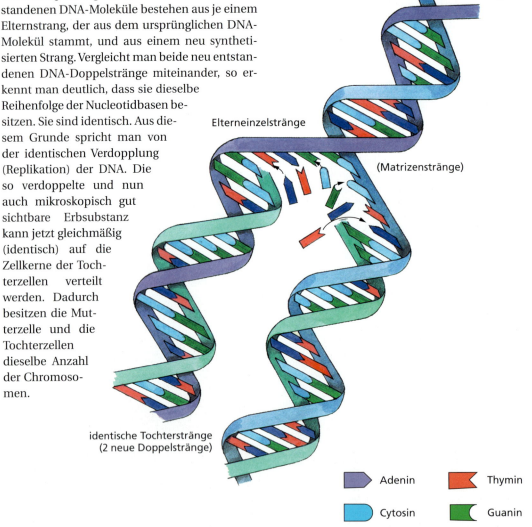

DNA-Doppelstrang (Elternstrang)

Elterneinzelstränge

(Matrizenstränge)

identische Tochterstränge (2 neue Doppelstränge)

Adenin    Thymin

Cytosin    Guanin

**1**  Identische Verdopplung (Replikation) der DNA nach dem Prinzip der Basenpaarung der organischen Basen. Adenin paart sich mit Thymin, Cytosin paart sich mit Gyanin.

# Mosaik

## Vom Gen zum Merkmal

Eiweiße sorgen als Struktur- oder Enzymeiweiße für die Ausbildung der Merkmale eines Organismus. Als **Struktureiweiße** sind Eiweiße z. B. am Aufbau von Haaren, Federn, Hörnern, Hufen, Sehnen, Muskelfasern, Blutzellen usw. beteiligt.

Als **Enzymeiweiße** steuern Eiweiße zahlreiche Prozesse. Soll beispielsweise das Merkmal blaue Blütenfarbe ausgebildet werden, so muss in den Zellen der Kronblätter ein blauer Farbstoff synthetisiert werden.

Die Eiweiße bestehen aus einer Folge von **Aminosäuren** (kleinste Bausteine der Eiweiße). Am Aufbau der Eiweiße sind in der Regel nur 20 verschiedene Aminosäuren beteiligt. In den Nucleinsäuren kommen vier Basen vor. Würde jede Aminosäure durch eine Nucleotidbase verschlüsselt, so könnten nur $4^1 = 4$ Aminosäuren codiert (verschlüsselt) werden.

Würden jeweils zwei Basen für die Verschlüsselung **(Codierung)** einer Aminosäure verantwortlich sein, so ergäben sich $4^2 = 16$ Kombinationen. Erst die Verbindung von drei Nucleotidbasen für die Codierung einer Aminosäure würde $4^3 = 64$ Möglichkeiten für die Verschlüsselung von 20 verschiedenen Aminosäuren ergeben.

Die Reihenfolge der Aminosäuren eines Eiweißmoleküls ist durch die Reihenfolge der organischen Basen in den Nucleotiden festgelegt (Abb. 1).

Da es 64 verschiedene Codierungsmöglichkeiten gibt und nur 20 verschiedene Aminosäuren codiert (verschlüsselt) werden müssen, gibt es für ein und dieselbe Aminosäure häufig mehrere Möglichkeiten der Verschlüsselung.

Durch Untersuchungen an verschiedenen Organismen konnte nachgewiesen werden, dass von ganz seltenen Ausnahmen einmal abgesehen alle Organismen dieselben Codons für die Verschlüsselung einer Aminosäure benutzen.

Der genetische Code ist quasi universell. Aus diesem Grunde sind in der Genetik **m-RNA-Codetabellen** aufgestellt worden. Sie ermöglichen es, von einer bestimmten Reihenfolge der Nucleotide auf die Aminosäurenfolge eines Eiweißes zu schließen und umgekehrt.

Der **genetische Code** ist die spezifische Reihenfolge von Nucleotiden in der DNA und RNA, durch die die Aufeinanderfolge (Reihenfolge) der verschiedenen Aminosäuren in einem Eiweißmolekül festgelegt (verschlüsselt) wird.

Die Abfolge der Aminosäuren in einem Eiweiß wird also durch die Basenfolge auf der DNA und RNA bestimmt. Die genetische Information für die bestimmte Aminosäurefolge eines Eiweißes ist also in der DNA bzw. RNA verschlüsselt.

Die DNA befindet sich im Zellkern und verlässt ihn nicht. Die Eiweiße werden aber nicht im Zellkern, sondern im Zellplasma an den **Ribosomen** aufgebaut. Diese übersetzen die Erbinformation der DNA in eine bestimmte Aminosäurenfolge der Eiweiße.

Eiweiße sind die Grundlage für die **Ausbildung von Merkmalen.** Sie sind durch die Reihenfolge ihrer Aminosäuren bestimmt. So bewirkt die gleiche Reihenfolge der organischen Basenpaare einer Erbanlage (eines Gens) in der Mutterzelle und in den Tochterzellen die jeweils gleiche Ausbildung des bestimmten Eiweißes und damit die Ausprägung eines bestimmten Merkmals.

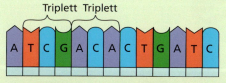

Triplett Triplett

| A | T | C | G | A | C | A | C | T | G | A | T | C |

**1** Jeweils drei aufeinanderfolgende organische Basen bilden am Einzelstrang der DNA ein **Triplett** (Codon, Basentriplett). Diese drei Basen verschlüsseln jeweils eine Aminosäure.

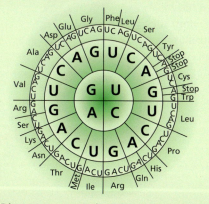

**2** Die sogenannte Code-„Sonne" zeigt die Verschlüsselung der 20 Aminosäuren durch die entsprechenden Nucleotid-Tripletts der RNA. Sie muss von innen nach außen gelesen werden.

## Ablauf der Eiweißsynthese (Schema)

Im **ersten Teilprozess (Transkription)** wird die genetische Information der DNA im Zellkern durch RNA abgelesen und als Botschaft zu den Ribosomen transportiert. Wegen ihrer Kuriertätigkeit wird diese RNA auch als Boten- oder **messenger-RNA (m-RNA)** bezeichnet (Abb. unten).

Die m-RNA besteht nur aus einem Nucleotidstrang. Die Überschreibung der genetischen Information der DNA auf die m-RNA erfolgt nach dem Muster der Replikation (Verdopplung) der DNA. Die DNA wird teilweise despiralisiert, der Doppelstrang trennt sich und gibt jene Information frei, die abgelesen werden soll. Die Nucleotide der m-RNA lagern sich genau an diesen Strang der DNA mithilfe eines Enzyms (RNA-Polymerase) an. Sie übernehmen die genetische Information der DNA. Die m-RNA kann als einsträngige Botschaft den Zellkern verlassen und wandert zu den Ribosomen im Zellplasma.

Für den zweiten **Teilprozess (Translation)** wird eine weitere Ribonucleinsäureart, die Transport- oder **transfer-RNA (t-RNA)**, als Vermittler benötigt.

Die t-RNA besteht aus etwa 80 bis 100 Nucleotiden. An einer Stelle des Moleküls befindet sich ein Basentriplett, das sich mit einem komplementären Codon der m-RNA verbinden kann. Das Triplett der t-RNA wird daher auch Anticodon genannt.

Jede t-RNA kann je nach Art ihres Anticodons nur eine bestimmte Aminosäure im Zellplasma binden und zum Ribosom transportieren. Entsprechend der Nucleotidfolge der m-RNA lagern sich die t-RNA-Tripletts an die m-RNA an. Die Aminosäuren, die die t-RNA mitbringen, verbinden sich zu langen Eiweißketten (Polypeptidketten) und diese zu Eiweißmolekülen (Abb. unten).

**Überschreibung der Erbinformation im Zellkern (Transkription)**

**Wanderung der m-RNA aus dem Zellkern zum Ribosom**

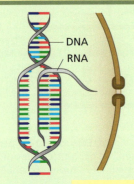

DNA
RNA

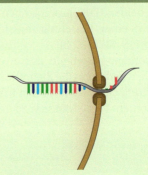

**Übersetzung der Erbinformation am Ribosom**

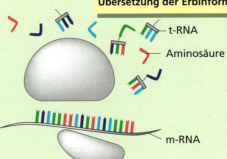

t-RNA
Aminosäure
m-RNA

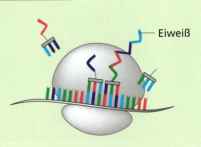

Eiweiß

# Weitergabe der Erbinformation

Die Chromosomen mit den Erbanlagen werden durch Kern- und Zellteilungen von einer Generation an die nächste weitergegeben. Vor jeder **Zellteilung** findet eine **Kernteilung** statt.

## Weitergabe der Erbinformation bei der Teilung von Körperzellen durch Mitose

Sucht man in mikroskopischen Präparaten nach Chromosomen, wird man sie in normalen Zellkernen nicht entdecken können. Erst nach dem Anfärben der Zellkerne ist ein lockeres Fadenwerk, das *Chromatin,* erkennbar (Abb. 1), aber nicht die Chromosomen. Diese sind nur in sich teilenden Zellen, z. B. Zellen der Wurzelspitzen (Abb. 1, S. 448), zu sehen. In diesen sich in Teilung befindlichen **Körperzellen (Mutterzellen)** verkürzen sich die Chromosomen durch Spiralisierung. Sie verdicken sich und sind gut sichtbar. Die **Chromosomen** bestehen in dieser Form aus zwei Längshälften, aus zwei *Halbchromosomen* (auch *Chromatiden* oder *Tochterchromosomen* genannt). Die beiden Halbchromosomen hängen am Centromer, einer Einschnürungsstelle, zusammen (Abb. 1, S. 437).

Die Chromosomen, bestehend aus zwei Halbchromosomen, wandern in die Zellmitte. Nun erfolgt die Trennung der Chromosomen in die zwei Halbchromosomen. Diese wandern zu den Polen

**Körperzelle (Mutterzelle)**

Zellkern der Mutterzelle mit Chromosomen, bestehend aus 2 Halbchromosomen

Kernteilung mit anschließender Zellteilung

**Tochterzelle 1    Tochterzelle 2**

Zellkern der Tochterzellen mit Chromosomen, bestehend aus 1 Halbchromosom

Wachstum zur Größe der Mutterzelle

**Mutterzelle**

Zellkern der Mutterzelle mit Chromosomen, bestehend aus 1 Halbchromosom

*identische Verdoppelung der Erbsubstanz*

**2**  Verteilung der Erbsubstanz bei der Teilung von Körperzellen von der Mutterzelle auf die Tochterzellen (dargestellt an 2 Chromosomenpaaren)

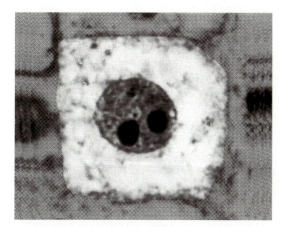

**1**  Chromatingerüst des Zellkerns

der Zelle. Sie werden mit einer Kernmembran umgeben. Es entstehen zwei Tochterzellkerne mit Halbchromosomen. Ihre Chromosomenzahl stimmt mit der der Mutterzelle überein. Das Zellplasma bildet eine neue Zellwand (bei Tierzellen eine Zellmembran) aus. Zwei identische **Tochterzellen** sind gebildet (Abb. 2; Abb. 4, S. 447). Die Tochterzellen wachsen zur Größe der Mutterzelle heran. Anschließend verdoppeln sich die Halbchromosomen wieder (s. S. 443). Die nächste Kern- und Zellteilung kann beginnen (Abb. 2).

## Phasen der Kernteilung und Zellteilung bei Körperzellen durch Mitose

### 1. Phase (Prophase)

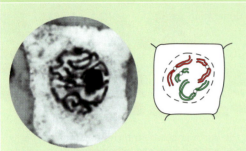

Durch die Spiralisierung der Chromatinfäden werden die Chromosomen gut sichtbar. Die Kernmembran löst sich auf.

### 2. Phase (Metaphase)

Das Kernkörperchen teilt sich und bildet den Spindelapparat. Die Chromosomen ordnen sich in der Äquatorialebene an.

### 3. Phase (Anaphase)

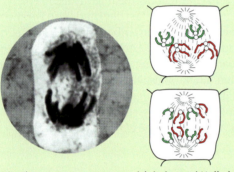

Die Chromosomen trennen sich in je zwei Halbchromosomen (Chromatiden). Diese werden mithilfe der Spindelfasern zu den Polen gezogen.

### 4. Phase (Telophase)

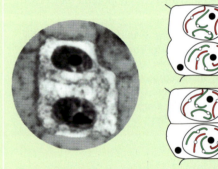

An den Polen erhalten die Halbchromosomen eine Kernmembran. Es bilden sich zwei identische Tochterkerne aus. Eine Plasmamembran wird gebildet. Durch Teilung der Mutterzelle entstehen zwei identische Tochterzellen.

Die **Kernteilung** und anschließende **Zellteilung** der Körperzellen durch Mitose verläuft in mehreren Phasen (Abb. oben). Durch die gleichmäßige Verteilung der Erbsubstanz auf die Tochterzellen ist gewährleistet, dass Mutter- und Tochterzellen genetisch gleich (identisch) sind und dieselben Bau- und Funktionsmerkmale besitzen. Aus einer Hautzelle entstehen so z.B. zwei neue Hautzellen.

> Bei der mitotischen Kernteilung und anschließenden Zellteilung der Körperzellen gehen aus einer Mutterzelle zwei genetisch gleiche Tochterzellen hervor.

Die Kern- und Zellteilung von Körperzellen dient der Realisierung wichtiger Lebensfunktionen. Sie läuft z.B. bei allen *Wachstums-* und *Entwicklungsprozessen* der Organismen ab.

Die Zellen der Bildungsgewebe an den Vegetationskegeln von Spross und Wurzeln teilen sich auf diese Art.
Von diesen Punkten der Pflanzen aus erfolgt ihr Wachstum (Abb. 1, S. 448).
Beim *Regenwurm* und der *Planarie* können verletzte Körperteile durch solche Kern- und Zellteilungen regeneriert (erneuert) werden.

1. Generation

2. Generation

3. Generation

**1** Wurzelspitze (längs) mit teilungsfähigen Zellen des Bildungsgewebes

**3** Die durch ungeschlechtliche Fortpflanzung entstandenen Nachkommen bilden einen Klon.

Die Teilung von Körperzellen ist auch von Bedeutung für die *ungeschlechtliche Fortpflanzung von Ein-* und *Mehrzellern* (z.B. von Bakterien, Einzellern, Polypen und auch von höheren Pflanzen).

Bei der ungeschlechtlichen Fortpflanzung gleichen die Nachkommen genetisch den Individuen, aus denen sie hervorgegangen sind. Aus diesem Grund findet die ungeschlechtliche Fortpflanzung in Bereichen der **Land- und Forstwirtschaft** sowie im **Gartenbau** Anwendung bei der Produktion vieler Nachkommen mit gleichen Erbanlagen (Genen). Die Nachkommen bilden einen **Klon.** Beispielsweise sind die aus einer Knolle hervorgegangenen *Kartoffelpflanzen* und Knollen genetisch gleich (Abb.3). Sie bilden mit der Ausgangspflanze einen Klon.

> Die Weitergabe der Erbinformation bei der Kern- und Zellteilung von Körperzellen durch Mitose ist für viele Lebensprozesse bedeutungsvoll. Sie ist Voraussetzung für das Wachstum der Organismen. Durch sie können Zellen bzw. Teile eines Organismus erneuert werden.

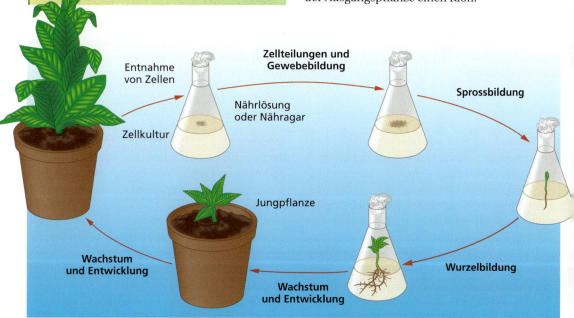

Entnahme von Zellen

**Zellteilungen und Gewebebildung**

**Sprossbildung**

Nährlösung oder Nähragar

Zellkultur

Jungpflanze

**Wachstum und Entwicklung**

**Wurzelbildung**

**Wachstum und Entwicklung**

**2** Aufzucht einer Pflanze aus Zellkulturen (In-vitro-Vermehrung)

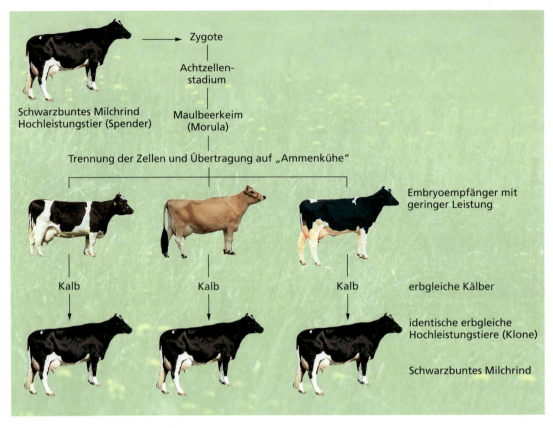

**1** Zucht und Vermehrung hochleistungsfähiger Rinderrassen durch Klonierung

Das Gleiche trifft für alle *Erdbeerpflanzen* zu, die durch Ausläufer von einer Pflanze entstanden sind. Auch sie sind erbgleich. Die Erzeugung von Klonen nennt man **Klonierung.**

Das Ziel besteht darin, Nachkommen mit gleichen Leistungsvoraussetzungen zu erhalten. Zur Klonierung von Pflanzen können größere Pflanzenteile in die Erde gebracht werden. Sie bilden Wurzeln und entwickeln sich zu neuen Pflanzen, z.B. *Stecklinge* bei Weiden, *Brutknospen* beim Brutblatt, *Sprossknollen* bei Kartoffeln, *Brutzwiebeln* beim Knoblauch. Man kann aber auch aus Pflanzengewebe oder einzelnen Zellen vollständige Nachkommen heranziehen. Diese durch **Zellkulturtechnik** bewirkte Vermehrung von Pflanzen verläuft unabhängig von Witterungseinflüssen und ist den herkömmlichen Verfahren durch wesentlich höhere Vermehrungsraten weit überlegen (Abb. 2, S. 448).

In der Praxis und der Forschung nutzt man die Kenntnisse über die Kern- und Zellteilung von Körperzellen z.B. bei der *Zucht* und *Vermehrung hochleistungsfähiger Rinderrassen* (Abb. 1) und zur Anlage von Zell- und Gewebekulturen. Zellkulturen sind ein wichtiges Instrument der Gentechnologie (s.a.S. 485). So kann man in das Erbmaterial isolierter Zellen Fremd-DNA einführen und die daraus gezüchteten Organismen zur Produktion bestimmter Stoffe, z.B. Insulin, anregen (s.S. 487).

> Bei der ungeschlechtlichen Fortpflanzung werden durch die Kern- und Zellteilung von Körperzellen durch Mitose erbgleiche Nachkommen erzeugt. Alle genetisch gleichen Nachkommen, die aus einem Elternteil hervorgegangen sind, bilden einen Klon. Die Erzeugung von Klonen bezeichnet man als Klonierung.

## Weitergabe der Erbinformation bei der geschlechtlichen Fortpflanzung durch Meiose

Die Körperzellen der Individuen einer Art enthalten die gleiche Chromosomenzahl, z.B. beim Menschen 46, bei der Kartoffelpflanze 48 (Tab., S. 437). Diese Chromosomenzahl bleibt von Generation zu Generation unverändert.

Bei der *geschlechtlichen Fortpflanzung* verschmelzen je eine Eizelle und eine Samenzelle. Aus der befruchteten Eizelle (Zygote) entwickelt sich ein neues Lebewesen. Würden die Zellkerne von Ei- und Samenzelle auch die Chromosomenzahl der Eltern besitzen, enthielten die Körperzellen des neuen Lebewesens doppelt so viele Chromosomen wie die Eltern, z.B. beim Menschen 92, bei der Kartoffelpflanze 96.

Die Anzahl der Chromosomen würde von Generation zu Generation in den Zellen steigen. Sie bleibt aber bei Individuen einer Art gleich, d. h. konstant. Beispielsweise beim Menschen bleibt die Chromosomenzahl 46 (Abb. 2, S. 439).

Es muss also bei der geschlechtlichen Fortpflanzung bei der Bildung von Geschlechtszellen (Ei- und Samenzellen) die Anzahl der Chromosomen, der Chromosomensatz, halbiert worden sein. Man sagt auch, die Chromosomensätze werden reduziert.

---

### Eine Möglichkeit der Verteilung der Chromosomen bei der Bildung von Geschlechtszellen (dargestellt an zwei Chromosomenpaaren)

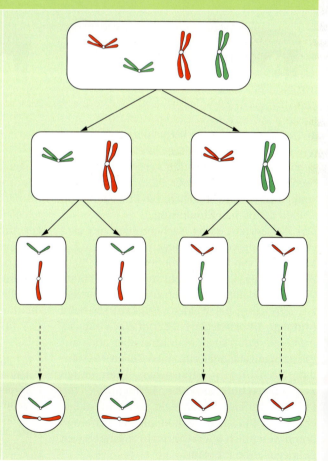

**Ausgangsstadium**
Mutterzelle mit zwei Chromosomen-paaren (doppelter Chromosomensatz)
– väterliches Erbgut
– mütterliches Erbgut

**1. Teilung**
Reduktion der Chromosomenzahl
Trennung der homologen Chromosomen
2 Tochterzellen mit einfachem Chromosomensatz

**2. Teilung**
Teilung der Chromosomen in Halbchromosomen und Trennung voneinander

**Ergebnis**
4 Geschlechtszellen mit halber Chromosomenzahl

Die Halbierung oder Reduktion des Chromosomensatzes erfolgt bei der Bildung der Geschlechtszellen. Im Vergleich zur Teilung von Körperzellen (Mitose) finden bei der Bildung der Geschlechtszellen durch Meiose zwei Kern- und Zellteilungen statt (Abb., S. 450).

> Bei der Bildung der Samen- und der Eizellen werden die Chromosomensätze um die Hälfte reduziert. Bei der Befruchtung verschmelzen Ei- und Samenzelle zur befruchteten Eizelle (Zygote). Dadurch wird der ursprüngliche Chromosomensatz wieder hergestellt.

Die Chromosomenzahl wird in der *ersten Teilung* vom doppelten (diploiden) auf den einfachen (haploiden) Chromosomensatz reduziert. Weil sich die Anzahl der Chromosomen um die Hälfte verringert, spricht man von einer Reduktionsteilung.
Bei der Reduktionsteilung werden die homologen Chromosomen voneinander getrennt und auf die 2 Tochterzellen verteilt. Die beiden Tochterzellen besitzen nach der Teilung nur noch den halben Chromosomensatz der Mutterzelle.
In der *zweiten Teilung* werden die Chromosomen in den 2 Tochterzellen in Halbchromosomen (Chromatiden) getrennt. Es findet eine zweite Zellteilung statt. Man nennt sie Äquationsteilung. Durch diese Teilung sind 4 Tochterzellen (Geschlechtszellen) entstanden.
Die Halbchromosomen werden nun gleichmäßig auf die 4 Tochterzellen verteilt.

> Die Meiose ist die Form der Kernteilung, bei der aus einer Mutterzelle mit doppeltem Chromosomensatz vier Tochterzellen mit halbem Chromosomensatz entstehen.
> Meiotische Teilungen finden bei der Bildung von Geschlechtszellen statt. Durch die Meiose wird die artspezifische Chromosomenzahl bei der geschlechtlichen Fortpflanzung erhalten.

Die durch die 2 Kern- und Zellteilungen aus einer Mutterzelle entstandenen 4 Tochterzellen (Geschlechtszellen) sind nicht erbgleich.

Das kommt daher, weil bei diesen Teilungen väterliches und mütterliches Erbgut neu umgeordnet und kombiniert wird. Es ist nämlich völlig vom Zufall abhängig, welche vom Vater und welche von der Mutter stammenden Chromosomen auf die 4 Tochterzellen verteilt werden (Abb., S. 450). Daher ist es fast ausgeschlossen, dass 2 Samenzellen bzw. 2 Eizellen die gleiche Kombination der Chromosomen und damit der Gene und deren Erbinformation aufweisen.

Beispielsweise ergeben sich bei der *Stechmücke* mit nur 3 Chromosomenpaaren $2^3 = 8$ Möglichkeiten der Kombination von mütterlichen und väterlichen Chromosomen, beim *Mais* mit 10 Chromosomenpaaren $2^{10} = 1024$ Möglichkeiten und beim *Menschen* mit 23 Chromosomenpaaren $2^{23} = 8\,388\,608$ verschiedene Kombinationsmöglichkeiten.
Die **Bedeutung der Meiose** liegt in der Bildung von Samen- und Eizellen für die geschlechtliche Fortpflanzung.
Bei der Meiose können durch den Austausch von Chromosomenanteilen **neue Genkombinationen** entstehen. Sie sichern damit die genetische Vielfalt der Organismen.

## Mikroskopische Untersuchung von Mitosestadien

*Materialien:*
Dauerpräparate von Wurzelspitzen der Küchenzwiebel; Mikroskope

*Durchführung:*
1. Betrachte das Objekt im Mikroskop bei mittlerer Vergrößerung.
2. Wähle 3 bis 4 Zellen aus und betrachte sie und ihre Chromosomen bei größter Vergrößerung.
3. Skizziere die ausgewählten Zellen mit den Chromosomen.

*Auswertung:*
1. Beschreibe die Mitosestadien in den Zellen.
2. Gib durch die Ziffern 1 bis 4 die richtige Reihenfolge der Mitosephasen an.

## gewusst · gekonnt

**1.** a) Entwickle eine tabellarische Übersicht über die Bestandteile einer Pflanzenzelle und ihre Funktionen.
  b) Vergleiche Tier- und Pflanzenzelle miteinander (Abb. 1, S. 435).
  c) In welchen Zellbestandteilen ist die Erbinformation vorhanden?

**2.** Mikroskopiere ein Dauerpräparat von einer Pflanzenzelle oder Tierzelle. Versuche die verschiedenen Bestandteile zu erkennen. Skizziere die Zellen und beschrifte die erkannten Teile.

**3.** Vergleiche den Chromosomensatz einer weiblichen Körperzelle mit einer Eizelle.

**4.** Mikroskopiere ein Dauerpräparat von einer Wurzelspitze oder einem Vegetationskegel. Betrachte verschiedene Stadien der Kern- und Zellteilung dieser Körperzellen. Skizziere und ordne sie in der richtigen Reihenfolge.

**5.** Beschreibe an einem Beispiel den Ablauf der In-vitro-Vermehrung. Welche Vorzüge kannst du gegenüber herkömmlichen Vermehrungsverfahren erkennen? Informiere dich auch im Internet.

**6.** Suche Beispiele für die ungeschlechtliche und geschlechtliche Fortpflanzung bei Pflanzen und Tieren. Fasse deine Ergebnisse in einer Tabelle zusammen.

**7.** a) Nenne Lebensprozesse, die nur durch mitotische Teilungen realisierbar sind.
  b) Erläutere an zwei Beispielen, wie die Kenntnisse über die Mitose in der Praxis angewandt werden. Informiere dich darüber auch im Internet.

**8.** Eine Kartoffelknolle kann man geteilt oder ungeteilt in den Erdboden legen. Aus der Kartoffelknolle oder ihren Teilen entwickeln sich neue Kartoffelpflanzen.
  a) Welche Art der Fortpflanzung liegt vor? Begründe.
  b) Beschreibe eine weitere Möglichkeit der Fortpflanzung der Kartoffelpflanze.

**9.** Ordne den folgenden Zellarten den entsprechenden Chromosomensatz zu: Spermazelle, Hautzelle, Nervenzelle, Eizelle, Pollenzelle, Zygote, Erbsensamen, Bohnensamen. Begründe deine Entscheidung.

**10.** Erläutere eine Chromosomenkarte des Menschen (s. Abb. 3, S. 438).

**11.** Durch die Kern- und Zellteilung von Körperzellen erfolgt eine identische Weitergabe der Erbsubstanz. Begründe.

**12.** Vergleiche tabellarisch die Kern- und Zellteilung von Körperzellen (Mitose) und die Bildung von Geschlechtszellen (Meiose).

**13.** Geschlechtszellen besitzen im Vergleich zur Zygote nur den halben Chromosomensatz. Begründe.

**14.** Beschreibe den Aufbau der DNA.

**15.** Kläre die folgenden Begriffe und schreibe sie als Definition in deinen Hefter: Karyogramm, Körperchromosomen, Geschlechtschromosom, homologe Chromosomen, Halbchromosomen, doppelter Chromosomensatz. Informiere dich auch im Internet.

**16.** Gegeben ist ein DNA-Strang mit folgender Basenfolge: TCT TAG AGA CCC GAG.
  a) Ergänze den fehlenden DNA-Strang zum Doppelstrang.
  b) Stelle zeichnerisch die Prozesse dar, die bei der identischen Replikation der DNA ablaufen. Kennzeiche die alten und neuen DNA-Stränge durch unterschiedliche Farbgebung.

## Zelluläre Grundlagen der Vererbung

Im Zellkern befinden sich **Chromosomen.**
Auf ihnen sind die **Erbanlagen** (Gene) angeord-
net. Die Gene sind Träger der Erbinformation und
bestimmen die Ausbildung spezifischer
Merkmale.
Der **Chromosomensatz** ist die Gesamtheit der
Chromosomen einer Zelle. Die grafische Darstel-
lung der Chromosomen einer Zelle wird als
**Chromosomenkarte** (Karyogramm) bezeichnet.

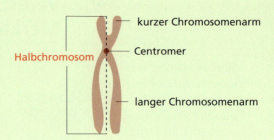

Der Mensch besitzt 44 *Körperchromosomen*
**(22 homologe Chromosomenpaare)**
und 2 *Geschlechtschromosomen*
(XX weiblich, XY männlich).

*Körperzellen* besitzen einen
**doppelten (diploiden) Chromosomensatz.**
*Geschlechtszellen* besitzen einen
**einfachen (haploiden) Chromosomensatz.**

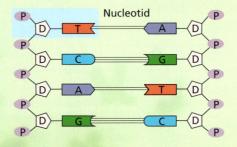

## Bau der DNA

**Desoxyribonucleinsäure (DNA)** ist der
chemische Bestandteil des Chromosoms
und Träger der Erbinformation.
Die DNA tritt als schraubig gewundener Doppelstrang auf und besteht aus Einheiten, die als
Nucleotide bezeichnet werden.

## Weitergabe der Erbinformation bei der Teilung von Körperzellen durch Mitose

Aus einer Mutterzelle mit
doppeltem Chromoso-
mensatz entstehen zwei
genetisch gleiche Tochterzellen mit doppeltem
Chromosomensatz.

## Weitergabe der Erbinformation bei der Bildung von Geschlechtszellen durch Meiose

Aus einer Mutterzelle mit
doppeltem Chromoso-
mensatz entstehen vier
Tochterzellen mit einfa-
chem Chromosomensatz.

# 9.2 Vererbungsregeln und Merkmalsänderungen

**Woher kommt das veränderte Aussehen?**

Organismen verändern ihr Aussehen mitunter so sehr, dass man sie kaum noch als Vertreter einer Art erkennen kann. Das Landkärtchen, ein Tagfalter, bringt eine leuchtend rote Frühjahrsform und eine dunklere Sommerform hervor (Abb.).

Wie viele andere Pflanzenarten bilden einige Tabaksorten im Frühjahr und Herbst nur Blätter. Sie benötigen zum Schossen und Blühen Langtagsbedingungen, wie sie bei uns nur im Sommer existieren.

*Wie kommen diese Veränderungen zustande?*
*Welche Bedeutung haben sie für die Organismen?*

**MENDEL – Begründer der modernen Genetik**

MENDEL entdeckte schon im Jahre 1859, dass es tatsächlich eine Regelhaftigkeit im Erbgeschehen gibt. Durch die wissenschaftliche Auswertung seiner Versuchsergebnisse gilt er als Begründer der modernen Genetik.

*Wer war GREGOR JOHANN MENDEL?*
*Worin besteht sein Verdienst?*

**Was wird vererbt?**

Im Jahr 1859 schrieb DARWIN in seinem Werk „Über die Entstehung der Arten durch natürliche Zuchtwahl", dass „. . . die Gesetze der Vererbung vollkommen unbekannt sind".
Aber man wusste damals schon, dass Kinder oft den Eltern oder Großeltern sehr ähnlich sind. „Ganz der Vater, ganz die Mutter" ist eine bekannte Redewendung.

*Gibt es Regelhaftigkeit im Erbgeschehen? Wenn ja, welcher Art ist diese Regelhaftigkeit? Stimmt die Aussage unter dem Bild? Welche Aussagen ermöglichen die mendelschen Gesetze über das Aussehen der Nachkommen?*

*„Du musst dir eine Frau mit O-Beinen suchen, dann könnten deine Kinder gerade Beine kriegen!"*

# MENDEL und Regeln der Vererbung

## MENDELS Leben und Wirken

Viele Wissenschaftler versuchten im 19. Jh. das Rätsel der Vererbung zu lösen. 1859 schrieb DARWIN in seinem Werk „Über die Entstehung der Arten durch natürliche Zuchtwahl", dass „… die Gesetze der Vererbung vollkommen unbekannt sind". In seinem Buch „Die Vererbung und die Grundprobleme der Biologie" schrieb DELAGE (1895) gleichsam als Resümee: „Es gibt keine Gesetze für die Ähnlichkeit zwischen dem Kind und seinen Eltern! Hier ist nichts richtig und alles möglich, angefangen damit, dass zwischen Kind und Eltern überhaupt nichts Gemeinsames besteht, über alle Zwischenstufen der Vermischung von Merkmalen und der Kombination von Ähnlichkeiten bis zu fast völliger Übereinstimmung zwischen dem Kind und einem Elternteil …"

Die Suche nach den Gesetzen der Vererbung wurde in vielen Ländern intensiv weitergeführt. In der Landwirtschaft bestand Bedarf an neuen, ertragreichen Pflanzensorten und Tierrassen.

Zur Jahrhundertwende schrieb CORRENS: „Heute kennen wir solche Gesetze und diese Gesetze bieten uns in vielen Fällen die Möglichkeit vorauszusagen, was bei einer Befruchtung herauskommt."

Die **Vererbungsgesetze** wurden im Jahre 1865 vom Augustinerpater **GREGOR MENDEL** erkannt, gerieten in Vergessenheit und wurden erst im Jahre 1900 von CORRENS, DE VRIES und TSCHERMAK unabhängig voneinander wiederentdeckt.

GREGOR JOHANN MENDEL (Abb., S.454) wurde in Heinzendorf als Sohn eines Bauern geboren. Im Jahre 1843 trat er als Mönch in das Augustinerkloster zu Brno (Brünn, Abb.1) ein. Er studierte Theologie (Brno) und Naturwissenschaften (Wien). 1855 begann MENDEL mit seinen Kreuzungsversuchen an Erbsen. 1865 hielt er seinen Vortrag über die Resultate der Kreuzungsversuche an Erbsen vor dem „Naturforschenden Verein". 1866 wurden seine Erkenntnisse in einem Artikel von 43 Seiten mit dem Titel „Versuche über Pflanzen-Hybriden" veröffentlicht.

Die **Kreuzungsexperimente** MENDELS und seine Deutung der Ergebnisse wurden die Grundlage für weitere genetische Forschungen. Das forschungsmethodische Vorgehen wurde durch folgende Grundsätze geprägt:
– MENDEL suchte nach einem günstigen Forschungsobjekt und einer geeigneten Versuchsdurchführung. Er fand es in der *Saaterbse* (Pisum sativum). Die Saaterbse ist ein Selbstbestäuber und Selbstbefruchter. Wenn er z.B. gelbsamige mit grünsamigen Erbsenpflanzen kreuzte, ging er wie folgt vor: Er entnahm der geöffneten Blüte einer Pflanze, die aus gelben Samen hervorgegangen war, mit einem Tuschepinsel Pollen. Diesen übertrug er auf die Narbe einer noch ungeöffneten Blüte einer anderen Pflanze.

**1** Klostergarten in Brno (Brünn)

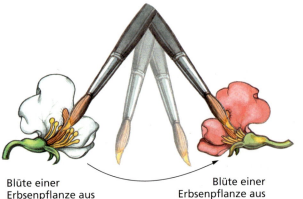

Blüte einer
Erbsenpflanze aus
einem gelben Samen

Blüte einer
Erbsenpflanze aus
einem grünen Samen

**2** MENDELS Experiment mit Erbsenpflanzen

Diese Pflanze war aus einem grünen Samen gezüchtet. Er entfernte deren Staubblätter. So konnte sich diese Pflanze nicht mehr selbst bestäuben (Abb. 2, S. 455).

– MENDEL arbeitete mit reinerbigem Saatgut. Über zwei Jahre prüfte er, ob die äußeren Merkmale der Nachkommen noch denen der Eltern entsprachen. Nur dann wurden sie für Kreuzungen ausgesucht.

– MENDEL verglich nicht die Nachkommen als Ganzes mit den Eltern, sondern griff jeweils nur ein Merkmal, z. B. Samenfarbe, heraus. Dadurch wurde das Vererbungsgeschehen überschaubarer.

– MENDEL führte seine Kreuzungsexperimente mit einer Vielzahl von Individuen durch und wertete die Ergebnisse mit statistischen Methoden aus.

MENDEL führte seine Experimente also sehr gewissenhaft aus. Er kreuzte reinerbige Erbsenpflanzen, deren Samen eine grüne und eine gelbe Farbe hatten. Aus dieser **Elterngeneration** (Parentalgeneration, P-Generation, lat. parentes = Eltern) gingen in der **1. Tochtergeneration** ($F_1$-Generation, **1. Filialgeneration,** lat. filia = Tochter) ausschließlich Nachkommen mit gelber Samenfarbe hervor. In einem weiteren Versuch kreuzte Mendel die gelbsamigen Erbsenpflanzen der 1. Tochtergeneration ($F_1$-Generation) miteinander. Überraschend traten in der 2. Tochtergeneration ($F_2$-Generation) gelbe und grüne Samen auf. Von den 8 023 Samen der $F_2$-Generation waren 6 022 gelb und 2 001 grün. Das entspricht einem Zahlenverhältnis von 3,009 : 1 (Abb. 1).

Wenn man MENDELs Kreuzungsergebnisse deutet, so besteht seine **besondere Leistung** darin, die Entstehung der Zahlenverhältnisse erkannt und interpretiert zu haben. Er geht damit als **Begründer der modernen Genetik** in die Geschichte ein. MENDELs Leistungen bestehen u. a. in Folgendem:

– MENDEL kommt zur Erkenntnis, dass nicht Merkmale, sondern Anlagen zur Ausbildung

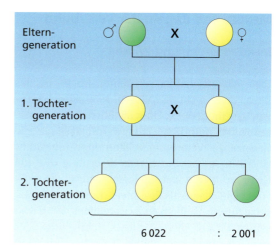

**1** MENDELS Kreuzungsergebnisse mit Erbsen

von Merkmalen vererbt werden. Ansonsten wäre es nicht möglich, dass aus der Kreuzung von Erbsenpflanzen, deren Samen eine gelbe und grüne Schale haben, nur Erbsen mit gelben Samen hervorgehen. Diese Anlagen nennen wir heute **Erbanlagen** (Gene).

– MENDEL war überzeugt, dass die Anlagen zur Ausbildung der Merkmale in den Geschlechtszellen lokalisiert sind. Da sich bei der Befruchtung zwei Geschlechtszellen zur befruchteten Eizelle (Zygote) vereinen, müssten je zwei Erbanlagen für die Ausbildung eines Merkmales verantwortlich sein. Dies erklärt auch die Kreuzungsergebnisse in der 2. Tochtergeneration ($F_2$-Generation).

– Die beiden Erbanlagen, durch die ein Gen gekennzeichnet ist, werden heute als **Allele** bezeichnet. Allele bewirken die Ausbildung desselben Merkmals (z. B. Farbe der Erbsensamen). Dieses Merkmal kann aber in verschiedenen Versionen auftreten, z. B.. gelb oder grün – Allele kennzeichnen also die verschiedenen Zustandsformen eines Gens.

– Die Einheitlichkeit der Nachkommen in der 1. Tochtergeneration ($F_1$-Generation) begründet Mendel damit, dass es **merkmalsbestimmende** (dominante, lat. dominare = herrschen) und **zurücktretende** oder **merkmalsunterlegene** (rezessive, lat. recedere = zurücktreten) Erbanlagen gibt.

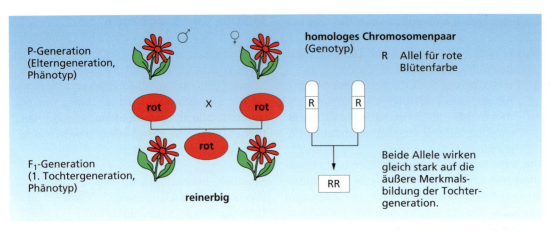

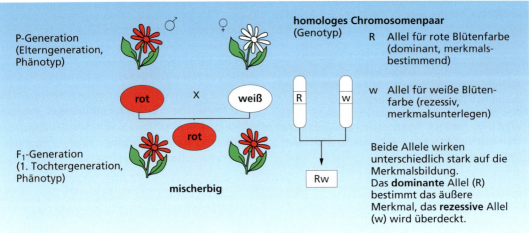

**1** Wirkung der Allele auf die Merkmalsausbildung am Beispiel der Blütenfarbe

– MENDEL führte eine Buchstabensymbolik ein, um den Erbgang eines Merkmals genauer verfolgen zu können.

Dabei unterschied er zwischen dem **Genotyp (Erbbild)** und dem äußeren **Phänotyp (Erscheinungsbild)** eines Organismus. Das Erbbild ist die Gesamtheit der in den Genen verschlüsselten genetischen Information eines Organismus.

GREGOR JOHANN MENDEL (1822–1884) kam durch umfangreiche Kreuzungsversuche an Pflanzen und die statistische Auswertung der gewonnenen Ergebnisse zu allgemeingültigen Regeln über die Vererbung von Anlagen.

**Merkmalsbestimmende Allele (dominante Allele)** werden mit großen Buchstaben und **merkmalsunterlegene Allele (rezessive Allele)** mit kleinen Buchstaben gekennzeichnet. Jedem Gen werden somit zwei Buchstaben zugeordnet (2 große, 2 kleine oder 1 großer und 1 kleiner).

Sind die Allele eines Chromosomenpaares für die Ausbildung eines Merkmales gleich (z.B. Farbe der Blüte rot), ist der Organismus in Bezug auf diese Erbanlage **reinerbig** (Abb. 1). Sind die Allele eines Chromosomenpaares für die Ausbildung eines Merkmals verschieden (z.B. Farbe der Blüte rot und Farbe der Blüte weiß), ist der Organismus in Bezug auf diese Erbanlage **mischerbig** (Abb. 1).

Die Körperzellen können folgende Allele enthalten:

AA – reinerbig mit zwei merkmalsbestimmenden Allelen (dominanten Allelen),

aa – reinerbig mit zwei merkmalsunterlegenen Allelen (rezessiven Allelen),

Aa – mischerbig mit einem merkmalsbestimmenden (A) und einem merkmalsunterlegenen (a) Allel.

Um seine Ergebnisse zu überprüfen und abzusichern, dass die Eltern auch reinerbig sind, führte MENDEL **Rückkreuzungen** durch. Bei ihnen wird das auf seinen Genotyp zu testende Individuum mit den Eltern gekreuzt, das die rezessiven Allele homozygot besitzt. Bei Reinerbigkeit der Eltern ergibt die Rückkreuzung ein durchschnittliches Zahlenverhältnis von 1:1.

> **Individuen sind reinerbig, wenn sie in beiden Allelen übereinstimmen. Sie sind mischerbig, wenn sich beide Allele unterscheiden.**
> **Das dominante (merkmalsbestimmende) Allel wird mit großem Buchstaben, das rezessive (merkmalsunterlegene) Allel wird mit kleinem Buchstaben gekennzeichnet.**

## MENDELs Vererbungsregeln

MENDEL untersuchte in seinen Kreuzungsexperimenten nicht nur das Merkmal Farbe bei Erbsensamen (grün und gelb), sondern auch verschiedene Samenformen (rund bzw. runzlig), unterschiedliche Sprossachsenabschnitte (kurz bzw. lang) sowie verschiedene Formen und Farben der Früchte (Hülsen).

MENDELs Beobachtungen und Ergebnisse der Kreuzungsversuche werden in den **mendelschen Regeln** zusammengefasst.

MENDEL kreuzte grünsamige Erbsenpflanzen mit gelbsamigen Erbsenpflanzen. Alle Erbsenpflanzen in der 1. Tochtergeneration (F$_1$-Generation) hatten in ihren Hülsen nur gelbe Samen. Sie sahen also gleich (uniform) aus. Die **1. mendelsche Regel** wird deshalb **Uniformitätsregel** genannt (Abb. 1). Die Ergebnisse von Kreuzungsexperimenten sowie die **Erbgänge** können in einem **Kreuzungsschema** dargestellt werden (Abb. 1).

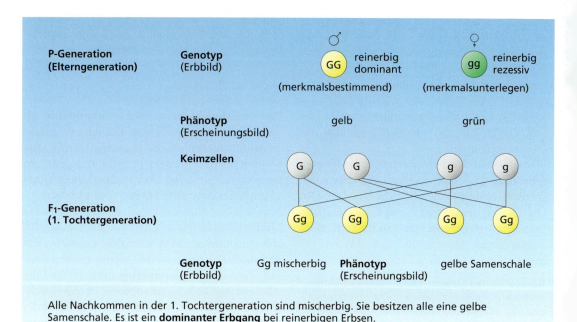

**1** Kreuzungsschema zur 1. mendelschen Regel (Uniformitätsregel)

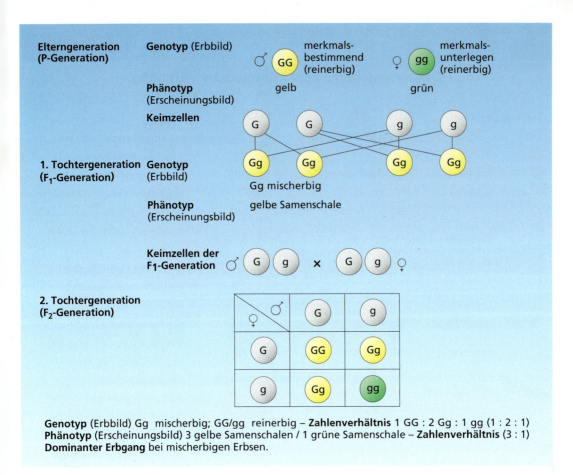

**Elterngeneration (P-Generation)** **Genotyp (Erbbild)** ♂ GG merkmals-bestimmend (reinerbig) ♀ gg merkmals-unterlegen (reinerbig)

**Phänotyp (Erscheinungsbild)** gelb grün

**Keimzellen** G G g g

**1. Tochtergeneration (F₁-Generation)** **Genotyp (Erbbild)** Gg Gg Gg Gg

Gg mischerbig

**Phänotyp (Erscheinungsbild)** gelbe Samenschale

**Keimzellen der F₁-Generation** ♂ G g × G g ♀

**2. Tochtergeneration (F₂-Generation)**

|  ♀ \ ♂  | G | g |
|---|---|---|
| G | GG | Gg |
| g | Gg | gg |

**Genotyp** (Erbbild) Gg mischerbig; GG/gg reinerbig – **Zahlenverhältnis** 1 GG : 2 Gg : 1 gg (1 : 2 : 1)
**Phänotyp** (Erscheinungsbild) 3 gelbe Samenschalen / 1 grüne Samenschale – **Zahlenverhältnis** (3 : 1)
**Dominanter Erbgang** bei mischerbigen Erbsen.

**1** Kreuzungsschema zur 2. mendelschen Regel (Spaltungsregel)

**Die 1. mendelsche Regel:**
**Kreuzt man zwei Individuen einer Art, die in einem Merkmal unterschiedlich, aber jeweils reinerbig sind, so sind die mischerbigen Nachkommen in der 1. Tochtergeneration in diesem Merkmal alle gleich (Uniformitätsregel).**

MENDEL kreuzte die mischerbigen Nachkommen der 1. Tochtergeneration (F₁-Generation) und untersuchte das Aussehen der Nachkommen in der 2. Tochtergeneration (F₂-Generation).
Auch hierbei stellte er gesetzmäßige Ergebnisse fest, die in einer **2. mendelschen Regel** zusammengefasst wurden.
Die beiden Allele der mischerbigen 1. Tochtergeneration (gelb – merkmalsbestimmend / grün –

merkmalsunterlegen) spalten sich in der 2. Tochtergeneration in einem bestimmten Zahlenverhältnis auf (Abb. 1). Die Regel wurde deshalb **Spaltungsregel** genannt.

Beim **dominanten Erbgang** erfolgt beispielsweise die Aufspaltung in der F₂-Generation im Genotyp im Verhältnis 1 : 2 : 1 sowie im Phänotyp im Verhältnis 3 : 1 (Abb. 1).

**Die 2. mendelsche Regel:**
**Kreuzt man die Individuen der 1. Tochtergeneration miteinander, so treten die Merkmale der Eltern bei ihren Nachkommen in der 2. Tochtergeneration in bestimmten Zahlenverhältnissen wieder auf (Spaltungsregel).**

# Mosaik

## Kreuzungsschema zum intermediären Erbgang

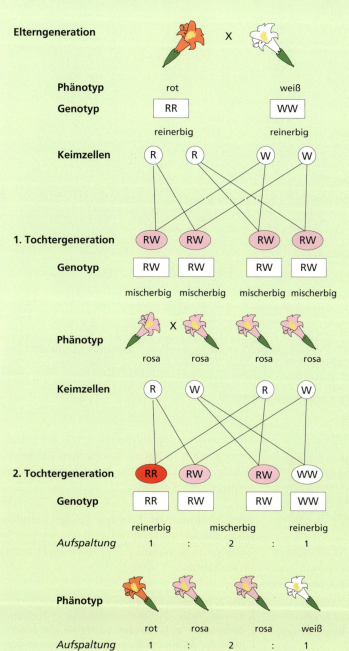

| Elterngeneration | rot | X | weiß |
|---|---|---|---|
| Phänotyp | rot | | weiß |
| Genotyp | RR | | WW |
| | reinerbig | | reinerbig |
| Keimzellen | R R | | W W |
| 1. Tochtergeneration | RW RW | | RW RW |
| Genotyp | RW RW | | RW RW |
| | mischerbig mischerbig | | mischerbig mischerbig |
| Phänotyp | rosa rosa | X | rosa rosa |
| Keimzellen | R W | | R W |
| 2. Tochtergeneration | RR RW | | RW WW |
| Genotyp | RR RW | | RW WW |
| | reinerbig mischerbig | | reinerbig |
| Aufspaltung | 1 : 2 | | : 1 |
| Phänotyp | rot rosa | | rosa weiß |
| Aufspaltung | 1 : 2 | | : 1 |

CORRENS, ein deutscher Botaniker, bestätigte 1900 MENDELS Beobachtungen durch seine Experimente mit der *Japanischen Wunderblume (Mirabilis jalapa)*. Die Kreuzung weiß blühender und rot blühender Pflanzen ergab in der $F_1$-Generation einheitlich rosa blühende Nachkommen.

Die Merkmalsausprägung für das äußere Erscheinungsbild, den Phänotyp, lag zwischen den beiden elterlichen Erscheinungsbildern.

Da sich die Allele für das Gen Blütenfarbe zueinander gleichwertig verhalten und das Erscheinungsbild der Nachkommen eine Mittelstellung einnimmt, spricht man von einem **intermediären Erbgang**.

Kreuzt man die $F_1$-Nachkommen unter sich, so erhält man in der $F_2$-Generation rot, rosa und weiß blühende Pflanzen. Die Merkmale der Gene spalten sich im Erscheinungsbild (im Phänotyp) und im Erbbild (im Genotyp) in einem Verhältnis von 1 : 2 : 1 auf (Abb.).

# Mosaik

MENDEL kreuzte auch Erbsensorten, die sich in zwei Merkmalspaaren, nämlich Samenfarbe (gelb/grün) und Samenform (rund/kantig), voneinander unterschieden. Die Eltern hatten nur gelbe, runde und grüne, kantige Samen.

In der **F₁-Generation** fand er nur gelbe, runde Samen. Damit bestätigte sich die Uniformitätsregel.

In der **F₂-Generation** erhielt er 556 Samen, von denen 315 gelb und rund, 101 gelb und kantig, 108 grün und rund und 32 grün und kantig waren.

Das bedeutet ein Spaltungsverhältnis aller möglichen Phänotypen von 9 : 3 : 3 : 1 und für jedes Merkmal selbst betrachtet wieder von 3:1. Betrachtet man das Kombinationsquadrat (Abb. un-

## Kreuzungsschema zur 3. mendelschen Regel

ten), so fällt auf, dass Erbsen entstanden sind, deren Merkmalskombinationen weder in der Elterngeneration noch in der 1. Tochtergeneration auftraten, nämlich gelb und kantig sowie grün und rund. Es müssen die Erbanlagen (Gene) also neu kombiniert und unabhängig voneinander vererbt worden sein. Deshalb heißt die 3. mendelsche Regel auch **Unabhängigkeitsregel** oder **Regel von der Neukombination der Gene**.

Die 3.mendelsche Regel:

**Werden zwei Individuen gekreuzt, die sich in mehreren Merkmalen reinerbig unterscheiden, so werden die Erbanlagen (Gene) frei kombiniert und unabhängig voneinander vererbt.**

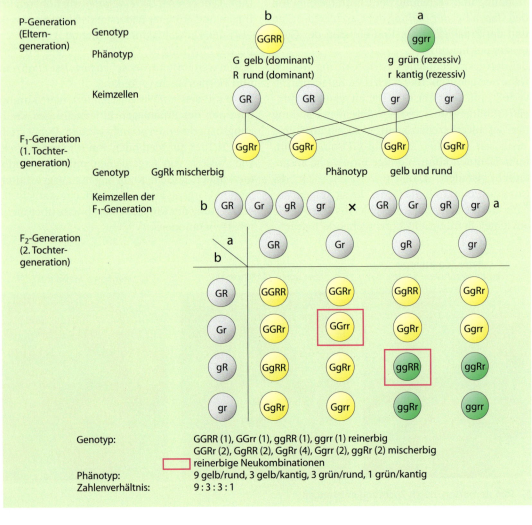

# Biologie im Alltag

## Neukombination der Erbanlagen (Gene) und ihre Nutzung

Es ist bereits bekannt, dass bei der Bildung von Geschlechtszellen (s. S. 450) die von der Mutter und dem Vater stammenden Chromosomen zufällig auf die 4 Tochterzellen verteilt werden. Dadurch werden auch die Gene mit ihrer Erbinformation neu kombiniert. Diese **Neukombination der Erbanlagen** ist auch eine Ursache für die genetische Mannigfaltigkeit und Variabilität der Organismen. Sie ergibt sich letztendlich aus der Trennung und Verteilung der Chromosomen mit den Genen bei der Bildung der Geschlechtszellen und der Zufälligkeit der Kombination der Gene bei der Befruchtung.

Bei der geschlechtlichen Fortpflanzung werden Gene neu gemischt und nach dem Zufallsprinzip verteilt; auf diese Weise entstehen neue individuelle Erbbilder (Genotypen). Während der Bildung der Geschlechtszellen kann es zu einem Stückaustausch zwischen den Chromosomen kommen. Dadurch können einige ihrer Gene ausgetauscht werden. Danach verteilen sich die Chromosomen und die Gene, die sie tragen, zufällig auf verschiedene Geschlechtszellen. Jede aus einer Befruchtung hervorgehende befruch-

tete Eizelle (Zygote) enthält infolge der zufälligen Vereinigung einer Samen- mit einer Eizelle eine einzigartige Ansammlung von Genen. Die geschlechtliche Fortpflanzung sorgt also in jeder Generation für eine Neukombination alter Gene zu einer neuen genetischen Ausstattung.

Der Mensch führt bei der **Tier- und Pflanzenzüchtung** gezielt Neukombinationen der Erbanlagen durch. Auch dadurch erhöht sich die Variabilität der Organismen.

So wurden durch Kombinationszüchtung z. B. verschiedene *Kartoffel-* und *Tomatensorten* (Abb. 1) oder auch *Getreidesorten* mit höheren Erträgen und größerer Widerstandsfähigkeit gegenüber den Umweltfaktoren gezüchtet.

Bei der Züchtung neuer Pflanzensorten und Tierrassen werden vom Menschen bewusst Pflanzen- und Tiermerkmale verändert.

Dazu müssen von Wissenschaftlern neue Kombinationen der Erbanlagen in langjährigen Kreuzungsexperimenten gesucht werden. Dabei greift der Züchter auf Methoden von MENDEL zurück, wie Auslese von Organismen mit bestimmten Merkmalen, gezielte Kreuzung mit ausgewählten anderen Organismen und gründliche statistische Auswertung der Kreuzungsergebnisse über mehrere Generationen.

| | | |
|---|---|---|
| Reife Tomaten einer gezahnten Sorte | Reife Tomaten der Sorte „Milchperle" | Reife Tomaten der Sorte Mandarin |

**1** Tomatensorten, durch Züchtung entstanden

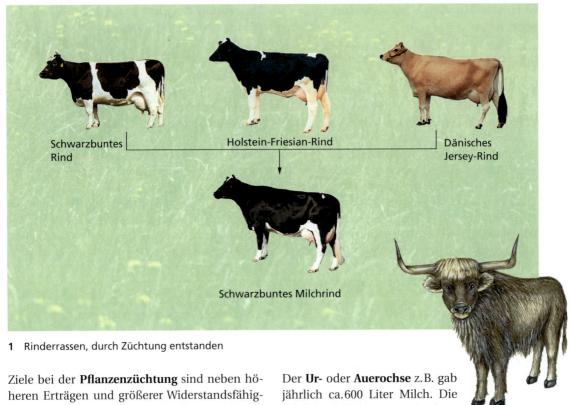

Schwarzbuntes Rind | Holstein-Friesian-Rind | Dänisches Jersey-Rind

Schwarzbuntes Milchrind

**1** Rinderrassen, durch Züchtung entstanden

Ziele bei der **Pflanzenzüchtung** sind neben höheren Erträgen und größerer Widerstandsfähigkeit gegen Krankheiten und Schädlinge auch eine leichte maschinelle Ernte und Verarbeitung, eine gute Lagerfähigkeit und Anpassung an Kulturbedingungen sowie bestimmte konkrete Qualitätsmerkmale.

Teilweise sind dies auch Ziele der **Tierzüchtung.** Die Züchtung von Haus- und Nutztieren ist nur möglich, wenn sich die Tiere „in Gefangenschaft" fortpflanzen.

So wird auch bei den Tieren durch Kombinationszüchtung versucht, Anlagen für wertvolle Merkmale unterschiedlicher Tierrassen miteinander zu kombinieren und in *Höchstleistungsrassen* zu vereinen. Es sind z.B. im *Schwarzbunten Milchrind* die Gene für hohe Milchleistung des *Holstein-Friesian-Rindes,* für hohen Milchfettgehalt die Gene des *Dänischen Jersey-Rindes* und die Gene des *Schwarzbunten Rindes* für gute Fleischbildung vereint (Abb. 1). Das *Schwarzbunte Milchrind* wird zur Zucht und Vermehrung identischer Hochleistungstiere genutzt (s. S. 449).

Der **Ur-** oder **Auerochse** z.B. gab jährlich ca. 600 Liter Milch. Die jährliche Milchleistung der heutigen Rinder liegt im Durchschnitt bei 5000 bis 7000 Litern, in Abhängigkeit von Rasse und Haltung. Einzelne Kühe erreichen eine Jahresmilchleistung von 11000 Litern.

Nur ein sehr, sehr geringer Teil der auf der Erde vorkommenden Pflanzen- und Tierarten wird gegenwärtig als Nutzpflanzen und Nutztiere vom Menschen für seinen Lebensunterhalt genutzt. Da die Menschheit ständig wächst, kommt der Züchtung neuer Pflanzensorten und Tierrassen auch weiterhin eine große Bedeutung zu.

Die Neukombination der Erbanlagen (Gene) bei der Bildung der Geschlechtszellen und der Befruchtung der Eizelle während der geschlechtlichen Fortpflanzung ist eine Ursache für die Variabilität der Organismen.
Der Mensch nutzt die Neukombination der Erbanlagen in der Tier- und Pflanzenzüchtung.

## Beispiele für einfache Vererbungs-schemata

Die mendelschen Regeln gelten auch bei der **Vererbung** von Anlagen für bestimmte Merkmale **beim Menschen.** Dies lässt sich an den folgenden Beispielen leicht herausfinden.

– Etwa 70% der Menschen können die Zunge beim Herausstrecken zu einer Röhre formen (Zungenroller, Abb. 1, rechts), 30% sind dazu nicht befähigt.

– 10% der Menschen scheiden beim Genuss Roter Bete im Urin den roten Farbstoff Betamin aus, bei den übrigen wird er abgebaut.

– 63% der Bevölkerung empfinden Phenylthioharnstoff als bitter schmeckend (Schmecker), 37% sind für diesen Stoff Nichtschmecker.

Auch Haar- und Augenfarbe, Körpergröße, Gesichts- und Kopfform werden vererbt.

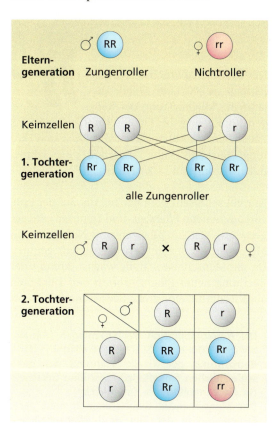

**1**  Vererbung des Zungenrollens

## Vererbung des Zungenrollens (dominanter Erbgang)

Die Anlage für die Fähigkeit des Zungenrollens wird vererbt (Abb.1), wobei es sich um einen dominanten Erbgang handelt.

Die Anlagen für das Nichtrollenkönnen der Zunge sind rezessiv. Nach dem aufgezeigten Erbgang sind alle Nachkommen der 1. Tochtergeneration Zungenroller (Abb.1). In der 2. Tochtergeneration ist die Wahrscheinlichkeit gegeben, dass im Verhältnis von 3 : 1 Roller zu Nichtroller erwartet werden.

## Geschlechtsbestimmung und Vererbung des Geschlechts beim Menschen

Auch die **Geschlechtsbestimmung beim Menschen** erfolgt entsprechend den mendelschen Regeln. Insgesamt befinden sich in jeder Körperzelle des Menschen 46 Chromosomen, nämlich 44 Körperchromosomen und 2 Geschlechtschromosomen (Abb.2).

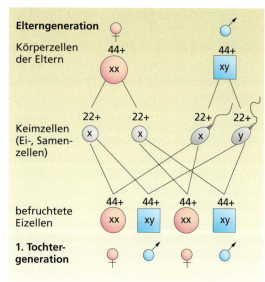

**2**  Vererbung des Geschlechts beim Menschen

Das Geschlecht eines Organismus wird durch die Geschlechtschromosomen festgelegt. Die Entscheidung über das Geschlecht erfolgt bereits bei der Befruchtung der Eizelle. Die Eizelle enthält ein X-Chromosom, die Samenzelle ein X- oder ein Y-Chromosom. Das Geschlecht wird bei der Befruchtung der Eizelle durch die Kombination der Geschlechtschromosomen bestimmt (XX = weiblich, XY = männlich).
Die **Vererbung des Geschlechts beim Menschen** kann schematisch dargestellt werden (Abb. 2,

S. 464). Theoretisch ist eine Geschlechtsverteilung von 1 : 1 zu erwarten. Praktisch werden aber auf 100 Mädchen 106 Jungen geboren. Man vermutet, dass Y-Spermien leichter und schneller beweglich sind und dadurch eher zur Befruchtung kommen.

MENDELS Erkenntnisse über die Vererbung haben für die Erforschung der Vererbung von Anlagen beim Menschen große Bedeutung.

## Mosaik

### Vererbung der Blutgruppen

Zeit seines Lebens besitzt jeder Mensch eine bestimmte charakteristische Blutgruppe. Auch **Blutgruppen werden vererbt.**
Es werden die Blutgruppen A, B, AB und 0 (Null) unterschieden. Die Vererbung der Blutgruppenmerkmale A, B und 0 erfolgt nach den mendelschen Regeln. Bestimmt werden die Blutgruppenmerkmale durch drei Allele, nämlich A, B und 0. Die Allele für die Blutgruppen befinden sich auf dem homologen Chromosomenpaar Nr. 9 (Abb. 3, S. 439). Je zwei der drei möglichen Allele A, B und 0 bilden ein Gen und bestimmen die Blutgruppenmerkmale eines Menschen.
Da die Nachkommen von jedem Elternteil ein Chromosom des Chromosomenpaares Nr. 9 erhalten, ergeben sich daraus die verschiedenen Genotypen. Das Allel 0 ist gegenüber den Allelen A und B rezessiv (merkmalsunterlegen), während A

### Weitere Vererbungsvorgänge

und B gleich stark (kodominant) vererbt werden. Beide sind gegenüber dem Allel 0 dominant (merkmalsbestimmend).
Jede Körperzelle des Menschen besitzt zwei Allele. Sind es gleiche Allele, z. B. AA bzw. BB, ist der Mensch reinerbig für diese Blutgruppe. Sind in den Körperzellen zwei verschiedene Allele, z. B. A und B, ist der Mensch mischerbig für diese Blutgruppe. Die Vererbung der Blutgruppen kann in Erbgängen dargestellt werden (Abb. unten).
Die Kinder, deren Eltern die Allele AA und 00 der Blutgruppen A und 0 haben, können theoretisch nur die Blutgruppe A erhalten. Aus den Gesetzmäßigkeiten der Blutgruppenvererbung kann man von den Eltern auf die Kinder schließen und umgekehrt.
Von der Möglichkeit der Zuordnung und des Ausschlusses von Blutgruppen macht man bei **Vaterschaftsgutachten** Gebrauch.

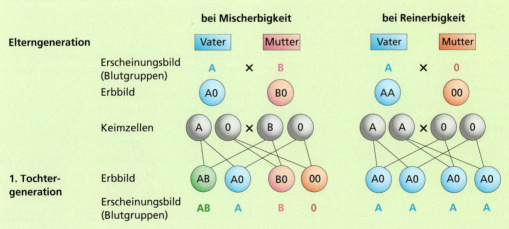

# Mosaik

## Rh-System und Vererbung des Rh-Faktors (dominanter Erbgang)

Der Rhesusfaktor ist ein weiteres Antigen auf der Oberfläche der Blutkörperchen. Er wurde an Rhesusaffen entdeckt.

85 % der Menschen haben einen Rh-Faktor, sie sind rhesuspositiv (Rh$^+$), 15 % haben ihn nicht, sie sind rhesusnegativ (rh$^-$).

Das Gen für den Rh-Faktor liegt auf dem 1. Chromosomenpaar und wird mit D (dominant, für Rh$^+$) und d (rezessiv, für rh$^-$) gekennzeichnet (Abb. 3, S. 439).

Der Rh-Faktor hat in den Fällen klinische Bedeutung, wo eine rh$^-$-Mutter ein rhesuspositives Kind erwartet. Gegen die Rh$^+$- rote Blutzelle des Kindes würde die Mutter Antikörper ausbilden. Bei einer erneuten Rh$^+$-Schwangerschaft könnten durch die Abwehrreaktionen der Mutter die roten Blutzellen des Kindes geschädigt werden.

Um dies zu verhindern, spritzt man nach der Geburt des ersten Kindes Rh-Antikörper. Damit wird die Bildung von Antikörpern bei der Mutter verhindert.

Die **Vererbung des Rh-Faktors** erfolgt nach den mendelschen Gesetzen (Abb. unten).

| Eltern- generation | ♂ Rh$^+$ | | ♀ rh$^-$ | |
|---|---|---|---|---|
| Genotyp | Rh$^+$rh$^-$ | | rh$^-$rh$^-$ | |
| Keimzellen | Rh$^+$ | rh$^-$ | rh$^-$ | rh$^-$ |
| Tochter- generation | Rh$^+$rh$^-$ | Rh$^+$rh$^-$ | rh$^-$rh$^-$ | rh$^-$rh$^-$ |
| Phänotyp | Rh$^+$ | Rh$^+$ | rh$^-$ | rh$^-$ |
| Zahlenverhältnis | 1 | : | 1 | |
| | 50% | : | 50% | |

## Vererbung der Kurzfingrigkeit (dominanter Erbgang)

Eine angeborene, krankhafte erblich bedingte Verkürzung von einzelnen Knochen der Mittelhand oder der Finger bezeichnet man als **Kurzfingrigkeit**. Dabei können einzelne oder mehrere Fingerglieder verkürzt sein. Es kann auch ein Fingerglied fehlen.

| Eltern- generation | ♂ Kk | | ♀ kk | |
|---|---|---|---|---|
| Phänotyp | kurzfingrig | | normal | |
| Keimzellen | K | k | k | k |
| 1. Tochter- generation | Kk | Kk | kk | kk |
| Phänotyp | kurzfingrig | | normal | |
| Keimzellen | ♂ K | k | × ♀ k | k |

| 2. Tochter- generation | ♂ / ♀ | K | k |
|---|---|---|---|
| | k | Kk kurzfingrig | kk normal |
| | k | Kk kurzfingrig | kk normal |

Das Allel der Kurzfingrigkeit ist dominant. Somit tritt diese Erbkrankheit im Stammbaum in jeder Generation auf. Bei den einheiratenden Personen geht man jedoch davon aus, dass sie reinerbig gesund sind.

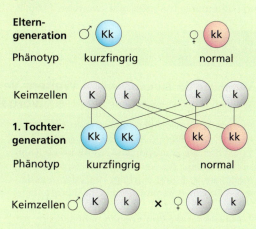

# Mutationen – erbliche Veränderungen der Organismen, ihre Ursachen und Bedeutung

## Mutationsformen

Betrachtet man Individuen pflanzlicher und tierischer Arten, so stellt man fest, dass kein Lebewesen einer Art einem zweiten gleicht (Klone ausgenommen, s.S.448). Sie gleichen sich in den Artmerkmalen, unterscheiden sich aber in bestimmten individuellen Merkmalen.

Es entstehen aber auch Individuen, die Merkmale zeigen, die vorher noch nie aufgetreten sind, z.B. die *Blutformen der Laubblätter der Rot-Buche* (Abb.2). Diese Merkmale könnten durch neue Kombinationen von Genen bei der Bildung von Geschlechtszellen (s. S.450, 451), also durch Veränderungen im genetischen Erbgut, entstanden sein. Sind die neuen Merkmale im Erscheinungsbild (Phänotyp) durch Veränderungen der Chromosomen bzw. Gene entstanden, bezeichnet man sie als **Mutationen.** Den Träger des neuen Merkmals nennt man **Mutante.**

Durch Mutationen entsteht die Basis für die erblich bedingte Variabilität der Organismen. Sie sind somit ein bedeutender Faktor für die Neubildung von Arten und eine Voraussetzung für die Evolution der Organismen (s. S.538). Für die Evolution der Organismen sind Mutationen von Bedeutung, weil sie an die Nachkommen weitergegeben werden und unter diesem Aspekt bestimmte Voraussagen ermöglichen. Je nachdem, welche Strukturen des genetischen Materials von Veränderungen betroffen sind, unterscheidet man **Gen-, Chromosomen-** und **Genommutationen** (Abb.1). Bei der *Genmutation* treten Veränderungen an der DNA, bei der *Chromosomenmutation* an der Struktur der Chromosomen und bei der *Genommutation* an der Anzahl der Chromosomen auf. Chromosomen- und Genommutationen sind mikroskopisch erkenn- und auswertbar.

> Mutationen sind Veränderungen des genetischen Materials (Chromosomen bzw. Gene), die zu Veränderungen im Erscheinungsbild (Phänotyp) führen können. Sie sind erblich, wenn sie in den Keimzellen vorliegen.

**Genmutationen** sind zellulär schwer nachweisbar und erst dann beobachtbar, wenn sie sich im äußeren Erscheinungsbild zeigen.

Eine Veränderung der DNA, z.B. durch Verlust, Einfügen oder Austausch einer einzigen Base, hätte dann die Veränderung des gesamten Gens zur Folge. Bei einer Genmutation wird eine veränderte Information abgelesen und ein verändertes Merkmal ausgebildet.

**Mutationen**

| Genmutation | Chromoso-menmutation | Genom-mutation |
|---|---|---|
| Veränderung im Gen an der DNA | Veränderung an der Struktur der Chromosomen | Veränderung der Anzahl der Chromosomen |

**1** Formen der Mutationen

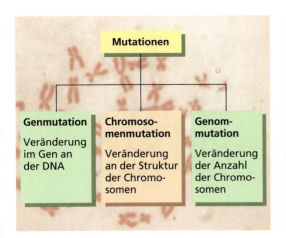

**2** Blutbuche, eine Mutante der Rot-Buche

Diese Veränderungen zeigen sich als Veränderung eines Struktureiweißes oder eines Enzyms. Genmutationen, die zu Strukturveränderungen führen, finden wir z.B. bei *Trauerformen von Laubbäumen* (Abb.1) oder als *Kurzbeinigkeit bei Schafen, Hühnern* und *Rindern*. Charakteristisch ist sie bei *Hunderassen*, z.B. Basset oder Dackel (Abb., S.477).

Genmutationen können aber auch zu solchen Veränderungen führen, dass einzelne Enzyme ausfallen und ganze Stoffwechselwege blockiert werden. Ein Beispiel dafür ist die *Phenylketonurie* (PKU) beim Menschen (s. S.480).

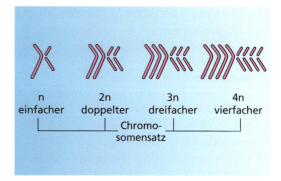

**2** Vervielfachung des Chromosomensatzes (Genommutation)

> Genmutationen sind Mutationen, die durch Veränderungen der DNA hervorgerufen werden. Sie entstehen durch Einfügen, Verlust oder Austausch von Nucleotidbasen.

> Chromosomenmutationen sind Mutationen, bei denen Veränderungen in der Struktur eines oder mehrerer Chromosomen auftreten.

Bei Veränderung der Chromosomenstruktur spricht man von **Chromosomenmutationen.** Sie können z.B. durch Verlust eines Chromosomenstückchens, durch Verdopplung eines Chromosomenabschnitts bzw. durch Verlagerung eines Chromosomenabschnitts an ein anderes Chromosom entstehen.

Ein Beispiel für Chromosomenmutationen ist die genetisch bedingte Krankheit *Katzenschreisyndrom*. Ursache dafür ist das Fehlen eines Chromosomenstückes an einem Chromosom Nr.5.

Bei **Genommutationen** können sich die Veränderungen sowohl auf den Verlust oder die Verdoppelung einzelner Chromosomen (s.a. *Trisomie 21*, S.479) als auch auf die Verminderung oder Vervielfachung vollständiger Chromosomensätze beziehen. So führt die Vervielfachung des Chromosomensatzes zur **Polyploidie** (Abb.2).

Den Zusammenhang zwischen der Zellgröße, der Chloroplastenzahl und der Anzahl der Chromosomensätze z.B. bei einem *Laubmoos* (A haploid, B diploid, C tetraploid) kann man unter dem Mikroskop erkennen (Abb.3).

**1** Trauerweide (Genmutation) mit hängenden Ästen und Zweigen

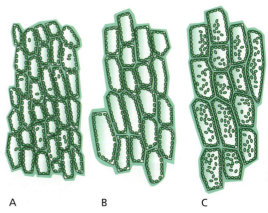

**3** Laubmoos mit einfachem (A), doppeltem (B) und vierfachem (C) Chromosomensatz

> Genommutationen sind Mutationen, die durch Veränderungen der Chromosomenzahl (des Genoms) entstehen.

Weil die Vervielfachung der Chromosomensätze häufig mit höheren Erträgen verbunden ist, wird die **Polyploidisierung** vor allem als eine **Methode zur Züchtung ertragreicher Pflanzensorten genutzt,** z.B. bei *Getreide, Zuckerrüben, Kartoffeln, Klee.* Die Abbildung zeigt *Schwedenklee* mit doppeltem (a) und vierfachem (b) Chromosomensatz.

Polyploide Pflanzen sind häufig in Gebieten mit ungünstigen klimatischen Bedingungen anzutreffen, denn sie sind widerstandsfähiger und oft auch ertragreicher als Pflanzen mit normalem Chromosomensatz.

In der **Züchtung** werden die Merkmale durch Kreuzungen so verändert, dass Organismen entstehen, die für den Menschen nützlicher sind als die Ausgangsorganismen. Beispiele sind höhere Körnererträge bei Getreide, bitterstoffarme Samen bei *Süßlupinen,* höhere Erträge bei *Sojabohnen,* mehr Insulin produzierende *Bakterien* und mehr Penizillin produzierende *Schimmelpilze.*

## Ursachen der Mutationen

Mutationen sind in der Natur sehr selten, sodass man sich ihr Auftreten lange Zeit nicht erklären konnte.

Erst Experimente an der Fruchtfliege *Drosophila* (Abb., S. 442) konnten zeigen, dass sich die Mutationsraten durch Röntgenstrahlen und chemische Substanzen erhöhen. Solche Faktoren, die mutationsauslösend sind, nennt man **Mutagene.** Man kennt insbesondere physikalische und chemische Faktoren, die Mutationen induzieren können.

*Physikalische Mutagene* sind z.B. die Röntgenstrahlen und UV-Strahlen.

Die Strahlungsenergie kann zu direkten Veränderungen der Erbsubstanz führen oder Prozesse auslösen, die Mutationen zur Folge haben. Übermäßige UV-Bestrahlung beim Sonnenbaden kann z.B. zu DNA-Veränderungen der Hautzellen führen und Hautkrebs auslösen. Radioaktive Strahlen

können Missbildungen bei Neugeborenen, Haut- und Blutkrankheiten sowie bösartige Tumore ausbilden. Röntgenstrahlen und radioaktive Strahlen führen vor allem zur Chromosomenmutation. Dies erbrachten zelluläre Untersuchungen von Radiologen, Röntgenassistentinnen, Uranbergarbeitern und Menschen, die der Strahlenbelastung bei den Atombombenexplosionen in Hiroshima und Nagasaki ausgesetzt waren. Zu den physikalischen Mutagenen können außerdem auch Temperaturerhöhungen oder Kälteschocks gezählt werden.

*Chemikalien* wirken ebenfalls als *Mutagene.* Versuche mit Pflanzen und Tieren beweisen, dass zahlreiche chemische Stoffe mutagen sind. Hierzu können z.B. Genussmittel (Bestandteile des Tabakrauches), Sucht- und Rauschmittel (LSD, Mescalin), Arzneimittelbestandteile (Narkotika, tumorhemmende Mittel), Schädlings- und Unkrautbekämpfungsmittel, Desinfektionsmittel und Zusätze von Kosmetika gezählt werden. Nachgewiesen ist auch die DNA-verändernde Wirkung von salpetriger Säure. In welchem Umfang chemische Verbindungen, mit denen wir im täglichen Leben zu tun haben, mutagen wirken können, ist bislang noch unvollständig untersucht.

Auch bestimmte *Medikamente* können Mutationen auslösen. So hatte die Einnahme von Contergan in den 60er Jahren Missbildungen an den Gliedmaßen bei Neugeborenen zur Folge.

Neu in den Handel kommende Substanzen werden in Testlaboratorien geprüft, um Schäden zu vermeiden. Außerdem ist jeder selbst gefordert, durch seine eigene Lebensweise dazu beizutragen, den Kontakt mit mutagenen Substanzen zu vermeiden.

> Mutagene sind Stoffe und Faktoren, die Mutationen auslösen können. Zu den Mutagenen gehören u.a. UV-Strahlen, radioaktive Strahlung, Industrieabgase, bestimmte chemische Stoffe. Mutationen werden gezielt für die Tier- und Pflanzenzüchtung genutzt.

## Modifikationen – umweltbedingte Veränderungen der Organismen und ihre Bedeutung

Vergleicht man die **Ernteerträge** eines gedüngten und ungedüngten **Gedreidefeldes,** stellt man Unterschiede fest. Die Pflanzen des ungedüngten Feldes zeigen ein schlechtes Wachstum, die Ähren enthalten nur wenige Körner, insgesamt sind die Erträge niedrig. Eine Ursache dafür besteht darin, dass die Pflanzen keine Mineralstoffe durch Zusatzdüngung bekamen.

Die Ernteerträge unserer Kulturpflanzen werden wesentlich durch die **Standortbedingungen,** z.B. durch Bodeneigenschaften, klimatische Bedingungen, Düngung, Schädlingsbefall, beeinflusst. Die Ergebnisse der **Tierproduktion** sind nicht unwesentlich von den Haltungsbedingungen abhängig, z.B. ausreichende Nahrung. Viele Maßnahmen zur Erhöhung der Effektivität in der Tierhaltung und Pflanzenproduktion zielen deshalb auf die Schaffung optimaler Umweltbedingungen.

Den Vorgang, dass sich Organismen in Form, Gestalt und Eigenschaften an die Umwelteinflüsse anpassen, bezeichnet man als **Modifikation.**

Solche **Standort-Modifikationen** kann man bei vielen Pflanzen beobachten. Eine *Rot-Buche,* die frei steht, hat eine breite Krone und einen glatten Stamm. Im dichten Bestand eines Waldes wächst sie dagegen schlank in die Höhe (Konkurrenz um Lebensbedingungen, s. S. 472).

Auch der Umweltfaktor Temperatur kann Modifikationen hervorrufen. Solche **Temperatur-Modifikationen** kann man an *Chinesischen Primeln*

**2** Chinesische Primeln

gut beobachten. Werden sie bei einer Temperatur von über 30 °C aufgezogen, blühen sie weiß, bei niedrigerer Temperatur blühen sie rot. Die Ausbildung der Blütenfarbe ist also von der Temperatur abhängig (Abb. 2).

**Modifikationen** sind mehr oder weniger ausgeprägte Anpassungen an bestehende Umwelteinflüsse wie Temperatur, Licht, Wasser und Nahrung innerhalb einer **genetisch festgelegten Variationsbreite** (Reaktionsnorm).

Die Eigenschaft zur Ausbildung von Modifikationen der Organismen nutzt der **Mensch** auch zur Steuerung seiner eigenen Entwicklung. Durch zielgerichtetes geistiges und körperliches Training können z.B. Lernleistungen und sportliches Leistungsvermögen verbessert werden. Individuell erworbene Eigenschaften, wie Beobachtungsgabe, musisch-künstlerische, geistige und sportliche Fähigkeiten, werden nicht vererbt. Auch die Kinder hochbegabter Sportler, Gelehrter oder begnadeter Künstler müssen zur Entfaltung ihrer Talente wieder trainieren, das Einmaleins lernen oder am Klavier üben.

gut genährt

schlecht genährt

**1** Zwei Ferkel desselben Wurfs bei unterschiedlicher Fütterung

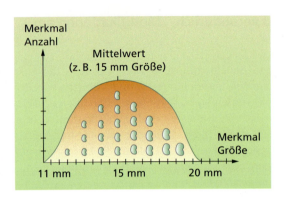

**1** Unterschiedliche Anzahl und Größe der Bohnensamen einer Pflanze

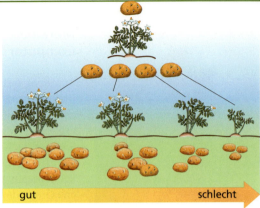

**2** Größe und Anzahl der Kartoffelknollen in Abhängigkeit von Wachstumsbedingungen

**Beispiele für Modifikationen** sind u. a. die *Größe der Bohnensamen einer Pflanze* (Abb. 1; s. S. 472, 473), die unterschiedliche *Größe von Ferkeln desselben Wurfes* bei unterschiedlicher Fütterung (Abb. 1, S. 470), die unterschiedliche *Größe und Dicke eines Licht- und Schattenblattes eines Baumes* bei unterschiedlicher Lichteinwirkung (Abb. 1, S. 368), die unterschiedliche *Größe der Kartoffelknollen einer Pflanze* bei unterschiedlichen Wachstumsbedingungen (Abb. 2), die *Länge der Nadeln* an einem Tannenast.

Modifikationen sind eine Anpassung des Organismus an unterschiedliche Umweltbedingungen ohne Veränderung des Genotyps. Durch Kenntnis derjenigen Umweltbedingungen, die bestimmte Modifkationsformen hervorrufen, kann der Mensch gezielt Einfluss auf die Ausprägung des Phänotyps nehmen.

Dies macht man sich beispielsweise in der **Landwirtschaft**, z. B. bei der *Haltung von Rindern* in Ställen oder im Freiland, sowie im **Gartenbau,** z. B. bei der *Entwicklung von Pflanzen im Gewächshaus* unter Zusatzbelichtung und Kohlenstoffdioxidbegasung, zunutze (s. S. 322).

Modifikationen sind nicht erbliche Veränderungen am Erscheinungsbild von Lebewesen durch Anpassung an bestehende Umweltverhältnisse.

Die **Vielfalt der Organismen** und ihre **Variabilität** ergeben sich demnach aus der Vielfalt der Arten und der Veränderlichkeit der Individuen innerhalb einer Art.

Die charakteristischen Merkmale der verschiedenen Arten sind erblich fixiert. Deren Erbanlagen werden mehr oder weniger unverändert auf die nachfolgende Generation übertragen.

Individuen, die in wesentlichen Merkmalen (äußeren und inneren) übereinstimmen, sich untereinander geschlechtlich fortpflanzen und fruchtbare Nachkommen erzeugen, werden zu einer Gruppe zusammengefasst, die Art genannt wird.

Die Veränderlichkeit der Individuen innerhalb einer Art kann auch auf Umwelteinflüssen beruhen. So blühen *Hortensien* auf kalkhaltigem Boden rot und auf saurem Boden blau (Abb.). Die Ausbildung des Merkmals Blütenfarbe ist demnach nicht nur von der Erbinformation, sondern auch von dem Umweltfaktor Boden abhängig (Modifikation).

Die Variabilität der Organismen beruht auf Veränderungen in der Erbinformation (Mutationen) oder auf nicht erblichen Veränderungen des Erscheinungsbildes während der Individualentwicklung (Modifikationen).

## Merkmale sind veränderlich – Modifikationen am Computer

Aus dem bisherigen Biologieunterricht weißt du, dass die Ausprägung von Merkmalen innerhalb bestimmter Grenzen von der Umwelt beeinflusst werden kann. Diese umweltbedingten, nicht erblichen Merkmalsveränderungen sind **Modifikationen** (s.a. S.470, 471). Beispiele dafür sind u. a. einzeln stehende und im Bestand aufgewachsene *Rot-Buchen*, rot blühende *Hortensien* auf kalkhaltigen und blau blühende auf saurem Boden, unterschiedliche Größe der Bohnensamen derselben Pflanze.

Rot-Buchen einzeln stehend und im Bestand

## Aufstellen einer Wertetabelle

Von 389 Bohnensamen wurden die Größen gemessen. Keiner der Samen war 11 mm oder kleiner. Drei Samen hatten die Größe von 12 mm, 8 Samen waren 13 mm, 48 Samen waren 14 mm, 63 Samen 15 mm, 75 Samen 16 mm, 72 Samen 17 mm, 66 Samen 18 mm, 45 Samen 19 mm, 8 Samen 20 mm und ein Samen sogar 21 mm groß.
Bei diesem Zahlenmaterial lassen sich nur schwer Zusammenhänge erkennen, weil es nicht übersichtlich geordnet ist.
Um eine bessere Ordnung zu erhalten, erstellen wir eine Wertetabelle.
Starte das Tabellenkalkulationsprogramm.
Erfasse die Daten tabellarisch und gestalte die Tabelle.
(Informationen zum Umgang mit dem Programm findest du auf Seite 404–409.)

**Beispiel für eine Tabelle**

| Verteilung der Größenklassen von Bohnensamen | | | | | | | | | | |
|---|---|---|---|---|---|---|---|---|---|---|
| Größe in mm | 11 | 12 | 13 | 14 | 15 | 16 | 17 | 18 | 19 | 20 | 21 |
| Anzahl der Samen | 0 | 3 | 8 | 48 | 63 | 75 | 72 | 66 | 45 | 8 | 1 |

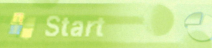

## Grafisches Darstellen einer Modifikationskurve

Tipps zum Erstellen des Diagramms:
- Markiere die Daten in der Tabelle (im Beispiel A 3 bis L 4) bevor du über das Menü: EXTRAS: NEUES DIAGRAMM ERSTELLEN...den Diagramm-Assistenten aufrufst.
  Die erste Zeile und die erste Spalte enthalten die Beschriftung.
- Überlege, welcher Diagrammtyp am besten zu den Daten passt. Achte darauf, dass die Daten im Beispiel in einer Zeile angeordnet sind!
  Im Bild siehst du zwei mögliche Diagrammformen. Erörtere die Vorteile beider Darstellungen.
- Denke an die Beschriftung des Diagrammtitels und die Beschriftung der x- und y-Achse. Eine Legende macht hier keinen Sinn.

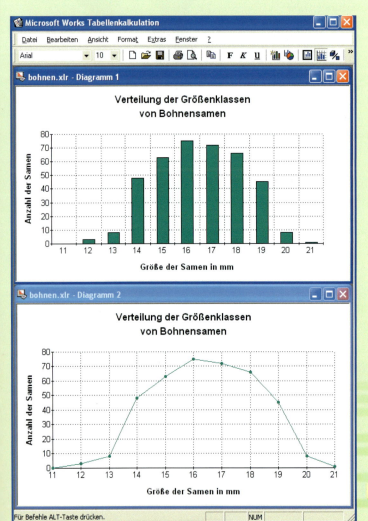

In **Auswertung** des Diagramms kannst du feststellen:
- Samen sind reinerbig (erbgleich), aber unterschiedlich groß,
- die erblich festgelegte Reaktionsnorm für die Größe der Bohnensamen liegt zwischen 11 mm und 21 mm,
- die Anzahl der größten und kleinsten Samen ist gering, weil das Vorhandensein nur guter oder nur schlechter Umweltbedingungen selten ist,
- die Anzahl der Bohnensamen mit mittlerer Größe ist am höchsten.

## gewusst · gekonnt

1. Betrachte die Abbildung 2 auf Seite 455. Beschreibe die Durchführung des Kreuzungsversuchs mit Erbsen durch MENDEL. Welche Beobachtung hat MENDEL gemacht? Welche Schlussfolgerungen leitete er daraus ab?

2. Erst nach vielen Kreuzungsversuchen hat MENDEL die Ergebnisse seiner Untersuchungen in Regeln formuliert.
Mache dich mit dem Simulationsprogramm „Mendel" vertraut. Simuliere Kreuzungen und betrachte am Bildschirm die Merkmale der Nachkommen in der 1. Tochtergeneration.

3. Definiere folgende Begriffe: Gen, Allel, reinerbig, mischerbig, dominant, rezessiv.

4. Ein reinerbig blau blühendes und ein reinerbig weiß blühendes Stiefmütterchen werden miteinander gekreuzt. Die $F_1$-Nachkommen blühen blau.
   a) Ermittle die Art der Merkmalsausbildung.
   b) Gib den Eltern und den $F_1$-Nachkommen entsprechende Symbole.
   c) Stelle die Kreuzungsschemata bis zur $F_2$-Generation auf.

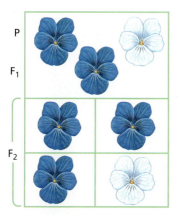

5. Ein blau blühendes und ein rot blühendes Stiefmütterchen werden miteinander gekreuzt.

a) Entscheide anhand der Abbildung, welcher Erbgang vorliegt. Begründe.
b) Gib den Eltern und den Nachkommen entsprechende Symbole und stelle die Kreuzungsschemata bis zur $F_2$-Generation auf.

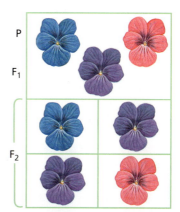

6. a) Benenne die allgemeinen Regeln, die sich in dem Erbgang für den Blattrand der Brennnessel widerspiegeln (s. Abbildung).
   b) Gib den Genotyp zu den dargestellten Phänotypen an. Begründe mit dem entsprechenden Erbgang.

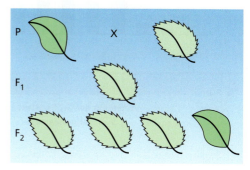

7. Ermittle die Zahlenverhältnisse der Zungenroller und der Nichtroller in deiner Klasse.

8. a) Fertige ein Kreuzungsschema für die Vererbung der Blutgruppen AB (Vater) und 0 (Mutter) an.
   b) Welche Genotypen und Phänotypen treten in der $F_1$-Generation auf? Begründe.

**9.** Ordne folgende Merkmalsänderungen den Mutationen oder Modifikationen zu:
– unterschiedliche Größe von Bohnensamen einer Sorte,
– Kurzbeinigkeit der Schafe,
– Sommer- und Winterfell der Rehe,
– gelbbraune Fellfärbung vieler Wüstentiere,
– unterschiedliche Größe von Möhren einer Sorte,
– mittelfruchtige und großfruchtige Fleischtomate,
– unterschiedliche Süße von Weintrauben einer Sorte.
Begründe deine Zuordnung.

**10.** a) Definiere die Begriffe Mutation und Modifikation.
b) Nenne jeweils Beispiele.

**11.** a) Nenne Formen von Mutationen. Welche genetischen Ursachen liegen ihnen zugrunde?
b) Beschreibe für jede Mutationsform ein Beispiel.

**12.** Viele vom Menschen produzierte Stoffe zeigen eine mutagene Wirkung.
Beschreibe Konsequenzenzen, die sich für den Umweltschutz ergeben.

**13.** Beschreibe die abgebildete Versuchsdurchführung mit dem Löwenzahn. Begründe die Ergebnisse.

**14.** Erkläre am Beispiel der Licht- und Schattenblätter einer Rot-Buche das Zusammenwirken von Erbanlagen und Umwelt bei der Merkmalsausbildung. Nutze dazu auch die Abbildung 1 auf Seite 368.

**15.** Miss die Länge von 10 bis 15 Blättern eines Laubbaumes. Ermittle aus dem Zahlenmaterial die Variationsbreite der Laubblätter. Fertige ein Säulendiagramm sowie eine Modifikationskurve an und beschrifte beide Grafiken.

**16.** Miss die Länge von 10 bis 15 Nadeln eines Kiefern- oder Fichtenästchens. Stelle aus dem Zahlenmaterial ein Säulendiagramm sowie eine Modifikationskurve her. Beschrifte beide und berechne den Mittelwert.

**17.** Eine Stiel-Eiche, die einzeln steht, hat eine andere Wuchsform als im Baumbestand des Waldes.
Beschreibe und begründe.

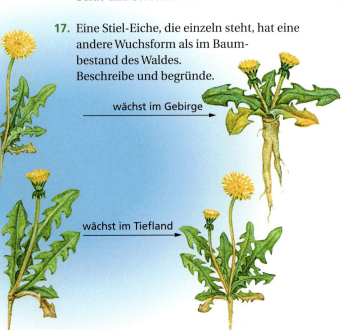

Pflanze geteilt

wächst im Gebirge

wächst im Tiefland

# Regeln der Vererbung

## MENDEL – Begründer der modernen Genetik

GREGOR JOHANN MENDEL (1822–1884) führte von 1855 bis 1864 im Klostergarten zu Brno (Brünn) Kreuzungsexperimente mit der Saaterbse (Pisum sativum) durch. Sie waren die Grundlage für die Formulierung der mendelschen Regeln im Jahre 1865, die die Grundregeln der Vererbung darstellen.

## Mendelsche Regeln

1. *Uniformitätsregel:*
   Kreuzt man zwei Individuen einer Art, die sich in einem Merkmal reinerbig unterscheiden, sind alle Nachkommen der $F_1$-Generation gleich (uniform).
2. *Spaltungsregel:*
   Kreuzt man $F_1$-Individuen miteinander, so spalten sich die Merkmale in der $F_2$-Generation nach bestimmten Zahlenverhältnissen auf.

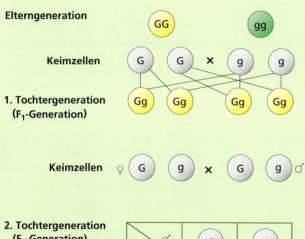

| Erbbild (Genotyp) | Erscheinungsbild (Phänotyp) |
|---|---|
| einheitlich mischerbig  Gg | Merkmal einheitlich gelb |
| GG  rein-erbig  gg  misch-erbig  Gg | Merkmals-unterschiede in bestimmten Zahlenver-hältnissen gelb zu grün (3:1) |

Elterngeneration — GG    gg

Keimzellen — G  G  ×  g  g

1. Tochtergeneration (F₁-Generation) — Gg  Gg  Gg  Gg

Keimzellen — ♀ G  g  ×  G  g ♂

2. Tochtergeneration (F₂-Generation)

| ♀＼♂ | G | g |
|---|---|---|
| G | GG | Gg |
| g | Gg | gg |

## Neukombinationen der Erbanlagen

**Neukombinationen der Erbanlagen (Gene)** – erfolgen zufällig bei der Bildung der Geschlechtszellen und der Befruchtung der Eizelle während der geschlechtlichen Fortpflanzung.
Eine gewollte und gezielte Veränderlichkeit der Organismen durch die Neukombination von Genen führt der Mensch in der **Tier- und Pflanzenzüchtung** durch.

## Variabilität (Veränderlichkeit) der Organismen

Die Variabilität der Organismen beruht auf Veränderungen in der Erbsubstanz durch Mutationen und Neukombinationen der Erbanlagen sowie auf umweltbedingten, nicht erblichen Veränderungen im Erscheinungsbild durch Modifikationen.

## Mutationen

**Mutationen** – durch Mutagene hervorgerufene Veränderungen der Erbsubstanz (im Genotyp); sie werden vererbt, wenn sie in den Geschlechtszellen vorliegen.

**Mutationsformen**

| Genmutationen Veränderung im Gen | Chromosomenmutationen Veränderung der Struktur der Chromosomen | Genommutationen Veränderung der Chromosomenanzahl |
|---|---|---|

## Modifikationen

Modifikationen – durch Umweltbedingungen hervorgerufene Veränderungen im äußeren Erscheinungsbild (Phänotyp) eines Lebewesens.

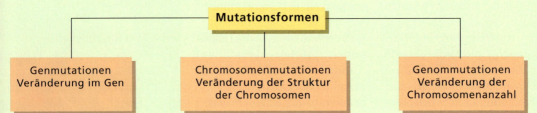

Fuchs im dichten Winterfell (mehr Wollhaare)

Verschiedene Blattformen an einem Zweig der Schneebeere

Licht- und Schattenblätter der Rot-Buche

# 9.3 Genetisch bedingte Krankheiten und Gentechnik

### Integration Erbkranker in eine Gemeinschaft

Erbkranke Kinder bedürfen vonseiten der Eltern, Geschwister und aller anderen Personen einer besonderen Zuneigung, Unterstützung und Hilfe. Verständnis und Mitgefühl sind vonnöten, denn ein Erbkranker ist doch „anders". Bei geistiger Behinderung kann er beispielsweise Gefahren nicht richtig einschätzen, ist er oft anderen gegenüber gutgläubig und unbekümmert.
*Wie entstehen Erbkrankheiten?*
*Kann man Erbkrankheiten heilen?*
*Warum ist für Erbkranke die Integration in das schulische Leben so wichtig?*

### Klonierung – Für und Wider?

Dolly (auf Abb. unten) wurde 1997 als der erste Klon eines ausgewachsenen Säugetiers geboren und regte zu weltweiten Diskussionen über das Für und Wider der Klonierung an. Dolly gebar 6 Lämmer, die durch natürliche Zeugung entstanden (erstes Lamm Bonni auf Abb. vorn). Das Klonschaf Dolly erkrankte nach der Hälfte seiner möglichen Lebenszeit an Arthritis. 2003 musste Dolly wegen einer unheilbaren Lungenerkrankung eingeschläfert werden.
*Welche Vor- und Nachteile bringt das Klonen?*
*Ist die Klonierung des Menschen ethisch vertretbar?*
*Was bedeutet therapeutisches Klonen?*

### Gentechnik – Fluch oder Segen?

Bei dem Wort Gentechnik ist man geneigt, an Horrorvisionen von Science-Fiction-Filmen zu denken. Darin werden oft widernatürliche Kreuzungen zwischen Mensch und Tier dargestellt.
*Könnten die Zentauren, die Fabelwesen der Antike (Abb.), Wahrheit werden?*
*Welchen Nutzen und welche Risiken birgt die Gentechnik?*

# Genetisch bedingte Krankheiten beim Menschen

Nach wie vor werden Kinder mit genetisch bedingten Erkrankungen geboren. Sie sind auf Veränderungen in der Erbsubstanz zurückzuführen. Es sind Mutationen.

Sie können spontan entstehen, z.B. *Trisomie 21*, sowie von Generation zu Generation vererbt werden, z.B. *Bluterkrankheit*. Die genetischen Veränderungen haben Veränderungen im äußeren Erscheinungsbild (Phänotyp) zur Folge.

> Genetisch bedingte Krankheiten sind durch Veränderungen der Erbsubstanz krankhafte Erscheinungen oder Missbildungen, die sich im Phänotyp des Menschen zeigen. Sie sind noch nicht heilbar.

## Trisomie 21

Eine erblich bedingte Krankheit ist die **Trisomie 21,** auch **Down-Syndrom** genannt. Sie kommt heute etwa einmal unter 1000 Neugeborenen vor. Ursache ist eine *Genommutation* (s. S. 467).

Die Trisomie 21 ist ein Erbleiden, das erstmals 1886 durch den englischen Kinderarzt JOHN LANGDON DOWN (1828–1896) beschrieben worden ist. Im Karyogramm finden wir am Platz 21

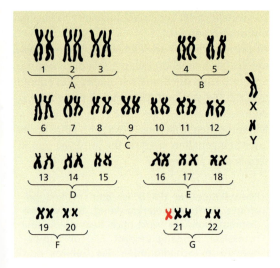

**1**  Karyogramm bei Trisomie 21

**2**  Krankheitsbild bei Trisomie 21

drei Chromosomen. Dadurch befinden sich also insgesamt 47 Chromosomen in den Körperzellen (Abb 1).

Die Fehlverteilung der Chromosomen erfolgt während der Bildung der Geschlechtszellen. Das Chromosomenpaar mit der Nummer 21 wird nicht getrennt und kommt in einer Keimzelle mit zwei Chromosomen vor, in der zweiten Keimzelle mit einem Chromosom. Nach der Befruchtung sind demnach drei Chromosomen mit der Nummer 21 in der Zelle (Abb. 1).

Phänotypische Merkmale des Krankheitsbildes sind veränderte Kopfform mit Sattelnase, niedrig sitzende Ohren, schmale Lidspalten und Kleinwuchs (Abb. 2). Da die Erkrankten durch die Lidspalte mongolenhaft aussehen, nannte man diese Krankheit früher auch Mongolismus. Die Zunge ist oft stark vergrößert, und die kurzen, plumpen Hände haben an der Innenseite eine durchgehende Vierfingerfurche. Einige innere Organe (Herz und Darm) weisen häufig Fehlbildungen und Fehlfunktionen auf. Die Lebenserwartung der Betroffenen ist dadurch reduziert.

Heute erreichen über 80% der Erkrankten das 30. Lebensjahr. Die Ausprägung der geistigen Behinderung ist meist erheblich, aber individuell verschieden ausgebildet. Bei persönlich gezielter und frühzeitig begonnener Förderung sind die Kinder mit Trisomie 21 lernfähig und können eine gewisse Selbstständigkeit erwerben.

Da sie besonders anhänglich und liebebedürftig sind, kann durch eine frühzeitige, intensive und liebevolle Betreuung die psychische und physische Entwicklung trisomaler Kinder günstig beeinflusst werden.

> Trisomie 21 (Down-Syndrom) ist eine angeborene Form der geistigen und körperlichen Behinderung. Sie entsteht durch eine Genommutation.

## Phenylketonurie

Gesunde Menschen bauen die mit der Nahrung aufgenommene Aminosäure Phenylalanin durch ein Enzym zur Aminosäure Tyrosin ab. Infolge des Fehlens des dominanten, normalen Gens wird dieses Enzym bei PKU-Patienten nicht gebildet. *Phenylalanin* häuft sich im Blut an und führt zur **Phenylketonurie** (Abb. 2). Diese Krankheit ist die Folge einer Genmutation (s. S467). Der Stoff Phenylalanin schädigt die Entwicklung des Gehirns, sodass eine geistige Behinderung die Folge ist (Abb. 1). Da die Krankheitsursache ein defektes Gen ist und man DNA-Fehler noch nicht reparieren kann, ist diese erblich bedingte Krankheit heute noch nicht heilbar. Behandelbar sind aber die Krankheitssymptome, die durch

**2** Entstehung von Phenylketonurie

Dasselbe Kind nach 1,5 Jahren, behandelt

Kind mit Phenylketonurie (2,5 Jahre, unbehandelt)

**1** Phenylketonurie – eine behandelbare erbliche Stoffwechselkrankheit

Phenylalanin hervorgerufen werden. *Die Therapie* besteht in der Verabreichung einer phenylalaninarmen Diätkost.

Um eine normale Entwicklung abzusichern, wird bereits bei Neugeborenen ein Test durchgeführt. Dadurch kann die Krankheit bereits früh erkannt und die Behandlung rechtzeitig eingeleitet werden.

Die verordnete Diät muss etwa zehn Jahre konsequent eingehalten werden. Ihr Erfolg ist von ihrem Beginn abhängig.

> Phenylketonurie (PKU) ist eine erblich bedingte Stoffwechselerkrankung. Sie ist eine Genmutation. Sie wird nach dem dominant-rezessiven Erbgang vererbt. Sie führt unbehandelt zu Schädigungen des Gehirns und zum Schwachsinn.

# Mosaik

Eine weitere erblich bedingte Krankheit ist die **Bluterkrankheit**. Sie wurde bereits früh erforscht. Aufmerksam wurde man auf sie durch das gehäufte Auftreten in europäischen Herrscherhäusern, z.B. im englischen Königshaus und im russischen Zarenhaus (Abb.1). Es gibt aber weltweit etwa 200000 Menschen mit dieser erblich bedingten Krankheit.

Die Bluterkrankheit wird durch eine Genmutation ausgelöst. Durch die Veränderung des Gens, das auf dem X-Chromosom liegt, wird ein Faktor, der an der Blutgerinnung beteiligt ist, nicht gebildet. Bei gesunden Menschen gerinnt das Blut in 5 bis 9 Minuten. Bluter haben eine Gerinnungszeit von mehr als 15 Minuten.

Leichte Prellungen führen bei ihnen bereits zu großen Blutergüssen (Hämatomen).

Verletzungen, wie sie z.B. beim Ziehen eines Zahnes entstehen, führen unbehandelt zu einem starken Blutverlust und können lebensbedrohlich sein.

Früher hatten Bluter deshalb keine hohe Lebenserwartung. Heute wird der fehlende Gerinnungsfaktor mit Bluttransfusionen bzw. Injektionen übertragen.

Die Bluterkrankheit tritt vorwiegend bei Männern auf. Frauen mit einem mutierten Gen auf einem X-Chromosom sind Überträgerinnen, aber gesund, da sie noch ein zweites X-Chromosom mit einem gesunden Gen besitzen. Dies steuert die Blutgerinnung. Wird das X-Chromosom mit dem

## Die Bluterkrankheit – eine erblich bedingte Krankheit mit rezessivem Erbgang

mutierten Gen auf den Sohn vererbt, wird er Bluter sein (Abb.2). Frauen werden nur bluterkrank, wenn sich auf ihren beiden X-Chromosomen das mutierte Gen befindet.

Bei akuten Blutungen kann der Besitz eines **Notfallausweises** mit konkreten Angaben den Bluter vor ungeeigneten Medikamenten oder Maßnahmen am Unfallort schützen.

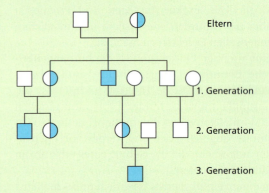

**2** Vererbung der rezessiven Bluterkrankheit

**Die Bluterkrankheit ist eine erblich bedingte Krankheit, die auf Genmutation am X-Chromosom beruht. Das mutierte Gen auf dem X-Chromosom vermindert stark die Gerinnungsfähigkeit des Blutes.**

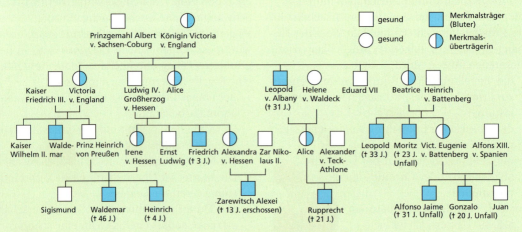

**1** Familienstammbaum zur Vererbung der Bluterkrankheit in europäischen Fürstenhäusern (Auswahl)

## Humangenetische Beratung und ethische Probleme

Normalerweise sind Kinder gesund. Von 100 Neugeborenen weisen aber rein statistisch 4 bis 6 genetische Defekte auf. Nach heutigem Kenntnisstand sind genetische Faktoren bei weit mehr als 2000 Krankheiten beteiligt. Deshalb gewinnt die Berücksichtigung genetischer Aspekte bei der Erkennung, Ursachenanalyse, Prophylaxe und Therapie von vielen Krankheiten zunehmend Bedeutung. In vielen Fällen besteht bereits die Möglichkeit, exakte Aussagen und Prognosen über das Auftreten von Risiken und möglichen genetischen Defekten zu machen.

Eine wichtige Einrichtung ist die **humangenetische Beratung.** Die **genetische Familienberatung** ist eine ärztliche Tätigkeit im Interesse der Gesundheit unserer Kinder. Erbberatungsstellen sind im Allgemeinen den humangenetischen Instituten angeschlossen und werden von Ehepaaren aufgesucht, die die Geburt eines erbkranken Kindes befürchten.

In einem einführenden Gespräch muss zunächst geklärt werden, ob es sich tatsächlich um eine genetisch bedingte Krankheit handelt, denn nicht alle angeborenen Behinderungen sind Erbkrankheiten. Auch bestimmte Umwelteinflüsse während der Schwangerschaft, z. B. eine Infektion mit Rötelnviren, Medikamenten-, Alkohol- und Drogenmissbrauch, können zu Schäden führen.

Für die Abklärung der genetischen Ursachen und des Erbverhaltens einer Krankheit kann der Humangenetiker auf folgende Möglichkeiten zurückgreifen (Abb. 1; Abb. 1, S. 483):
- die Erstellung eines Familienstammbaumes zur Ermittlung der spezifischen familiären Belastung,
- den Bluttest zur Erkennung von mischerbigen gesunden Anlagenträgern und
- die Zelluntersuchungen bei Verdacht auf Genom- oder Chromosomenmutationen.

Aus den **Familienstammbäumen** (s. a. S. 491) lassen sich für viele Erbkrankheiten schon Risikozahlen auf der Basis der

1  Möglichkeiten und Konsequenzen genetischer Familienberatung

mendelschen Regeln ableiten. Diesem Verfahren sind aber dadurch Grenzen gesetzt, dass man bei rezessiv vererbten Krankheiten einen Gesunden nicht von einem Überträger unterscheiden kann. Mit einem **Bluttest** (Heterozygotentest) kann nun ermittelt werden, ob die betreffende Person mischerbiger Überträger einer Krankheit ist oder nicht, z. B. bei Rotgrünblindheit, Sichelzellenanämie. Dieser Test lässt sich auch an embryonalen Zellen durchführen. Des Weiteren ist die **Fruchtwasseruntersuchung** ein Verfahren, um mögliche genetische Defekte bereits beim Embryo zu erkennen (Abb. 1, S. 483). Sie wird in der 15. bis 18. Schwangerschaftswoche durchgeführt.

Wegen des Risikos, eine Frühgeburt auszulösen, wird diese vorgeburtliche Diagnostik nur in begründeten Fällen durchgeführt. Indikationen für eine Fruchtwasseruntersuchung sind:
- Bei einem Elternteil ist eine Chromosomenanomalie bekannt.
- Es wurde bereits ein Kind mit einer Chromosomenveränderung geboren.
- Die Mutter ist mindestens 35 bis 37 Jahre alt.
- Die Mutter ist Überträgerin eines X-chromosomal vererbten Leidens.
- Die Mutter ist während der Schwangerschaft erkrankt, sodass ein Risiko für eine schon vorgeburtlich erkennbare gestörte Embryonalentwicklung vorliegt.

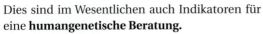

Dies sind im Wesentlichen auch Indikatoren für eine **humangenetische Beratung.**

*Wann sollte man zu einer Erbberatung gehen?*

1. Wenn ein genetischer Krankheitsfall in der Familie vorliegt,
2. wenn bereits ein erbkrankes Kind geboren wurde,
3. wenn die zukünftigen Eltern Geschwister erbkranker Personen sind,
4. wenn Blutsverwandtschaft vorliegt,
5. wenn Mütter über 35 bis 37 Jahre alt sind,
6. wenn wiederholte Fehlgeburten vorliegen oder Kinder tot geboren wurden.

Eine Beratung ist immer dann sinnvoll, wenn bei Nachkommen ein erhöhtes Risiko des Auftretens einer genetischen Störung zu befürchten ist. Auch bei Verwandtenehen und gehäuften Spontanaborten (Fehlgeburten) sollte eine Beratungsstelle aufgesucht werden.

Die Rat suchenden Paare können selbst entscheiden, ob sie eine **Fruchtwasseruntersuchung** durchführen lassen, um weitere Gewissheit zu erlangen. Bei positiven Resultaten ist zu entscheiden, ob man die in §218 geregelte Möglichkeit zum **Schwangerschaftsabbruch** nutzen oder das prognostizierte Risiko mit all seinen Konsequenzen akzeptieren will. Je nach den spezifischen Gegebenheiten kann auch eine **Befruchtung mit Samen eines Spenders** oder die **Adoption** eines Kindes in Betracht gezogen werden. Da Mutagene auch beim Menschen Erbkrankheiten hervorrufen können, müssen **Maßnahmen zum Schutz vor Mutagenen** getroffen werden. Vieles ist gesetzlich geregelt, z.B. die Durchführung von Röntgen- und Ultraschalluntersuchungen, die Überprüfung von Medikamenten, Haushaltschemikalien, Unkraut- und Schädlingbekämpfungsmitteln, Konservierungsmitteln u.a. Besondere gesetzliche Bestimmungen

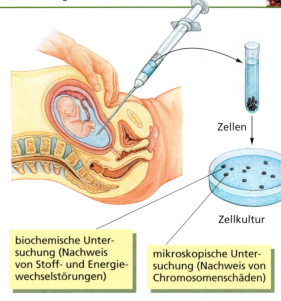

| biochemische Untersuchung (Nachweis von Stoff- und Energiewechselstörungen) | mikroskopische Untersuchung (Nachweis von Chromosomenschäden) |

**1** Fruchtwasseruntersuchung – ein Verfahren der vorgeburtlichen Diagnostik

gibt es in den Bereichen, in denen Menschen beruflich mit gesundheitsgefährdenden Stoffen umgehen, z.B. in der Chemieindustrie, in Reaktoranlagen, bei Röntgenuntersuchungen.

**Erbkranke Kinder** bedürfen vonseiten der Eltern, Geschwister und aller anderen Personen einer besonderen Zuneigung, Unterstützung und Hilfe. Verständnis und Mitgefühl sind vonnöten, denn Menschen mit erbbedingten Krankheiten sind doch „anders". Bei geistiger Behinderung können sie beispielsweise Gefahren nicht richtig einschätzen, sind sie oft anderen gegenüber gutgläubig und unbekümmert.

Wenn erbkranke Kinder eine Sonderschule besuchen, lernen sie vor allem, wie sie selbstständig werden und ihr Leben gestalten können. Manche lernen lesen und schreiben, manche entfalten musikalische bzw. handwerkliche Talente.

Es ist sehr wichtig, ihre Talente zu fördern. So gibt es zahlreiche Betriebe und Werkstätten, in denen Erbkranke arbeiten. Die Integration Erbkranker in das schulische bzw. berufliche Leben einer Gemeinschaft ist für sie von besonderer Wichtigkeit.

## Mosaik

### Methoden humangenetischer Forschung

Betrachtet man zwei oder mehrere Menschen, so stellt man fest, dass kein Mensch dem anderen gleicht, dass sie sich in vielen Merkmalen unterscheiden, z.B. in der Haut- und Haarfarbe, in der Augenfarbe, in der Fähigkeit, die Zunge einzurollen. Jeder Mensch besitzt etwa 30 000 bis 40 000 Erbanlagen (Gene). Trotzdem weiß man heute schon viel über die Vererbung beim Menschen.

Wichtige **Methoden der humangenetischen Forschung** sind die *Familienforschung* und die *Zwillingsforschung*. Auch *statistische Untersuchungen* über die Häufigkeit eines Merkmals in der Bevölkerung bzw. über seine Verteilung und Veränderung sowie mikroskopische und biochemische Untersuchungen von Zellen und Zellbestandteilen werden bei Forschungen über die Vererbung beim Menschen herangezogen.

In der **Familienforschung** werden **Stammbäume** aufgestellt. Die Auswertung von Familienstammbäumen ist eine wichtige Methode, um die Vererbung eines Merkmals über viele Generationen zu verfolgen (S. 464–466, 481, 491). Sie ermöglicht in vielen Fällen schon Aussagen über das Erkrankungsrisiko eines Kindes. Für die Erstellung von Familienstammbäumen sind bestimmte Symbole gebräuchlich.

Die **Zwillingsforschung** untersucht das Wechselverhältnis von Erbe und Umwelt bei der Merkmalsausbildung.

*Eineiige Zwillinge* entstehen aus einer einzigen befruchteten Eizelle (Zygote), die sich geteilt hat. Aus jeder Tochterzelle entsteht ein Keimling (Abb. 1). Die eineiigen Zwillinge haben identisches Erbmaterial, sind immer gleichen Geschlechts und ähneln sich sehr. Unterschiede in der Ausbildung von Merkmalen lassen sich deshalb ausschließlich auf die Wirkung der Umweltfaktoren zurückführen.

*Zweieiige Zwillinge* sind aus zwei befruchteten Eizellen (Zygoten) entstanden, die in einem oder beiden Eierstöcken heranreiften. Ihr Erbgut unterscheidet sich wie das bei normalen Geschwistern. Ihre Erbanlagen sind also nicht gleich. Sie können verschiedenen Geschlechts sein. Übereinstimmungen in den Merkmalen können hier mit Umweltfaktoren in Beziehung gesetzt werden.

Untersuchungen ergaben, dass bei eineiigen Zwillingen bestimmte Merkmale weitgehend übereinstimmend auftreten, bei zweieiigen Zwillingen dagegen weniger (Tab. unten). Daraus schließt man, dass die weitgehend übereinstimmenden Merkmale bei eineiigen Zwillingen überwiegend erbbedingt sind.

Vergleicht man andere Merkmale, so stellt man fest, dass sie sehr stark von der Umwelt abhängen, z.B. die Körpermasse von der Ernährung (Tab.).

**1** Entstehung eineiiger und zweieiiger Zwillinge

| Merkmale | Übereinstimmungen in % | |
|---|---|---|
| | Eineiige Zwillinge | Zweieiige Zwillinge |
| Augenfarbe | 100 | 52 |
| Körpermasse | 66 | 48 |
| Kopflänge | 91 | 58 |
| **Krankheiten** | | |
| Tuberkulose | 54 | 27 |
| Zuckerkrankheit | 60 | 13 |
| Krebs | 16 | 13 |
| Bronchialasthma | 63 | 38 |
| Depressionen | 67 | 5 |
| Epilepsie | 54 | 24 |

# Ergebnisse, Nutzen und Risiken der Biotechnologie, insbesondere der Gentechnik

## Ergebnisse der Biotechnologie und Gentechnik – eine Auswahl

Ein relativ einfaches Verfahren der **Biotechnologie** gelang GURDON 1968. Eizellen (Froschlaich) des *Afrikanischen Krallenfrosches* wurden durch UV-Bestrahlung „entkernt". Da sie eine ausreichende Größe haben, konnte man mithilfe einer Glaskapillare einen Zellkern von Darmzellen in sie einführen. Aus dieser manipulierten Eizelle entwickelte sich ein normaler Frosch (Abb. 1), der mit dem Spenderfrosch erbgleich war. Wiederholt man dieses Experiment mehrfach, so erhält man eine Reihe geklonter Frösche (Frösche mit gleichem Genbestand, deren Erbmaterial nur von einem Elternteil stammt).

Ähnliche Experimente sind prinzipiell auch an Säugetieren möglich, aber ungleich schwieriger, weil die Eizellen wesentlich kleiner sind, die Befruchtung außerhalb des Muttertieres durchgeführt und die Zygote wieder zurück in die Gebärmutter transportiert werden muss. Trotz dieser Schwierigkeiten wird diese Methode heute schon in unterschiedlichen Varianten in der Tierzucht angewendet. Man teilt z.B. junge Entwicklungsstadien der befruchteten Eizelle von Hochleistungskühen und setzt sie normalen Kühen, die als Leihmutter dienen, ein (s. Klonierung, S. 448). Die **In-vitro-Befruchtung und Kultur von be-** fruchteten Eizellen wird in einigen europäischen Ländern (England, Belgien) und in den USA auch bei Menschen durchgeführt. Sie bietet die Basis für eine vorgeburtliche Einpflanzung von Eizellen (pränatale Implantationsdiagnostik, PID). Familien, bei denen häufig genetisch bedingte Krankheiten auftreten, haben so die Möglichkeit, gesunde Kinder zu bekommen (s. a. S. 489).

Auch **fremde Gene** können bereits vielen Tieren **übertragen werden.** Bei der Befruchtung verschmelzen der männliche (haploide) Vorkern des Spermiums und der weibliche (haploide) Vorkern der Eizelle zu einem diploiden Kern. Noch vor diesem Zusammenschluss ist es möglich, das gewünschte Gen mithilfe einer Mikrosonde in die befruchtete Eizelle einzuschleusen. Die so behandelten Eizellen werden weiblichen Tieren eingepflanzt (implantiert) und von ihnen ausgetragen.

Das Schaf *Polly* (Abb. 1, S. 486, links) ist ein transgener Klon eines Schafes. Die Eizelle, aus der ihr Erbgut stammt, enthielt ein eingeschleustes Gen für einen menschlichen Blutgerinnungsfaktor. Ausgetragen wurde Polly von einem Mutterschaf einer anderen Rasse (Abb. 1, S. 486, rechts).

Nach diesem Verfahren wurden bereits Schafe und Kühe gezüchtet, die ein therapeutisch bedeutsames menschliches Eiweiß (Protein) mit ihrer Milch abgeben. Die Milch wird gesammelt und zur Isolation des Eiweißes (Proteins) aufgearbeitet.

Zur **Gentechnik** werden derzeit häufig **Bakterien** eingesetzt.

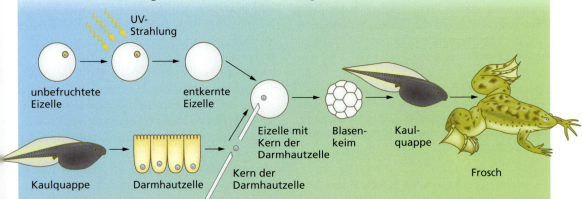

**1** Das Verfahren zur Zellkerntransplantation wurde 1968 erstmals von JOHN GURDON durchgeführt.

Bakterien besitzen oft frei im Plasma vorkommende kleine Ringe aus doppelsträngiger DNA. Diese DNA-Ringe werden **Plasmide** genannt. Sie vermehren sich unabhängig von der Kernsubstanz. Da sie die Bakterien verlassen und von anderen Bakterien aufgenommen werden können, dienen die Plasmide in der Gentechnik als Transportmittel für Gene. Sie sind also sehr gut geeignet, um fremde Gene aufzunehmen und in ein Bakterium einzuschleusen.

Das Aufschneiden des Plasmids an einer bestimmten Stelle und das Herausschneiden des Fremdgens aus dem Erbmaterial der Spenderzelle sowie das Zusammenfügen des Fremdgens mit dem Plasmid führt der Gentechniker mithilfe von bestimmten Enzymen aus (Restriktionsenzyme genannt). Das Spendergen wird somit Bestandteil der DNA des Plasmids und kann in Bakterien eingefügt werden. Das Bakterium stellt nun auch die Genprodukte des eingefügten Fremdgens her.

Wird z. B. das **Insulingen** in ein Bakterium eingefügt, produziert das Bakterium **menschliches Insulin** (Abb. 1, S. 487). Da die Fremdgene bei den mitotischen Teilungen der Bakterien erhalten bleiben, können die Genprodukte des Fremdgens angereichert und großtechnisch isoliert werden (Abb. 1, S. 487). Das so gewonnene Produkt kann z. B. als Medikament zur Behandlung von Krankheiten eingesetzt werden. Genetisch bedingte Störungen der Funktion der Bauchspeicheldrüse oder der Blutgerinnung können so z. B. durch die gentechnische Erzeugung der entsprechenden Genprodukte medikamentös behandelt werden.

> Unter Gentechnik, auch Gentechnologie genannt, versteht man ein Verfahren, durch das die gezielte Veränderung und Übertragung von Erbmaterial von einem Organismus auf den anderen erfolgt.

Die wichtigsten **Anwendungsgebiete der Gentechnik beim Menschen** werden im Folgenden kurz erläutert.

**1** Im Jahre 1997 kam Schaf Polly zur Welt, ausgetragen und geboren von einem Mutterschaf einer anderen Rasse.

### Der Einsatz gentechnisch produzierter Medikamente

In Deutschland leiden ungefähr 300 000 Menschen an **Diabetes,** der Zuckerkrankheit. Sie benötigen etwa 2 mg Insulin pro Tag zur Regelung ihres Blutzuckergehaltes.

Um die benötigte **Insulinmenge** für einen Diabetiker zu erzeugen, musste durchschnittlich alle vier Tage ein Schwein geschlachtet werden. Durch sehr aufwendige chemische Verfahren konnte aus den Bauchspeicheldrüsen der Schweine Insulin hergestellt werden. Etwa drei Prozent der Diabetiker entwickelten allergische Reaktionen gegen tierisches Insulin, das sich beim Schwein um eine Aminosäure und beim Rind um drei Aminosäuren gegenüber dem Humaninsulin unterscheidet.

Nach der Entschlüsselung des Gens für menschliches Insulin kann dieses Hormon durch gentechnische Verfahren mithilfe von Bakterien (Abb. 1, S. 487) in großen Mengen hergestellt werden. Dieses Verfahren ist technologisch nicht so aufwendig wie die Erzeugung tierischen Insulins und nicht abhängig von der Bereitstellung der außerordentlich hohen Zahl von Schlachttieren. Gentechnologisch hergestelltes Insulin ist verträglicher und wirksamer als Insulin tierischer Herkunft.

Ein weiteres Beispiel, welches zeigt, dass die Gentechnik in der Medizin ein Hoffnungsträger für viele Menschen ist, ist die Herstellung von **Blutgerinnungsfaktoren.** Bisher waren Bluter (s. S. 481), denen genetisch bedingt der Gerinnungsfaktor VIII oder IX fehlt, auf Spenderblut angewiesen. Sie trugen damit auch die Risiken, sich z. B. mit HIV oder Gelbsucht zu infizieren. Die gentechnisch erzeugten Genprodukte reduzieren das Infektionsrisiko auf null und sparen kostbares Spenderblut.

Bereits heute werden mehr als ein Viertel aller auf dem Markt befindlichen **Arzneimittel** mithilfe der Bio- und Gentechnologie hergestellt. Bisher stammen die Medikamente hauptsächlich aus Mikroorganismen, tierischen Zellkulturen oder transgenen Tieren. Doch Medikamente können auch vorteilhaft aus gentechnisch behandelten Pflanzen und pflanzlichen Zellkulturen hergestellt werden. Pflanzen bieten den Vorteil, dass sie keine bakteriellen Giftstoffe, Viruspartikel oder Krankheitserreger wie BSE, die den Menschen gefährden können, produzieren. Die Haltung der Pflanzen und der Zellkulturen sowie die Isolation der Medikamente ist wesentlich billiger als die Gewinnung der Arzneimittel aus Bakte-

rien. Während dieses Verfahren in Deutschland noch am Anfang steht – hier laufen Versuche für die Produktion von Blutersatzstoffen durch Pflanzen –, werden in den USA die aus gentechnisch veränderten Pflanzen gewonnenen Medikamente bereits klinisch getestet, so z. B. tumorspezifische Antikörper und Wirkstoffe gegen Karies.

### Gendiagnostik

Zur Zeit sind über 2000 genetisch bedingte Erkrankungen bekannt. Dazu gehören u. a. Farbenfehlsichtigkeit, Sichelzellenanämie, Kurzfingrigkeit, Bluterkrankheit, Phenylketonurie. Etwa 4–6 Prozent der Neugeborenen weisen eine erblich bedingte Fehlbildung oder Behinderung auf.

Denken wir z. B. an erblich bedingte Formen von Krebs, so erschließt die Möglichkeit der **Frühdiagnose von Erbleiden** natürlich auch die Aussichten auf eine erfolgreiche Therapie.

Fehler in den Erbanlagen lassen sich mit **Gensonden** identifizieren. Aus solchen Gendiagnosen können sich wichtige therapeutische Konsequenzen ergeben.

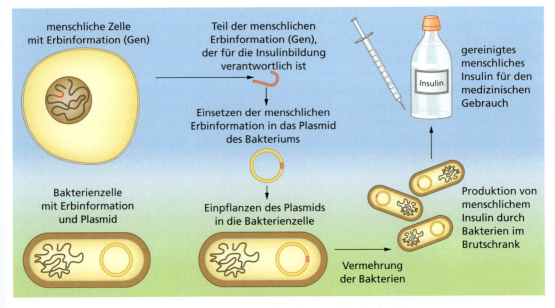

**1**   Herstellung von menschlichem Insulin durch gentechnisch veränderte Bakterien

**1** Ein Umweltschutzaktivist von Greenpeace verhindert den Pollenflug von gentechnisch veränderten Maispflanzen.

Wird z. B. bei einem Kind, in dessen Familie ein Augentumor (Retinoblastom) vorkommt, eine Erbänderung gefunden, können regelmäßige Augenuntersuchungen dazu beitragen, einen sich entwickelnden Tumorherd rechtzeitig zu erkennen. In diesen Fällen kann durch eine rechtzeitige Operation das Augenlicht erhalten werden. Nicht betroffenen Kindern kann man die unangenehmen Untersuchungen ersparen. Für die meisten Erbkrankheiten gibt es jedoch noch keine entsprechenden Behandlungsmöglichkeiten.

Im Zusammenhang mit der Gendiagnose und der Gentherapie stellen sich auch **ethische Fragen,** die oft schwer zu beantworten sind.

### Gentherapie an Körperzellen

Unter **Gentherapie an Körperzellen (somatischer Gentherapie)** versteht man die Übertragung spezifischer Gene auf Körperzellen (somatische Zellen) mit dem Ziel, defekte Gene zu ersetzen. So wäre es z. B. denkbar, Diabetikern intakte Gene zur Insulinproduktion in die Bauchspeicheldrüse zu übertragen. Dies würde sie von ihrem Leiden befreien können und die Prozedur des täglichen Spritzens überflüssig machen. In technischer Sicht wäre dieses Verfahren vergleichbar mit einer Impfung, Medikamenteneinnahme oder im Ergebnis mit einer Organtransplantation. Da die somatische Gentherapie nur Körperzellen betrifft, werden die genetischen Veränderungen der Körperzellen nicht an die

Nachkommen weitergegeben. Die so körperlich gesunden Menschen würden ihren Gendefekt aber an ihre Kinder vererben.

Im Mai 1993 ist vom Bundesgesundheitsministerium eine Bund-Länder-Gruppe „Gentherapie" gegründet und beauftragt worden, die fachliche und rechtliche Situation zu klären und ein Handlungskonzept zu erstellen.

> Die wichtigsten Anwendungsgebiete der Gentechnik beim Menschen sind:
> – der Einsatz gentechnisch produzierter Eiweiße als Medikamente,
> – die Gendiagnostik und
> – die Gentherapie an Körperzellen.

### Nutzen und Risiken der Gentechnik

*Ist die Gentechnik ein Fluch oder ein Segen für die Menschheit?*

Diese Frage wird so immer wieder gestellt und sie wird auch an euch gestellt werden. Die Gentechnik kann bei ihrer ethischen Beurteilung nicht pauschal behandelt werden, wie das immer wieder geschieht. Die Forderung nach der Freigabe aller **gentechnischen Experimente** auf der einen Seite und die nach einem generellen Verbot der Gentechnik auf der anderen Seite spiegeln die derzeitigen konträren Auffassungen in politischen und anderen öffentlichen Diskussionen wider (Abb. 1).

Die Hauptbedenken gegen die Anwendung gentechnischer Methoden beruhen einerseits auf einer denkbaren Gefährdung unserer Umwelt, andererseits auf der Möglichkeit der gezielten Manipulation des genetischen Materials des Menschen. Beides sind mögliche Gefahren, die durch geeignete Gesetze eingegrenzt werden können.

Gegenwärtig wird in Deutschland sehr heftig und kontrovers über die Forschung an **embryonalen Stammzellen** diskutiert, wie sie z. B. in den USA und in Großbritannien schon erfolgt (Tab., S. 489). Ziel dieser Forschungen ist es, Eizellen, die im Reagenzglas befruchtet und bisher verworfen wurden, als Zellkulturen zu bebrüten, bis sie sich zu Keimbläschen entwickelt haben.

In diesen Keimbläschen sind embryonale Stammzellen enthalten, die sich nahezu unbegrenzt vermehren und in verschiedene Zelltypen des Menschen differenzieren lassen. Forscher hoffen, aus den Stammzellen verschiedene Gewebe entwickeln zu können, z.B. Nerven-, Muskel-, Knochengewebe. Krankheiten, die bisher als unheilbar galten, z.B. Alzheimer, Parkinson, Mucoviszidose und Leukämie, könnten so geheilt und besiegt werden.

Der Vorteil des **„therapeutischen Klonens"** besteht darin, dass der Gewebe- oder Organempfänger gleichzeitig der Spender ist, da ein aus seiner eigenen Körperzelle (z.B. Hautzelle) gewonnener Zellkern in die entfernte Eizelle übertragen wird.
Die Frage, ob eine Gentherapie überhaupt wünschenswert oder notwendig wird und welche Folgen sie haben könnte, wird zur Zeit sehr heftig diskutiert. Ihr solltet euch in einer Diskussionsrunde durchaus schon einmal das Für und Wider begründet vor Augen führen.

Um Missbrauch auszuschließen, verbietet das **Embryonenschutzgesetz** von 1991 in Deutschland, Menschen zu klonen und an frühen Embryonen zu forschen. Dennoch dürfen wir nicht übersehen, dass die Fortschritte in der Gentechnik immer wieder neue Anlässe zu Diskussionen, aber auch neue, positive Anwendungen bringen werden.

Als problematisch wird angesehen, wenn **gentechnisch veränderte Organismen** in die Umwelt freigesetzt werden, z.B. genetisch veränderte Mikroorganismen zum Abbau umweltschädigender Substanzen oder von Nutzpflanzen mit Resistenzgenen gegenüber bestimmten Pestiziden. Bedenken werden dahingehend geäußert, dass diese Gene auf andere Organismen übertragen und auch die Wildkräuter gegenüber den Pestiziden resistent werden könnten. Kritiker meinen auch, dass der Pestizideinsatz und somit die Umweltbelastung durch den Anbau resistenter Kulturpflanzen nicht notwendig geringer werden würde.

Allgemein positiv wird dagegen die **Herstellung von Eiweißen** durch Tiere für die Arzneimittelproduktion bewertet. Diese Verfahren befinden sich bereits im Stadium der Umsetzung in konkrete Produktionsverfahren.
Noch bedeutender für die **Humanmedizin** wäre die gentechnische Veränderung von Tieren dahin, dass deren Organe sich zur Transplantation in den Menschen eignen. Das Spendertier wird durch den Einbau menschlicher Gene so programmiert, dass die zu transplantierenden Organe dem Immunsystem des Menschen angepasst sind und bei einer Transplantation nicht abgestoßen werden. Mit dieser Transplantation könnte vielen todgeweihten Menschen effektiv geholfen werden, denn der Bedarf an Organen übersteigt bei weitem die zur Verfügung stehenden Organe. Hier besteht allerdings noch sehr großer Forschungsbedarf, um grundlegende Fragen abzuklären.

| Positionen zur Forschung mit embryonalen Stammzellen | |
|---|---|
| **Pro-Positionen** | **Kontra-Positionen** |
| Hochrangigkeit der Forschungsziele und Verfassungsgarantie der Forschungsfreiheit | Verletzung der Menschenwürde und Gefährdung des gesellschaftlichen Konsens |
| positive Nutzungsmöglichkeit des menschlichen Embryos, wenn er „überzählig" ist und ansonsten „verworfen" werden würde | absehbare Ausweitung der Gewinnungsmethoden, z. B. Erzeugung von Nutzungsembryonen und therapeutisches Klonen |
| Notwendigkeit, in der Forschung und in der Anwendung alle Wege zu gehen | mangelnder Nachweis der Unumgänglichkeit der Forschung mit embryonalen Stammzellen |

## Angaben der Flächen weltweit für Anbau gentechnisch veränderter Pflanzen

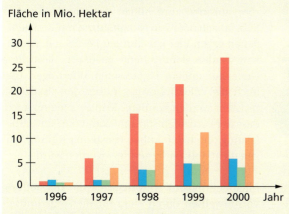

Fläche in Mio. Hektar

Quelle: Transgen, Stand August 2001 (verändert)

## Anteil gentechnisch veränderter Pflanzen an der Gesamtproduktion

**36 % Soja**
Soja mit Herbizidresistenz bzw. verändertem Fettsäuremuster wird überwiegend in den USA und Argentinien angebaut.

**15 % Baumwolle**
Baumwolle mit Schädlings- bzw. Herbizidresistenz wird überwiegend in den USA und China angebaut, aber auch in Mexiko, Australien, Argentinien und Südafrika.

**11 % Raps**
Raps mit Herbizidresistenz bzw. verändertem Fettsäuremuster wird größtenteils in den USA und Kanada angebaut.

**7 % Mais**
Mais mit Schädlings- bzw. Herbizidresistenz wird überwiegend in den USA und Kanada angebaut, aber auch in Argentinien und Südafrika.

**1**   Weltweiter Anbau gentechnisch veränderter Pflanzen von 1996 bis 2000

Mehr als 70 Prozent der veränderten Nutzpflanzen sind gegen Unkrautvernichtungsmittel resistent gemacht worden. Diese **herbizidresistenten Pflanzen** wachsen weiter, wo Unkräuter nach Spritzaktionen eingehen. Das Merkmal der Herbizidresistenz ist in den letzten Jahren auf eine ganze Reihe unterschiedlicher Kulturpflanzen und Sorten übertragen worden. Einige dieser gentechnisch veränderten Pflanzen, vor allem *Mais, Soja, Raps* und *Baumwolle,* haben sich am Markt, besonders in den USA, rasch durchgesetzt (Abb.1).

Dem **Insektenfraß** (Abb.2) fällt eine häufig unterschätzte Menge an Ernteerträgen zum Opfer. Pflanzen haben zwar im Lauf der Evolution bestimmte Abwehrstoffe gegen Insekten entwickelt. Den Kulturpflanzen wurden diese Stoffe aber meist weggezüchtet, weil sie oft auch für den Menschen unangenehm sind. Deshalb entwickelten Wissenschaftler **insektenresistente Pflanzen.** Die **Gentechnologie** ist noch am Anfang. Die **Befürworter** sagen, die Vorteile, von denen bislang Agrarkonzerne und Großbetriebe profitieren, würden sich bald ausweiten, z. B. Verbraucher

würden gesündere Lebensmittel, Bauern in den Entwicklungsländern ertragreichere Nutzpflanzen bekommen.

Die **Gegner** halten die Gentechnik für eine unkontrollierbare Wissenschaft, aus der unkontrollierbare Kräfte freigesetzt werden. In Mexiko, dem Land, wo der Mais herkommt und wo er in großer genetischer Vielfalt wächst, wurden angeblich Sorten mit Fremdgenen entdeckt, obwohl Mexiko den Anbau von genmanipuliertem Mais verboten hat.

**2**   Die Larve des Maiszünslers frisst vorwiegend an den Blättern, im Stängel, in den Blütenständen und im reifen Kolben der Maispflanze.

## gewusst · gekonnt

1. Beschreibe anhand der Abbildung 1 auf Seite 479 das Karyogramm bei Trisomie 21. Erkläre die Entstehung dieser Erbkrankheit.

2. Frauen sind in den meisten Fällen Überträgerinnen der Bluterkrankheit. Begründe.

3. Betrachte das Foto eines PKU-kranken Kindes (Abb. 1, S. 480). Welche Symptome kennzeichnen diese Krankheit?
Informiere dich dazu im Internet.

4. In Familien kann es neben gesunden Kindern auch Kinder mit erblich bedingten Krankheiten geben.
Versuche eine mögliche Erklärung für diese Erscheinung zu finden.

5. Betrachte die von einem PKU-kranken Kind angefertigte Zeichnung. Welche Symptome kennzeichnen diese Krankheit?
Informiere dich dazu auch im Internet.

6. Im Biologieunterricht hast du Infektionskrankheiten kennengelernt.
   a) Nenne einige Erbkrankheiten und Infektionskrankheiten. Nimm Literatur bzw. das Internet zu Hilfe, z. B. www.schueler-lexikon.de, www.google.de.
   b) Vergleiche Erbkrankheiten und Infektionskrankheiten in Bezug auf Ursache, Therapie, Bekämpfung und Heilung miteinander. Fertige dazu eine Tabelle an.

c) In welchem Zusammenhang stehen die Krankheiten mit Modifikationen und Mutationen?

7. In welchen Fällen würdest du eine genetische Familienberatung empfehlen? Begründe deine Aussagen.

8. Der Familienstammbaum verdeutlicht die Abstammung der Kinder väterlicherseits und mütterlicherseits (s. Abb.).

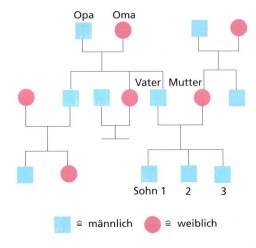

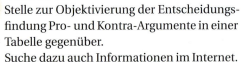

⬜ ≙ männlich     🔴 ≙ weiblich

a) Was verstehst du unter dem Begriff Familienstammbaum?
b) Anlagen für bestimmte Merkmale werden von Generation zu Generation vererbt, z. B. Ohrläppchen angewachsen oder freistehend, Gesicht mit Sommersprossen oder ohne Sommersprossen, Zungenrollen möglich oder nicht möglich.
Erstelle selbstständig mithilfe der obigen Abbildung einen Familienstammbaum, der die Weitergabe der Erbanlage für die Ausbildung eines der genannten Merkmale verdeutlicht.

9. Wie stehst du zu den neuen Ergebnissen der Gentechnik?
Stelle zur Objektivierung der Entscheidungsfindung Pro- und Kontra-Argumente in einer Tabelle gegenüber.
Suche dazu auch Informationen im Internet.

## Genetisch bedingte Krankheiten beim Menschen

**Genetisch bedingte Krankheiten** sind durch Veränderungen der Erbsubstanz bedingte Krankheiten. Es sind **Mutationen.** Der genetische Defekt zeigt sich im äußeren Erscheinungsbild (Phänotyp) als Erkrankung des Organismus.

**Beispiele** sind u. a. *Trisomie 21, Phenylketonurie und Bluterkrankheit.*

**Humangenetische Familienberatung** erfolgt für Eltern, die sich unklar darüber sind, ob bei ihren Kindern mit dem Auftreten einer erblich bedingten Krankheit zu rechnen ist.

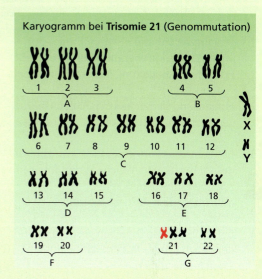

Karyogramm bei **Trisomie 21** (Genommutation)

## Ergebnisse, Nutzen und Risiken der Gentechnik

**Gentechnik (Gentechnologie)** ist die gezielte Veränderung und Übertragung von Erbmaterial von einem Organismus auf einen anderen.

**Nutzen** bringt die Gentechnik bereits u. a. in der Pflanzen- und Tierzüchtung, in der Humanmedizin und bei der Produktion einer Vielzahl von Stoffen (z.B. Arzneimittel, Insulin).

Anwendungsgebiete der Gentechnik beim Menschen

Einsatz gentechnisch produzierter Eiweiße als Medikamente, z.B. gentechnisch hergestelltes menschliches Insulin

Gendiagnostik, z.B. Frühdiagnostik von Erbleiden (z.B. Krebs)

Gentherapie an Körperzellen, z.B. Ersatz von defekten Genen

**Risiken der Gentechnik** liegen sowohl in der Gefährdung unserer Umwelt durch genveränderte Organismen als auch in der Möglichkeit, am Erbmaterial des Menschen gezielt zu manipulieren.

summa summarum

# 10.1 Stammesgeschichte der Lebewesen

## Spuren von Lebewesen – Beweise der Evolution?

Evolution ist die stammesgeschichtliche Entwicklung der Lebewesen im Verlauf der Erdgeschichte. Ein wesentliches Problem der Evolutionsforschung ist das Nachvollziehen des Evolutionsverlaufs. Fossilien sind hierbei eine unentbehrliche Hilfe.

*Welche Organismen gehören zu den abgebildeten Spuren?*
*Wie alt sind diese Spuren und wieso blieben sie erhalten?*
*Gibt es diese Organismen heute noch?*

## Lebewesen der Urzeit – die Dinosaurier

Kaum eine Gruppe von Lebewesen hat die Fantasie so stark angeregt wie die der Dinosaurier. Es gab Filme über sie, z. B. „Jurassic Park", obwohl sie seit vielen Millionen Jahren ausgestorben sind und unser Wissen über sie nur aus Rekonstruktionen besteht.

*Wann lebten diese Tiere?*
*Wann und warum sind sie ausgestorben?*
*Welche interessanten Formen gab es in dieser Organismengruppe?*
*Welches waren ihre Vorfahren, welches ihre „Nachfahren"?*

## Brückentiere – Welche Bedeutung haben sie für die Evolution?

Ein Problem der Evolutionsforschung besteht darin, Evolutionsvorgänge nachzuvollziehen. Brückentiere stellen Merkmalsmosaike zweier Organismengruppen dar, d. h., man würde sie zwischen diese Gruppen einordnen.

Ein bekanntes Beispiel dafür ist der Urvogel Archaeopteryx.
*Welche Merkmale erlauben eine Einordnung als Brückentier?*
*Welches ist die Organismengruppe, die am nächsten mit ihm verwandt ist?*

## Entstehung und Bedeutung der Fossilien

Die **Fossilien** (lat. fossilis = ausgegraben) sind gewissermaßen Dokumente aus der Vergangenheit. Sie geben uns Hinweise über die Umwelt und das Leben auf der Erde vor unserer Zeit. Sie dienen als stumme Zeitzeugen. Organismen, Teile von ihnen oder Spuren ihres Lebens, z. B. Kriechspuren oder Wohnbauten aus vergangenen erdgeschichtlichen Perioden, werden in ihrer Gesamtheit als Fossilien zusammengefasst. Fossilien findet man nicht nur von Tieren, sondern auch von Pflanzen, obwohl die Pflanzen in der Regel eine weniger feste Struktur haben.

Wenn man bedenkt, dass ca. zwei Drittel unserer Erde heute von Wasser bedeckt sind und auf den Kontinenten in der Regel nicht gezielt nach Fossilien gesucht wird, so wird klar, dass Fossilienfunde oft zufällig, z. B. bei Bauarbeiten, gemacht werden. Es ist wichtig festzuhalten, dass nicht alle Teile der Lebewesen über eine längere Zeit erhalten werden. Auch die Art der **Fossilation (Bildung von Fossilien)** und die Umstände ihrer Entstehung sind unterschiedlich (Abb. 1–3 unten; Abb. 1–3 unten, S. 496). So findet man von den Wirbeltieren z. B. meist Knochen, Zähne oder Hornstrukturen. Selten oder nie aber werden Weichteile gefunden, sondern nur Abdrücke von ihnen. Es gibt Gegenden und Orte, an denen gehäuft Fossilien gefunden werden.

In **Deutschland** sind dies z. B. die *Grube Messel, das Eckfelder Maar (Eifel), der Rüdersdorfer Kalkstein, das Geiseltal und Bilzingsleben.* Diese Orte weisen in der Regel gewisse geologische Besonderheiten auf, die mit dafür verantwortlich sind, dass Funde heute gemacht werden können. Vor allem in Sedimentations- oder Absatzgesteinen, die durch Ablagerungen von im Wasser gelösten oder schwebenden Bestandteilen entstanden sind, z. B. Kalkstein, Sandstein, Löss, finden sich häufig Fossilien.

> **Fossilien sind alle Reste und Spuren ehemaliger Lebewesen. Unter Fossilation versteht man die vielfältigen Formen der Bildung von Fossilien unter verschiedensten Entstehungsbedingungen.**

### Formen und Entstehung von Fossilien

| Versteinerung | Abdruck | Einschluss |
|---|---|---|
| Zersetzung der organischen Substanzen von Körpern, Ausfüllen der entstandenen Hohlräume mit Kalk oder Kieselsäure, die erhärten, z. B. versteinerte Seeigel (Steinkern), Muschelschalen (echte Versteinerung) | Einbettung in ein Sediment (Ton, Schlamm), Zerstörung des Körpers, Abdruck bleibt übrig, z. B. Saurierfährte, Urvogel, Pflanzen | Luftdichter Einschluss in Harz, Salz oder Eis, z. B. Insekten in Bernstein, Mammut im Eis |
|  |  |  |
| Steinkern eines Seeigels aus dem Jura | Abdruck eines Farnwedels aus dem Karbon | Einschluss eines Insekts in Bernstein aus dem Tertiär |

Sehr wesentlich für die Fossilation sind auch die Bedingungen zu dem Zeitpunkt, als die Abdrücke oder Spuren entstanden bzw. die Organismen gestorben sind. In der Regel ist es wesentlich, wie schnell die Organismen oder ihre Spuren in den Untergrund eingebettet und gegen den Luftsauerstoff abgeschlossen wurden.

Fossilien werden oft durch Gesteinsverschiebungen (Verwerfungen), Auswaschung durch Wasser oder Vulkanismus zerstört und gehen gänzlich verloren. Die Wissenschaft, die sich mit der Erforschung der Lebewesen vergangener Zeiten beschäftigt, wird als **Paläontologie** bezeichnet.

Ein weiterer wesentlicher Arbeitsschritt nach der Bergung der Fossilien ist die **Datierung** des Fundes. Hierunter versteht man die zeitliche Einordnung des Fundes, kurz: sein Alter. Diese Bestimmung kann auf verschiedene Weise erfolgen. Findet man ein Fossil in einer Gesteinsschicht, deren Alter schon bekannt ist, so kann man dem Fund das gleiche Alter zuordnen. Diese Form der Altersbestimmung wird als **relative Altersbestimmung** bezeichnet. Umgekehrt ist es aber auch möglich, der Gesteinsschicht ein Alter zuzuordnen, wenn man in ihr ein Fossil findet, das schon datiert ist, d. h. dessen Alter schon bekannt ist. Solche Fossilien, die für einen bestimmten Zeitabschnitt typisch sind und somit häufig in einer bestimmten Gesteinsschicht vorkommen, werden **Leitfossilien** genannt (Abb. 1, S. 497).

Weitere Datierungsmöglichkeiten, die mehr oder weniger aufwändiger Messungen oder Rechnungen bedürfen, beruhen auf dem **radioaktiven Zerfall bestimmter Atome,** z. B. Radiocarbonmethode, oft auch als $^{14}$C-Methode bezeichnet. Diese Methode wird neben anderen meist physikalischen Methoden zu denen gezählt, die eine **absolute Altersbestimmung** ermöglichen. Oftmals sind die Fossilfunde nur mit gewissen Fehlern zeitlich einzuordnen, oder sie sind sehr unvollständig. Dann werden häufig **Rekonstruktionen** angefertigt. Vielfach findet man in den Museen Skelette, bei denen neben echten Bereichen auch rekonstruierte Strukturen zu finden sind.

> Leitfossilien sind Fossilien, die nur in bestimmten Schichten vorkommen und mit denen man nach Kenntnis ihres relativen Alters in ungestörter Schichtenfolge selbst Altersbestimmungen durchführen kann.

## Formen und Entstehung von Fossilien

| Hartteile | Mumifizierung | Inkohlung |
| --- | --- | --- |
| Erhaltung von Strukturen des Körpers aus anorganischen Substanzen, z. B. Knochenreste, Weichtierschalen, Gehäuse, Zähne | Einbettung in Moor, z. B. Tiere und Menschen aus der Eiszeit, Pflanzen des Tertiärs | unter bestimmten Temperaturbedingungen und Luftabschluss Umbildung organischer Stoffe zu Kohle, langsame Zersetzung, Kohlenstoff bleibt übrig, z. B. Steinkohlenfarne |
|  Schneckengehäuse aus dem Tertiär |  Blattrest aus einem tertiären Moorloch |  Samenfarnwedelrest aus dem Oberkarbon |

## Herstellen von Fossilien

Den Vorgang Fossilienbildung kannst du modellhaft nachvollziehen.

*Materialien:*
Gussform (z.B. Schale aus Alufolie), etwas Gips und Wasser, kleiner Hammer, dünnes Papier, Vaseline, Creme oder Öl sowie als Fossilien unterschiedliche Muschelschalen oder Schneckengehäuse

*Durchführung:*
1. Rühre so lange Gips in Wasser ein, bis du einen dicken Gipsbrei erhältst.
   Fülle eine Gussform ca. 3 cm mit Gipsbrei und bedecke ihn mit dünnem Papier (oder bestreiche ihn mit Creme, Öl bzw. Vaseline).
2. Drücke verschiedene Muschelschalen bzw. Schneckengehäuse (ausgehöhlte Seite bzw. Öffnung zeigt nach oben) in den papierbedeckten (oder mit Öl, Creme bzw. Vaseline bestrichenen) Gipsbrei und lasse den Gips etwas erhärten.
3. Fülle nun die Muschelschalen bzw. Schneckengehäuse mit Gipsbrei, bedecke sie wiederum mit Papier (oder bestreiche sie mit Öl, Creme bzw. Vaseline) und fülle die Gussform mit Gipsbrei auf! Lasse den Gips aushärten.

4. Nach dem Aushärten des Gipses nimm den Gipsblock aus der Gussform.
5. Trenne nun vorsichtig – auch mithilfe des Hammers – den Gipsblock an den Stellen, wo sich das Papier (Öl, Creme bzw. Vaseline) befinde.. Entferne vorsichtig die Muschelschalen bzw. Schneckengehäuse sowie das Papier.
6. Betrachte die Innenflächen der beiden Gipsblockhälften. Was stellst du fest? Beschreibe. Zerschlage vorsichtig die Muschelschalen bzw. Schneckengehäuse! Was erhältst du? Beschreibe.

*Auswertung:*
1. Welche Formen der Fossilien hast du hergestellt?
2. Beschreibe die Entstehung von Fossilien.

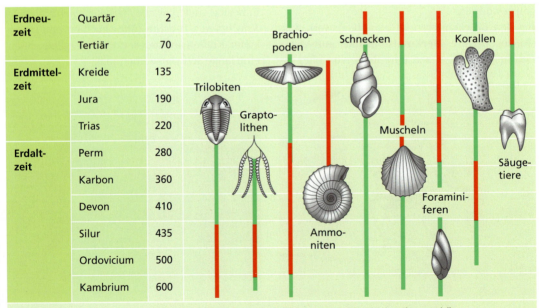

| Erdneu-zeit | Quartär | 2 |
| | Tertiär | 70 |
| Erdmittel-zeit | Kreide | 135 |
| | Jura | 190 |
| | Trias | 220 |
| Erdalt-zeit | Perm | 280 |
| | Karbon | 360 |
| | Devon | 410 |
| | Silur | 435 |
| | Ordovicium | 500 |
| | Kambrium | 600 |

Brachiopoden · Schnecken · Korallen · Trilobiten · Graptolithen · Muscheln · Ammoniten · Foraminiferen · Säugetiere

**1** Vorkommen (━) und Bedeutung als Leitfossilien (━) in der Erdgeschichte (Auswahl)

## Brückentiere und lebende Fossilien

Einige der Fossilien, aber auch einige der heute lebenden (rezenten) Organismen stellen aufgrund ihrer Merkmalskombinationen besonders interessante Forschungsobjekte für die Evolutionsbiologie dar, da sie Hinweise für den Evolutionsablauf geben. Solche Organismen werden häufig als **Zwischenformen, Übergangsformen** oder **Brückentiere** bezeichnet.

Mit diesen Begriffen will man zum Ausdruck bringen, dass diese Organismen Merkmale von mehreren Gruppen aufweisen und möglicherweise als Modelle für den Verlauf der Stammesentwicklung gelten können.

Zu diesen Brückenformen werden bei den **Tieren** häufig der ausgestorbene *„Urvogel" Archaeopteryx* und der noch existierende (rezente) *Quastenflosser Latimeria* sowie der ausgestorbene *Urlurch (Ichthyostega*, Abb. 2) gezählt.

Bei den **Pflanzen** sind Brückenformen zumeist nicht bekannt. Dies ist auf den Mangel an Fossilien zurückzuführen. Rückschlüsse werden bei der Pflanzenevolution aus vergleichenden Untersuchungen heute lebender Landpflanzen und Algen gewonnen.

Bei den Brückentieren ist bemerkenswert, dass sie sogenannte **Merkmalsmosaike** aufweisen. Das heißt, sie besitzen eine Reihe von eher ur

**2** Der Urlurch (Ichthyostega) lebte überwiegend auf dem Lande. Er ist eine Übergangsform zu den auf dem Lande lebenden Vierfüßern.

sprünglichen Merkmalen und solche, die mehr als evolutive Neuheiten, „moderne" Merkmale, bezeichnet werden könnten. Am Beispiel des **Urvogels** *(Archaeopteryx lithographica)* lassen sich solche Merkmalsmosaike verdeutlichen, da hier neben den Merkmalen heute lebender *Kriechtiere* auch solche von *Vögeln* auftreten (Abb. 1, 3; Abb. 1, S. 499).

Der Urvogel gilt als Modell für den evolutiven Wandel. Dieser taubengroße Vogel weist typische *Merkmale heute lebender Vögel* auf, z. B. echte Federn, ein nach hinten gerichtetes Schambein, einen Vogelschädel, Vorderflügel mit 3 Fingern.

Er besitzt auch typische *Merkmale heute lebender Kriechtiere*, z. B. echte Zähne in Ober- und Unterkiefer, Krallen an Vorder- und Hintergliedmaßen, eine lange Schwanzwirbelsäule.

**1** Urvogel-Versteinerung des Skeletts

**3** Urvogel-Rekonstruktion

Als **Vorfahren der Lurche** sehen Wissenschaftler eine Fischgruppe, die **Quastenflosser** (Abb. 1a und Abb. unten, S. 500), an. Sie lebten vor ca. 380 Mio. Jahren im Erdaltertum (Devon, Karbon, s. S. 505) im Süßwasser und drangen von dort auf das Land vor.

Ihren Namen erhielten die Quastenflosser aufgrund der Beschaffenheit ihrer *Flossen*. Die paarigen Flossen auf der Bauchseite waren quastenähnlich (Quast A breiter Pinsel) gestielt, besaßen eine von Schuppen bedeckte Haut und waren muskulös. Ähnlich quastenförmig gebaut waren auch die zweite Rückenflosse und die Schwanzflosse.

Die gliedmaßenähnlichen paarigen Flossen dieser Tiere waren zu allen Seiten sehr beweglich. Die Tiere waren dadurch in der Lage, sich mit diesen quastenförmigen „Gehhilfen" auf dem felsigen Gewässergrund sowie auch auf dem Festland schreitend fortzubewegen. Dadurch konnten sie nach Austrocknung ihres Gewässers zu neuen Wasseransammlungen gelangen. Dazu kam, dass sich einige Quastenflosser nach Jahrmillionen so entwickelten, dass sie mithilfe von umgebildeten Schwimmblasen auch vorübergehend Sauerstoff aus der Luft aufnehmen konnten.

Die im Erdaltertum lebenden Quastenflosser besaßen also *Fisch- und Lurchmerkmale*. Sie hatten einen fischähnlichen, mit Schuppen besetzten Körper und bewegten sich mithilfe ihrer Flossen vorwärts (Fischmerkmale). Zu den Lurchmerkmalen gehörten die aus Knochen bestehenden paarigen Bauch- und Brustflossen, die eine kriechende bzw. schreitende Fortbewegung ermöglichten, sowie die fortschreitende Ausnutzung des Luftsauerstoffs zur Atmung.

Bis vor wenigen Jahrzehnten wurde angenommen, dass die **Quastenflosser** bereits vor 100 Mio. bis 70 Mio. Jahren (Erdmittelalter: Kreidezeit) **ausgestorben** sind.

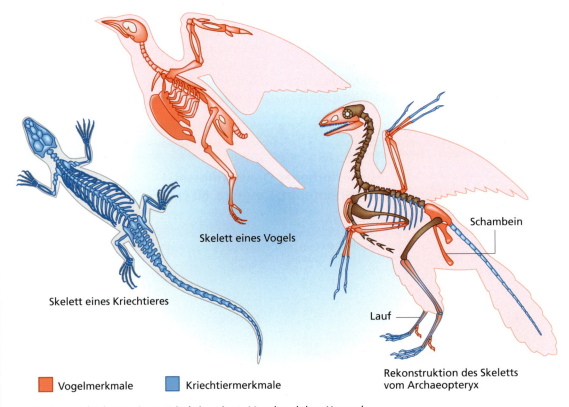

Skelett eines Vogels

Skelett eines Kriechtieres

Schambein

Lauf

Rekonstruktion des Skeletts vom Archaeopteryx

■ Vogelmerkmale    ■ Kriechtiermerkmale

**1**  Skelettvergleich von einem Kriechtier, einem Vogel und dem Urvogel

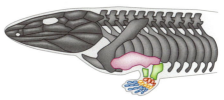

- ☐ Oberschenkel-knochen
- ☐ Unterschenkel-knochen
- ☐ Fußwurzel-knochen
- ☐ Mittelfuß-knochen
- ☐ Zehen-knochen

a) fossiler Quastenflosser (Eusthenopteron)

b) Urlurch (Ichthyostega)

**1** Vergleich der Vordergliedmaßen

Um so sensationeller war der **Fang** eines eigenartigen graublauen, 1,50 m langen Fisches im Indischen Ozean vor der südafrikanischen Küste durch die Besatzung eines kleinen Fischdampfers **im Jahre 1938.** Wissenschaftler erkannten die Ähnlichkeit des gefangenen Fisches mit dem im Erdmittelalter ausgestorben geglaubten Quastenflosser. Nach seiner Entdeckerin, Frau COURTENIER-LATIMER, erhielt er den Namen *Latimeria chalumnae* (Abb. 1, S. 501).

14 Jahre später, **im Jahre 1952,** wurde in den Gewässern um die Inselgruppe der Komoren ein zweiter Quastenflosser gefangen. Dort leben die letzten Vertreter dieser urtümlichen Tiergruppe in 150 bis 60 m Tiefe auf felsigem Untergrund und führen ein räuberisches Leben. Die Untersuchung dieser Tiere ergab, dass sie ähnlich wie die ausgestorbenen Quastenflosser gebaut sind.

Sie gehören aber zu der Gruppe von Quastenflossern, die weiter im Wasser lebte und nicht das Land „eroberte". Ihre Vertreter blieben an das Wasserleben angepasst. Bis in die Gegenwart wurden etwa 100 Tiere gefangen.

Man bezeichnet solche rezenten Arten, die zum Teil noch sehr ursprüngliche Merkmalskombinationen aufweisen, als **„lebende Fossilien".**

Neben dem erwähnten Quastenflosser *Latimeria chalumnae* gehören zu den lebenden Fossilien u. a. der *Nautilus* und im Pflanzenreich der *Ginkgobaum* (Abb. 1, 2, S. 501).

## Mosaik

Im Oberen Devon (Erdaltzeit; vor ca. 400 Mio. Jahren) entstanden aus Quastenflossern die frühesten Landwirbeltiere. Quastenflosser der Erdaltzeit werden als direkte Vorfahren der ersten Vierfüßer angesehen. Ihre stärkste Verbreitung hatte diese Tiergruppe im Devon.

### Ausgestorbener Quastenflosser (Eusthenopteron; Länge ca. 60 cm)

a) Ausgewachsener fossiler Quastenflosser

b) Schädel und Flossenskelett

a) Quastenflosser (Latimeria chalumnae)

b) Nautilus

c) Ginkgoblatt

**1** Lebende Fossilien

Die **Entwicklung aller Landwirbeltiere,** die wegen des Besitzes von vier Gliedmaßen als *Tetrapoden* bezeichnet werden, wird überwiegend auf einen „Urtyp", den **Urlurch** *(Ichthyostega),* zurückgeführt (Abb.2, S.498; Abb.1b, S.500).
Begründet wird dies durch Übereinstimmungen in den Schädelmerkmalen, Zahnanlagen und Strukturen der Vordergliedmaßen. Diese Vordergliedmaßen lassen sich aus einfachen Knochenstrukturen der gestielten Flossen fossiler Quastenflosser (Abb.1a und Abb. unten, S.500) ableiten.
Ermöglicht wurde dieser Übergang vom Wasser- zum Landleben durch Änderungen im Bau der Atmungsorgane und der Gliedmaßen. An die Stelle der *Kiemenatmung* von im Wasser lebenden Tieren trat die für das Landleben notwendige *Lungenatmung.* Die Brust- und Bauchflossen bildeten sich im Laufe der Zeit (Evolutionszeit) in Gliedmaßen um. Mit diesen einfachen Gliedmaßen konnten sich die Tiere auf dem Land fortbewegen.

Das **Schnabeltier** (Abb.3), das in Australien lebt, wird z.T. auch als Brückenform aufgefasst. Es könnte als Brückenform zwischen *Kriechtieren* und *Säugetieren* gelten. Kriechtiermerkmale sind z.B., dass es weichschalige Eier legt, mit einem Schnabel nach Nahrung im Wasser sucht und eine Kloake besitzt, d.h. einen gemeinsamen Ausgang für die Produkte aus dem Darm, der Harnblase und den Keimdrüsen.
An das Leben in Seen und Flüssen ist das Schnabeltier durch kurze Beine und Schwimmhäute zwischen den Zehen angepasst.

**3** Schnabeltier

Daneben besitzt das Schnabeltier die für Säugetiere charakteristischen Merkmale wie Milchdrüsen auf der Bauchseite, eine gleichwarme Körpertemperatur und ein Fell (Haarkleid).

Aufgrund der letztgenannten Merkmale wird es eindeutig in die Gruppe der Säugetiere eingeordnet.

**2** Ast des ursprünglichen Ginkgobaumes (Jura bis Tertiär), heute ein Zierbaum

Brückentiere sind Organismen mit Merkmalen verschiedener systematischer Gruppen. Sie belegen die Verwandtschaft zwischen bestimmten Organismengruppen und geben Einblick in den Verlauf der Evolution.
Brückentiere können sowohl ausgestorbene (z.B. Urvogel) als auch lebende Organismen (z.B. Quastenflosser) sein.

# Die Entwicklung der Organismen

## Vorstellungen über die Entstehung des Lebens und die Entwicklung der Lebewesen

Viele Wissenschaftler haben sich bemüht, die Entstehung des Lebens und die Existenz der Vielfalt der Arten aus z. T. sehr unterschiedlichen Ansätzen heraus zu erklären.

Eine heute anerkannte Theorie ist die **Abstammungslehre.** Sie besagt, dass alle Individuen, die heute existieren (rezente Organismen), von einer oder wenigen Urformen von Lebewesen abstammen und in einem fortgesetzten Verwandtschaftsverhältnis aus diesen ableitbar sind.

Die Evolution begann aber nach jetzigen Vorstellungen schon mit der Entstehung des Weltalls.

Ausgehend von einem **Urknall** (engl. „big bang"), kam es durch Ungleichverteilung der expandierenden, d.h. auseinanderfliegenden Materie zur Bildung von Galaxien und somit der Planeten, auch der Erde **(kosmische oder physikalische Evolution).** Das Weltall begann sich auszudehnen und abzukühlen, wobei Materie in verschiedensten Teilen des Universums kondensierte. So entstand auch unser Sonnensystem mit seinen Planeten. Das Alter unserer Sonne und ihres Planetensystems und somit der Erde wird aufgrund von Altersbestimmungen an Gesteinsproben auf 4,5 bis 6 Milliarden Jahre geschätzt.

In einer für heutige Verhältnisse äußerst giftigen **Uratmosphäre** (vor etwa 6–4,5 Milliarden Jahren) befand sich eine Mixtur von *Kohlenstoffoxiden, Methan, Ammoniak, Hydrogensulfid* und *Wasserdampf* sowie von einigen weiteren einfachen *gasförmigen Verbindungen.* Weiterhin existierten einige **Urozeane** und sicherlich einige kleinere stehende Gewässer, die vermutlich unterschiedliche Zusammensetzungen aufwiesen.

Die Sonne strahlte zu diesem Zeitpunkt mit einer wahrscheinlich deutlich geringeren Energie als heute, allerdings weitgehend ungehindert durch die Atmosphäre (Fehlen der Ozonschicht), auf die Erde. Es handelte sich um äußerst **lebensfeindliche Bedingungen.** Trotzdem war dies nach den Vorstellungen der Wissenschaftler die **„Brutstätte" für das Leben auf der Erde** (Abb. 1). In verschiedenen Modellexperimenten wurde versucht, die damaligen Bedingungen zu simulieren (Mosaik, S. 503).

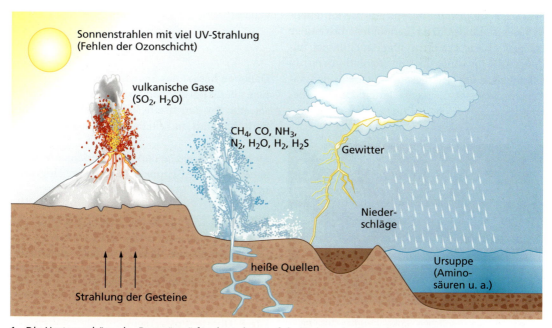

**1** Die Uratmosphäre als „Brutstätte" für das Leben auf der Erde – physikalische Evolution

So wie im MILLER-Experiment simuliert, könnte es auch damals vor etwa 4 Milliarden Jahren gewesen sein, als sich in kleinen stehenden Gewässern oder abgeschirmten Buchten die gebildeten Substanzen anreicherten und als **Ursuppe** dafür sorgten, dass diese **Makromoleküle** untereinander in Wechselwirkung treten konnten.

Zu Beginn der **biologischen Evolution** entstanden durch das Zusammenwirken von Molekülen erste lebende Systeme, also komplexe Gebilde, die mehr als die Summe der Moleküle waren.
Mit der Entstehung erster Lebewesen aus abgegrenzten, von membranartigen Strukturen umgebenen Kleinsträumen (Abb.), in denen ein eher zufälliger abbauender Stoffwechsel stattfand, begann die **biologische Evolution.**
Die ersten lebenden Systeme nahmen organische Stoffe auf und zersetzten sie; sie waren also **heterotroph.** Um zu überleben, mussten die einfachen Organismen neue Energiequellen er-

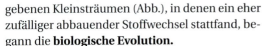

schließen. Man nimmt an, dass bei einigen ersten Lebensformen, z.B. Bakterien, verschiedene Formen von Chlorophyll entstanden waren. Die Lebensformen waren dadurch in der Lage, die Lichtenergie der Sonne in chemische Energie umzuwandeln und aus anorganischen Stoffen (z.B. Kohlenstoffdioxid, Wasser) organische Stoffe (z.B. Kohlenhydrate) zu bilden. Sie ernährten sich **autotroph.** Für viele Lebewesen bedeutete der Sauerstoff in der Atmosphäre den Tod, andere waren in der Lage, den Sauerstoff zu verwerten, sie atmeten den Sauerstoff ein. So veränderte sich durch autotrophe und heterotrophe Lebensweise sowie durch Atmung das Leben in der Ursuppe. Auf dieser Grundlage erfolgte die weitere Entwicklung.
Erstes Leben ist im Wasser entstanden, davon ist auszugehen. Jedoch gibt es hierzu verschiedene Erklärungsansätze, für die verschiedene Indizien sprechen. Solche Vorstufen **erster echter Lebewesen (Protobionten)** lassen sich experimentell erzeugen, wobei man annimmt, dass die jeweils gewählten Bedingungen denen auf der Urerde entsprechen.

## Mosaik

### Experimentieranordnung nach MILLER

Die bekannteste Experimentreihe wurde von **STANLEY MILLER** durchgeführt. In der Folge wurden vergleichbare Experimente mit verschiedensten Modifizierungen gemacht.
Der erste Schritt war getan. **Aus „unbelebter" Materie lassen sich also organische Substanzen herstellen,** die sonst von Lebewesen gebildet werden (**chemische Evolution**).
Entsprechend den damals auf der Erde vorherrschenden Bedingungen baute MILLER seine Experimentanordnung auf. Er füllte in eine Glasapparatur die Gase der Uratmosphäre und führte sie in einen Kreislaufprozess, wobei er elektrische Entladungen einwirken ließ und Teile der Apparatur beheizte. Durch nachfolgende Abkühlung kondensierte der Dampf. Dieser klassische Versuch (Abb.), der im Jahr 1952 durchgeführt wurde, brachte ein interessantes Ergebnis. In der simulierten Ursuppe fand man nach einiger Zeit etwa zwanzig verschiedene chemische Verbindungen,

unter denen sich neben Kohlenstoffoxiden auch organische Verbindungen wie Aminosäuren, Essigsäure und auch Harnstoff, also Vorstufen für Makromoleküle, befanden.

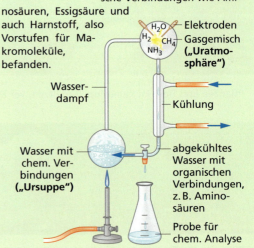

Elektroden
Gasgemisch („**Uratmosphäre**")

$H_2O$
$H_2$
$CH_4$
$NH_3$

Wasserdampf

Kühlung

Wasser mit chem. Verbindungen („**Ursuppe**")

abgekühltes Wasser mit organischen Verbindungen, z.B. Aminosäuren

Probe für chem. Analyse

### Entwicklung der Lebewesen im Verlauf der verschiedenen Erdzeitalter

Man nimmt an, dass unsere Erde vor knapp fünf Milliarden Jahren entstanden ist. Zu diesem Zeitpunkt gab es auf der Erde noch keine Spur von Leben (Tab., S.505). Wann es erstes Leben auf der Erde gab, kann man nicht genau beantworten, jedoch werden einige Reste von Lebewesen früherer Zeit, die etwas über drei Milliarden Jahre alt sind, als erste sichere Spuren von Zellen von den Wissenschaftlern gedeutet.

Um aus Funden Rückschlüsse ziehen zu können, muss Substanz gebildet worden sein, die bis heute möglichst unbeschadet überdauert hat. Solche Funde sind **Fossilien** (s. S.495–497). Wichtig ist, dass es Fossilienfunde sind, die neben geologischen Befunden ermöglichten, die Erdgeschichte in verschiedene Abschnitte einzuteilen. Die Übersicht auf Seite 505 gibt einen **Überblick über die Erdzeitalter,** ihre zeitliche Ausdehnung und die darin vorkommenden bzw. sich entwickelnden Organismen.

Die **Erdurzeit** reicht von der Entstehung der Erde bis zu ca. 3 bis 2,5 Milliarden Jahren vor unserer Zeit. Die ersten Lebensformen waren wahrscheinlich *Urbakterien,* die sich von organischen Verbindungen ernährten, und *Blaualgen,* die schon Fotosynthese betrieben.

Die **Erdfrühzeit** reicht von ca. 3,5 Milliarden bis ca. 600 Millionen Jahre vor unserer Zeit. Aus dieser Zeit existieren nur wenige Fossilien, z. B. von *Hohltieren, Würmern,* kugeligen und fädigen *Algen.*

Es schließt sich die **Erdaltzeit** an, welche in weitere Abschnitte unterteilt wird (Abb. 1); sie reicht von 600 bis ca. 220 Millionen Jahre.

Den nun folgenden Abschnitt der Erdzeitalter bezeichnet man als **Erdmittelzeit,** die ebenfalls in mehrere Abschnitte unterteilt wird (Abb. 2); sie endet ca. 70 bis 65 Millionen Jahre vor der Jetztzeit.

Wir befinden uns entwicklungsgeschichtlich in der **Erdneuzeit,** die aber nun auch schon 65 Millionen Jahre andauert.

**1** Pflanzen und Tiere im Kambrium (Erdaltzeit, vor 600–500 Mio. Jahren)

**2** Pflanzen und Tiere im Jura (Erdmittelzeit, vor 190–350 Mio. Jahren)

| vor ca. ... Mio. Jahren | Erd-zeit-alter | Epo-chen (Perio-den) | Ereignisse | |
|---|---|---|---|---|
| ca. 2 | Erdneuzeit | Quar-tär | Auftreten und Entwicklung des Menschen, der Pflanzen und der Tiere der Gegenwart | |
| 70–65 | | Tertiär | Entwicklung und Ausbrei-tung der Säugetiere, Ent-wicklung der Affen, Aus-breitung von Gräsern, Ent-faltung der Vögel, erste Vormenschen | |
| 135 | Erdmittelzeit | Kreide | letzte Saurier, erste Affen, Ausbreitung der Blüten-pflanzen, erste Laubhöl-zer, erste Vögel | |
| 190 | | Jura | Vorherrschaft der Saurier, Urvögel, Nadelhölzer ver-breitet | |
| 220 | | Trias | erste Säugetiere, Vielfalt von Kriechtieren, Nadel-hölzer vorherrschend | |
| 280 | Erdaltzeit | Perm | Vielfalt von Kriechtieren, erste Nadelhölzer, viele Farnpflanzen | |
| 380 | | Karbon | erste Kriechtiere, zahlrei-che Lurche, erste Wälder aus Bärlappbäumen, Schachtelhalmen; Insekten | |
| 410 | | Devon | erste Lurche, erste Insek-ten, Baumfarne, Vielfalt von Fischen, Quastenflos-ser | |
| 435 | | Silur | erste Landpflanzen (Farne, Schachtelhalme, Bärlap-pe), Quastenflosser | |
| 500 | | Ordo-vicium | erste Fische, Meeres- und Süßwasseralgen | |
| 600 | | Kam-brium | Wirbellose im Meer, z. B. Quallen, Trilobiten sowie Algen, Bakterien, | |
| 3,5 ... 6–4,5 Mrd. | Erdurzeit Erdfrühzeit | Prä-kam-brium | Entstehung des Lebens, einfache Formen, z. B. Bakterien, Cyanobak-terien Entstehung der Erde | |

## Etappen der Evolution

Nach heutiger Vorstellung entstand Leben auf unserer Erde vor ca. 3,5–2,5 Milliarden Jahren.

### Entwicklung im Wasser

Die Entstehung des Lebens und die erste Zeit seiner Entwicklung hat sich wohl im Meer vollzogen. Aus diesem frühen Bereich der Lebensentstehung sind uns nur sehr wenige Fossilien bekannt, obwohl dieser Abschnitt, den man oft als **Präkambrium** bezeichnet (prä: vor), den längsten Abschnitt in der Evolution darstellt. Das Präkambrium ist eine zusammenfassende Bezeichnung für die Erdur- und Erdfrühzeit.
Es ist davon auszugehen, dass es zunächst *zellkernlose Einzeller* waren, die das Urmeer besiedelten. Diese Art von Lebewesen, denen ein membranumschlossener Zellkern fehlt, werden als *Prokaryonten* gegen solche abgegrenzt, die einen Zellkern besitzen und *Eukaryonten* genannt werden. Funde erster Eukaryonten wurden auf ein Alter von 1,5 bis 1 Milliarde Jahren datiert. Die ersten Organismen betrieben einen Stoffwechsel ohne Verbrauch von Sauerstoff. Es ist davon auszugehen, dass sie heterotroph waren. Später, aber noch im Präkambrium, entwickelten sich Organismen mit einem Stoffwechsel, für den Sauerstoff benötigt wurde.
Voraussetzung hierfür war die Entwicklung der **Fotosynthese** (s. S. 314–322) durch bestimmte Einzeller. Die fotosynthetische Aktivität führte in der Atmosphäre zunehmend zur Anreicherung von Sauerstoff. Die Entwicklung der Lebewesen setzte sich von den *Einzellern* zu der Organisationsform der *Vielzeller* fort.

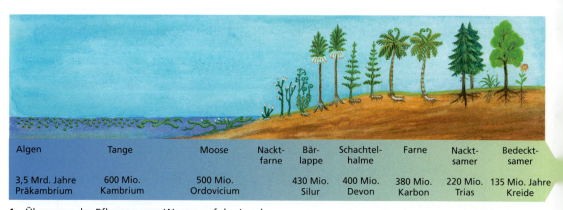

| Algen | Tange | Moose | Nackt-farne | Bär-lappe | Schachtel-halme | Farne | Nackt-samer | Bedeckt-samer |
|---|---|---|---|---|---|---|---|---|
| 3,5 Mrd. Jahre Präkambrium | 600 Mio. Kambrium | 500 Mio. Ordovicium | | 430 Mio. Silur | 400 Mio. Devon | 380 Mio. Karbon | 220 Mio. Trias | 135 Mio. Jahre Kreide |

**1**  Übergang der Pflanzen vom Wasser auf das Land

| Wirbel-lose | erste Fische | erste Lurche | erste Kriechtiere | Kriechtiere | erste Säugetiere | Saurier | Säugetiere | |
|---|---|---|---|---|---|---|---|---|
| 600 Mio. Kambrium | 450 Mio. Silur | 400 Mio. Devon | 380 Mio. Karbon | 280 Mio. Perm | 200 Mio. Trias | 150 Mio. Jura | 80 Mio. Tertiär | 3 Mio. Jahre Quartär |

**2**  Übergang der Tiere vom Wasser auf das Land

Bis zum **Kambrium** lebten noch alle Lebewesen im Meer, in dem die Evolution zu verschiedenen vielzelligen Tiergruppen erfolgte, z.B. zu den *Trilobiten, Schwämmen, Weichtieren, Stachelhäutern, Quallen* sowie verschiedenen *wurmförmigen Organismen*. Die damalige Pflanzenwelt bestand aus verschiedenen im Meer lebenden *Algen*. Daneben existierten wohl noch *Cyanobakterien („Blaualgen")*, die ebenso wie die Algen Fotosynthese betrieben.

*Pilze* sind wahrscheinlich als heterotrophe Parallelgruppe zu den *Algen* im **Präkambrium** entstanden, ohne allerdings Fotosynthese betreiben zu können, und waren so ebenfalls in den Meeren des Kambriums vertreten. Viele der damals lebenden Tiergruppen sind ausgestorben, lassen sich aber aufgrund von Bauplanmerkmalen z.T. auch in heute existierende Verwandtschaftsgruppen einordnen.

Vom Meer aus ist wahrscheinlich die Besiedlung der Süßwasserbereiche durch Tiere, Pflanzen und Pilze erfolgt. In der Folge gab es weitere Entwicklungen der im Süßwasser und Meer lebenden Organismen, die bis zum **Ordovicium** aber überwiegend von *wirbellosen Tieren* geprägt waren, während im Bereich von **Silur** bis **Perm** *Wirbeltiergruppen* (Fische, Lurche, Kriechtiere) eine zunehmende Verbreitung fanden.

### Vom Wasser auf das Land

Ein entscheidender Schritt aus evolutiver Sicht trat vor ca. 450 Millionen Jahren, d.h. im **frühen Silur,** ein, die Besiedlung des Festlandes. Dies war ein lang andauernder Prozess. In diesen Zeitraum fällt der Übergang chlorophyllhaltiger Pflanzen sowie vieler Tiergruppen vom Wasser auf das Land (Abb. 1, 2, S.506). Parallel hierzu erfolgte die Entfaltung landlebender **Pilze** und **wirbelloser Tiere.**

Wesentlich für die Besiedlung des Festlandes war und ist die Bewältigung der veränderten Anforderungen, die an die Organismen durch die *„Eroberung des Lebensraumes Land"* gestellt wurden. Bei den **Wirbeltieren** erfolgte ein Übergang zur inneren Befruchtung und zur Entwicklung des Embryos im Körper, zur Lungenatmung sowie zur Ausbildung von vier Gliedmaßen. Die Körperoberfläche wurde durch eine feste Körperbedeckung geschützt.

Bei den **Pflanzen** wurden eine Epidermis mit Spaltöffnungen und eine Kulikula sowie Leitgewebe ausgebildet. Außerdem erfolgte die Fortpflanzung unabhängiger vom Wasser und die Entwicklung des Embryos geschützter (Tab. links). Wirbeltiere und Pflanzen mit diesen Merkmalen waren besser an ihre Umwelt angepasst und konnten überleben.

| Anpassungen an das Landleben | |
|---|---|
| **Pflanzen** | **Wirbeltiere** |
| **Verdunstungsschutz** | |
| – Epidermis mit Kutikula und Spaltöffnungen<br>– Verringerung des Verhältnisses von Oberfläche zu Volumen | – mehrschichtige Körperoberfläche (Körperbedeckung durch Hornschuppen oder Federn/Haare) |
| **Unabhängigkeit der Fortpflanzung vom Wasser** | |
| – Befruchtung mit Pollenschlauch<br>– Entwicklung des Embryos in der Mutterpflanze | – Übergang zur inneren Befruchtung<br>– Entwicklung des Embryos im Körper |
| **weitere Anpassungen** | |
| – Aufnahme und Transport von Wasser und Lösungen über Wurzel und Leitgewebe<br>– Stabilitätserhöhung des Pflanzenkörpers durch Zellwandverdickungen/Holzfasern | – Übergang von Kiemenatmung zur Lungenatmung<br>– Ausbildung von 4 Gliedmaßen |

> Aufgrund der Fossilfunde und deren Altersbestimmung konnten Wissenschaftler feststellen, dass sich die Entwicklung der Organismen im Verlaufe der Erdgeschichte vom Wasser auf das Land vollzog.

## Saurier – Kriechtiere vergangener Erdzeitalter

In der Erdmittelzeit (Epochen: Trias, Jura, Kreide, s. S.505), vor etwa 225 Millionen Jahren, waren Kriechtiere auf der Erde weit verbreitet. Es gab sie in allen Lebensräumen – im Wasser, auf dem Lande und in der Luft –, in kleinen und auch besonders großen Formen. Sie wurden **Saurier** genannt. Die bekannteste Gruppe sind die **Dinosaurier.** Der Begriff **Dinosaurier** ist schwierig zu erklären, denn er hat eigentlich keine wissenschaftliche Bedeutung. Geprägt wurde dieser Begriff von RICHARD OWEN (1804–1892). Er bedeutet übersetzt etwa so viel wie „schreckliche Echsen" und ist bestimmt unter dem Eindruck der Funde von „erschreckend" großen Knochen entstanden. Kaum eine andere ausgestorbene Tiergruppe hat in der breiten Öffentlichkeit, gerade auch in letzter Zeit, so starkes Interesse geweckt wie die Gruppe der Dinosaurier. Neuere Erkenntnisse gehen davon aus, dass es sich bei den Dinosauriern um gleichwarme Tiere gehandelt haben könnte.

Der Begriff Saurier ist nicht gleichbedeutend mit dem Begriff Dinosaurier. Ganz allgemein werden die großen **landlebenden Saurier** mit dem Begriff Dinosaurier gekennzeichnet.

Unter den **Landsauriern** gab es Pflanzen- und Fleischfresser (Abb. 1, 2).

Das größte Skelett, das man rekonstruiert hat, ist das des *Brachiosaurus*. Er war etwa 25 Meter lang und 12 Meter hoch. Dieser Dinosaurier war trotz seiner Größe und seines Gewichts (ca. 50 t) ein harmloser Pflanzenfresser. Ebenso ein riesiger, gefährlich aussehender Saurier war der pflanzenfressende *Stegosaurus* (Abb.1). Der *Tyrannosaurus* (Abb.2,) galt als gefährlicher Fleischfresser. Aufgerichtet erreichte er eine Höhe von etwa 6 Metern. Er jagte aufrecht, nur mit seinen Hinterbeinen rennend, seine Beute, die er mit seinen dolchartigen Zähnen zerriss.

Außer den Dinosauriern gab es jedoch auch **Fischsaurier,** die im Wasser lebten. Sie hatten flossenähnlich ausgebildete Gliedmaßen. Der *Stenopterygius* (Abb.1, S.509) war mit seinem stromlinienförmigen Körper vermutlich ein guter Schwimmer. Das gut ausgebildete Gebiss lässt auf eine räuberische Lebensweise schließen. Er brachte lebende Junge zur Welt. Die anderen Saurier legten Eier.

Die **Flugsaurier** waren an das Leben in der Luft angepasst. Zwischen einem verlängerten Fingerknochen und dem Körper hatten sich Flughäute ausgebildet. Vermutlich konnten sie nur im Aufwind segeln. *Pteranodon* (Abb.3, S.509) erreichte eine Flügelspannweite von etwa 8 Metern.

Ein Teil des Wissens über die Saurier wurde aus **Fossilfunden** direkt abgeleitet. So wurde festgestellt, dass Dinosaurier Eier legten; es wurde ein Brutplatz eines *Protoceratops* gefunden.

1   Pflanzenfressender Landsaurier – Stegosaurus

2   Fleischfressender Landsaurier – Tyrannosaurus

Weiterhin wurden Räuber-und-Beute-Beziehungen dadurch deutlich, dass man im Kampf verschlungene Saurier fand, bei denen der fleischfressende *Velociraptor* dem pflanzenfressenden *Protoceratops* gerade den Leib mit Hilfe seiner Klauen aufschlitzte.

Andere Indizien wurden aus **Fossilfunden** indirekt unter Einbeziehung verschiedener Modellbetrachtungen abgeleitet.

Vieles in der Saurierforschung ist noch Mutmaßung, viele Indizien fehlen noch. Auch die Umstände des Aussterbens der Saurier sind letztlich noch nicht geklärt. Die Saurier stellten während des Erdmittelalters die dominierende Tiergruppe auf dem Land. Das heißt, dass sie über einen Zeitraum von 200 Millionen Jahren die Tiergruppe waren, die die Lebensräume der Erde nutzte und hierbei verschiedenste Formen hervorbrachte.

Vor etwa 65 Millionen Jahren müssen die **Saurier** ausgestorben sein; es finden sich keine Fossilien jüngeren Datums. Wenn von „plötzlichem" Aussterben dieser Gruppe am Ende der Kreidezeit gesprochen wird, dann ist dies vor dem Hintergrund der langen „Herrschaft" der Saurier zu sehen. Weiterhin ist festzustellen, dass auch schon während des Zeitraums der Verbreitung der Saurier Arten ausgestorben sind.

Bezüglich der **Ursachen für das Aussterben** aller damals noch lebenden Saurierarten existieren **verschiedene Theorien**, die von Klimaänderun-

2 Triceratops – aus Beton nachgestaltet

gen infolge der Kontinentalverschiebungen bis hin zum Einschlag eines riesigen Meteoriten reichen. Hierbei soll sich eine riesige Staub- und Gaswolke gebildet und die Erde so über Jahre verdunkelt haben. Hierdurch seien viele Pflanzen abgestorben. Als Folge sind zunächst die pflanzenfressenden und dann die fleischfressenden Saurier ausgestorben.

In **Kleinwelka** bei Bautzen kann man in einem **Saurierpark** etwa 140 Vertreter dieser ausgestorbenen Tiergruppe, aus Beton nachgestaltet, bewundern (Abb. 2).

> **Saurier sind Kriechtiere, die in vorangegangenen Erdzeitaltern lebten. Sie besiedelten alle Lebensräume.**

1 Fleischfressender Fischsaurier – Stenopterygius

3 Fleischfressender Flugsaurier – Pteranodon

## gewusst · gekonnt

1. Definiere den Begriff Fossilien.

2. Fossilien sind Belege der Evolution. Erläutere diesen Sachverhalt an mehreren Beispielen.

3. Man findet sehr selten Fossilien pflanzlicher Herkunft. Nenne mögliche Gründe hierfür.

4. Nenne und erläutere einige Methoden der Konservierung von Fossilien. Suche dazu auch Informationen im Internet. Schaue dir dazu mit deinem Lehrer auch mal die Biologiesammlung an.

5. Die Fossilienbildung kannst du modellhaft nachvollziehen. Stelle unter Anleitung deines Lehrers einen Gipsabdruck von einer Muschelschale her (s. a. S. 497).

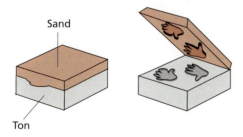

6. In den letzten Jahrzehnten wurden Fußabdrücke von Sauriern gefunden. Beschreibe ihre Entstehung. Nutze dazu auch die Abbildungen.

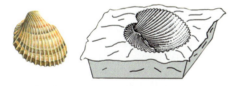

Sand

Ton

7. a) Welche Fossilien bezeichnet man als Leitfossilien?
   b) Erläutere ihre besondere Bedeutung für die Evolutionsforschung.

8. Erkläre, über welche Schritte man zu Abbildungen ausgestorbener Organismen (z. B. Tyrannosaurus rex) kommt, obwohl man nie ein komplettes Tier gefunden hat.

9. Brückentiere (Übergangsformen) können als Modelle für den Evolutionsverlauf gelten.
   a) Definiere den Begriff Brückentier.
   b) Erläutere die Merkmale eines Brückentieres an einem Beispiel.

10. Das Schnabeltier gilt als lebendes Brückentier.
    Fertige eine Tabelle an, in der du die Merkmale der beiden Organismengruppen des Schnabeltieres einander gegenüberstellst.

11. Euglena, das Augentierchen, könnte als Brückentier (Übergangsform) zwischen Tierwelt und Pflanzenwelt aufgefasst werden. Erläutere.

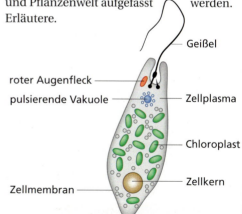

Geißel

roter Augenfleck

pulsierende Vakuole

Zellplasma

Chloroplast

Zellkern

Zellmembran

12. a) Der Urvogel Archaeopteryx gilt als „Paradebeispiel" für ein Brückentier. Begründe.

b) Stelle in einer Tabelle die verwandtschaft-lichen Merkmale der beiden Organis-mengruppen am Urvogel zusammen.

13. Der Urvogel Archaeopteryx soll ein schlech-ter Flieger, wahrscheinlich sogar nur ein Gleitflieger gewesen sein, der in Bäumen herumkletterte.
Erläutere, wie man anhand des Skeletts zu solchen Aussagen kommen kann.
Verwende dazu die Abbildungen 1 auf Seite 498 und Abbildung 1 auf Seite 499.

14. Erkundige dich anhand von Lexika über Ta-pire und Zebras.
Versuche zu erläutern, welche der beiden Tiere man als lebendes Fossil bezeichnen könnte.

15. Der Ginkgobaum (Ginkgo biloba) wird häu-fig als lebendes Fossil bezeichnet.
a) Was verstehst du unter einem lebenden Fossil?
b) Versuche diesen Baum in Parks zu finden und fertige eine Skizze des Baumes und eines Blattes an.

16. Inwieweit widerlegen Brückenformen die Theorie von der Konstanz der Arten (s. S. 514)?

17. Der Quasten-flosser Latime-ria ist ein le-bendes Fossil. Begründe.

18. In jedem Erdzeitalter lebten charakteristi-sche Gruppen von Pflanzen, Tieren und an-deren Organismen.

a) Beschreibe anhand der Abbildungen 1 und 2 auf Seite 504 das „Lebensbild" der Epochen Kambrium und Jura.
b) Recherchiere mithilfe des Computers im Internet, z. B. unter der Suchmaschine www.google.de, und ergänze deine Be-schreibung.

19. Die Erdgeschichte teilt man in fünf große Erdzeitalter ein.
a) Nenne die fünf großen Erdzeitalter und ordne ihnen bestimmte Epochen (erdge-schichtliche Perioden) zu.
b) Jede erdgeschichtliche Periode wird von prägenden Pflanzen und Tieren charakte-risiert.
Erläutere diesen Sachverhalt.
c) Stelle deine Ergebnisse in Form einer Ta-belle dar.

20. Schaue dir die Übersicht über die Erdzeital-ter (S. 505) und die charakteristischen Le-bensformen an.
Nenne dann jeweils einen Vertreter zu den in der Erdaltzeit auftretenden Organismen.

21. Die Jurazeit war die Epoche der Saurier.

a) Beschreibe das Aussehen und die Le-bensweise eines Vertreters der Flug-, Land- und Fischsaurier.
b) Erläutere ihre Angepasstheit an ihre Um-welt.
Zur Beantwortung der Frage nutze Litera-tur und das Internet, z. B. unter der Such-maschine www. google.de.

**summa summarum**

# Stammesgeschichte der Lebewesen

## Fossilien

Fossilien sind Belege der Evolution. Sie geben begründete Hinweise dafür, dass eine Stammesentwicklung stattgefunden hat.
Fossilien sind erhalten gebliebene Reste und Spuren von Lebewesen aus vergangenen Zeiten.

Abdrücke

Versteinerungen

Einschlüsse

**Fossilien**

Hartteile

Inkohlung

Mumifizierung

## Brückentiere

**Brückentiere** (Übergangsformen/Zwischenformen) sind Organismen mit Merkmalen meist zwei verschiedener Organismengruppen.
Es gibt ausgestorbene (fossile) und lebende (rezente) Brückenformen.

Urvogel Archaeopteryx
(fossiles Brückentier)

Quastenflosser Latimeria
(lebendes Brückentier)

zeigt Merkmale der Kriechtiere und Vögel

zeigt Merkmale der Fische und Lurche

## Entwicklung der Organismen in den Erdzeitaltern

Im Verlauf der Evolution entstand aus einigen Urorganismen die heutige Vielfalt der Lebewesen, wobei in den verschiedenen **Erdzeitaltern** von der *Erdurzeit* über die *Erdfrühzeit*, *Erdaltzeit* und *Erdmittelzeit* bis zur seit 65 Millionen Jahren andauernden *Erdneuzeit* nicht immer nur neue Arten von Lebewesen entstanden sind, sondern auch viele Arten ausgestorben sind.
In jedem Erdzeitalter lebten charakteristische Gruppen von Pflanzen und Tieren, z. B. im Jura die verschiedenen Formen der Saurier.

## Entstehung des Lebens – ein Rätsel?

Viele Wissenschaftler haben sich bemüht, die Entstehung des Lebens und die Existenz der Vielfalt der Arten aus z. T. sehr unterschiedlichen Ansätzen heraus zu erklären. Auch die in der Bibel dargestellte Schöpfungsgeschichte stellt eine Art Deutung dar (Abb. von Sebastian Münster um 1550). Die Evolutionstheorie versucht die Abstammung der Organismen und ihre Entwicklung als natürlichen Prozess zu erklären.

*Wie entwickelte sich der Evolutionsgedanke?*
*Welche namhaften Persönlichkeiten begründeten die heute verbreitete Evolutionstheorie?*
*Sind Evolutionsforschung und Religion unvereinbar?*

# 10.2 Evolutionstheorien, Evolutionsfaktoren und Evolutionsrichtungen

## Charles Darwin – Begründer der Evolutionstheorie

Die Abstammungslehre prägt in vielen Bereichen unser Weltbild. Erst vor ca. 150 Jahren wurden die theoretischen Grundlagen für diese Evolutionstheorie gelegt. In diesem Zusammenhang hört man oft den Namen Charles Darwin. *Wer war Charles Darwin?* *Worin bestand seine Leistung?*

## Züchtung – ein Ausleseverfahren?

Züchtung ist ein Ausleseverfahren, mit dem die Menschen gezielt in die Evolution eingreifen, um gewünschte Merkmale in der Nachfolgegeneration zu vermehren (Abb.). Nicht immer sind die Züchtungen unter natürlichen Bedingungen konkurrenzfähig.
*Welche Faktoren sind es, die die Evolution voranbringen?*
*Wer oder was übernimmt die Funktion des Auslesens?*

## Evolutionstheorien – ein Überblick

Die Vorstellungen hinsichtlich der Abstammung der Lebewesen haben sich im Laufe der Geschichte, geprägt durch den jeweiligen Zeitgeist, verändert bzw. entwickelt.
Die Evolution (Abstammungslehre) ist auch heute in einigen Teilen der Welt, insbesondere im Bereich der Religion, ein heftig diskutierter Themenbereich.

### Die Schöpfungsgeschichte

Die ältesten überlieferten Vorstellungen zur Entstehung der Welt und ihrer Organismen finden sich in Schöpfungsgeschichten. Eine wörtliche Auslegung des Schöpfungsberichtes aus der Bibel steht der Abstammungsidee grundsätzlich entgegen. Pflanzen und Tiere sind hiernach von Gott in ihrer endgültigen Form geschaffen worden **(Konstanz der Arten)**. In der Arche Noah sollten Tiere (Pflanzen?) über die in der Bibel dargestellte Sintflut hinweg gerettet worden sein. Die Arten waren damit festgelegt und in ihrer Zahl begrenzt. Die Schöpfungsgeschichte ist im Glauben tief verwurzelt und entzieht sich dem naturwissenschaftlichen Ansatz der Überprüfung.
Der Schöpfungsbericht war aber dennoch für seine Zeit eine enorme Erkenntnis, denn die Reihenfolge der Schöpfung von Erde und Lebewesen beruht schon auf einer „wissenschaftlichen Auseinandersetzung" mit der Entstehung des Lebens (Erde und Gestirne, Atmosphäre und Wasser, Wasserlebewesen, Lebewesen des Landes, Mensch).

### Evolutionstheorien vor DARWIN

Sehr frühe Vorstellungen über die Entwicklung von Lebewesen wurden schon in der Antike vom griechischen Naturforscher und Philosophen **ARISTOTELES** (384–322 v.Chr.) geäußert. Dieser prägte die lange Zeit akzeptierte Vorstellung, dass niedere Tiere einfach aus dem Zusammenrinnen eines Urstoffes entstehen würden. Noch bis weit über das Mittelalter hinaus stellte man sich vor, dass z.B. Würmer oder Motten aus Schlamm und Unrat entstehen würden. So verwundern auch Darstellungen nicht, bei denen nach mittelalterlicher Vorstellung die Schafe aus den Kürbissen des Schafbaumes (Abb.1, S.515) entstehen. Als Früchte des Schafbaumes wurden die Kürbisse angesehen.
Solche, heute sicherlich in das Reich des Aberglaubens einzuordnende Vorstellungen wurden erst durch die Versuche von **LOUIS PASTEUR** (1822 bis 1895, Abb.1) widerlegt. Er konnte nachweisen, dass Lebewesen nicht spontan aus Schmutz oder Ähnlichem entstehen, sondern nur aus Lebewesen hervorgehen können. Seine Experimente zeigten, dass sich aus sterilen, von allen lebenden Keimen befreiten Stoffen keine Lebewesen entwickeln können. Noch heute taucht sein Name im Zusammenhang *mit pasteurisierter Milch* auf.

Französischer Naturforscher; Studium der Medizin, Chemie, Botanik, Zoologie; prägte die Begriffe Wirbeltiere, Wirbellose und stellte ein System der Tiere auf

**1** PASTEUR in seinem Labor

**2** JEAN BAPTISTE DE LAMARCK (1744–1829)

Die Legende vom Schafbaum entstand wohl im 14. Jahrhundert. Im tatarischen Khanat Chadli sollten Kürbisse wachsen, die sich nach dem Ausreifen öffneten und an denen ein Lamm mit weißer Wolle und sehr schmackhaftem Fleisch zutage kommen sollte.

**1** Mittelalterliche Darstellung des Schafbaumes

Bei der Entwicklung des Evolutionsgedankens leistete JEAN BAPTISTE DE LAMARCK (Abb. 2, S. 514) einen wichtigen Beitrag.

LAMARCK besaß eine große Artenkenntnis, aus welcher heraus er versuchte, Gedanken zur Abstammung der Lebewesen zu formulieren. So erkannte er, dass

– eine mehr oder minder große Ähnlichkeit von Organismen als ein Maß für eine abgestufte Verwandtschaft gedeutet werden kann;
– Organismen in ihrem Bau und in der Funktion ihrer Organe gut an die Umwelt angepasst sind;
– sich Organismen auch während ihres Lebens individuell an die Umwelt anpassen können.

Hieraus formulierte LAMARCK die Hypothese, dass Umweltveränderungen in den Organismen neue Bedürfnisse erzeugen. Angetrieben durch einen Drang zur Vervollkommnung, würden die Organismen veranlasst, bestimmte Organe stärker oder schwächer zu betätigen. Durch Gebrauch oder Nichtgebrauch würden die Organe (und Strukturen) mehr oder weniger stark ausgeprägt. Dies führe zu den beobachtbaren Veränderungen im Bauplan der Lebewesen (**Lamarckismus**). Diese Veränderungen seien erblich, d.h., es erfolge eine **Vererbung erworbener Eigenschaften auf die Nachkommen** (Abb. 2). Er versuchte so, die Angepasstheit der Arten (lamarckistisch) zu erklären.

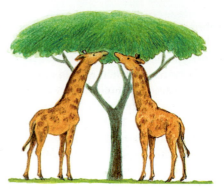

Die erworbenen Eigenschaften „lange Hälse" und „lange Vorderbeine" vererbten sich auf die Nachkommen. Sie konnten ihre Nahrung erreichen.

Die Nachkommen hatten durch häufiges Strecken nach Blättern schon etwas längere Hälse und Vorderbeine. Auch diese Nachkommen streckten sich nach dem Laub.

Urgiraffen hatten kurze, gleichlange Hälse und Vorderbeine. Die Tiere versuchten durch Strecken des Halses das Laub der Bäume zu erreichen.

**2** LAMARCKS Theorie über die Stammesentwicklung der Giraffen hat sich als unrichtig erwiesen.

Während die von Lamarck aufgestellten drei Tatsachen immer wieder bestätigt wurden, hat sich seine Hypothese über die **Vererbung erworbener Eigenschaften als nicht richtig** erwiesen. Modifikationen sind nicht vererbbar.

Georges de Cuvier (Abb. 1) war ein bekannter und anerkannter Fachmann, was die Beschreibung und Einordnung von fossilen Knochenfunden angeht. Aufgrund dieser Forschungen kam er, obwohl er kein Evolutionsforscher im engeren Sinne war, zu der Anschauung, dass es keine Veränderungen im Verlauf der Entwicklung von Lebewesen gab. Er begründete dies mit fehlenden fossilen Bindegliedern zwischen ausgestorbenen und noch existierenden Arten.

Er war ein Gegner der Abstammungslehre. Aufgrund seiner Untersuchungen von Gesteinsschichten kam er zu der Auffassung, dass die Organismen durch Naturkatastrophen umgekommen sind. Nach diesen erfolgte jeweils die Neuschaffung der Arten im Sinne der Schöpfungsgeschichte. Im Verlaufe der Entwicklung der Erde wechseln sich so Vernichtung und Neuschaffung der Arten ab. Cuviers Anschauungen wurden mit dem Begriff **„Katastrophentheorie"** versehen. Bedingt durch sein Fachwissen und die zu dieser Zeit noch vergleichsweise geringen Fossilfunde, bremsten seine Ansichten von den Naturkatastrophen die Entwicklung weiterer Evolutionstheorien.

## Die Begründung der Abstammungslehre durch Darwin

Im Jahre 1809 wird **Charles Robert Darwin** (Abb. 2) als fünftes Kind einer Arztfamilie in England geboren, sieben Jahre nach dem Tod seines Großvaters Erasmus Darwin, der als Naturforscher ebenfalls schon Gedanken zur Entwicklung der Arten formuliert hatte. Darwin beendete 1825 seine Schulzeit und studierte zunächst Medizin, ab 1828, nach Abbruch des ersten Studiums, Theologie. 1831, als 22-Jähriger, wurde ihm die Möglichkeit geboten, bei einer Vermessungsreise mit dem Segelschiff „Beagle" in südamerikanische Gewässer mitzufahren.

Diese zunächst auf drei Jahre geplante Reise dauerte letztendlich vom 27. Dezember 1831 bis zum 2. Oktober 1836 (Abb. 1, S. 517) und wurde von Darwin später als der „Beginn meines wirklichen Lebens" bezeichnet. Während der Reise glaubte Darwin noch an die Konstanz der Arten. Zweifel tauchten erst später, bei der Aufarbeitung des mitgebrachten Materials und der Durchsicht der vielen festgehaltenen Einzelbeobachtungen auf. Die wohl am stärksten prägende Phase verbrachte Darwin im Herbst 1835, während sich die „Beagle" im Bereich der Galapagosinseln aufhielt. Hier bot sich die Möglichkeit, die Geologie sowie die Tier- und Pflanzenwelt genauer zu studieren. Er fand über zehn verschiedene *Finkenarten*.

Französischer Naturforscher; umfassendes Studium von Pflanzen und Tieren; Professor der vergleichenden Zoologie; entwickelte Grundlagen für die zoologische Systematik; überzeugter Vertreter der „Katastrophentheorie"

Englischer Naturforscher und Biologe; Begründer der auf natürlicher Auslese (Selektion) beruhenden Evolutionstheorie; studierte Medizin, Theologie; nahm an der Weltreise mit der „Beagle" teil. Die Auswertung des Reisematerials war Grundlage für seine Theorie. Er reihte den Menschen in die Stammesgeschichte der Tiere ein.

**1** Georges de Cuvier (1769–1832)

**2** Charles Darwin (1809–1882)

Sie zeigten trotz deutlicher Merkmalsunterschiede im Bereich des Schnabels und der Ernährungsweise starke Übereinstimmungen, was auf eine sehr nahe Verwandtschaft hindeutete (Abb. oben, S. 525). In seinen weiteren Überlegungen ging DARWIN davon aus, dass Finken vom Festland kommend die Inseln besiedelt haben könnten. Aus diesen könnten sich dann die verschiedenen Arten entwickelt haben (Abb. oben, S. 525).

Weiterhin gaben ihm auch die verschiedenen Ausgrabungen fossiler *Säugetiere* Stoff für seine weit gehenden Überlegungen, denn die meisten dieser Fossilien zeigten Übereinstimmungen zu den damals lebenden Formen, was DARWIN nur durch nahe verwandtschaftliche Beziehungen zu deuten vermochte.

Im Jahre 1858 erhielt DARWIN, der bei der Entwicklung seiner Evolutionstheorie auch mit anderen Forschern in mehr oder weniger engem Kontakt stand, vom Engländer **ALFRED RUSSEL WALLACE** ein Manuskript der Darstellung einer Evolutionstheorie, die weitgehend mit seiner übereinstimmte. WALLACE hatte seine Vorstellungen auf weiten Forschungsreisen entwickelt. In seinen Ansichten hinsichtlich der Erblichkeit der „Variationen" war er DARWIN sogar überlegen.

Wilde Felsentaube

Kropftaube

Perückentaube

Pfauentaube

**2   Zuchtformen der Taube**

DARWIN entschloss sich daher, auch seine Erkenntnisse zu veröffentlichen. Am 24. November 1859 erschien die 1. Auflage von DARWINS **„Entstehung der Arten durch natürliche Auslese"** (engl. Originaltitel „On the origin of species by means of natural selection"). Dieses sein Hauptwerk, von dem mehrere Auflagen erschienen, erweiterte und korrigierte DARWIN bis an sein Lebensende. Am 19. April 1882 starb DARWIN an Herzschwäche und wurde in der Westminster Abbey dicht neben ISAAC NEWTON bestattet.

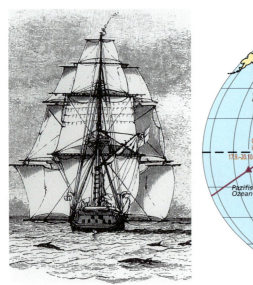

**1   Reiseroute der „Beagle" 1831 bis 1836**

Darwin ging von Beobachtungen aus, die er auch als Taubenzüchter (Abb. 2, S. 517) gewonnen hatte. Jeder wusste zur damaligen Zeit, dass unter den Nachkommen von Zuchttieren immer auch solche mit besonders starker oder schwacher Herausbildung von Merkmalen vorkamen, selten sogar welche mit Neubildungen.

Die Weiterzucht solcher Individuen (**künstliche Zuchtwahl**) führte im Laufe der Zeit zu Individuen, die von der Ausgangsform erheblich abwichen; dies galt für Pflanzen ebenso wie für Tiere. Darwin erkannte nun, dass in der Natur vergleichbare Vorgänge ablaufen müssten, wobei es zu klären galt, wer hier die Rolle des Züchters übernahm und welches die Kriterien der Auswahl waren.

Bei der Untersuchung möglicher Ursachen, die ein Überleben begünstigen, sind **die** Individuen die „besseren" Nachkommen, die sich in der Auseinandersetzung mit der Umwelt behaupten müssen, d. h., es sind u. a. diejenigen, die widerstandsfähiger gegenüber Krankheiten oder erfolgreicher bei der Nahrungsbeschaffung sind.

Die von Darwin gewählten Formulierungen, die auch zu Missverständnissen in der Auslegung führten, lauteten, dass im „Kampf ums Dasein" („struggle for life") sich ein „Überleben der Bestgeeigneten" („survival of the fittest") abzeichnet. Selbstverständlich ist eine solche **„natürliche Zuchtwahl"** oder **Selektion** nur dann möglich, wenn auch Merkmalsunterschiede zwischen den Individuen einer Art bestehen.

Diese Unterschiede, Darwin nannte sie **Variationen,** existieren und werden durch die natürliche Zuchtwahl innerhalb der Nachkommenschaft „sortiert".

Darwin erkannte zwei Arten von Veränderungen:
– die *milieubedingten Variationen* (heute Modifikationen),
  z. B. den Schiefwuchs von Sträuchern oder Bäumen infolge ständigen Winds,
– die *spontanen Variationen* (heute Mutationen),
  z. B. das Auftreten roter Blüten bei sonst weiß blühenden Pflanzen.

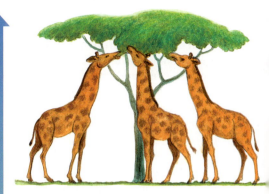

Durch natürliche Auslese von Generation zu Generation überlebten nur die Giraffen mit den langen Hälsen und Vorderbeinen.

Nachkommen mit längeren Hälsen und Vorderbeinen konnten die Blätter erreichen, sie fraßen, überlebten (natürliche Auslese) und konnten die Erbanlagen für diese Merkmale weiter vererben.

Urgiraffen hatten kurze, aber unterschiedlich lange Hälse und Vorderbeine infolge spontaner Variationen (Mutationen).

**1** Darwins Theorie über die Stammesentwicklung der Giraffen

DARWIN war der Erste, der die Evolution als einen dynamischen Prozess mit entgegengerichteten Kräften erkannte, wobei die Überproduktion der Nachkommen die Auswahl für die „aussondernde" Selektion bietet.

Ein Merkmal, das heute noch vorteilhaft ist, kann morgen in einer veränderten Umwelt schon wieder nachteilig sein.

Durch die Verschiedenheit und die Selektion bleiben tierische und pflanzliche Strukturen flexibel und folgen gewissermaßen den Umweltänderungen auf dem Fuß. Das Ergebnis dieses Vorgangs nennt man **Anpassung.**

Zur Verdeutlichung ist es sinnvoll, das Beispiel der **Veränderung der Giraffen,** das auf der Grundlage der Ansichten von LAMARCK erklärt wurde (Abb. 2, S. 515), nun aus der Sicht DARWINS zu betrachten (Abb. 1, S. 518).

Die durch DARWIN **formulierten Erkenntnisse** können folgendermaßen zusammengefasst werden:

- Die Lebewesen erzeugen eine Überproduktion von Nachkommen;
- die Nachkommen sind nicht völlig gleich; es existieren Variationen (durch Mutation);
- durch „natürliche Zuchtwahl" oder Auslese (Selektion) wird das Überleben der bestangepassten Nachkommen gesichert (Abb. 1, S. 518);
- alle Arten sind veränderlich;
- die Organismenarten haben sich im Verlaufe langer Zeiträume aus einfacheren Formen entwickelt.

> Für die Evolution der Organismen wurden verschiedene Theorien aufgestellt. Als Ursache wurden früher die Schöpfung der Organismen durch Gott, die Vererbung erworbener Eigenschaften auf die Nachkommen sowie die Vernichtung der Organismen durch Katastrophen und ihre Neuerschaffung angesehen.
> Ab Mitte des 19. Jh.s wird die Evolutionstheorie angenommen. Sie besagt, dass alle heutigen Lebewesen im Verlauf der erdgeschichtlichen Entwicklung aus früheren einfachen Lebewesen entstanden sind.

## Mosaik

### HAECKEL – ein Wissenschaftler, der die Abstammungslehre weiterverbreitete

Wurde 1834 in Potsdam geboren; studierte erst Medizin, dann Zoologie und vergleichende Anatomie. Ab 1861 wirkte er als Professor für Zoologie in Jena und gründete das Phyletische Museum. Er starb in Jena 1919.

**1** ERNST HAECKEL (1834–1919)

Die von DARWIN (s. S. 516–519) begründete Abstammungslehre fand in ERNST HAECKEL einen glühenden Befürworter. Im September 1863, also etwa vier Jahre nach der Veröffentlichung von DARWINS Hauptwerk „On the origin of species by means of natural selection" („Die Entstehung der Arten durch natürliche Zuchtwahl"), hielt HAECKEL vor der 38. Versammlung deutscher Naturforscher und Ärzte einen Vortrag über DARWINS Evolutionstheorie. In diesem fasste er die wesentlichen Aussagen der Abstammungslehre zusammen.

Daneben bezog er im gleichen Vortrag den Menschen in die Evolutionsforschung mit ein; insofern ging HAECKEL noch über Darwin hinaus. Im Jahr 1868 stellte HAECKEL einen Stammbaum des Tierreichs auf, in den der Mensch als Organismus einbezogen war (Abb. 1, S. 520).

Mit seinen Werken, z. B. „Generelle Morphologie" (1866), „Natürliche Schöpfungsgeschichte" (1868), „Anthropogenie" (1874), „Welträtsel" (1899), und Vorträgen sowie Abhandlungen wurde er zum Verfechter der Abstammungslehre.

HAECKEL stützte seine Ansichten und somit die Befürwortung der Abstammungslehre auf vergleichend-anatomische und embryologische Befunde (Abb. 2, S. 520).

Aus den gewonnenen Indizien stellte er das sogenannte biogenetische Grundgesetz (biogenetische Grundregel) auf.

# Mosaik

**Biogenetische Grundregel:**
**Die Ontogenie stellt eine kurze und schnelle Rekapitulation der Phylogenie dar, d.h., die Keimesentwicklung stellt eine schnelle Wiederholung der Stammesentwicklung dar.**

Die Formulierung als Regel statt als Gesetz soll verdeutlichen, dass die Verbindlichkeit nicht so stark ist, denn diese Regel bezieht sich nur auf einen Teil der Keimesentwicklung, nämlich auf Teile der Individualentwicklung.
Es zeigt sich, dass es in diesem Bereich zur zeitweisen Anlage von Strukturen kommt, die bei geschlechtsreifen Tieren nicht mehr vorhanden sind und somit Hinweise darauf geben, wie die Entwicklung hin zur Ausbildung der Art im Verlauf der Stammesentwicklung verlaufen ist. So werden die Anlage von Kiemenbögen und die Körperbehaarung (Lanugobehaarung) stammesgeschichtlich als Indizien für den Wandel von Strukturen angesehen.

Das von HAECKEL aufgestellte biogenetische Grundgesetz ist vielfach kritisiert worden. Es wandten sich gegen das Gesetz vor allem Biologen, die DARWINS Abstammungslehre ablehnten. Es kritisierten auch einige Darwinisten das biogenetische Grundgesetz, indem sie sich gegen die Absolutheit in der Formulierung des Gesetzes wandten. Trotz der Kritik am haeckelschen biogenetischen Grundgesetz ist die **vergleichende Embryologie** eine wichtige Methode, um Verwandtschaftsverhältnisse der Organismen aufzudecken und Hinweise für ihre stammesgeschichtliche Entwicklung zu finden.

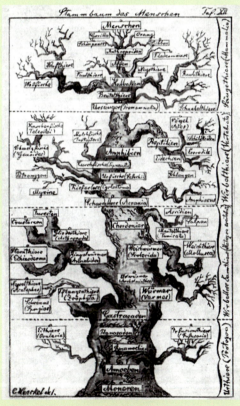

**1**  Stammbaum des Tierreichs von ERNST HAECKEL (aus: „Anthropogenie oder Entwicklungsgeschichte des Menschen", 1874)

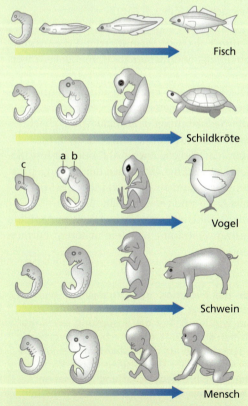

Fisch

Schildkröte

Vogel

Schwein

Mensch

**2**  Ausgewählte Embryonalstadien von einigen Wirbeltieren mit ähnlicher Anlage für Auge (a), Ohr (b), Kiemen (c)

# Evolutionsfaktoren

Die Evolution ist in ihrem Verlauf nicht vorherbestimmt. Vielmehr ist dieser Verlauf abhängig von der Wechselwirkung zwischen den Umweltbedingungen und den Lebewesen. Nicht alle Umwelteinflüsse sind dabei aber für den Verlauf der Evolution wesentlich.

Man fasst die wirksamen Einflüsse als **Evolutionsfaktoren** zusammen. Ihre Wirkung führt dann zu verschiedenen Erscheinungen, die zu bestimmten Evolutionsrichtungen zusammengefasst werden.

Für die Evolution bedeutsam ist dabei die Wirkung der Faktoren auf **Populationen** und nicht auf die einzelnen, oft kurzlebigen Individuen. Die *Rehe* eines Waldes, die *Rapspflanzen* eines Rapsfeldes oder die *Plötzen* im See, sie alle bilden Populationen.

> Unter Population versteht man die Gesamtheit aller Individuen einer Art in einem bestimmten Lebensraum. Sie stellen eine Fortpflanzungsgemeinschaft dar.

Die einzelnen Individuen einer Population tragen in der Regel unterschiedliche Gene. Die Gesamtheit aller Gene eines Individuums bezeichnet man als **Genom.** Die Summe der in den Genen enthaltenen Informationen eines Organismus ist der **Genotyp** (Erbbild). Der Genotyp beeinflusst wiederum das Erscheinungsbild eines Individuums, seinen **Phänotyp** (s. S. 457).

Auch bei uns Menschen kann man feststellen, dass wir nicht alle gleich aussehen. Dies ist verständlich, wenn man sich überlegt, dass wir alle unterschiedliche Erbinformationen tragen, also einen anderen Genotyp besitzen.

Die Gesamtheit aller Genotypen der Individuen einer Population bezeichnet man als **Genpool** der Population.

Das äußere Erscheinungsbild, der Phänotyp, wird auch durch die verschiedenen Aktivitäten eines Individuums geprägt. Dies bedeutet z. B., dass Menschen, die viel Krafttraining machen, eine größere Muskelmasse besitzen als untrainierte. Diesen Vorgang bezeichnet man als **Modifikation** (s. S. 470). Im Sinne DARWINS handelt es sich um milieubedingte Variationen.

Diese Veränderungen sind nicht genetisch bedingt und bewirken deshalb keine Veränderung der Individuen im Verlaufe der Evolution.

Wesentliche **Evolutionsfaktoren** sind *Mutation* (s. S. 467, 522), *Neukombinationen von Erbanlagen* (s. S. 462, 522), *natürliche Auslese (Selektion,* s. S. 522) und *Isolation* (s. S. 524).

Wildkohl

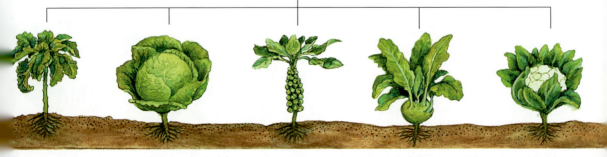

Grünkohl  Kopfkohl  Rosenkohl  Kohlrabi  Blumenkohl

**1** Wildkohl – Zuchtformen auf der Basis von Mutationen und Auslese

## Mutationen

Alle **natürlichen Mutationen** (Veränderungen im Erbgut, S. 467) erfolgen richtungslos, d.h. zufällig. Durch Mutationen erhöht sich die Vielfalt der Genotypen in einer Population. Dadurch entstehen immer wieder veränderte oder neue Merkmale, z. B. Zuchtformen aus dem Wildkohl (Abb. 1, S. 521).

Diese zufälligen Merkmalsänderungen sind eine Voraussetzung für die Evolution. Es kann die **Auslese (Selektion)** wirksam werden.

## Neukombinationen der Erbanlagen (Gene)

Ein weiterer Faktor, der die Evolution beeinflusst und die Voraussetzung für die Artenvielfalt schafft, ist die durch die Sexualität bewirkte **Neukombination der Gene** (s. S. 462). Bei der Keimzellenbildung und Befruchtung kommt es durch die Neukombination der Gene zu einer Erhöhung der Anzahl von unterschiedlichen äußeren Erscheinungsbildern

**1** Variabilität
der Bänderung von
Schnirkelschneckengehäusen

und damit zur Erhöhung der **Variabilität (Veränderlichkeit)** von Organismen derselben Art. Beispiele für Variabilität sind die Gehäuse von *Schnirkelschnecken* (Farben, Bänderung, Abb. 1), die Größe und Form von Laubblättern bei der *Walnuss* (Abb. 2) oder die Größe, das Gefieder und die Farbe der *Haustauben*.

Die Neukombination der Gene bei der geschlechtlichen Fortpflanzung nutzen die Züchter für die Züchtung von neuen Pflanzensorten und Tierrassen aus. Sie lassen nur die Individuen zur Fortpflanzung zu, die die Erbanlagen für die angestrebten Zuchtziele besitzen.

## Natürliche Auslese (Selektion)

Ein weiterer Evolutionsfaktor ist die **natürliche Auslese** oder **Selektion.** Ihre Wirkung besteht darin, dass die Häufigkeit von weniger tauglichen Individuen einer Gruppe von Lebewesen, bezogen auf die bestehenden Umweltverhältnisse, verringert wird. Das bedeutet, dass diejenigen Individuen, deren Gene eine günstige Anpassung an die bestehende Umwelt bewirken, überleben und sich fortpflanzen können, während andere Individuen zugrunde gehen. Hierdurch bestimmt die natürliche Auslese die Richtung der Evolution. Sie wirkt also als richtunggebender Evolutionsfaktor.

Durch die Auslese wird die Nachkommenschaft derjenigen Gruppe von Lebewesen erhöht, die besser an die Umwelt angepasst ist.

Die Mutationen schaffen sozusagen das „Rohmaterial" für die dann wirkende Auslese (Selektion). Während die Mutation Veränderungen in den Genen und damit im Genotyp bewirkt, wirkt die Auslese über den Phänotyp, d.h. über die ausgebildeten Merkmale. Insofern ist die Evolution primär durch die **Wechselwirkung dieser beiden Faktoren** bedingt.

Ein aktuelles Beispiel für das Zusammenwirken von Mutation und Auslese findet man z.B. beim *Birkenspanner (Biston betularia,* Abb. 1, S. 523).

**2** Variabilität in der Gestalt von
Laubblättern bei der Walnuss

Von ihm existieren zwei Formen, eine hell gefärbte Form und eine dunkel gefärbte Form. Beide Schmetterlingsformen leben vor allem auf Birken, deren Stamm in der Regel hell gefärbt ist. Sie unterscheiden sich durch eine Mutation des Gens, welches für die Produktion des Farbstoffes *Melanin* zuständig ist.

Je nachdem welche Gebiete man untersuchte, wurden unterschiedlich viele der einen bzw. anderen Form gefunden. Für die beiden Formen ergeben sich unterschiedliche Möglichkeiten der Tarnung gegenüber ihren Fressfeinden auf den natürlichen Untergründen. Auf hellem Untergrund ist die helle Mutante schwer auszumachen, während sie auf dunklem Untergrund leicht zu erkennen ist und für Feinde eine leichte Beute darstellt (Abb. 1).

In Gebieten mit hoher Industrialisierung und damit in der Regel stärkerer Luftverschmutzung findet man vorwiegend Bäume, die kaum oder keinen Flechtenbewuchs zeigen und darüber hinaus durch Ruß- und Staubablagerungen eher dunkel gefärbt sind. In solchen Gebieten fand man ein deutlich stärkeres Auftreten der dunkleren Form und ein geringeres Auftreten der hellen Form des Birkenspanners. Die hell gefärbten Flechten bedecken normalerweise die Baum-

rinde und sind ein sogenannter Bioindikator für saubere Luft. Demgegenüber ist die Verteilung in gering oder unbelasteten Gebieten eher umgekehrt. Offensichtlich wird jeweils die Mutante durch Fressfeinde, in der Regel Vögel, reduziert, die sich deutlich vom Untergrund abhebt, während die andere durch die gute Tarnung eher übersehen wird und somit überlebt. Die überlebenden Tiere können sich dann fortpflanzen. So kommt es dazu, dass in der nächsten Generation mehr Tiere der Form da sind, die sich besser an die Umwelt angepasst zeigt.

Die Mutationen, d. h. die sprunghaften Erbveränderungen, stellen zunächst die Voraussetzungen dafür dar, dass Lebewesen einer Art unterschiedliche Merkmale zeigen. Gäbe es keine Mutationen, die zu verschiedenen Ausprägungen führen, wäre die Wahrscheinlichkeit zu überleben und Nachkommen zu erzeugen bei den betrachteten Birkenspannern gleich.

Somit stellen die Mutationen den ersten Evolutionsfaktor dar. Sie bewirken zufällige Veränderungen in den Erbanlagen (Genen). In unserem Beispiel des Birkenspanners sorgen die Vögel für die Reduzierung der schlecht getarnten Form, während die andere Form einen Auslesevorteil (Selektionsvorteil) besitzt.

beschmutzter Birkenstamm

heller Birkenstamm

**1**  Helle und dunkle Formen vom Birkenspanner auf dunklem bzw. hellem Untergrund

a) Wildschwein  b) Hausschwein  c) Wildpferd (Przewalski)  d) Hauspferd

**1** Domestikation (Züchtung) von Wildtieren zu Haustieren

Die **Auslese** kann auch durch uns Menschen erfolgen. Seit vielen Jahrhunderten betreibt der Mensch gezielt Auslese, indem er bestimmte Tiere züchtet. So wurden viele Tiere, die als Wildtiere lebten, eingefangen und gezähmt. Es wurden über viele Generationen hinweg bestimmte Eigenschaften herausgezüchtet.

Als Beispiele dieser als Zucht und **Domestikation** bezeichneten Vorgehensweise sind neben unseren *Milchkühen*, dem *Haushund*, dem *Hauspferd* auch unsere *Hausschweine* (Abb. 1) zu nennen. Es wurden also immer die Tiere für die weitere Zucht selektiert, die bestimmte Eigenschaften besaßen, die es zu erhalten oder zu verstärken galt. Vergleichbares gilt auch für die Züchtung von *Kulturpflanzen* aus Wildpflanzen (Abb. 1, S. 521; Abb. 2).

> Die **natürliche Auslese (Selektion)** ist ein richtunggebender Evolutionsfaktor, da von Generation zu Generation jeweils die optimal angepassten Individuen an vorherrschende Umweltbedingungen erhalten bleiben und bei der Fortpflanzung ihren Genbestand an die Nachkommen weitergeben.

## Isolation

Durch die Beobachtungen DARWINs sind die Wirkungsweisen der Evolution für uns verständlicher geworden. Als DARWIN sich die Vogelwelt der von ihm bereisten Galapagosinseln (1000 km vor der Küste Ecuadors im Pazifik liegend) genauer ansah, fand er über zehn verschiedene *Finkenarten*. Diese zeigten trotz deutlicher Merkmalsunterschiede im Bereich des Schnabels und der Ernährungsweise starke Übereinstimmungen. Dies deutete auf eine nahe Verwandtschaft unter ihnen hin (Abb. oben, S. 525; s. a. S. 516, 517). Bei Betrachtung der Finken des Festlandes (Süd-amerika), dem die Inseln vorgelagert sind, zeigte sich, dass hier nur eine einzige Finkenart zu finden war. Diese Art muss den auf den Inseln lebenden Darwinfinken als Stammart gedient haben. Die Entwicklung, so deutete DARWIN, müsste sich wie folgt vollzogen haben:

Einige wenige Finken der Festlandart wurden auf die Inseln verschlagen, wo noch keine Finken existierten. Sie wurden von der Stammart isoliert, d.h., in der Folge fand keine Kreuzung zwischen den *Darwinfinken* auf Galapagos und den *Festlandfinken* mehr statt.

Wildes Einkorn   Wildweizen   Kulturweizen

**2** Domestikation (Züchtung) von Wildpflanzen zu Kulturpflanzen

## Mosaik

Auf den Galapagosinseln vor der Küste Ecuadors (Südamerika) lebende Finkenarten sehen ähnlich aus, unterscheiden sich aber in der Schnabelform. Sie sind Nahrungsspezialisten (Körnerfresser, Pflanzenfresser) und besiedeln verschiedene Biotope (Boden, Kakteen, Bäume).

Aus einer gemeinsamen Ahnform, einem auf dem Boden lebenden und körnerfressenden Finken des

### Auf den Galapagosinseln lebende Finkenarten

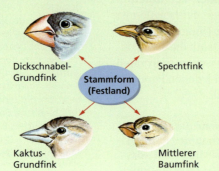

Dickschnabel-Grundfink

Stammform (Festland)

Spechtfink

Kaktus-Grundfink

Mittlerer Baumfink

südamerikanischen Festlandes, entstanden neue Finkenarten: z. B.
– Dickschnabel-Grundfink (Körnerfresser, am Boden lebend),
– Kaktus-Grundfink (Körnerfresser, auf Kakteen lebend),
– Spechtfink (Insektenfresser, auf Bäumen lebend),
– Mittlerer Baumfink (Insektenfresser, auf Bäumen lebend).

---

Die Evolution verlief in den beiden Gruppen unterschiedlich, da die Umweltbedingungen auf Insel und Festland, die auf die beiden Finkengruppen einwirkten, ebenso unterschiedlich waren wie die Mutationen, die in den Gruppen auftraten.

Die folgende Auseinanderentwicklung in viele verschiedene Finkenarten ist dadurch zu erklären, dass die Konkurrenz bei der Nahrungsnutzung dazu führte, dass verschiedene Angebote, wie Samen, Insekten, Früchte etc., genutzt wurden. Die Umwelt wurde gewissermaßen in verschiedene Bereiche aufgeteilt, in denen die Umweltbedingungen und die auftretenden Mutationen innerhalb der verschiedenen Gruppen zu verschiedenen Ausprägungen von Strukturen, hier z. B. von Schnäbeln, führten.

Den gesamten Vorgang bezeichnet man als **Einnischung.** Nur durch solche Einnischungsvorgänge ist das Nebeneinander vieler Arten im gleichen Lebensraum möglich. Dadurch kommen sich die Arten einfach nicht gegenseitig in die „Quere". Sie sind keine Konkurrenten.
Die Einnischung stellte als Form der Anpassung einen notwendigen Teil des Evolutionsvorganges dar. Durch sie wurden sich die Gruppen so „fremd", dass sie sich nicht mehr miteinander fortpflanzten, wodurch neue Arten entstanden

sind (Artspaltungsprozess, Abb. 1). Hierbei wurden jeweils die Tiere ausgelesen, die vorteilhafte Mutationen aufwiesen. Es kam zu Artspaltungen, d. h., aus ursprünglich einer Art waren mehrere Arten entstanden (Abb. 1). Man kann also feststellen, dass die Isolation eine Voraussetzung für die Entstehung neuer Arten ist. Insofern wird die Isolation ebenfalls als **Evolutionsfaktor** aufgefasst.

Als Folge der Isolation kommt es zur Trennung von Individuen einer Gruppe (Population).

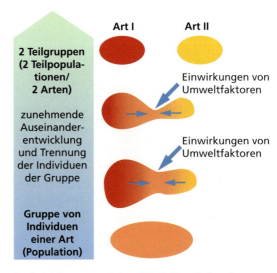

Art I    Art II

2 Teilgruppen (2 Teilpopulationen/ 2 Arten)

Einwirkungen von Umweltfaktoren

zunehmende Auseinanderentwicklung und Trennung der Individuen der Gruppe

Einwirkungen von Umweltfaktoren

Gruppe von Individuen einer Art (Population)

**1** Entstehung von Arten (Modellvorstellung)

Die entstandenen Teilgruppen (Teilpopulationen) entwickeln sich unabhängig voneinander weiter. So können in langen Zeiträumen neue Arten entstehen (Abb. 1).

Es werden verschiedene **Formen der Isolation** unterschieden. Für alle Formen der Isolation ist die teilweise oder vollständige Unterbindung der Paarung von Individuen und damit die Verhinderung des Genaustausches zwischen Individuen einer Art oder zwischen verschiedenen Populationen einer Art kennzeichnend.

> Unter der Isolation versteht man die teilweise oder vollständige Unterbindung der Paarung und damit des Genaustausches bei der geschlechtlichen Fortpflanzung zwischen Individuen einer Art.
> Die einzelnen Teilgruppen (Teilpopulationen) entwickeln sich oft auch bei unterschiedlichen Umweltbedingungen isoliert voneinander. So können in langen Zeiträumen neue Arten entstehen.

Insgesamt kann man zusammenfassend feststellen, dass erst durch das Zusammenwirken verschiedener Evolutionsfaktoren Entwicklungsprozesse in Gang gesetzt werden.

### Formen der Isolation

Bei der *geografischen Isolation (räumliche Isolation)* werden die Individuen einer Art räumlich getrennt und verteilt, z. B. durch Meere, Seen, Gebirge, Wüsten, Gletscher (Abb. 1). Bei der *ökologischen Isolation* besiedeln die Individuen der neuen Arten verschiedene Biotope im gleichen geografischen Gebiet (z. B. Darwinfinken auf Galapagos, Abb. oben, S. 525). Bei der *fortpflanzungsbiologischen Isolation* besitzen die Individuen der neuen Arten unterschiedliche Fortpflanzungszeiten bzw. unterschiedliches Paarungsverhalten (z. B. unterschiedliche Laichzeiten – Wasserfrosch Mai/Juni; Grasfrosch Febr./April).

Die **Mutation** bildet durch die ungerichteten Erbveränderungen die „Rohstoffe" für die Evolution. Durch die **Neukombination der Gene** wird die erbliche Variabilität innerhalb der Individuengruppe (Population) erhöht.
Die **Auslese** gibt den Erbveränderungen eine bestimmte Richtung. Durch **Isolation** werden Prozesse des Austausches von **Erbgut** zwischen den getrennten Populationen eingeschränkt, wodurch es zur Artbildung kommen kann.

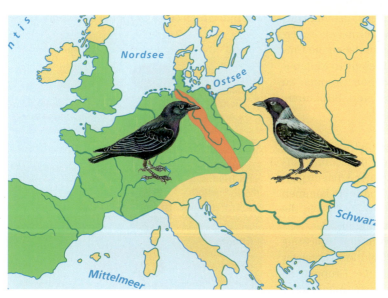

Durch Vorstoßen der Gletscher in der letzten Eiszeit nach Mitteleuropa (vor etwa 20 000 Jahren) entwickelten sich aus der einheitlichen Krähenpopulation die Teilpopulationen der Rabenkrähe und Nebelkrähe.

■ oranger Bereich kennzeichnet gemeinsames Vorkommen beider Formen und von Mischlingen

**1** Verbreitung von Raben- und Nebelkrähe (geografische Isolation)

## Evolutionsrichtungen und Evolutionstendenzen

Betrachtet man den Evolutionsprozess, wie er von den Anfängen bis zu den heute lebenden Organismen verlaufen ist, so lassen sich gewisse **Tendenzen** feststellen. Im Zuge der Evolution ist allgemein eine **Komplizierung des Baues von Organismen** zu verzeichnen. Hierzu gehören neben der **Differenzierung** und **Spezialisierung** in verschiedene Gewebe und Organe mit zunehmender Leistungsfähigkeit auch eine **Zentralisierung** wesentlicher Strukturen sowie deren **Verlagerung ins Innere** mit dem Ziel, die Abhängigkeit von äußeren Umweltfaktoren zu verringern. Vielfach werden solche Entwicklungstendenzen in Form von sogenannten **Progressionsreihen** verdeutlicht (Abb. 1).

Diese Reihen, die sich für Blutkreislaufsysteme (s. S. 530), Atmungsorgane, Gehirne usw. aufstellen lassen, sind aber nicht so aufzufassen, als wenn sich eine Struktur jeweils aus der vorher abgebildeten entwickelt hätte, sondern sie stellen (vorläufige) Endstufen in der Entwicklung der verschiedenen Organismengruppen dar.

> Die in Progressionsreihen dargestellten Strukturen sind in den allermeisten Fällen bei heute noch existierenden (rezenten) Organismen anzutreffen. Sie stellen also rezente Produkte des Evolutionsprozesses dar und nicht Abfolgen in einer Entwicklungslinie.

## Zunehmende Differenzierung und Zentralisierung von Organsystemen

**Zunehmende Differenzierung** gibt es z.B. bei Tieren und Pflanzen.

Die **Progressionsreihe der Atmungsorgane** von *Lurchen, Kriechtieren, Vögeln* und *Säugetieren* zeigt eine zunehmende Vergrößerung der für den Gasaustausch in der Lunge verfügbaren Fläche. Diese Oberflächenvergrößerung wird durch zunehmende Ausbuchtung und Auffaltung des Lungengewebes erreicht (einfache sackförmige Lunge, einfach gekammerte Lunge, fein verästelte Lunge mit Lungenbläschen; Abb. 1, S. 528). Die zunehmende Differenzierung der Atmungsorgane ist ein überzeugendes Beispiel für die Zunahme der Organisationshöhe von Organen oder Organsystemen (**Höherentwicklung**).

Ein weiteres Beispiel zur Verdeutlichung der **Differenzierung** und **Zentralisierung** bieten die **Nervensysteme** verschiedener Tiergruppen (Abb. 2, S. 528). Während einfache Nervensysteme, z. B. das der *Schwämme* oder des *Süßwasserpolypen, kaum differenziert,* sondern eher netzartig aufgebaut sind, zeigen die Nervensysteme der *Insekten* schon eine Differenzierung und Zentralisierung in Form eines *Strickleiternervensystems* (Bauchmark). Dabei treten neben den Nervenverbindungen auch Nervenknoten auf, die im Kopfbereich meist eine besonders deutliche Ausprägung in Form eines großen Knotens („einfaches Gehirn") erfahren.

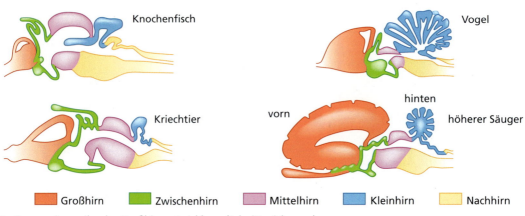

**1** Progressionsreihe der Großhirnentwicklung (Schnittzeichnung)

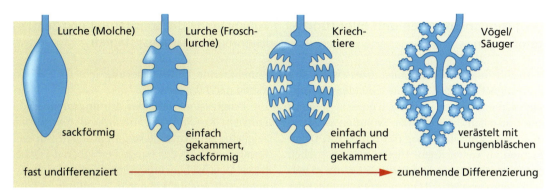

**1** Differenzierung der Lungen bei Lurchen, Kriechtieren, Vögeln und Säugern

Eine noch stärkere Differenzierung und Zentralisierung findet man bei den *Wirbeltieren*, z. B. *Hund, Katze* und dem *Menschen*, wo ein **Zentralnervensystem** (ZNS) existiert.
Dieses Zentralnervensystem wird in *Gehirn* und *Rückenmark* unterteilt. Diese Zentralisierung mit der weiteren Differenzierung des Großhirns innerhalb der Wirbeltiere und beim Menschen ist die Voraussetzung für die komplexen Lern- und Gedächtnisleistungen der Tiere und des Menschen.

Differenzierung und Zentralisierung führten zu einer Leistungssteigerung (z. B. mehr Sauerstoffaufnahme, bessere Reaktion auf Umweltreize) und damit zu einer größeren Umweltunabhängigkeit der Organismen.

> Differenzierung ist ein Vorgang während der Entwicklung und des Wachstums eines Lebewesens, bei dem sich Zellen, Gewebe oder Organe in Bau und Funktion in verschiedene Richtungen entwickeln.
> Zentralisierung ist ein Vorgang, bei dem eine Konzentration in Bau und Funktion auf bestimmte Zellen, Gewebe oder Organe erfolgt.

Auch innerhalb der **Pflanzen** ist eine Differenzierung und Zentralisierung von Strukturen festzustellen (Abb. 1, S. 529).

Mit zunehmender Größe der Pflanzen, vor allem aber mit zunehmender Besiedlung trockener Standorte konnten **die** Pflanzen besser überleben, die einen guten Verdunstungsschutz hatten.

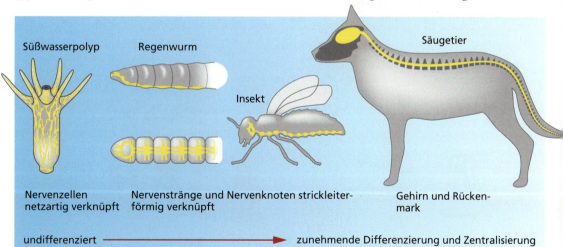

**2** Differenzierung und Zentralisierung der Nervensysteme

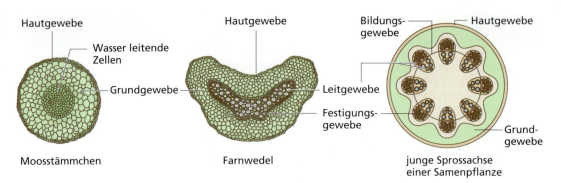

Hautgewebe
Wasser leitende Zellen
Grundgewebe
Moosstämmchen

Hautgewebe
Leitgewebe
Festigungsgewebe
Farnwedel

Bildungsgewebe
Hautgewebe
Grundgewebe
junge Sprossachse einer Samenpflanze

**1** Differenzierung der Gewebe bei Moos-, Farn- und Samenpflanzen

Sie verringerten die Verdunstung (Transpiration) über die Pflanzenoberfläche.

Darüber hinaus musste verdunstendes Wasser schnell im Pflanzenkörper ausgeglichen werden (Ausbildung von Wurzeln und Leitgewebe).

Im Verlauf der Stammesgeschichte haben deshalb die Pflanzen besser überlebt, die besondere *Leitgewebe,* aber auch *Schutz-* und *Festigungsgewebe* herausgebildet haben (Abb. 1). Diese Gewebe findet man ebenfalls auch in den Wurzeln und Laubblättern der höheren Pflanzen.

Die **Moose** besitzen nur einen geringen Verdunstungsschutz und *kein oder ein nur schwach entwickeltes Leit- und Festigungsgewebe* (Abb. 1). Sie besitzen keine Gliederung in die Grundorgane Blatt, Sprossachse und Wurzel, sondern weisen Strukturen auf, die man als Moosblättchen, Moosstämmchen und Rhizoid bezeichnet. Sie besiedeln überwiegend feuchte Standorte.

Die **Farnpflanzen** und die **Samenpflanzen** weisen neben der Gliederung in die Grundorgane Blatt, Sprossachse und Wurzel (Abb.) zunehmend *differenzierte Abschlussgewebe, Wasseraufnahme-* und *Leitungsgewebe* sowie *Festigungsgewebe* auf.

Die Gewebe in den Sprossachsen der verschiedenen Pflanzengruppen sind aber unterschiedlich stark differenziert (Abb. 1).

Im Verlauf der stammesgeschichtlichen Entwicklung bewirken Differenzierungen und Zentralisierungen von Zellen, Geweben und Organen Leistungssteigerungen. Diese führen jeweils zu einer Zunahme der relativen Umweltunabhängigkeit der Organismen.

## Mosaik
### Blutgefäßsysteme

Bei zahlreichen **wirbellosen Tieren,** z.B. den Insekten und Weichtieren, fließt das Blut, das aus dem einfach gebauten Herzen gepumpt wird, nur eine kurze Strecke in einigen ableitenden Gefäßen, die offen in Gewebsspalten enden. Das Blut strömt durch weitere Gewebsspalten in den Körper und umfließt die Organe. Durch enge Gewebsspalten fließt dann das Blut wieder zum Herzen zurück.
Solch ein Kreislaufsystem wird **offenes Blutgefäßsystem** oder **offener Blutkreislauf** genannt.

Die **Wirbeltiere,** so auch die **Menschen,** haben **ein geschlossenes Blutgefäßsystem,** d.h., einen **geschlossenen Blutkreislauf** (Abb., S. 530). Das vom Herzen angetriebene Blut fließt in Arterien in den Körper. Die Arterien verzweigen sich in feinste Blutkapillaren. In den Blutkapillaren erfolgt der Gasaustausch. Sie vereinigen sich zu Venen, die das Blut wieder dem Herzen zuführen. Das geschlossene Blutgefäßsystem ist also ein geschlossenes Röhrensystem, in dem das Blut kreist.

# Mosaik

## Blutgefäßsysteme der Wirbeltiere

Der **Blutkreislauf der Fische** ist einfach. Das Herz besteht aus einem Vorhof und einer Herzkammer. Das sauerstoffarme und mit Kohlenstoffdioxid angereicherte Blut gelangt in der Körpervene zum Vorhof, anschließend in die Herzkammer. Diese pumpt das Blut in die Kiemen. Dort erfolgt der Gasaustausch. Das mit Sauerstoff angereicherte Blut strömt in der Körperarterie zu den Organen. Dort erfolgt wiederum der Gasaustausch. Das nun mit Kohlenstoffdioxid angereicherte Blut fließt in der Körpervene wieder zurück zum Herzen (Abb. 1a).

Die **landlebenden Wirbeltiere,** die *Lurche, Kriechtiere, Vögel* und *Säugetiere* sowie der *Mensch,* atmen durch Lungen. Es hat sich neben dem **Körperkreislauf** ein **Lungenkreislauf** herausgebildet. Deshalb wird gesagt, diese Lebewesen besitzen einen **doppelten Blutkreislauf.** Damit steht das aus zwei Hälften bestehende Herz in Beziehung. Aus der rechten Hälfte gelangt das Blut zur Lunge, aus der linken Hälfte in den Körper.

Bei den **Lurchen** (Amphibien) gibt es zwei Vorkammern und nur eine Herzkammer (Abb. 1b). Das sauerstoffreiche Blut strömt aus der Lunge in die linke Vorkammer, von dort ins Herz. Das kohlenstoffdioxidreiche Blut gelangt aus dem Körper in die rechte Vorkammer, von dort ebenfalls ins Herz. In der ungeteilten Herzkammer findet eine Durchmischung des Blutes statt. In den Körper wird Mischblut gepumpt.

Bei den **Kriechtieren** (Reptilien) wird die Herzkammer teilweise in zwei Hälften getrennt (Abb. 1c). Dadurch wird die Durchmischung des Blutes eingeschränkt. Aus der Herzkammer entspringen drei Adern. Die rechte Ader führt mit Kohlenstoffdioxid angereichertes Blut zur Lunge, die linke Ader transportiert sauerstoffreiches Blut in den Körper. Sie vereinigt sich mit der mittleren Ader, die Mischblut enthält, zur Körperarterie.

Bei den **Vögeln, Säugetieren** (Abb. 1d) und dem **Menschen** ist das Herz vollständig in zwei Vorkammern und zwei Herzkammern getrennt. Das aus der Lunge kommende sauerstoffreiche Blut und das mit Kohlenstoffdioxid angereicherte Blut aus dem Körper vermischen sich nicht. Lungenkreislauf und Körperkreislauf sind vollständig getrennt.

Aus der linken Herzkammer entspringt die Körperarterie, die den Körper mit seinen Organen und Zellen mit Sauerstoff versorgt. Die rechte Herzkammer pumpt das in der Körpervene aus dem Körper kommende kohlenstoffdioxidangereicherte Blut zur Lunge. Dort erfolgt der Gasaustausch.

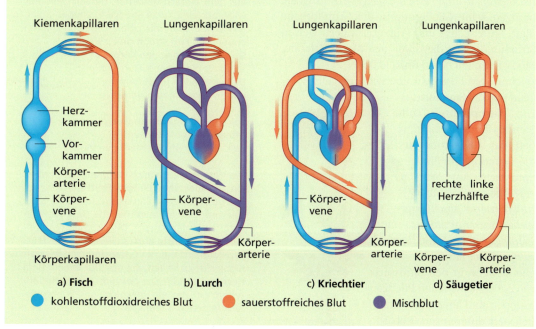

Kiemenkapillaren — Lungenkapillaren — Lungenkapillaren — Lungenkapillaren

Herz-kammer
Vor-kammer
Körper-arterie
Körper-vene

Körper-vene
Körper-vene
rechte linke Herzhälfte

Körperkapillaren
Körper-arterie
Körper-arterie
Körper-vene
Körper-arterie

a) **Fisch**   b) **Lurch**   c) **Kriechtier**   d) **Säugetier**

● kohlenstoffdioxidreiches Blut   ● sauerstoffreiches Blut   ● Mischblut

## Spezialisierung

Bei der Betrachtung uns bekannter **Vogelarten** wird an den ausgebildeten **Schnäbeln** die Spezialisierung, d.h. die Angepasstheit an die verschiedenen Ernährungsweisen, deutlich (Abb. 1).

Auch bei der Betrachtung der Ernährungsweise der **Insekten** zeigen sich Spezialisierungen, z.B. im Bereich der **Mundwerkzeuge** (Abb. 2).

Die *Schmetterlinge* saugen mit ihrem langen Saugrüssel den Nektar vom Blütengrund. Die *Hummel* fliegt u.a. zu den Blüten von *Taubnessel* und *Wiesensalbei*. Die langrüsseligen Arten erreichen den Nektar am Grund der Blüte. Sie kriechen in die Blüte hinein, dabei bleibt Blütenstaub am Körper hängen. Die nächste Blüte wird damit bestäubt.

Ein blühender Kirschbaum oder Brombeerstrauch wird u.a. von *Bienen* besucht. Der Blütenboden ist nur wenig eingesenkt, sodass die Bienen mit ihrem kurzen Rüssel den Nektar erreichen.

> Die Spezialisierung führt bei den Lebewesen durch Veränderung im Bau bzw. durch Ausbildung bestimmter Verhaltensweisen zu einer besseren Angepasstheit an spezifische Umweltbedingungen.

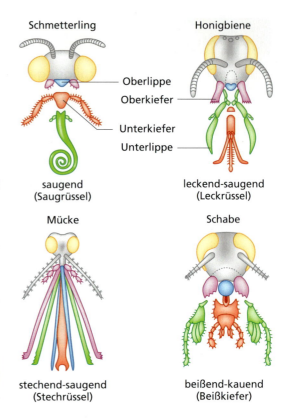

Schmetterling

saugend (Saugrüssel)

Honigbiene

leckend-saugend (Leckrüssel)

Mücke

stechend-saugend (Stechrüssel)

Schabe

beißend-kauend (Beißkiefer)

Oberlippe
Oberkiefer
Unterkiefer
Unterlippe

**2**  Mundgliedmaßen von Insekten

| Vögel | Specht | Buchfink | Kernbeißer | Weißstorch | Bussard | Ente |
|---|---|---|---|---|---|---|
| **Schnabel-formen** | lang und spitz, kräftig | kurz und spitz, kräftig | kurz, kräftig, meißel-förmig | lang und spitz | Oberschna-bel hakig gebogen | breit, vorne rund, mit kräftigen Hornleisten |
| **Nahrung und Ernäh-rungsweise** | Hacken von Löchern in den Baum, Herausho-len der In-sektennah-rung | Zerbeißen harter Fruchtscha-len, Ernäh-rung von Sa-men | Zerbeißen von Kirsch- und Pflau-mensteinen | Ergreifen der Beute, z.B. Frö-sche | Heraus-reißen von Fleisch-stücken aus Beutetieren, z.B. Mäusen | „Ergründeln" der Nahrung aus Schlamm und Wasser, bleibt an Hornleisten hängen (Seih-schnabel), z.B. Pflanzenteile, Insektenlar-ven |

**1**  Verschiedene Schnabelformen und Ernährungsweisen bekannter Vogelarten

# Mosaik

## Rückbildungen und rudimentäre Organe – eine besondere Form der Spezialisierung?

Bei verschiedenen Echsenarten (Abb. 1) ist beispielsweise eine abgestufte **Rückbildung der Gliedmaßen** zu beobachten. Die *Zauneidechse* (a) besitzt vier voll ausgebildete Beine, mit denen sie sich vorwärtsbewegt. Die Beine der *Erzschleiche* (b) sind stark verkürzt und schwach. Bei der *Blindschleiche* (c) sind äußerlich keine Beine zu erkennen, nur am Skelett einige Knochen.

Bei einigen Organismen sind Rückbildungen an äußeren Strukturen so weit fortgeschritten, dass sie äußerlich nicht mehr sichtbar sind. Vielfach gibt es aber noch Hinweise darauf, dass diese Strukturen im Bauplan ursprünglich, d.h. bei den stammesgeschichtlichen Vorfahren, vorhanden waren. Oft ist mit der erfolgten Reduktion auch ein Funktionswechsel verbunden. Solche **rückgebildeten Strukturen** werden als **Rudimente** oder **rudimentäre Organe** bezeichnet. Bekannte Beispiele sind die **Reste der Beckenknochen** bei *Walen,* die darauf hinweisen, dass die stammesgeschichtlichen Vorfahren wohl noch Hintergliedmaßen besessen haben. Jetzt dienen die rudimentären Beckenknochen nur noch als Ansatzstellen für Penis und Aftermuskeln (Abb. 3). Bei einigen *Riesenschlangen* (Gruppe Schlangen) und der heimischen *Blindschleiche* (Gruppe Echsen) findet man ebenfalls noch Reste von Beckenknochen.

Auch *Menschen* weisen Rudimente auf. Ein Beispiel ist der *Wurmfortsatz,* der oft als Blinddarm bezeichnet wird, aber eigentlich nur den Rest eines Blinddarms darstellt. Weitere Beispiele sind das *Steißbein* und die oft verkümmerten *Weisheitszähne.*

2  Schweinefinnenbandwurm als Parasit

Eine ganz andere Form der Rückbildung tritt bei *Bandwürmern* auf, die als Parasiten im Darm von verschiedenen Endwirten (Hund, Schwein, Mensch) leben. Sie haben keinen Darm, da sie verdaute Nahrung über die gesamte Körperoberfläche aufnehmen. Diese zu den Plattwürmern zählenden Tiere haben im Laufe der Evolution den Darm vollständig reduziert. Sie besitzen aber eine besondere Struktur im Kopfbereich, mit der sie sich im Darm der Endwirte verankern (Abb. 2). Die Bandwürmer sind also an ihre parasitische Lebensweise gut angepasst.

Auch bei Pflanzen gibt es Rückbildungen, z. B. das Fehlen von Laubblättern bei einigen Kakteen.

**Unter rudimentären Organen (Rudimenten) versteht man rückgebildete, vielfach äußerlich nicht mehr sichtbare Organe (Strukturen), die bei den stammesgeschichtlichen Vorfahren noch voll ausgebildet waren. Sie haben im Verlauf der Evolution ihre Funktion teilweise oder vollständig verloren. Sie geben aber Hinweise auf den Bauplan der Vorfahren.**

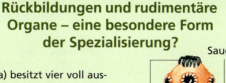

1  Rückbildung von Gliedmaßen

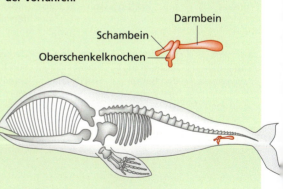

3  Rudimentäre Organe beim Wal

# Mosaik

## Homologe Organe und Homologisierung

Die **Vordergliedmaßen** verschiedener Wirbeltiere, z.B. der Flügel einer *Haustaube,* der Arm eines *Menschen* und die Vordergliedmaßen eines *Delfins,* sehen auf den ersten Blick sehr unähnlich aus. Betrachtet man den knöchernen Aufbau genauer, zeigen sich Gemeinsamkeiten.

Diese so unähnlichen Strukturen besitzen einen **gemeinsamen Grundbauplan,** der durch eine bestimmte Lagebeziehung der Knochen zueinander und zum Organismus als Ganzes gekennzeichnet ist. Gemeint ist, dass die Abfolge der Knochen in den Vordergliedmaßen vom Oberarm bis zu den Fingerknochen gleich ist (Abb.2).
Unterschiedlich ist allerdings vielfach die Anzahl, Größe oder Form der Knochen. Dies ist als Abwandlung vom Grundtypus im Sinne von Spezialisierung aufzufassen (Abb.2).

Homologe Organe geben Hinweise auf Verwandtschaftsbeziehungen zwischen Organismen. So ist als Konsequenz gemäß den Aussagen der Evolution ein gemeinsamer Bauplan ein Indiz für einen gemeinsamen Ahnen. Je stärker die Übereinstimmung bei homologen Organen verschiedener Organismenarten ist, desto näher sind diese Arten miteinander verwandt.
**Homologie** liegt auch dann vor, wenn die entsprechenden Organe im Verlauf der stammesgeschichtlichen Entwicklung der Organismen unterschiedliche Funktionen übernommen haben.
So nutzt das Pferd seine Beine zum Laufen, der Maulwurf gräbt im Boden, der Vogel fliegt, und der Delfin schwimmt mithilfe der Vordergliedmaßen.

**Modell**

Delfin

Oberarmknochen

Unterarmknochen

Handwurzelknochen

Mittelhandknochen

Fingerknochen

Maulwurf

Pferd

Faultier

Mensch

Vogel

Fledermaus

**2**  Vordergliedmaßen der verschiedenen Wirbeltiergruppen – homologe Organe

Blattranken der Erbse

Blattdornen der Weißen Robinie

**1**  Blattmetamorphosen bei Schmetterlingsblütengewächsen – homologe Organe

Der Mensch greift nach Gegenständen und kann Präzisionsarbeiten mit seinen Händen ausführen. Neben dem genannten Beispiel der Wirbeltiervordergliedmaßen (Abb.2) existieren noch viele Beispiele im Tier- und Pflanzenreich, bei denen sich Strukturen homologisieren lassen (Abb.1, S.534). Homologe Strukturen bei Pflanzen sind beispielsweise verschiedene **Metamorphosen,** z.B. Blattmetamorphosen (Abb.1).
**Organe, die auf einen gemeinsamen Grundbauplan zurückzuführen sind, bezeichnet man als homolog. Als homologe Organe werden ursprungsgleiche Organe bezeichnet, die aber im Aussehen und in der Funktion zumeist unterschiedlich sind.**

# Mosaik

Maulwurfsgrille

Gelbrandkäfer

Grabbein

Schwimmbein

Ober-
schenkel — Hüfte

Honigbiene

Schenkelring
Unterschenkel
Fuß

Sammelbein

Heuschrecke

Laufkäfer    Laufbein    Sprungbein

1   Insektenbeine – homologe Organe

Auch **Verhaltensweisen** können **homolog** sein. Angeborene Verhaltensweisen sind bei Tieren artspezifisch. Einige Verhaltensweisen laufen nach einem starren, angeborenen Schema ab, es sind homologe Verhaltensweisen. Dazu gehört z. B. das Scheinputzen des Entenerpels bei der Balz. Beim Vergleich dieser Verhaltensweise bei verschiedenen Entenarten (Abb. 2) kann auf deren Verwandtschaft geschlossen werden.

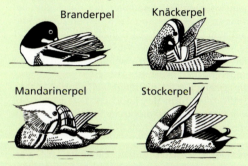

Branderpel    Knäckerpel

Mandarinerpel    Stockerpel

2   Scheinputzen verschiedener Erpel

# Mosaik

Betrachtet man die **Vorgergliedma-**
**ßen** der *Maulwurfsgrille* und des *Maulwurfs,* so erkennt man gewisse Ähnlichkeiten. Beide Vorderbeine sind gedrungen und kräftig und mit einer Art Grabkelle ausgestattet (Abb. 1). Es sind äußerliche Übereinstimmungen, die in vergleichbarer Art auch bei der *Körperform* von z. B. *Hai, Hecht, Pinguin* und *Delfin* auftreten (Abb. 1, S. 535). Diese Ähnlichkeiten in der Körperform bei sonst verschiedenen Grundbauplänen dieser Tiere sind auf die Anpas-

## Analogie
## und Konvergenz

sung an gleiche Umweltverhältnisse zurückzuführen. Diese Tiere leben im Wasser. Die Spindelform des Körpers zeichnet sie als gute Schwimmer aus. *Maulwurfsgrille* und *Maulwurf* leben im Boden, benötigen also Vordergliedmaßen zum Graben (Abb. 1). Solche Ähnlichkeiten werden **Analogien** bzw. **analoge Organe (Strukturen)** genannt. So sind auch die *Wurzelknollen* der Dahlie und die *Sprossknollen* der Kartoffel analoge Speicherorgane (Ab3, S. 535).

a

b

1   Vordergliedmaßen vom Maulwurf (a) und von der Maulwurfsgrille (b) sind analoge Organe.

## Mosaik

Glatthai (Knorpelfisch)

Delfin (Säugetier)

Kaiserpinguin (Vogel)

Hecht (Knochenfisch)

a

b

**1** Eine übereinstimmende Körperform führt als analoge Struktur zur Konvergenz.

**3** Sprossknollen der Kartoffel (a) und Wurzelknollen der Dahlie (b) sind analoge Organe.

Ebenso sind die *Dornen* der Berberitze und die *Stacheln* der Rosen analoge Organe zum Schutz gegen Tierfraß, der *Flügel* des Vogels und des Schmetterlings analoge Organe zum Fliegen oder die *Vordergliedmaßen* vom Wal und das *Schwimmbein* des Gelbrandkäfers analoge Organe zur Fortbewegung.

Auch bei Pflanzen gibt es Beispiele. So zeigen die in Afrika vorkommenden *Wolfsmilchgewächse* (Euphorbiaceae) Ähnlichkeiten im Bau mit den in Amerika beheimateten Kakteen (keine Blätter, dicke Kutikula, dicker grüner Stamm als Wasserspeicher, tiefe Wurzeln). Beide gehören aber unterschiedlichen Pflanzenfamilien an (Abb. 2, 4).

**Analoge Organe** sind Organe mit unterschiedlichem Ursprung. Sie haben einen unterschiedlichen Grundbauplan, sind im Aussehen oder in der Funktion sehr ähnlich. Analogie lässt keine Rückschlüsse auf nähere Verwandtschaft zu.
Wenn Analogien zu großer Ähnlichkeit in den Organen bzw. der Körperform führen, so spricht man von **Konvergenz**. Die übereinstimmende Körperform der in Abbildung 1 vorgestellten Tiere ist ein Beispiel für Konvergenz.

**2** Kandelaberkakteen (Kakteengewächse)

**4** Kandelabereuphorbie (Wolfsmilchgewächse)

## Darstellung von Verwandtschaftsbeziehungen mittels Stammbäumen

Die Gruppe der Wirbeltiere besitzt als wesentliches Merkmal eine Wirbelsäule. Aufgrund dessen werden diese Tiere zu einer Gruppe zusammengefasst, zu den **Wirbeltieren.**

Die Zuordnung der Organismen zu unterschiedlichen Gruppen (z.B. Arten zu Gattungen, Gattungen zu Familien usw.) erfolgt auf der Grundlage **verwandtschaftlicher Verhältnisse.** Diesem Ziel dient die **Stammbaumforschung.**

Das Wesentliche an einem **Stammbaum** ist – analog zu einem Baum im botanischen Sinne – die Tatsache, dass eine Wurzel die Basis der Betrachtung ist, von wo aus Stamm und Äste abzweigen. Diese Verzweigungen erstrecken sich in zumeist unterschiedliche Richtungen. An jedem dieser Äste kann es in der Folge zu weiterer Astbildungen kommen, sodass im Laufe der Zeit eine weit verzweigte Struktur, die auf einen gemeinsamen Ursprung zurückzuführen ist, entsteht.

Erste Darstellungen eines Stammbaumes aus dem Tier- und Pflanzenreich haben daher auch starke Ähnlichkeit mit dem realen Vorbild, einem Baum (Abb. 1, S. 520).

Die **Stammbaumforschung** bezieht sich auch auf Organismen, die nicht mehr existieren bzw. ausgestorben sind. Über Bauplanmerkmale werden wesentliche Gemeinsamkeiten gefunden, die eine nahe Verwandtschaft belegen, und auch Unterschiede, die eine Abgrenzung ermöglichen. Hierbei werden zwangsläufig auch Fehler passieren, die auch immer wieder zu Veränderungen in der Einschätzung der Verwandtschaftsverhältnisse führen.

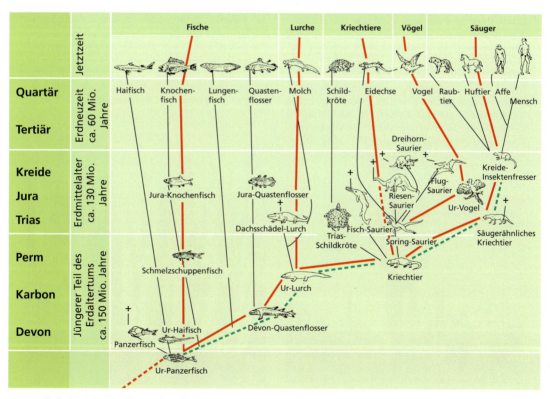

**1** Vereinfachter Stammbaum der Wirbeltiere (——— Hauptlinien der 5 Klassen, – – – hypothetische Verzweigungen, ——— Verzweigungen innerhalb der Klassen)

Am Beispiel des **Stammbaumes der Wirbeltiere** kann man die einzelnen Verwandtschaftsbeziehungen nachvollziehen (Abb. 1, S. 536).

Die **ersten Wirbeltiere** entstanden vor etwa 500 Millionen Jahren. Diese Organismen waren im Wasser lebende Tiere, die wir heute in die Gruppe ursprünglicher Fische einordnen würden. Aufgrund der Fossilfunde und vergleichender Untersuchungen an fossilen und heute lebenden (rezenten) Wirbeltieren lässt sich der Stammbaum der Wirbeltiere aufstellen, dessen Ordnungskriterium die Verwandtschaft der Organismengruppen untereinander ist. Diese Betrachtung soll die „Stammesentwicklung" (Phylogenese) der Wirbeltiere wiedergeben (Abb. 1, S. 536).

Vielfach findet man auch Stammbaumdarstellungen, bei denen versucht wird, weitere Informationen in ein Stammbaumschema einzubringen.

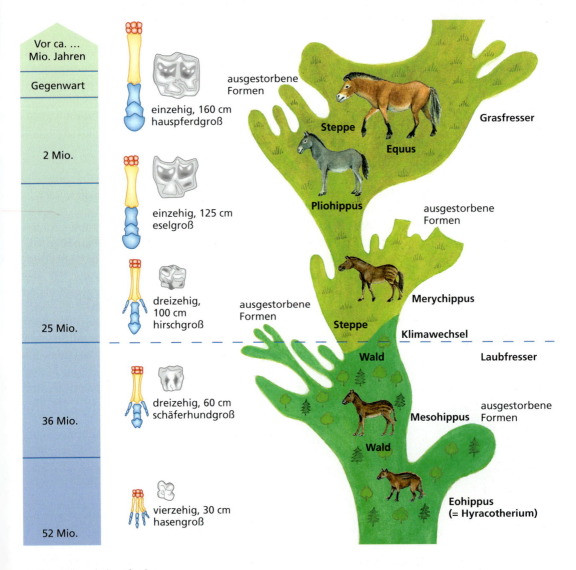

**1**  Stammbaum des Pferdes

Hierbei entstehen Schemata, die weniger die Artspaltungsprozesse und Verwandtschaftsverhältnisse in den Mittelpunkt der Betrachtungen stellen, sondern eher einen Überblick meist über zeitliche Abläufe, Entwicklungstendenzen usw. verschaffen sollen.

Ein Beispiel hierfür ist der sogenannte **„Pferdestammbaum"** (Abb. 1, S. 537), der mehr die Evolutionstendenzen zusammenfassend beschreibt als die Verwandtschaftsbeziehungen zwischen den einzelnen Organismengruppen, z. B. verschiedenen „Pferdeformen".

Die *Wildpferde*, Vorfahren unserer Hauspferde, lebten in Herden und waren offensichtlich gut an das Leben in der Steppe angepasst. Schon vor hundert Jahren entdeckte man unter **den recht zahlreichen Funden fossiler Pferde,** z. B. in der Grube Messel bei Darmstadt und in Nordamerika, auch dreizehige, später vierzehige Exemplare.

Der russische Forscher KOWALEWSKIJ (1840 bis 1909) beschäftigte sich Ende des 19. Jahrhunderts intensiv mit den Fossilien von Pferden. So untersuchte er neben den Gliedmaßenknochen auch die Zähne der Fossilienfunde. Er erkannte interessante Zusammenhänge zwischen der Größe der Tiere, ihren Zähnen und dem Bau ihrer Gliedmaßen sowie dem Alter der Fossilfunde. Er stellte die Hypothese auf, dass die frühesten Vorfahren der Pferde vierzehige Lebewesen gewesen sein mussten.

Diese ersten nur weniger als hasengroßen pferdeartigen Organismen (Eohippus) lebten in Waldgebieten und fraßen Laub. Er schloss dies aus der geringen Körpergröße, der Tatsache, dass die Tiere mit ihren kurzkronigen Zähnen nicht in der Lage waren, Gräser zu zermahlen, sondern höchstens saftige Blätter, Beeren und Ähnliches zerquetschen konnten (Abb. 1, S. 537).

Die Entwicklung verlief aber nicht geradlinig. Auch im Bereich der Pferdeartigen gab es Seitenlinien, die ausstarben, und Verlagerungen der Entwicklung über mehrere Kontinente. Ebenso verlief die Entwicklung in einigen Abschnitten äußerst langsam, während es in anderen in relativ kurzer Zeit große Veränderungen gab.

Die Entwicklung des Pferdes vom hasengroßenlaubfressenden Urpferd der Wälder über grasfressende schnelle Urahnen der Steppe zum heutigen Pferd dauerte über 50 Millionen Jahre.

An diesem Beispiel zeigt sich das Zusammenwirken der beiden Evolutionsfaktoren Mutation (s. S. 467, 522) und Selektion (natürliche Auslese; s. S. 522).

Auch für Organismengruppen wie Pilze, Pflanzen, Tiere können Stammbäume aufgestellt werden.

Entsprechend existieren auch Stammbaumdarstellungen, die die **Evolution des Menschen** verdeutlichen (Abb., S. 554, 555). Solche Abbildungen dienen als grobe Orientierung für das Verständnis von Verwandtschaftsverhältnissen innerhalb einer Organismengruppe.

Häufig ist der Begriff des **Familienstammbaumes** aus der Ahnenforschung bekannt, in welchem, mit einer festen Symbolik versehen, die Abstammung der Kinder von Vater und Mutter und der weiteren Familie, väterlicherseits und mütterlichseits, dargestellt ist (s. S. 464 – 466, 481, 491).

Die wesentlichen Aussagen, die sich aus allen Stammbaumdarstellungen ableiten lassen, sind die **Grade der Verwandtschaft,** in der die dargestellten Organismen zueinander stehen.

**1** Skelett vom Fohlen des großen Urpferdes aus der Grube Messel bei Darmstadt (ca. 50 Mio. Jahre alt)

> Die Stammbaumforschung versucht durch wesentliche Merkmale Verwandtschaftsbeziehungen zwischen Organismengruppen und Organismen aufzudecken und sie schematisch in Stammbäumen darzustellen.

1. Erkläre die Entstehung langbeiniger Schreit-
vögel, z. B. Reiher oder Störche, aus der Sicht
von LAMARCK und aus der Sicht von DARWIN.

2. a) Informiere dich über die Lage der Galapagosinseln. Nutze dazu Atlas, Lexikon
oder Internet.
   b) Nenne die Ozeane, die DARWIN auf der
Vermessungsfahrt mit der „Beagle"
durchquert hat.
   c) Aufgrund welcher Überlegungen kam
DARWIN zu seiner Evolutionstheorie?

3. Nenne Evolutionsfaktoren.
Erläutere ihr Wirken an je einem Beispiel.

4. a) Nenne Faktoren, die Mutationen hervorrufen können.
   b) Bei Pflanzen- und Tierarten findet man
Mutationen. Erläutere diesen Sachverhalt
an je einem Beispiel.

5. In welcher Weise wird durch Isolation das
Evolutionsgeschehen beeinflusst?

6. Nenne Formen der Isolation. Erläutere sie an
je einem Beispiel.

7. In englischen Industriegebieten fand man
fast nur die dunkle Form des Birkenspanners
und nur wenige Vertreter der hellen Form.
Erkläre diesen Sachverhalt.

8. a) Wie erklärten LAMARCK und DARWIN die
Stammesentwicklung der Giraffen?
Betrachte dazu die Abbildungen auf den
Seiten 515 und 518.
   b) Vergleiche die Auffassungen von LAMARCK
und DARWIN. Fertige eine Tabelle an.

9. Durch das Zusammenwirken der Evolutionsfaktoren entstehen neue Arten.
Erläutere dies am Beispiel der Darwinfinken
von den Galapagosinseln.

10. Auf Inseln findet man sehr häufig flügellose
Arten von Organismengruppen, die sonst im-
mer beflügelt sind (z. B. flügellose Fliegen).
Begründe diese Tatsache.

11. Die Mutation ist ein wesentlicher Evolutionsfaktor. Begründe.

12. Was verstehst du unter „Auslese"?
Worin unterscheiden sich natürliche und
künstliche Auslese bei der Züchtung von
Pflanzen und Tieren?

13. Die Besiedlung von vulkanischen Inseln (z. B.
Galapagosinseln) mit Organismen wird von
Wissenschaftlern besonders untersucht.
Begründe.

14. Beschreibe an selbstgewählten Beispielen,
dass sich das Aussehen einer Art
– über viele Generationen nicht verändert
hat,
– über viele Generationen verändert hat.
Gib hypothetische Erklärungen für diese Erscheinungen.

15. Betrachte die Abbildung 1 auf Seite 529.
Begründe anhand der Abbildung die zuneh-
mende Differenzierung der Gewebe bei
Pflanzen.

16. Die Grabbeine von Maulwurf und Maulwurfsgrille sind analoge Organe. Begründe.

17. Worin besteht die höhere Organisationsstufe im Bau der Sprossachse einer Samenpflanze gegenüber dem Bau des Moosstämmchens?

18. Regenwürmer und Insekten reagieren auf Lichtreize. Begründe, dass bei der Reaktion auf Reize eine unterschiedliche Organisationsstufe vorliegt.

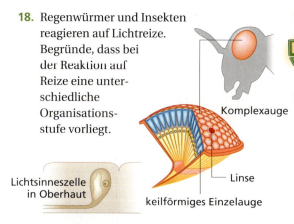

Komplexauge

Linse

keilförmiges Einzelauge

Lichtsinneszelle in Oberhaut

19. Die Säugetiergebisse sind homologe Organe. Begründe.

20. a) Welche Bedeutung hat das Aufstellen von Stammbäumen in der Evolutionsforschung?
    b) Erläutere diesen Sachverhalt an einem selbstgewählten Beispiel.

21. Die Lungen der Wirbeltiere sind ein Beispiel für zunehmende Höhen der Organisationsstufen in der Stammesentwicklung. Begründe das am Bau und der Leistungsfähigkeit der Lunge von Erdkröte und Weißstorch.

22. a) Vergleiche das Nervensystem von Süßwasserpolyp und Hauskatze.
    b) Begründe die höhere Leistungsfähigkeit des Nervensystems der Hauskatze.

23. Versuche an den Vordergliedmaßen eines Vogels und Delfins zu erläutern, inwieweit der Bau ihrer Gliedmaßen eine Spezialisierung darstellt und inwieweit der Grundbauplan der Wirbeltiergliedmaßen abgewandelt ist.

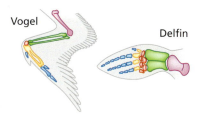

Vogel

Delfin

24. Im Laufe der Evolution sterben auch Arten aus. Nenne mögliche Ursachen. Informiere dich im Internet. Wozu sind die Arten hierbei offensichtlich nicht in der Lage?

25. a) Wiederhole den Aufbau des Skeletts der Säugetiere.
    b) Nenne die Teile des Skeletts, die beim Wal eine Rückbildung erfahren haben (Abb. 3, S. 532).
    c) Erläutere anhand des Beckengürtels und der Gliedmaßen vom Wal, dass die Rückbildung einen Vorteil für Individuen in der Evolution darstellen kann.

26. Erläutere am Beispiel des Bandwurms, dass die Rückbildung oftmals ein Ausdruck der Spezialisierung ist.

27. Stelle in einer Tabelle Rudimente und deren frühere Bedeutung zusammen.

28. Die Vordergliedmaßen der Wirbeltiere (s. S. 533) sind homologe Organe. Begründe.

29. Die Schnabelformen von Buchfink, Grünspecht, Kolibri und Rotem Milan sind Ergebnisse der Spezialisierung. Beschreibe und begründe diesen Sachverhalt. Beachte dabei den Zusammenhang von Ernährung und Schnabelform.

# Evolutionstheorien

**Schöpfungsgeschichte:** Gott schuf die Arten; sie sind unveränderlich (Konstanz der Arten).

**Lamarckismus:** Begründet von LAMARCK; bedingt durch Umweltbedingungen, entwickeln sich Organe stärker oder schwächer (Vererbung erworbener Eigenschaften).

**Katastrophentheorie:** Begründet von CUVIER; Weltkatastrophen vernichten Organismen, die anschließend wieder erschaffen werden.

**Abstammungslehre:** Begründet von DARWIN und durchgesetzt von HAECKEL; alle heutigen Lebewesen sind im Verlauf der erdgeschichtlichen Entwicklung aus einfachen früheren Lebewesen hervorgegangen.

# Evolutionsfaktoren

Die Evolution wird durch verschiedene Faktoren angetrieben und gelenkt. Die Faktoren werden als **Evolutionsfaktoren** bezeichnet. Diese Faktoren wirken zwar auf einzelne Individuen, ihre Bedeutung für die Evolution wird aber nur für Individuengruppen (Populationen) bedeutsam. Evolutionsfaktoren sind die Ursache für die stammesgeschichtliche Entwicklung.

**Mutationen**
Veränderungen der Erbanlagen, Formen sind Gen-, Genom- und Chromosomenmutationen

**Isolation**
teilweise oder vollständige Unterbindung der Paarung und damit des Genaustauschs, Trennung von Organismengruppen in Teilpopulationen, Entstehen neuer Arten

**Evolutionsfaktoren**

**Neukombinationen von Genen**
Erhöhung der Anzahl der Genkombinationen bei der Befruchtung in zufällig neuer Weise, Entstehen neuer Phänotypen

**Natürliche Auslese (Selektion)**
optimal angepasste Individuen bleiben erhalten und pflanzen sich fort; richtunggebende „Kraft" der Evolution

Durch das **Zusammenwirken der Faktoren** wird die Evolution vorangebracht; hierbei gibt die *Auslese* der Evolution die Richtung, während die Mutation das Material liefert (neue Gene). Die Gene werden durch die *Neukombination* in neuen Varianten kombiniert und führen so über neue Genotypen zu neuen Phänotypen. Die *Isolation* kann ebenfalls zu völlig verschiedenen Entwicklungstendenzen in den Teilgruppen führen, wobei in der Regel neue Arten entstehen können. Man spricht vom Prozess der Artbildung.

Durch die **künstliche Auslese** (durch Menschenhand) werden Züchtungen erzielt, d. h., es werden bestimmte Individuen für die Erzeugung der Nachkommenschaft ausgewählt und andere von der Fortpflanzung ausgeschlossen.

summa summarum

## Evolutionsrichtungen und Evolutionstendenzen

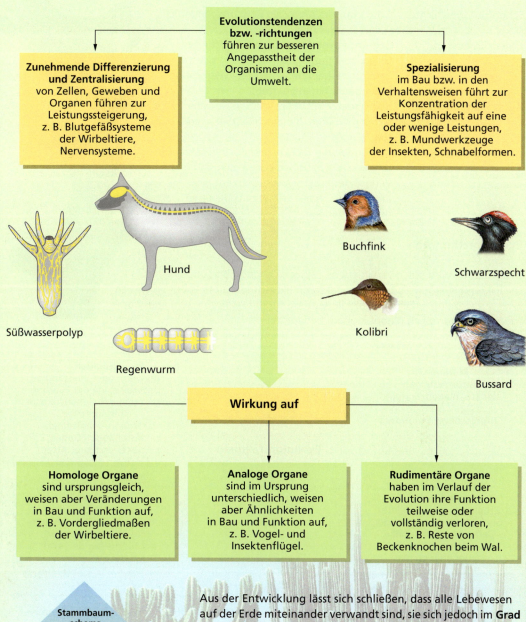

**Evolutionstendenzen bzw. -richtungen** führen zur besseren Angepasstheit der Organismen an die Umwelt.

**Zunehmende Differenzierung und Zentralisierung** von Zellen, Geweben und Organen führen zur Leistungssteigerung, z. B. Blutgefäßsysteme der Wirbeltiere, Nervensysteme.

**Spezialisierung** im Bau bzw. in den Verhaltensweisen führt zur Konzentration der Leistungsfähigkeit auf eine oder wenige Leistungen, z. B. Mundwerkzeuge der Insekten, Schnabelformen.

Süßwasserpolyp

Regenwurm

Hund

Buchfink

Kolibri

Schwarzspecht

Bussard

**Wirkung auf**

**Homologe Organe** sind ursprungsgleich, weisen aber Veränderungen in Bau und Funktion auf, z. B. Vordergliedmaßen der Wirbeltiere.

**Analoge Organe** sind im Ursprung unterschiedlich, weisen aber Ähnlichkeiten in Bau und Funktion auf, z. B. Vogel- und Insektenflügel.

**Rudimentäre Organe** haben im Verlauf der Evolution ihre Funktion teilweise oder vollständig verloren, z. B. Reste von Beckenknochen beim Wal.

Stammbaum-schema

I  II  III

IIIa

IIa

Ia

Stammorganismengruppe

Aus der Entwicklung lässt sich schließen, dass alle Lebewesen auf der Erde miteinander verwandt sind, sie sich jedoch im **Grad der Verwandtschaft** unterscheiden. Das bedeutet, dass sich einige Arten von Lebewesen von der Entwicklung der übrigen frühzeitig abgekoppelt haben, während nah verwandte Gruppen von Lebewesen noch sehr lange eine gemeinsame Entwicklung vollzogen haben.
Die Menschen versuchen diese Verwandtschaftsverhältnisse in Form von **Stammbäumen** nachzuzeichnen.

# 10.3  Evolution des Menschen

## Ordnung der Primaten

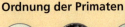

## Der Mensch als „Herrentier"

Noch vor 100 Jahren hielten es viele Menschen für unter ihrer Würde, mit anderen Lebewesen, insbesondere mit Affen, etwas gemeinsam zu haben. Die Ähnlichkeit des Menschen mit den Menschenaffen und besonders mit dem Schimpansen fiel den Biologen schon vor mehr als 200 Jahren auf. Damals ordnete z. B. der schwedische Naturforscher CARL VON LINNÉ in seiner Schrift „Systema Naturae" den Menschen in die Ordnung der Primaten ein, die er als „Herrentiere" bezeichnete (Abb.).

*Welche Merkmale hat der Mensch mit allen Säugetieren und schließlich nur noch mit den Primaten gemeinsam?*

## Der Mensch und seine Vorfahren

Die Gemeinsamkeiten zwischen dem Menschen und den übrigen Primaten deuten darauf hin, dass sich der Mensch aus tierischen Vorfahren entwickelt hat.

Durch umfangreiche Grabungen wurden seit Jahrzehnten in verschiedenen Erdteilen zahlreiche Fossilien von Tieren und Menschen geborgen, so auch in der Nähe des kleinen Ortes Tambach-Dietharz im Thüringer Wald in der Grabungsstätte „Bromacker"(Abb.).

*Welches waren die unmittelbaren Vorfahren des Menschen? Welche Faktoren bedingen die Entwicklung?*

## Körperlicher Vergleich von Menschenaffen und Mensch

Die Frage nach der Herkunft des Menschen bewegte unsere Vorfahren seit uralten Zeiten. Sie fanden darauf die unterschiedlichsten Antworten, die sich zum Teil in mythischen und religiösen Vorstellungen widerspiegeln.

Erst mit dem 19. Jahrhundert gelang es Wissenschaftlern nach und nach, Licht in das Dunkel der Vorstellungswelt zu bringen, auch mit der Erforschung der DNA (s. Genetik, S. 440–442).

Denn erst durch die exakte und möglichst vollständige Ermittlung aller Merkmale der Organismen ergibt sich durch den Vergleich dieser Merkmale die Möglichkeit, richtige Aussagen zu verwandtschaftlichen Verhältnissen zu machen.

Der schwedische Naturforscher CARL VON LINNÉ (1707–1778) erwarb sich große Verdienste bei der Erstellung eines einheitlichen Systems der Lebewesen. Aufgrund seiner Untersuchungen stellte er die Affen und den Menschen in die gleiche Tierordnung und nannte sie **Primaten** oder **Herrentiere**.

Der deutsche Wissenschaftler ERNST HAECKEL (1834–1919) beschäftigte sich ebenfalls mit dieser Problematik und erarbeitete eine umfassende Begründung zur Verwandtschaft des Menschen mit den Menschenaffen (S. 519, 520).

Bei einem solchen Vergleich tendieren die meisten Menschen dazu, zunächst Unterschiede zu erfassen. So haben die Menschenaffen längere Arme und kürzere Beine als wir Menschen und sie bewegen sich hangelnd mit den Armen oder am Boden zumeist auf allen vieren fort.

Mit der Ausbildung des aufrechten Ganges beim Menschen waren zahlreiche Veränderungen des **Skeletts** verbunden. So entwickelte sich bei den Menschenaffen ein **Greiffuß,** beim Menschen ein **Standfuß** (Abb. 1).

Die **Wirbelsäule** wurde doppelt-S-förmig. Sie erbrachte verbesserte Stabilitätseigenschaften und trägt federnd Rumpf und Kopf. Mit einer schau-

felförmigen Verbreiterung des **Beckens** war eine vergrößerte Ansatzfläche für die Gesäßmuskulatur gegeben.

Die **Beine** erfuhren eine Verlängerung und die **Oberschenkel** wurden so umgebildet, dass sie im Hüftgelenk gestreckt werden konnten.

Das **Hinterhauptsloch** wurde nach vorn verlagert. Dadurch ließ sich der Schädel besser auf der Wirbelsäule ausbalancieren (Abb. 2, 3, S. 545).

Vergleicht man die durchschnittliche Gehirnmasse des Menschen (ca. 1 450 g) mit der Gehirnmasse der Menschenaffen, z. B. Gorilla (ca. 430 g), so ergeben sich erhebliche Unterschiede (Abb. 3, S. 545). Die meisten Affen und der Mensch haben aber an **Hand** und **Fuß** je fünf Finger bzw. Zehen, die jeweils mit Plattnägeln besetzt sind (Abb. 1). Der Daumen kann allen anderen Fingern gegenübergestellt werden – man spricht von einer **Greifhand**.

Gut verwertbare Aussagen über verwandtschaftliche Verhältnisse liefert auch die **Beschaffenheit der Zähne.** Die Kieferformen von Menschenaffen (z. B. Gorilla u-förmig) und Mensch (oval) sind verschieden.

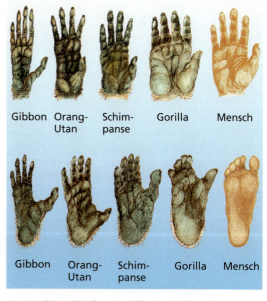

**1**  Hände und Füße von Affen und Mensch

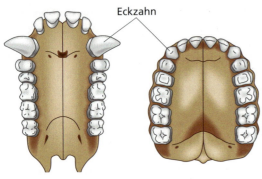

Eckzahn

**1**   Oberkiefer von Gorilla (rechteckige Anordnung) und Mensch (bogenförmige Anordnung)

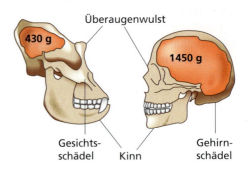

Überaugenwulst

430 g

1450 g

Gesichts-schädel        Kinn        Gehirn-schädel

**3**   Schädel mit Hirnschädelvolumen von Gorilla und Mensch

Die Kauflächen auf den Zahnkronen der Backenzähne weisen, im Gegensatz zu anderen Primaten, das gleiche Muster auf (Abb. 1).

Die Mehrzahl der Übereinstimmungen zwischen Menschenaffen und Menschen liegen aber im Verborgenen und wurden bzw. sind erst seit der Mitte des 20. Jahrhunderts bekannt.
So kommen die **gleichen Blut-** und **Serumgruppen** auch bei den Menschenaffen vor. Unser **Hämoglobin** (roter Blutfarbstoff) ist mit dem des *Schimpansen* identisch. Die **DNA** des Menschen stimmt nach derzeitigen Erkenntnissen zu 98,76 % mit der DNA des *Schimpansen* und zu 97,7 % mit der DNA des *Gorillas* überein. Im Vergleich: Die größte bisher bekannte Übereinstimmung bei zwei *Gibbonarten* liegt bei 97,8 %.

> Der Mensch gehört zu den Primaten („Herrentieren") und ist mit den Menschenaffen nahe verwandt. Wichtige Unterscheidungsmerkmale sind sein aufrechter Gang, die damit verbundenen anatomischen Besonderheiten und sein stark entwickeltes Gehirn.

Erst in den zwanziger Jahren des 20. Jahrhunderts begannen Wissenschaftler, die **Verhaltensweisen** von Menschenaffen zu erforschen. Dabei zeigte sich zunächst in Laborversuchen, dass *Schimpansen* die unterschiedlichsten Anforderungssituationen meisterten (Abb. 1, S. 546).
Sie benutzten spontan Werkzeuge, z. B. eine Stange, um an Nahrungsmittel zu gelangen. Sie waren aber auch in der Lage, Naturgegenstände zu verändern.

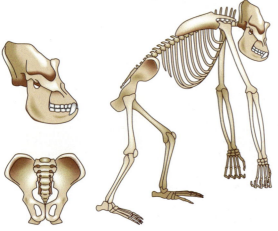

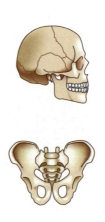

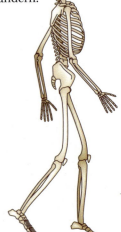

**2**   Skelett und Körperhaltung von Gorilla und Mensch

Mithilfe von Zähnen oder Händen wurden die Gegenstände so verändert, dass sie einer neuen Aufgabenstellung angepasst waren.

Naturbeobachtungen ergaben, dass sich bei verschiedenen Schimpansenhorden durch Nachahmungen ganz unterschiedliche **„Traditionen"** herausgebildet hatten. Einige waren in der Lage, Termiten mittels harter Gräser oder dünner Äste zu angeln. Andere nutzten passende Steine, um damit Nüsse zu knacken. Wieder andere zerkauten Blätter zu einem schwammförmigen Gebilde, um aus Asthöhlungen Wasser aufzusaugen und dann zu trinken.

Die Experimente mit Menschenaffen lassen den Schluss zu, dass insbesondere die Lernfähigkeit von *Schimpansen* beachtlich groß ist. Sie sind in der Lage, Naturgegenstände zielgerichtet zu verändern, Kausalbeziehungen zu erfassen, sich durch Laute und Gebärden zu verständigen – ja sogar eine „Symbolsprache" zu erlernen und mithilfe dieser „Symbolsprache" richtige, eigenständige Satzkonstruktionen zu erstellen. **Sprechen** können sie jedoch aus anatomischen Gründen nicht. Einige Versuche haben auch gezeigt, dass sich Menschenaffen im Spiegel erkennen und somit über ein **„Ich-Bewusstsein"** verfügen.

Aber ihr **Abstraktionsvermögen** reicht nicht aus, um hoch spezialisierte, vorausplanende Leistungen wie der Mensch zu erreichen. Trotzdem zeigen neurophysiologische und verhaltensbiologische Untersuchungen, dass Menschenaffen zu erstaunlichen Denk- und Planungsleistungen fähig sind, da dafür die Begriffssprache allein nicht Voraussetzung ist.

> Auch im Bereich des Verhaltens zeigen sich Übereinstimmungen zwischen Menschenaffen und Menschen. So zeichnen sich Menschenaffen wie Menschen durch ein großes Lernvermögen aus. Jedoch hat der Mensch ein höheres Maß an Abstraktionsfähigkeit erlangt.

**1** Verhaltensweisen von Schimpansen

# Menschenartige

## Vormenschen

In jüngerer Zeit haben Paläoanthropologen Fossilien entdeckt, die die menschliche Entwicklung und bisher vermutete Verwandtschaftsverhältnisse in neuem Licht erscheinen lassen.

So gab es bereits vor mehr als 6,5 Mio. Jahren mit *Sahelanthropus* (6,7–6,3 Mio. Jahren) **Hominide** (Menschenartige), die auf dem Boden ständig aufrecht gingen. Diese Entwicklungstendenz wurde mit *Orronin* (6,1 bis 5,9 Mio. Jahren), *Ardipithecus* (5,7–4,3 Mio. Jahren) sowie *Kenyanthropus* (3,5–3,2 Mio. Jahren) in den nächsten Mio. Jahren fortgesetzt.

Seit Längerem sind Fossilfunde aus der Zeit vor 4,2 Mio. bis 1,0 Mio. Jahren bekannt, die unter dem Namen *Australopithecus* („Südaffe") in die Fachliteratur eingingen. Diese Gruppe wurde auch als **„Affenmensch"** bezeichnet (Abb. 2).

Durch viele Fossilfunde konnte belegt werden, dass die Vertreter von *Australopithecus* Menschenähnliche waren, die aufrecht gingen sowie menschenähnliche Hände, Füße und Zähne besaßen. Ihr Schädel mit der stark fliehenden Stirn hatte ein **Hirnschädelvolumen** von 400 bis 700 cm$^3$ und einen sehr großen Kiefer mit breiten Backenzahnkronen. Daher nimmt man an, dass sie pflanzliche Nahrung aßen. Sie benutzten **Naturgegenstände** aus Holz, Stein und Knochen.

Im Jahre 1974 wurde in Äthiopien ein 3,2 Mio. Jahre altes *Australopithecus*-Skelett („Lucy") entdeckt.

**1** „Lucy" und ähnliche Fossilien wurden als eigenständige Art benannt, als Australopithecus afarensis, nach der äthiopischen Afarregion.

**2** Lebensbild der Australopithecinen

Es handelt sich um ein weibliches Individuum von ca. 1 m Größe, ca. 30 kg Gewicht und einem Kopfumfang von ca. 30 cm. Da das Skelett von „Lucy" zu 40 % erhalten war, konnte eine sehr gute Rekonstruktion erfolgen, die den aufrechten Gang eindeutig belegte (Abb. 1).

> Der *Australopithecus* ähnelt im Körperbau dem heute lebenden Menschen mehr als den Menschenaffen. Er war aufrecht gehend, konnte auch gut klettern, benutzte einfache unbearbeitete Gegenstände aus Holz, Stein und Knochen als Werkzeuge.

## Urmensch *(Homo habilis)*

Der erste Schädelrest eines **Urmenschen** *(Homo habilis* – der „befähigte Mensch") wurde 1960 in Olduvai (Ostafrika) entdeckt. Er wurde damals den *Australopithecinen* zugeordnet. Weitere Funde gaben ein detaillierteres Bild. Erstmals fand man an Rastplätzen nicht nur Knochengeräte, wie sie bereits der *Australopithecus* nutzte, sondern auch mit Stein bearbeitete **Knochen-** und **Steingeräte** (Geröllgeräte, Abb. 2, S. 548). Damit liegt hier erstmalig in der Entwicklungsgeschichte des Menschen eine Werkzeugherstellung vor.

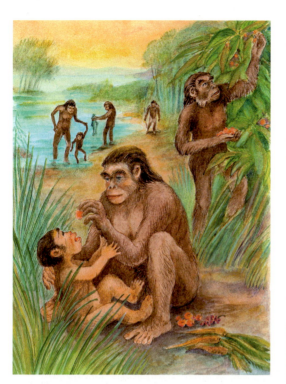

Ihr Lebensraum war wie bei dem *Australopithecus* die Savanne. Sie ernährten sich von pflanzlicher und tierischer Kost. Besonders bei der Zerlegung der Beute waren scharfkantige Steinwerkzeuge viel besser geeignet als die Knochenwerkzeuge. Dies erbrachte einen echten Überlebensvorteil.

Noch ungeklärt ist dabei, ob *Homo habilis* schon größere Tiere jagte oder den Raubtieren die Beute streitig machte oder ob er das verzehrte, was die Raubtiere von ihrer Beute zurückließen (Aasfresser-Theorie).

Über die verwandtschaftlichen Beziehungen zwischen dem *Australopithecus* und dem *Urmenschen* gibt es zwar mehrere Hypothesen, jedoch liegen noch keine eindeutigen Erkenntnisse vor. Die „Wiege" des Urmenschen stand vermutlich in Afrika. Er besiedelte von Afrika aus andere Regionen und Kontinente.

> Der Urmensch (Homo habilis) war das erste Lebewesen, das nachweislich Werkzeuge zur Werkzeugherstellung benutzte. Er lebte in der Savanne in kleinen Gruppen, den Urhorden.

**1** Lebensbild vom Urmenschen (Homo habilis)

Diese Werkzeugherstellung ist nur dem Menschen eigen. Selbst *Schimpansen* verändern Naturgegenstände nur mithilfe eigener Körperteile (z.B. Zähne, Fingernägel). Diese Menschen lebten in **Horden** und waren **Jäger und Sammler** (Abb.1).

### Frühmensch *(Homo erectus)*

Die nächste Formengruppe von Menschen, die zeitlich auf den *Homo habilis* folgt, ist der **Frühmensch** *(Homo erectus* oder „aufrechter Mensch"; Abb. 1, 2, S. 549).

Der Frühmensch war der erste Vertreter der Gattung *Homo*, der nicht nur auf dem afrikanischen, sondern auch auf dem europäischen und asiatischen Kontinent lebte. Seine „Wiege" stand jedoch in Afrika.

Vor ca. 2 Millionen Jahren begann in Afrika die Entwicklung zu Hominidentypen mit kräftigerem und größerem Skelett. Diese Tendenz zeigt sich auch beim Frühmenschen. Allerdings finden sich bei *Homo erectus* auch Körpermerkmale, die eine Entwicklung zum *Homo sapiens* andeuten.

Hierzu gehören vor allem die Vergrößerung des Hirnschädelvolumens (800–1200 cm$^3$), die Veränderung der Proportionen von Hirn- und Gesichtsschädel (Abb.1, S.550), der Bau des Kiefergelenkes und die ovale Zahnbogenform.

**2** Steingeräte und Verwendung (Urmensch)

**1** Lebensbild vom Frühmenschen (Homo erectus, Bilzingsleben im Thüringer Becken)

**2** Frühmenschen von Bilzingsleben im Thüringer Becken mit ihrer großen Jagdbeute

Während der *Australopithecus* und frühe Mitglieder der Gattung *Homo* noch viele Skelettmerkmale aufweisen, die an Menschenaffen erinnern, stimmt der Bau des Skeletts von *Homo erectus* in vielen Einzelheiten weitgehend mit dem des Jetztmenschen überein.

Mit der Entstehung von *Homo erectus* nehmen die der biologischen Evolution zurechenbaren Merkmalsänderungen ab. Dafür steigt das Ausmaß der Veränderung durch kulturelle Evolution an. Beim Frühmenschen waren alle anatomischen Voraussetzungen für eine präzise Handhabe kleiner Objekte und damit die Herstellung effektiver Werkzeuge gegeben (Abb. 3, S. 550).

Vor ca. 1,5 Millionen Jahren wird eine neue Qualität sichtbar: Es tauchen **Steingeräte** (z. B. Faustkeile) verschiedenster Varianten auf, welche für die jeweiligen Zwecke technisch unterschiedlich hergestellt wurden. Die Anfertigung dieser Geräte verlangte gezielte Planung und Voraussicht. Diese Tatsache legt den Schluss nahe, dass der Frühmensch eine funktionierende Sprache hatte, obwohl es direkte Hinweise darauf noch nicht gibt. Auch die ersten Hinweise auf den **Gebrauch des Feuers** stammen aus der Zeit vor 1,5 Millionen Jahren. Zum Teil meterdicke Ascheschichten sind ein Beweis dafür, dass das Feuer Hunderte von Jahren an der gleichen Stelle gebrannt haben muss.

Es wurde vermutlich
– als Wärmequelle,
– für die Zubereitung von Nahrung,
– für die Bearbeitung von Naturgegenständen
– und als Schutz gegen Raubtiere
genutzt. Es förderte den Zusammenhalt der Horden, denn es musste ja unterhalten werden, und es trug zur weiteren kulturell-technischen Entwicklung bei.

Eine der bedeutendsten Fundstellen des *Homo erectus* in Europa ist die von **Bilzingsleben** am Nordrand des Thüringer Beckens (Abb. 1, 2). Dort wurde in den 70er Jahren ein Rastplatz freigelegt, auf dem die Reste von mehreren ovalen und runden Behausungen entdeckt wurden, außerdem Feuerstellen und Arbeitsplätze.

Neben Schädelresten von *Homo erectus* fanden die Forscher zahlreiche Tierknochen, die von *Wisenten* und *Auerochsen*, von *Wildpferden* und *Hirschen*, von *Bären* und *Wildschweinen* und sogar von *Steppennashörnern* und *Waldelefanten* stammen. Viele Röhrenknochen waren zerschlagen, um an das Mark zu gelangen (Abb. 2).

> Der Frühmensch (Homo erectus) war dem Jetztmenschen schon sehr ähnlich. Er stellte differenzierte Werkzeuge her und beherrschte den Gebrauch des Feuers. Man vermutet bei ihm die Anfänge artikulierter Sprache und begrifflichen Denkens.

## Altmensch (*Homo sapiens neanderthalensis*)

Die Funde des **Altmenschen** werden meist als **Neandertaler** bezeichnet. Der Name geht auf einen Fund zurück, den der Lehrer FUHLROTT, der aus Leinefelde (Thüringen) stammte und in Elberfeld unterrichtete, im Jahr 1856 in einer Höhle im Neandertal bei Düsseldorf gemacht hat. Schädeldach und Skelettknochen, die er fand, beschrieb er als Reste eines fossilen Menschen.

Seine Aussagen wurden damals von vielen Fachgelehrten angezweifelt. Heute gibt es in Europa, Asien und Afrika etwa 150 Fundplätze mit Fossilresten von mehr als 300 Individuen.

Vor ca. 500 000 Jahren beginnt der vorletzte Evolutionsschritt auf dem Weg zum Jetztmenschen *(Homo sapiens sapiens)*. Der aus sehr früher Zeit stammende Mensch *(Homo sapiens,* „vernunftbegabter Mensch") entstand in Afrika, Asien und Europa. In Europa geht aus dem späten *Homo sapiens (Homo steinheimensis)* der Neandertaler hervor, während zeitlich parallel in Afrika bereits der Jetztmensch entsteht.

Die späten Neandertaler besaßen ein **Hirnschädelvolumen** mit durchschnittlich ca. 1600 cm$^3$. Es lag deutlich über dem des modernen Men-

**2** Lebensbild vom Altmenschen (Homo sapiens neanderthalensis)

schen. Der große Gehirnschädel ist typischerweise lang und abgeflacht. Die Augenhöhlen, die Überaugenwülste und die Nase sind relativ groß. Die Neandertaler waren gedrungen und stark gebaut und besaßen besonders dickwandige Knochen. Mit ihren regelrechten Muskelpaketen waren sie um die Hälfte stärker als der moderne Mensch (Abb.2).

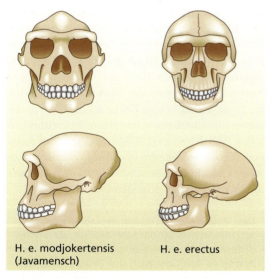

H. e. modjokertensis
(Javamensch)

H. e. erectus

**1** Schädel verschiedener Frühmenschen (Homo erectus) in Vorderansicht und Seitenansicht

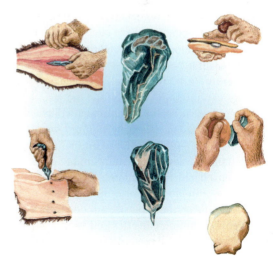

**3** Herstellung und Verwendung von Geräten des Frühmenschen (Homo erectus)

Den Neandertalern wird ebenfalls eine **Steinwerkzeugkultur** zugeschrieben, die jedoch eine entschieden größere Vielfalt an Formen und Verwendungsmöglichkeiten hervorbrachte als bei den Frühmenschen (Abb. 1).

Außerdem waren die Neandertaler nicht nur in der Lage, Feuer zu nutzen, sondern sie stellten das **Feuer** selbst her.

Neandertaler lebten in **Horden.** Diese waren relativ fest gefügt und durch Arbeitsteilung zwischen den Geschlechtern sozial geprägt (Abb. 2, S. 550).

Die Neandertaler der Eiszeit lebten als **Jäger und Sammler.** *Mammut* und *Wisent* spielten eine wichtige Rolle als Rohstoff- und Fleischlieferant. Das Elfenbein der Mammutstoßzähne bildete den Rohstoff für Waffen, Geräte und den Hüttenbau. Da Brennmaterial in der Steppenlandschaft knapp war, wurden Mammutknochen auch verheizt.

Zusammenfassend lässt sich feststellen, dass das Leben der Neandertaler hart war. Die meisten der gefundenen Skelette weisen Verletzungen auf. Die Tatsache, dass manche Neandertaler nach schwersten Verletzungen lange Zeit überlebten, weist auf einen fürsorglichen Umgang der Gruppenmitglieder hin. Dies wird auch von der Tatsache untermauert, dass Neandertaler ihre Toten mit Grabbeigaben bestatteten.

> Der Altmensch (Homo sapiens neanderthalensis) lebte in festen Horden in Höhlen oder hüttenartigen Behausungen. Gekennzeichnet ist er durch seinen robusten Bau und sein großes Hirnschädelvolumen. Er war in der Lage, differenzierte Werkzeuge herzustellen und Feuer zu erzeugen. Es gab eine Arbeitsteilung zwischen den Geschlechtern.

## Jetztmensch *(Homo sapiens sapiens)*

Für den **Jetztmenschen** ergeben sich in Afrika drei Entwicklungsstufen, die aufgrund der Schädelmerkmale voneinander zu trennen sind: der frühe *Homo sapiens* (500 000 bis 200 000 Jahre), der späte *Homo sapiens* (200 000 bis 100 000 Jahre) und der jetzige *Homo sapiens sapiens* (seit etwa 100 000 Jahren).

Im Gegensatz zum frühen *Homo sapiens,* der recht robust gebaut war, zeigte der späte *Homo sapiens* nur noch **schwache Überaugenwülste.** Der jetzige *Homo sapiens sapiens* Afrikas ist von den in Europa seit 35 000 Jahren bekannten Formen nicht zu unterscheiden (Abb. 2).

Der moderne Mensch stieß vor ungefähr 100 000 Jahren aus Afrika in das Gebiet des Nahen Ostens vor. Hier besiedelte er mit dem Neandertaler ca. 50 000 Jahre dasselbe Gebiet. Es ist denkbar, dass die Neandertaler vom modernen Menschen lernten. Hinweise dafür gibt die Vermischung ihrer beiden Werkzeugkulturen.

**1**   Verschiedene Geräte des Altmenschen (Homo sapiens neanderthalensis) und deren Verwendung

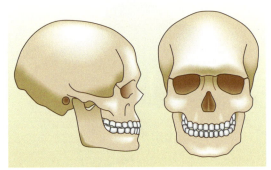

**2**   Schädel des eiszeitlichen Jetztmenschen von Cro Magnon (Frankreich)

**1** Lebensbild eines eiszeitlichen Jetztmenschen

An der Neandertalfundstelle von Saint Césare fand man ganz einfache, aber auch kompliziertere **Werkzeuge**.
Nicht nur in der Werkzeugtechnik (Abb. 2, S. 553) waren die modernen Menschen den Neandertalern überlegen. Sie verfügten über eine relativ gut entwickelte Sprache. Sie konnten z. B. die Ressourcen der Umwelt besser nutzen, ihr Skelett- und Muskelbau waren weniger energieaufwendig, die Kindersterblichkeit war niedriger, sie erreichten ein höheres Alter und waren fruchtbarer. Die modernen Menschen vermehrten sich daher viel stärker als die Neandertaler, die wahrscheinlich in ungünstige Lebensräume abgedrängt wurden. Diesem zunehmenden Druck waren die

Neandertaler auf Dauer nicht gewachsen, sie starben schließlich langsam aus. Das **Hirnschädelvolumen** des eiszeitlichen Jetztmenschen betrug etwa 1 200 bis 1 700 cm$^3$ und entspricht damit sowohl dem des Neandertalers als auch dem des lebenden (rezenten) Menschen. Der **Schädel** (Abb. 2, S. 551) ist dünnwandiger als beim Neandertaler, wie insgesamt das Skelett graziler wirkt. Es fehlen die Überaugenwülste. Der kleine Gesichtsschädel wirkt wie ein Anhang an der großen und hohen Schädelkapsel. Am Unterkiefer ist ein Kinnvorsprung vorhanden.
Bei Grabungen wurden zusammen mit den fossilen Knochenfunden auch eine Vielzahl von **Gerätschaften** entdeckt, durch die sich recht genaue Rückschlüsse auf die Lebensweise dieser Menschen ziehen lassen (Abb. 2, S. 553).
Als neue Errungenschaften in kulturell-technischer Hinsicht gelten
– Fernwaffen wie Pfeil und Bogen,
– Wurfspeere, Harpunen und Schleudersteine,
– Behausungen aus Holz und Stein, oft mit Tierfellen bespannt,
– Schmuck aus Zähnen, Muschelschalen und Schneckengehäusen.
Beeindruckend sind auch Zeugnisse der künstlerischen Betätigung, wie Höhlengemälde und Plastiken (Abb. 2, 3). Die Vielfalt der Gerätschaften lässt auf Arbeitsteilung innerhalb der Horde schließen (Abb. 2, S. 553).
Bis vor 15 000 Jahren lebten die Menschen nur von dem, was die Natur ihnen bot – sie waren noch immer **Jäger** und **Sammler**.

**2** Das Höhlengemälde vom eiszeitlichen Jetztmenschen stellt ein Rind dar.

**3** Steinplastik und Schmuck vom eiszeitlichen Jetztmenschen

Vor etwa 10 000 Jahren gingen die Menschen dazu über, Tiere nicht mehr nur zu jagen, sondern sie auch lebendig einzufangen und zu zähmen. Auf diese Weise schufen sie sich Nahrungsreserven. Wenig später begannen Menschen in einigen Gebieten der Erde den Boden zu bearbeiten und Pflanzen zu kultivieren.

Aus dem eiszeitlichen (fossilen) Jetztmenschen entwickelte sich der **heute lebende Jetztmensch** (s. Stammbaum des Menschen, S. 554, 555).

Es kam zu einer stürmischen **kulturellen Entwicklung** des Menschen. Pflanzen und Tiere wurden nicht nur gehalten, sondern schrittweise durch **Züchtung** nach den Vorstellungen und Bedürfnissen des Menschen verändert.

Der Mensch lernte, Energieformen ineinander umzuwandeln und diese für technische Zwecke zu nutzen. Er hat unzählige **Erfindungen** gemacht und ist heute damit in der Lage, großflächige Landschaften nach seinen Vorstellungen zu verändern.

Der Mensch wurde zum Gestalter seiner Umwelt und seines Lebens und trägt damit eine große Verantwortung.

**2** Geräte des eiszeitlichen Jetztmenschen und deren Verwendung

**Alle Jetztmenschen gehören zur Art Homo sapiens sapiens. Die eiszeitlichen (fossilen) Jetztmenschen lebten in Höhlen oder Zeltbehausungen und fertigten Arbeits- und Jagdgeräte, z. B. Fernwaffen, an. Sie waren noch Jäger und Sammler.**

**Der heute lebende (rezente) Jetztmensch ist sesshaft, hat eine differenzierte Arbeitsteilung, ist schöpferisch, zielgerichtet und bewusst tätig, beschäftigt sich intensiv mit Wissenschaft und Technik.**

**Australopithecinen** ●
*Südafrika:* Taung (1),
Swartkrans (2), Makapansgat (3)
*Ostafrika:* Hadar (4),
Lothagam (5), Olduvai (6)

**Urmenschen** ●
*Ostafrika:* Omo (1),
East Turkana (2), Chemeron (3)

**Frühmenschen** ●
*China:* Zchoukoutien (1),
Lantian (2)
*Java:* Trinil (3), Modjokerto (4)
*Südafrika:* Swartkrans (5)
*Ostafrika:* Olduvai (6),
East Turkana (7)
*Europa:* Bilzingsleben (8),
Mauer (9), Vertesszöllös (10),
Petralona (11)

**Altmenschen** ●
Neandertal (1), La Chapelle (2),
Monte circeo (3), Tabun (4)

**1** Eine Auswahl von Fundstellen von ausgestorbenen Menschenformen

# Zeitliche Abfolge des Auftretens der Menschenartigen (Hominidenarten)

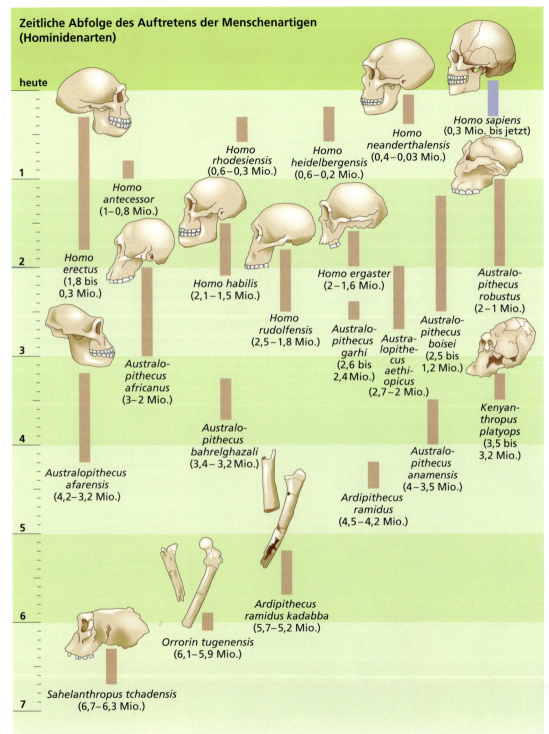

heute

1

2

3

4

5

6

7

**Zeit in Mio. Jahren**

*Homo sapiens*
(0,3 Mio. bis jetzt)

*Homo neanderthalensis*
(0,4–0,03 Mio.)

*Homo rhodesiensis*
(0,6–0,3 Mio.)

*Homo heidelbergensis*
(0,6–0,2 Mio.)

*Homo antecessor*
(1–0,8 Mio.)

*Homo erectus*
(1,8 bis 0,3 Mio.)

*Homo habilis*
(2,1–1,5 Mio.)

*Homo ergaster*
(2–1,6 Mio.)

*Australopithecus robustus*
(2–1 Mio.)

*Homo rudolfensis*
(2,5–1,8 Mio.)

*Australopithecus garhi*
(2,6 bis 2,4 Mio.)

*Australopithecus aethiopicus*
(2,7–2 Mio.)

*Australopithecus boisei*
(2,5 bis 1,2 Mio.)

*Australopithecus africanus*
(3–2 Mio.)

*Kenyanthropus platyops*
(3,5 bis 3,2 Mio.)

*Australopithecus bahrelghazali*
(3,4–3,2 Mio.)

*Australopithecus anamensis*
(4–3,5 Mio.)

*Australopithecus afarensis*
(4,2–3,2 Mio.)

*Ardipithecus ramidus*
(4,5–4,2 Mio.)

*Ardipithecus ramidus kadabba*
(5,7–5,2 Mio.)

*Orrorin tugenensis*
(6,1–5,9 Mio.)

*Sahelanthropus tchadensis*
(6,7–6,3 Mio.)

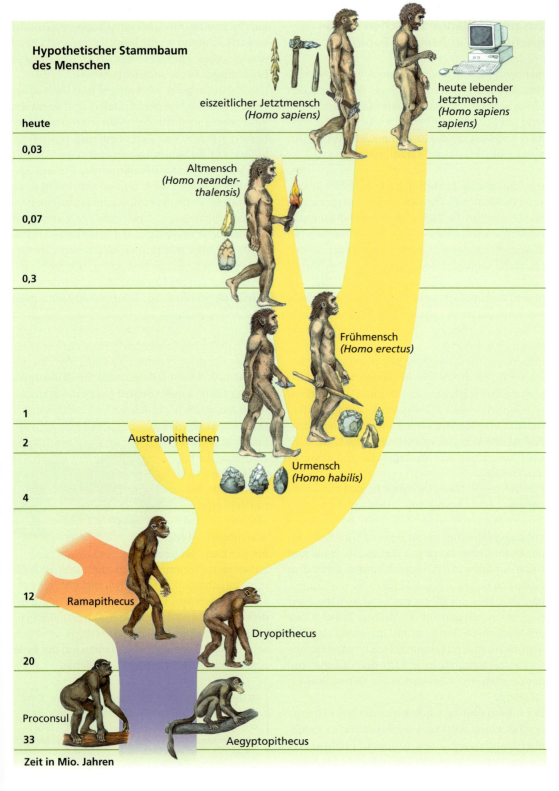

**Hypothetischer Stammbaum des Menschen**

eiszeitlicher Jetztmensch
*(Homo sapiens)*

heute lebender Jetztmensch
*(Homo sapiens sapiens)*

heute

0,03

Altmensch
*(Homo neander-
thalensis)*

0,07

0,3

Frühmensch
*(Homo erectus)*

1

2

Australopithecinen

Urmensch
*(Homo habilis)*

4

12

Ramapithecus

Dryopithecus

20

Proconsul

33

Aegyptopithecus

**Zeit in Mio. Jahren**

## Zusammenhänge zwischen biologischer und kultureller Evolution

Aus den bisherigen Darstellungen wurde ersichtlich, dass der Mensch als biologisches Wesen den biologischen Gesetzmäßigkeiten unterliegt. Während der Evolution entwickelten sich soziale Normen und Gesetze des Zusammenlebens und unterschiedliche kulturelle Traditionen.

Die **biologische Evolution** bildete die Voraussetzung für kulturelle Entwicklungen. Ein gravierender Schritt für die Menschheitsentwicklung war zweifellos die Tatsache, dass die ansonsten bei Tieren vorhandene Angst vor dem **Feuer** als angeborene Verhaltensweise verloren ging. Damit eröffneten sich die Möglichkeiten, Nahrung durch Garprozesse besser aufzuschließen, sich vor Raubtieren zu schützen, die Werkzeugherstellung zu verbessern und Gebiete kalter Klimazonen zu besiedeln.

Entscheidende *biologische Voraussetzung* zur Realisierung all dieser Möglichkeiten war die Ausbildung des stark entwickelten und differenzierten Gehirns – dem wichtigsten Merkmal, in dem sich der Mensch von Tieren unterscheidet. Diese biologische Voraussetzung bildete die Grundlage zur Entwicklung von **Wortsprache** und **abstraktem Denken.**

Für die menschliche Sprache benötigt man einerseits eine bestimmte Hirnstruktur – das Sprachzentrum – eine Hirnpartie im vorderen linken Schläfenbereich. Andererseits bedarf es einer bestimmten Form der Nasen-, Rachen- und Gaumenpartie, um die Sprache entsprechend zu artikulieren, sowie eines Kehlkopfes mit Stimmbändern. Das Entstehen der Sprache hatte ganz wesentliche Folgen für die weitere Entwicklung des Menschen. Denn nur mit ihr wurde eine differenzierte und zunehmend exaktere Weitergabe von Informationen innerhalb der Gruppe und damit auch von Generation zu Generation ermöglicht.

Der Informationsaustausch innerhalb der Gruppe brachte einen wichtigen Selektionsvorteil gegenüber nicht sprechenden Gruppen. Erfahrungen, die von den Alten bei der Jagd oder bei der Auseinandersetzung mit anderen Gruppen gemacht wurden, konnten an die Jüngeren weitergegeben werden, ohne dass diese das Risiko des eigenen Erfahrungserwerbs eingehen mussten.

Die Herstellung von Werkzeugen und Jagdwaffen konnte schrittweise perfektioniert und somit die Voraussetzungen für den Nahrungserwerb verbessert werden, was sich wiederum positiv auf biologische Entwicklungsprozesse auswirkte. Mit der Möglichkeit der differenzierten Erfahrungsweitergabe erhielt die Evolution eine völlig neue Dimension. Denn der biologische Evolutionsprozess ist sehr langsam. Durch zufällige Mutationen müssen neue Erbanlagen mit genetischen Informationen über Bau und Verhalten von Lebewesen entstehen, gespeichert und in der Auseinandersetzung mit der Umwelt getestet werden.

Durch die sprachliche Informationsweitergabe geschieht prinzipiell das Gleiche, nur auf einer anderen Ebene. Neue Informationen entstehen, bewähren sich oder werden verworfen. Die in einer Menschen-Population im Laufe der Zeit gesammelten Informationen sind ihr **Kulturgut.** Mit der Erfindung der **Schrift** wurde die Informationsweitergabe noch sicherer und effizienter.

Den Höhepunkt dieser Entwicklung stellt zweifellos die Erfindung des Buchdrucks dar, mit dem eine Massenpublikation möglich wurde.

Auf der Basis der Sprachentwicklung konnten Wissenschaft und Technik mit zunehmender Geschwindigkeit vervollkommnet werden. Damit eröffnet sich heute für den Menschen die Möglichkeit, aktiv auf das Evolutionsgeschehen Einfluss zu nehmen, wodurch **seine Verantwortung für das Leben auf der Erde und für künftige Generationen wächst.**

> Während der stammesgeschichtlichen Entwicklung des Menschen gab es enge wechselseitige Zusammenhänge zwischen biologischer und kultureller Evolution des Menschen.

## Variabilität beim Menschen der Gegenwart

Nach der einen Theorie verbreitete sich der *Homo sapiens sapiens* nach seiner Entstehung in Afrika von dort aus auch auf andere Kontinente. Man kann heute sechs voneinander getrennte Gebiete unterscheiden, in die der Mensch einwandern konnte und wo sich die **Teilpopulationen isoliert voneinander weiterentwickelten:**

1. das westliche Europa (vom Golfstrom erwärmt) mit den Küsten des Mittelmeeres und des Schwarzen Meeres,
2. Nordafrika bis zur Südostgrenze der Sahara,
3. das Gebiet südlich des Kongobeckens,
4. Indien,
5. Südostasien mit Indonesien und
6. Ostchina.

Mit Ausnahme von Indien, wo ungünstige Fossilisierungsbedingungen herrschten, hat man in allen diesen Gebieten eiszeitliche menschliche Fossilien gefunden. Die Fossilien dieser Gebiete belegen, dass in sich geschlossene, durch gemeinsame Eigenschaften verbundene Gruppen entstanden waren.

Geht man von den noch heute vorhandenen Gemeinsamkeiten in diesen Gebieten lebender Menschen mit entsprechenden Fossilfunden aus, so unterscheiden einige Humanbiologen drei „Großrassenkreise", andere Wissenschaftler fünf (Tab.), und wieder andere untergliedern die auf der Erde lebenden Menschen in mehr als sechzig „Rassen". Die Problematik liegt darin, dass die Einteilung der auf der Erde lebenden Menschen in Rassen oftmals mit einer Reihe subjektiver Faktoren behaftet ist.

Deutlich wird auch die Schwierigkeit, aus Einzelfunden auf verschiedenen Kontinenten aussagekräftige Theorien abzuleiten. Außerdem ergeben sich durch neue Funde ständige Änderungen in der hypothetischen Darstellung der Evolution des Menschen.

Die **äußerlichen Unterscheidungsmerkmale** zwischen den verschiedenen Gruppen des jetzigen Menschen (z. B. Hautfarbe, Haarfarbe und Haarform, Form von Schädel, Nase, Lippen und Augenlidern, Körpergestalt) sind fließend. So kommt beispielsweise die dunkle Hautfarbe – wichtiges Merkmal der Zentral- und Westafrikaner – auch bei manchen Südindern vor, die zu den Europiden gehören. Eine Sonderstellung nehmen die *Pygmiden* ein. Sie leben in Afrika und Asien. Hauptmerkmal ist ihre geringe Körpergröße (Männer unter 150 cm, Frauen unter 140 cm).

| Menschen-gruppen | ursprüngliche Entstehung und geografische Verbreitung |
|---|---|
| Europide (Kaukaside) | Europa (Abb. 1, S. 558), Nordafrika, Indien (Abb. 2, S. 558) |
| Mongolide | Ostasien (Abb. 3, S. 558), Arktis |
| Negride | Zentral-, West-, Südafrika (Abb. 4, S. 558) |
| Australide | Australien (Abb. 5, S. 558), Guinea, Melanesien |
| Indianide | Nord- und Südamerika (Abb. 6, S. 558) |

### Mosaik

### Vorfahren der Indianer

Die Vorfahren der Indianer stammen mit hoher Wahrscheinlichkeit aus Asien.

Während der letzten Eiszeit waren große Wassermengen in Gletschern gebunden, wodurch der Wasserspiegel der Weltmeere etwa 100 m unter dem heutigen Niveau lag. Das hatte zur Folge, dass die heutige Behringstraße eine ca. 200 km breite Ebene bildete, über die Asiaten in das völlig unbesiedelte Amerika einwandern und sich verbreiten konnten.

Als zwei typische Merkmale, die diese Theorie stützen, gilt einerseits die „Mongolenfalte", die auch Indianer in den meisten Fällen aufweisen. Andererseits tragen Neugeborene in der Kreuzbeingegend den „Mongolenfleck" – eine Hautpigmentierung, die in den ersten Lebensmonaten verschwindet.

Alle heute lebenden Menschen stammen vom eiszeitlichen Jetztmenschen ab und **stimmen in wesentlichen Merkmalen überein**.
Alle weisen eine prinzipielle Gleichartigkeit in Bau und Funktion des Skeletts, der Muskulatur, des Gehirns und des gesamten Stoffwechsels auf. Sie sind zu gleichen körperlichen und geistigen Leistungen befähigt.

Übereinstimmend sind auch die Schwangerschaftsdauer, zahlreiche wesentliche Blut- und Serumeigenschaften sowie Anzahl und Bau der Chromosomen. Das entscheidendste Kriterium für die Zuordnung aller auf der Erde lebenden Menschen zu einer Art *(Homo sapiens sapiens)* ist die Tatsache, dass die Vertreter der unterschiedlichen Menschengruppen untereinander **fruchtbare Nachkommen** zeugen können und relativ geringe genetische Unterschiede aufweisen.
Das heutige Formenmosaik des Menschen ist ein Ergebnis isolierter Entstehung einerseits und vielfältiger Wanderungen und Vermischungen andererseits. Die Vermischung der Menschen ist in einigen Gebieten so stark, dass eine Zuordnung der Menschen zu bestimmten „reinen Rassen" nicht mehr möglich ist.

1  Mitteleuropäerin (Deutsche)    2  Inder    3  Ostasiatinnen (Japanerinnen)

**4**  Schwarzafrikaner beim Lernen am Computer    **5**  Australier (Aborigines) mit charakteristischer Bemalung    **6**  Indigenas (Eingeborene, Indianer) von Peru

Deshalb sollte der Begriff „Rassen" für den Menschen nicht mehr verwendet werden. An seiner Stelle kann man von **geografischen Menschengruppen** bzw. typologischen Kategorien sprechen, da auch die genetischen Grundlagen für eine Einteilung in „reine Rassen" unzureichend sind. Parallel zur biologischen Entwicklung verlief auch die kulturelle Entwicklung der modernen Menschen getrennt. Ausgehend von unterschiedlichen Verhaltensmustern, sprechen auch hier die Verhaltenswissenschaftler von unterschiedlichen Kulturkreisen.

Die **räumliche Isolation** führte nicht nur zum Entstehen verschiedener Sprachen. In Abhängigkeit von den jeweiligen Umwelteinflüssen entwickelten die Menschen auch voneinander abweichende Vorstellungen von ihrer Herkunft und von Regeln des Zusammenlebens, die oftmals zu Lehren (Religionen) erhoben wurden. Somit bildeten sich verschiedene Traditionen und gesellschaftliche Strukturen heraus. Aufgrund völlig anderer konkreter Erfahrungen ist es für Mitglieder unterschiedlicher Kulturkreise mitunter problematisch, anders geartete Verhaltensweisen oder Verhaltensregeln zu verstehen. Dies ist immer nur dann möglich, wenn man gewillt ist, sich mit den konkreten historischen Hintergründen vertraut zu machen. Nur so können Menschen

unterschiedlicher Kulturkreise aufeinander zugehen und sich mit ihren Erfahrungen wechselseitig bereichern. Die bestehende Möglichkeit ist vielfach belegt (Abb. 1).

Geht man voreingenommen an die Beurteilung anderer Kulturen, entstehen scheinbar unüberwindliche Barrieren, die schon sehr häufig zu ernsthaften Auseinandersetzungen bis hin zu Kriegen geführt haben (Abb. 2).

Die heutigen geografischen Menschengruppen entstanden aufgrund von Isolation (geografisch, sozial, kulturell) aus dem eiszeitlichen Jetztmenschen. In den verschiedenen Siedlungsgebieten wirkten unterschiedliche Auslesebedingungen.
Trotz vielfältiger äußerlicher Unterschiede weisen die Vertreter aller Menschengruppen prinzipielle Gemeinsamkeiten auf und gehören somit zur gleichen Art Homo sapiens sapiens.
Unterschiedliche Erfahrungen in der Auseinandersetzung mit der Umwelt ließen verschiedene Kulturkreise entstehen. Scheinbar unüberbrückbare Gegensätze lassen sich mit gebotener Toleranz und Interesse für das „Anderssein" überbrücken.

**1** Harmonisches Zusammenleben von Menschen verschiedener Kulturkreise

**2** Aggressive Auseinandersetzung zwischen Menschen verschiedener Kulturkreise

# gewusst · gekonnt

1. Vergleiche Hände und Füße von Schimpanse (a) und Mensch (b) und leite Folgerungen hinsichtlich ihrer Funktionen ab.

2. a) Vergleiche Skelett-Teile beim aufgerichteten Menschenaffen (Gorilla) und beim stehenden Menschen miteinander. Berücksichtige besonders die Form der Wirbelsäule und die Lage des Oberschenkels.

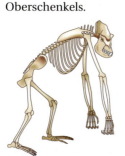

   b) Leite Schlussfolgerungen hinsichtlich des Erwerbs des aufrechten Ganges ab.

3. Vergleiche den Schädel des Gorillas mit dem des Menschen (Abb. 3, S. 545).
   Fertige eine Tabelle an, in der die Ergebnisse zusammengefasst sind.

4. a) Erläutere anhand der Abbildungen 2 und 3 auf Seite 545 die Unterschiede im Bau des Schädels sowie des Rumpf- und Gliedmaßenskeletts von Mensch und Gorilla. Beachte dabei die Stellung von Wirbelsäule, Becken und Beinknochen.
   b) Ziehe aus deinen Ergebnissen Schlussfolgerungen für den Erwerb des aufrechten Ganges.

5. Nenne die wichtigsten Veränderungen im Bau des Skeletts in Abhängigkeit von deren Funktion bei zweifüßig aufrecht gehenden Menschen im Vergleich zu Menschenaffen.

6. a) Beschreibe Verhaltensweisen von Schimpansen und leite daraus Schlussfolgerungen über ihre geistige Leistungsfähigkeit ab (Abb. 1, S. 546).
   b) Suche im Internet noch weitere Beispiele dafür, dass Schimpansen bereits einen hohen Grad an Intelligenz erreicht haben.

7. Vergleiche den Bau des Ober- und Unterkiefers vom Gorilla (a) mit dem des Menschen (b).
   Berücksichtige dabei die Anzahl und die Anordnung der Zähne.

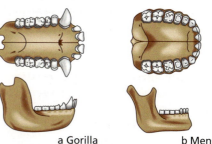

a Gorilla          b Mensch

8. Vergleiche den Schädel eines Australopithecus mit dem Schädel eines jetzt lebenden Menschen.
   Verwende zur Beantwortung der Aufgabe die Abbildung 1 auf der Seite 547 und die Abbildungen 2 und 3 auf der Seite 545.
   Berücksichtige dabei besonders das Verhältnis von Gehirn- und Gesichtsschädel.

9. Mensch und Menschenaffe zeigen Gemeinsamkeiten und Unterschiede.
   Finde sie heraus und stelle sie in einer Tabelle zusammen.

10. Der Mensch ist mit den Menschenaffen nahe verwandt.
    Begründe diese Aussage.

**11.** a) Vergleiche die Beckenknochen von Australopithecus (a), Schimpanse (b) und Mensch (c) im Hinblick auf den Erwerb des aufrechten Ganges.

b) Die Australopithecinen passen mehr in die Vorfahrenlinie des Menschen als in die der Menschenaffen. Begründe.

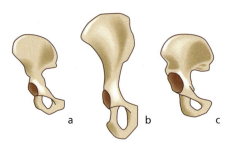

**12.** a) Beschreibe unter Verwendung der Abbildungen 1 und 2 auf S. 549 das Lebensbild des Frühmenschen.

b) Betrachte die Geräte des Frühmenschen in der Abbildung 3 auf der Seite 550. Beschreibe ihre möglichen Anwendungsweisen.

c) Kennzeichne den Stand der kulturellen Entwicklung der Frühmenschen.

**13.** a) Beschreibe, wie die Gewinnung des Feuers erfolgt sein könnte.

b) Das Feuer spielt für die Lebensweise des Homo erectus eine große Rolle. Begründe.

**14.** Beschreibe, wie unter den damaligen Bedingungen die Jagd der Frühmenschen auf Großwild erfolgt sein mag. Betrachte dazu die Abbildung.

**15.** Erläutere anhand der Abbildungen (S. 548, 550, 551) die Fortschritte in der Geräteherstellung zwischen Urmensch, Frühmensch und Altmensch.

**16.** a) Vergleiche die in den Abbildungen auf Seite 562 gezeigten Porträt- und Schädelrekonstruktionen von Urmensch, Frühmensch, Altmensch und eiszeitlichem Jetztmenschen.

b) Stelle wichtige Merkmale der Formengruppen von Menschen in einer tabellarischen Übersicht zusammen.

c) Beschreibe die Lebensweise des Homo erectus, des Neandertalers und des eiszeitlichen Jetztmenschen. Berücksichtige den kulturell-technischen Fortschritt. Suche zur Beantwortung der Teilaufgabe auch Informationen im Internet.

**17.** Nenne Kriterien, die die Einstufung der Homo-habilis-Funde in die Gattung Homo rechtfertigen.

**18.** Nenne übereinstimmende Merkmale der Menschen aus verschiedenen geografischen Regionen der Erde trotz der sichtbaren äußeren Unterschiede.

**19.** a) Schildere anhand von Beispielen unwissenschaftliche und antihumane Verhaltensweisen gegenüber Vertretern unterschiedlicher Menschengruppen in der Vergangenheit und heute.

b) Schlage Maßnahmen vor, die zur Überwindung rassistischen Verhaltens von Menschen führen können.

**20.** Die Erde wird von verschiedenen Bevölkerungsgruppen bewohnt, z. B. Europäer, Asiaten, Australier, Schwarzafrikaner, Pygmäen. Informiere dich mittels Internet über ihre charakteristischen Merkmale.

**21.** Alle heute lebenden Menschen gehören zur gleichen Art (Homo sapiens sapiens). Begründe diese Aussage.

## Vergleich von Menschenaffe und Jetztmensch

Menschenaffe und Jetztmensch weisen viele ähnliche oder übereinstimmende Merkmale auf. Dies weist auf eine enge Verwandtschaft hin und deutet auf gemeinsame Vorfahren.

## Evolution des Menschen

Die Abstammung und Entwicklung des Menschen aus tierischen (äffischen) Vorfahren wird durch zahlreiche **fossile Funde** belegt.

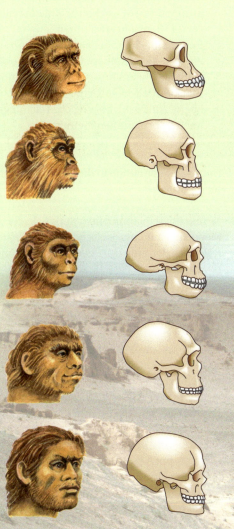

**Ausgestorbene Menschenformen**

**„Affenmensch"**
*Australopithecus*
(Afrika)
Benutzung von unbearbeiteten Naturgegenständen

**Urmensch**
*Homo habilis* („geschickter Mensch")
(Afrika)
Herstellung einfacher Werkzeuge aus Knochen und Stein

**Frühmensch**
*Homo erectus* („aufrechter Mensch")
(Afrika, Europa, Asien)
Herstellung von bearbeiteten Werkzeugen; Gebrauch des Feuers

**Altmensch**
*Homo sapiens neanderthalensis*
(Europa, Nordafrika, Vorderasien)
Herstellung von vielfältigen Steinwerkzeugen; Erzeugung des Feuers

**eiszeitlicher Jetztmensch**
*Homo sapiens*
(Afrika, Europa, Asien, Australien, Amerika)
Herstellung spezieller Werkzeuge und Fernwaffen; Kunst; Sesshaftigkeit; Züchtung

# Biologische und kulturelle Evolution des Menschen

Während der stammesgeschichtlichen Entwicklung des Menschen gab es enge Wechselbeziehungen zwischen biologischer und kultureller Evolution.

**Komponenten der biologischen Evolution**

– aufrechter Gang und aufrechte
   Körperhaltung
– Vergrößerung und Differenzierung
   des Gehirns
– Zunahme geistiger Fähigkeiten

**Komponenten der kulturellen Evolution**

– planvolle Herstellung von Werkzeugen und
   deren Gebrauch
– Erzeugung und Gebrauch des Feuers
– Entwicklung der Sprache und
   der Schrift

## Tätigkeiten des Menschen

Forschung            Bildung            Arbeit            Kunst

## Variabilität der Menschen in unterschiedlichen Kulturkreisen der Erde

Alle heute auf der Erde lebenden Menschen gehören zur gleichen Art bzw. Unterart Homo sapiens sapiens. Vertreter aller Kulturgruppen des Menschen sind zu hohen Leistungen befähigt. Die Vielfalt der Menschen zeigt sich vor allem innerhalb der Gruppen. Die Gruppen unterscheiden sich genetisch nur geringfügig. Die äußerlich auffälligen Merkmale (z. B. Hautfarbe) entwickeln sich in Anpassung an bestimmte Umwelt- und Klimabedingungen.

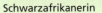

Schwarzafrikanerin            Tibeter            Mitteleuropäerin

**Tätigkeiten im Biologieunterricht**

Im Zusammenhang mit dem Erkennen bestimmter biologischer Zusammenhänge und Gesetzmäßigkeiten gibt es eine Reihe von Tätigkeiten, die immer wieder durchgeführt werden. Dazu gehören u. a. das Beobachten, Untersuchen und Experimentieren. Typische **Tätigkeiten praktischer Art** sind im Biologieunterricht das Sammeln bzw. Fangen von Organismen, das Bestimmen von Organismen und das Betrachten oder Mikroskopieren von Objekten. Das Beschreiben, Vergleichen, Erläutern, Begründen, Erklären, Definieren, Klassifizieren sind **Tätigkeiten geistiger Art.**

## Untersuchen
## (Beobachten mit Hilfsmitteln)

Beim **Untersuchen** erforscht man zielgerichtet die inneren Zusammenhänge von Objekten und Erscheinungen (z. B. Zusammensetzung, Strukturen und Funktionen). Dazu greift man mit entsprechenden Hilfsmitteln in die Objekte ein. Untersuchen kann man also auch als Beobachten mit Hilfsmitteln bezeichnen.

## Begründen von Aussagen

Beim **Begründen** wird ein Nachweis geführt, dass eine Aussage richtig ist. Dazu müssen Argumente, z. B. Beobachtungen, Gesetze, Eigenschaften von Körpern und Stoffen, angeführt werden.

## Experimentieren

Beim **Experimentieren** wird eine Erscheinung der Natur unter ausgewählten, kontrollierten, wiederholbaren und veränderbaren Bedingungen beobachtet, die Ergebnisse werden registriert und bewertet.

## Beobachten

Beim **Beobachten** werden mithilfe der Sinnesorgane oder anderer Hilfsmittel (Mikroskop, Lupe, Fernglas) Eigenschaften und Merkmale, räumliche Beziehungen oder zeitliche Abfolgen von biologischen Erscheinungen ermittelt. Dabei werden die Objekte oder Prozesse nicht grundlegend verändert.

## Erläutern von
## Sachverhalten und Begriffen

Beim **Erläutern** wird versucht, einem anderen Menschen einen naturwissenschaftlichen Sachverhalt (z. B. Vorgänge, Behauptungen, Arbeitsweisen) oder Begriffe verständlicher, anschaulicher darzustellen. Dies erfolgt an einem oder mehreren Beispielen, deren innere Zusammenhänge und Beziehungen ähnlich denen des zu vermittelnden Sachverhaltes oder Begriffes sind.

## Vergleichen

Beim **Vergleichen** werden gemeinsame und unterschiedliche Merkmale von zwei oder mehreren Vergleichsobjekten (z. B. Gegenstände, Erscheinungen, Vorgänge, Prozesse, Aussagen) ermittelt und dargestellt.

## Definieren von Begriffen

Beim **Definieren** wird ein Begriff durch wesentliche, gemeinsame Merkmale eindeutig bestimmt und von anderen Begriffen unterschieden.
Dazu werden häufig ein Oberbegriff und artbildende Merkmale angegeben.

## Klassifizieren von Objekten

Beim **Klassifizieren** werden verschiedene Objekte aufgrund gemeinsamer und unterschiedlicher Merkmale in Gruppen (z. B. Klassen) eingeteilt. Alle Objekte, die bestimmte gemeinsame Merkmale besitzen, werden zu einer Gruppe zusammengefasst. Dazu ist ein Vergleich der Objekte notwendig. Die Gruppen werden benannt. Es entstehen Begriffssysteme.

## Beschreiben von Gegenständen oder Erscheinungen

Beim **Beschreiben** wird mit sprachlichen Mitteln zusammenhängend und geordnet dargestellt, wie ein Gegenstand oder eine Erscheinung in der Natur beschaffen ist, z. B. welche Merkmale ein Lebewesen aufweist oder wie ein Vorgang abläuft. Dabei werden in der Regel äußerlich wahrnehmbare Merkmale dargestellt. Man beschränkt sich beim Beschreiben meist nur auf Aussagen über wesentliche Merkmale des Gegenstands oder der Erscheinung.

## Bestimmen von Organismen

**Bestimmen** ist das Feststellen der Namen von unbekannten Organismen aufgrund charakteristischer Merkmale mithilfe von Tabellen, Abbildungen oder Bestimmungsschlüsseln.

## Betrachten mit der Lupe

Mithilfe einer Lupe kann man Organismen bzw. deren Teile wesentlich größer sehen als mit bloßem Auge. Gebräuchlich sind Lupen, die ein 5- bis 15-fach vergrößertes Bild des untersuchten Objektes zeigen.

## Erklären von Erscheinungen

Beim **Erklären** wird zusammenhängend und geordnet dargestellt, warum eine Erscheinung in der Natur so und nicht anders auftritt. Dabei wird die Erscheinung auf das Wirken von Gesetzmäßigkeiten zurückgeführt, indem man darstellt, dass die Wirkungsbedingungen bestimmter Gesetzmäßigkeiten in der Erscheinung vorliegen. Diese Wirkungsbedingungen sind wesentliche Seiten in der Erscheinung.

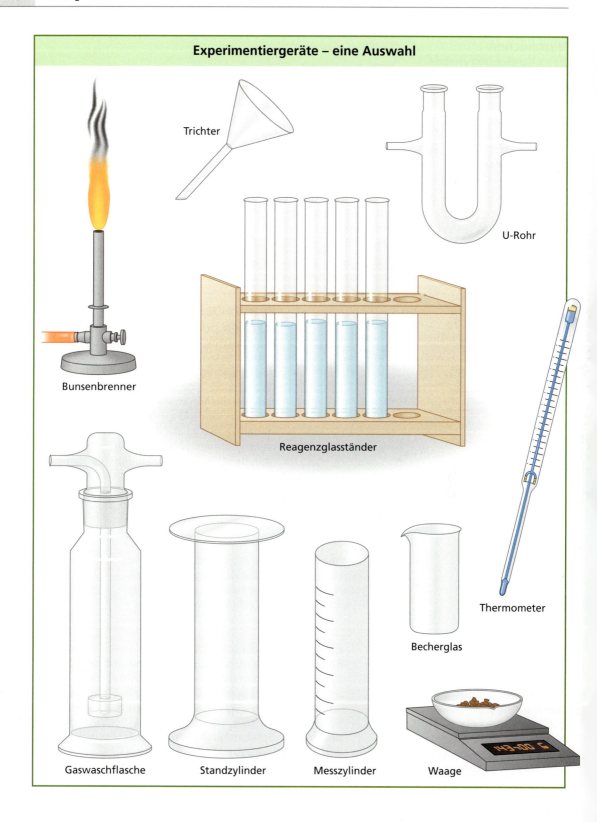

## Experimentiergeräte – eine Auswahl

Trichter

U-Rohr

Bunsenbrenner

Reagenzglasständer

Thermometer

Becherglas

Gaswaschflasche

Standzylinder

Messzylinder

Waage

**Experimentiergeräte – eine Auswahl**

Tropfpipette

Mikropräparat

Pistill und Mörser

Uhrglasschale

Erlenmeyerkolben

Rundkolben

Stehkolben

# Gefahrstoffsymbole

**T+**
**sehr giftig**

**T**
**giftig**
**giftige Stoffe**
**(T bzw. T+)**
Erhebliche Gesundheits-
schäden durch
Einatmen, Verschlucken
oder Aufnahme durch
die Haut.
Keine Schüler-
experimente.

**Xn**
**gesundheitsschädlich**

**sensibilisierend**
**gesundheitsschädliche**
**Stoffe (Xn bzw. Xi)**
Gesundheitsschäden
durch Einatmen,
Verschlucken
oder Aufnahme
durch die Haut.

**Xi**
**reizen**

**reizende Stoffe**
**(Xn bzw. Xi)**
Reizwirkung auf
die Haut,
die Atmungsorgane
und die Augen.

**E**
**explosionsgefährlich**

**explosionsgefährliche**
**Stoffe**
Explosion unter
bestimmten
Bedingungen möglich.
Keine
Schülerexperimente.

**C**
**ätzend**

**ätzende Stoffe**
Hautgewebe
und Geräte
werden nach
Kontakt
zerstört.

**F+**
**hoch entzündlich**

**F**
**leichtentzündlich**
**leicht u. hoch entzündliche**
**Stoffe (F bzw F+)**
Entzünden sich selbst
oder an heißen
Gegenständen
mit Wasser entstehen
leicht entzündliche Gase.

**0**
**brandfördernd**

**brandfördernde**
**Stoffe**
Andere brennbare
Stoffe werden
entzündet,
ausgebrochene
Brände
gefördert.

**N**
**umweltgefährlich**

**umweltgefährliche**
**Stoffe**
Sind sehr giftig, giftig
oder schädlich für
Wasserorganismen,
Pflanzen, Tiere und
Bodenorganismen;
schädliche Wirkung
auf die Umwelt.

**T**     **Xn**
**giftig**    **gesundheits-**
       **schädlich**

**Krebs erzeugende Stoffe**
Krebs erzeugende Wirkung
oder Verdacht auf Krebs
erzeugende Wirkung

**T**     **Xn**
**giftig**    **gesundheits-**
       **schädlich**

**erbgutverändernde Stoffe**
Erbgutverändernde
Wirkung oder Verdacht auf
erbgutverändernde
Wirkung

**T**     **Xn**
**giftig**    **gesundheits-**
       **schädlich**

**fortpflanzungsgefähr-**
**dende Stoffe**
Stoffe können die
Fortpflanzungsfähigkeit
schädigen oder
fruchtschädigend wirken

# Grundregeln zur Sicherheit beim biochemischen Experimentieren

Biochemische Experimente erfordern eine besondere Aufmerksamkeit, da teilweise mit Gefahrstoffen, mit zerbrechlichen Glasgeräten und mit elektrischen Geräten gearbeitet wird. Zur Vermeidung von Unfällen und zur Minimierung der Umweltbelastung durch unsachgemäßen Umgang mit Chemikalien sind folgende grundlegende **Verhaltensregeln** zu beachten:

1. Der Sicherheitsaspekt ist schon bei der Vorbereitung des Experiments zu berücksichtigen. Lesen und durchdenken Sie die Versuchsanweisungen gründlich und informieren Sie sich über die Gefahrstoffsymbole sowie die Ratschläge zur Aufbewahrung und Entsorgung der benutzten Chemikalien (R-, S-, E-Sätze, ↗ S. 562 ff.). Eine aktuelle **Gefahrstoffliste** findet man z. B. unter **http://regelwerk.unfallkassen.de/daten/s_regeln/SR_2004.pdf**.

2. Den Anweisungen des Lehrers bzw. des Praktikumleiters ist unbedingt Folge zu leisten! Machen Sie sich vor Versuchsbeginn mit dem Verhalten bei Bränden und Erste-Hilfe-Maßnahmen bei Schädigungen durch die verwendeten Chemikalien oder durch unsachgemäße Benutzung der Geräte vertraut. Informieren Sie sich über die Positionen und Bedienung der Not-Aus-Schalter.

3. Bauen Sie Versuchsanweisungen genau nach der vorgegebenen Beschreibung bzw. Skizze auf. Lassen Sie aufgebaute Versuchsanordnungen in jedem Fall vom Praktikumsleiter kontrollieren, bevor Sie mit dem Experiment beginnen.

4. Tragen Sie beim Experimentieren eine Schutzbrille und wenn möglich einen Laborkittel. Lange Haare sollten nicht offen getragen werden. Benutzen Sie unbedingt Schutzhandschuhe, eine Schutzscheibe bzw. den Abzug, wenn es die Versuchsanweisung erfordert!

5. Gehen Sie vor Beginn des Experiments die einzelnen Schritte noch einmal in Gedanken durch. Folgen Sie bei der Durchführung exakt der Versuchsbeschreibung!

6. Gasbrenner, Chemikalien und Geräte sollten nicht zu nahe an die Tischkante gestellt werden. Ein entzündeter Brenner oder andere Heizquellen dürfen nicht unbeobachtet gelassen werden.

7. Bei Unfällen oder anderen außergewöhnlichen Zwischenfällen ist Ruhe zu bewahren und der Praktikumsleiter zu informieren. Dessen Anweisungen sind unmittelbar zu befolgen!

8. Die Benutzung beschädigter oder unsauberer Glasgeräte ist nicht erlaubt.

9. Chemikalien dürfen nur aus gekennzeichneten Vorratsgefäßen entnommen werden. Entnehmen Sie immer nur kleine Mengen, die Sie für den Versuch benötigen!

10. Nach Gebrauch geben Sie die Chemikalien nicht wieder ins Vorratsgefäß zurück, sondern entsorgen diese nach den Anweisungen des Lehrers bzw. den E-Sätzen auf dem Etikett.

11. Das Berühren von Chemikalien mit den Händen und Geschmacksproben sind grundsätzlich verboten. Auch an sich ungiftige Chemikalien können verunreinigt sein! Im Arbeitsraum dürfen keine Speisen und Getränke eingenommen oder aufbewahrt werden.

12. Zur Durchführung von Geruchsproben fächeln Sie sich die Gase einer Stoffprobe vorsichtig aus einer Entfernung von 30 bis 50 cm mit der Hand zur Nase.

13. Das Pipettieren von Flüssigkeiten mit dem Mund ist verboten!

14. Besondere Vorsicht ist beim Erwärmen von Reaktionsgefäßen geboten. Flüssigkeiten sollten vorsichtig unter leichtem Schütteln erwärmt werden, um ein Herausspritzen (Siedeverzug!) zu vermeiden. Entzündliche und explosionsgefährliche Stoffe nicht mit dem Gasbrenner erwärmen!

15. Richten Sie die Öffnung eines Reagenzglases niemals auf Personen und halten Sie das Gesicht nicht über ein offenes Reaktionsgefäß!

16. Beim Arbeiten mit entzündlichen und explosionsgefährlichen Stoffen sind Zündquellen wie offene Flammen fernzuhalten.

17. Nach Beendigung des Experiments reinigen Sie die Glasgeräte gründlich, räumen den Arbeitsplatz auf und prüfen, ob alle Gas- und Wasserhähne geschlossen sind.

# Register

# Bildquellenverzeichnis

AdN, Bildarchiv: 258/o., 259/l. – aisa, Archivo iconografico, Barcelona: 495/r. – AKG, Berlin: 127/2, 189/u., 253/u., 442/o., 478/M.r., 513/o., 514/2, 516/2 – akg – images: 10/o. – Amt für Biosphärenreservat Schaalsee: 420/r. – Archenhold-Sternwarte Berlin-Treptow, historisches Bild: 15/1 – Arttoday: 49/4 – Bahro, K., Berlin: 101/r., 113/u.– BASF Agrazentrum, Limburgerhof: 240/4, 287/1, 2, 490/2 – Bayer AG, Krefeld: 41, 45/3, 240/4 – Berliner Wasserbetriebe: 344/1 – Berliner Zeitung vom 13./14. 11. 1976: 454/u. – Bertschat, Frank-L., Dr., Berlin: 121/1, 242/2 – Biedermann, A., Berlin: 215/2, 247/1 – Bibliographisches Institut F. A. Brockhaus, Mannheim: 15/2, 29/r., 328/2 – Bildarchiv Pflanzen: 306/1 – Billwitz, K., Greifswald: 358/l. – Blickwinkel: 161/1 – blickwinkel/Hecker/Sauer: 33/1l. – Blümel, H., Mücka: 374/1 – Botanische Bilddatenbank (www.unibas.ch/botimage): 462/1, 472/u.l.– BPK (Bildarchiv Preußischer Kulturbesitz), Berlin: 127/o., 514/1 – Bräuer, G., Prof. Dr., Heidmühlen: 547/1 – Brezmann, S., Hamburg: 12/u.r., 29/l., 30/1, 39, l., r.u., 279/1 2. v. l., r., 291/1, 300/1, 307/3, 312/o.r., 322/1 – 3, 324/2, 325/1, 3, 364/u., 369/1u., 371/1, 3, 373/4, 420/u. – Brockstedt, J./VISUM: 181/o. – BW Bildung und Wissen Verlag und Software GmbH, Nürnberg 2002: 472/r. – Chemisches und Veterinäruntersuchungsamt Ostwestfalen-Lippe, Standort Detmold: 389/2 – Chronik der Technik (Chronik-Verlag im Bertelsmann-Lexikon-Verlag GmbH, Gütersloh/München 1989): 13/u. – Condomi AG, Köln: 230/1 – Corel photos: 9, 45/4, 52/l., 53/r.o., 54/r. o., 67/2, 75, 91/l., r. 92/1, 112/r., 114/r., 150/o., 171/u., 189/1, 196/1, 209/u.r., 267/M.l., 278/o., 305/5, 358/r., 361/4, 374/2, 394/o.l., 407/o., u., 417/3, 426/1, 472/o.l., 477/u.l., 524/1c, 558/2, 563/u.l., M., r. – Daber, Helms „Mein kleines Fossilienbuch" (Aulis Verlag Deubner & Co. KG., Köln 1989): 495/l., M., 496/l., M., r. – Dapprich, B., Amstetten: 42/o. – Deutscher Blinden- und Sehbehinderten-Verband e. V., Berlin: 176/3 – Deutsches Museum, München: 319/1 – dpa, Berlin: 46/1, 135/1, 176/1, 200/r., 211, 221/ul. 232/r.u., 236/o., 254/u., 268/2, 369/1o., 384/1, 417/1, 478/o., u., 486/1, 488/1, 558/5, 559/1, 2 – Eisenreich, W., Gilching: 45/2, 52/u., 375/1 – Fintzlaff, K.-H., Berlin: 291/1, 2, 295/1, 305/1, 2, 3l., 307/5, 437/2, 448/1, 468/1, 475/r., 477/u.M., u.r. – Forschungsinstitut und Natur-Museum Senckenberg, Frankfurt am Main: 498/1 – Fotos SMF, Abteilung Messelforschung: 538/1 – Freye, H.-A. „Spur der Gene" (Edition Leipzig, 1980): 480/1 – Friedemann Schrenk: „Die Frühzeit des Menschen. Der Weg zum Homo sapiens." C. H. BeckWissen Beck 2059, Verlag C. H. Beck, München (ISBN: 3–406–48030–6): 547/1 – Füller, H. „Das Bild der modernen Biologie" (Urania-Verlag, Leipzig, Jena, Berlin 1980): 15/3, 455/1 – Geisel, T., Paulinenaue: 352/r., 361/3, 411/u.l. – Golldack, J., Brandenburgische Technische Universität Cottbus, Lehrstuhl für Bodenschutz und Rekultivierung: 386/1, 2 – Halle, H., Charité Berlin: 231/1 – Hessen Touristik Service e. V., Wiesbaden: 275/r. – Holzinger, M., Berlin: 191/1 – Horn, F., Rostock: 279/1 2.v. r., 303/2, 339/l. 359/2, 361/1, 2, 371/2, 384/r. – ibe, P. , Steckby: 351 – IMA, Bonn: 240/2, 267/o.l. 524/1b – IMSI Photos: 261/o. – Institut für Angewandte Geowissenschaften der TU Berlin (Fotograf: Schuchardt, W. Göttingen): 493 – Institut für Getreideverarbeitung GmbH, Potsdam-Rehbrücke: 314/3, 324/1 – Institut für Lebensmittel- und Umweltforschung e. V., Bergholz-Rehbrücke: 37/2 – Istituto Geografico de Agostini, Novara: 31/2 – Jahn, Löther, Senglaub „Geschichte der Biologie" (Gustav Fischer Verlag, 1982): 454/o.r., 476/r., 516/1, 519/1– Jonas, R., Alsfeld: 226/3, 227/1 – Kalbe, L. „Das Leben im Wassertropfen" (Urania-Verlag, 1985): 32/3 – KES/Kaempre: 197/1 – KES-ONELINE/Uselmann, München: 241/1 – Klaeber, W., Rangsdorf: 375/3, 385/1 – Klafs Saunabau GmbH: 227/2 – Kunze, J., Prof. Dr. med., Kinderklinik und Institut für Humangenetik, Berlin: 466/u. – Kurze, M., Berlin: 479/2 – Landesumweltamt Brandenburg: 426/2 – Liesenberg, G., Berlin: 45/1, 69/2, 90/1 r., 176/2b, 267/M.M., 327/2, 335/r. – Mahler, H., Berlin: 37/1, 79/2, 80/2, 81/1, 89/1, 109/u., 116/1, 3, 143/o., 153/1, 221/1, 345/u.r. - Martens, T., Großrettbach: 496/r., 543/u.r. – Mauritius Bildagentur: 76/M., 98/1, 224/o., 240/3 r., 241/2, 242/1, 243/1, 246/1, 259/r., 267/M.r., 349/1., 432/r.– Max-Planck Institut für Züchtungsforschung „Pflanzenproduktion und Biotechnologie", Köln 1992: 285/1 – medicalpicture, Mainz: 131/1 – Mentzel, J., Radewege: 404/u. – Meyer, L., Potsdam: 114/u., 143/u., 150/M., 267/u.r., 270/u., 273/u. – Möricke, Betz, Mergenthaler „Biologie des Menschen" (Quelle & Meyer Verlag, 1991): 446/1, 447/1 – 4 – Museum für Naturkunde Berlin, Barthel: 495/r. – Natura 2000, Silvestris oneline: 114/o., 150/u., 186/2, 212/o., M., 215/1, 216/1, 223/u., 229/2, 373/1, 376/3 – Naturfotografie Frank Hecker, Panten-Hammer: 19/2o., 46/3, 69/4, 370/1, 371/1, 3, 389/1, 426/3, 427/2, 442/M. – Naturkundemuseum Berlin: 494/l., 498/1 – Neubauer, A. „Chemie heute, Gesicht einer Wissenschaft" (Edition Leipzig, 1981): 442/u. – Neuls, Z., Berlin: 256/1, 464/1 – Novo Nordisk Pharma GmbH, Mainz: 207/2r. – Okapia KG, Berlin: 49/3, 167/1, 208/1, 245/1 – OMRON, Medizintechnik, Handelsgesellschaft mbH, Mannheim: 134/l. – PAETEC Bildarchiv: 70/4, 77/2, 78/2, 168/2, 177 l.u., 182/1, 207/1, 222/1, 224/M., 230/l., 2, 233/r., 279/1 l., 317/u., 327/1, 432/l., 438/1, 523/1, 524/1a – Pathologisches Institut der Semmelweis-Universität Budapest: 121/2 – Pendragon Medical AG, Zürich: 207/2l. –Pettkus, J., Zepernick: 563/o. 2. v. l. – Pews, H.-U., Berlin: 73/l., 303/3, 304/2, 305/3, 307/1, 347/1–4, 373/2, 387/1, 388/1, 3, 394/u.l., u.M., 535/4, 539/r. – Photo Disc Inc.: 13/1, 49/1, 66/1, 70/5, 90/1 l., M., 91/1 M., 120/2, 134/r., 168/1, 181u., 196/o./ 200/l., 209/u.l., 224/u., 229/1, 235/, 277, 339/o., 394/o.r., 411/M.r., 423/2, 431, 558/1, 3, 4, 6, 563/o.2.v.r. – Photo shere: 563/o.l. – Phywe Systeme GmbH, Göttingen: 10/r., 411/o., 570/571– picture alliance/akgimages, Frankfurt am Main: 517/1 – picture-alliance/OKAPIA, Frankf. a. M.: 257/1 – Picture press: 228/2 – picture-alliance/dpa: 20/1 u., 126/1, 3 – Probst, W., Flensburg: 21/1; 32/2l., 240/3 l. – Raum, B., Neuenhagen: 46/4, 335/l., 467/2 – Retzlaff-Fürst, C., Rostock: 349/u.r. –Ruhmke, D., Berlin: 269/1 – Ruppin, Ch., Berlin: 103/l., 149, 215/3, 304/1, 352/o., 433/1 o.l., o.r., u.r. – Saurierpark Kleinwelka, Fotos U. Pellmann, Dresden: 509/2 – Scharffenberg, B., Birkenstein: 120/1, 190/1 – Scharffenberg, M., Birkenstein: 75 – Schmidt, A., Berlin: 39/r.o. – Schneider, F., Neuenhagen: 433/1u.l. – Schulte, D. J.r., University Washington: 299/2 – Schuppe, H.-C., Zentrum für Dermatologie Gießen: 218/2 – Schweizerische Fachstelle für Alkohol und andere Dorgenprobleme SFA, Lausanne: 266/1, 2, 267/o.r. – Sedlag, U., Eberswalde: 43/1, 4, 44/5, 49/2 – Sengbusch, v. P., Heide: 316/1 – Siebert, M., Berlin: 524/1d – Siemens AG: 49/3, 268/1 – Siemens Presse: 483/u. – Sommerfeld, G., Fredersdorf: 167/2 – Techniker Krankenkasse, Hamburg: 216/2, 267/u.l., u.M. – Theuerkauf, H., Gotha: 12/u.l., 19/1, 2 u., 20/2, – 3, 21/1 – 3, 25/o.r., 42/l., 44/1, 4, 53/3, 64/1, 65/1, 66/3, 68/2, 69/3, 70/2, 122/1, 129/1a, 130/2a, 278/r., 286/1, 2, 293/1, 297/1, 3, 299/1, 362/1 – 4, 391/r., 501/2, 511/u.r. – Tierbildarchiv Angermayer, Holzkirchen: 42/r., 43/3, 44/2, 6, 46/2, 56/1, 57/1, 67/3, 4, 70/1, 374/3, 376/1, 383/1, 2, 387/4, 394/o.M., u.r., 395/o., 534/1 1. – Ullsteinbild: 217/1, 2 – Walter-Schultes, F.-W./Krätzer, R. „Poster Lebendiger Planet – Planet Poster Edition" (Institut für Zoologie und Anthropologie der Universität Göttingen, 1998): 504/1, 2 – Wettmann, H., Berlin: 164/r. – Windaus Labortechnik GmbH & Co. KG: 381/1, 2 – Windelband, A., Potsdam: 561/u.l. – Wirth, V., Murr: 387/3 – Zabel, E., Güstrow: 184/1, 236/r., 265/2, 373/3, 5, 411/M.l., u.r., 414/1, 422/1, 427/1, 3, – Zeitler, K.-H., München: 45/3a, 68/3, 4, 73/r.o., r.u.

Titelfoto: Günter Liesenberg

# Baupläne der Tiere

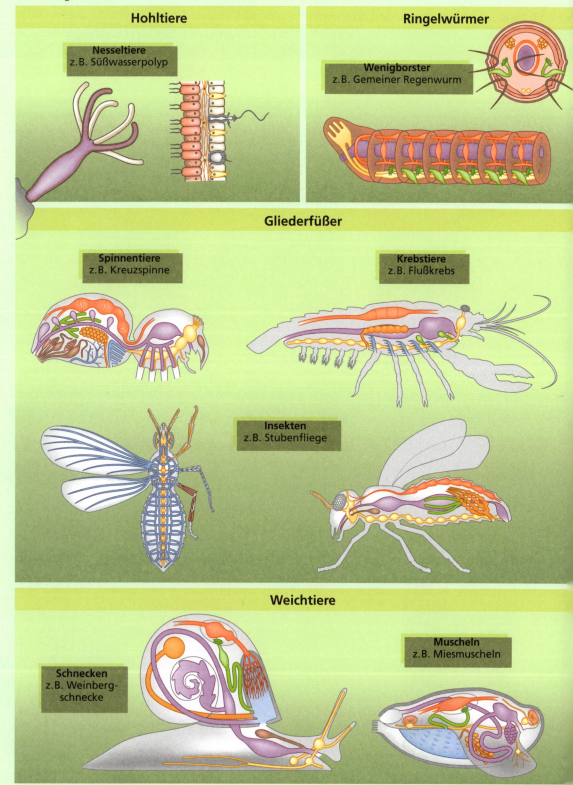

**Hohltiere**

Nesseltiere
z.B. Süßwasserpolyp

**Ringelwürmer**

Wenigborster
z.B. Gemeiner Regenwurm

**Gliederfüßer**

Spinnentiere
z.B. Kreuzspinne

Krebstiere
z.B. Flußkrebs

Insekten
z.B. Stubenfliege

**Weichtiere**

Muscheln
z.B. Miesmuscheln

Schnecken
z.B. Weinberg-
schnecke